OBERÖSTERREICH

Natur und Kultur zwischen Böhmerwald und Alpen

Gunnar Strunz

2., aktualisierte Auflage 2021

Trescher Verlag
Reinhardtstr. 9
10117 Berlin
www.trescher-verlag.de

ISBN 978-3-89794-555-5

Herausgegeben von Bernd Schwenkros und
Detlev von Oppeln

Reihenentwurf und Gesamtgestaltung:
Bernd Chill
Gestaltung, Satz, Bildbearbeitung: Ulla Nickl
Lektorat: Hinnerk Dreppenstedt
Stadtpläne und Karten: Johann Maria Just,
Martin Kapp, Ulla Nickl

Das Werk einschließlich seiner Teile ist urheberrechtlich geschützt. Jede Verwertung ist ohne Zustimmung des Verlages unzulässig. Dies gilt insbesondere für den Aushang, Vervielfältigungen, Übersetzungen, Nachahmungen, Mikroverfilmung und die Einspeicherung und Verarbeitung in elektronischen Systemen.

Gedruckt auf chlorfrei gebleichtem Papier

Printed in Germany

Alle Angaben in diesem Reiseführer wurden sorgfältig recherchiert und überprüft. Dennoch können Entwicklungen vor Ort dazu führen, dass einzelne Informationen nicht mehr aktuell sind. Gerne nehmen wir dazu Ihre Hinweise und Anregungen entgegen. Bitte schreiben Sie an **post@trescher-verlag.de**.

TItel: Hallstatt
Vordere Klappe: Im Nationalpark Kalkalpen
Hintere Klappe: Die Kaiservilla in Bad Ischl

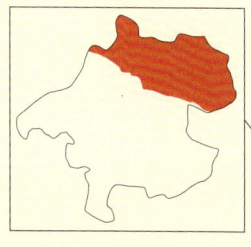

LAND UND LEUTE

DAS MÜHLVIERTEL

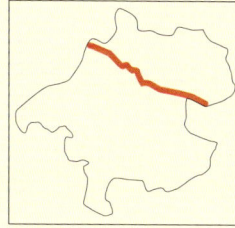

ENTLANG DER DONAU

DAS INNVIERTEL UND
DIE MITTE OBERÖSTERREICHS

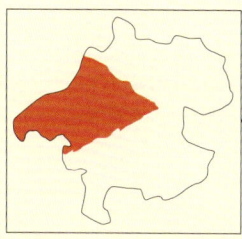

DAS OBERÖSTERREICHISCHE
SALZKAMMERGUT

UM DEN NATIONALPARK
KALKALPEN

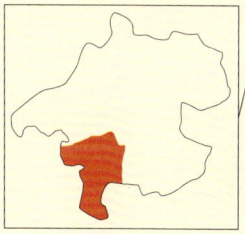

REISETIPPS VON A BIS Z

ANHANG

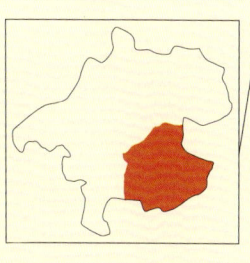

Vorwort	9
Das Wichtigste in Kürze	10
Unterwegs mit Kindern	12
Herausragende Sehenswürdigkeiten	14

LAND UND LEUTE 16

Oberösterreich im Überblick 18
Die oberösterreichische
　Landeshymne 19

Natur und Mensch 20
Geographie 20
Geologie 21
Tier- und Pflanzenwelt 24
Wirtschaft und Tourismus 25
Klima und Reisezeit 26
Bevölkerung und Sprache 27

Geschichte Oberösterreichs 28
Von der Urzeit bis zum Mittel-
　alter 28
Vom frühen Mittelalter bis zur
　Reformation 29
Reformation und Gegen-
　reformation 33
Der Oberösterreichische Bauern-
　krieg 35
Vom Ausgang des 17. Jahrhundert
　bis in die napoleonische Zeit 38
Das 19. Jahrhundert 41
Das 20. Jahrhundert 43
Politik und Verwaltung 47

Kunst und Kultur 48
Literatur 48
Musik 52
Architektur 52
Malerei 55
Feste und Festivals 56
Essen und Trinken 58

Inhalt

DAS MÜHLVIERTEL 60

Der Böhmerwald 63
Im äußersten Nordwesten 65
Aigen-Schlägl und Umgebung 72
Von Rohrbach nach Bad
   Leonfelden 76

Das Mühlviertler Kernland 86
Freistadt 86
Die südliche und östliche
   Umgebung Freistadts 92
Die westliche Umgebung
   Freistadts 99
Zwischen Freistadt und der
   böhmischen Grenze 101

Die Mühlviertler Alm 110
Von Liebenau nach St. Georgen
   am Walde 110
Von Bad Zell in den Strudengau 114
Das Granitland 121

ENTLANG DER DONAU 126

Von der Grenze bis Linz 129
Auf der nördlichen Donauseite 129
Auf der südlichen Donauseite 135

Linz 145
Stadtgeschichte 146
Bedeutende Linzer Persönlich-
   keiten 150
Historische Innenstadt 151
Außerhalb der Innenstadt 162

Zwischen Linz und der nieder-
österreichischen Grenze 170
Von Linz bis in das Machland 170
Das Machland 173
Der Strudengau 177
St. Florian 183
Enns 190

DAS INNVIERTEL UND DIE MITTE OBERÖSTERREICHS 195

Entlang von Inn und Salzach 197
Schärding 197
Zwischen Reichersberg
 und Braunau 206
Braunau 208
Von der Salzachmündung bis
 zur Landesgrenze 213
Von Franking nach Mattighofen 217

Das mittlere Innviertel 225
Ried im Innkreis 225
Peuerbach und Umgebung 229

Das Hausruckviertel 232
Das nördliche Hausruckviertel 232
Das südliche Hausruckviertel 235

Der Oberösterreichische Zentralraum 245
Wels 245

DAS OBERÖSTERREICHISCHE SALZKAMMERGUT 250

Der Norden 257
Der Irrsee 257
Mondsee: See, Kloster, Ort 257
Rund um den Attersee 265
Gmunden 275
Rund um den Traunsee 280
Das Almtal und der Osten
 des Salzkammerguts 288

Der Süden 292
Der Wolfgangsee 292
St. Wolfgang 293
Weitere Orte am Wolfgangsee 297
Bad Ischl und Umgebung 303
Bad Goisern 310
Rund um den Hallstätter See 311
Hallstatt und Umgebung 314

Inhalt

UM DEN NATIONALPARK KALKALPEN	322
Um Kremstal und Unterem Steyrtal	325
Das Kremstal	325
Bad Hall	328
Kremsmünster	329
Das Steyrtal zwischen Klaus und Sierning	333
Steyr und das untere Ennstal	338
Steyr und Umgebung	338
Entlang der früheren Eisenstraße ennsaufwärts	349
Das Pyhrn-Priel-Gebiet	357
REISETIPPS VON A BIS Z	362
ANHANG	
Glossar	365
Verwendete und weiterführende Literatur	365
Oberösterreich im Internet	366
Der Autor	367
Danksagung	367
Register	368
Kartenregister	374
Bildnachweis	375
Kartennachweis/Zeichenlegende	380
EXTRA	
Adalbert Stifter	50
Rezepte	59
Der Schwarzenberger Schwemmkanal	70
Die Pferdeeisenbahn Budweis–Linz	103
Die Linzer Torte	144
Anton Bruckner	188
Alfred Kubin	204
Salz	252
Gustav Mahler am Attersee	262
Gustav Klimt und Emilie Flöge	269

Die Schlögener Schlinge

Vorwort

Oberösterreich als Bundesland gehört bei den Touristen zu den unbekannteren Regionen des Landes. Dabei findet sich zwischen Böhmerwald und Dachstein, zwischen Inn und Enns geradezu die Quintessenz Österreichs, all das, was das Land ausmacht und was besonders bei außereuropäischen Besuchern mit Österreich assoziiert wird: schneebedeckte Hochgebirge und Gletscher, elysische Almenlandschaften und bergumrahmte Seen, deren idyllische Uferorte seit Generationen Künstlern und Herrschern als Refugium dienen. Und in den Norden des Landes ragen mit dem Böhmerwald uralte, mythisch umwobene Granitlandschaften nach Oberösterreich hinein. Das Donautal zwischen Passau und Grein ist nicht weniger malerisch als sein weltberühmtes niederösterreichisches Pendant, die Wachau. Einziger Unterschied mag sein, dass es entlang der oberösterreichischen Donau mit dem Weinanbau nicht so recht klappt. Entlang des Flusses und in seinem nördlichen und südlichen Hinterland stehen zahllose Burgen und pittoreske Ruinen, die andeuten, dass die Donau als alter Verkehrsweg von West nach Ost geschützt werden musste. Denn das spätere Oberösterreich war von Anfang an Grenzland zu Böhmen und zu Bayern. Ein Teil Bayerns, das spätere Innviertel, wurde erst im letzten Drittel des 18. Jahrhunderts, nach einem seltsamen Erbfolgekrieg, zu einem Teil Oberösterreichs. Überhaupt spielten Erbfolgekriege eine wichtige Rolle: der Spanische Erbfolgekrieg zu Beginn des 18. Jahrhunderts; die Thronfrage, nachdem Habsburg im Mannesstamm 1740 erloschen war; Nachfolgeregelungen der Wittelsbacher in Bayern im letzten Viertel des 18. Jahrhunderts – jedesmal war auch das Fürstentum ob der Enns, wie Oberösterreich anfangs offiziell genannt war, von direkten und indirekten kriegerischen Auseinandersetzungen betroffen. Der Erste Weltkrieg beraubte Oberösterreich seines böhmischen Hinterlandes, der Zweite Weltkrieg ließ das oberösterreichische Mühlviertel nach 1945 in eine abseitige Lage am Eisernen Vorhang geraten.

Noch in der ersten Hälfte des 20. Jahrhunderts überwiegend Agrarland, wurde Oberösterreich zum Ende des Jahrhunderts zur wachstumsstärksten und am intensivsten industrialisierten Region Österreichs. Aber dennoch ist es bis auf den Zentralraum zwischen Wels, Linz und Steyr weitgehend ohne allzu große Eingriffe des Menschen geblieben. Das östliche Mühlviertel, die Region um den Nationalpark Kalkalpen und auch große Teile des Innviertels sind dünn besiedelt und voller einsamer Landstriche. Dazu kommen die uralte Kulturlandschaft des Salzkammerguts, die rauchenden Schlote der Linzer Stahlwerke, die weltfernen Waldberge an der böhmischen Grenze, die hart und kalt aufragenden Kalkmassive der Kalkalpen, die unwirtlichen Eisfelder am Dachstein sowie die anheimelnden altertümelnden Stadtbilder von Steyr, Enns oder Schärding – Oberösterreichs Panoramen könnten nicht mannigfaltiger sein. Vielleicht macht es gerade diese Vielfalt so schwierig, mit wenigen Worten eindeutig und eingängig beschreiben zu können, was Oberösterreich ausmacht.

Die schier unübersehbare Menge attraktiver Sehenswürdigkeiten in Architektur und Natur den Lesern und Besuchern dieses vielfältigen Landes kompakt darzustellen, ist das Anliegen dieses Reisebuches.

Gunnar Strunz, im Frühjahr 2021

Das Wichtigste in Kürze

Informationen vor Reisebeginn
Oberösterreich Tourismus, Freistädter Str. 119, A-4040 Linz, Tel. 0043/(0)732/7277100. www.oberoesterreich.at
Austria-Info Urlaubsservice, Tel. 00800/40020000. www.austria.info
Österreich Werbung Deutschland, Klosterstr. 64, 10179 Berlin, Tel. 030/21914813. www.austria.info

Einreise
Das Schengen-Land Österreich und damit Oberösterreich ist ausschließlich von Ländern umgeben, die ihrerseits das Schengener Abkommen unterzeichnet haben. Deshalb finden an den Staatsgrenzen keine Kontrollen mehr statt. Dennoch empfiehlt es sich, stets ein gültiges Personaldokument mitzuführen, wobei seit der Neuregelung im Jahr 2012 einen eigenen Kinderausweis besitzen müssen.

Anreise
Mit dem Auto: Von Deutschland aus erreicht man Oberösterreich über die A3 via Regensburg–Passau, das Salzkammergut über die A8 München–Salzburg und weiter über die österreichische A1. Alle österreichischen Autobahnen sind mautpflichtig. Von der Tschechischen Republik her kommt man über České Budějovice oder Český Krumlov auf teils stark befahrenen Landstraßen ins Land.
Mit dem Flugzeug: In Oberösterreich existieren nur vom Flughafen Linz Linienflüge zu anderen mitteleuropäischen Städten. Allerdings bietet sich bei Reisen in das südliche Oberösterreich auch der Flughafen Salzburg an. Weitere Infos: www.linz-airport.com und www.salzburg-airport.com
Mit der Bahn: Oberösterreich ist gut mit der Eisenbahn erreichbar. 22 Zugverbindungen gibt es täglich zwischen Linz und Passau, 69 Züge fahren täglich zwischen Linz und Salzburg. Bestens ist die Anbindung mit Wien, auch von Graz nach Linz fahren sehr viele Züge. Zudem verkehren täglich acht Züge aus Prag nach Linz. Auskünfte beim CallCenter der ÖBB unter 051717 (aus Österreich) bzw. unter +43/51717 (aus dem Ausland). Fahrpläne unter www.oebb.at und www.czech-transport.com

Geld
Abhebungen sind mit EC- oder Kreditkarte an allen Bankautomaten möglich. Die meisten Tankstellen und ebenso die meisten Geschäften akzeptieren Kreditkarten. Währung ist seit 2002 der Euro.

Individuell oder organisiert
Oberösterreich ist zumindest für das Donautal und das Salzkammergut durch den organisierten Tourismus bestens erschlossen. Zahlreiche Reiseveranstalter bieten aus Deutschland (Bus-)Touren beispielsweise nach Bad Ischl, Hallstatt, Gmunden und entlang der Donau an. Dabei handelt es sich sehr oft um all-inclusive-Reisen mit der Zielgruppe 50+. Andere Regionen Oberösterreichs aber sind als Touristenziele eher ›Geheimtipps‹, z.B. das nördliche Mühlviertel, das Inn- und Hausruckviertel, das Krems- und das Ennstal, Steyr. Wer diese Gebiete besuchen will, sollte das besser individuell machen. Allerdings empfiehlt sich bei einer Reise zwischen Juli und August eine frühzeitige Buchung der Hotels.

Klima und Reisezeit
Oberösterreich liegt in der gemäßigten Klimazone, warme Sommer wechseln sich mit mäßig kalten Wintermonaten ab. Die langjährige mittlere Lufttemperatur liegt bei 9,6 Grad Celsius. Grundsätzlich existieren starke, höhenlagenbedingte lokale Unterschiede bezüglich Witterung und Schneelage. Die wärmsten Regionen sind das Linzer Becken und der Zentralraum zwischen den Städten Linz, Wels und Steyr.
Pro Jahr fallen im Schnitt 898 mm Niederschlag, wobei die trockensten Gegenden im Mühlviertel im Norden des Bundeslandes und im Eferdinger Becken an der Donau lie-

gen. Die jährliche Niederschlagsmenge liegt in den Gebirgsregionen im Süden deutlich höher, in Höhen über 1500 Metern fallen rund 2000 mm Niederschlag, im Winter als Schnee. Diese können je nach Lage kalt, schneereich und lang sein. Ihnen stehen warme, bisweilen kurze und regenreiche Sommer gegenüber. Das Frühjahr ist von Anfang April bis Ende Mai wenig beständig, oft liegt selbst unterhalb von 1500 bis 1000 Metern im Mai noch Schnee. Von Juni bis Ende August können im Tiefland durchaus 30 Grad erreicht werden. Beste Wanderperiode sind die Wochen von Mitte August bis Mitte Oktober. Das Dachsteingebiet kann selbst im Mai noch Schnee aufweisen, Wanderungen auf dem Plateau sind meist erst ab Juli möglich. Das Mühlviertel mit Ausnahme der Kammlagen des Böhmerwaldes ist schon von Mitte Mai an gut zu besuchen, das Donautal lohnt bereits ab Anfang April. Die Badezeit in den Seen des Salzkammerguts beginnt im Juli.

Öffentliche Verkehrsmittel

Oberösterreich ist gut mit Bahnen und Bus erschlossen. Zwischen Linz, Schärding, Gmunden, Bad Ischl, Enns und Steyr bestehen hervorragende Zugverbindungen, die Anbindungen nach Wien, Salzburg und München sind von Linz aus hervorragend. Alle ländlichen und alpinen Gebiete sind von einem flächendeckenden Netz von Bussen erfasst, die u.U. im Winter aber nicht eingesetzt werden; auch existiert ein Netz von gesonderten Postbussen (www.postbus.at). Infos zum ÖPNV: www.ooevv.at

Öffnungszeiten

Corona-bedingt können die Öffnungszeiten 2021 von den üblichen abweichen. Man konsultiere evtl. zur Sicherheit die im Buch angegebenen Internetadressen.

Unterkünfte und Preisniveau

Die Preise im Hotel- und Gaststättengewerbe sind in Oberösterreich im Allgemeinen etwas niedriger als in Salzburg, Tirol und Vorarlberg. Günstig sind das Mühlviertel, das Innviertel, die Gegend um den Nationalpark Kalkalpen. Nur das Salzkammergut ist im Durchschnitt höherpreisig. Überall im Land wird man auf Beherbergungsbetriebe stoßen, in denen man für 40–50 € p.P. im Doppelzimmer eine ausgezeichnete Unterkunft bekommen und mit hervorragendem Preis-Leistungs-Verhältnis speisen kann. Es gibt Übernachtungsmöglichkeiten in allen Preisniveaus. Wie in ganz Österreich meist üblich, wird der Zimmerpreis pro Person und nicht für das ganze Zimmer angegeben. Oft muss man einen Zuschlag zahlen, wenn man weniger als drei Tage bleibt. Viele Unterkünfte in Wintersportorten sind in der Winterzeit nur mit Halbpension buchbar, viele Gasthöfe und Hotels haben in der Übergangszeit zwischen Winter- und Sommersaison geschlossen. Campingplätze gibt es vor allem entlang der Donau und an den Seen des Salzkammerguts (www.camping.info). Bei den in den Info-Kästen des Buches angegebenen Zimmerpreisen handelt es sich ausschließlich um Sommerpreise, wobei innerhalb der einzelnen Sommermonate saisonale Unterschiede existieren können. Zuschläge bei einem Aufenthalt von nur einer Nacht können lokal erhoben werden.

Wichtige Telefonnummern

Vorwahl Österreich: 0043.
Internationaler Notruf (funktioniert ohne SIM-Karte bzw. Münzeinwurf): 112.
Polizei: 133. **Feuerwehr**: 122.
Krankenwagen (›Rettung‹): 144.
Bergrettung (vormals Bergwacht): 140.
Alpines Notsignal (im Fall, dass das Handy nicht funktioniert): sechs optische oder akustische Zeichen pro Minute, dann eine Minute Pause, dann wiederholen.
Auto-Pannenhilfe: 120 (ÖAMTC), 123 (ARBÖ).
Sperrung von (deutschen) EC- und Kreditkarten: 0049/116116 bzw. 0049/(0)30/40504050.

Ausführliche Informationen in den Reisetipps von A bis Z ab S. 292.

Unterwegs mit Kindern

Oberösterreich bietet auch für Kinder eine Vielzahl von Attraktionen. Im Folgenden eine kurze Auflistung der interessantesten Einrichtungen.

Museen

Beliebt bei Kindern sind die zahlreichen naturwissenschaftlichen, meist interaktiven Museen. An erster Stelle steht sicherlich das **Ars Electronica Center** in Linz (→ S. 163). In einem besonderen Kinderforschungslabor für bis zu Achtjährige kann man forschen, entdecken, experimentieren und erkunden – das Museum bietet aber für alle Altersgruppen Anregungen. Die **Villa Sinnenreich** in Rohrbach im Mühlviertel (→ S. 77) bietet ähnliche Möglichkeiten des Experimentierens, interessante Exponate und unglaubliche Effekte. Hier können die Besucher experimentieren, die Dinge ›begreifen‹ und sich auch so manches mal täuschen lassen. Ähnliche Erlebnisse ermöglicht das **Mechanische Klangfabrik** in Haslach (→ S. 78), das die Geschichte des Musikautomatenwesen dokumentiert. Das **Museum Welios** in Wels (→ S. 248), Österreichs erstes ›Science Center‹, vermittelt mit Spaß und Spiel auf 120 ›Mitmachstationen‹ und in einer Ausstellung allerhand Wissenswertes rund um die Themen Technik und Naturwissenschaft. Eindrucksvoll für Kinder ist auch ein Besuch der **voest alpine Stahlwelt** in Linz (→ S. 167). Es gibt alles zum Thema Stahl: Stahlerzeugung, Stahlverarbeitung, Stahlprodukte und Stahlerfolge.

Naturerlebnisse

Oberösterreichs Natur und Landschaft vermag auch Kinder zu faszinieren. Am eindrucksvollsten ist dabei sicherlich die **Dachstein-Höhlenwelt** am Krippenstein (→ S. 319). Zusätzlich gibt es die **Aussichtsplattform 5fingers**, von der man einen überwältigenden Blick auf Hallstatt und das südliche Salzkammergut hat. Das nahe Salzbergwerk der **Hallstatter Salzwelten** (→ S. 321) ist für Kinder ebenfalls ein großes Erlebnis: Das älteste Salzbergwerk der

Der Baumkronenweg Kopfing

Die Grottenbahn am Linzer Pöstlingsberg

Welt gibt faszinierende Einblicke in die Tradition des Bergbaues. Von ganz anderem Zauber ist der **Baumkronenweg** von Kopfing im Sauwald (→ S. 202). Es ist ein 2,5 Kilometer langer Erlebnisweg mit 40 m hohem Erlebnisturm zwischen Baumkronen, dazu gibt es einen Abenteuerspielplatz und ein Baumhotel. Im **Naturresort IKUNA** in Natternbach (→ S. 231) gibt es unter anderem einen Naturerlebnispark mit Bogenschießen, E-Quads, einen Hindernisparcours, man kann floßfahren, schaukeln und rutschen.

Erlebnisparks, weitere Einrichtungen

Oft sind in Oberösterreich Sommerrodelbahnen, Klettersteige und Aussichtstürme innerhalb eines zusammenhängenden Areals zu finden, so beispielsweise am **Erlebnisberg Wurbauerkogel** in Windischgarsten im Pyhrn-Priel-Gebiet (→ S. 287): Bikepark, Alpine Coaster, Sommerrodelbahn, Klettersteigpark und Panoramaturm. Die **Grottenbahn auf dem Pöstlingberg** in Linz (→ S. 164) ist die meistbesuchte oberösterreichische Kinderattraktion. In einem ehemaligen Befestigungsturm und zusätzlich angelegten Höhlen fährt eine von einem künstlichen Drachen gezogene Bahn durch verschiedene Märchenszenerien. Dazu gibt es eine Abbildung des Linzer Hauptplatzes im Kleinformat. Ein besonderes Erlebnis ist auch das **OBRA-Kinderland** in Neukirchen an der Vöckla (→ S. 237): klettern, rutschen, schaukeln, tollen, laufen, springen, balancieren, bauen. Das **Aquapulco** (→ S. 235) im EurothermenResort Bad Schallerbach ist ein Wasserabenteuer mit fünf Rutschen, Wasserspielgarten, Abenteuerpfad, 5D-Kino und weiteren Einrichtungen.

Zoos, Tierparks

Neben den weitverbreitet Waldseilgärten, die sich überall im Land finden, lohnen sich an Tagen mit schlechtem Wetter auch Zoos und Tierparks. Besonders attraktiv ist der **Cumberland Wildpark** in Grünau in Almtal (→ S. 290). Hier gibt es über 500 Tiere: Raubtiere von Iltis bis Fuchs, Luchse und Braunbären, Tag- und Nachtraubvögel, Wasser- und Singvögel, Fische und viele andere Tierarten sind neben Ur-Wildpferden hier anzutreffen. Der Cumberland Wildpark ist eine wichtige Stätte auch für vom Aussterben bedrohte Tiere. Sehenswert sind daneben der **Zoo Schmiding** (→ S. 233) in Krenglbach bei Wels mit Gorillas, Aquazoo und Evolutionsmuseum sowie Greifvogelvoliere und der kleinere **Zoo** in Linz (→ S. 163).

In der Villa Sinnenreich

Herausragende Sehenswürdigkeiten

Der österreichische Böhmerwald ▼
Im Norden des Mühlviertels, an der Grenze zu Tschechien, bietet der Kamm des Böhmerwaldes herrliche Landschaftseindrücke. Unbedingt sollte man den direkt auf der Grenze liegenden Berg Plechý (Plöckenstein) besteigen; es ist nicht allzu schwierig. Die malerischen Granitformationen, die allenthalben das Mittelgebirge prägen, wie auch die zahllosen Wandermöglichkeiten machen den österreichischen Böhmerwald zu einem sehr attraktiven Ziel, das mit dem weltweit einzigartigen technischen Denkmal des Schwarzenberger Schwemm-kanals eine Attraktion ersten Rangs bietet (→ S. 63).

Freistadt
Freistadt im Mühlviertel zeigt mit seiner gut erhaltenen mittelalterlichen Stadtmauer, seinen Türmen und hübschen Bürgerhäusern eines der reizvollsten historischen Stadtbilder nicht nur Oberösterreichs (→ S. 86).

Der Flügelaltar von Kefermarkt
In der Pfarrkirche von Kefermarkt, unweit von Freistadt, steht ein grandioses Kunstwerk der bildenden Kunst: der spätgotische hölzerne 13 Meter hohe Flügelaltar, eines der bedeutendsten sakralen Kunstwerke Mitteleuropas (→ S. 93).

Das Donautal
Das oberösterreichische Donautal braucht sich bezüglich seiner Attraktivität in einigen Abschnitten keinesfalls hinter dem niederösterreichischen zu verstecken. Ein weltweit berühmtes Fotomotiv ist der Blick von den Höhen der Umgebung auf die Donauschlinge bei Schlögen (→ S. 137). Sehr sehenswert ist im Osten Oberösterreichs der Strudengau (→ S. 177), eine Verengung des Donautals mit markant aufragenden Felsen und vielen malerischen kleinen Orten wie beispielsweise Grein.

Linz
Die Landeshauptstadt Linz mag vielleicht weniger durch bestimmte einzelne historische Gebäude beeindrucken, fasziniert jedoch als Gesamtkunstwerk: mit Schloss, Stadtplatz, den großartigen, erst in jüngerer Zeit in kühnen architektonischen Konzepten errichteten Museen und Konzertsälen am Donauufer und mit dem Wallfahrtsberg Pöstlingberg. Auch der gewaltige Industriebetrieb der voestalpine ist in ganz eigener Art eine besondere und besuchenswerte Sehenswürdigkeit (→ S. 145).

St. Florian
Das großartige barocke Stift St. Florian in der Nähe von Linz zieht alljährlich hunderttausende Besucher an, nicht zuletzt wegen des Marmorsaals und der Krypta der Stiftskirche, in der der Komponist Anton Bruckner ruht (→ S. 183).

Schärding

Schärding gleich an der bayerischen Grenze zeigt am Stadtplatz eindrucksvolle, farbenprächtige barockisierte Bürgerhäuser aus der Gotik (→ S. 197) und ist durch seine Bierkultur auch gastronomisch von besonderer Bedeutung. Reizvoll ist auch das Inntal nördlich von Schärding (→ S. 206).

Die Seen des Salzkammerguts ◂

Die meistbesuchte Region Oberösterreichs ist zweifellos das Salzkammergut mit seiner großartigen Bergseenlandschaft. Die reichen Salzvorkommen verschafften dem Gebiet um die großen Seen seit Jahrhunderten Wohlstand. Unzählige Touristen aus aller Welt zieht es hierher, seit gut 200 Jahren leben in den Sommermonaten Künstler und Herrscher hier. Gustav Klimt lebte und malte am Attersee, Gustav Mahler schuf am gleichen See einige seiner größten Werke. Herrlich gelegen, vom Traunstein überragt, ist der Traunsee, seit Jahrzehnten ein beliebter Filmdrehort. Die Seepromenade in Gmunden braucht vielleicht nicht einmal den Vergleich mit der von Genf scheuen. Der Wolfgangsee wurde durch eine Operette weltberühmt, St. Wolfgang selbst ist durch seine Lage und die großartige Wolfgangkirche eine Attraktion ersten Ranges. Hallstatt, einzigartig am Hallstätter See gelegen, präsentiert sich als Denkmal der Kulturgeschichte, Traum eines jeden Reisenden aus Ostasien. Die nahe Dachstein-Gletscherwelt empfiehlt sich als Top-Reiseziel von selbst (→ S. 251).

Bad Ischl

Bad Ischl hat zwar keinen See, ist aber dennoch weltberühmt: Hier trifft sich seit knapp 200 Jahren die Haute Volée Europas. Unter anderem Kaiser Franz Joseph und Sisi, Johann Strauß und Johannes Brahms verbrachten hier die Sommermonate. In Österreichs Kulturgeschichte ist das Kaiserbad Ischl ein ganz herausragender Ort (→ S. 303).

Stift Kremsmünster

Eine der großartigsten barocken Klosteranlagen nicht nur Österreichs ist das Benediktinerstift Kremsmünster, das seit fast 1300 Jahren besteht. In der Schatzkammer kann man unter anderem den Tassilokelch bestaunen, ein frühmittelalterliches Wunderwerk (→ S. 259).

Steyr ◂

Zu Unrecht ist Steyr bei auswärtigen Besuchern bisher wenig bekannt, betört es doch allein durch seine Lage am Zusammenfluss von Steyr und Enns. Und schier unendlich ist die Fülle sehenswerter historischer profaner und sakraler Bauwerke in Steyr (→ S. 268).

Nationalpark Kalkalpen ▼

Im Südosten Oberösterreichs erwartet eine grandiose Bergwelt die Besucher: ein fast menschenleeres Gebiet, voller Wasserfälle, Schluchten und einsamer Pfade (→ S. 279).

Dank der Buntheit und Vielfalt seiner Landschaften, seiner Traditionen und seiner Architektur präsentiert sich Oberösterreich als Österreich en nuce und nicht zuletzt als eine Region mit hoher Lebensqualität, die gekonnt Tradition und Moderne verbindet.

Hallstatt am gleichnamigen See

LAND UND LEUTE

Oberösterreich im Überblick

(alle Zahlen von 2020, teils gerundet)
Regierungsform: Bundesland der Republik Österreich.
Hauptstadt: Linz (206 600 Einwohner).
Weitere größere Städte: Wels (62 500), Steyr (38 000), Leonding (28 900), Traun (24 800).
Ausdehnung: in Nord-Süd-Richtung 146 km, in West-Ost-Richtung 167 km.
Nachbarländer: Im Westen das deutsche Bundesland Bayern, im Norden die Tschechische Republik, im Osten Niederösterreich, im Süden die Steiermark und im Südwesten Salzburg.
Verwaltungsstruktur: 15 politische Bezirke und 3 Statutarstädte (kreisfreie Städte).
Regierungschef (Landeshauptmann): Thomas Stelzer (ÖVP), seit April 2017.
Nächste Wahl: verschoben auf 2021.
Fläche: 11 980 km². Oberösterreich ist damit nach Niederösterreich, der Steiermark und Tirol das viertgrößte österreichische Bundesland.
Einwohner: 1 490 300.
Bevölkerungsdichte: 124 Einwohner/km².
Religion: 63 % der Bevölkerung gehörten 2019 der römisch-katholischen Kirche an, 3,2 % waren evangelisch, 8 % waren Muslime. Alle anderen: sonstige oder konfessionslos. Der Anteil der Katholiken betrug 2001 noch rund 79 %, der Anteil de Evangelischen von 4,4 %. Der Anteil der Muslime verdoppelte sich in diesem Zeitraum von 4 auf 8 %.
Amtssprache: Deutsch.
Wirtschaft: Oberösterreich ist in erster Linie Industrieland. Über ein Viertel der österreichischen Exporte werden hier produziert. Der Tourismus spielt vor allem im Salzkammergut, den Bergregionen und im Donautal eine wichtige Rolle.
Nationalpark: Kalkalpen (207 km²), im Süden Oberösterreichs.
Höchste Erhebung: Hoher Dachstein (2995 m). Über seinen Gipfel verläuft die Grenze zur Steiermark, so dass dieser auch deren höchster Punkt ist.

Das Landeswappen

Tiefster Punkt: Donautal (239 m) bei Grein, gleichzeitig der östlichste Punkt Oberösterreichs.
Flüsse: Längster Fluss ist die Donau, die Oberösterreich auf 111 Kilometer Länge durchströmt. Dann folgen die 132 Kilometer lange Traun und die 90 Kilometer lange Enns. Beider Verlauf liegt zur Gänze auf oberösterreichischem Gebiet, ebenso wie die 67 Kilometer lange Steyr. Inn (68 km auf oberösterreichischem Gebiet) und Salzach (40 km) entspringen außerhalb des Landes. Alle oberösterreichischen Gewässer mit Ausnahme einiger kleiner Bäche im Böhmerwald fließen zur Donau hin.
Landeswappen (offizielle Beschreibung): »Es besteht aus einem mit dem österreichischen Erzherzogshut gekrönten, gespaltenen Schild, der heraldisch rechts einen goldenen Adler mit roter Zunge und roten Krallen im schwarzen Feld zeigt, heraldisch links dreimal von Silber und Rot gespalten ist. Der Erzherzogshut kann weggelassen werden. Das Landeswappen kann in Farbe oder in Schwarz-Weiß ausgeführt sein.«
Zeitzone: MEZ.

Die oberösterreichische Landeshymne

Hoamatland

Worte von Franz Stelzhamer (1841), Weise von Hans Schnopfhagen (1884)

Hoa-mat-land, Hoa-mat-land! Di han i so gern wiar a Kin-derl sein Mua-der, a Hün-derl sein' Herrn, wiar a Kin-derl sein Mua-der, a Hün-derl sein' Herrn.

2. Duri`s Tal bin i glafn, afn Hügl bin i glegn
Und dein Sunn hat mit trickert, wann mi gnetzt hat dein Regn.

3. Dahoam is dahoam, wannst net fort muaßt, so bleib,
Denn die Hoamat is ehnter der zweit Muaderleib.

Franz Stelhamer, Lithografie von 1843

Natur und Mensch

Geographisch gesehen befindet sich Oberösterreich zwischen dem Alpenbogen und den Gesteinen der Böhmischen Masse. Die Donau lässt seine nördliche Hälfte seit gut zwei Jahrtausenden zu einem bedeutenden Durchgangsland werden. Seine südliche Hälfte am Fuß der Alpen ist ebenso seit Jahrtausenden bedeutsam: Die hiesigen Salzvorkommen verliehen dem Land und seinen Herrschern große Reichtümer, die grandiose Seenlandschaft führt Gäste aus allen Regionen der Welt hierher. Nicht zuletzt die Verbindung alpiner und außeralpiner Traditionen macht die Vielfalt und die Attraktivität des Landes aus.

Geographie

Oberösterreich ist landschaftlich-naturräumlich gesehen mehr oder weniger deutlich in West-Ost-Richtung dreigeteilt, wobei diese Dreiteilung nicht auf das Land beschränkt ist, sondern sich sowohl nach Niederösterreich wie auch nach Bayern fortsetzt. Innerhalb dieser Dreiteilung existieren insgesamt 41 von den Naturschutzbehörden der Landesregierung geschaffene Raumeinheiten, die über die lokale Geologie, die Landschaftsform und die Raumnutzung wie Besiedlung und Landwirtschaft voneinander abgegrenzt sind (www.land-oberoesterreich. gv.at/44368.htm).

Das Donautal bildet ein wichtiges morphologisches Element. Es ist die Südgrenze des Mühlviertels, das sich vom Donautal bis zur böhmischen Grenze und zum Plöckenstein (Plechý) auf dem Kamm des Böhmerwaldes bis auf 1378 Meter Seehöhe hinaufzieht. Aus dem Mühlviertel, das zum Granit- und Gneishochland der Böhmischen Masse gerechnet wird, strömen die Große und die Kleine Mühl, der Haselbach, die Waldaist und die Naarn der Donau zu. Dabei fällt auf, dass all diese Gewässer mehr oder weniger parallel in Nord-Süd-Richtung zur Donau hinfließen. Ganz Oberösterreich, abgesehen von kleinen Gebieten am Kamm des Böhmerwaldes, entwässert zur Donau und damit zum Schwarzen Meer. Das Donautal ist auch das tiefstgelegene Landschaftselement Oberösterreichs. An der Grenze bei Passau liegt es bei 292 Metern, beim Verlassen Oberösterreichs liegt die Donau auf nur noch 239 Meter Meereshöhe.

Das Mühlviertel gehört geographisch zu den mitteleuropäischen außeralpinen Mittelgebirgen und weist eine ganz typische leicht gewellte Landschaftsform auf; es erstreckt sich auf Höhen von etwa 300 bis 1000 Metern. Zwischen Passau und Linz durch-

Das Gipfelkreuz auf dem Plöckenstein

fließt die Donau ein teilweise enges Tal, hinter Linz verbreitert sich dieses im Machland. Die letzten 20 Kilometer Flusslauf vor der Grenze zu Niederösterreich, der Strudengau, sind wieder verhältnismäßig eng, tief eingeschnitten und waren bis in die jüngere Zeit für die Schifffahrt sehr gefährlich.

Südlich der Donau schließt sich mit dem Oberösterreichischen Alpenvorland eine Teilregion des Nördlichen Alpenvorlands an. Es ist wie das Mühlviertel hügelig, jedoch in großen Teilen in den Flussniederungen flach und landwirtschaftlich intensiv genutzt. Sein Untergrund besteht aus Abtragungsschutt der jungen Alpen (Molassezone). Zu diesem Vorland gehören die kleineren Bergzüge des teilweise bewaldeten Hausruck zwischen Ried und Vöcklabruck und der dicht bewaldete Kobernaußer Wald; beide erreichen bis 800 Meter Seehöhe. Das Oberösterreichische Alpenvorland wird im Westen von Inn und Salzach begrenzt, im Osten sind die Unterläufe von Traun, Steyr und Enns wichtige landschaftsbildende Elemente.

Südlich an das Oberösterreichische Alpenvorland schließen die Oberösterreichischen Alpen an. Zu diesen gehört ein Übergangsbereich, die sogenannte Flyschzone. Sie bildet landschaftlich einen bis zu 900 Meter hohen Mittelgebirgszug, der zwischen Mond- und Traunsee am stärksten ausgeprägt ist. Die Seen des Salzkammerguts liegen überwiegend innerhalb der Flyschzone. Unter ihnen ist der Attersee Österreichs größter See, denn der Neusiedler See wie der Bodensee liegen nicht zur Gänze auf österreichischem Boden. Südlich an die Flyschzone schließen die eigentlichen Alpen an, die in Oberösterreich vollständig der geologischen Struktureinheit der Nördlichen Kalkalpen angehören.

In Oberösterreich gehören das innere Salzkammergut, die Region um den Nationalpark Kalkalpen mit dem Pyhrn-Priel-Gebiet sowie die Eisenwurzen den nördlichen Kalkalpen an. In ihnen entspringen Enns, Traun und Steyr. In den Nördlichen Kalkalpen liegt mit dem 2998 Meter hohen Dachstein der höchste Berg Oberösterreichs – wie auch der Steiermark, da über seinen Gipfel die Grenze verläuft – und um ihn das einzige Gletschergebiet des Bundeslands. Oberösterreichs höchste Erhebung, die sich ganz auf dem Boden des Bundeslandes befindet, ist der Große Priel (2515 m).

Geologie

Die geographische Dreiteilung des Landes ist auch in dessen geologischen Aufbau wieder anzutreffen. Das Mühlviertel ist in seiner Gänze der Böhmischen Masse zuzurechnen, einem Gneis- und Granitareal, das der Sockel eines alten Faltengebirges ist. Dieses Faltengebirge entstand während der sogenannten Variskischen (varistischen) Orogenese in der Zeit von vor 420 Millionen Jahren bis 300 Millionen Jahren. Bei dieser Auffaltung, verursacht von der Kollision der Urkontinente Proto-Laurussia (Laurasia) und Proto-Gondwana, wurden teils auch bis eine Milliarde Jahre alte und damit weitaus früher entstandene Gesteine mit verfaltet und teils umkristallisiert. Es entstand das Variskische Gebirge, ein damaliges Hochgebirge, vom dem heute jedoch nur noch Reste seines Unterbaues existieren. Neben der Böhmischen Masse sind beispielsweise auch Schwarzwald, Spessart, Harz, Thüringer Wald und Erzgebirge solche Sockelreste des einst viel

Die geologische Struktur Österrreichs

weiter gespannten Variskischen Gebirges, das sich vom heutigen Spanien bis nach Osteuropa erstreckte. Granite und Gneise sind auch die wichtigsten vorkommenden Gesteine der anderen Mittelgebirge.

In der Böhmischen Masse befinden sich die ältesten Gesteine Österreichs. Während im Westen um den Plöckenstein Gneise – durch Druck und Temperatur im festen Zustand umkristallisierte Granite – überwiegen, sind im östlichen Teil des Mühlviertels die Granite meist unverändert. Hier tritt der sogenannte Weinsberger Granit auf. Dieses auch im Waldviertel verbreitete Gestein ist sehr grobkörnig und gehört einem mit über 5000 Quadratkilometern sehr ausgedehnten Tiefengesteinsmassiv an, dem Südböhmischen Pluton. Das Ausgangsmagma dieses Plutons drang vor etwa 320 Millionen Jahren auf und erkaltete in einer Tiefe zwischen 5 und 10 Kilometern. Durch Erosion wurden in der Erdgeschichte die überlagernden Gesteine abgetragen und/oder durch regionale Hebungen der Granit an die Oberfläche gebracht, was zur Herausbildung der Mühlviertler Hügellandschaft führte. Charakteristisch sind bei dieser Granitart die grau-rötlichen, bis zu fünf Zentimeter großen Kalifeldspatkristalle, die recht leicht verwitterbar sind und dann aus dem Gesteinsverband herausfallen, wodurch das ganze Gestein vergrust, also ›zerbröselt‹. Daher ist der Weinsberger Granit als Werkstein eher ungeeignet. Verwitterung von Graniten führt oft zu matratzenähnlichen, geklüfteten Formen, für die die Wissenschaft den Namen ›Wollsack-Verwitterung‹ verwendet und die im ganzen Mühlviertel häufig bei Granitgesteinen beobachtet werden können. Die Gesteine der Böhmischen Masse tauchen südlich der Donau steil unter die Molasse und die Kalkalpen ab, sind aber in Tiefen unterhalb von sieben Kilometern noch nachweisbar.

Bei der Kollision der beiden erwähnten Urkontinente wurden diese, etwa in der Zeit vor etwa 300 Millionen Jahren, zum Weltkontinent Pangaea vereinigt. Die Kollisions- und Aufschiebungsvorgänge dauerten zwar an, die riesige Masse begann aber nach und nach zu zerbrechen. Der damals weltumspannende Urpazifik bildete eine gewaltige Bucht in Pangaea aus und schnürte den Superkontinent dabei ab – erneut entstanden vor etwa 250 Millionen Jahren zwei Großkontinente. Diese Bucht verbreitete sich zur Tethys. Da aber gleichzeitig der neue Südkontinent Gondwana weiter nach Norden drang, wurde sie bald wieder verkleinert. In der Tethys, die sich damals im tropischen und subtropischen Klimabereich befand, erfolgte die Ablagerung von mehreren Kilometern mächtigen marinen Gesteinspaketen. In flacheren Tethyszonen konnten sich Korallenriffe entwickeln, anfangs waren beide Teilkontinente auch noch über einige wenige Landbrücken verbunden. In den Schelfbereichen lebte dem damaligen Klima entsprechend eine artenreiche Fauna und Flora. Deren kalkige Überreste – Schalen und anderes – sanken auf den Grund des Meers, häuften sich an und verfestigten sich. Zuweilen wurde dieses Material mit sandigen und tonigen Verwitterungsprodukten vermischt, die vom Festland durch die Flüsse in das Schelfmeer geschwemmt wurden. Aber vor etwa 150 Millionen Jahren begann auch Gondwana selbst auseinanderzufallen. Teile davon, das spätere Afrika wie auch Indien, drängten dabei nordwärts gegen Laurasia und ließen dabei die Rest-Tethys immer mehr zusammenschrumpfen. Bei dieser Bewegung wurden die Sedimente der Tethys zusammengestaucht, verfaltet und wie bei einer Tischdecke mit Faltenbildung übereinandergeschoben, wobei auch ältere – festländische – Gesteine Laurasias, die nicht aus der Tethys stammten, hineingerissen wurden. Gleichzeitig mit der Auffaltung setzte jedoch auch bereits der Abtragungsprozess ein. Das nach Norden hin transportierte Material wurde zunächst in den flachen und immer schmaler werdenden Tethysarm zwischen jungem Gebirge im Süden und Laurasia im Norden abgelagert; die weiter andauernde Auffaltung und Hebung sowie die ebenfalls weiter andauernde nordgerichtete Bewegung Afrikas ließ diesen Meeresarm damit bald verschwinden.

Im Molassebecken, dem heutigen Oberösterreichisches Alpenvorland, finden sich die erwähnten Flyschgesteine (Tone und Sandsteine). Direkt südlich schließen sich in den Nördlichen Kalkalpen die während der Ablagerung und durch den Druck der Faltungsprozesse verfestigten und umkristallisierten, durchschnittlich 200 Millionen Jahre alten marinen Ablagerungen der Tethys – Kalke, Dolomite, Schiefer – an, womit die geologische Dreiteilung Oberösterreichs nun entstanden war. Die Salzlager des Salzkammergutes bildeten sich als Ablagerungen in von den Weltmeeren abgeschnürten kleineren Meeresbecken zum weitaus überwiegenden Teil in der jüngeren Perm-Zeit vor etwa 260 bis etwa 250 Millionen Jahren sowie mit Unterbrechung in der frühen Trias (vor ca. 250–244 Millionen Jahren). Bei der Alpenauffaltung wurden dann diese älteren Salzschichten in die anderen Gesteine gleichsam mit verknetet.

Die ganzen jüngeren Aufschiebungsprozesse – alpidische Orogenese genannt – dauerten in ihrer Hauptaktivität bis etwa vor 15 Millionen Jahren an, sind aber auch heute noch zu beobachten. Der höchst komplizierte Gebirgsbau der Alpen ist den Überschiebungs- und Deckenbildungsvorgängen der Auffaltungsprozesse zuzuschreiben. Das heutige Mittelmeer ist der letzte Rest jener Tethys, die Alpen bilden den aufgefalteten ehemaligen Boden dieses Meeres. Die mesozoischen Korallenriffe finden sich verfestigt unter anderem am Gosau- und Dachsteinkamm. Aus den in der Tethys abgelagerten Gesteinen, aus ihr angrenzenden Festlandsfragmenten und aus kontinentalen Gesteinen des Palaozoikums, die bei der Gebirgsbildung (Orogenese) in Mitleidenschaft gezogen wurden, erwuchs in den letzten 100 Millionen Jahren eine gewaltige Faltengebirgskette, die sich von den Pyrenäen über Alpen, Karpaten, Kleinasien und den Kaukasus bis zum Himalaya erstreckt. Mit den erwähnten plattentektonischen Prozessen ist ein einst etwa 1000 Kilometer breites Stück Meeresboden zu einem etwa 100 Kilometer breiten Faltengebirge aufgeschoben worden.

Die jüngsten erdgeschichtlichen Prozesse erfolgten während der Eiszeit. Die Alpen waren annähernd vollständig vergletschert, die Gletscherzungen stießen hierbei weit in die Täler vor. Im Gebiet des späteren Oberösterreichs stießen der Dachstein- und der Salzachgletscher wiederholt aufgrund sich abwechselnder Kalt- und Warmzeiten nach Norden vor und erodierten den Untergrund. Hausruck und Kobernaußerwald wurden jedoch nicht überfahren und abgetragen. Das spätere Salzkammergut wurde durch den Salzachgletscher überprägt; bei dessen Abschmelzen wurden lokal im weicheren Untergrund einzelne größere und kleinere Becken ausgebildet. Aus diesen gingen die Seen des Salzkammerguts hervor.

Tier- und Pflanzenwelt

Die geographisch-geologische Dreiteilung des Landes mit den ihr innewohnenden Höhenunterschieden zwischen 240 und 3000 Metern Meereshöhe ließ in Oberösterreich auf verhältnismäßig kleinem Raum eine große Vielfalt an Pflanzenarten entstehen. Eine Besonderheit sind dabei 1800 Arten von Gefäßpflanzen: Bärlapp, Farne, Moose. Im Alpen- und Voralpenraum sind die Bergwälder meist Mischwälder aus Tannen, Fichten und Lärchen; Eichen und Linden sind seltener anzutreffen. In den höheren Lagen treten auch Zirben und Latschen (Legföhren) auf. Bergblumen sind Enzian, Frauenschuh, die alpinen Primeln und selten der Eisenhut. Interessanterweise tritt das Edelweiß östlich des Dachsteins in den Alpen nicht mehr auf.

Berühmt ist der Fischreichtum der Seen des Salzkammerguts. Forelle, Saibling, Äsche und Lachs kommen am häufigsten vor. In den Bergen trifft man auf Mufflon und Alpenmurmeltier, Hirsche und Rehe sind sehr häufig, Gemsen sind zwar nicht selten, jedoch nur selten zu beobachten. In den 1950er Jahren hatte die Gamsräude den Bestand sehr dezimiert. Habicht, Bussard und in den höheren Lagen auch der Adler sind die wichtigsten ›Lufttiere‹. Oberösterreich weist sehr viele Schutzgebiete auf: den Nationalpark Kalkalpen, dann vor allem 109 Naturschutzgebiete und 16 Landschaftsschutzgebiete.

Charakteristisch für die Alpen:
das Murmeltier

Bedeutendste Industrieanlage des Landes: das voestalpine-Werk in Linz

Wirtschaft und Tourismus

Oberösterreich ist nach Wien das Zentrum der österreichischen Industrie, hier liegen die führenden Wirtschaftsstandorte des Landes. Fast ein Drittel der gesamten österreichischen Exportsummen werden hier erwirtschaftet. Knapp 69 000 Betriebe mit etwa 530 000 Beschäftigten lassen ein Bruttoregionalprodukt von 32,6 Milliarden Euro entstehen. Am bedeutendsten sind die Metallindustrie (voestalpine in Linz), der Fahrzeugbau mitsamt Zulieferfirmen (unter anderem BMW in Steyr, Miba in Laakirchen, Reformwerke Wels), die Chemie- und Papierindustrie (unter anderem die Lenzing AG in Lenzing, Borealis in Linz), der Maschinen- und Anlagenbau (unter anderem Engel Austria in Schwertberg, Plasser & Theurer in Linz) und die Nahrungs- und Genussmittelerzeugung (etwa Berglandmilch in Aschbach, Brau Union in Linz). Die Rohstoffgewinnung spielt eine eher geringe Rolle: Der Braunkohlenabbau im Hausruck wurde 1995 eingestellt, Erdöl- und Erdgasgewinnung ist auf kleine lokale Vorkommen im Alpenvorland beschränkt. Natursteinabbau (Granit) findet aber im südlichen Mühlviertel und im Donautal verstärkt statt, an die Granitvorkommen sind geologisch die Kaolinvorkommen von Tragheim und die Quarzvorkommen von St. Georgen an der Gusen gebunden. Kulturgeschichtlich und auch aktuell noch bedeutsam ist der Salzabbau in Hallstatt und der von Bad Ischl. Das Salz wird zur Sole verwandelt und in Ebensee in den Werken der Salinen Austria weiterverarbeitet.

Der Tourismus spielt vor allem im Voralpen- und Alpengebiet – Innviertel, Salzkammergut, Dachstein, Kalkalpen – eine sehr wichtige Rolle, gut 20 Prozent des Bruttoregionalprodukts werden durch den Tourismus erwirtschaftet. Er ist auch im Mühlviertel ein sehr wichtiger Wirtschaftsfaktor, doch wird dieses beispielsweise im Vergleich zum Salzkammergut von weniger Touristen aufgesucht. In ganz Oberösterreich wurden 2016 über sieben Millionen Nächtigungen verzeichnet.

Klima und Reisezeit

Oberösterreich liegt anders als das östliche Österreich nur im Bereich atlantischen Klimaeinflusses, innerhalb dessen im Rahmen von Kaltlufteinbrüchen aus Nordwesten große Regenmengen im Alpenvorland und am Alpenrand fallen können. Die Regenfälle können je nach Region sehr ergiebig ausfallen, die Anzahl der Regentage ist aber nicht bemerkenswert hoch.

Das wärmste Gebiet in Oberösterreich ist das Linzer Becken mit einem Jahresmittel von rund neun Grad Celsius. Mit Ausnahme der Gebirge liegen die Durchschnittstemperaturen in den anderen Landesteilen zwischen sechs und acht Grad Celsius. In 2000 Metern Höhe beträgt die Jahresdurchschnittstemperatur etwa ein Grad. Die Gebirgsregionen mit ihrem alpinen Klima sind durch kurze, oft kühle und feuchte Sommer sowie lange, sehr kalte, niederschlagsreiche Winter gekennzeichnet. Die Durchschnittstemperaturen sind entsprechend niedrig. In 1000 Meter Höhe werden im Sommer 13 bis 15 Grad, im Winter -4 bis -6 Grad erreicht. Über 2200 Meter werden im Jahresmittel sogar weniger als 0°C gemessen; oberhalb von 2700 bis 3000 Meter liegt ganzjährig Schnee.

Die niederschlagsärmsten Gebiete mit Jahresniederschlagsmengen zwischen 750 und 800 Millimetern liegen im östlichen Mühlviertel (Feldaistsenke) und im Eferdinger Becken. In den höheren Bergregionen des Mühlviertels und des Sauwaldes sowie im Alpenvorland fallen etwa 1000 Millimeter Niederschlag pro Jahr. In den Bergen werden oberhalb von 1500 Metern Seehöhe Jahresniederschläge von 2000 Millimetern und mehr gemessen.

Die beste Reisezeit liegt zwischen Mai und Mitte Oktober. In den höheren Lagen des Mühlviertels bleibt der Schnee lange liegen, und auch im Süden Oberösterreichs im höheren Salzkammergut und dem Dachsteingebiet sowie dem Nationalpark Kalkalpen kann selbst noch Mitte Mai so viel Schnee liegen, dass keine Wanderung möglich ist. Im alpinen Bereich kann Mitte Oktober schon der Schneefall wieder einsetzen. Hallstatt und das Gosaugebiet brauchen nicht vor Mitte Mai besucht werden. Während in anderen höheralpin gelegenen Regionen Österreichs wie Vorarlberg, Tirol, Kärnten einige Passstraßen und viele Hütten

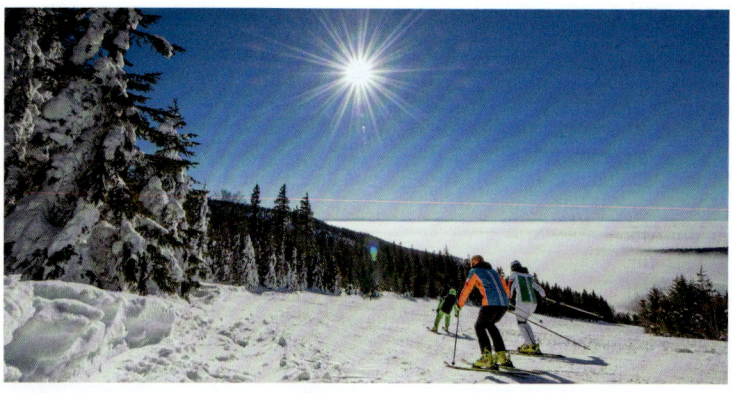

Am Hochficht

bis Mitte Juni geschlossen sind, gilt dies in Oberösterreich nur in eingeschränktem Maß für die Berghütten des höheren Salzkammerguts um Hallstatt und den Dachstein. Der Pötschenpass, der das Ischler Gebiet mit der Steiermark verbindet, ist nur selten geschlossen.

Die Seen des Salzkammerguts können auch im Juni noch kühl sein, dort beginnt die Badezeit meist erst mit dem Juli. Sicherlich sind August und September die idealen Reisemonate, doch wegen der Schul- und Sommerferien kann es dann im ganzen Land an den wichtigen touristischen Orten sehr voll werden. Mühl- und Innviertel sind jedoch auch in den Sommermonaten nie überlaufen.

Daten zum Klima in Linz

Monat	max. Temp in °C	min. Temp in °C	Sonnenstunden	Regentage	Luftfeuchtigkeit in %
Januar	0	-6	2	17	87
Februar	3	-5	3	17	84
März	9	-1	5	15	75
April	14	3	6	15	73
Mai	19	7	7	16	72
Juni	22	11	7	17	75
Juli	24	12	7	16	77
August	23	12	7	17	80
September	20	9	6	13	81
Oktober	13	4	4	12	84
November	6	0	2	15	86
Dezember	2	-4	1	17	86

Bevölkerung und Sprache

Zum 1. Januar 2020 lebten in Oberösterreich offiziell 1 490 279 Personen. Von diesen stammen aus anderen EU-Ländern und der Schweiz 94 944 (6,41 %) Personen, 94 112 (6,35 %) kommen aus Drittstaaten. 2001 wurde zum letzten Mal in Österreich auch die Religionszugehörigkeit erhoben. In jenem Jahr gehörten 79,4 % der Bevölkerung der römisch-katholischen Kirche an, 4,4 % (rund 61 000 Personen) bekannten sich zur evangelisch-lutherischen Kirche, 4,0 % zum Islam, 8,8 % gaben an, keinem Bekenntnis anzugehören, der Rest enthielt sich. Innerkirchliche Erhebungen ergaben, dass bis 2020 der Anteil der Katholiken auf 63 % gefallen ist. Grund dafür ist unter anderem die Zuwanderung aus islamischen Ländern. Als Minderheiten anerkannte Volksgruppen gibt es in Oberösterreich nicht.

In Oberösterreich spricht man Deutsch mit mittelbairischem Dialekt, der an der Alpennordseite entlang von Isar und Donau gesprochen wird. Charakteristisch für den mittelbairischen Dialekt ist die Vokalisierung von l und r nach e oder i. Zum Beispiel wird das Hochdeutsche viel entweder zu vui (im Westmittelbairischen) oder zu vüü (im Ostmittelbairischen). Harte Konsonanten wie p, t, k werden erweicht und zu b, d, g. Die mittelbairische Dialektgruppe ist in den Medien die gleichsam standardisierte süddeutsch-österreichische Sprachweise, gilt aber keineswegs als bäuerisch-weltfern.

Geschichte Oberösterreichs

Die Geschichte des Landes Oberösterreich ist eng mit der österreichischen Geschichte verbunden und somit in ihrer Allgemeinheit der Geschichte anderer Bundesländer recht ähnlich. Eine Besonderheit stellt allerdings die Verknüpfung mit Baiern dar. Das Mühlviertel war bis ins 12. Jahrhundert Baiern zugehörig, dann kam es an die Babenberger und 1278 an Habsburg. Das Innviertel war sogar bis 1779 baierisches Territorium und wurde erst danach Teil des Habsburgerlandes.

Von der Urzeit bis zum Mittelalter

Mit gewisser Sicherheit lebten auf dem Gebiet des späteren Oberösterreich schon vor 130 000 Jahren erste Menschen (Neandertaler). Die ältesten archäologischen Funde von Steinwerkzeugen aus dem Toten Gebirge und dem Donauraum weisen eine dortige Besiedlung bereits in der Zeit von vor 65 000 bis vor etwa 30 000 Jahren nach. Seit etwa 4000 v. Chr. waren die damaligen Bewohner sesshaft, wie die Pfahlbaukulturen an den Seen des Salzkammerguts bezeugen.

Im ersten vorchristlichen Jahrtausend bestand in Zentraleuropa eine vermutlich keltisch geprägte Zivilisation, die Hallstattkultur. Die Menschen jener Epoche bauten ab 1000 v. Chr. im inneren Salzkammergut Salz ab (→ S. 252). Seit etwa 500 v. Chr. bestand im nördlichen Alpenraum der Keltenstaat Noricum – das älteste Staatsgebilde der Alpen. Noricum erstreckte sich von den bairischen Gebieten östlich des Inns über annähernd ganz Österreichs in seiner heutigen Gestalt bis in den Norden des heutigen Slowenien.

Um die Zeitenwende eroberten die Römer diese Landstriche und machten aus ihnen sowie einigen Randgebieten eine nun gleichfalls Noricum genannte Provinz. Die keltische Stammbevölkerung, die schon länger hier lebte, wurde dabei vollständig unterworfen. Die römische Provinz Noricum umfasste die heutigen österreichischen Bundesländer Kärnten, Salzburg, Ober- und Niederösterreich, die Steiermark sowie den baierischen Südosten um den Chiemsee. Was später zu Oberösterreich werden sollte, trug um die Mitte des 3. Jahrhunderts den Namen ›noricum ripense‹, also Ufernoricum, weil es beiderseits der Donau lag. Der damals regierende Kaiser Diokletian machte in diesem Provinzteil die Siedlung Ovilava, die später zu Wels werden sollte, zur Hauptstadt.

Bedeutender war aber Lauriacum – heute der Ennser Ortsteil Lorch –, da es ein großer Militärstützpunkt war. Im 4. Jahrhundert lebten 30 000 Personen hier. Bekannt ist Lauriacum auch durch den Märtyrertod des später heilig gesprochenen zum Christentum übergetretenen Römers Florian, der hier in der Enns ertränkt wurde (→ S. 184). In Lauriacum wurde um 370 auch die nachweislich erste christliche Kirche auf dem Gebiet des späteren Österreich gebaut, bis zum Ende des 5. Jahrhunderts war es sogar Bischofssitz.

In jenen Jahren ging es mit dem Römischen Reich zu Ende; Hunnen, Ost- und Westgoten, Langobarden und andere Völker zogen im Zuge der sogenannten Völkerwanderung durch Zentraleuropa. Nach dem großen Hunneneinfall im Jahr 451 waren Ufernoricum verwüstet, Ovilava und Lauriacum teils niedergebrannt.

Das Wappen der Babenberger

Sie waren jedoch einzige einigermaßen befestigte Zufluchtsmöglichkeit für die Zivilbevölkerung, die der heilige Serverin hier zusammenrief. In der Folge dieser Ereignisse ließ der römische Statthalter Odoaker, der germanischer Herkunft war, im Jahr 488 Noricum von der Bevölkerung räumen – wahrscheinlich aber nur Adel, Offiziere und Klerikale. Unbekannt ist, was letztlich aus der römisch-keltischen Bevölkerung der Provinz wurde und wo sie großteils hinzog. Zumindest gilt für das Innviertel und den Attergau, dass die dort Ansässigen meist nicht flüchteten. Das Römische Reich zerfiel – letztlich existierte es nur als Ostrom mit seiner Hauptstadt Konstantinopel weiter.

Vom frühen Mittelalter bis zur Reformation

Seit dem 6. Jahrhundert begannen aus dem Osten einströmende slawische und ugrische Völker, unter anderem Awaren, die fast menschenleeren Römergebiete des Alpenraums zu besetzen und wieder zu besiedeln. In Baiern entstand um die gleiche Zeit ein erstes Herzogtum. Es wurde von der Stammesdynastie der Agilolfinger geführt, die ihren Hauptsitz in Regensburg hatte. Donauabwärts erweiterten sie nach und nach ihren Machtbereich und ließen Siedler, die Bajuwaren, aus ihrem ursprünglichen Herrschaftsgebiet nachziehen. Etwa um 750 waren die Baiern ostwärts bis zur Enns vorgedrungen, 777 gründete der Baiernherzog Tassilo III. das Stift Kremsmünster. Karl der Große okkupierte aber um 788 das Herzogtum Baiern und gliederte es seinem Frankenreich an. Als dessen östliche Grenzmarken entstanden Karantanien, das spätere Kärnten, und nordöstlich davon die Awarenmark. Karl schnitt auch aus Baiern das spätere Mühlviertel und den Traungau heraus und gliederte sie der Awarenmark an. So waren es auch baierische Truppen, die 907 nahe des späteren Pressburg (heute Bratislava) einem einfallenden Ungarnheer gegenübertraten, dort aber vernichtend geschlagen wurden. Die Enns blieb weiterhin mehr oder weniger die Ostgrenze des wegen vieler Nachfolgekonflikte zerfallenden Frankenreichs. Mit der vollständigen Niederlage der Ungarn gegen die Heere König Ottos I. auf dem Lechfeld bei Augsburg im Jahr 955 war die größte Bedrohung jener Zeit für lange Zeit gebannt.

Eine große kulturhistorische Rolle hatte – unabhängig von den Konflikten mit Karl und mit den Ungarn – längere Zeit schon Salzburg inne, das um 700 auf den Resten der Römerstadt Iuvavum als Bischofssitz entstanden war. Von Salzburg aus erfolgte die Christianisierung und Kolonisierung des späteren Oberösterreichs. Sein Nordteil wurde von Passau aus kolonisiert und christiani-

König Přemysl Ottokars Sohn Wenzel bittet Rudolf von Habsburg um die Leiche seines 1278 in der Schlacht bei Dürnkrut gefallenen Vaters, Bild von Anton Petter (1826)

siert, das seit 739 Bischofssitz war. Von beiden geistigen Zentren gingen bedeutende kulturelle und spirituelle Impulse in den oberösterreichischen Raum aus.

Im Jahr 976 wurde das bis dahin kaum bekannt gewordene Geschlecht der Babenberger von Kaiser Otto II. mit der Herrschaft über die ›Marchia orientalis‹ belehnt. Der Begriff lässt sich mit ›östliche Mark‹ oder ›Ostmark‹ übersetzen und meint das Grenzland gegen Osten. Dieses Gebiet grenzte auf etwa 100 Kilometern Länge an die Ostgrenze des damaligen Baiern an. Zu dieser Ostmark gehörten auch Teile des nachmaligen Mühlviertels. Aus dieser Ostmark sollte sich später ›ostarrichi‹, das Ostreich, also Österreich entwickeln. Die Babenberger herrschten bis 1246 über Österreich, das damals fast nur aus Niederösterreich und Teilen der Steiermark bestand. Das bayerische Grafengeschlecht derer von Lambach kam 1035 in den Besitz des Traungaus. Hauptsitz der Lambacher, denen bald die Familie der Otakare folgte, war Steyr. Große Teile der späteren Steiermark wie auch des südlichen Oberösterreich gehörten in jenen Jahren zum Herzogtum Steier mit der Hauptstadt Steyr, das nördliche Oberösterreich war in babenbergischem Besitz. Babenberger und Otakare standen bis in die zweite Hälfte des 12. Jahrhunderts unter der Lehenshoheit der Baiernherzöge.

Ein einschneidendes Ereignis war die Verabschiedung der Georgenberger Handfeste im Jahr 1186 auf dem Georgenberg in Enns. Mit diesem Vertrag kam die Steiermark wie auch das spätere südliche Oberösterreich in Babenbergerschen Besitz – denn das Geschlecht der Otakare war dabei, ›im Mannesstamm zu erlöschen‹: der 29-jährige Otakar IV. war durch eine schwere Krankheit zeugungsunfähig geworden. Mit seinem Tod 1192 gewann der Babenberger Leopold V. umfangreiche Ländereien hinzu, so gut wie das ganze spätere Oberösterreich war babenbergisch geworden. Dies verursachte den Zorn der Baiern. Wiederholt drangen sie in das Babenbergergebiet ein, auf das sie, wie sie meinten, die älteren und gerechtfertigsten Ansprüche besaßen. Baiernherzog Otto II. (1206–1253) drang ins Traunviertel vor, besetzte Wels und zerstörte das junge Stift Lambach.

Doch 1246 starben auch die Babenberger aus. Ihr letzter Spross, Herzog Friedrich der Streitbare, fiel in einer Schlacht gegen die Ungarn. Eine Zeit großer innen- und außenpolitischer Wirren begann, auch um das wirtschaftlich so wichtige innere Salzkammergut, um das auch ein weiterer Gegner, der Erzbischof von Salzburg, zu streiten begann. Erneut drangen die Baiern ins oberösterreichische Babenbergerland ein, Kaiser Friedrich II. setzte Otto II. als kommissarischen Statthalter ein, die Baiern besetzten Enns und Linz. Das politische Vakuum nach dem Aussterben der Babenberger spülte auch den späteren Böhmenkönig Ottokar II. Přemysl (1232–1278) ins Land. Komplizierte Verwandtschaftsverhältnisse – Friedrich des Streitbaren Nichte Gertrud hatte gleich 1246 Ottokars Bruder Vladislav geheiratet, der allerdings schon 1247 verstorben war – ließen Ottokar den Anspruch auf das gesamte Babenbergergebiet erheben, zu dem jetzt Niederösterreich, die spätere Steiermark und das künftige Oberösterreich gehörten. Ottokar wurde ganz legal 1251 Herzog von Österreich, 1261 Herzog der Steiermark, 1269 Herzog von Kärnten und Krain. Allerdings trennte er in zwei Verträgen mit Ungarn 1254 und 1261 den Traungau und andere Teile des späteren Oberösterreich von der Steiermark ab und schuf ein eigenständiges Fürstentum ›Ob der Enns‹. Daher gelten diese beiden Jahre als ›Gründungsjahre‹ Oberösterreichs. Denn die Ungarn hatten sich zum Kampf gegen Ottokar mit den Baiern zusammengetan, da ihnen dessen schnell anwachsende Machtfülle als Bedrohung erschien. Ottokars offenkundiges Streben nach der Kaiserkrone des Heiligen Römischen Reiches verursachte auch anderswo Angstgefühle, denn als man 1273 den bis dato ganz unbekannten und unbedeutenden Rudolf von Habsburg zum deutschen König wählte, erkannte er diesen nicht an. Aufgrund älterer angeblicher Vertragsunstimmigkeiten forderte Rudolf im Gegenzug von Ottokar die Rückgabe angeblicher unmittelbarer Reichsterritorien – eben Österreich, die Steiermark, den Traungau und das böhmische Egerland. Ottokar unterlag dabei seinem Gegner in einer Reichsgerichtsverhandlung, die diese Fragen klären sollte, und musste 1276 in einem Friedensvertrag auf seine neuen Territorien verzichten. 1278 versuchte er mit Waffengewalt jedoch deren Wiedererlangung. Bei Dürnkrut, etwa 50 Kilometer nordöstlich von Wien, trafen die Heere Ottokars und Rudolfs aufeinander. Ottokar fiel in der Schlacht, seine in den letzten 25 Jahren erworbenen Territorien wie auch das innere Salzkammergut gingen in den Besitz des Hauses Habsburg über. Damit begann die Herrschaftszeit der Habsburger über die bisherigen österreichischen Lande; sie dauerte bis zum Zerfall der Monarchie im Jahr 1918.

Oberösterreich blieb aber auch nach Ottokars Tod ein eigenständiges Fürstentum, wenngleich dort erst ab 1329 ein eigener Landeshauptmann regierte. Unmittelbare Landesherren wurden in der Folgezeit diverse Habsburgerherzöge.

Allerdings starb die auf Rudolfs Sohn Albrecht V. zurückgehende ›albertinische‹ Linie der Habsburger mit dem Tod des Herzogs Ladislaus Postumus (1440–1457) aus. Ab 1379, mit der sogenannten Neuberger Teilung, war die habsburgische Herrschaft aufgeteilt: die albertinische Linie regierte die beiden Fürstentümer ob und unter der Enns (Ober- und Niederösterreich), eine leopoldinische Linie herrschte über die Steiermark, Kärnten, Krain, Tirol und einige Vorlande. Erzherzog Albrecht VI. (leopoldinisch) übernahm 1457 Oberösterreich (›ob der Enns‹), sein Bruder Friedrich III. (1415–1493, seit 1440 deutscher König, seit 1452 auch deutscher Kaiser) erhielt Österreich unter der Enns (Niederösterreich). De jure galten die beiden Länder als ein Erzherzogtum. Daher konnte Friedrich Linz als seine Residenzstadt erwählen, vor allem aber, da Albrecht schon 1463 starb und Friedrich auch seinen Landesteil offiziell übernahm.

Kaiser Friedrich III., vermutlich von Thoams Burgkmaier (um 1470)

1478 erfolgte die Teilung des Landes ob der Enns in die ursprünglichen vier Viertel Mühl-, Machland- Hausruck- und Traunviertel. Das Machlandviertel ging später im Mühlviertel als dessen Osthälfte auf, das Innviertel gehörte bis 1779 zu Bayern. Man kann mit Fug und Recht sagen, dass Linz von 1484 bis 1493 die kaiserliche Hauptstadt des Heiligen Römischen Reichs gewesen ist. Kaiser Friedrich residierte ab 1484 hier, da Wien zu dieser Zeit vom Ungarnkönig Mathias Corvinus besetzt war. Friedrichs III. Sohn, Maximilian I., übernahm 1493 nach des Vaters Tod die österreichischen Erblande ob und unter der Enns; 1490 war auch die Wiedervereinigung der beiden Linien erfolgt: der Leopoldiner Herzog Sigmund von Tirol übergab die Herrschaft über sein Gebiet an Maximilian. Maximilian wurden 1506 unter anderem die bis dato baierischen Gebiete um den Mondsee und St. Wolfgang und die Region um Kufstein überlassen. Dies geschah aufgrund seiner für alle Beteiligten zufriedenen Schlichtungstätigkeit im Landshuter Erbfolgekrieg (1504/05), der einsetzte, nachdem die Linie Bayern-Landshut ausgestorben war und Bayern-München auf deren

Maximilian I., Portrait von Albrecht Dürer (1519)

Gebiete Anspruch erhob. Maximilians chronischer Geldmangel brachte es jedoch mit sich, dass die Gebiete bis 1565 dem Bistum Salzburg verpfändet blieben. Maximilian hielt sich in Oberösterreich zwar nicht so oft wie in Tirol auf, da er Innsbruck zu seiner kaiserlichen Hauptstadt erwählt hatte, weilte aber oft in Gmunden und am Wolfgangsee. Zu Lebzeiten seines Vaters Friedrich hielt er sich überwiegend in Linz auf. Maximilian starb in am 12. Januar 1519 in Wels, kaum 60-jährig, vermutlich an Darmkrebs, als er sich auf der Reise von Innsbruck zum Landtag nach Linz befand. Er wurde in Wiener Neustadt beigesetzt, sein monumentales Grabmal in der Innsbrucker Hofkirche ist leer.

Maximilian wird oft der ›letzte Ritter‹ genannt, da seine Regierungszeit in der Übergangszeit vom Mittelalter zur Neuzeit liegt. Vielleicht ist es daher fast selbstverständlich, dass mit seinem Tod die Reformation auch in die Habsburgerlande einzog.

Reformation und Gegenreformation

Die Lehre Luthers wurde im streng römisch-katholischen Habsburgerreich fast gierig auf- und angenommen. Um 1550 waren die Steiermark, Tirol, Kärnten und die Fürstentümer ob und unter der Enns mehrheitlich protestantisch geworden, nicht zuletzt weil in den Jahrzehnten davor viele Lutherische ins Land gekommen waren: deutsche Bergleute aus dem Harz und dem Erzgebirge, von denen viele im Salzabbau im Salzkammergut tätig waren. Obrigkeit und katholischer Klerus sahen dies mit äußerstem Missvergnügen, zögerten aber noch, etwas gegen diese Veränderungen zu unternehmen. 1564 kam es durch die sogenannte Ferdinandeische Hausordnung erneut zu einer Teilung der Habsburgerlande. In dieser verfügte Maximilians Enkel Ferdinand I., der ihm als deutscher Kaiser und Herr der österreichischen Erblande nachgefolgt war, testamentarisch, dass nach seinem Tode die habsburgischen Lande dreigeteilt werden sollten, um Erbstreitigkeiten zwischen seinen Söhnen zu vermeiden. Mit dieser Teilung erhielt Ferdinands Sohn Maximilian II. (1527–1576) die Fürstentümer ob und unter der Enns sowie auch Böhmen und Ungarn, die durch Erbvertrag 1526 auch habsburgisch geworden waren. Bruder Ferdinand II. erhielt Tirol und die sogenannten Vorlande, der dritte Bruder Karl II. übernahm Innerösterreich, also Steiermark, Kärnten, Krain und alle Küstenregionen. Mit dieser Teilung wurde aber die erwähnte Vereinigung der bis dahin getrennten albertinischen und leopldinischen Linien, die Fried-

Rudolf II., Portrait von Joseph Heintz d. Ä. (1594)

rich III. 1490 veranlasst hatte, wieder rückgängig gemacht. Doch die Verfügung Ferdinands I. war verbindlich: Maximilian II. wurde Landesherr von Oberösterreich und auch zum deutschen Kaiser gewählt. Er starb 1576, gerade 50-jährig. Ihm folgte sein ältester Sohn Rudolf V. (1552–1612) als Kaiser Rudolf II. nach, sein zweiter Sohn Ernst (1553–1595) wurde Herzog von Innerösterreich und Österreich unter der Enns, Landesherr Oberösterreichs wurde Rudolf. Rudolf verlegte seine Residenz 1583 nach Prag und neigte selbst zum Protestantismus. Damit war staatlicherseits der lutherischen Lehre noch kein großer Gegner erwachsen. Aber sein Bruder Matthias (1557–1619) war von 1583 bis 1593 Statthalter in Linz und bemerkte voll Ingrimm, dass die inzwischen überwiegend protestantische Bevölkerung aufzubegehren begann, da sie unter anderem die hohen Steuerlasten wegen der Türkenverteidigung nicht mittragen wollte. Denn allenthalben bedrängten die Heere des Osmanischen Reichs die habsburgischen Lande. Schon 1529 hatten sie, allerdings erfolglos, Wien belagert. Matthias wollte zumindest innenpolitisch stabile Zustände schaffen und konnte daher keine abweichende Glaubensrichtung zulassen. Denn die protestantischen Stände im Heiligen Römischen Reich und in Österreich waren sehr selbstbewusst geworden und traten mit allerlei Forderungen gegenüber dem Landesherrn und dem deutschen Kaiser auf. Matthias überzeugte Rudolf, den Protestantismus eindämmen zu müssen. Der Feuerkopf Matthias und der psychisch labile, eher introvertierte und entscheidungsschwache Rudolf gerieten in machtpolitischen Zwist. Franz Grillparzer hat den Kampf der beiden in seinem Drama ›Ein Bruderzwist in Habsburg‹ (1848) literarisch überhöht.

Mit dem Kampf gegen die Protestanten setzte die Gegenreformation ein. Allenthalben wurden protestantische Geistliche nach und nach ihrer Ämter enthoben, in vielen oberösterreichischen Gemeinden erschienen plötzlich katholische Pfarrer und übernahmen die Funktionen der protestantischen. In Böhmen kam es zu Aufständen des überwiegend protestantischen Adels, dessen Privilegien nach Rudolfs Tod 1612 durch den neuen Kaiser und böhmischen König Matthias beschnitten wurden. Die oberösterreichischen protestantischen Stände verbanden sich 1619, als nach Matthias' Tod sein Neffe Ferdinand II. böhmischer König und deutscher Kaiser wurde, mit dem böhmischen Adel im Kampf gegen Habsburg. Diese Auseinandersetzung war zunächst nur ein Kampf gegen eine Konfession, wurde aber für die Böhmen bald eine um die eigene Unabhängigkeit. Mit dem Prager Fenstersturz vom 23. Mai 1618, als Vertreter der protestantischen Stände zwei kaiserliche Statthalter aus einem Fenster des Hradschin warfen, begann der Dreißigjährige Krieg. Es war zunächst ein Konfessionskrieg, der aber bald zu einem europaweiten Machtspiel ausartete, den halben Kontinent in Trümmer legte und letztlich 1648 mit einem Pattfrieden endete.

Ferdinand II. hatte im Kampf gegen die böhmischen und oberösterreichischen Stände 1619 katholische bayerische Truppen, die unter dem Kommando des Generals Johann Tserclaes von Tilly standen, zu Hilfe gerufen. Sie schlugen die Aufstände brutal nieder. In Folge okkupierten die Bayern Oberösterreich, da es wegen fehlender Mittel für die nötigen Soldzahlungen gleichzeitig an den bayerischen Kurfürsten verpfändet worden war. Und die bayerischen Besatzer gingen nicht zimperlich gegen die Bevölkerung vor, vor allem da man in jedem

Ferdinand II. um 1615, Urheber des Portraits unbekannt

protestantischen Bauern einen potentiellen Landesverräter sah. Im Februar 1625 forderte Ferdinand II. im sogenannten ›Pardonierungsdekret‹ die vollständige Unterwerfung der Stände unter das Haus Habsburg und zwang sie, Abbitte zu leisten. Protestantische Adelige wurden vor die Wahl gestellt, entweder zu konvertieren oder das Land zu verlassen. Diese Option hatten die Bauern nur eingeschränkt. Sie erfuhren alle Missachtung und Ausbeutung durch die bayerischen und habsburgischen katholischen Mächte. Letztlich wüteten die Bayern so arg im Land, dass es selbst Kaiser Ferdinand zu viel war, vor allem als er bemerkte, dass die Bayern keineswegs die Absicht hatten, das Land schnell wieder zu räumen.

Der Oberösterreichische Bauernkrieg

Es war kein Wunder, dass wie 100 Jahre zuvor die deutschen Bauern sich auch die oberösterreichische Bauernschaft in einem Akt der Verzweiflung gegen die katholischen Peiniger und Besatzer erhob – mit nur wenig Aussicht auf Erfolg. Einer der Auslöser, der die Lunte zündete, war das sogenannte Frankenburger Würfelspiel. Damit wird ein Ereignis vom 15. Mai 1625 bezeichnet: Der bayerische Statthalter Adam von Herberstorff trieb bei Frankenburg nahe Vöcklabruck 5000 Männer zusammen, um sie als Aufrührer und Rädelsführer zu bestrafen. Denn kurz davor war es im Ort zu einem bewaffneten Aufstand und zu einer Belagerung des örtlichen Schlosses gekommen, als ein katholischer Pfarrer den protestantischen ablösen wollte und verjagt wurde. Bereits im Januar hatte sich in Natternbach nahe der Donau ein ähnlicher Vorfall ereignet. 36 Personen, die als Anführer angeklagt waren, mussten nun paarweise um ihr Leben würfeln – 17 wurden alsbald gehängt. In der gepeinigten Bauernschaft fanden sich zwei mutige Männer, die jetzt begannen, einen wirklichen Aufstand vorzubereiten. Adam von Herberstorff (1575–1629) war übrigens ursprünglich ein Steirer, Protestant wie seine ganze Familie und zunächst im Dienst des protestantischen Fürsten und Pfalzgrafen Philipp Ludwig in Neuburg/Donau gewesen. Als dieser starb und auf seinem Besitz ein katholischer Adeliger nachfolgte, entschloss er sich zu konvertieren und fortan sein Leben dem Kampf gegen die ›Lutherpest‹ zu weihen. Mit solchem opportunistischen Eifer ausgestattet, fiel er bald dem bayerischen Kurfürsten auf, der ihn als höchst befähigt ansah und ihn zum Statthalter der neu zu verwaltenden Lande ob der Enns machte. Adam von Herberstorff liegt in der Pfarrkirche von Altmünster am Traunsee begraben.

›Der Sturm auf Peuerbach‹, Zinnfigurendiorama im Bauernkriegsmuseum des Schlosses Peuerbach

Gut ein Jahr machten sich nun Stefan Fadinger und sein Schwager Christoph Zeller aus Parz bei St. Agatha daran, einen möglichst wirkungsvollen Kampfplan auzuarbeiten. Dabei ging es in erster Linie darum, die bayerischen Besatzer aus dem Land zu werfen. Bis Pfingsten 1626 sollte für jedes Bauerngehöft im Land zumindest ein Kämpfer ausgehoben werden. Doch geriet der Zeitplan durcheinander, als zwei Wochen vor Pfingsten bayerische Soldaten in Lembach im Mühlviertel einen Bauern ausraubten. Nun taten sich die dortigen Bauern zusammen und stürmten ein nahes Lager bayerischer Truppen. Die Gruppe erhielt rasch viel Zulauf von aufgeregten Bauern und zog unter Führung von Christoph Zeller nach Peuerbach, wo es am 21. Mai 1626 zur Schlacht mit den Bayern kam und in der das Bauernheer siegte. Stefan Fadinger besetzte am gleichen Tag Wels und Eferding, stieß gegen Kremsmünster und Steyr vor und befreite auch diese Orte. Christoph Zeller war inzwischen zum kommandierenden Oberhauptmann des Bauernheers gewählt worden. Fadinger und seiner Bauernheeresgruppe gelang es, Linz neun Wochen zu belagern, doch wurde er während eines Erkundungsritts am 28. Juni 1626 von bayerischen Soldaten, die auf dem Dach des Landhauses in Stellung lagen, angeschossen. Es gelang ihm, sich zu Fuß nach Ebelsberg südlich von Linz durchzuschlagen, doch verstarb er dort am 5. Juli in den Folgen der Verwundung.

Während der Belagerung von Linz wurde in der gleichen Zeit auch Freistadt von den Bauern, die der Adelige Hans Christoph Hayden anführte, heftig bedrängt; allerdings konnte die Stadt nur unter großen Verlusten eingenommen werden. Da sich die Bayern inzwischen als Landesherrscher gebärdeten, war ihnen selbst Ferdinand nicht mehr wohlgesonnen. In der Folge wanden sich die Bauern an ihn, sie bei der Abwehr der bayerischen Soldaten zu unterstützen – eine nach dem Vorausgegangenen groteske Situation. Ferdinand empfing aber die Bauerndelegation in Wien nicht, sondern ließ sie vor der Tür stehen, ohne einen Bescheid zu erteilen. Für die bayerischen Truppen stellte sich die Situation in Gänze inzwischen sehr schwierig dar, Oberösterreich war für sie so gut wie verloren. Kurfürst Maximilian I. von Bayern sandte auf dem Schiffsweg über die Donau in größter Eile Ersatztruppen ins Land, der legendäre General Gottfried Heinrich von Pappenheim war mit der Rückeroberung beauftragt. Anfang Juli 1626 erreichte das bayerische Entsatzheer Linz. Mit dem Tod Stefan Fadingers in Ebelsberg und dem Christoph Zellers, der am gleichen Tag, am 5. Juli 1626, bei Urfahr auf der Donaunordseite im Kampf fiel, verloren die Bauern ihre Anführer. Man muss zugeben, dass beide nicht als glorreiche Strategen glänzten, sondern das militärisch kaum organisierte Bauernheer eher durch Draufgängertum und Mut mitrissen. Linz wurde jedoch noch acht Wochen von den Bauern verteidigt, erst am 29. August nahmen es die Bayern ein. Sie eroberten bis Mitte September auch Freistadt, Wels und Steyr zurück. David Spat übernahm im Mühlviertel das Kommando über die dortigen Bauerntruppen und konnte die Region noch etwas länger halten. Er brannte dabei das Stift Schlägl nieder, der dortige Klerus war besonders gewaltsam gegen protestantische Bauern vorgegangen. Bei Haslach an der Mühl erfolgte eine letzte Schlacht zwischen Bauern und Bayern, doch konnten sich die Bauern nicht behaupten. Um dem für die stehenden Heere eigentlich unwürdigen Kampf gegen nur wenig formierte und schlecht bewaffnete Bauerntruppen endlich ein Ende zu setzen und den Sieg der Katholischen zu beschleunigen, warf Kaiser Ferdinand nun eigene Truppen in den Kampf. Zusammen mit den Bayern schlugen sie das Bauernheer am 9. November 1626 im Emlinger Holz bei Alkoven nahe Eferding und ein weiteres Mal am 15. November bei Gmunden am Traunsee vernichtend.

Für die überlebenden oberösterreichischen Bauern begann nun eine harte Zeit. Sie mussten für den Wiederaufbau des Stifts Schlägl aufkommen, vor allem mussten sie 12 000 bayerische Soldaten und Söldner verpflegen. Die Katholischen richteten auch viele tatsächliche und vermeintliche Rädelsführer hin. Auch ließ man das Haus des Stefan Fadinger in St. Agatha niederbrennen. Von den 40 000 Bauern, die an den Kämpfen teilgenommen hatten, kamen etwa 14 000 in der Schlacht oder danach durch Hinrichtungen um. Der Bauernaufstand von 1626 war nicht der erste und nicht der letzte der Landesgeschichte, es war aber der größte. 1627 erfolgte eine weitere Erhebung im Ennstal, kleinere Aktionen gab es gegen 1636 im Machland und um Eferding; 1662 gab es Bauernunruhen im Mondseeland, um 1720 mehrere Jagdaufstände in ganz Oberösterreich.

Und um sich des lästigen Protestantenproblems auch bei den Bauern zu entledigen – viele Adelige verließen ohnehin nach und nach das Habsburgerland –, wurden 1734 Tausende nach Siebenbürgen verbannt. Auch die heute meist hochgeehrte Maria Theresia versäumte es nicht, noch 20 Jahre später zahllose protestantische Adelige und Bauern dorthin zu deportieren – soweit sie nicht freiwillig das Land verlassen wollten.

Vom Ausgang des 17. Jahrhundert bis in die napoleonische Zeit

Mit der Niederschlagung der Bauernaufstände und der rigorosen Durchsetzung der Gegenreformation war nur der innere Feind gebannt, außen aber lauerten die Sturmtruppen des osmanischen Heers. Für die Türken war die Einnahme Wiens ein wichtiges religiöses und machtpolitisches Ziel. Sie näherten sich in der zweiten Hälfte des 17. Jahrhunderts wieder den Reichsgrenzen, wurden 1664 bei Mogersdorf im damaligen Ungarn und heutigen Burgenland vernichtend geschlagen, setzten aber 1683 erneut zur Einnahme von Wien an. Gut drei Wochen tobten im September 1683 die Abwehrkämpfe um die damalige Residenzstadt Wien. Ihre Einnahme wäre wohl erfolgt, wenn nicht ein polnisches Ersatzheer unter König Johann (Jan) Sobieski die völlig überraschten Osmanen in die Flucht geschlagen hätte. Allerdings wurde im Sommer 1683, während des Vormarsches auf Wien, auch dessen Umgebung verheert, besonders das östliche Oberösterreich hatte viel durch die Türken zu leiden.

Nach 1683 blieb es zunächst weitgehend ruhig. Erst die Folgen des Spanischen Erbfolgekriegs (1701–1714) brachten Unfrieden. Die spanische Linie der Habsburger war 1700 ausgestorben und Frankreich und Bayern wollte keine Übernahme Spaniens durch die österreichische Linie der Habsburger dulden. Die uralte Gegnerschaft Bayern–Habsburg, die nicht zuletzt auch auf Ansprüche auf Tirol aus dem Mittelalter herrührte, machte sich 1703 und 1740 wieder, jetzt aber sehr deutlich, bemerkbar. Österreichische Truppen brandschatzten grenznahe bayerische Städte wie Schärding. In Ungarn nutzte man die Kämpfe zu Befreiungsaufständen gegen Habsburg – allerdings erfolglos.

Mit dem Tod Kaiser Karls VI. im Jahr 1740 war das Haus Habsburg ohne männliche Nachkommen ausgestorben. Vorsichtshalber hatte Karl aber schon 1713 die sogenannte ›Pragmatische Sanktion‹ erlassen. Durch diese Verfügung sollten auch weibliche Nachkommen für die habsburgischen Lande – nicht jedoch als deutsche Kaiser – thronberechtigt sein. Mit Karls Tod wurde seine Tochter Maria Theresia (1717–1780) Herrscherin der Habsburgerlande, was jedoch von Bayern und anderen Nachbarstaaten nicht akzeptiert wurde. Man berief sich auf verschiedene ältere Verfügungen wie ein Testament Ferdinands I. von 1543. Zudem war der gerade regierende Bayernherzog Karl Albrecht mit Maria Amalie verheiratet, der Tochter von Joseph I., dem schon früh verstorbenem Bruder Karls VI. Mit dieser Verbindung begründete Karl Albrecht seine Erbansprüche. Der Preußenkönig Friedrich II. hätte gern das habsburgische Schlesien in sein Reich eingefügt und wollte die Pragmatische Sanktion nur anerkennen, wenn ihm Schlesien kampflos überlassen werde. Denn er erhob aufgrund eines alten Vertrags von 1537, der sogenannten Liegnitzer Erbverbrüderung, einen legitimen Anspruch auf Schlesien. In diesem Vertrag war festgelegt, dass Schlesien im Fall des Aussterbens der damals regierenden Dynastie der Piasten an die Hohenzollern fallen sollte. Dieser Vertrag hatte bis 1740 allerdings niemanden interessiert.

Auch in Spanien, wo die Dynastie Anjou sich als Erbe der erloschenen habsburgischen Linie verstand, suchte man nach einer Möglichkeit, sich die habsburgischen Kernlande anzueignen. Der Österreichische Erbfolgekrieg war eröffnet.

Friedrich marschierte direkt nach Schlesien ein und nahm es in Besitz. Nie wieder wurde es habsburgisch, nur das kleinere Teilstück um Troppau (heute Opava), später oft Österreichisch Schlesien genannt, konnte Maria Theresia behalten. Böhmen wie Österreich wurden 1741 von bayerischen und französischen Truppen besetzt, in Oberösterreich wurde Linz eingenommen. Ein Teil der oberösterreichischen Stände huldigte dem Bayernherzog. Doch am 23. Januar 1742 gelang es den Österreichern in einer blutigen Schlacht um Linz, die feindlichen Truppen zu besiegen und aus dem Land zu treiben. Österreichischer Heerführer war Franz Stephan von Lothringen, seit 1736 mit Maria Theresia verheiratet. Habsburgs Gegner hatten inzwischen den bayerischen Herzog Karl Albrecht als Karl VII. zum Kaiser krönen lassen – nach drei Jahrhunderten erstmalig kein Habsburger auf dem Kaiserthron! –, doch starb dieser schon 1745. Und jetzt gelang es, insbesondere durch Unterstützung des Sohns des verstorbenen Karl Albrecht, Maria Theresias Mann Franz Stephan als Kaiser Franz I. Stephan zu inthronisieren. Damit war indirekt die Habsburgerherrschaft wieder hergestellt, denn regiert hat von Anfang an Maria Theresia. Sie erhielt aber nie die Kaiserwürde. Ein eigenständiges österreichisches Kaisertum gibt es erst seit 1804, als Napoleon das Heilige Römische Reich auflöste. Nur Maria Theresias 1765 verstorbener Mann wurde zum Kaiser des Heiligen Römischen Reiches Deutscher Nation gekrönt, wie es in jenen Jahren hieß.

›Der Sieg Jan Sobieskis gegen die Türken in der Schlacht vor Wien‹, Gemälde von Jan Matejko (1883)

Zunächst war der Krieg mit Bayern beendet, nicht aber prinzipielle Streitigkeiten. So wurde nach langem Hin und Her 1765 die Westgrenze des Mühlviertels festgelegt. Als 1777 in Bayern Kurfürst Maximilian III. Joseph starb und den ›bayerischen Erbfolgekrieg‹ auslöste, verschärfte sich die Situation erneut. Jetzt sollten die bayerischen Territorien, also das Kurfürstentum, an die Pfälzer Linie der Wittelsbacher fallen. Österreich konnte jedoch nicht dulden, dass sich an seiner Westgrenze eine neue Großmacht etablierte. Das Land war durch den Erbfolgekrieg wie die Kriege mit den Preußen geschwächt, dennoch glaubte Maria Theresias Sohn Joseph II. (Kaiser seit 1766) Gebietsansprüche an Bayern erheben zu können. Noch konnte man sich friedlich einigen, da Österreich seine sogenannten Vorlande zwischen Freiburg und Konstanz Bayern übertrug – im Tausch gegen Ober- und Niederbayern. Als österreichische Truppen in Bayern einrückten, schrak man in Preußen auf. Denn damit war Preußens Südflanke um Ansbach und Bayreuth bedroht. Friedrich II. erklärte Österreich den Krieg, preußische Truppen marschierten im Juli 1778 in Böhmen ein. Ein eigentlicher Krieg blieb jedoch, aus, da es zu keinen nennenswerten Kampfhandlungen kam – ein Unikum in der Geschichte. Friedrich II. und Maria Theresia, wenn man so sagen darf, hatten eigentlich keine Lust auf einen Waffengang, zumindest einigten sie sich darauf. Die merkwürdige Aktion, oft als ›Kartoffelkrieg‹ bezeichnet, hatte von Anfang an auf beiden Seiten mit Nachschubproblemen zu kämpfen; sehr oft waren die Soldaten gezwungen, sich Feldfrüchte von den Äckern zu holen. Letztlich schloss man am 13. Mai 1779 in der nordmährischen Stadt Teschen (heute Cieszyn) einen Frieden. Zu seinen Bestimmungen gehörte, dass Österreich einige Gebiete östlich von Inn und Salzach erhalten sollte, damit den größten Teil des Gebietes, das erst seit der Übernahme durch Österreich den Namen Innviertel trägt. Der oberösterreichische Landeshauptmann Christoph von Thürheim vereidigte am 29. Mai die Beamtenschaft des neuen Gebiets, am 2. Juli 1779 huldigten die Adeligen und Stände des Innviertels Maria Theresia. Um die traditionelle Teilung Oberösterreichs in vier Viertel aufrechtzuerhalten, wurde das Machlandviertel dem Mühlviertel eingegliedert.

Die Regierungszeit Kaiser Josephs II. (1741–1790), der zwar schon seit 1765 offiziell Kaiser war, aber erst nach dem Tod seiner übermächtigen Mutter 1780 eigenständig regieren konnte, war in ihren letzten zehn Jahren eine lichtere Epoche. Offiziell beendete Josephs ›Toleranzpatent‹ die Gegenreformation. Die Protestanten durften nun eigene Kirchen errichten, die lutherische Kon-

Joseph II. führte eine Reihe von tiefgreifenden Reformen durch

Napoleon und Franz II. nach der Schlacht bei Austerlitz, zeitgenössische Darstellung

fession blieb dennoch nur geduldet. Verwaltungsreformen ließen die Macht der Stände schwinden, und in ganz Österreich ließ der aufgeklärte Joseph unzählige Klöster aufheben, vor allem solche, die keine Güter erwirtschafteten oder sich auch nicht durch wissenschaftliche Arbeit auszeichneten. Joseph starb 1790, sein Bruder Leopold II. wurde sein Nachfolger, starb jedoch bereits nach zwei Jahren im Amt. Ihm folgte Franz II. (1768–1835) nach, Leopolds Sohn. Der tiefreaktionäre Franz wurde der letzte Kaiser des Heiligen Römischen Reiches, aber auch der erste eines eigenständigen Kaisertums Österreich. Der Emporkömmling Napoleon war für beides verantwortlich.

Das 19. Jahrhundert

Mit der Französischen Revolution 1789 begannen in Europa größte gesellschaftspolitische wie territoriale Umwälzungen. In Frankreich wurde das Ancien Régime und damit der Adel stürmisch und blutig hinweggefegt, und der Adel in den anderen europäischen Staaten begann zu fürchten, ihm könne das gleiche geschehen. Zahlreiche europäische Mächte schlossen sich ab 1792 zu Koalitionen zusammen, um die Revolution und deren Folgen einzudämmen oder zu stoppen, auch unter dem Versuch der Landnahme Frankreichs. Eine erste Koalition, die bis 1797 existierte, bestand aus Österreich, Preußen, Spanien, England und dem Königreich Neapel. In mehreren kleineren Gemetzeln kämpfte die Koalition gegen die Revolutionsarmee. Letztlich schloss man 1797 den faulen Frieden von Campo Formio, den aber nicht alle Koalitionäre unterzeichneten. Ein zweiter Koalitionskrieg (1799–1802), diesmal mit England, Russland, dem Osmanischen Reich, Österreich und einigen kleineren Ländern, blieb ebenfalls erfolglos. Der inzwischen zum starken Mann Frankreichs aufgestiegene Heerführer Napoleon Bonaparte wurde nach zwei für die Koalition wenig ehrenhaften Friedensschlüssen im Mai 1804 aufgrund einer Verfassungsänderung zum erblichen Kaiser der Franzosen bestimmt. Napoleon forderte von Kaiser Franz II. die Anerkennung seines Kaisertums. Da das 800 Jahre alte Heilige Römische Reich durch die Koalitionskriege sehr im Niedergang begriffen war – letztlich war es mürbe und morbid geworden –, nahm Franz auf Anregung Napoleons noch den Titel eines erblichen Kaisers von Österreich an. Nur durch einen Federstrich, ohne die deutschen Kufürsten oder den Reichstag einzubeziehen, war de jure eine völlig neue staatspolitische Konstellation entstanden. Sie beendete aber keineswegs die Koalitionskriege. Franz war Gegner Napoleons, aber zu seiner Marionette geworden.

Kaiser Franz Joseph I. in jungen Jahren

Napoleon krönte sich selbst am 2. Dezember 1804 zum französischen Kaiser. Im Rahmen des Dritten Koalitionskriegs drangen die Franzosen jetzt tief nach Österreich ein. Napoleon besetzte im November 1805 Linz und nahm dort Quartier. Am 2. Dezember 1805 kam es zur Schlacht von Austerlitz – bei Brünn (Brno) –, in der Napoleons Truppen die Österreicher und Russen vernichtend schlugen. Der am 23. Dezember 1805 geschlossene Frieden von Pressburg beendete diesen Dritten Koalitionskrieg. Mit ihm schied Österreich aus der Koalition aus. In ganz Österreich war es seit dem Jahr 1800 zu Truppendurchmärschen und Plünderungen durch das französische Heer gekommen, auch in Oberösterreich waren viele Orte verwüstet. Erst 1806 zogen die Franzosen ab. Zwar brachte der Vierte Koalitionskrieg (1806/07) für Österreich keine direkten Auswirkungen mit sich, da er überwiegend auf preußischem Gebiet stattfand, doch kam es 1809 noch einmal zu Kämpfen auf österreichischem Boden. Das neue Kaisertum Österreich hatte voll Übermut im April 1809 einen fünften Koalitionskrieg begonnen, in Deutschland Volksaufstände gegen Napoleon initiiert, vor allem aber versucht, ein Bündnis mit Russland und Preußen gegen Frankreich zu schmieden. Auch der Tiroler Aufstand gegen die französisch-bayerischen Besatzer muss in diesen Zusammenhang gebracht werden. In Oberösterreich erlitten die Orte des Innviertels teils schwere Verwüstungen. Und das Ganze endete bitter: Österreich musste im Oktober 1809 mit dem Frieden von Schönbrunn hohe Gebietsverluste hinnehmen. 100 000 Quadratkilometer vor allem südlich der Alpen waren abzutreten, unter anderem Krain, Triest, Görz und Villach, Österreich verlor auch seinen Zugang zum Meer. Das Innviertel, das erst 1779 österreichisch geworden war, und Teile des Mühlviertels mussten an Bayern gegeben werden, in der Steiermark wurde die Festung Graz geschleift, bis auf weiteres blieben französische Soldaten im Land.

Doch spätestens nach dem Russlandfeldzug 1812 sank Napoleons Stern unaufhaltsam, und mit dem Debakel der Schlacht von Waterloo am 18. Juni 1815 war seine Macht endgültig gebrochen. Nun wurde auf dem Wiener Kongress eine Neuordnung Europas verhandelt. In dieser Neuordnung kamen das 1809 abgetretene Innviertel wie der Westen des Mühlviertels an Österreich zurück. Da schon 1806 das Fürstbistum Salzburg aufgelöst worden war, wurde es vorübergehend gleichsam als Salzburgkreis bis 1854 von Linz aus verwaltet. Hundert Jahre lang sollte Österreich von allen Kriegshandlungen befreit bleiben: Die Schlachten des preußisch-österreichischen Krieges 1866 fanden sämtlich auf böhmischen Gebiet statt.

In den 1820er Jahren begann auch für Oberösterreich eine industriell-technologische Revolution. Die Zahl der Manufakturen und Fabriken im Land stieg von etwa 40 mit etwa 3000 Mitarbeitern bis auf 600 mit knapp 50 000 Beschäftigten zum Ende des Jahrhunderts. Der Plan der lange konzipierten Pferdeeisenbahn Budweis–Linz, die dem Waren- und Personentransport dienen sollte, konnte 1832 realisiert werden, bis 1837 war auch die Verlängerung der Strecke nach Gmunden fertiggestellt. Fortschritt und Feudalismus hielten sich seltsam die Waage. Franz Joseph erhob 1861 das Land ob der Enns zu einem Erzherzogtum, gleichzeitig wurden durch Verwaltungsreformen die alten vier Viertel eliminiert und 1868 durch zwölf Bezirkshauptmannschaften ersetzt. Und schon gute 15 Jahre vorher hatte die Dampfschifffahrt auf der Donau den Betrieb aufgenommen, seit 1861 war Wien auch mit der Westbahn mit Linz und Salzburg verbunden – zehn Jahre hatte man an der Strecke gebaut. Bis zum Ende des Jahrhunderts war der Fremdenverkehr ein wichtiger Wirtschaftszweig geworden, allein das Salzkammergut wurde schon um 1895 jährlich von knapp 100 000 Touristen besucht.

Das 20. Jahrhundert

Der Erste Weltkrieg machte sich in Oberösterreich zunächst nur dadurch bemerkbar, dass mit Kriegsbeginn im August 1914 der Landtag bis auf weiteres aufgehoben wurde. Allerdings entstanden im Land, obwohl es weitab der Front lag, zahlreiche Kriegsgefangenenlager, so in Braunau (bis zu 60 000 Gefangene), Marchtrenk und Mauthausen (jeweils 25 000) und Freistadt (etwa 20 000) – um nur die größten zu nennen. Nach Kriegsende wurde die Monarchie zerschlagen. Böhmen, Mähren und Oberungarn kamen zur neu gegründeten Tschechoslowakei, von Ungarn blieb nur ein Rumpf übrig. Der Rest, das österreichische Kernland, entstand als Deutsch-Österreich, durfte jedoch auf Anweisung der Sieger diesen Namen nur sehr kurz tragen. Es wurde zu Österreich in seiner noch heute gültigen Form. Aus dem Land ob der Enns wurde nun offiziell Oberösterreich, wenngleich es diese Bezeichnung inoffiziell schon im 18. Jahrhundert gegeben hatte. Oberösterreich erhob allerdings Gebietsansprüche auf den tschechisch ge-

Österreich vor und nach dem Vertrag von Trianon

wordenen Böhmerwald, da dort fast ausschließlich Deutsche und Deutschsprachige lebten. Doch solche Forderungen waren von vornherein aussichtslos, da die neu entstandene CŠR nichts von jenen Gebieten herzugeben bereit war, die schon immer böhmisch gewesen waren.

Schon am 18. November 1918 hatte sich in Linz eine Provisorische Landesversammlung konsolidiert, 1919 erfolgte die erste Landtagswahl nach dem Krieg. Wie überall im deutschsprachigen Raum kam es auch in Oberösterreich in der unmittelbaren Nachkriegszeit zu revolutionären Bewegungen. Radikale Strömungen durch ehemalige Soldaten (von rechts) und revolutionäre Arbeiter (von links) stießen aufeinander, was kurzzeitig in bürgerkriegsähnlichen Ausschreitungen kulminierte. Diese Ereignisse führten dazu, dass in Linz im Mai 1920 für einige Tage das Standrecht verhängt werden musste.

Wie anderswo in Österreich waren auch oberhalb der Enns die 1920er Jahre eine Zeit wirtschaftlicher Not. Die Inflation zerstörte das Volksvermögen, der politische Extremismus spaltete die Bevölkerung. 1932 war auf demokratischem Wege Engelbert Dollfuß Bundeskanzler geworden. Er nutzte im März 1933 eine innenpolitische Krise, bei der es nur um die Geschäftsordnung der Nationalratsversammlungen ging, zu einer Art Putsch, um fortan diktatorisch unter Ausschaltung des Parlaments auf der Basis von Notverordnungen regieren zu können. Dollfuß war kein Anhänger des Nationalsozialismus, der zur gleichen Zeit in Deutschland an die Macht gekommen war, auch kein Demokrat im damaligen oder heutigen Sinn, sondern Befürworter eines elitären Ständestaates. Der überzeugte Katholik vertrat ein eigenständiges Österreich und strebte keinesfalls ein ›Großdeutschland‹ an. Dollfuß' autoritäre Staatslenkung führte zum Aufstand. Die von ihm verbotenen, schon seit 1924 bestehenden paramilitärischen Einheiten der österreichischen Sozialdemokraten, der sogenannte ›Republikanische Schutzbund‹, lieferten sich heftige Kämpfe mit dem Bundesheer und der Heimwehr, den paramilitärischen Verbänden des rechten Lagers. Die Auseinandersetzungen eskalierten zu einem monatelangen Bürgerkrieg. Dollfuß zeigte jedoch wenig Eifer, deutsche Truppen zu Hilfe zu rufen. Ab Februar 1934 lieferten sich in Linz die Anhänger beider Richtungen erbitterte Kämpfe, nur 1400 Schutzbündler standen über 4700 Kämpfern von Bundesheer, Heimwehr und Polizei gegenüber. Bis zum Juli waren in Oberösterreich 60 Tote und etwa 250 Verletzte zu beklagen, Dollfuß ließ auch vier Todesurteile an Schutzbündlern verkünden. Um seine eigene NSDAP in Österreich stärker werden zu lassen und damit den Anschluss des Landes an Deutschland vorzubereiten, musste Hitler den Bürgerkrieg beenden und vor allem das System Dollfuß ausschalten. Die Bevölkerung hatte den ganzen Aufruhr satt. Dollfuß und sein Ständesystem waren bei den breiten Massen sowieso nicht übermäßig beliebt. Hitler glaubte nun, dass das Ansehen der österreichischen NSDAP würde erhöht werden können, sollte es gelingen, das System Dollfuß auszuschalten und eine vorläufige Ordnung herzustellen. Österreichische NSDAP-Mitglieder drangen im Rahmen des sogenannten Juliputsches am 25. Juli 1934 ins Wiener Bundeskanzleramt ein und erschossen Dollfuß. Letztlich blieb der Putsch aber erfolglos. Erst mit dem lang vorbereiteten ›Anschluss‹ am 13. März 1938 geriet Österreich in die Hand der Nationalsozialisten. Nun war Österreich ein Teil des Deutschen Reiches und trug offiziell den Namen Ostmark.

Das Land Oberösterreich wurde wie die anderen Bundesländer auch aufgelöst und 1939 in den Reichsgau Oberdonau umgewandelt. Diesem wurde auch das steirische Salzkammergut um Bad Aussee eingegliedert, auch kamen die südböhmischen Kreise Krummau und Kaplitz hinzu. Gauleiter wurde der NS-Funktionär August Eigruber (1907–1947), der schon vor 1938 die oberösterreichische Landesgruppe der zu dieser Zeit in Österreich noch verbotenen NSDAP geleitet hatte. Er war für zahlreiche Verbrechen des Regimes verantwortlich, so für die ›Mühlviertler Hasenjagd‹ (→ S. 172), auch wollte er kurz vor Kriegsende alle noch lebenden Insassen des KZ Mauthausen erschießen und die im Salzbergwerk Altaussee versteckten Kunst-

Engelbert Dollfuß im Jahr 1933

werke vernichten lassen; das allerdings konnte verhindert werden. Letztlich war Eingruber als Gauleiter für all das verantwortlich, was sich im KZ Mauthausen zutrug. Die Amerikaner verhafteten ihn unmittelbar nach Kriegsende, 1947 wurde er nach einem Gerichtsprozess im Gefängnis von Landsberg am Lech hingerichtet.

Gleich nach dem Anschluss, im Mai 1938, begann man den Umbau von Linz zur ›Führerstadt‹. Adolf Hitler hatte hier seine Jugendjahre verbracht, er plante in Linz nach dem Endsieg seinen Ruhestand zu verbringen und sich hier auch beisetzen zu lassen. Linz sollte eine gewaltige Museumsstadt werden, hier sollten alle von den Nationalsozialisten geraubten und noch zu raubenden Kunstwerken in gigantischen Museumskomplexen aufbewahrt werden. Doch auch die Industrie wurde ausgebaut. So wurden die ›Reichswerke Hermann Göring‹ gegründet, ein wichtiger Stahlproduzent und Rüstungsbetrieb. Daraus wurde nach 1946 die VOEST, später die voestalpine. Weiter errichtete man die Schiffswerft Linz (heute ÖSWAG) und die Stickstoffwerke Ostmark.

Unmittelbar mit dem ›Anschluss‹ begann auch der Terror. Im August 1938 wurde das Konzentrationslager Mauthausen eingerichtet. Mauthausen war zwar kein Vernichtungslager, dennoch mussten hier bis zur Befreiung am 5. Mai 1945 gut 100 000 Menschen ihr Leben lassen; es war das größte Konzentrationslager auf dem Gebiet Österreichs. Wiederholt waren Linz, Wels, Steyr und Attnang-Puchheim als wichtige Industriestandorte Ziel amerikanischer Bomberflotten. Diese Städte wiesen bei Kriegsende jedoch – prozentual gesehen – einen weit geringeren Zerstörungsgrad als Wiener Neustadt und das steirische Knittelfeld auf, die die am stärksten zerstörten Orte Österreichs waren.

Wie Deutschland wurde auch Österreich 1945 in Besatzungszonen aufgeteilt. Oberösterreich südlich der Donau gehörte zur amerikanischen Zone, das Mühlviertel war russisches Besatzungsgebiet und erhielt daher, anders als die

Die Bundesländer Österreichs

amerikanische Zone, keine Aufbauhilfe durch den Marshallplan. Viele aus Südmähren oder dem Böhmerwald vertriebene deutsche Bewohner fanden in Oberösterreich eine neue Heimat und trugen dazu bei, dass Oberösterreich sich vom Agrarland, wie es vor dem Krieg war, zur stärksten Industrieregion Österreichs wandeln konnte. 1955 zogen mit dem Staatsvertrag, in dem das wieder souverän gewordene Land sich zur immerwährenden Neutralität verpflichtete, alle Besatzungstruppen ab.

Zu Beginn des 21. Jahrhunderts zeigt sich Oberösterreich als selbstbewusstes, kraftvolles Land. Einer florierenden Wirtschaft, teils auf der Schwerindustrie basierend, steht gleichberechtigt ein intensives kulturelles Leben gegenüber, wie es exemplarisch mehr als eindrucksvoll der Wandel der Stadt Linz von einer grauen, nebelumschwadeten Eisenschmiede zur lichten, viel besuchten Kunstmetropole beweist.

Politik und Verwaltung

Oberösterreich ist in 15 politische Bezirke gegliedert (verwaltungstechnisch etwa den deutschen Landkreisen entsprechend), dazu kommen die drei Statutarstädte (kreisfreie Städte) Linz, Wels und Steyr. Von den Bezirken ist Gmunden mit 1433 Quadratkilometern der flächenmäßig größte, Eferding mit 260 Quadratkilometern der kleinste. Die höchste Einwohnerzahl hat (abgesehen von den Statutarstädten) der Kreis Linz-Land (er gehört nicht zu Linz Stadt!) mit fast 152 000 Bewohnern, die geringste ebenfalls der Bezirk Eferding mit 33 200 Bewohnern.

Das Parlament Oberösterreichs ist der Landtag, der mindestens einmal monatlich im Linzer Landhaus zusammentritt. In ihm sind bei 56 Sitzen die bürgerliche ÖVP (Österreichische Volkspartei) mit 21, die rechtskonservative FPÖ (Freiheitliche Partei Österreichs) mit 18, die SPÖ (Sozialdemokratische Partei Österreichs) mit 11 und die Grünen mit 6 Mandaten vertreten (gemäß letzter Landtagswahl vom 27. 9. 2015). Der Landtag wird abweichend von allen anderen österreichischen Bundesländern in Oberösterreich in sechsjährigem Turnus und nicht alle fünf Jahre gewählt. Führende Partei ist seit 1945 die ÖVP, nur 1967 erhielt sie weniger Stimmen als die SPÖ, die allerdings dafür 2009 höchste Verluste einfahren durfte – zugunsten der FPÖ, die 2015 ihre Sitzzahl gegenüber 2009 auf Kosten der ÖVP und der SPÖ verdoppeln konnte, während sich für die Grünen kaum etwas geändert hat. An der Spitze der Landesregierung steht der Landeshauptmann, den seit 1945 durchgehend die ÖVP stellt. Zur Zeit heißt er Thomas Stelzer. Er folgte Josef Pühringer nach, der seit 1995 Landeshauptmann war, jedoch im Frühjahr 2017 vorzeitig sein Amt niederlegte. Der Landeshauptmann hat zwei Stellvertreter, auch stehen ihm sieben Landesräte (unseren Ministern entsprechend) zur Seite. Diese zehn Personen stellen die Landesregierung im engeren Sinn dar. In den 183 Parlamentarier umfassenden Nationalrat (Abgeordnetenkammer) der Republik Österreich sind mit der letzten Nationalratswahl vom 15.10.2017 28 oberösterreichische Abgeordnete entsandt, im 61 Mitglieder umfassenden Bundesrat (Länderkammer) sitzen zehn Abgeordnete aus Oberösterreich.

Kunst und Kultur

Mag Oberösterreich nur wenige Künstler von überzeitlicher Bedeutung hervorgebracht haben – in zweien von ihnen erhielt das Land eine überzeitliche Erhöhung. Adalbert Stifter, wenngleich von Geburt Deutschböhme, ließ viele seine Prosawerke in Oberösterreich spielen; Anton Bruckner, vielleicht der größte Oberösterreicher überhaupt, ließ die klare Bergwelt des Lands in grandiosen Orchesterklängen sich widerspiegeln.

Literatur

Schon im Mittelalter entstand auf dem Gebiet des späteren Oberösterreich, wenngleich nicht als landestypisch anzusehen, ein literarhistorisch nicht ganz unbedeutendes Werk, letztlich aber auf Minnesang und Versnovelle beschränkt.

Dietmar von Aist (Aste), der um die Mitte des 12. Jahrhunderts vermutlich auf einem Vorgängerbau des Schlosses Aistersheim bei Grieskirchen oder auf einer Burg nahe Windhaag bei Freistadt lebte, ist einer der frühesten Minnesänger deutscher Sprache. 16 Lieder sind von ihm überliefert, wobei deren Minnebetrachtungen sowohl aus männlichem wie auch weiblichem Blickwinkel geschildert sind. Allerdings ist seine Urheberschaft nicht eindeutig zu beweisen. Ein Adeliger ›Ditmarus von Agasta‹, der 1171 verstarb, ist mit gewisser Sicherheit mit dem Minnedichter identisch.

Wernher der Gartenaere (Gärtner), der um 1260 vermutlich auf dem Meier-Helmbrecht-Hof in Gilgenberg bei Braunau gelebt hat, ist der Verfasser des Versepos ›Meier Helmbrecht‹, das den Aufstieg eines Bauernsohnes zum Raubritter, sein ausschweifendes Leben und den Abstieg mit trostlosem Ende schildert. Es handelt sich um das älteste deutsche literarische Werk, das nicht im höfischen Milieu angesiedelt und die erste ›Dorfgeschichte‹ ist. Sein Autor ist historisch weniger greifbar als Dietmar von Aist, seinen Namen kennt man ausschließlich über die letzte Zeile des Versepos.

Darstellung des Dietmar von Aist im Codex Manesse (um 1310)

Die früheste greifbare Gestalt eines Literaten aus Oberösterreich ist sicherlich der Gmundener **Johann Beer** (1655–1700), der zahlreiche für die damalige Zeit charakteristische Schelmenromane sowie moralisierend-satirische Zeitbilder verfasste. Früh verließ er Oberösterreich. Er war als Musiker in Diensten des Herzogs von Sachsen-Weißenfels tätig, als er bei einem Wettschießen von einer verirrten Kugel getroffen wurde.

Franz Stelzhamer (1802–1874), der Verfasser der oberösterreichischen

Johann Beer gegen Ende seines Lebens

Nationalhymne (‹Hoamatgsang›, 1841), ist außerhalb Österreichs völlig unbekannt geblieben. Sein literarisches Werk beruht im Kern auf Lyrik in oberösterreichischer Mundart, die das bäuerliche Leben thematisiert. Seine schriftdeutschen Prosaschöpfungen blieben unbeachtet. Sicherlich die bedeutendste literarische Erscheinung Oberösterreichs ist **Adalbert Stifter** (1805–1868), einer der größten deutschen Prosaisten überhaupt (→ Extra S. 50).

Zum eigentlichen Schilderer oberösterreichischen (Innviertler) Bauernlebens wurde **Richard Billinger** (1890–1965). Der gläubige Katholik ließ jedoch keine überhöhte Darstellung oder gar Verklärung des Bauernstands entstehen, auch ging er Schilderungen realistischen Bauerndaseins aus dem Weg. Ihn faszinierten die Abgründe bäuerlichen Daseins, die Existenz heidnischen Brauchtums, die Gegenwart von Dämonen, die ihrerseits die Bauern zum willenlosen Instrument teils diabolischer Mächte werden lassen. Billinger ließ in seinen Dramen, insbesondere ›Rauhnacht‹ und ›Rosse‹, den Leser im Unklaren, inwieweit das jeweilige Pandämonium real oder nur eine andere Seite tiefer Religiosität ist und dem Unbewussten entquillt. Natur und Umwelt sind bei Billinger bedrohend, niemals ist das Landleben Idyll. Billingers Gedichte stehen fernab von der Lyrik seiner Zeitgenossen. Man kann sie sowohl als geistliche Lieder wie auch als kurze Stimmungsbilder der Voksfrömmigkeit ansehen – allenthalben lauert jedoch das Dämonische. Die Nationalsozialisten vereinnahmten Billinger in ihrer Blut-und-Boden-Ideologie, er stand ihnen als Katholik aber immer distanziert gegenüber. Sein Stil fand in der Nachkriegszeit nur noch wenig Anklang und Interesse – der Autor ergab sich dem Trunk. Von Billingers wenigen Prosawerken ist ›Aus der Asche des Fegefeuers‹, ein Kindheitsroman, das vielleicht Lesenswerteste.

Marlen Haushofer (1920–1970) aus Frauenstein bei Molln (Traunviertel) schuf überwiegend Prosa. Ihr bekanntestes Werk ist der Roman ›Die Wand‹ (1963), der 2012 mit Martina Gedeck in der Hauptrolle verfilmt wurde und der die Isolation des Individuums in einem fremd gewordenen Welt thematisiert. Sehr oft geht es Marlen Haushofer um die Rolle der Frau in der Männergesellschaft. Sie schrieb jedoch auch einige reizvolle Kinderbücher.

Brigitte Schwaiger (1949–2010) aus Freistadt schuf 1977 mit ihrem ersten Roman ›Wie kommt das Salz ins Meer‹ einen der stärksten Bestseller dieser Zeit. Die Autorin, die Prosa, Bühnenwerke, Hörspiele und Lyrik verfasste, lässt den Kampf mit Depressionen, seelische Krisen, psychiatrische Erfahrungen sowie überdominante Väter und Ehemänner zu zentralen Motiven ihres Schaffens werden. Sie konnte später an den Erfolg ihres Erstlings nicht mehr anknüpfen.

Adalbert Stifter

Adalbert Stifter gilt als der größte Dichter des Böhmerwaldes. Zwar spielt die Handlung von nur weniger als der Hälfte seiner Werke dort. Was aber die literarische Bedeutung angeht, ist Stifter zweifellos die herausragendste Gestalt aller hier und jenseits der Grenze in Oberösterreich geborenen Schriftsteller. Stifter, ein Vertreter des ›poetischen Realismus‹, gilt als besonders sprachgewaltig. Die äußere Handlung tritt oft in den Hintergrund, dafür dominiert die psychologisierende Zeichnung der Helden und die Schilderung landschaftlicher oder überhaupt naturkundlicher Besonderheiten mit dem ausschließlichen Wunsch, das Wahre, Gute und Göttliche vollendet darzustellen. Stifter verließ bereits mit 13 Jahren sein Heimatdorf und zog in das Benediktinergymnasium im oberösterreichischen Kremsmünster. Er begann 1826 in Wien ein Jurastudium, brach es aber wegen der unglücklichen Liebe zu Fanny Greipl aus Friedberg (heute Frýmburk) und wegen Alkoholproblemen 1830 ab. Erfolglos bemühte er sich um eine Anstellung als Lehrer. Erste Prosaarbeiten entstanden, die materielle Situation Stifters war dennoch desolat. Er verdingte sich als Privatlehrer bei Adelsfamilien und konnte damit seinen Lebensstandard etwas erhöhen. Der literarische Ruhm begann nach 1842. Unter anderem die historische Böhmerwaldnovelle ›Der Hochwald‹ wie auch zahlreiche andere Erzählungen machten ihn in diesen Jahren als Dichter bekannt. Wegen der Revolution verließ er 1848 Wien und zog nach Linz. Sein Ruhm als Schriftsteller gab ihm die Möglichkeit, in den verbeamteten Lehrerberuf endlich einzusteigen, er wurde 1853 sogar Schulrat. Hier verlebte er nun reiche, schaffensintensive Jahre, zusammen mit seiner Frau Amalie, die er schon 1837 geheiratet hatte. Der

Im Gosautal, Gemälde von Adalbert Stifter aus dem Jahr 1834

Adalbert Stifter 51

Adalbert Stifter, Gemälde von Ferdinand Georg Waldmüller (um 1835)

berühmte Roman ›Der Nachsommer‹ wie auch sein letztes gewaltiges Werk ›Witiko‹, ein historischer Roman um die mittelalterliche Geschichte Südböhmens, entstanden in Linz. Doch gesundheitliche Probleme machten ihm mehr und mehr zu schaffen, eine Leberzirrhose bereitete ihm zusammen mit anderen Leiden immer stärkere Qualen, die kein Arzt lindern konnte. Am 26. Januar 1868 schnitt er sich mit einem Rasiermesser die Halsschlagader auf, starb aber qualvoll erst zwei Tage später. Beigesetzt wurde er auf dem St.-Barbara-Friedhof in Linz.

Stifter nimmt als Vertreter des ›Poetischen Realismus‹ in der Literaturgeschichte eine herausragende Rolle ein, ist als Dichter hoch geehrt, doch seine hoch artifizielle Sprachkunst – vor allem im ›Witiko‹ –, der ruhige, weite und lange Atem seines Erzählens mit oft nur wenig äußerlicher Handlung macht seine Werke für die Heutigen schwer lesbar. Allerdings wurde er dafür schon zu Lebzeiten kritisiert, wie beispielsweise von Friedrich Hebbel, der 1858 schrieb: »... In seiner aufs Breite und Breiteste angelegten Beschreibungsnatur ... begnügte er sich, uns die Familien von Blumen aufzuzählen, die auf seinen Lieblingsplätzen gedeihen, dann wurden uns die Exemplare vorgerechnet, und jetzt erhalten wir das Register der Staubfäden ... Was wird hier nicht alles weltläufig betrachtet und geschildert; es fehlt nur noch die Betrachtung der Wörter, womit man schildert, und die Schilderung der Hand, womit man diese Betrachtung niederschreibt ...« Aller Kritik zum Trotz: Wer einmal die berühmte Schilderung Stifters der Sonnenfinsternis vom 8. Juli 1842 oder jene des allmählich einsetzenden Schneefalls in ›Bergkristall‹ oder die Beschreibung des Plöckensteinsees in ›Hochwald‹ gelesen hat, wird von seiner Sprachmagie tief beeindruckt sein.

Viele von Stifters Romanen und Erzählungen spielen in Oberösterreich. Die Handlungsorte sind teils direkt erkennbar, oft aber nur angedeutet oder tragen einen veränderten Namen. Sein Fragment gebliebenes Erstlingswerk ›Julius‹ (1829) spielt auf Schloss Wildberg nördlich Linz, die Erzählung ›Katzensilber‹ aus dem bekannten Zyklus ›Bunte Steine‹ (1853) in Rohrbach im Mühlviertel und auf dem Gut seines Freunds in Urfahr, der Ort Kerberg im ›Nachsommer‹ ist Kefermarkt, ›Der fromme Spruch‹ hat etwas verändert Schloss Rosenhof bei Sandl im Mühlviertel zur Szenerie. ›Der Waldsteig‹ ist in Bad Ischl angesiedelt. Wer sich Stifter nähern möchte, dem seien als Einstieg die Erzählungen ›Der Hochwald‹, ›Bergkristall‹ (aus den ›Bunten Steinen‹) und ›Abdias‹ empfohlen. Stifter, und das sei nicht vergessen, war auch ein sehr begabter Maler, der viele Aquarelle und Ölbilder oberösterreichischer und böhmischer Landschaften schuf (Gute Infos: www.adalbertstifter.at).

Musik

Oberösterreich brachte nur wenige schöpferische Musiker hervor, dafür aber einen der bedeutendsten Komponisten aller Völker und Zeiten, **Anton Bruckner** (1824–1896, → Extra S. 188). **Johann Nepomuk David** (1895–1977) aus Eferding schuf vor allem schwerblütige Orchesterwerke, in der er den Geist Johann Sebastian Bachs in die Moderne übertrug. Wenngleich er in vielem Bruckner verhaftet und seine Tonsprache von höchstem intellektuellen Anspruch für Hörer und Ausführende ist, haben seine Werke doch nicht die suggestive Kraft und die Beglückung, die von der Musik Bachs ausgeht – die dennoch nicht weniger intellektuell ist. Unter den großen Meistern der Klassik ist ansonsten kein Oberösterreicher. Aber viele, wie etwa Gustav Mahler, ließen sich von der Landschaft der Seen des Salzkammerguts anregen, andere wie Franz Lehár lebten lange dort.

Ein wichtiger Vertreter des Alpenrock kommt aus Oberösterreich: **Hubert von Goisern** (geb. 1952). **Christina Stürmer** (geb. 1982) aus Linz ist seit Jahren eine der bekanntesten Sängerinnen der Popmusik. Mit ›Ein Kompliment‹ stürmte sie 2003 die Charts, ›Nie genug‹ (2006) und zahlreiche weitere Lieder machten sie zu einer der erfolgreichsten Interpretinnen im deutschsprachigen Pop.

Architektur

Oberösterreich war anfangs jahrhundertelang Grenzgebiet, einige Regionen wie etwa das nördliche Mühlviertel kaum besiedelt und Wildnis. Während um 1100 weiter westlich schon eine Blütezeit der Kunst existierte und zahllose romanische Kirchen entstanden, herrschten hier Grenzkämpfe, was das Aufblühen der Kunst und der Kirchenbaukunst behinderte. Dennoch entstanden vor allem einige bedeutende Klosteranlagen wie etwa Kremsmünster im 8. Jahrhundert. Doch ist kein architektonisches Element der Karolingerzeit erhalten. Die Pfarrkirchen in Freistadt (gotisiert), Linz und Wels wie auch die Martinikirche in Linz sind romanisch, doch durch Gotisierung und vor allem Barockisierung ist aus romanischer Zeit nur wenig geblieben. Die Stiftskirche in Lambach besitzt romanische Fresken aus der Zeit um 1100 – es sind die ältesten im süddeutschen Sprachraum –, die Stiftskirche Wilhering besitzt wie die Pfarrkirche in Wels noch ein romanisches Portal des Vorgängerbaus. Im Donautal gibt es einige Ruinen, die auf Burgen der romanischen Zeit zurückgehen.

Die Stadtpfarrkirche in Steyr ist im Kern spätgotisch

Erinnerung an Anton Bruckner an der Jesuitenkirche in Linz

Etwas mehr ist aus der gotischen Zeit erhalten, wenngleich auch hier im Zuge der Gegenreformation fast immer eine Barockisierung zumindest des Inneren stattgefunden hat. Herausragende Beispiele überwiegend unveränderter Bauten sind die Stadtpfarrkirche von Steyr, das dortige Bummerlhaus, die Johanniskirche von Bad Zell, die Liebfrauenkirche in Freistadt, die Wallfahrtskirche Frauenstein im Traunviertel und als besonders herausragendes Beispiel die Stadtpfarrkirche von Braunau. Dazu kommen als besondere Kunstwerke die grandiosen Flügelaltäre von Kefermarkt, St. Wolfgang und Waldburg bei Freistadt. Sicherlich gibt es weitere bedeutende gotische Kirchen im Land, aber sie haben durch die Barockisierung ihren ursprünglichen Charakter verloren.

Aus der Renaissance rührt eine große Zahl von vormals gotischen Burgen und Wasserschlössern vor allem im Mühl- und Traunviertel sowie im Donautal. Am bedeutendsten sind Schloss Aistersheim, Schloss Hartheim und Schloss Würting. Das Linzer Landhaus ist ein großartiges Beispiel eines Renaissance-Repräsentationsbaus, ebenso die Stadttore von Steyr. Renaissancekirchen im engeren Sinn gibt es bis auf die Pfarrkirche Offenhausen bei Wels keine – und auch die war ursprünglich gotisch.

Der Barock ist, wenn man so sagen will, der Stil des Habsburgerreichs schlechthin. Im späten 17. wie im ganzen 18. Jahrhundert blühte das Land nach der Niederschlagung der inneren (Protestanten) wie der äußeren Feinde (Türken) auf. Der Katholizismus behauptete sich als einzige zulässige Glaubensform, dementsprechend sind die geistlichen Bauwerke dieser Zeit besonders prachtvoll, ausladend, ja bisweilen sogar überladen. Die Stiftsanlagen von Kremsmünster und St. Florian mögen die beeindruckendsten sein, der Alte Dom und die Stadtpfarrkirche von Linz, die Stifte Wilhering, Mond-

Portrait Meinrad Guggenbichlers am Wolfgangsaltar der Mondseer Basilika

Ein Bauernhaus im Steinbloß-Stil bei Helfenberg

see, Lambach und Schlierbach, die Michaelskirche und als einer der ganz wenigen Profanbauten das Rathaus von Steyr sind die bedeutendsten Beispiele der Barockarchitektur in Oberösterreich.

Man darf nicht vergessen, dass annähernd alle älteren Sakralbauten in der Barockzeit mehr oder weniger stark im Stil jener Epoche verändert worden sind. Da es aber keine Herrscher- oder Bischofsresidenz im Land gab, fehlt jede Art fürstlichen, weltlicheren Barocks und auch des Rokoko. Doch es gab viele bedeutende Künstler und Künstlerfamilien, die im Land arbeiteten. Zu nennen sind etwa der Bildhauer Meinrad Guggenbichler (1649–1723) aus Mondsee, der Architekt Jakob Prandtauer aus St. Pölten, die Familie Schwanthaler aus Ried im Innviertel, die fast 200 Jahre lang bedeutende Maler und Bildschnitzer stellte; daneben die Sippen der Carlone und Altomonte.

Sehr wenige klassizistische Bauwerke sind in Oberösterreich zu vermerken, die Bad Ischler Trinkhalle ist vielleicht das wichtigste. Aus der Epoche des Historismus sei der Neue Dom von Linz erwähnt, das zweifellos bedeutendste Bauwerk in diesem Stil im Land, sowie die Wallfahrtskirche Maria Puchheim in Attnang-Puchheim, beide vom Ausgang des 19. Jahrhunderts. Besonders herausragende Bauwerke des Jugendstils und der Moderne sind in Oberösterreich nicht zu finden.

Volksarchitektur

Eine Besonderheit Oberösterreichs stellt die Volksarchitektur des Mühlviertels dar. Vor allem in dessen Mitte, um Freistadt und Neumarkt, trifft man auf die auffälligen, grau-weiß gefleckten ›Stoabloß‹ (Steinbloß)-Höfe. Damit werden Höfe bezeichnet, die aus ›bloßen‹, also nackten, unverputzten Steinen gebaut wurden. Ihr Mauerwerk besteht aus grob gehauenen Granitsteinen unterschiedlicher Größe, die zueinander sparsam mit Kalk ausgefugt sind. Kalk wie auch Lehm sind in Oberösterreich selten, als Bindematerial jedoch unverzichtbar; man musste mit diesen Baustoffen haushalten. Dafür gab es Granitgestein in großer Fülle.

Traditionell bearbeiteten die Bauern das Material selbst, ohne Steinmetz. Nach außen kam eine möglichst flache Seite, nach innen die gröbere, dazwischen feiner Sand und Erde, alles wurde danach mit Lehm und Kalk verfugt. Ganz bewusst wurden auch bestimmte Eigenschaften des Granits berücksichtigt: der teils leicht geklüftete und porige Granit nimmt die Wärme langsam auf und gibt sie nur nach und nach ab. So hält er das Haus im Sommer kühl, im Winter bleibt mancher Rest Sommerwärme im Stein gespeichert. Eine Putzschicht, ob außen oder innen, würde dies alles verhindern, vor allem könnte Feuchtigkeit im Mauerwerk aufsteigen. Lehmputz oder Holz innen sind aber gut geeignete Mauerverkleidungen. Sehr schöne Stoabloß-Gehöfte findet man unter anderem in Ottenschlag, Stiftung und Neumarkt, alle südlich und südwestlich von Freistadt.

Die Bauernhöfe im Mühlviertel sind meist Dreiseithöfe, deren Seitenflügel durch eine Mauer mit dem Tor an der vierten Seite verbunden sind. In den anderen Regionen des Landes weisen die Höfe andere Formen auf: Im Zentralraum und im Traunviertel dominiert der Vierkanthof, überwiegend von gewaltigen Ausmaßen. Dabei wird ein Innenhof in gleichmäßiger, durchlaufender Firsthöhe umschlossen, wobei die Seitenlänge bis zu 60 Metern betragen kann. Für das Salzkammergut sind eher Paarhöfe charakteristisch. Deutlich ist dabei das Wohnhaus vom Stall getrennt, die Gebäude können neben- oder hintereinander stehen. Im Innviertel trifft man auf Vierseithöfe, bei denen sich alle Gebäude freistehend um einen Innenhof gruppieren. Für das Hausruckviertel sind besondere Vierkanter charakteristisch, bei denen das Wohngebäude eine besondere Dominanz besitzt oder den Vierkanter aufbricht. Im ganzen Land trifft man allerdings auch Haufenhöfe an. Bei diesem Typ stehen die Gebäude einzeln und eher unregelmäßig zueinander.

Malerei

Oberösterreich ist die Heimat nur sehr weniger Maler. Zwar lebte der berühmte Grafiker und Zeichner **Alfred Kubin** (1877–1959) in Zwickledt bei Schärding, doch erstens ist er Böhme aus Leitmeritz und zweitens nimmt er in keinem seiner Werke Bezug auf Oberösterreich und seine Landschaft. Neben dem schon erwähnten Dichter **Adalbert Stifter** (→ Extra S. 50), der auch viele Landschaftsbilder schuf, mag noch **Franz Xaver Weidinger** (1890–1972) aus Ried erwähnt sein. Er schuf naturalistische Landschaftsaquarelle, die für die Zeit ihrer Entstehung ungewöhnlich ›konkret‹ gehalten sind. Er ist im Land hoch geschätzt – genau wie **Wilhelm Dachauer** (1881–1951),

Eine von Wilhelm Dachauer gestaltete Briefmarke aus dem Jahr 1941

der Porträts schuf und vor allem zahllose österreichische Briefmarken entworfen hat. Zugegebenermaßen stammt auch jene sehr verbreitete Marken-Dauerserie aus der NS-Zeit mit dem Kopf Hitlers im Profil von ihm.

Feste und Festivals

Im Folgenden eine Auswahl aus der übergroßen Fülle an Feste und Festivals. Wir konzentrieren uns auf die Veranstaltungen, die Bedeutung über den Ort hinaus haben, an dem sie stattfinden. Corona-bedingt sind Änderungen möglich.

März

Innviertler Biermärz (www.biermaerz.at). 60 Veranstaltungen mit Bier, Kulinarik, Kunst und Kultur.
Liebstattsonntag in Gmunden (www.liebstattsonntag.at). Traditioneller großer Festumzug.

April

Crossing Europe Filmfestival Linz (www.crossingeurope.at).

Mai/Juni

Donau in Flammen in Engelhartszell und Linz (www.donauregion.at). Große Traditionsfeste.
Kletter-Opening Ennstal. Dreitägige Veranstaltung mit auch mit Workshops und Wettbewerben (www.klettern-im-ennstal.at).
Färbermarkt in Gutau (www.muehlviertel.at).
Oberösterreichische Landesausstellung in jährlichem oder zweijährlichem Rhythmus, Mai–Okt. (www.landesausstellung.at).

Juni

Woodstock der Blasmusik (www.woodstockderblasmusik.at). Bis in den Juli hinein, an verschiedenen Orten des Innviertels.
Mühlviertel Classic (www.muehlviertel-classic.at). Mehrtägiges Oldtimerfest mit Rallye.

Juli

Clam Rock Festival (www.clam.at).
Schärdinger Schlemmerfest (www.schaerding.at). Gourmetreise durch die Küchen Österreichs und anderer Weltteile.
Hammerschmiedfest (www.schmiedleithen.at) im Freilichtmuseum Schmiedleithen bei Steyr.
Attergauer Kultursommer (www.attergauer-kultursommer.at). Klassik, Theater, Jazz.
Lehár-Festival Bad Ischl (www.leharfestival.at). Operetten (nicht nur von Lehár) und Walzer von Juli bis September.
Strudengau im Feuerzauber (www.donauregion.at).
Musikfestival Steyr (www.musikfestivalsteyr.at). Musicals, Rock, Crossover.

Stets gut besucht: das Schlemmerfest in Schärding

August

Kaisertage in Bad Ischl (http://badischl.salzkammergut.at). Nostalgische k.u.k. Veranstaltung.
Mühlviertel 8000 (www.muehlviertel8000.at). Sportfestival mit vielen Sportarten.

September

Musiktage Mondsee (www.musiktage-mondsee.at). Klassik mit hochkarätigen Künstlern.
Knödelfestival Schloss Eggenberg (www.genussland.at). Knödelkultfest.
Klangwolke Linz (www.klangwolke.at). Berühmtes Open-Air-Festival, bestehend aus visualisierter Klangwolke (Feuerwerk, Videoprojektionen, Laser, Ballons, Kräne), klassischer Klangwolke (Bruckner) und Kinderklangwolke (musikalische Geschichten für Kinder).

Oktober

Schubert-Festival in Steyr (www.musikfestivalsteyr.at).

November/Dezember

Advent in St. Wolfgang (www.wolfgangseer-advent.at). Schönste Adventsveranstaltung Oberösterreichs.
Advent- und Weihnachtsmarkt in Steyr (www.christkindlregion.com). Die andere schönste Adventsveranstaltung Oberösterreichs.

Essen und Trinken

Die traditionelle oberösterreichische Küche ist eher bodenständig. Zu ihr zählen Knödelspeisen aller Art – mit und ohne Fleisch – und Krautgerichte. Speck (Geselchtes) ist besonders im Mühlviertel weitverbreitet und Teil jeder Jause. Im ganzen Land genießt der im Eferdinger Gebiet angebaute Spargel einen herausragenden Ruf. Im Land existieren viele sogenannte ›Genuss-Regionen‹ (www.genussland.at) mit besonderen regionalen Spezialitäten. Zu ihnen zählt unter anderem der Leondinger Grünspargel, die Mühlviertler Alm-Weidegans, die Mattigtal-Forelle, das Nationalpark Kalkalpen Bio-Rind und viele weitere. Von den Süßspeisen sei besonders die Linzer Torte (→ S. 144) erwähnt.

Der Innviertler Surspeck ist ein durch besondere Herstellung fast rein weißer Speck. Nach der Schweineschlachtung – das Schwein wurde nur mit Gerste, Molke und Milch gemästet – wird die Schwarte abgetrennt und mit Gewürzen und Knoblauch rund acht Wochen eingelegt, ›eingesurt‹. Danach ist er butterweich, wird entweder sehr fein geschnitten pur genossen oder mit Pfeffer und Schnittlauch gewürzt als Brotbelag verzehrt. Oft wird er auch in den Innviertler Speckknödeln verkocht (www.innviertler-surspeck.at). Die hauptsächliche Surspeckregion ist das mittlere Innviertel östlich von Braunau. Im Innviertel gibt es auch viele Erzeuger, die Käse aus Heumilch herstellen. Heumilch ist Kuh- oder Ziegenmilch von Tieren, die im Sommer mit Gras und Kräutern und im Winter mit Heu gefüttert werden. In Schlierbach gibt es Österreichs einzige Stiftskäserei, man probiere den Weichkäse St. Severin von dort. Die Seen des Salzkammerguts liefern viele hervorragende Speisefische. So sind beispielsweise aus dem Attersee Saibling, Reinanke, doch auch Aal und Hecht sehr begehrt.

Oberösterreich ist bis auf einige winzige Areale im Strudengau keine Region des Weinanbaus, besitzt aber eine großartige Bierzivilisation. Die bayerische Herkunft zumindest des Innviertels ließ dort eine vielfältige Bierkultur entstehen, die sich auch auf das Mühlviertel erstreckt. Insgesamt 54 Brauereien gibt es in derzeit Oberösterreich, fast alle sind klein und in Privatbesitz. Besonders bekannt und berühmt sind unter anderem das Schlägler Stiftsbier (Mühlviertel), das Trappistenbier aus Engelszell, die Biere der Braucommune Freistadt, das der Brauereien Hofstetten und Grieskirchen sowie die Biere der Hausbrauerei Bogner (Braunau), um ohne Wertung nur die renommiertesten aufzuzählen.

Ein sehr verbreitetes Getränk ist der Most, vergorener Apfel- und Birnensaft mit vielen Geschmacksvarianten. Als Süßmost wird der im Herbst frisch gepresste Saft bezeichnet. Viele Bauernhöfe haben zur Mostgewinnung eigene Mostobstbäume. Bekannt ist der ›Landlbirnmost‹, der aus den sogenannten Landlbirnen gepresst wird.

Innviertler Surspeck-Knödel

Rezepte

Einige traditionelle und moderne Rezepturen aus den Küchen Oberösterreichs, jeweils für vier Personen.

Erdäpfel-Schwammerlsuppe

Zutaten: 500 g Erdäpfel (Kartoffeln), getrocknete Pilze, 1 EL Butter, 1 kleine Zwiebel, 3/4 l klare Gemüsesuppe, Majoran, Kümmel, Salz, Pfeffer, Essig, Sauerrahm und gehackte Petersilie.
Zubereitung: Die Kartoffeln und die Zwiebel werden würfelig geschnitten und in Butter angedünstet. Mit der Gemüsesuppe aufgießen und getrocknete Pilze hinzufügen. Jetzt kommen die Gewürze dazu, und danach lässt man alles weichkochen. Verfeinert wird dann mit je nach Geschmack mit etwas Essig, Sauerrahm und Petersilie. Als Beilage empfiehlt sich eine Scheibe frischen, kräftigen Bauernbrotes.

Kohlrabi-Carpaccio

Zutaten: 2–3 zarte junge Kohlrabi, einige Blätter verschiedener Salatarten, 4 EL Balsamico, 3 EL Raps- oder Olivenöl, 2–3 kleinwürfelige geschnittene Fleischtomaten, geröstete Kürbiskerne. *Sauce*: 5 EL Sauerrahm, 80 g geriebener Österkron (ein würziger steirischer Edelschimmelkäse o.ä.), Schnittlauch oder Dill, Salz, Pfeffer.
Zubereitung: Den Kohlrabi in ganz dünne Scheiben schneiden, Essig, Öl und Tomaten zu einer Marinade rühren und mit den Kürbiskernen vermischen. Für die Sauce Sauerrahm, Käse und Schnittlauch gut vermischen und mit Salz und Pfeffer abschmecken. Kohlrabischeiben und Salatblätter auf Teller anrichten und mit Sauce zum Genuss freigeben.

Mostgeschnetzeltes

Zutaten: 500 g Schweinefleisch, 50 g Butterschmalz, 1 Zwiebel, Knoblauch, 1/8 l Rindsuppe, 1/4 l Apfelmost, Salz, Pfeffer, 1/2 EL Thymian, 1 EL Majoran, 1/4 l Sauerrahm, Mehl.
Zubereitung: Fleisch in Streifen schneiden und in heißem Fett anrösten, danach, am besten in einer Kasserolle, warmhalten. Die Zwiebel zusammen mit dem Knoblauch glasig dünsten. Knoblauch und Zwiebel werden mit der Suppe und dem Most abgelöscht, das Ganze wird sodann über das Fleisch gegeben. Das Fleisch wird nun etwa 30 Minuten gedünstet, die entstandene Sauce mit Sauerrahm und Mehl verfeinert. Danach abschmecken und mit Reis und/oder Kartoffeln servieren.

Kräuter-Topfenknödel

Zutaten: 250 g Topfen (Quark), 50 g Mehl, 1 Ei, 50 g Semmelbrösel, 1 kleine feingehackte Zwiebel, Kräuter der Saison, 2 EL passierter Spinat, Salz, Pfeffer, Muskat.
Zubereitung: Kräuter feinhacken. Aus Topfen, Zwiebel, Spinat und Kräutern eine Masse vorbereiten, die mit Salz, Pfeffer und Muskat gewürzt wird. Am Schluss Mehl und Brösel einkneten. Die Masse muss dann im Kühlschrank eine Stunde reifen. Dann formt man eher kleine Knödel, die in leicht gesalzenem Wasser zehn Minuten leicht sieden.

Das Mühlviertel ist einsam, wild und voller Zauber. Jeder Baum, jedes Feld, jeder Granitfelsen hat hier seinen eigenen Klang. Alles beginnt mit dem Granit, alles endet mit ihm ... Doch Granitlandschaften haben ihre besonderen Dämonen. Das unspektakuläre Gestein hat etwas irrlichternd Verspieltes an sich, etwas Koboldhaftes und zugleich Abgründiges. Seine absonderlichen Formen ziehen Mythen und Sagen geradezu magisch an.

Martin Rasper

Am Südhang des Böhmerwalds bei Schwarzenberg, Blick auf den Kamm des Gebirges um den Plöckenstein

DAS MÜHLVIERTEL

Das Mühlviertel

Am Tanner Moor

Oberösterreichs nördlicher und nordöstlicher Teil, das Mühlviertel, trägt seinen Namen keineswegs nach einer großen Zahl hier anzutreffender Mühlen, wie oft gemeinhin vermutet wird. Namensgebend sind vielmehr die drei Flüsse Große Mühl, Kleine Mühl und Steinerne Mühl, sämtlich linke Nebenflüsse der Donau. Das Mühlviertel ist neben dem Innviertel, dem Hausruckviertel und dem Traunviertel eines der vier historischen Viertel Oberösterreichs und nimmt mit 3080 Quadratkilometer Ausbreitung ziemlich genau 25 Prozent von dessen Gesamtfläche ein. Er erstreckt sich links der Donau, zwischen bayerischer Grenze im Westen, der zu Böhmen im Norden und der niederösterreichischen im Osten. Zum Mühlviertel werden übrigens auch die linksdanubischen Teile von Linz gezählt. Eine Gebietsreform im Jahr 1868 für ganz Österreich machte diese Einteilung bedeutungslos und ersetzte die alte verwaltungstechnische Gliederung des Landes durch die sogenannten ›Politischen Bezirke‹, denen dabei als Attribut oft die Bezeichnung ›Mühlkreis‹ – sinngemäß für Mühlviertel – angefügt ist. Dennoch hat sich der Traditionsname bis heute erhalten.

Das Mühlviertel war seit dem 6. Jahrhundert Teil des Herzogtums Baiern, im 12. Jahrhundert kam es in babenbergischen Besitz, wurde damit Teil Österreichs und nach 1378 habsburgisch. Das nördliche Mühlviertel wurde erst gegen 1300 besiedelt, es war bis dahin eine unzugängliche Waldwildnis. Die dort häufigen Ortsnamen auf -schlag weisen auf die Rodungen jener Jahre hin, die auf -ing auf eine ältere baierische Kolonisation. Nur die kammnahen Lagen des Böhmerwaldes wurden von über die böhmischen Herrscher oder Klöster kolonisiert – damit aber auch der heute österreichische Südhang des Böhmerwaldes.

Geographisch-geologisch gehört das Mühlviertel zur ›Böhmischen Masse‹, einem in weiten Teilen eingeebneten Rumpfsockel eines spätpaläozoischen Faltengebirges (Variszisches Gebirge), das sich vor 300 Millionen Jahren bis auf fast 5000 Meter erhob: Anders als in den Alpen und deren direktem Vorland besteht hier der Untergrund vorwiegend aus Graniten und Gneisen, was eine etwas andere Flora und Fauna als dort hervorbrachte. Höchster Berg des Mühlviertel ist der Plöckenstein (tschechisch Plechý, 1378 m) im Böhmerwald, über den auch die Staatsgrenze zur Tschechischen Republik verläuft. Das zehn Kilometer lange Tal des Haselgrabens nördlich von Linz teilt das Mühlviertel in das Obere (westliche) und das Untere (östliche) Mühlviertel, das auch als Machlandviertel bezeichnet wurde. Traditionell ist das Mühlviertel seit dem Beginn des 17. Jahrhundert durch den Flachsanbau und die daraus resultierende Hausweberei bekannt, die aber gegen Ende des 19. Jahrhunderts durch die zunehmende Industrialisierung bedeutungslos wurde. Heute ist als lokales Handwerk insbesondere die Braukunst in zahlreichen kleinen Biermanufakturen lebendig.

Der Böhmerwald

Der Böhmerwald (tschechisch Šumava, ›die Rauschende‹) ist ein Relikt des oben erwähnten Hochgebirges. Er beginnt an der Cham-Further Senke in der Oberpfalz und endet am Sattel von Vyšší Brod (Hohenfurt), nach anderer Lesart am Kerschbaumer Sattel an der Straße Freistadt–Kaplice im nördlichsten Mühlviertel. Entlang des Kamms verläuft die Wasserscheide von Moldau und Donau. Für die Zeit von etwa 700 v. Chr. bis 500 n. Chr. sind die Kelten am Rand des Böhmerwaldes nachweisbar. Sie betrieben Handel, bescheidenen Bergbau und wuschen Gold. Um die Zeitenwende kam der germanische Stamm der Markomannen ins Gebiet des späteren Böhmen und in das nördliche Mühlviertel. Mit dem Niedergang des Römischen Reiches und im Zuge der beginnenden Völkerwanderung verließen die Kelten, genau wie die Markomannen, den Böhmerwald. Allerdings verblieben einige Angehörige dieser Völker im fast menschenleer gewordenen Böhmerwald und gingen in den hierher im 6. Jahrhundert einwandernden Slawen auf. Ein großer Teil Böhmens war um das 10. Jahrhundert bis auf die bis dato unzugänglichen Waldgebiete besiedelt, die nur von Jägern und Sammlern in den Randbereichen begangen wurden. Die ausgedehnten Waldgebiete um die Kammlagen des Böhmerwaldes blieben noch unerschlossen. Im 9. Jahrhundert, in dem auch das böhmische Königtum entstand, erscheint für das Waldgebirge erstmals ein Name. Auf einer Urkunde Ludwigs des Deutschen (um 806–876), der ab 826 Baiern und ab 843 König des Ostfrankenreichs war, wird der Name ›nordwald‹ für Baierns östliches Grenzgebirge genannt. Ab dieser Zeit begann nicht nur auf seiner Westseite die Urbarmachung und Besiedlung des Waldes und auch die Christianisierung der Bevölkerung. Dies ging meist von Klöstern aus. Trotz aller Kolonisation blieben die zentraleren Waldgebiete bis zur Mitte des 13. Jahrhunderts unberührt, nur einige wenige schmale Steige existierten als Handelspfade. Die Zeit von etwa 1150 bis 1350 war die Epoche der zweiten Kolonisation

Bauernhaus in Oberschwarzenberg

Der Böhmerwald

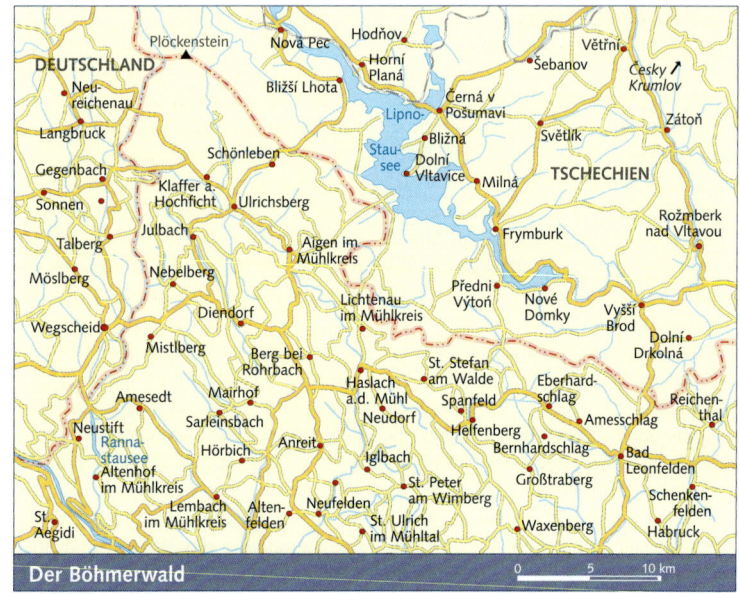

Der Böhmerwald

Böhmens. Böhmische Könige und Fürsten riefen in alle bisher un- oder kaum besiedelten Regionen Böhmens deutsche Siedler, Bauern, Handwerker und Bergleute herbei. Diese Regionen waren fast ausschließlich Grenzregionen, zu Baiern, zu Österreich, zu Sachsen. In diesem Zusammenhang erscheint in einer Urkunde erstmals der heutige Name: ›Behaime walt‹. Die Siedler erhielten Privilegien, konnten Städte nach deutschem Recht gründen. Ebenso entstanden viele Klöster mit baierischen und österreichischen Mutterklöstern.

Den meisten Touristen ist wahrscheinlich nicht bewusst, dass ein kleinerer Teil des Böhmerwaldes, etwa fünf Prozent, heute auf österreichischem Gebiet liegt. Denn zu sehr ist diese Sehnsuchtslandschaft, auch als Symbol einer verlorenen Heimat, im Bewusstsein der meisten Menschen mit Tschechien verknüpft. Aber die Südhänge des Hauptkamms, über den die Grenze zu Böhmen verläuft, liegen eben zwischen dem Dreiländereck Bayern–Böhmen–Österreich am Dreisesselberg und der alten Handelsstraße Linz–Budweis nicht auf tschechischem Territorium. Und sicherlich ist der österreichische Böhmerwald keineswegs weniger ›romantisch‹ als die weltfernen Waldungen und Moore auf der anderen Seite des Kamms, die seit 1945 unzugänglich waren, wenn sie von der Grenze weniger als etwa sieben Kilometer entfernt lagen. Denn auch auf der österreichischen Seite war die abgeschiedene, vom böhmischen Hinterland abgetrennte Position des nördlichsten Mühlviertels als ›Zonenrandgebiet‹ Austausch und Begegnung kaum förderlich – auch war es kein Durchgangsland mehr. So ist im österreichischen Böhmerwald mehr als anderswo in Oberösterreich eine trotz aller infrastrukturellen Verbesserungen seit 1990 wenig berührte Naturlandschaft erhalten geblieben, die aber dennoch mit allen Annehmlichkeiten zeitgemäßen Tourismus aufwarten kann.

Im äußersten Nordwesten

Die Umgebung Aigen-Schlägls und damit auch der zugehörige politische Bezirk Rohrbach ist die nördlichste Region des Mühlviertels und damit ganz Oberösterreichs. Die idyllische, waldbestandene und wiesengesäumte Mittelgebirgslandschaft erreicht auf dem Kamm des Böhmerwaldes mit dem Plöckenstein fast 1380 Meter Höhe, liegt aber überwiegend auf Höhen um 500 bis 800 Meter.

■ Schwarzenberg am Böhmerwald

Wer aus der östlichsten Ecke Bayerns unterhalb des Dreisesselbergs über Neureichenau nach Österreich fährt, erreicht gleich hinter der Grenze Schwarzenberg. Der Ort mit nur 600 Bewohnern liegt auf 756 Meter Höhe auf einem markanten Hügel. Lohnend ist die Fahrt bis zur 1786 vollendeten **Kirche** und dem alten **Schulhaus** daneben, in dem sich heute das lokale **Heimatmuseum** – es besitzt unter anderem eine Glassammlung – und ein kleines **Adalbert-Stifter-Museum** befindet. Dem großen Dichter des Poetischen Realismus begegnet man in Oberösterreich allenthalben, der Böhmerwald wie auch die oberösterreichischen Lande sind sehr oft Handlungsorte seiner Novellen und Romane (→ Extra S. 50). Zwischen den bayerischen Orten Neu- und Altreichenau sowie der nördlichen Umgebung von Schwarzenberg existiert ein aus drei Einzelstraßen bestehendes ›Adalbert-Stifter-Litera-Tour-Wanderweg‹-System. Sehenswert ist auch der **Skulpturenpark**, dessen Entstehung von einem in den 1990er Jahren mehrmals veranstalteten Holzbildhauersymposium herrührt. Das zwei Kilometer nördlich gelegene **Oberschwarzenberg** war von 1638 bis etwa um 1900 einer der Herstellungsorte des europaweit begehrten Böhmerwaldglases. Die höchste Blütezeit erreichte die Glashütte, die Sonnenschlag hieß, gegen 1850, als hier 40 Glasmacher arbeiteten, die 50 Tonnen Glas pro Jahr produzierten. Die lokale Produktion war für ihre Blumenmotive bekannt, auch waren unter anderem die gläsernen Schnupf-tabaksbehältnisse aus Oberschwarzenberg österreichweit bekannt.

■ Der Plöckenstein

Die höchste Erhebung des Mühlviertels und gleichzeitig des tschechischen Böhmerwaldes ist der 1378 Meter hohe Plöckenstein (tschechisch Plechý). Viele Reisende machen den fünfstündigen und teilweise beschwerlichen Weg auf diesen Berg von der tschechischen Seite aus, vom Parkplatz in Láz bei Nová Pec am Moldau-Stausee. Zugegeben ist diese Wanderung, die teilweise entlang des berühmten Schwarzenbergischen Schwemmkanals (→ Extra S. 70) führt und den Plöckensteinsee berührt, sehr reizvoll. Kürzer (knapp 2,5 Stunden) ist der Aufstieg vom Parkplatz (930 m) am

Das Stifter-Obelisk unterhalb des Plöckensteins

Im Heilkräutergarten in Klaffer

Sehr lohnend ist der allerdings etwas beschwerliche Abstecher auf tschechisches Gebiet über die wohl schwierigste Wanderstrecke des gesamten Böhmerwaldes hinab zum von Adalbert Stifter in der Novelle ›Hochwald‹ (1848) so unvergleichlich geschilderten **Plöckensteinsee** (Plešné jezero, 1089 m, keine Einkehrmöglichkeit). Wer das nicht auf sich nehmen will, sollte zumindest vom Plöckensteingipfel bis zur Seewand gehen, an der sich der berühmte, 14 Meter hohe, 1877 errichtete **Stifter-Obelisk** befindet und von dem man einen grandiosen Blick über den 250 Meter unterhalb liegenden Plöckensteinsee und die Böhmerwaldvorlande genießt. Den Obelisk zu besuchen ist ein Muss, wenn man diese Gegend durchwandert.

Ende der Fahrstraße oberhalb von Oberschwarzenberg. Von hier erreicht man in etwa 25 Minuten die markante Granitfelsenformation der **Teufelsschüssel** (1108 m), weiter geht es zum Grenzübergang nach Bayern (1153 m). Wir überqueren die Grenze allerdings nicht, sondern gehen an ihr entlang weiter aufwärts bis zum ›Dreieckmark‹ (1321 m) und wenden uns hier nach rechts, nur noch mit flachem Anstieg bis zum Plöckensteingipfel.

Die oberen Berglagen sind unbewaldet, nachdem im Januar 2007 der Orkan Kyrill große Teile des Waldes im gesamten Böhmerwald verwüstet hat. Bis zu jenem Monat deckte dichte Bewaldung den Plöckensteingipfel wie auch den Kammweg. Den Gipfel des Plöckenstein (ohne Einkehrmöglichkeit) stellen einige nun unübersehbare markante Granitformationen mit sogenannter Matratzenverwitterung dar. Während man auf bayerischer und österreichischer Seite den zerstörten Wald abgeräumt hat, wurde er auf tschechischer Seite belassen, wie ihn der Sturm hinterlassen hat.

Vom Plöckensteinsee kann man als eine Art Rundweg auf anderer Route mit Umweg – über den Punkt Pod Kamenným mořem oder den Plöckensteinsee-Radweg – wieder hinauf zum Kamm gelangen. Wer nicht zum Plöckensteinsee hinabsteigt, geht vom Gipfel auf dem Kammweg etwa 400 Meter Wegstrecke bergab und biegt dann nach rechts auf

Der sogenannte Russenstein be Klaffer

Die unscheinbare Michaelskapelle in Obernhof bei Ulrichsberg

den Plöckensteiner Seeweg ab und von hier westwärts über den sogenannten Dreiländerweg bis zum oben erwähnten Grenzübergang nach Bayern (1153 m) und zurück zum Parkplatz wie gekommen. Eine gute Wanderkarte ist jedoch zu empfehlen.

■ Klaffer am Hochficht

Gut 80 Höhenmeter tiefer als Schwarzenberg und schon direkt im Tal der Großen Mühl liegt Klaffer. Die **Pfarrkirche** stammt aus den 1950er Jahren, was man ihr auf den ersten Blick nicht ansieht. Ungewöhnlicherweise besitzt sie eine Unterkirche. Viel besucht ist Klaffer wegen des größten **Heilkräutergartens** Österreichs, der sich gleich hinter der Kirche befindet. Der örtliche Pfarrer Johann Pühringer legte ihn, angeregt durch gute Erfahrungen mit der Wirkung von Heilpflanzen an eigenen Leiden, in den 1970er Jahren an. 1000 verschiedene Heilpflanzenarten sind auf gut 7800 Quadratmeter Fläche anzutreffen. Bedeutsam sind die Beete mit den Alpin- und Hochgebirgspflanzen.

Mit Recht kann gesagt werden, dass das **Skigebiet** am Hochficht (tschechisch Smrčina, 1338 m) zu den bedeutendsten oberösterreichischen Skigebieten zählt (www.hochficht.at). Es zieht vor allem tschechische Gäste an, da in deren Teil des Böhmerwaldes, wie auch im gesamten Böhmen, abgesehen vom Sudetenmassiv an der Nordgrenze des Landes, kein vergleichbares und schnell erreichbares Wintersportgebiet existiert. Wenngleich die Gegend um die Liftanlagen im Sommer ziemlich verlassen ist, lohnt sie dennoch die Fahrt hinauf, da sich von hier oder vom sogenannten ›Ereignishaus Holzschlag‹, einer Art Jugendherberge, eine entspannte Wanderung zum sagenumwobenen **Plöckensteinsee** auf die tschechische Seite machen lässt (Wanderkarte empfehlenswert). Die Besteigung des Hochficht lohnt jedoch nicht – es gibt keine Sicht.

Nordwestlich von Klaffer, am östlichen Rand des Gemeindeteils Schönberg, liegt der sogenannte **Russenstein**. Es handelt sich um einen größeren Granitfels, in den 1955 ein russischer Besatzungssoldat mit einem Bajonett die Inschrift (übersetzt) ›Tod dem Organisator des Krieges‹ eingeritzt hat. Der Stein liegt im Wald versteckt, doch der Weg zu ihm ist an der Landstraße Klaffer–Schwarzenberg ausgeschildert (Abzweig nach Schönberg gegenüber dem Urlsee).

■ Ulrichsberg

Mag Ulrichsberg an sich nicht sehr sehenswert sein – in der Umgebung dieses Ortes existieren einige der schönsten und attraktivsten Touristenziele des nördlichen Mühlviertels.
Alljährlich kommen Ende April viele Besucher zum 1986 gegründeten Jazzfestival des ›Internationalen Ulrichsberger Kaleidophon‹. Es wird im ›Jazzatelier‹ abgehalten, in dem auch außerhalb der Festivalzeit viele Musikveranstaltungen stattfinden (www.jazzatelier.at).
Im Ortsteil Obernhof – Zufahrt im Ortsteil Stollnberg, an der Landstraße nach Aign – steht die interessante kleine **Michaelskapelle**. Dieser runde Zentralbau entstand 1694 nach Plänen des berühmten Barockarchitekten Carlo Antonio Carlone (um 1635–1708), der in Oberösterreich unter anderem wesentliche Teile der Stifte Kremsmünster und St. Florian schuf und das Innere zahlreicher kleiner und größerer Kirchen gestaltete. Eine empfehlenswerte **Wanderung** geht von Ulrichsberg (Ortsteil Erlet) entlang der Großen Mühl flussabwärts, mit ganz leichtem Gefälle ohne Steigungen, bis Schlägl (ca. 2,5 Std.). Zurück kann man den Bus nehmen.

■ Schöneben

Viel besucht ist Schöneben, das bereits auf dem Kamm des Böhmerwaldes liegt. Im Winter zeigt es sich als Skilanglaufzentrum, im Sommer bietet es mit dem **Freizeitkomplex Böhmerwaldarena** (www.boehmerwaldarena.at) mit einem edlen

Der Aussichtsturm ›Moldaublick‹ bei Schöneben

Hotelrestaurant aus Naturholz, einem **Hochseilpark**, einem gleich an der Straße gelegenen **Lamagehege**, dem **Böhmerwaldhorst** (bewohnbare Baumhäuser) und unter anderem der **Ausstellung WunderWeltWald** viele Attraktionen besonders für Familien.
Sehr stark besucht sind unweit von Schöneben die beiden **Aussichtstürme Moldaublick** (mit guter Einkehrmöglichkeit) und **Alpenblick**; letzterer wurde 2009 erbaut. Bei günstiger Witterung reicht der Blick bis zum Dachstein. Vom 1967 errichteten, fünf Kilometer von Schöneben entfernten und gut mit dem Auto erreichbaren ›Moldaublick‹ – übrigens ein

umgebauter Ölbohrturm aus Niederösterreich – hat man einen hinreißenden Blick über den Moldau-Stausee und sein Umland. Vor 1990 war dies für viele aus dem Böhmerwald Vertriebene die einzige Möglichkeit, einen Blick in ihre alte Heimat werfen zu können, da alle grenznahen Gebiete auf tschechischer Seite, vor allem die westlich des Stausees, unzugängliche Sperrzone waren.

■ **Ein Ausflug zum Moldau-Stausee**
Es lohnt, von Schöneben hinab zum Moldau-Stausee (Lipno-Stausee) zu fahren. Zunächst passiert man die Böhmerwaldkapelle von 1962, gleich danach zweigt ein Weg in das weltferne **Sonnenwald** ab, wo es eine urige Einkehrmöglichkeit gibt. Von Sonnenwald kann man einen schönen Spaziergang entlang des berühmten **Schwarzenbergschen Schwemmkanals** (→ S. 70) machen oder mit dem Rad an diesem entlangfahren. Bleibt man jedoch auf der Hauptstraße, kommt man an dem markanten alten Zollhaus vorbei und passiert gleich danach die österreichisch-tschechische Grenze, wo man sich im ehemaligen unzugänglichen Sperrgebiet und daher in einer menschenleeren Region befindet.

An einer kleinen Wegekreuzung nahe des untergegangenen Ortes Hinter-Glöcklberg (Zadní Zvonková), etwa einen Kilometer hinter der Grenze, kreuzt man den schon erwähnten Schwarzenbergschen Schwemmkanal. Hier kann man parken und nordwärts den Kanal bis zur etwa einen Kilometer entfernten rekonstruierten **Kirche** von Zadní Zvonková entlang wandern oder radfahren, auch in südlicher Richtung ist der Weg entlang des Kanals sehr reizvoll. Allerdings tritt er bald bei Sonnenwald auf österreichisches Gebiet über. Im ehemaligen, ebenfalls rekonstruierten Pfarrhaus von Zadní Zvonková ist eine kleine Ausstellung zum Thema Schwemmkanal eingerichtet. Von der erwähnten Wegekreuzung gelangt man geradeaus nach etwa drei Kilometern zur Fähre über den Moldau-Stausee. Jenseitig liegt **Horní Planá** (Oberplan), der Geburtsort Adalbert Stifters und eines der touristischen Zentren am Moldau-Stausee.

Im äußersten Nordwesten
Ferienregion Böhmerwald, Hauptstr. 2, 4160 Aigen-Schlägl, Tel. 05/7890100. www.boehmerwald.at

Gasthof-Pension Dreiländereck, Oberschwarzenberg Nr. 3, 4161 Schwarzenberg a.B., Tel. 07280/219, p. P. im DZ 40 €. www.gasthof-dreilaendereck.com
Landhotel-Restaurant Mühlböck, 4164 Schwarzenberg am Böhmerwald Nr. 136, Tel. 07280/286, p. P. im DZ 46 € (Sommer). Evtl. 2021 noch geschlossen. www.hotel-muehlboeck.at
Hotel Restaurant Böhmerwaldhof, Kirchengasse 4, 4161 Ulrichsberg, Tel. 07288/27363, p. P. im DZ 50–60 €. www.hotel-boehmerwaldhof.at

Heimatmuseum (mit Stifter-Ausstellung), Kirchenberg Nr. 8, 4164 Schwarzenberg am Böhmerwald Nr. 113, Tel. 07280/255; Fr und So 10–12 Uhr oder nach Vereinbarung. www.schwarzenberg.co.at
Heilkräutergarten, 4163 Klaffer am Hochficht, Tel. 07288/7026-12 (Gemeinde) oder 6419 (Bioladen); Mai-Anf. Okt. tgl. 9–17 Uhr, Führungen jeweils am ersten Sonnabend im Monat 14 Uhr (ohne Anmeldung). Führungen zu anderen Zeiten sind auf Anfrage möglich. www.heilkraeutergarten.at

Infos zum **Böhmerwaldrundweg**: www.wegderentschleunigung.at

Der Schwarzenberger Schwemmkanal

Für den Böhmerwald war nach dem Niedergang des Erzbergbaus die Forstwirtschaft von größter ökonomischer Bedeutung. Gegen Ende des 18. Jahrhunderts, als die langsam einsetzende Industrialisierung mehr und mehr Holz benötigte, überlegte man seitens der Fürstlich Schwarzenbergschen Forstverwaltung, wie denn zumindest der Holztransport insbesondere aus den schwer zugänglichen höheren Lagen des Böhmerwaldes vereinfacht und mengenmäßig gesteigert werden könne. Denn Holz war für die fürstliche Wirtschaft eine der wichtigsten Handelswaren. Der in fürstlichen Diensten stehende Ingenieur Joseph Rosenauer (1735–1804) legte dafür 1775 ein erstes Konzept eines Schwemmkanals vor, der auch die Wasserscheide Elbe-Donau, die über den Böhmerwald verlief, umgehen konnte. Denn der Großteil des Holzes sollte über die Donau Richtung Wien und Ungarn transportiert werden. In Wien und Budapest bestand in jenen Jahren nicht nur für den Hausbau, sondern auch zu Heizzwecken ein großer Holzbedarf. Über den Kanal sollte das Holz aus den oberen Lagen ohne großes menschliches Zutun heruntergeschwemmt werden, wobei die Stämme auf eine Länge bis zu etwa zwei Meter zurechtgesägt werden sollten. 1789 begann man mit den Grabungen und zwar von unten her, im österreichischen Mühlviertel. Vom Flüsschen Große Mühl, das der Donau zuströmt, arbeitete man sich über den Zwettlbach aufwärts, der ihm zufließt. Es wurde aber zunächst keine neue Wasserstraße gebaut, man verbreiterte lediglich die vorhandenen natürlichen Gewässer. Erst am Rosenhügel (Růžový vrch, 731 m) westlich der Ruine Wittinghausen (heute Vítkův Kámen), wo sich die Wasserscheide befindet, musste man mit dem Bau eines eigenständigen Kanalsystems beginnen. Denn alle natürlichen Gewässer nördlich der Wasserscheide fließen ja über die Moldau zur Elbe hin.

Dieser Kanal gilt als technisches Wunderwerk seiner Entstehungszeit. Bis 1793 war das Teilstück bis Hirschbergen (heute Jelení vrch) fertiggestellt. Der ganze Kanal in seiner vorgesehenen Ausdehnung hoch bis zur bayerischen Grenze auf der anderen Seite von Haidmühle, wo sich ein Denkmal des Erbauers befindet, war erst lange nach Rosenauers Tod im Jahr 1823 vollendet. Die Grabungsarbeiten durch das zähe Granitgestein gestalteten sich sehr schwierig. Die Planung machte es dabei nötig, bei Hirschbergen einen 419 Meter langen Tunnel zu errichten. Der bis zu 2,80 Meter breite Kanal ist im allgemeinen nur 80 Zentimeter tief und besitzt bis zur Mündung in die Große Mühl eine Gesamtlänge von 51 Kilometern. Rund 100 Jahre blieb er in Betrieb; die letzte Schwemme nach Österreich, bis Haslach, fand 1916 statt. Bereits 20 Jahre zuvor war das Schwemmen auf der Donau eingestellt worden.

Holztrift am Schwemmkanal um 1900

Der Kanal begann zu verfallen, besonders wegen seiner nur Grenzsoldaten

Der Schwarzenberger Schwemmkanal

Schauschwemme bei Sonnenwald

zugänglichen Lage im Grenzgebiet verfüllte er sich nach und nach mit Geröll, da er nicht mehr gewartet wurde. Erst nach 1990 erfolgte die Rekonstruktion auf beiden Seiten der Grenze, wobei zumindest auf der österreichischen Seite einige längere Abschnitte noch nicht rekonstruiert sind. Heute ist er ein vielbestauntes technisches Denkmal und nimmt auf der staatlichen tschechischen Denkmalliste eine herausragende Position ein. Der Kanal tritt bei Sonnenwald, unterhalb von Schöneben, auf österreichisches Gebiet über, zieht sich am Nordhang des Böhmerwaldkamms entlang, kreuzt die Straße von Aigen herauf, schlängelt sich an der Glöcklschleuse vorbei und erreicht westlich des schon erwähnten Rosenhügels (Růžový vrch) an der Igelbachschleuse wieder tschechisches Gebiet. Er gelangt bei St. Oswald, wo er die markante Steilstufe Morau mit 25 Prozent Gefälle überwindet, erneut auf die österreichische Seite. Zwischen der Igelbachschleuse und dem Kanalende bei Lichtenau westlich von Haslach finden seit 1998 regelmäßig Schauschwemmungen statt. Zwischen Sonnenwald und St. Oswald gibt es entlang des Kanals einen Radweg – und auch auf tschechischer Seite besteht oberhalb von Sonnenwald fast durchgehend ein Radweg bis zum Kanalursprung.

Die Pfarrkirche beherrscht das Ortsbild von St. Aigen

Aigen-Schlägl und Umgebung

Seit 2015 sind die vormals eigenständigen Orte Aigen und Schlägl zu einer über 3100 Bewohner zählenden Großgemeinde vereinigt, die seitdem die größte Siedlung im österreichischen Böhmerwald darstellt. Aigen hat einen sehr schönen **Marktplatz** mit zahlreichen hübschen Bürgerhäusern aus unterschiedlichen Jahrhunderten, den die neormanisch-neogotische, eigentlich viel zu groß und massig wirkenden **Pfarrkirche** (1897–1901) dominiert. Sehenswert ist auch das **Vogelmuseum** im Kulturhaus, das die heimischen Vögel thematisiert.

Kulturhistorisch von größter Bedeutung für Oberösterreich ist **Stift Schlägl**, oft als ›geistlicher Mittelpunkt‹ des Mühlviertels apostrophiert. 1204 wurde es von dem Passauer Bischof Wolfger von Erla gegründet, der dazu Zisterzienser aus dem fränkischen Kloster Langheim ins Land rief. Das obere Mühlviertel war damals eine dicht bewaldete, fast unzugängliche Gegend, die durch diese Stiftsgründung kolonisiert werden sollte. Doch wurde dieses erste Stift, dessen einstiger Standort nicht genau lokalisiert werden kann, nur wenige Jahre nach der Gründung gegen 1212 bereits aufgegeben, wegen des Todes des ersten Abtes Theoderich und wegen der zu rauen klimatischen Bedingungen. 1218 gelang es dem Passauer Ministerialen Chalhoch von Falkenstein, Prämonstratenser ins Land zu rufen. Sie kamen vermutlich aus Osterhofen in Bayern oder Mühlhausen (Milevsko) in Böhmen und bauten in einer etwas weniger rauen Gegend an der Großen Mühl ein Kloster. Von ihm aus erfolgte die Besiedlung der Gegend. Der Name ›Schlägl‹ rührt von ›schlagen‹ her und deutet damit die mittelalterliche Rodungstätigkeit an.

Wiederholt trafen sich im Stift böhmische und bayerische Fürsten zu Gesprächen und zu Vertragsschließungen, die geographische Lage und sein Ansehen machte es zu einem Tagungsort und zu einem Ausgangsort des Handels mit Böhmen. Die Reformation brachte jedoch starke Rückschläge. Schlägl kam vorübergehend unter ›weltliche‹ Verwaltung, fast wäre es aufgelöst worden, erst nach 1590 kam es wieder zu einem geregelten Klosterbetrieb. Im oberösterreichischen Bauernkrieg wurde Stift Schlägl 1626 bis auf die Grundmauern niedergebrannt, doch gelang es, den Wiederaufbau von Stiftskirche und Propstei bis 1640 zu vollenden. Durch ihn erhielt die gesamte Stiftsanlage im Wesentlichen ihr heutiges Aussehen. Die Einrichtung eine theologisch-philosophischen Seminars führte zu einem Zulauf von Schülern und ließ das Stift bald wieder zur Blüte kommen. Weitere Brände 1702 und 1739 brachten aber erneut schwere Einschnitte, vor allem als 1850 ein dritter Großbrand das Stift großteils zerstörte. 1924 wurde eine landwirtschaftliche Schule eingerichtet, das Stift 1941 in der NS-Zeit aufgelöst. In der Nachkriegszeit wurde der Stiftsbetrieb wieder aufgenommen. Heute betreut es über 25 Pfarreien, die über 40 Chorherren sind in der Seelsorge und als Religionslehrer tätig.

Vom mittelalterlichen, romanischen Bau der Stiftskirche ist nichts außer der Krypta erhalten, auch ließen die vielen Großbrände von der Einrichtung aus der Zeit zwischen dem 14. und 19. Jahrhundert wenig übrig – der größte Teil der Kirchen-Innenausstattung stammt aus der Zeit nach dem letzten Brand von 1850. Immerhin ist noch ein barockes Chorgestühl vorhanden, auch sind die Altarbilder und die Kanzel sehenswert. Lohnend ist die neobarocke Stiftsbibliothek mit ihren rund 60 000 Bänden und die Bildergalerie mit gotischen Tafeln und barocken Niederländern. Sehenswert ist auch der Meierhof des Stifts, der als ›Hochzeitszentrum‹ viel genutzt wird und mit dem **Museum Kultur.Gut.Oberes. Mühlviertel** die Region mit wechselnden Ausstellungen dokumentiert. (Besuche des Meierhofs/Museums nur nach Voranmeldung unter 07281/8801).

Große Teile der Stiftsanlage sind heute Seminarzentrum. Die 1580 gegründete **Stiftsbrauerei** ist die einzige ihrer Art in Österreich – Schlägl Bräu ist bei den Gambrinusjüngern eines der beliebtesten Biere, leider fast ausschließlich nur in Oberösterreich erhältlich; der Besuch des Brauereishops lohnt allein deshalb. Beliebt sind auch die Sommerkonzerte im Stift (www.schlaeglmusik.at). Überhaupt ist das Stift, nicht zuletzt durch seine Waldwirtschaft auf 6500 Hektar, ein bedeutender Arbeitgeber in der Region.

In der beeindruckenden Stiftsbibliothek

Sehenswert ist auch die Wallfahrtskirche **St. Wolfgang am Stein** südlich von Schlägl an der Straße nach Oepping. Sie wurde 1644 erbaut. Lohnend ist die Fahrt in das vier Kilometer entfernte **Breitenstein**, das sich an den 877 Meter hohen Hochbühel schmiegt. Vom Dörfchen genießt man eine schöne Fernsicht. Sehr schön ist auch **St. Oswald bei Haslach**, etwa sechs Kilometer östlich von Aigen. Der Besuch lohnt wegen der Steilstufe des Schwarzenbergschen Schwemmkanals, auch gibt es am (Radweg-) Grenzübergang eine ungewöhnliche Skulptur, die einen überdimensionierten Stecker mit Steckdose darstellt und das Zusammenwachsen Böhmens und des Mühlviertels symbolisiert.

■ **Von Aigen zum Moldau-Stausee**
Steil führt die Straße von Aigen über Diendorf nach Oberhaag, auf den Kamm des Böhmerwaldes empor und weiter hinab zum Moldau-Stausee. Die Grenze zu Böhmen verläuft östlich des Hochficht nicht mehr auf dem Kamm, sondern unterhalb von ihm auf seiner Nordseite. Auf der Passhöhe bei Oberhaag gibt es einen Parkplatz, hier liegt auch die Wasserscheide Nordsee–Schwarzes Meer.

Von diesem Parkplatz kann man ostwärts bequem über den ›Waldsteig‹ zum **Schwarzenbergschen Schwemmkanal** wandern, entlang von diesem zurück zur Straße aus Aigen und über die Schrollenbachschleuse oder den Untergrünwald zum Parkplatz zurück. Etwa 2,5 Kilometer hinter Oberhaag, wo die Straße bereits deutlich bergab führt, quert der Schwarzenbergsche Schwemmkanal die Straße, allerdings ist er in diesem Bereich zugeschüttet und nicht zu erkennen; dennoch lohnt es sich, nach links oder rechts den hölzernen Wegweisern zu folgen und etwas in den Wald zu laufen, bis man auf den Kanal trifft. Weiter unten, kurz vor der Grenze, liegt linker Hand das alte österreichische **Zollhaus**, das zur Zeit in ein Appartementhaus umgebaut wird. Hier trifft man auf den Böhmerwaldrundweg, der an dieser Stelle ostwärts Richtung Moldau-Stausee abzweigt. Auf diesem Weg gelangt man zur **Bayerischen Au**, einem Moorgebiet, nahe dem ein ganz kleiner Teil des Moldau-Stausees sich auch auf österreichisches Gebiet erstreckt. Es ist eine der einsamsten Stellen hier im Wald. Schwarzenberger Schwemmkanal und Bayerische Au las-

▲ *Schleusenreste am Schwarzenberger Schwemmkanal in der Nähe des Růžový vrch bei Otuv*

sen sich auf einer schönen, etwa zweistündigen Rundwanderung (Wanderkarte vonnöten) miteinander verknüpfen.
Ein **Weg der Entschleunigung**, ehemals Böhmerwaldrundweg, führt im österreichischen Böhmerwald und nördlichen Mühlviertel (162 km) zu den schönsten Panoramapunkten und Kraftplätzen (www.wegderentschleunigung.at). Die Einteilung (fünf, sechs oder neun Tagesetappen) wählt man gemäß eigener Kondition und zu durchwandernder Gegend. Hinter der Grenze trifft man an der Teerstraße auf das verfallene Gebäude der tschechischen Grenztruppen. Hier befand sich für kurze Zeit ein offizieller Grenzübergang, offiziell diente das Haus in den Jahren vor 1990 den patrouillierenden Grenzern an der Staatsgrenze als Stützpunkt. Die Westseite des **Moldau-Stausees** bietet sich für einsame Naturbegegnungen zu Rad und zu Fuß an. An der breiten Wegekreuzung knapp einen Kilometer hinter der Grenze kann man sein Fahrzeug stehen lassen. Sehr empfehlenswert ist die Tour westwärts am Moor Rašeliště Borkova vorbei bis zur Wüstung Račín. Der Moldau-Stausee ist in diesem Bereich von fast unwirklicher Schönheit. Geradeaus geht es an der erwähnten Kreuzung weiter zur Fähre, die einen nach Dolní Vltavice (Untermoldau) bringt, von wo man weiter beispielsweise nach Český Krumlov (Krumau) fahren kann.
Es bietet sich auch an, von dieser Kreuzung nach rechts entlang des Südufers des Sees zu einer weiteren Fähre zu fahren, mit der man direkt nach **Frymburk** (Friedberg) übersetzen kann, einem der touristischen Hauptorte am Moldau-Stausee. Mit einem gewissen Umweg entlang des Stausees, über die Staumauer und auf der anderen Seeseite zurück, ist das idyllische Frymburk jedoch auch ohne Fährbenutzung erreichbar. Landschaftlich lohnend sind all diese Touren allemal.

Das alte Zollhaus nordöstlich von Aigen

Frymburk liegt auf einer flachen Anhöhe direkt am Moldaustausee. Weithin, auch vom gegenüberliegenden Moldauufer, ist der eindrucksvolle Kirchturm zu sehen. Der Ort besitzt auch einen hübschen Marktplatz.

■ **Peilstein und Kollerschlag**
Die Landschaft zwischen Peilstein und der bayerischen Grenze ist reizvoll. Peilstein besitzt ein bescheidenes **Schlösschen** von 1754, ein früheres Amtshaus. Die Gegend südlich von Peilstein zählt zu den einsamsten in Oberösterreich, so dass die Wanderung oberhalb des Tals der Kleinen Mühl in das knapp vier Wegstunden entfernte Sarleinsbach via Eschernhof und Meisingeröd und vorbei an manch seltsamer Granitformation sehr eindrucksvoll ist; sie verläuft teils auf dem Wanderweg 34.
Um Kollerschlag existieren einige hübsche **Rundwanderwege** wie Stifterweg, Grenzbachrunde und Schwärzersteig. Kollerschlag spielte in der jüngeren österreichischen Geschichte eine kleine Rolle: Beim Putsch der Nationalsozialisten gegen die Regierung Dollfuß überquerte ein deutscher Kurier am 26. Juli 1934 bei Kollerschlag die Grenze. Er

führte Pläne mit sich, das sogenannte Kollerschlager Dokument, in denen festgelegt war, wie der Aufstand in den österreichischen Bundesländern seitens der Nationalsozialisten durchzuführen sei.

Der Kurier wurde festgesetzt. Daraufhin kam es zu Übergriffen von NS-Aktivisten auf die umliegenden Grenzübergänge, wobei mehrere österreichische Grenzbeamte ums Leben kamen.

Aigen-Schlägl und Umgebung

Ferienregion Böhmerwald, Hauptstr. 2, 4160 Aigen-Schlägl, Tel. 05/7890100. www.boehmerwald.at

Stiftskeller im Stift Schlägl, Schlägl 1, 4160 Aigen-Schlägl, Tel. 07281/8801280. www.stift-schlaegl.at

Biergasthaus Schiffner, Linzer Str. 9, 4160 Aigen-Schlägl, Tel. 07281/8888. Zahllose Biere aus aller Welt, auch Bierverkostungen (eine der größte Bier-Schausammlungen auf dem Kontinent); ebenso werden nach eigenen Rezepten hergestellte Sorten ausgeschenkt. Dazu vorzüglich-niveauvolles Hotel, p. P. im DZ 49 €. Besondere Empfehlung! www.biergasthaus.at

Gasthof Greiner, Hinterschiffl 13, 4162 Julbach (am Weiler Kohlstatt, unmittelbar an der deutschen Grenze gelegen), Tel. 07288/8202, p. P. im DZ 40–50 €. Ausgezeichnetes niveauvolles Speiselokal. Geheimtipp des Autors. www.gasthof-greiner.at

Vogelmuseum (im Kulturhaus), Kirchengasse 8, 4160 Aigen-Schlägl, Tel. 07281/8047, Mo–Fr 9–17 Uhr. Heimisches Flattergetier. www.boehmerwald.at

Wachsmuseum-Zierkerzenfabrik Donabauer, Schlägler Hauptstr. 12, 4160 Aigen-Schlägl, Tel. 07281/8871, Mo–Sa 9–18, So 10–17 Uhr. www.kerzenwelt.de

Stift Schlägl, Schlägl 1, 4160 Aign-Schlägl, Tel. 07281/8801. Führungen durch die Ausstellungen Ostermontag–Ende Okt. Di–Sa 10.30 und 14, So 11 und 14 Uhr. Stiftskirche und Teile des Kreuzgangs tgl. 9–17 Uhr frei zugänglich. www.stift-schlaegl.at

Infos zum **Böhmerwaldrundweg**: www.wegderentschleunigung.at

Stiftsbrauerei Schlägl, www.stiftsbrauerei-schlaegl.at. Brauereishop (Kirschbier, Holunderbier etc.): Tel. 8801254. Sommerkonzerte im Stift: www.schlaeglmusik.at

Von Rohrbach nach Bad Leonfelden

Im folgenden Kapitel streifen wir weiter nach Osten entlang der böhmischen Grenze, von einer Bezirksstadt bis zu einer anderen, teilweise befinden wir uns nicht mehr im österreichischen Teil des Böhmerwaldes. Aber natürlich fehlen auch diesmal einige kleine Abstecher auf die böhmische Seite nicht.

■ Rohrbach

Der 2550-Seelen-Ort Rohrbach ist Bezirksstadt und entwickelte sich seit dem Anfang des 13. Jahrhunderts als planmäßige Siedlung. Rohrbachs Funktion als Niederlagsort des Salzhandels mit bayerischem Salz brachte früh einen gewissen Wohlstand, bis ab der Mitte des 15. Jahrhunderts die Habsburger ihr wenige Jahre zuvor angeheiratetes Kronland Böhmen ausschließlich mit Salz aus ihrem eigenen Territorium, dem Salzkammergut, versorgten und Freistadt die Rolle Rohrbachs übernahm. Rohrbachs Bedeutung sank. In Lemberg südlich von Rohrbach nahm im Mai 1626 der Oberösterreichische Bauernaufstand seinen Ausgang, der aber schon gegen Jahresende niedergeschlagen war (→ S. 35). Um 1700 gelangte Rohrbach durch den Leinenhandel nochmals zu Blüte. Die Verbreitung des mechanischen Webstuhl, beendete um 1820 jedoch auch dieses Handwerk, dem die Ledererzeugung als neuer Hauptbroterwerb der Bevölkerung folgte. Das 19. Jahrhundert war auch im nördlichen Mühlviertel eine Epoche des Hopfenanbaus; nicht von ungefähr ist im ganzen Mühlviertel bis heute die Brautradition verbreitet. 2015 fusionierte Rohrbach mit der nahen Gemeinde Berg.

Dominiert wird das Stadtbild vom 75 Meter hohen, noch aus dem Mittelalter rührenden Turm der 1697 durch Carlo Antonio Carlone barockisierten, vormals spätgotischen **Stadtpfarrkirche**. Die Turmspitze stammt von 1877. Die Kirche steht nicht direkt am länglichen Hauptplatz, sondern ist schon seit den Anfangsjahren der Stadt durch eine Häuserzeile von diesem abgetrennt. Das hübsche **Renaissancerathaus** mit seinem Laubengang wurde um 1590 erbaut. In der sogenannten Poeschl-Villa von 1923 (Harrauer Str. 4 bzw. Bahnhofstr. 19) ist das **Museum Villa Sinnenreich** untergebracht, das die Wahrnehmung mit den fünf menschlichen Sinnen interaktiv thematisiert und auch Kinder fasziniert. Daneben gibt es in Rohrbach ein kleines **Buchdruckmuseum**.

Spiegel-Oktogon in der Villa Sinnenreich

Haslachs Kirchturm mit seinem Wehrgang

■ **Haslach an der Mühl**

Haslach wurde zu Beginn des 13. Jahrhunderts als Grenzfeste zu Böhmen gegründet und war in jener Zeit daher ein stark befestigter Ort. Allerdings wurde die Burg Haslach nie vollendet, 1487 wurde ihr Bau eingestellt. Nur der 63 Meter hohe Bergfried blieb und überlebte als freistehender Kirchturm der Stadtpfarrkirche. Im 16. Jahrhundert erlangt Haslach als Weberstadt großes Ansehen, seine feinen Leinenstoffe waren in ganz Europa begehrt. Auch heute noch existieren mehrere Weberei-Großbetriebe, mitten in der Stadt befindet sich die renommierte, 1819 gegründete Textilfabrik Vonwiller. 1826 zerstörte ein großer Stadtbrand fast den ganzen Ort. Die Textilindustrie lebt auch im Traditionsverein ›Textile Kultur Haslach‹ weiter, der unter anderem alljährlich im Juli einen historischen Webermarkt und ein 14-tägiges Weber-Sommersymposium veranstaltet

und ein informatives Textilmuseum betreibt. (www.textile.kultur.haslach.at).
Regionalweit bekannt ist das Haslacher Leinöl, das in einer Mühle direkt an der Großen Mühl erzeugt wird, die Mühlviertler Leinölerdäpfel sind eine viel verzehrte Spezialität.
Viel besucht sind auch die anderen Haslacher Museen: die **Mechanische Klangfabrik**, vor allem bei Kindern beliebt; das **Kaufmannsmuseum**, das Lebensmittelprodukte und Marken aus der Zeit vor 1980 präsentiert; das **Volkskundemuseum**; das **Schulmuseum**.
Sehenswert im Ort selbst ist zunächst der schon erwähnte freistehende, ungemein eindrucksvolle **Kirchturm**. Er wurde 1906 im Geschmack der Zeit äußerlich umgestaltet. Lohnend ist der Aufstieg zu der offenen Turmgalerie, einst Wehrgang, da sich von hier eine schöne Fernsicht eröffnet. Am Turm steht das interessante **Kriegerdenkmal** von Adolf Wagner von der Mühl aus der Zeit um 1920. Eine romantische Ecke ist der schmale Durchgang zwischen Turm und Kirche. Die spätgotische **Kirche** beeindruckt im Innenraum durch ihre schlanken Säulen. Ungewöhnlich ist die Lage von Kirche und Turm, sie liegen tiefer als der Marktplatz, am Rand der Altstadt und steil oberhalb der Steinernen Mühl – kein Wunder, befand sich doch im Spätmittelalter an gleicher Stelle die ehemalige Burg Haslach. Der langgestreckte **Marktplatz** ist von schönen kleinen Bürgerhäusern gesäumt, sehenswert ist auch der **Alte Turm** von 1487, ein Überrest der Stadtbefestigung.

■ Helfenberg

Eine viel befahrene Straße führt von Haslach nach Helfenberg. Auch dieser Ort ist heute noch ein Zentrum der Textilindustrie. Die 1843 errichtete Leineweberfabrik der Gebrüder Simonetta

Diesem Speck verdankt Helfenberg seinen guten Ruf

beschäftigte in ihrer Blütezeit 1200 Personen. Vor der Marktkirche St. Erhard befindet sich in einer Glaszelle der ›langsamste Webstuhl der Welt‹. Auf ihm wird seit dem 1. Januar 2001 stündlich ein Webschuss gesetzt, mit denen ›Mühlviertler Fleckerlteppich‹ entstehen soll, der damit pro Jahr 14 Meter Zuwachs hat. Im Jahr 2100 soll die Textilie vollendet sein. Traditionell für Helfenberg und seine Umgebung ist die Speckerzeugung und -räucherei, selbsthergestellter Speck ist in vielen Gasthöfen erhältlich. Eine Traditionsmarke ist dabei der Speck des Gasthauses Haudum aus der ›Helfenberger Speckwerkstatt‹.
Oberhalb des Ortes steht **Schloss Helfenberg**, eine 1250 erbaute, um 1607 in die heutige zweigeschossige Form gebrachte Anlage. Leider ist sie in Privatbesitz und unzugänglich.
Sehr sehenswert ist **Burg Piberstein**, etwa drei Kilometer südlich von Helfenberg in der Gemeinde Ahorn auf einem Bergvorsprung gelegen. Markant sind die vier dreiviertelrunden Wehrtürme und der quadratische Torturm. Ursprünglich um

Von Rohrbach nach Bad Leonfelden

1250 vollendet, wurde sie im 16. Jahrhundert wegen der immer stärker werdenden Türkengefahr zu einer wehrhaften Anlage vergrößert. Die Burg begann im 18. Jahrhundert zu verfallen, wurde nach 1930 für kurze Zeit als Restaurant in Teilen wieder hergerichtet, doch in der Nachkriegszeit setzte erneut Verfall ein. Erst etwa seit 1970 wurde der Bau dank einer Privatinitiative umfassend gesichert und wieder ausgebaut. Heute dient die Burg als Veranstaltungszentrum und ist nur während solcher Events zugänglich. Der Burghof mit den Arkaden und den Sgraffiti wie auch der wiederhergestellte Rittersaal lohnen einen Blick.

Das unweite **Vorderweißenbach** wirbt für sich mit dem Begriff ›Schmankerldorf‹ – seine vielfältige Gastronomie bietet kulinarische Schwerpunktveranstaltungen an (www.vorderweissenbach.at).

■ Afiesl

Automobilisten sei die landschaftlich schöne Strecke von Haslach über St. Stefan und Afiesl nach Guglwald empfohlen. Sie führt auf dem hier kaum bewaldeten Böhmerwaldkamm entlang und bietet herrliche Blick über das Mühlviertel. Unter dem Namen ›Traumarena‹ wird die Region zwischen Afiesl, Schönegg und St. Stefan am Walde touristisch vermarktet. In Afiesl passiert man das in paradiesischer Idylle gelegene Nobelhotel ›Bergergut‹, das mit den Attributen ›Loveness‹ und ›Genussatelier‹ wirbt und mit allerlei geeigneten Angeboten und Paketen besonders Paare anspricht.

Sehr lohnend ist die fast steigungsfreie Wanderung von Afiesl zur Helfenberger Hütte (842 m), die schon ganz nahe der böhmischen Grenze liegt. Man kann diese überqueren und gelangt in die menschenleeren Gefilde um **Pasečna** (Reiterschlag), wo man in der Pension Dobík eine gute Einkehr machen kann (Wanderkarte dringend angeraten). Die **Helfenberger Hütte** ist unregelmäßig bewirtschaftet, bietet aber auch Übernachtungsmöglichkeiten. Man informiere sich vorher unter Tel. 07216/4488 oder 0650/2524126 (Herr Stitz in Afiesl), bei einem Tourismusbüro oder unter www.traumarena.at. Ein Gegenstück zu ihr ist die **Aviva-Alm** (www.aviva-alm.at), zwischen St. Stefan und Afiesl auf 1000 Metern unweit der Hauptstraße gelegen. Sie gilt als Geheimtipp unter den oberösterreichischen Hütten.

■ Über den Grenzübergang Guglwald nach Böhmen

In Guglwald gibt es das markante alte Zollhaus und das pompöse Hotel ›Guglwald‹. Vom Ort lässt sich gut ein kurzer Abstecher nach Böhmen unternehmen. Fünf Kilometer hinter der Grenze erreicht man **Přední Výtoň** (Vorder-Heuraffl), idyllisch am Moldau-Stausee gelegen und viel besucht. In Gegenden fast völliger Leere gelangt man, wenn man etwa einen Kilometer nach der Grenze nach links abbiegt, nach **Pasečna** (Reiterschlag). Gut sechs Kilometer sind es bis dorthin, der Weg führt durch bezaubernde Wald- und Wiesenlandschaften. Kurz vor Pasečna liegt linker Hand die Pension Dobík (Tel. 00420/605247304, www.dobik.cz), eine gute Einkehrmöglichkeit. Pasečna ist als Dorf eigentlich überhaupt nicht mehr vorhanden. Wo früher sein Südende lag, führt die Straße nach rechts aufwärts nach Svatý Tomáš (St. Thoma) und zur Ruine Wittinghausen (Vítkův Kámén). Es lohnt, einmal dorthin hinaufzufahren, wegen der vorzüglichen Einkehr im Hotel Sv. Tomáš und wegen der sagenumwobenen Ruine.

Wie alle Gebiete auf der Westseite des Moldau-Stausees schlummerte auch die **Ruine Wittinghausen** (Vítkův hrádek) im unzugänglichen Grenzgebiet bis 1990

Die Ruine Wittinghausen, Gemälde (um 1835) von Adalbert Stifter

den Dornröschenschlaf. Die Unerreichbarkeit verlieh ihr dafür bei vielen Besuchern einen ganz eigentümlichen Nimbus als mythisch-mystischen Sehnsuchtsort, was auch nach der Öffnung der Grenze geblieben ist. Zur Entstehung dieses Mythos' trug nicht zuletzt bei, dass in Adalbert Stifters Novelle ›Der Hochwald‹ (1842) die Burg und der Plöckensteinsee die hauptsächlichen Handlungsorte sind. In Stifters letztem Werk, dem Roman ›Witiko‹ (1867), spielt der erste Abschnitt auf der Burg, die im Roman aber ›Burg Witikohaus‹ heißt. Vítkův Kámen, obwohl äußerlich mehr als schlicht – die Ruine ist nur ein ausgehöhlter Kubus – zählt zu den meistbesuchten touristischen Punkten im südlichen Böhmerwald. Mit ihrer Seehöhe von 1053 Metern ist sie auch die höchstgelegene Burg Böhmens. Von ihren Zinnen hat man den vielleicht schönsten Blick über den Moldau-Stausee, hinüber zum Hochficht, zum Plechý (Plöckenstein) und bis zum Dreisesselberg. Und auch vom Tal herauf ist der in der Sonne glänzende kleine Würfel ein markanter Landschaftspunkt. Die Burg wurde im 12. Jahrhundert als Grenzburg und lokaler Verwaltungssitz unter dem Witigonenfürsten Witiko I. von Krummau gebaut. 1302 kam die Burg an die Rosenberger, 1622 an die Eggenberger und 1719 an die Schwarzenberger. Ein Brand zerstörte sie um 1740, und erst 1869 wurde sie – aus touristischen Gründen – wieder aufgebaut und auch eine Aussichtsplattform errichtet. Von der ursprünglichen Burg ist heute nur noch der würfelähnliche Wohnturm vorhanden, um die Erhaltung der Burg und den Gaststättenbetrieb darin kümmert sich ein rühriger kleiner Verein (www.vitkuvhradek.cz).

Fährt man in Pasečná nicht in Richtung Sv. Tomáš, sondern geradeaus, ist die Straße nach etwa 100 Metern für den motorisierten Verkehr gesperrt. Man kann aber vorher nach rechts, vorbei an einem noch in Betrieb befindlichen landwirtschaftlichen Gebäude, in das verwunschene und völlig verlassene Tal **Rychnovske údolí** (Reichenauer Tal) fahren. Auf guter Asphaltstraße (Radstraße 1019) kann man viele Kilometer durch eine in ihrer Leere fast unheimliche Landschaft fahren. Knapp zwei Kilometer hinter Pasečná macht der Weg eine scharfe Rechtswende, gleich danach eine nach links, und hinter dieser Kurve, nach nochmals etwa 1300 Metern, steht links der leicht zu übersehene Rest eines Hauses. Bei diesem führt der Weg nach links in die nicht mehr als solche zu erkennende Ortsmitte und zur Kirchenruine des verschwundenen Ortes **Deutsch Reichenau (Rychnůvek)**. Nach diesem Ort schlängelt sich die Straße der Einsamkeit durch eine wunderbare Landschaft, von links grüßt aus der Ferne St. Oswald vorüber. Man passiert die Stelle des untergegangenen Otuv, in einer 180-Grad-Kurve steht rechts etwas versetzt eine uralte mehrstämmige Linde. Dann weisen Schilder nach links zum Schwarzenbergschen Schwemmkanal, bis bald danach eine große Waldkreuzung erreicht wird, wo man direkt auf den Schwemmkanal trifft. Die Fahrstraße biegt scharf nach rechts ab, Richtung Moldau-Stausee, die Wege nach links und geradeaus sind nur Radlern und Wanderern zugänglich. Wo hier der Schwemmkanal eine kleine, nur noch in Resten erhaltene Schleuse durchfloss, liegt die europäische Wasserscheide Nordsee–Schwarzes Meer; eine Infotafel erläutert das Thema. Die Fahrt durch das Reichenauer Tal von Pasečna bis zum Schwemmkanal ist aufgrund der völligen Einsamkeit eines der berührendsten Landschaftserlebnisse im Mühlviertel und seines böhmischen Nachbarlandes. **Weitere Einkehrmöglichkeiten**: Přední Výtoň: u.a. Restaurant Baborka, Tel. 00420/602186922, www.hotel-barborka.cz; Svatý Tomáš: Hotel Svatý Tomáš, Tel. 00420/380709811, www.hotelsvatytomas.cz, auch direkt in der Burgruine (in der Saison tgl. 10–16 Uhr).

■ **Bad Leonfelden**
Die Bezirksstadt Bad Leonfelden (4260 Einwohner) wurde 1154 als ›Lonveld‹ erstmalig erwähnt. Wie in Haslach bestand im Mittelalter hier eine Grenzfeste gegen Böhmen. Die Lage an der westlichen der beiden Handelsstraßen, die von Linz durch das Mühlviertel nach Böhmen führten, brachte dem Ort Wohlstand, jedoch auch jahrhundertelange Fehden mit Freistadt, mit dem es in ständiger wirtschaftlicher Konkurrenz stand. 1892 zerstörte ein Großbrand Leonfelden fast vollständig. Seit dem Ende des 19. Jahrhunderts existierte in Leonfelden ein Moorbad. Der Heilbetrieb kam nach dem Ersten Weltkrieg zum Erliegen, wurde aber 1961 wieder aufgenommen. Heute ist Bad Leonfelden ein viel besuchter Gesundheits- und Schulort: Die Tourismusschule wie auch das örtliche Gymnasium bilden eine große Zahl Jugendlicher aus. Dass in der traditionsreichen Schulstadt im ältesten erhaltenen Schulhaus des Landes – es stammt von von 1577 – auch ein **Schulmuseum** existiert, verwundert kaum. Sehenswert ist auch das 1608 errichtete **Rathaus** mit der Giebelfassade und den Zwiebeldächern. Unweit davon steht die spätgotische **Stadtpfarrkirche**, wobei der Turm seine jetzige Größe und seine Spitze erst um 1880 und nach dem Brand erhielt. Während des alljährlichen ›Sommermusicals‹ bieten junge Nachwuchskünstler bemerkenswerte Bühnenproduktionen (www.badeleonfelden.at). Weit über die Grenzen hinaus bekannt ist die seit 1559 bestehende Lebzelterei Kastner. Das Kfz-Kennzeichen für den Bezirk lautet UU und bedeutet Urfahr-Umgebung. Denn der Bezirk der Bezirksstadt Leonfelden erstreckt sich bis an die Donau, bis in den Linzer Vorort Urfahr. Anscheinend waren alle entsprechenden, direkt aus dem Ortsnamen ableitbaren Kürzel, wie

Die Sonnenuhr an der Wallfahrtskirche Maria Schutz am Bründl

es sonst in Österreich üblich ist, für Bad Leonfelden schon anderweitig vergeben. In der nahen westlichen Umgebung ist die Wallfahrtskirche **Maria Schutz am Bründl** sehenswert. Sie stammt ursprünglich aus dem Jahr 1691, wurde aber bis zum Ende des 18. Jahrhunderts mehrfach erweitert. 1686 soll ein Zimmermann durch Wasser aus einer Quelle – heute an der Rückseite des Hochaltars – von verschiedenen Leiden geheilt worden sein. Die Sonnenuhr an der Fassade zeigt eine Ansicht von Leonfelden aus dem frühen 19. Jahrhundert.

Unbedingt sollte man den 1122 Meter hohen **Sternstein** besuchen, den Hausberg der Stadt. Von der Waldschenke (950 m) am Sternstein lässt es sich in einer Dreiviertelstunde hinaufsteigen, vom Turm der Sternsteinwarte genießt man einen herrlichen Blick. Vom Wirtshaus Sternsteinhof, an der Ostseite des Berges, gibt es einen Sessellift.

Lohnend ist auch die **Schwedenschanze** nahe des Weilers Rading, etwa sechs Kilometer nordöstlich von Bad Leonfelden, direkt an der böhmischen Grenze. Hier wurde eine Befestigungsanlage aus dem Dreißigjährigen Krieg rekonstruiert.

■ **Reichenthal und Umgebung**

Die kleine Marktgemeinde Reichenthal bietet einiges sehr Sehenswerte. Das **Freilicht-Mühlenmuseum Hayrl** thematisiert Verarbeitungsprozesse von Feldfrüchten, hier beginnt auch der zwölf Kilometer lange **10-Mühlen-Wanderweg**.

Schloss Waldenfels liegt wuchtig über dem Tal des Kettenbachs. Es stammt aus dem Mittelalter, sein heutiges Aussehen aber erhielt es im 16. und 17. Jahrhundert. Es ist seit 1636 im Besitz der Familie Grundemann von Falkenberg und dient als Veranstaltungsort (www.waldenfels.at). Größtes Kleinod ist allerdings die **Pfarrkirche** aus dem 19. Jahrhundert, eine der schönsten des gesamten Mühlviertels, von den Tourismusämtern gern ›Dom des Mühlviertels‹ genannt. Ein singuläres Kunstwerk in ihr ist die ›Sieben-Todsünden-Kanzel‹ von 1895. Bei ihr handelt es sich um einen Baumstamm, der von sieben Schlangen umwunden wird, die menschliche Gesichtszüge tragen. In den

Die Klosterkirche Vyšší Brod

Schloss Waldenfels, Hauptfassade

Gesichtern sind die sieben Haupt- (Tod-)sünden symbolisiert. So ist beispielsweise der mittlere Kopf ein Frauenkopf in der alten Tracht der Mühlviertlerinnen mit Schwalbenschwanz-Kopftuch und einer Perlenkette um den Hals, um die eher weibliche Sünde der Hoffart darzustellen. Die anderen Todsünden sind als Männerköpfe gestaltet.

In der nordwestlich von Reichenthal, direkt an der böhmischen Grenze gelegenen **Grasslmühle** werden Kunstworkshops (www.enhazehn.at/wp/grasslmuehle) veranstaltet, auch ein Kräuterzentrum (www.die-kraeuterei.at) gibt es hier. Überhaupt lohnt wegen der herrlichen Landschaft der Spaziergang oder die Fahrt hierhin, wie auch in das nahgelegene, ruhige **Allhut**.

■ **Vyšší Brod und Umgebung**

Von Bad Leonfelden sind es nur etwa zwölf Kilometer ins südböhmische Vyšší Brod (Hohenfurth), einem kulturhistorisch für Böhmens Geschichte sehr wichtigen Ort. Er liegt an der oberen Moldau. Der Ort besitzt einen hübschen **Stadtplatz**, die Straße aus Bad Leonfelden führt direkt an ihm vorbei. Hauptsehenswürdigkeit sind aber das **Kloster**, das bis auf das 13. Jahrhundert zurückgeht, und die **Klosterkirche**. In ihr fanden die meisten Angehörigen des 1611 ausgestorbenen und jahrhundertelang Südböhmen beherrschenden Adelsgeschlechts der Rosenberger ihre letzte Ruhestätte. Sehenswert ist auch die Klosterbibliothek (www.klastervyssybrod.cz).

Das sagenumwobene Felsenmeer der **Teufelsmauer** (Čertova stěna), etwas moldauaufwärts Richtung Loučovice gelegen, regte Bedřich Smetana 1882 zur gleichnamigen Oper an.

Neben der Teufelsmauer gibt es eine Fülle weiterer touristischer Attraktionen. Dazu zählen vor allem die Wallfahrtskirche **Maria Rast am Stein** (Kaple P. Marie na skále) und das kleine, aber dennoch sehr malerische Tal der **Kleinen Moldau** (Menši Vltavice).

Etwa zwei Kilometer südwestlich von Vyšší Brod, am Martinkovský vrch (Martinsberg), befindet sich ein Granitstein, auf dem der Legende nach einst Maria mit dem Jesuskind auf der Flucht nach Ägypten eine Rast eingelegt haben soll. Schon 1844 wurde hier ein Marienbild aufgehängt, 1887 folgte eine kleine Kapelle, bis sich der Abt des Klosters Hohenfurth entschloss, eine steinerne kleine **Kirche** erbauen zu lassen. Diese, im neoromanischem Stil, war 1888 vollendet. Wegen des großen Pilgerzuspruchs wurde bereits 1890 daneben eine zweite, größere gebaut. In Ihr befindet sich eine lebensgroße Gnadenstatue. 1898 errichtete man unterhalb der Kapellen einen **Kreuzweg** mit 14 Stationen, über den man von Vyšší Brod heraufsteigt.

Die **Kleine Moldau** (Menši Vltavice) entspringt an der böhmisch-österreichischen Grenze nahe Dürnau, südwestlich von Vyšší Brod. Kurz vor der Stadt hat sie ein malerisches, enges Felsental herausgebildet. Nach nur sechs Kilometern Lauf mündet sie unterhalb des Klosters Vyšší Brod in die Moldau. Von ihr zweigt ein im 18. Jahrhundert erbauter Kanal (Opatský kánal, Abteikanal) ab, der zur Wasserversorgung des Klosters diente.

Die Umgebung von Vyšší Brod (Hohenfurth) ist eine der landschaftlich reizvollsten des südlichen Böhmerwaldes. Obwohl das Gebiet durch befahrbare Straßen erschlossen ist, zählen die Regionen südwestlich der Stadt – zwischen dem Grenzübergang Guglwald entlang der österreichischen Grenze bis zum Grenzübergang Studanký-Weigetschlag – zu den unbekanntesten im Böhmerwald. Hier gibt es so gut wie keine bewohnte Ansiedlung, viele kleine Dörfer wurden nach 1950 wegen ihrer Grenznähe abgerissen, doch verleihen Verlassenheit und unberührte Natur dem Gebiet einen besonderen Zauber, der eigentlich viele Besucher anziehen müsste. Aber viele Touristen haben von diesem landschaftlichen Kleinod nie gehört, was uns Anlass ist, hier eine besondere Empfehlung auszusprechen. Daher sollte man in Studanký einmal Richtung Mnichovice und Martinkov abbiegen oder Mnichovice von Vyšsý Brod aus anfahren. Die gut 15 Kilometer lange Strecke von Studanky bis in die Nähe des Grenzübergangs Guglwald führt an untergegangenen Dörfer vorbei und durch Landschaften, die wegen ihrer Menschenleere fast unheimlich wirken. Vorsicht: Die Fahrstraße ist zwar für den Kfz-Verkehr nicht gesperrt, aber vor allem in ihrer westlichen Hälfte in üblem Zustand!

Einkehrmöglichkeiten: Vyšší Brod: u.a. Hotel Panský Dům, Míru 82, Tel. 00420/ 380746669, www.hotelpanskydum.cz, Restaurant U Petra Voka, Náměstí 78, Tel. 00420/380746587.

 Von Rohrbach nach Bad Leonfelden

Touristeninformation Haslach, Marktplatz 45, 4170 Haslach, Tel. 07289/72300. www.boehmerwald.at

Tourismusinformation Mühlviertler Hochland, Hauptplatz 19, 4190 Bad Leonfelden, Tel. 07213/ 6397. www.badleonfelden.at bzw. www.muehlviertlerhochland.at

Gasthof-Pension Dorfner, Stadtplatz 25, 4150 Rohrbach-Berg, Tel. 07289/4332, p. P. im DZ 40–45 €. www.dorfner.co.at

Braugasthof Mascher, Hauptstr. 4, 4191 Vorderweißenbach, Tel. 07219/7020. Spezialität: Fischgerichte aus eigener Fischzucht. www.braugasthof.at

Landgasthof Pernsteiner, Niederkraml 1, 4153 Julbach, Tel. 07288/8203, p. P. im DZ 40 €. Reizvoll über dem Tal der Kleinen Mühl gelegen.
www.urlaub-pernsteiner.at

Gasthof Reiter – Zum Alten Turm, Windgasse 8, 4170 Haslach, Tel. 07289/71388, p. P. im DZ ab 40 € (Sommer). Regionale Kartoffel- und Wildgerichte. Der Wirt ist selbst Biker und heißt andere Biker besonders willkommen. www.gasthof-reiter.at

Schmankerlwirt, Brückenstr. 15, 4191 Vorderweißenbach, Tel. 07219/6004. www.schmankerlwirt.at

Gasthof Furtmühle, Schwackerreith 20, 4170 St. Oswald bei Haslach, Tel. 07289/ 71653, p. P. im DZ 35 €. Sehr idyllisch an

der Großen Mühl gelegen. Flussbademöglichkeit. https://furtmuehle.at
Gasthof Haudum, Rohrbacher Str. 2, 4184 Helfenberg, Tel. 07216/6248. Ausgezeichnete Specksorten, auch im Außerhaus-Verkauf (Führungen Do–So um 14 Uhr). Klassische Wirtshausatmosphäre mit der Poesie ehrlicher Gastlichkeit, auch Zimmervermittlung. Besonderer Tipp des Autors. www.haudum.at
Bergergut Genießerhotel, 4170 Afiesl 7, Tel. 07216/4451, p. P. im DZ ab 140 €. Hotel nur für Erwachsene. Spe-zielle Offerten aller Art, preiswerte Paketangebote. www.romantik.at
Pension Haus Pürmayr, Obereben 9, 4170 St. Stefan a. W., Tel. 0676/9205822, p. P. im DZ 35 €. Herrliche Lage mit Aussicht über das Mühlviertler Hügelland. www.muehlviertlerhochland.at
Hotel Sternsteinhof, Oberlaimbach 20, 4190 Bad Leonfelden, Tel. 07213/6365. Zimmer in rustikalem Naturholz-Schick, gemütliches Restaurant und Hallenbad. Schönheitsfarm. www.sternsteinhof.at
Leonfeldner Hof, Hauptplatz 8, 4190 4190 Bad Leonfelden, Tel. 07213/6301, p. P. im DZ ab 50 €. Zusätzlich gibt es ein in einer stillen Seitengasse gelegenes Gästehaus mit schönem Wellnessbereich (Sauna, Schwimmbecken), dessen Nutzung im Zimmerpreis inkludiert ist. www.leonfeldner-hof.at
Lebzelter Café, Lebzelterstr. 243, 4190 Bad Leonfelden, Tel. 07213/20065-16, Erzeugung und Verköstigung feinster Confiserievariationen. www.kastner-austria.at

Infos zu allen Museen in Haslach unter: www.haslach-erleben.at
Villa Sinnenreich, Bahnhofstr. 19, 4150 Rohrbach-Berg, Tel. 07289/2245820, Di–Sa 10–16, So 13–18 Uhr. Auf 400 qm² Ausstellungsfläche gibt es zum Thema ›Wahrnehmung‹ über 50 Exponate in Kombination aus Technik und Kunst. Sie ermöglichen und erfordern vom Besucher Aktion. Nur durch Selbsttätigkeit erschließen sich die Wahrnehmungsphänomene und Sinnestäuschungen. www.villa-sinnenreich.at
Buchdruckmuseum, Linzer Str. 6, 4150 Rohrbach, Tel. 0664/73669430, geöffnet nach Vereinbarung. Drucktechniken und Buchbinderei der letzten 100 Jahre. www.boehmerwald.at
Textiles Zentrum Haslach (mit Webereimuseum und Nähmaschinenmuseum), Stahlmühle 4, 4170 Haslach, Tel. 07289/72300, Apr.–Okt. Di–So 10–16 Uhr, Nov.–März Do–So 10–16 Uhr. www.textiles-zentrum-haslach.at
Mechanische Klangfabrik, Stelzen 15, 4170 Haslach, Tel. 07289/72300, Apr.–Okt. nur mit Führung Di–So 14 Uhr, zu anderen Zeiten auf Anfrage. Sammlung mechanischer Musikinstrumente (Drehorgeln, mechanische Zithern, Uhrwerke etc.). www.mechanischeklangfabrik.at
Oberösterreichisches Schulmuseum, Böhmerstr. 1, 4190 Bad Leonfelden, Tel. 07212/6105, April–Okt. Di, Sa, So 14–17 Uhr, Führungen jeweils 14 und 15.30 Uhr. www.ooeschulmuseum.at
Freilicht-Mühlenmuseum, Hayrl 19, 4193 Reichenthal, Tel. 07214/418, März–Nov. muehlenverein.at

Infos zum **Böhmerwaldrundweg**: www.wegderentschleunigung.at

Manufaktur Haslach, Stahlmühle 3, 4170 Haslach, Tel. 07289/72180, Mo–Fr 8–12 und 13–17 Uhr. Schafwollprodukte aller Art. www.manufaktur-haslach.at
Ölmühle, Stahlmühle 1, 4170 Haslach, Tel. 07289/71216, Verkauf Mo–Fr 8–12 und 14.30–17 Uhr, Führungen nach Voranmeldungen. Ölprodukte aus Leinsamen. www.oelmuehle-haslach.at
Lebzeltarium Lebkuchen Erlebniswelt, Lebzelterstr. 243, 4190 Bad Leonfelden, Tel. 07213/63260, Fabrikverkauf Mo–Fr 8.30–18, Sa 9–18 und So 13–18 Uhr. www.kastner-austria.at

Das Mühlviertler Kernland

Die Region um die Bezirksstadt Freistadt wird oft als ›Herz des Mühlviertels‹ oder auch als dessen Kernland bezeichnet. Nicht nur, weil sie tatsächlich seine Mitte bildet, sondern weil sie, gelegen an der wichtigen Handelsstraße von Linz nach Budweis, durch ihren Wohlstand jahrhundertelang auch den anderen Landesteilen Quelle des Reichtums war.

Das zeigt sich an den vielen prächtigen Kirchen, an den wuchtigen, den für das Land so typischen grau-weißen Bauerngehöften und am eindrucksvollsten am von Wohlstand kündenden Stadtbild Freistadts.

Freistadt

Einst wie heute liegt Freistadt (8000 Bewohner) an einer wichtigen Handelsroute. Es ist nicht weniger als ein städtebauliches Kleinod und in seiner einfachen Schönheit sicherlich einer der sehenswertesten Orte Österreichs. Die Altstadt mit ihren Gebäudeensembles aus der Gotik und der Renaissance, die teilweise barockisiert wurden, weist eines der sharmonischsten österreichischen Stadtbilder auf.

▲ *Das Rathaus am Hauptplatz von Freistadt*

■ Aus der Stadtgeschichte

Das seit 1220 unter dem Babenbergerherzog Leopold VI. planmäßig angelegte Freistadt liegt in einer weiten Mulde des Flüsschens Feldaist. Die Siedler erhielten Grund zu freiem, eigenen Besitz, woher der Name ›Freistadt‹ abgeleitet werden kann. Schon gegen 1280 wurden der Stadt königliche Privilegien wie das Stapel- und Niederlagsrecht verliehen, die es rasch zu Wohlstand kommen ließen. Eisen und Salz wurde über Freistadt nach Böhmen transportiert, von dort kamen andere Erze, Fische und landwirtschaftliche Produkte. 1363 verlieh Herzog Rudolf der Stifter den Freistädter Bürgern das Recht zum Bierbrauen.

Die Burg wurde um 1450 zum Salzlager, heute Salzhof, umgebaut. Die damalige Bedeutung der Stadt zeigt sich in der wehrhaften Stadtbefestigung. Sie ist zu großen Teilen erhalten, genau wie die eindrucksvollen Wehrgraben. Zwar wurde Freistadt durch die Jahrhunderte von Kriegen verschont, dafür vernichteten mehrere Brände 1507 und 1516 die Stadt jeweils vollständig. Dies hatte zur Folge, dass man danach alle Häuser mit Feuermauern (Mantelmauern) versah, die heute noch sichtbar sind. Der Dreißigjährige Krieg brachte für Freistadt wie für viele andere Orte Mitteleuropas durch den Verlust der wirtschaftlichen Selbständigkeit den wirtschaftlichen Niedergang, immerhin konnte es seine noch aus dem Mittelalter rührenden Niederschlags- und Stapelrechte bewahren. 1770 übertrugen die Bürger ihr altes individuelles Braurecht an eine Gemeinschaftsbrauerei, genannt die ›Commune‹, bei der der Einzelanteil in Form von Genussrechten gesichert wurde. So stehen jedem Anteilshaber nach wie vor jährlich 15 Eimer Bier (knapp 60 Liter) zu –

Mühlviertler Kernland und Mühlviertler Alm

das ist in Europa einzigartig. Die Brauerei Freistadt produziert heute eines der wohlschmeckendsten Biere Österreichs. Ab der Mitte des 19. Jahrhunderts ging es mit Freistadt wieder deutlich aufwärts. 1861 wurde die heute noch als Messe Mühlviertel bestehende Freistadter Messe ins Leben gerufen, auch brachte nach 1872 die sogenannte Summerauer Bahn, die Linz und Rainbach als Nachfolgebahn der legendären Pferdebahn Budweis–Linz verband (→ Extra S. <?>), eine verbesserte Infrastruktur. Die Pferdebahn fuhr ursprünglich weit an Freistadt vorbei. Die Landesausstellung 2014 brachte für Freistadt die Renovierung vieler Bürgerhäuser mit sich, womit es endgültig zu einem viel besuchten touristischen Ziel werden konnte. Viele Filmliebhaber kommen alljährlich wegen des internationalen Heimatfilmfestivals Ende August nach Freistadt. Der berühmteste Sohn der Stadt ist wohl der Baumeister Mathes Klayndl (um 1430–1509), Oberösterreichs bedeutendster Baumeister der Spätgotik. Aloys Zötl (1803–1887) war Färbermeister in Freistadt und schuf daneben phantasievolle Tieraquarelle. Nachdem ihn André Breton in sein Verzeichnis ›Surrealists avant la lettre‹ aufgenommen hat, ist er der bisher erste und einzige ›offizielle‹ Surrealist, der aus Österreich stammt. Bekannt mag auch die Schriftstellerin Brigitte Schwaiger (1949–2010) sein. Ihr autobiographisch geprägter Roman ›Wie kommt das Salz ins Meer‹, in dem sie ihre Jugend in einem kleinbürgerlichem Umfeld sowie ihre spätere Ehe schilderte, war nach 1977 lange Zeit ein Bestseller, wurde auch 1988 verfilmt. Sie konnte jedoch nie wieder an diesen Erfolg anknüpfen.

■ **Sehenswürdigkeiten**

Wer mit dem Auto anreist, parkt am besten auf dem Parkplatz gegenüber der Brauerei oder auf den beiden Großparkplätzen an der Promenade gegenüber dem Stadtgraben. Zwar gibt es direkt auf dem Hauptplatz auch Parkmöglichkeiten, doch ist es schwer, dort einen freien Platz zu bekommen.

Der prachtvolle **Hauptplatz** (6500 m²) ist auf allen Seiten von schönsten Bürgerhäusern gesäumt, in seiner Mitte plät-

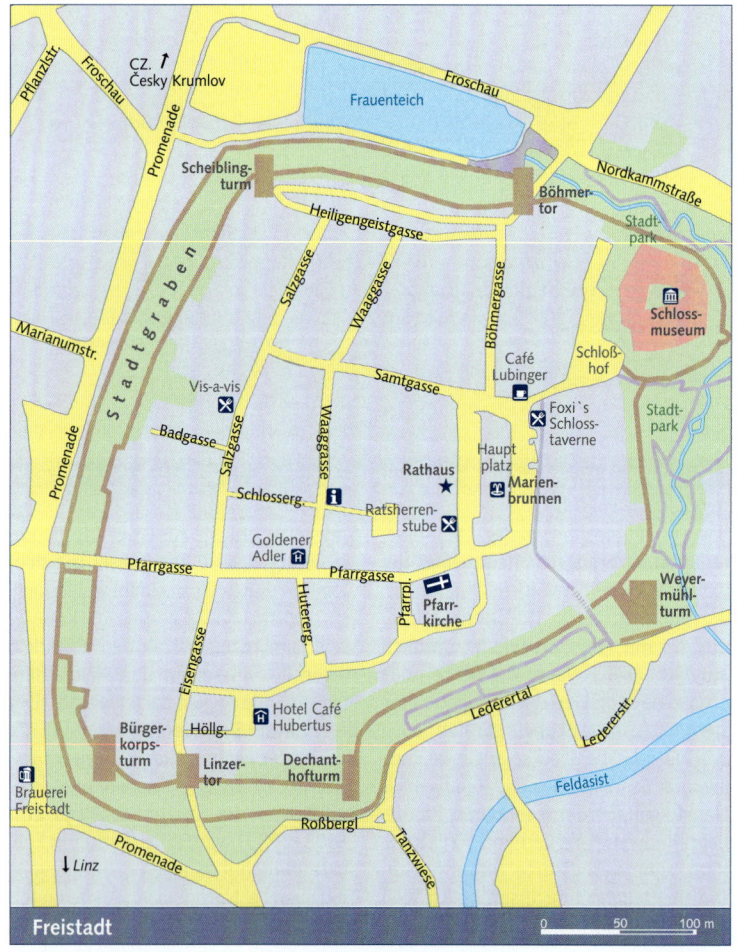

schert der Marienbrunnen. Rechts neben dem eher schlichten **Rathaus** (Nr. 1) zeigt das **Melzerhaus** (Nr. 2) mit seinen freigelegten Wandmalereien den Reichtum seines ehemaligen Besitzers.

Die **Stadtpfarrkirche St. Katharinen**, an ihrem 67 Meter hohen Turm weithin sichtbar, ist die einzige fünfschiffige Basilika in Österreich. Ein romanischer Vorläuferbau wurde um 1420 gotisiert, um 1490 baute Mathes Klayndl die Kirche zu ihrer fünfschiffigen Form aus. Die Brände von 1507 und 1516 zerstörten die gesamte Innenausstattung. Der Wiederaufbau erfolgte unter dem Vorzeichen der Reformation und war entsprechend schlicht, ja spartanisch. Die Glocke wurden erst 1558 wieder eingesetzt. So wie die Kirche sich im 16. Jahrhundert darstellte, war sie im Vergleich zu dem prachtvollen gotischen Bau kein Schmuckstück mehr. Nach 1687, zur Zeit der Gegenreformation, erfolgte eine Barockisierung der Kirche, zunächst allerdings ohne die Pracht, die österreichische Barockkirchen sonst auszeichnet. Erst um 1760 erfolgte eine erkennbare Verschönerung. Die modischen Regotisierungen des 19. Jahrhunderts machten auch vor der Freistädter Kirche nicht halt. Der barockisierte Ostchor wurde neugotisch ›rückgebaut‹, alles Barocke reduziert. 1967 machte man dann entscheidenden Schritt zur Wiederherstellung des ursprünglichen Aussehens des 13. und 14. Jahrhunderts, allerdings unter Beibelassung des jeweils Wertvollsten aus dem Barock. So entstand eine fast singuläre Symbiose beider Stile. Besonders erwähnenswert unter all den Kunstwerken ist der Nothelferaltar im Chor von 1520, der nach dem Brand geschaffen wurde, über dem Altar ein eindrucksvolles gotisches Schlingrippengewölbe und der Volksaltar aus Juramarmor von 1967. An der Nordseite des Chors hängt ein Bild, das den nicht mehr vorhandenen barocken

Blick zum Bergfried des Schlosses

Hauptaltar von 1640 zeigt. Der gotische **Turm**, der alle Brände überstanden hatte und baufällig geworden war, wurde 1737 von Johann Michael Prunner barockisiert. Südöstlich der Stadtpfarrkirche (Schulgasse 12) steht der alte **Rathausturm** von 1522. Man sollte es nicht versäumen, über die nahe gelegene Hiedlerstiege zur Straße Ledertal jenseits des Stadtgrabens zu spazieren. Von hier hat man einen sehr schönen Blick auf Pfarrkirche, Stadtmauer und Wehrtürme. Überhaupt ist auch ein Spaziergang entlang des Stadtgrabens, einmal um die Altstadt herum, sehr lohnend.

An der Nordwestecke des Hauptplatzes nimmt die Samtgasse ihren Anfang. Im Haus Nr. 8 (Haustor von 1592) findet sich der wohl schönste **Renaissance-Innenhof** der Stadt; an der Ecke zur Waaggasse (Nr. 13) steht das sicherlich schönste der mittelalterlichen Häuser Freistadts. Eindrucksvoll sind das große, vorkragende Stockwerk wie auch der reizvolle Erker an der Seite.

Durch ein spätgotisches Rundbogentor an der Nordostecke des Hauptplatzes gelangt man zum **Freistädter Schloss**. Heute ist darin das Mühlviertler Schlossmuseum untergebracht. Der 50 Meter

Das Linzertor

hohe, fensterlose Bergfried mit seinem Umgang auf 40 Meter Höhe und dem sehr steilen Keildach dominiert das Ensemble. Über dem Torbau des Schlosses befindet sich die Schlosskapelle. Ein ehemaliger Speicher (1552) rechts neben dem Bergfried ist heute Jugendherberge. Über das verträumte **Schlossgässchen** geht es vom Schlosshof westwärts zur **Böhmergasse**, über die im Mittelalter der Verkehr durch Freistadt nordwärts verlief. Ihren nördlichen Abschluss bildet das zwölf Meter hohe **Böhmertor**, das aus der Zeit um 1300 stammt. Böhmertor und Linzertor am Südausgang der Altstadt sind die beiden einzigen erhaltenen Tore der mittelalterlichen Stadtbefestigung. Über dem stadtabgewandten Tordurchgang befindet sich ein doppelköpfiger Adler und der rot-weiß-rote Bindenschild, das Babenbergerwappen. Aus ihm entstand das Wappen Österreichs. Das Böhmertor hieß bis ins 15. Jahrhundert Spitalstor, weil sich dahinter, außerhalb der Mauern wie überall im mittelalterlichen Europa, das Spital befand. Die gleich hinter dem Tor befindliche kleine **Liebfrauenkirche** von 1345 ist die ehemalige Spitalskirche. Um sie lag bis um 1840 der Stadtfriedhof. Sehenswert ist die steinerne Totenleuchte (Ewiges Licht) von 1484 auf dem ehemaligen Friedhof.

Die idyllische **Heiligengeistgasse** führt vom Böhmertor zur ehemaligen Stadtschmiede aus dem 15. Jahrhundert und dem 25 Meter hohen **Scheiblingturm**. Salzgasse 15 ist der ehemalige **Salzhof**. Hier befand sich seit dem 14. Jahrhundert die erste Freistädter Burg. Sie diente, seit dem Dreißigjährigen Krieg umgebaut, bis in die Mitte des 19. Jahrhunderts als Salzspeicher. Heute ist das Haus ein lokales Kulturzentrum.

An der Ecke Salzgasse/Pfarrgasse, im Durchgang von **Salzgasse 20**, trifft man auf ein ausgestopftes Krokodil. Angeblich soll das Tier, als es noch lebte, in den Jahren vor dem Ersten Weltkrieg einem gastierenden Zirkus entlaufen und von den todesmutigen Freistädter Schützen waidmannsgerecht erlegt worden sein. Die südliche Begrenzung der Eisengasse bildet das **Linzertor**, das mit 28 Meter Höhe zu den größten mitteleuropäischen Tortürmen zählt. Seine heutige Form erhielt es 1485 durch Baumeister Mathes Klayndl (um 1430–1509), den bedeutendsten oberösterreichischen Architekten der Spätgotik. In der Barockzeit kam noch ein zierliches Dachtürmchen hinzu. An der Außenseite des Tor befindet sich ein Abbild der heiligen Katharina, der Schutzpatronin Freistadts. Vom Linzertor kann man einen kurzen Abstecher zwischen innerer und äußerer Stadtmauer in die Südwestecke der Stadtbefestigung und zum 13 Meter hohen **Bürgerkorpsturm** (Schmidingerturm) machen. Seinen Namen hat er von der Bürgergarde, deren Stützpunkt er darstellt.

Vom Linzertor gelangt man über Höllgasse und Höllplatz zum Dechanthofplatz. Ihn dominiert der barocke **Dechanthof** aus dem 17. Jahrhundert, erbaut nach Plänen von Carlo Antonio Carlone und später erweitert von Johann Michael Prunner. Zum Freistädter Dekanat gehörten in jener Zeit 60 Pfarreien. Am nicht mehr erhaltenen Vorläuferbau brach 1507 jener erste Großbrand der Stadtgeschichte aus, der Freistadt damals völlig einäscherte. Den nahen **Dechanthofturm** der Stadtbefestigung betrachtet man am besten von der anderen Seite des Stadtgrabens aus, von der Straße Roßbergl. Lohnend ist auch ein Besuch der **Brauerei Freistadt** (Braucommune). Die ›Freistädter Bierakademie‹ bietet Führungen und Brauseminare an. Das angeschlossene Brauhaus ist ein viel besuchtes Gasthaus, der Biershop bietet natürlich die bekannten und beliebten Produkte.

■ **Wanderungen in der direkten Umgebung der Stadt**

Von Freistadt aus lassen sich einige hübsche Wanderungen unternehmen. Ausgangspunkt für alle diese markierten Touren ist der Wanderstein an der Straße Promenade, direkt am Scheiblingturm. Mit Sportgeräten ausgestattet ist beispielsweise der **Weg durch das Thurytal** entlang des kleinen Flusses Feldaist, vorbei an drei alten Schmieden (5,5 km, Fitness-Weg FR 2).

Die **Hammerleitenrunde** (FR 4, 10 km) ist familienfreundlich, führt auch ins Thurytal, weiter zum Teufelsfelsen und dann in weitem Bogen von Westen wieder nach Freistadt zurück.

Der 16 Kilometer lange **Planetenwanderweg** führt von Freistadt nordostwärts nach Sandl. Die neun Stationen entsprechen in ihrer Entfernung von der ›Sonne‹ (symbolisiert durch eine einen Meter große Granitkugel am Wanderstein in Freistadt) im Maßstab 1:369 Millionen der tatsächlichen Distanz der einzelnen Planeten von dieser. Merkur, Venus, Erde und Mars befinden sich noch innerhalb des Freistädter Stadtgebietes. Auch der jeweilige Planetendurchmesser ist maßstabsgetreu: so ist an der Station der Venus dieser Planet als 9-mm-Kugel angebracht. Erwähnt sei abschließend der **Mittelalterliche Erlebnispfad** (28 km), der Kultur und Natur des Mühlviertel bestens zusammenfasst.

Freistadt

Tourismusbüro Freistadt, Waaggasse 6, 4240 Freistadt, Tel. 07942/75700, und 05/07263-21.
www.muehlviertel-almfreistadt.at
Mai–Okt. Fr 19 Uhr kostenlose Stadtführungen. Beginn: Äußerer Schlosshof bei den Kastanienbäumen.
Infos zum **Heimatfilmfestival**:
www.filmfestivalfreistadt.at

Hotel-Garni Café-Konditorei Hubertus, Höllplatz 2, 4240 Freistadt, Tel. 07942/72354, p. P. im DZ 32–39 €. Gleich am Linzertor gelegen.
www.hotelhubertus-freistadt.at

Hotel Restaurant Goldener Adler, Salzgasse 1, 4240 Freistadt, Tel. 07942/72112, p. P. im DZ 50 €. Direkt im Zentrum gelegen. www.hotels-freistadt.at

Foxi´s Schlosstaverne, Hauptplatz 11, 4240 Freistadt, Tel. 07942/73930. Hausmannskost und Vegetarisches, Whiskyverkostungen. www.foxis.at

Gasthaus Vis à Vis, Salzgasse 13, 4240 Freistadt, Tel. 07942/ 74293. Preisgünstige Mittagsmenüs, Saisongerichte mit Spargel, Kürbis, Fisch und Wild.
www.gasthaus-visavis.at

Ratsherrnstube, Hauptplatz 1, 4240 Freistadt, Tel. 07942/72439. Schöner Gastgarten am Hauptplatz.
www.ratsherrnstube-freistadt.at

Café Konditorei Lubinger, Hauptplatz 10, 4240 Freistadt, Tel. 07942/72686. Mühlviertelweit bekannte Süßigkeiten und Lebkuchen. www.lubinger.at
Gasthaus zur Jaunitz, Arnethstr. 1, 4240 Freistadt, Tel. 21954. Gutbürgerliche, freundliche Einkehrmöglichkeit. www.zur-jaunitz.at

Mühlviertler Schlossmuseum, Schlosshof 2, 4240 Freistadt, Tel. 07942/72274, Mo-Fr 9-12 und 14-17 Uhr, Sa/So 14-17 Uhr. 21000 Exponate der Volkskultur, darunter Hinterglasbilder, Handwerksgeräte, daneben Ausstellungen zur Volksfrömmigkeit, Brauchtum etc. www.museum-freistadt.at

Brauerei Freistadt, Tel. 07942/75777, Brauhausstr. 2, 4240 Freistadt; Mo-Do 8-16.30, Fr 8-12 Uhr (Biercommune); Mo-Fr 8-17 und Sa 9-12 Uhr (Biershop). www.freistaedter-bier.at freistaedter-bierakademie.at

Die südliche und östliche Umgebung Freistadts

Südlich von Freistadt findet der Reisende in Kefermarkt einen der schönsten Schnitzaltäre ganz Europas und weiter bis zur Donau hin unzählige kunst- und naturhistorische Kleinode.

■ St. Oswald

Etwa zwölf Kilometer südlich von Windhaag, bereits wieder auf der Höhe von Freistadt, liegt St. Oswald. Es ist von ganz anderem Charakter als das gar nicht so weit entfernte Windhaag, man darf es als das Mühlviertler Zentrum des Golfsports bezeichnen. Sehenswert sind hier der **Marktturm**, der auch das Ortswappen ziert, und die gotische, etwas vom Zentrum abseits stehende **Pfarrkirche**. Allerdings ist ihr Inneres 1910 in Zusammenhang mit der Vergrößerung des Langhauses neugotisch umgestaltet worden. Sehenswert sind auch das **Freilichtmuseum Ledermühle**, die als Getreidemühle von 1413 bis 1968 in Betrieb war, sowie ein privates **Schnapsmuseum** in einer 1883 erbauten Brennerei. Die nahe gelegene **Wallfahrtskirche Maria Bründl** ist ein Kraftort: Neben dem Altar entspringt eine 6 Grad kühle Radonquelle mit einer Strahlungsintensität von 200 Becquerel pro Liter, die etwa 130 Hektoliter am Tag fördert. Zur etwa anderthalb Kilometer entfernten Wallfahrtskirche verläuft von der Pfarrkirche in St. Oswald ein Meditationsweg.

■ Lasberg

Um die Marktgemeinde Lasberg gibt es sehr viel Sehenswertes. Die Granitfelsen des 813 Meter hohen **Buchberges** lohnen einen Besuch wegen der Fernsicht von der architektonisch kühnen, hölzernen Aussichtsplattform ›Hoh-Haus‹. Lohnend ist auch der Besuch der **Burg Dornach** oberhalb des Feistritztals. Sie stammt aus der Zeit um 1400, wechselte oft die Besitzer und verfiel nach einem Brand 1650 immer mehr. Die Bevölkerung zerstörte die Ruine immer mehr durch Entnahme von Ziegeln und Steinen als Baumaterial. Ein Privatmann erwarb sie 1963 und richtete sie zu eigenen Wohnzwecken aufwendig her. Sie ist nur zu den ›Lasberger Kulturtagen‹, wenn hier Ritterspiele und Konzerte stattfinden, öffentlich zugänglich. Allerdings liegt sie so hübsch und hat ein so bezauberndes äußeres Erscheinungsbild, dass man sie durchaus aufsuchen sollte.

Weiter gibt es eine alte **Marktschmiede** sowie das **Freilichtmuseum Fürstenhammer**, eine alte Hammerschmiede, die von 1570 bis 1970 in Betrieb war und deren Inneres original erhalten ist. Die wenig beschwerliche Wanderung von Witzelsberg oder Oberreith auf den 912 Meter hohen **Braunberg**, etwa vier Kilometer östlich von Lasberg, erfreut durch einen weiten Blick über die Alpen. Die Braunberghütte ist von April bis Oktober bewirtschaftet.

■ **Kefermarkt**

Vielen Kunstfreunden ist der Name der kleinen Gemeinde Kefermarkt wohlvertraut, denn der Flügelaltar der örtlichen Pfarrkirche ist weltberühmt. Seit dem Mittelalter herrschten hier die Zelkinger, die jedoch als Protestanten 1626 Oberösterreich verlassen mussten. Ihnen folgten die gut katholischen Thürheims nach. Diese Familie, die ursprünglich aus Schwaben stammte, konnte sich in jenen Jahren nach Oberösterreich ›einkaufen‹. Sie übernahm unter anderem in Kefermarkt die alte Zelkingerburg Weinberg aus dem 13. Jahrhunderts und baute diese im Stil der Spätrenaissance zu einem repräsentativen Wohnschloss aus.

Kefermarkt ist mit steilen Ortsstraßen an einen Hang angebaut, oberhalb dessen **Schloss Weinberg** thront. 1945 wurde es durch die sowjetische Armee geplündert und die gesamte Originaleinrichtung der 220 Räume ging verloren; bis 1986 verfiel es immer mehr. Dann übernahm es das Land Oberösterreich und rekonstruierte zumindest die Säle. Heute ist es unter anderem Seminar- und Veranstaltungszentrum sowie Hochzeits-Location. Obwohl öffentlich nicht prinzipiell zugänglich, sind Führungen auf Voranmeldung möglich.

Größtes Kleinod des Ortes ist aber die dreischiffige, 1476 geweihte **Wallfahrtskirche St. Wolfgang**. Ihr hölzerner Flügelaltar ist eine der großartigsten gotischen Schöpfungen seiner Art im deutschsprachigen Raum und wird dem etwa gleichaltrigen Altar des Veit Stoß in der Krakauer Marienkirche als gleichwertig zur Seite gestellt. Ein unbekannter Meister schuf ihn nach 1490, gestiftet wurde er von Christoph von Zelking. Adalbert Stifter,

Wie aus dem Bilderbuch: Burg Dornach

der nach 1850 nicht nur Lehrer in Linz war, sondern auch die Funktion eines Landeskonservators innehatte, beendete damals Verfall von Kirche und Altar. Letzterer war inzwischen in einem solch zerfressenen Zustand, dass man bereits die Abtragung erwogen hatte. Die mittelalterliche Predella war schon 1684 entfernt worden, erst 1865 wurde im Zuge der Vollendung der Restaurierung eine neue geschaffen. Die rückseitigen Darstellungen der Flügel waren ebenfalls schon vorher verloren gegangen. Kritisiert wurde schon damals, dass bei der Restaurierung sämtliche mittelalterliche Farben entfernt wurden. Stifter schildert übrigens in seinem Roman ›Nachsommer‹ (1857) den Altar unter dem Namen Kerberger Altar, wie auch einige Szenen in Kefermarkt, hier Kerberg genannt, spielen.

Schloss Weinberg

Der 13,5 Meter hohe und 6,5 Meter breite Altar dominiert das sehr helle Kircheninnere. Sein quadratischer Schrein wird von den drei etwas überlebensgroßen Figuren des Kirchenpatron St. Wolfgang, Bischof von Regensburg (Mitte), Petrus (links) und Christophorus (rechts) bestimmt. Die vier Altartafeln zeigen die Verkündigung (oben links), die Geburt Christi (unten links), die Anbetung der Heiligen drei Könige (oben rechts) und den Tod Mariae (unten rechts). Alle vier Flügelreliefs sind aus je aus einem hölzernen Block herausgebildet. Auf ihre Detailfülle kann hier nicht eingegangen werden. Oberhalb des Schreins befindet sich das sogenannte ›Gesprenge‹, das charakteristische Merkmal des Kefermarkter Altars, ein verstörendes Gewirr aus hölzernen Türmchen, Fialen, Kreuzblumen und Krabben. Gemäß jüngster Forschungen ist das Gesprenge kein Werk des anonymen Kefermarkter Meisters, sondern erst um 1670 entstanden. In der Mitte des unteren Geschosses des Gesprenges steht die rätselhafte ›Madonna Apokalyptica‹, die stilistisch weder zu den Schreinfiguren passt noch sich in die Gesprengegestalten fügt. Ihr Körper ist von schweren Stoffdraperien umhüllt, das Gesicht scheint wenig individuell durchgeführt. Links der Madonna steht die heilige Katharina, rechts Barbara. Eine Etage höher sieht man am linken und rechten Rand des Gesprenges die Halbkörperdarstellungen eines bärtigen und eines glattrasierten Manns, vermutlich alttestamentarische Propheten. In der Mitte steht die heilige Agnes, über ihr im obersten Bereich sehen wir die heilige Helena.

Das Kruzifix an der rechten Chorwand stammt wie der Kirchenbau ebenfalls vom Ende des 15. Jahrhunderts. Christi Antlitz ist voll Qualen gestaltet, wirkt aber dennoch innig, wie ein naher Angehöriger. Sehenswert ist auch das Hauptportal der Kirche an der Südseite mit seinem reichen gotischen Beschlag, der Türgriff ist als Delphin gestaltet.

An der Südseite der Kirche befindet sich auch das vormalige **Friedhofstor** (1729), bekrönt von Totenköpfen.

Die südliche und östliche Umgebung Freistadts

■ Neumarkt

Lieblich in die Landschaft eingebunden liegt Neumarkt mit seiner mächtigen **Pfarrkirche**, die erstmals 1185 erwähnt wurde. Nahe an Neumarkt vorbei führte entlang der Kleinen Gusen im 19. Jahrhundert die Trasse der Pferdeeisenbahn Budweis–Linz; sie ist heute in großen Teilen als Wanderweg gestaltet. Im Ortsteil Kronast, etwa fünf Kilometer nördlich, befindet sich die Ruine der mittelalterlichen **Burg Kronest**, die seit dem 17. Jahrhundert verfallen ist. In Möstling, südlich von Neumarkt, stößt man auf eine weitere Ruine: **Burg Möstling** verfällt seit etwa 1500. Allerdings weist diese Burg nur spärliche Überreste auf und ist schwer zu finden (von Haus Nr. 26 in Möstling geht man nordwärts in den Wald).

Besuchenswert ist das private Mostmuseum in **Trosselsdorf**, etwa 4 Kilometer westlich von Neumarkt, das in einem urigen Landgasthof beheimatet ist.

Zwischen Neumarkt und Freistadt gibt es besonders viele jener typischen grauweißen Mühlviertler Bauernhöfe, denen große Bruchsteine aus Granit, verknüpft mit weißem Verputz, das charakteristische Aussehen geben. Schöne ›Stoabloß‹ (Steinbloß)- Gehöfte findet man in Ottenschlag, in Neumarkt, in Reichenau oder in Nadelbach bei Weitersfelden (→ S. 54).

■ Gutau und seine Umgebung

Gutau bezeichnet sich in Eigenwerbung als Färberstadt. Seit Jahrhunderten, resultierend aus dem im Mühlviertel weit verbreiteten Flachsanbau und den daraus entstandenen Leinwebereien, erfolgt hier die Textilfärbung. Im lokalen **Färbermuseum** war noch bis in die 1980er Jahre eine Färberei tätig; sie fertigte unter anderem im Blaudruck. Eine Blaudruckwerkstatt gibt Einblicke in die Kunst und auch Kaufmöglichkeiten. Am ersten Sonntag im Mai findet alljährlich der Färbermarkt statt, der Interessierte aus ganze Europa anlockt.

Der 2,5 Kilometer lange **Vogelkundeweg** ist dank seiner vielen Spielstationen besonders für Kinder geeignet. Die etwa vier Kilometer östlich von Gutau gelegene imposante Ruine der **Burg Prandegg** geht auf das Ende des 13. Jahrhunderts

Der berühmte Flügelaltar in der Pfarrkirche von Kefermarkt

Die Burgruine Prandegg

zurück. Dieses lohnende Ausflugsziel bietet auch eine Einkehrmöglichkeit, vom Turm hat man einen eindrucksvollen Blick Sehr schön ist die Fahrt auf schmalen Straße von Gutau über die Höferhäuser hinab ins Waldaisttal und von dort über Reichenstein nach Pregarten.

■ St. Leonhard bei Freistadt

Östlich von Gutau, am Herzogreitherberg, gibt es den **Herzogreiterfelsen**. Das Kreuz an diesem Felsen wurde der Sage nach von einem Bauer aus Dankbarkeit dafür gesetzt, dass seine Frau, nachdem sie bei der Arbeit in der Umgebung bei der Holzarbeit abgestürzt war, überlebte: Sie war am Ast eines Baumes hängen geblieben.

Am Mühlberg, etwa einen Kilometer nordwestlich von St. Leonhard, liegen die sogenannten **Weltuntergangsfelsen**, zwei Granitfindlinge, die sich der Legende nach aufeinander zubewegen. Während vor 200 Jahren Bauern mit Heuwagen noch zwischen den Steinen durchfahren konnten, besteht heute nur noch ein schmaler Fußweg. Sobald die beiden Findlinge sich aber einander berühren, wird das Ende aller Zeiten anbrechen. In Wirklichkeit bewegt sich jedoch nur der nördliche der beiden Steine. In der Nische am ruhenden, südlichen Findling steht eine Madonnenfigur, die 1917 zu Fuß von Linz hierher gebracht wurde. Davor existiert ein 38 Meter tiefer Brunnen. Das **Waldaisttal** südlich von St. Leonhard ist voll bezaubernder Waldromantik, leider ist es nur entlang weniger Teilstrecken Stellen erwanderbar. Besonders hübsch ist der Abschnitt zwischen Haslach und der Pfartlmühle.

■ Pregarten

Mit 5000 Einwohnern ist Pregarten nach Freistadt die größte Siedlung im Mühlviertler Kernland. Die alte **Mühle** an der Brücke über die Feldaist – Bruckmühle genannt – war im frühen 20. Jahrhundert eine Steingutfabrik. Sie wurde, architektonisch anspruchsvoll, zu einem weithin bekannten Kulturzentrum ausgebaut, in dem die unterschiedlichsten Events stattfinden. Überhaupt ist Pregarten ein Ort mit einem vielfältigen Kulturangebot: Lesungen und Theaterveranstaltungen sind hier Legion.

Die Bruckmühle ist auch Ausgangspunkt für Wanderungen in das wildromantische **Feldaisttal**. Flussauf- wie abwärts lohnen die Wanderungen sehr, über-

Die legendenumwobenen Weltuntergangsfelsen

Burg Reichenstein (Vischer-Stich von 1674)

haupt ist das Tal der Feldaist eines der schönsten Mühlviertler Täler überhaupt. Richtung Kefermarkt, also flussaufwärts, stößt man auf seltsame Granitformationen und historische Gebäude, flussabwärts geht es an Mühlen und Kraftplätzen vorbei. Empfehlenswert ist dabei die Einkehr in der Kriehmühle, etwa drei Kilometer südlich der Bruckmühle gelegen, einem bodenständigen Lokal mit Fischspezialitäten.

In **Wartberg ob der Aist** zieht die am nördlichen Ortsrand auf einer Kuppe freistehende **Wenzelskirche** Kunstfreunde an. Sie wurde in ihrer ersten Form zwischen 850 und 1000 errichtet, vermutlich am Ort einer heidnischen Kultstätte, und später dem Böhmenheiligen Wenzel geweiht.

Die **Ruine Reichenstein** im Waldaisttal, etwa sechs Kilometer östlich von Pregarten, beherbergt das **Oberösterreichische Burgenmuseum**, das in einer Dauerausstellung den Lebensraum Burg zwischen dem 11. und dem 17. Jahrhundert thematisiert. In der noch existierenden Schlosskapelle beeindruckt das fast fünf Meter hohe Grabdenkmal des Christoph von Haym. Dieser kaiserliche Kammerrat war als Bauernschinder berüchtigt und wurde 1571 aus dem Hinterhalt ermordet. In der Ruine gibt es auch ein Infozentrum zum umliegenden Natura2000-Gebiet der Flusslandschaft von Waldaist und Naarn. Sehr zu empfehlen ist die **Wanderung von Pregarten nach Reichenstein** (Wege 46 und 45). Man benötigt etwa anderthalb Stunden, die Höhenunterschiede sind nur gering.

■ **Hagenberg**
Hagenberg, mit Pregarten fast zusammengewachsen, ist in erster Linie Technologiestandort. Der ›Softwarepark Hagenberg‹ stellt sich dabei als Universitäts- (Campus Hagenberg), Forschungs-, Technologie- und Gründerzentrum dar. Er verteilt sich auf verschiedene historische und moderne Gebäude des Ortes. In ihnen sind insgesamt 12 Forschungsinstitute, 60 Unternehmen und 20 Ausbildungsgänge mit insgesamt 1560 Studenten eingerichtet (www.softwarepark-hagenberg.com).
Sehenswert ist das bis auf das 14. Jahrhundert zurückgehende **Schloss**; es beheimatet neben dem Gemeindeamt ein Forschungsinstitut (RISC) der Universität Linz. Der **Schlossgarten** aus dem ersten Viertel des 19. Jahrhunderts ist als Landschaftsgarten angelegt. In ihm gedeihen auch exotische Bäume. Die **Schlosskapelle** aus dem 17. Jahrhundert wurde nach einem Brand 1726 umgebaut und weist einen bemerkenswerten Baldachin-Hochaltar auf. Der **Meierhof** des Schlosses wird ebenfalls von einem Forschungsinstitut genutzt. Der Ort zeigt eine österreichweit einzigartige Symbiose althergebrachter und zeitgenössischer Zweckarchitektur. Im unweiten **Unterweitersdorf** existiert die größte Sammlung von amerikanischen Motorrädern in Österreich. Leider ist dieses American Motorcycle Museum schon geraume Zeit geschlossen.

Gallneukirchen

Mit 6500 Bewohnern ist Gallneukirchen einer der größten Orte des Mühlviertels. Der Ortsname bezieht sich auf den heiligen Gallus, der auch Patron der Stadtpfarrkirche ist. Vermutlich bestand hier schon im 9. Jahrhundert eine Pfarrei. Die **Kirche** stammt aus dem 14. Jahrhundert, ihr Inneres dagegen aus dem 17. Jahrhundert.

Zwei Kilometer nordwestlich der Ortsmitte, auf einem Felsvorsprung hoch über dem Gusental, liegt **Schloss Riedegg**. Es ging durch Erweiterung im 17. Jahrhundert aus einer mittelalterlichen Burg hervor, von der noch Mauerreste vorhanden sind. Es war bis vor kurzem im Besitz der Mariannhiller Missionare, einem katholischen Männerorden, der besonders in Afrika tätig ist. Daher befindet sich im Schloss auch ein kleines **Afrikamuseum** mit Exponaten vor allem aus den südlichen Regionen des Kontinents. 2015 übernahm ein lokales Konsortium das Schloss, da es der Orden wegen der Betagtheit der wenigen Klosterbrüder und fehlenden Nachwuchses nicht mehr betreuen konnte.

Die südliche Umgebung Freistadts

Für das Mühlviertler Kernland ist neben dem Tourismusbüro in Freistadt (→ S. 91) auch der Mühlviertel Tourismus in Linz zuständig, es gibt jedoch in vielen Gemeinden auch kleine lokale Infostellen.
Mühlviertel Tourismus Information, Hauptstr. 2, 4160 Aigen-Schlägl, Info-Hotline 0664/8283957. www.muehlviertel.at
Gemeindeamt St. Oswald, Markt 80, 4271 St. Oswald, Tel. 07945/7255. www.stoswald.at
Gemeindeamt Neumarkt, Marktplatz 1, 4212 Neumarkt, Tel. 07941/8255. www.neumarkt-muehlkreis.ooe.gv.at
Gemeindeamt Lasberg, Markt 7, 4291 Lasberg, Tel. 07947/310-21 oder 7255-0. www.lasberg.at
Gemeindeamt Kefermarkt, Oberer Markt 15, 4292 Kefermarkt, Tel. 07947/5910-0. www.kefermarkt.ooe.gv.at
Gemeindeamt Gutau, St. Oswalder Str. 2, 4293 Gutau, Tel. 07946/6255-30. www.gutau.ooe.gv.at
Tourismusverband Gallneukirchen, Reichenauer Str. 1, 4210 Gallneukirchen, Tel. 07235/63155192. www.gallneukirchen.at

Gasthof zur Post, Markt 40, 4271 St. Oswald, Tel. 07945/7226, p. P. im DZ 45 €. Ende Mai–Ende August Fr ab 18 Uhr immer Grillfest. www.freudi-stoswald.at
Dorfwirtshaus Gartner, Obermarreith 10, 4271 St. Oswald, Tel. 07945/20702.
Wandergasthof zur Haltestelle, Siegelsdorf 21, 4291 Lasberg, Tel. 07947/731021, p. P. im DZ ab 38 €. Mit kleiner Ausstellung restaurierter Puch-Motorräder. www.gh-stadler.at
Schlossbrauerei Weinberg, Weinberg 2, 4292 Kefermarkt, Tel. 07947/7111, p. P. im DZ ab 33 €. 400 Jahre alter Gast- und Gutshof, gleich am Schloss, eigene Gasthausbrauerei. httpss://schlossbrauerei.at
Elzer Stubn, Elz 1, 4292 Lasberg, Tel. 7947/20698. Österreichisches Spezialitätenrestaurant in traditionellem ›Stoabloß‹-Haus. www.elzer-stubn.at
Kirchawirt Gasthof Resch, Marktplatz 13, 4293 Gutau, Tel. 07946/6225, Zimmerpreise auf Anfrage. www.kirchawirt.at
Landgasthaus Zum Edi, St. Oswalder Str. 3, 4293 Gutau, Tel. 07946/6302. Einfach, dennoch kultiviert, neu und gut. Besonderer Tipp des Autors. www.zum-edi.eu
Gasthaus Kriehmühle, Kriehmühlweg 1, 4231 Wartberg/Aist, Tel. 07236/6941. Fischspezialitäten. www.kriehmuehle.at
Gasthof Haslinger, Gutauer Str. 13, 4230 Pregarten, Tel. 07236/2286, p. P. im DZ 42 €. www.gasthofhaslinger.at
Bierbuschenschank Ederbräu, Netzberg 32, 4230 Pregarten, Tel. 0699/12150697. Vier selbstgebraute Biere, regionale Köstlichkeiten. www.ederbraeu.at

Gasthof Mader, Lest 39, 4212 Neumarkt, Tel. 07941/8260, p.P. im DZ 39 €. www.gasthofmader.at
Gasthaus Ochsenwirt, Marktplatz 11, 4212 Neumarkt, Tel. 07949/8238. Urige Stimmung in stilvollem Ambiente. www.gh-oxnwirt.at

Freilichtmuseum Ledermühle, Promenade 21, 4271 St. Oswald, Tel. 0664/2148393; nach Voranmeldung. www.stoswald.at
1. OÖ Schnapsmuseum, Wippl 6, 4271 St. Oswald, Tel. 07945/7203; Verkostungen und Spirituosenverkauf Mo–Do 8–12 und 13–17, Fr 8–14 Uhr, Besichtigung von Brennerei und Museum nur nach Voranmeldung. www.mittendorfer.net
Freilichtmuseum Fürstenhammer, Siegelsdorf 25, 4291 Lasberg. Tel. 07947/7496, ganzjährig tgl. 9–18 Uhr. www.ooemuseen.at
Schloss Weinberg, Weinberg 1, 4292 Kefermarkt, Tel. 07947/6545; Führungen Mai–Okt. Fr 14 Uhr. www.schloss-weinberg.at
Färbermuseum, St. Leonharder Str. 3, 4293 Gutau, Tel. 0676/6854983, geöffnet nur mit Führung Mai–Okt. jeweils Mi 10 und 11 Uhr und Fr 15 und 16 Uhr, bzw. auf Anfrage. www.gutau.at
Burg Prandegg, Taverne Mai–Okt. Mo–Do 11–17 und Fr–So 11 Uhr bis lange nach Sonnenuntergang; Nov.–April nur Sa/So ab 11 Uhr. Führungen anfragen, Ruine immer zugänglich: Tel. 07261/7541 und 0664/5736973. www.prandegg.com
Kulturzentrum Bruckmühle, Bahnhofstr. 12, 4230 Pregarten, Tel. 07236/25700. www.bruckmuehle.at
Oberösterreichisches Burgenmuseum, Reichenstein 1, 4230 Tragwein, Tel. 07236/31400, Mitte April–Ende Okt. jeweils Do–So (und Fe) 10–18 Uhr, für Gruppen auch außerhalb der Öffnungszeiten. www.burg-reichenstein.at
Afrikamuseum, Schloss Riedegg, 4210 Gallneukirchen, Tel. 07235/62224, So und Fe 14–17 Uhr. www.schloss-riedegg.at
Mostmuseum im Landgasthaus Wirt z´Trosselsdorf, Trosselsdorf 9, 42124 Neumarkt, Tel. 07941/8217, ganzjährig, Führungen jeweils So 14, 15 und 16 Uhr. Produkte aus eigener Landwirtschaft. www.neumarkt-muehlkreis.ooe.gv.at/Wirt_z_Trosselsdorf_2

Infos zum Veranstaltungsprogramm der Bruckmühle: www.bruckmuehle.at

Schaumosterei Pankrazhofer, Lugendorf 7, 4284 Tragwein, Tel. 07263/88295. Mostverkostungen und -verkauf Mo–Sa 8–12, Fr zusätzlich 13–18 Uhr. www.pankrazhofer.at

Die westliche Umgebung Freistadts

Auch im Westen von Freistadt trifft der Reisende auf viele Naturschönheiten und auf besondere viele sakrale Kunstwerke.

■ Hirschbach

In Hirschbach gibt es ein kleines **Bauernmöbelmuseum**. Gleich daneben erinnert ein **Denkmal** an Franz von Zülow (1883–1963), einen Jugendstilkünstler, der besonders Druckgrafiken schuf und viele Jahre im Ortsteil Auerbach lebte. Sein Wohnhaus (Auerbach Nr. 16) ist noch erhalten. Hirschbach stellt sich in erster Linie aber als Kräutergemeinde dar. In einem Kräuterstadel gibt es eine **Ausstellung** zum Kräuterwissen, es gibt einen **Kräuterladen** und einen **Bergkräuterwanderweg**, und Kräuterseminare und ähnliches werden auch angeboten. Museum und Kräutergebäude bilden ein bezauberndes Bauensemble.
Die Straße von Hirschbach entlang der Kleinen Gusen Richtung Neumarkt ist voll schönster Landschaftseindrücke.

■ Ottenschlag im Mühlkreis

Das kleine Dorf Ottenschlag – nicht zu verwechseln mit Ottenschlag bei St. Georgen am Walde, ganz im Osten des Mühlviertels und Ottenschlag im Waldviertel – ist durch seine Stoabloß- (Steinbloß) Häuser berühmt (→ S. 54). 22 alte **Bauernhäuser** mit jenem typischen weiß-grauen Mauerwerk aus Granitbrocken und Kalk, wie sie nur im Mühlviertel zu finden sind, reihen sich hier aneinander.

■ Waldburg

Die örtliche, äußerlich eher schlichte spätgotische **Pfarrkirche St. Maria Magdalena** in Waldburg besitzt drei großartige spätgotische Flügelaltäre. Die Identität der Meister, die sie schufen, ist weitgehend ungeklärt. 1517 entstand der mittlere Altar, er wird einem ansonsten wenig bekannten Gregor Erhart zugeschrieben. Er ist der künstlerisch höchststehende der drei Altäre und zeigt Maria mit dem Jesuskind, flankiert von der Kirchenpatronin und der heiligen Katharina. Die Innenseite der Flügel zeigt Szenen aus dem Leben Maria Magdalenas, die Außenflügel Szenen der Passion Christi. Der linke Seitenaltar ist dem heiligen Laurentius gewidmet, der rechte dem heiligen Wolfgang. Die Verknüpfung von einzigartiger Schnitzkunst und leuchtender Goldbemalung lässt die Altäre dem unvoreingenommenen Beschauer bei günstig einfallendem Licht tatsächlich wie eine Vision des Himmels erscheinen.

Etwa drei Kilometer westlich von Freistadt, auf einer Anhöhe, steht weithin sichtbar die **Kirche St. Peter**. Sie wurde etwa um 1190 gegründet und später gotisch erweitert. Unmittelbar benachbart ist die **Kalvarienbergkirche** von 1370. Die beiden Kirchen bilden ein bezauberndes Ensemble.

Von ganz anderem Reiz ist das **Museum mini-agrimundus**. Es stellt in Miniaturen,

▲ *Einer der kostbaren Flügelaltäre in Waldburg*

die ein Waldburger Wagnermeister schuf, die Lebens- und Arbeitswelt der Bauern im 19. und 20. Jahrhundert dar.
Südwestlich von Waldburg, bei Harruck, liegt ein lohnender Panoramapunkt. Östlich von Waldburg durchzieht der **Pferdeeisenbahn-Wanderweg** die Lande, der auf der alten Trasse der von 1832 bis 1872 existierenden Pferdeeisenbahn Budweis–Linz errichtet wurde. Die zwölf Meter hohe **Steinbogenbrücke** über den Kronbach, nahe der Bodenmühle, ist die markanteste der erhaltenen Brücken dieser Bahn.

Die westliche Umgebung Freistadts

Zuständig ist das **Tourismusbüro Freistadt** (→ S. 91).
Gemeindeamt, 4242 Hirschbach Nr.18, Tel. 07948/8701. www.hirschbach.at
Gemeindeamt, 4240 Waldburg Nr. 8a, Tel. 07942/8300. www.waldburg.at

Hirschbacherwirt, 4242 Hirschbach Nr. 1, Tel. 07948/55875, p. P. im DZ ab 37 €. www.hirschbacherwirt.at
Wimbergstüberl, 4240 Waldburg Nr. 61, Tel. 07942/8216 bzw. 0650/426080. Gutbürgerliche, viel besuchte Einkehr, charakterstarke Wirtin.
Kräuterwirt Dunzinger, Guttenbrunn 18, 4242 Hirschbach, Tel. 07948/390. Biozertifizierte Einkehrmöglichkeit, Schwerpunkt Kräutergerichte aus lokalen Produkten. https://.kraeuterwirt.at

Bauernmöbelmuseum Edelmühle, Museumsweg. 7, 4242 Hirschbach, Tel. 07948/541; Mai–Okt. Di-Sa 14–17, So 10–12 und 14–17 Uhr.
www.museum-hirschbach.at
Mini-agrimundus, 4240 Waldburg Nr. 8a, im neuen Gemeindezentrum in der Ortsmitte, geöffnet nach Voranmeldung beim Gemeindeamt (Tel. 07942/8300). www.waldburg.at

Kräuterladen mit Museum, Hirschbach, Tel. 07948/55895.
www.kraeuterkraftquelle.at

Zwischen Freistadt und der böhmischen Grenze

Der Norden und Osten des Mühlviertler Kernlandes bringt unter anderem Begegnungen mit einer großartigen Innovation des 19. Jahrhunderts – der Pferdeeisenbahn Budweis–Linz – und mit dem großen Komponisten Anton Bruckner.

■ Rainbach und Kerschbaum

Die alte Handelsstraße Linz–Budweis ist heute als Bundesstraße 310 eine der am stärksten befahrenen Landstraßen ganz Österreichs. Freistadt selbst und die meisten Orte südlich davon haben inzwischen eine Umgehungsstraße erhalten, die Siedlungen nördlich Freistadts dagegen nicht. Sehenswert in Rainbach ist vor allem die wuchtige **Pfarrkirche Mariae Himmelfahrt** mit ihrem Kreuzrippengewölbe im Langhaus. Ein von Esoterikern gern besuchter Kraftort ist der **Heidenstein**, ein Schalenstein, etwa vier Kilometer westlich, beim Dorf Eibenstein. Hier gibt es auch einen ›Chakrawanderweg‹. Eibenstein ist übrigens durch seinen Reiterhof als touristisches Ziel bei Familien mit Kindern beliebt (www.ponyhof.at). Fährt man von Rainbach etwa 400 Meter hinter dem nördlichen Ortsende nach links, Richtung Deutsch Hörschlag, gelangt man nach knapp einem Kilometer zu einem kleinen Wäldchen, das von links bis an die Straße heranreicht (zu erkennen am gelben Wanderwegweiser). Hier befindet sich eine der wenigen erhaltenen **Steinbogenbrücken**, über die von 1832 bis 1874 die Pferdeeisenbahn fuhr. Heute ist nur noch der westliche der beiden tiefen Geländeeinschnitte an der Brücke vorhanden. Ein **Pferdeeisenbahn-Wanderweg** verläuft auf 76 Kilometern Länge teils auf der alten Trasse, teils unweit von ihr. Er beginnt im grenznahen böhmischen Ort Bujanov (Angern) und führt über Leopoldschlag nach Urfahr (heute Ortsteil von Linz); er ist in einzelnen Abschnitten auch als Radwanderweg benutzbar. Zu den meistbesuchten touristischen Attraktionen Oberösterreichs gehört das **Pferdeeisenbahnmuseum** im Ortsteil Kerschbaum. Hier findet man am südlichen Ortsrand den Nachbau eines historischen ›Speisesalettls‹ vom Bahnhof Lambach, einem Einkehr- und Wartehäuschen, der Endpunkt einer 400 Meter langen originalen Teilstrecke der Pferdeeisenbahn. Denn vom nahen Bahnhof Kerschbaum fahren originalgetreu rekonstruierte Wagen der Pferdeeisenbahn bis hierher. Dort ist in den vormaligen Pferdestallungen ein Museum beheimatet, im Bahnhofsgebäude selbst gibt es in der ›Ersten Bahnhofsrestauration des europäischen Continents‹ eine gute Einkehrmöglichkeit.

Der ›Scheitelbahnhof‹ Kerschbaum, gelegen am höchsten Punkt der Strecke, von dem es in beide Richtungen nur sanft abwärts geht, befindet sich genau auf der Hälfte der Strecke, wie eine kleine Tafel am Bahnhofsgebäude anzeigt. Der Kerschbaumer Sattel gilt übrigens geographisch als östliches Ende des Böhmerwaldes und bildet die Wasserscheide Nordsee–Schwarzes Meer. In der Gaststube des Gasthofs ›Blumauer‹ in Rainbach hängen zwei eindrucksvolle Bilder eines lokalen Künstlers, die unter anderem das Beladen eines Pferdeeisenbahnwagens vor der Rainbacher Kirche in der Zeit um 1850 zeigen.

Ein ehemaliges Einkehr- und Wartehäuschen der Pferdeeisenbahn bei Kerschbaum

Die Pferdeeisenbahn Budweis–Linz

Schon zur Zeit des deutschen Kaisers und böhmischen Königs Karl IV. (1316–1378) machte man sich am Prager Hof Gedanken über eine Verbesserung der Verkehrsverbindungen zwischen Donau und Moldau. Vor allem sollte der wichtige Rohstoff Salz schneller aus Bayern, dem Salzburger Land und dem Salzkammergut nach Böhmen, wo er nicht vorkommt, transportiert werden können. Jahrhundertelang fand sich neben der Nutzung von Säumerpfaden und dem Transport auf gewöhnlichen pferdegezogenen Handelswagen keine Verbesserung. Und immerhin gut 17 000 Tonnen Salz wurden gegen Ende des 18. Jahrhunderts jährlich nach Böhmen gebracht.

Erst zu Beginn des 19. Jahrhunderts kam dem Ingenieur und Direktor des Prager Polytechnikums Franz Josef von Gerstner (1756–1832) die Idee, Handelswagen von Pferden auf Schienen ziehen zu lassen. Gerstner versuchte zunächst, die Moldau von Budweis aufwärts bis Joachimsmühle (heute Herbertov bei Vyšší Brod) auszubaggern, damit schiffbar zu machen, und dann bis Katzbach bei Linz die Waren auf Schienenwagen von Pferden ziehen zu lassen oder dampfbetriebene Wagen einzusetzen, wie sie in England kurze Zeit zuvor in Betrieb genommen worden waren. Doch die napoleonischen Kriege machten der aufwendigen Realisierung dieses Vorhabens ein rasches Ende. Daher wurde erst 1820 das Projekt neu überdacht. Diesmal arbeitete Gerstners Sohn Franz Anton (1796–1840), Professor der Mathematik am Wiener Polytechnikum, die Neuplanung aus. Er hatte kurz vorher auf einer Studienreise nach England die große Bedeutung dampfbetriebener Maschinen für die Entwicklung einer Volkswirtschaft kennengelernt und legte nun für den geplanten Verkehrsweg Budweis–Mauthausen ein Konzept dampfbetriebener Wagen vor – mehr als zehn Jahre, bevor in Deutschland die erste Eisenbahn von Nürnberg nach Fürth fahren sollte. Dennoch sollten bei der Inbetriebnahme der Bahn zunächst Pferde die Wagen ziehen, wobei eine spätere Umrüstung auf Dampfbetrieb vorgesehen war. Als Bauherr fungierte die neu gegründete ›k.k. Erste privilegierte Eisenbahn-Gesellschaft‹, die im März 1825 Gerstners schon 1824 erhaltene Baukonzession erwarb.

Im Juli 1825 begannen 6000 Arbeiter bei Budweis mit den Erdarbeiten. Doch stellte sich schon nach kurzer Zeit heraus, dass das vorgegebene Budget nicht ausreichen würde. Zwar war nach nur 16 Wochen Bauzeit schon eine Strecke von 11,6 Kilometern fertiggestellt, die Bewältigung der insgesamt 540 Meter Höhenunterschied gestaltete sich jedoch technisch schwieriger als vorhergesehen. Und es entstanden viele Probleme mit den ortsansässigen Fuhrleuten. Sie fürchteten, daß ihnen das neue Projekt Arbeit und Brot nehmen würde, und verübten manchen kleinen Sabotageakt. Gerstner, für den das Projekt Pferdeeisenbahn nur eine Übergangslösung war, begab sich im Winter 1826/27 ein weiteres Mal nach England und studierte dort die Situation zwischen Darlington und Stockton-on-Tees, wo mit Dampf betriebene Maschinen des Konstrukteurs George Stephenson Züge von bis zu 90 Tonnen Beladung ziehen konnten, dies allerdings nur in der Ebene. Die inzwischen zu hoch angestiegenen Kosten des Pferdeeisenbahnbaus – Gerstner entschloss sich, einen Teil des eigenen Vermögens mit einzusetzen – zwang zur Verkürzung der ursprünglichen Trasse. Sie wurde nun auf 128 Kilometer und damit 30 Kilometer kürzer als ursprünglich projektiert, indem die Endstation nach Linz verlegt wurde – Linz war letztlich der bedeutendere Handelsplatz. Mit vielen inneren und äußeren Schwierigkeiten konnte im September 1827 das erste, etwa 50 Kilometer lange Teilstück Budweis–Zartlesdorf (heute Rybník bei Dolní Dvořiště) eröffnet werden, doch musste bereits im November der Betrieb mangels Frachtaufkommen wieder eingestellt werden. Boykottaufrufe der regionalen Fuhrleute brachten den Stillstand aller weiteren Baumaßnahmen. Gerstner wollte aber sein Projekt noch nicht als gescheitert ansehen, er warf ein zweites Mal eigenes Geld in Form eines Aktienpakets in das Gesellschaftsvermögen. Auch wollte er den Weiterbau von nun an gleich für den künftig vorgesehenen Dampfbetrieb fortführen, indem er das erfolgreiche Beispiel der erwähnten britischen Dampfbahn den anderen Aktionären gegenüber propagierte. Diese aber lehnten ab. Allerdings gelang es Gerstner, den überwiegenden Teil der regionalen Salzkaufleute als Kleinaktionäre für die Bahn zu gewinnen, indem er ihnen zusicherte, dass die Eisenbahngesellschaft durch die Regierung das Transportmonopol zwischen dem Salzkammergut und Böhmen erhalten werde. So konnte das Gesellschaftsvermögen weiter wachsen, wurden gleichzeitig äußere Widerstände vermindert und konnte der Weiterbau gesichert werden. Doch nun nahmen Auseinandersetzungen und Eifersüchteleien mit Gerstners untergebenen Ingenieuren zu, wobei es überwiegend um die geplante Umstellung auf Dampfbetrieb ging. Einem dieser Ingenieure namens Matthias Schönerer gelang es durch allerlei Intrigen, dass Gerstner Anfang 1829 während einer Abwesenheit durch den Vorstand der Eisenbahngesellschaft abgesetzt und sein Vertrag aufgelöst wurde. Zum Zeitpunkt seiner Demission war der Bau der Bahn bis zur Wasserscheide Donau-Elbe bei Kerschbaum vorangeschritten – etwa die Hälfte der gesamten geplanten Strecke. Am 30. September 1828 konnte dieser Abschnitt freigegeben werden. Der zum Zeitpunkt erst 21-jährige Schönerer wurde Gerstners Nachfolger. Er hielt sich nicht mehr an den von Gerstner berechneten minimalen Bogenradius der Bahnkurven von 190 Metern, sondern reduzierte diesen auf 38 Meter. Damit war ein späterer Einsatz von Dampfeisenbahnen unmöglich, da solch enge Kurven ausschließlich durch Pferdezüge benutzbar waren.

Wegen des erwähnten Frachtmonopols für Salz war die Bahn 1829 auf allen bis dahin eröffneten Teilstrecken ausgelastet. Sie musste aber erneut Einbrüche hinnehmen, da Kaiser Franz I. (reg. 1793–1835) das Transportmonopol 1830 zurücknahm. Dafür durfte aber die Eisenbahngesellschaft selbst mit Salz handeln, nachdem sie einige staatliche Salzvorräte zu geringem Preis hatte erwerben können, um die durch die

Dichter Verkehr auf der Strecke Linz–Budweis

Die Pferdeeisenbahn Budweis–Linz

Eröffnung der Pferdebahn Linz–Budweis durch Kaiser Franz I. bei St. Magdalena in Linz (1832)

Rücknahme des Salzmonopols entstandene wirtschaftliche Härte zu kompensieren. Auch gelang es der Gesellschaft, weitere Aktionäre zu gewinnen. Die bisher unvollendeten oberösterreichischen Teilstrecken wurden geschlossen – als letztes das zwischen Lest und Urfahr –, und die gesamte Trasse Budweis–Urfahr (heute ein Stadtteil von Linz) wurde am 1. August 1832 eröffnet. Damit war die Budweis-Linzer Pferdebahn die zweitälteste Pferdebahn Europas; die älteste war die 18 Kilometer lange zwischen Saint-Étienne und Andrézieux im französischen Loire-Tal, die am 30. Juni 1827 in Betrieb genommen worden war. Bis 1836 wurde die wirtschaftlich erforderliche Verlängerung nach Gmunden im Salzkammergut geschaffen, die 20 Jahre später auf Dampfbetrieb umgestellt wurde. Der Dampfbetrieb zwischen Linz und Budweis konnte jedoch nie aufgenommen werden, denn Schönerers Kurvenabmessungen waren schlichtweg zu eng. Zwischen 1860 und 1873 wurde daher zwischen Linz und Budweis eine neue Strecke für den Dampfeisenbahnbetrieb erbaut, die dabei keineswegs parallel zur Pferdebahnstrecke verlief. Als die Eröffnung dieser neuen Bahnlinie nahte, wurde mit dem Jahresende 1872 der Betrieb der Pferdebahn eingestellt.

Triumph und Tragik: Der begnadete Ingenieur Franz Anton Gerstner suchte nach seinem wenig ruhmvollen Hinauswurf sein Glück in der Ferne. Nach dem Bau einiger kleinerer Strecken in England baute er 1838 die erste russische Bahnlinie zwischen St. Petersburg und Zarskoje Selo (27 Kilometer Streckenlänge), allerdings kündigte man ihm auch dort die Zusammenarbeit auf, woraufer in die USA ging. Gerade 44-jährig erlag er in Philadelphia einem Herzschlag.

Reste der Trasse gibt es nahe Rainbach, um den Bahnhof von Kerschbaum sowie bei Leopoldschlag.

Der Marktplatz mit der Mariensäule in Leopoldschlag

■ Leopoldschlag

Obwohl nur wenig von der verkehrsdurchtobten B 310 entfernt, ist das langgestreckte Zeilendorf Leopoldschlag ein Ort tiefer Stille. Dazu mag geführt haben, dass es direkt an der böhmischen Grenze liegt, hinter der sich bis heute menschenleeres und unbesiedeltes ehemaliges Grenzgebiet befindet.

Es gibt keine großen Sehenswürdigkeiten, nur einen sauberen, idyllischen **Marktplatz** mit einem alten granitenen Pranger. Im **Hafnerhaus**, wo bis 1930 das Töpferhandwerk zuhause war, kann man sich über dieses Handwerk informieren und auch an Töpferkursen teilnehmen. Östlich von Leopoldschlag, am Flüsschen Maltsch in Hammern, trifft man direkt auf die Grenze, und hier befindet sich die sogenannte **Zollwacheschutzhütte**. Dieses winzige Museum beschäftigt sich – weltweit einzigartig – mit eben dieser Zollwache, das heißt patrouillierenden Grenzwächtern. In Hammern befindet sich auch die 1817 errichtete **Körnerpyramide**, eine auf vier Sockelkugeln gelagerte Granitpyramide. Die gesamte, fast unberührte Landschaft um Leopoldschlag entlang der Maltsch ist ein Natura2000-Schutzgebiet, zu dem im Ort ein **Infozentrum** besteht.

Zur **Wallfahrtskirche Maria Schnee** am Hiltschnerberg nahe der B 310 finden alljährlich im August große Wallfahrten statt. Die Kirche wurde 1984 erbaut, in Gedenken an den damals wegen des Grenzsperrgebiets auf der tschechischen Seite nicht zugänglichen böhmischen Wallfahrtsort Maria Schnee beim heiligen Stein.

■ Windhaag bei Freistadt

Am westlichen Rand der großen zusammenhängenden Waldgebiete, die das östliche Mühlviertel einnehmen, liegt Windhaag bei Freistadt. Es wird so genannt, um Verwechslungen mit Windhaag bei Perg im südöstlichen Mühlviertel zu vermeiden.

Musikfreunde wissen, dass Österreichs großer Symphoniker Anton Bruckner (1824–1896) von 1841 bis 1843 als Junglehrer (Schulgehilfe) in Windhaag tätig war und hier auch seine frühesten Kompositionen wie die ›Windhaager Messe‹ entstanden. Eine Tafel am alten Schulhaus Markt 34 erinnert daran. Bruckners damaliges Wohnhaus in der heutigen Anton-Bruckner-Straße 34 fiel vor kurzem einem Brand zum Opfer – allerdings gab es hier keine Gedenkräume, deren Verlust man zu betrauern hätte. Seit Jahrhunderten bestimmen die Wälder das Leben, vor allem durch die Holzwirtschaft. So verwundert es nicht, dass es in dem 1500-Seelen-Marktflecken sechs **Museen** gibt: drei Sägen, eine Schmiede, ein Zimmermannshaus und das Green Belt Center (gleich neben der Kirche), bis vor kurzem ›Mühlviertler Waldhaus‹ genannt. Hier werden Geologie, Ökologie, Fauna und Flora wie auch der Wald als kulturhistorischer Faktor thematisiert. Als ›Green Belt‹ versteht man im Ökotourismus den Naturraum entlang der 12 500 Kilometer langen Grenze des ehemaligen ›Eisernen Vorhangs‹. Dieser Naturraum blieb in seiner Lage im Grenzsperrgebiet bis 1990 völlig unberührt und konnte diesen Charakter auch jetzt noch bewahren.

Das **Freilichtmuseum Felbermühle** an der Straße nach Mairspindt, eine Venetianersäge (eine aus Venedig stammende besondere Technik des Wasserantriebs), dokumentiert historisches Sägenwesen. Die **Sägeschmiede Hofwies** an der Felberbacher Straße, die bis 1938 in Betrieb war, zeigt ebenso das historische Handwerk, genau wie die **Leithenmühle** – ein Kleinstsägewerk – im Ortsteil Riemetschlag. Das **Zimmermannshaus Lackinger** im Ortsteil Pieberschlag ist so erhalten, wie es die letzen Bewohner verlassen hatten und zeigt, wie eine Handwerkerfamilie früher lebte. Geöffnet sind Sägen und Mühle wie Handwerkerhaus nach Voranmeldung im Green Belt Center.

Viel bewundert ist das auf der Anhöhe an der Straße nach Oberpaßberg befindliche **Wettershuttle**, ein zeitgenössisches Kunstwerk von 1999, das ziemlich genau auf der europäischen Wasserscheide errichtet wurde. Bei Regen, wenn sich mehr als 15 Liter Regenwasser in den Wagschüsseln angesammelt haben, setzt sich das merkwürdige Gefährt in Bewegung. Ein besonderer **Wasserscheiden-Skulpturenweg** führt von hier zu verschiedenen sehr interessanten zeitgenössischen Kreationen, die sich teils innerhalb des Ortsbildes von Windhaag befinden.

Die unberührte Natur rund um Windhaag ist für Wanderungen und Radtouren bestens geeignet. Die Geländeunterschiede sind nicht zu hoch, überlaufen ist die Region auch nicht. Lohnend ist der Ausflug zur auch mit dem Wagen erreichbaren **Steinernen Brücke** etwa fünf Kilometer nordwestlich von Windhaag. Die Grenze nach Böhmen kann man allerdings derzeit nur zu Fuß oder mit dem Rad überqueren und so dem untergegangen Dorf **Zettwing** (Cetviny) einen Besuch abstatten. Es wurde, da es in der Grenzzone lag, in den 1950er Jahren abgetragen. Überhaupt ist ein Ausflug auf die andere Seite des Flüsschens Maltsch sehr interessant: das ehemalige Sperrgebiet ist fast völlig unbesiedelt und ein einzigartiges Biotop. Aber auch auf österreichischer Seite gibt es bis hinab nach Predetschlag viele schier weltentrückte Stellen.

Das Mühlviertel

Der originelle Wettershuttle bei Windhaag

Das Mühlviertler Kernland

■ Sandl

Sandl ist mit seinen 1400 Bewohnern die östlichste Gemeinde des Mühlviertler Kernlandes und von überregionaler kultureller Bedeutung. Denn die hier seit dem Anfang des 19. Jahrhunderts gepflegte traditionelle Hinterglasmalerei wurde 2012 als ›Nationales Kulturerbe‹ ausgewiesen. Diese Maltechnik entstand in der zweiten Hälfte des 18. Jahrhunderts mehr oder weniger aus Ausweich-Broterwerb, da der lokalen, seit 1717 bestehenden Glashütte kein wirtschaftlicher Erfolg beschieden war. Man übernahm daher aus dem unweiten, in Böhmen liegenden Ort Buchers (heute Pohoří na Šumavě) die dort – mangels ausreichender Erträge aus der Landwirtschaft wegen schlechter Böden – ausgeübte Hinterglasmalerei. Der Werkstoff Glas gehört seit Jahrhunderten zum Böhmerwald, zum Mühl- wie auch zum Waldviertel. Denn der aus den gewaltigen Granitvorkommen durch deren Verwitterung leicht zugängliche Rohstoff Quarz ist in schier unerschöpflicher Menge vorhanden.

So konnten die ›Sandlerbilder‹ ein mitteleuropaweit begehrtes Produkt werden. Um 1850 wurden alljährlich bis zu 10 000 solcher Glasbilder hergestellt, die durch reisende Hausierer in alle Welt vertrieben wurden. In der alten, katholisch geprägten k. u. k. Monarchie war der ›Herrgottswinkel‹ – eine Andachtsecke – eines jeden Bauernhauses mit Kruzifix und Bildern aus Sandl versehen. Bei dieser Technik werden anhand von Entwürfen auf Papier die Farben auf der Rückseite einer Glasplatte Schicht um Schicht aufgetragen, zunächst wie bei einem ›normalen‹ Gemälde. Als erstes wird der Bildvordergrund aufgetragen, dabei die Konturen gezeichnet. Ihm folgen genauso Mittel- und Hintergrund, dann werden die Figuren ausgemalt und zuletzt die Grundierung aufgetragen. Danach sind keine Änderungen mehr möglich. Gegen 1930 verursachte die weite Verbreitung von Kunstdrucken den raschen Rückgang der Hinterglaskunst, sie verschwand in den Nachkriegsjahren. Doch seit etwa 30 Jahren ist die alte Technik wieder lebendig, überall findet man auf lokalen Märkten Hinterglasbilder aus Sandl, viel gefragt sind Kurse und Workshops dazu. Das lokale **Hinterglasmuseum** erläutert Geschichte und Technik dieser Malkunst und präsentiert 140 originale Werke.

Am Viehberg-Parkplatz in Sandl endet der 16 Kilometer lange, in Freistadt beginnende **Planetenweg**. Unweit davon, am Sonnenweg am Luckawald, befindet sich die kleine private **Sternwarte** des Professors Wolfgang Wöss (Besichtigung auf Anfrage im Gemeindeamt). An ihr gibt es eine Infotafel zum Planetenweg. Am Viehberg, nahe der Talstation des Skilifts der Knobarade, liegt ein sagenumwobener sehr grobkörniger **Granitfels**, der sich angeblich alljährlich am Heiligen Abend öffnet. Dann kann man dem Teufel beim Geldzählen zusehen. Vorsicht: Wer die Felshöhle betritt, kann sie nie wieder verlassen!

Zwei Kilometer östlich von Sandl, am Rand der schier undurchdringlichen Wälder im Grenzgebiet zu Niederösterreich, stößt man auf das ursprünglich spätbarocke **Schloss Rosenhof**; es befindet sich im Privatbesitz der Familie Czernin-Kinsky. Seine heutige Gestalt erhielt es gegen 1830.

In der Nähe des Schlosses liegen zwei kleine **Seen**. Der kleinere der beiden, der ›Untere Teich‹, ist ein beliebter öffentlicher Badeplatz.

■ Wanderungen rund um Sandl

Westlich von Sandl, fast schon auf Freistadter Gebiet, an der windumtobten **Kapelle St. Michael** bei Oberrauchenödt, kann man eine etwa dreistündige Wanderung durch einsame Waldgebiete beginnen. Sehr lohnend ist die Route von dort über Heinrichschlag, Elmberg und vor Posthöf hinab nach Mitterbach und über das Gehöft Trenda zum Ausgangspunkt zurück (Wanderkarte vonnöten). Am **Schloss Rosenhof** beginnt eine Tour ohne Höhenunterschiede durch den menschenleeren Freiwald zur böhmischen Grenze und zurück. Zunächst geht ein Stückchen auf der B 38 ostwärts, dann über den Weg 513 in ausholendem Bogen nach Schönberg, dann nordwärts entlang des Grenzbachs bis zum Dreiländereck Niederösterreich–Böhmen–Oberösterreich und von hier über Weg 510 zurück (Wanderkarte!). Vier Stunden sollte man ansetzen. Überhaupt sind die schier unendlichen Waldungen ostwärts von Sandl über Liebenau hin zum Weinsberger Wald ein vom Tourismus wenig erschlossenes Naturkleinod. Wer die Einsamkeit sucht, findet sie dort.

Zwischen Freistadt und Grenze

Gemeindeamt Rainbach, Prager Str. 5, 4261 Rainbach, Tel. 07949/62550. www.rainbach.at
Gemeindeamt Leopoldschlag, Marktplatz 17, 4262 Leopoldschlag, Tel. 07949/825512. www.leopoldschlag.at
Gemeindeamt Windhaag, Markt 1, 4263 Windhaag, Tel. 07943/6111. www.windhaag-freistadt.ooe.gv.at
Gemeindeamt Sandl, 4251 Sandl Nr. 24, Tel. 07944/8255. www.sandl.at

Hotel Gasthof Blumauer, Marktplatz 8, 4261 Rainbach, Tel. 07949/6243, p. P. im DZ 53 €.
www.blumauer.at
Gasthaus zur Pferdeeisenbahn, Kerschbaum 4, 4261 Rainbach, Tel. 0664/5229449. 200-jähriger Gasthof, in dem sich alles, auch die Speisen, irgendwie um die Pferdeeisenbahn dreht.
www.gh-pferdeeisenbahn.at
Gasthof Pammer, Mardetschlag 31, 4262 Leopoldschlag, Tel. 07949/8205, p. P. im DZ 35 €. www.pammerjahn.at
Gasthof Franzosenhof, Wullowitz 1, 4262 Leopoldschlag, Tel. 07949/8284. Prächtiger, rustikaler Gasthof unweit des Grenzübergangs, p. P. im DZ 43 €.
www.franzosenhof.at
Gasthaus Sengstschmid, Markt 24, 4263 Windhaag, Tel. 07943/300; p. P. im DZ 32 €.
www.gasthaus-sengstschmid.at
Gasthaus Affenzeller, Mairspindt 38, 4263 Windhaag, Tel. 07943/272.
Gasthaus zum Waldlehrpfad, Pieberschlag 9, 4263 Windhaag, Tel. 07943/223. www.waldlehrpfad.com
Wirtshaus zum Toni, 4251 Sandl Nr. 11, Tel. 0664/5748534 bzw. 07944/20565, p. P. im DZ 42 €.
Gasthof Fleischbauer, 4251 Sandl Nr. 28, Tel. 07944/81006. Kürzlich wiedereröffnet, junge Wirtin. Zimmervermietung in Vorbereitung. Regionale, aber auch vegane Gerichte.
www.gasthof-fleischbauer.at

Pferdeeisenbahn-Museum Kerschbaum, 4261 Rainbach, Tel. 07949/6800; Mai–Okt. So 13–16 Uhr, im August zusätzlich Mo–Fr 14–16 Uhr. Die Fahrt mit der Bahn inkludiert Fahrt, Museumseintritt und -führung.
www.pferdeeisenbahn.at
Hafnerhaus (Museum im Brennofen), Hafnerstr. 5, 4262 Leopoldschlag, Tel. 07949/825515; So 14–17 Uhr und nach Vereinbarung.
www.hafnerhaus.at
Green Belt Center, Markt 11, 4263 Windhaag, Tel. 07943/61383; Di–So 10–18 Uhr.
www.greenbeltcenter.eu
Hinterglasmuseum, 4251 Sandl Nr. 17, Tel. 07944/8255; Mai–Okt. Di–Sa 14–16 Uhr, Juli–Anf. Okt. zusätzlich So 14–16 Uhr.
www.hinterglasmuseum.sandl.at

Die Mühlviertler Alm

Den waldreichen, dünner besiedelten östlichen Teil des Mühlviertels an der Grenze zu Niederösterreich nennen die Tourismusverbände ›Mühlviertler Alm‹. Diese erstreckt sich von Liebenau nahe der böhmischen Grenze bis fast zur Donau hin. Zwar befinden sich hier keine Almen oder Almhütten, wie es in höheralpinen Regionen der Fall ist, ›Alm‹ bedeutet aber auch ›Wiese‹ in einem Hügelland, so dass der Name nicht völlig zu Unrecht gewählt ist.

Die Mühlviertler Alm mag für auswärtige Touristen noch ein Geheimtipp sein. Weite naturnahe Landschaften bieten zahllose beste Wandermöglichkeiten an, über die die Gemeindeämter informieren. So gibt es hier unter anderem den 84 Kilometer langen Johannesweg, gleichsam das österreichische Pendant zum Jakobsweg (www.johannesweg.at). Er ist als Rundweg angelegt.

Die Mühlviertler Alm gilt als größte Reitregion Europas und weist ein 700 Kilometer umfassendes Reitwegenetz auf (www.pferdereich.at). Im folgenden Kapitel sind auch Perg sowie Bad Zell und deren Umgebung behandelt, obwohl sie – aus dem Blickwinkel der Tourismusverbände betrachtet – nicht mehr zur Mühlviertler Alm gehören.

Von Liebenau nach St. Georgen am Walde

Der Norden der Mühlviertler Alm zwischen Liebenau und der Grenze zum niederösterreichen Waldviertel ist eine der am dichtesten bewaldeten Regionen Europas. Gleichsam ein Grenzgebirge sind die Granit- und Gneismassive des **Weinsberger Waldes**, geologisch eine südöstliche Verlängerung des Böhmerwaldes. Er weist das größte geschlossene Waldgebiet Österreichs auf. Im 1041 Meter hohen Weinsberg bei Bärnkopf in Niederösterreich erreicht er seinen höchsten Punkt.

■ Liebenau und Umgebung

Oberösterreichs nordöstlichste Gemeinde, Liebenau, ist mit 970 Metern Seehöhe auch die höchstgelegene. Als Luftkurort wird Liebenau viel besucht. Die spätbarocke **Pfarrkirche** wurde im 19. Jahrhundert umgestaltet, immerhin sind noch Seitenaltäre aus dem 17. Jahrhundert vorhanden. Besuchenswert ist weiterhin die **Aussichtswarte** am Brockenberg (1058 m). Den Schlüssel dazu gibt es im Ort beim Gasthof ›Rockenschaub‹ und im Liebenauer ›Landgasthof Hackl‹. Bei Liebenau befindet sich der 1044 Meter hohe Koblbergpass, der höchste Pass

▲ *Liebenau punktet als Luftkurort*

Von Liebenau nach St. Georgen am Walde

In der Hoisn-Kapelle von Wienau

Oberösterreichs, in der Nähe der Passhöhe das **Granitfelsenlabyrinth Fuchsenlucka**. Jenseits des Passes, im Dorf Liebenstein, liegt auf 1011 Metern die **Jankusmauer**, eine ebenso eindrucksvolle Granitformation. Die Sage weiß zu berichten: »Auf der Jankusmauer hat der Teufel seinen Sitz. Zu Weihnachten öffnet sich die Mauer; wer nun dort aber hineingeht, bezahlt es mit dem Leben. Es sind dort auf der Mauer zwei kesselförmige Vertiefungen, in der einen steht das ganze Jahr Wasser, die andere ist stets trocken. In der nassen siedet der Teufel Geld und zählt es in die trockene hinein. Um sich das Volk untertan zu machen, brachte der Teufel einmal einen Sack voll Geld in ein Bauernhaus. Ein Kind hatte sich gerade zufällig in den Finger geschnitten, mit dem Blut schrieben die Eltern den Namen Gottes auf den Sack. Da konnte ihn der Teufel nicht mehr heben und musste das Geld zurücklassen. Wild fauchend fuhr er von dannen, schrecklichen Schwefelgeruch zurücklassend. Um den Teufel zu bannen, wurde später auf der Mauer ein Kreuz errichtet.«

Nördlich von Liebenau, beim Dorf Hirschau fast unmittelbar an der Grenze zu Niederösterreich, entspringt der 153 Kilometer lange Kamp, der Grenzfluss zwischen beiden Bundesländern. Er heißt im Oberlauf ›Großer Kamp‹ und mündet bei Krems in die Donau. Er ist der bedeutendste Fluss des Waldviertels.

■ Weitersfelden

Weitersfelden zeigt neben der durchaus sehenswerten **Pfarrkirche** ein Unikat: den aus zwei Steinsäulen gebildeten **Pranger** von 1648, die besterhaltene Hochgerichtsstätte in Oberösterreich.

■ Wienau

Zwei besonders sehenswerte Gebäude stehen in Wienau, etwa 3,5 Kilometer nördlich von Weitersfelden. Der **Hoisn-Hof** geht auf das späte 15. Jahrhundert zurück, wurde jedoch gegen Ende des 19. Jahrhunderts durch Karl Wurm neu im typischen Mühlviertler ›Stoabloss-Stil‹ erbaut. Der aus alten granitenen Bauelementen des Vorgängerbaus neu aufgebaute Vierkanthof zeigt hübsche Steinmetzarbeiten an der Fassade und eine Granitdecke im Inneren. Vielleicht noch eindrucksvoller ist die **Hoisn-Kapelle** von 1890 in ähnlicher Bauweise. Ihr Turm steht auf Pfeilern, der Glockenstuhl ist als Säulenaufsatz gehalten, die Turmspitze mit einer Kugel bekrönt.

■ Tanner Moor

Das Tanner Moor, etwa acht Kilometer östlich von Liebenau nahe der Straße nach Arbesbach auf 900 Meter Seehöhe gelegen, zählt zu den meistbesuchten Touristenpunkten im Mühlviertel. Dabei handelt es sich um ein 120 Hektar umfassendes Hochmoor, das vor 10 000 Jahren, am Ende der letzten Eiszeit, entstanden ist. Aus den Feldspäten des verwitternden Granituntergrunds entstanden wasserundurchlässige Tonschichten, so dass sich bei geeigneter äußerer Geländeform flache Mulden herausbilde-

Das Tanner Moor

ten. Das Moor wird ausschließlich durch Regenwasser gespeist.

Am Rubner Teich am Südwestrand des Moors befindet sich eine hübsche **Einkehrmöglichkeit** (Anfang April–Ende Okt. tgl. 10–19 Uhr, außer bei Regen, www.moortreff.at). Hier beginnt auch der sehr schöne, fünf Kilometer lange, zu jeder Zeit zugängliche **Moor-Rundwanderweg**. Individuelle Moorführungen können bei Josefa Kaufmann (Tel. 0664/73710608) angefragt werden.

Sehr lohnend ist die Fahrt mit Rad oder Pkw vom Rubnerteich südwärts Richtung **Gasthof Moserwirt** und weiter zur Straße Arbesbach–Unterweißenbach. Der einsam gelegene ›Moserwirt‹ ist zumindest für Fremde ein Geheimtipp.

Reizvoll ist das Örtchen **Neustift** östlich des Tanner Moors wie auch die Fahrt von dort in die südlich gelegene Streusiedlung Leopoldstein und weiter zur schon erwähnten Straße nach Unterweißenbach. In Neustift gibt es mit dem Gasthof ›Mühlviertlerhof‹ eine Einkehrmöglichkeit.

Wunderbare Waldeinsamkeiten umfangen den Besucher, vor allem wenn er sich weiter südlich begibt, weiter entlang der Grenze zu Niederösterreich in die Gegenden östlich von Haid und Königswiesen. Die Wälder um das Tanner Moor sind schier unermesslich tief, so dass es kaum verwundert, dass mancher Besucher nie mehr herausfand.

■ Unterweißenbach und Umgebung

Die 2200-Seelen-Gemeinde Unterweißenbach ist in jeder Hinsicht das Herz der Mühlviertler Alm. Sehr sehenswert ist die spätgotische **Pfarrkirche St. Nikolaus**, in der deutlich erkennbar Relikte eines romanischen Vorgängerbaus integriert sind.

Im nahen **Kaltenberg** steht eine schlichte **Pfarr- und Wallfahrtskirche** aus der Zeit um 1780. Aus Unterweißenbach führt entlang eines steilen Fußweg zu ihr ein Kreuzweg mit 14 Stationen im Mühlviertler Stoabloss-Stil.

Die **Hammerschmiede** der Familie Karling in **Grafenschlag**, knapp fünf Kilometer nördlich ist eine Anlage, die vom Ende des 17. Jahrhunderts stammt und seitdem nicht verändert wurde. Besonders beeindruckt das drei Meter große Wasserrad.

■ Königswiesen

Wer aus Richtung Arbesbach nach Königswiesen hinabfährt, darf etwa drei Kilometer vor der Stadt, wo sich die Straße in Serpentinen vom Weinsberger Wald herunterdreht, einen der sicherlich schönsten Talblicke Oberösterreichs genießen.

Die Marktgemeinde selbst lohnt durchaus einen Halt. Sehenswert ist hier in der spätgotischen **Pfarrkirche** das Schlingrippengewölbe mit seinen 480 Feldern von 1520. Das **Heimathaus** vermittelt das Handwerkswesen in alter Zeit, es gibt auch einen originalen Bäckerbetrieb von 1898. Im Hof des Heimathauses kann man eine Sammlung alter Zündapp-Motorräder bestaunen.

Von großem Reiz ist eine Fahrt entlang der Straße über Brückelwald nach Ottenschlag am Rand des undurchdringlichen Stiftinger Forstes. Etwa zwei Kilometer westlich des höchsten Berges im **Stiftinger Forst**, dem Ganzenmauer (887 m), liegt das aufgegebene Dorf Stifting, von dem bis auf ein Gebäude nichts mehr vorhanden ist. Man kann zu der Stelle gelangen (48°25'1.85‹ N und 14°53'9.06‹ E), aber einige der Forst-wege sind sogar für Fahrräder gesperrt.

Nördlich von Königswiesen lohnt die Schlucht des **Klammleitenbachs** einen Besuch. Allerdings ist der Zugang nicht ohne weiteres zu finden: entweder über den Weiler Unterklammer nahe der B 124 und das Kraftwerk Lindne, oder von Norden über das Gehöft Binderreith, das zum Weiler Enebitschlag gehört (Wanderkarte erforderlich!). Die Klammleitenbach ist sicherlich eines der eindrucksvollsten Täler Oberösterreichs – hier gibt es besteigbare Felskanzeln, sagenumwobene Felsformationen.

■ **St. Georgen am Walde**
In einsamer waldumrauschter Gegend, am Südhang des Weinsberger Waldes, liegt auf 787 Metern Seehöhe St. Georgen. Angeblich bestand hier schon zu Beginn des 4. nachchristlichen Jahrhunderts eine christliche Siedlung. Während der Christenverfolgung unter Kaiser Diokletian (um 245–312), der schlimmsten in der Antike, sollen Verfolgte in den damals undurchdringlichen Wäldern jenseits der Donau, der Grenze des Römischen Imperiums, Zuflucht gefunden haben.

Sehenswert sind die gotische **Pfarrkirche**, die pittoresken **Felsbildungen** am 940 Meter hohen Burgstall – dorthin gibt es von St. Georgen eine hübsche, etwa vierstündige Rundwanderung – und der ›Naturgeheimnispfad‹, der zu Kraftorten an besonderen Felsformationen führt. In einem ›Waldreich-Pavillon‹, erbaut in der Ortsmitte aus Naturstoffen, kann sich der Reisende informieren. Die weiten Wälder, die sich von St. Georgen südwärts entlang der niederösterreichischen Grenze bis hinter Waldhausen hinziehen, sind Oasen der Stille und der Abgeschiedenheit. Sie bieten dem eiligen Reisenden keinen Grund zum Halt, können aber wunderbare Orte des Rückzugs vom hier fernen, hektisch sausenden Welttreiben sein. Die dünn besiedelte Umgebung von Dimbach ist von ähnlich stiller Art.

Blick auf Königswiesen

Von Liebenau nach St. Georgen

Tourismus- und Reitverband Mühlviertler Alm, Markt 19, 4273 Unterweißenbach, Tel. 07956/73040.
www.muehlviertleralm.at
www.pferdereich.at
Gemeindeamt Liebenau, 4252 Liebenau Nr. 41, Tel. 07953/8111.
www.liebenau.at
Gemeindeamt Weitersfelden, 4272 Weitersfelden Nr. 11, Tel. 07952/6255-0.
www.weitersfelden.at
Tourismusbüro Königswiesen, Markt 2, 4280 Königswiesen, Tel. 07955/6255. (hier ist auch das Heimathaus untergebracht, Mo–Fr 8–12 Uhr, Di zusätzlich 14–18 Uhr). www.koenigswiesen.at
Gemeindeamt St. Georgen am Walde, Markt 9, 4372 St. Georgen am Walde, Tel. 07954/3030-0. www.waldreich.at und www.st-georgen-walde.ooe.gv.at
Informationen zum **Naturgeheimnispfad**: www.waldreich.at

Liebenauer Landgasthof, 4252 Liebenau Nr. 4, Tel. 07953/81206, p. P. im DZ 43 €. www.landgasthof-doris.at

Hotel Rockenschaub, 4252 Liebenau Nr. 5, Tel. 07953/247, p. P. im DZ auf Anfrage. Vier-Sterne-Hotel nur für Erwachsene. www.hotel-rockenschaub.at
Gasthaus Moserwirt, Dauerbach 26, 4273 Unterweißenbach, Tel. 07956/7390. Besonderer Tipp des Autors.
www.unterweissenbach.at
Gasthof zur Post, 4272 Weitersfelden Nr. 1, Tel. 07952/6237, p. P. im DZ 39 €.
www.gasthaus-zurpost.at
Hotel Fürst, Markt 11, 4273 Unterweißenbach, Tel. 07956/7272-0, Preise auf Anfrage. Mit Aromadampfbad und eigener Biofleischerei. www.fuerstlich.at
Gasthof Karlinger, Markt 24, 4280 Königswiesen, Tel. 07955/6221, p. P. im DZ 38 €. www.gasthof-karlinger.at
Braugasthof Sengstbratl, Markt 13, 4372 St. Georgen a.W., Tel. 07954/2203. Brauerei und Fleischerei. Schöner Gastgarten mit Sterzhütte (Holzhütte für Grillfeste). Besonderer Tipp des Autors. www.bratl.at

Hammerschmiede, 4273 Grafenschlag Nr. 16, Tel. 07956/7354, Besichtigung nach Voranmeldung.

Von Bad Zell in den Strudengau

Der Landstrich zwischen Bad Zell und Strudengau mag touristisch weniger bekannt sein, bietet aber dennoch vieles Besuchenswerte: historische Stadtensembles, malerische Täler wie das der Naarn und vor allem das Kleinod St. Thomas am Blasenstein, von wo man herrliche Blicke in die Umgebung genießt und dessen Kirche eine einzigartige Mumie besitzt.

■ Bad Zell und Umgebung

Der Ort Bad Zell trägt seinen Namen nach einer Mönchsklause (‹cellula›), die hier bestanden hat, als Regensburger Mönche im Hochmittelalter in der Region Rodungen durchführten. Diese Zelle ist auch im Ortswappen zu finden. Das Kurwesen wurde durch balneologische Untersuchungen des Hedwigsbründl, einem jahrhundertealten Bauernbad bei der Hedwigskapelle, zusammen mit anderen Quellen der Umgebung in den Nachkriegsjahren begründet. Der Radongehalt ließ die Verwendung als Heilwasser zu, so dass die oberösterreichische Landesregierung Zell 1976 offiziell zum Kurort erhob. Radonbehandlungen gegen rheumatische und Gelenkbeschwerden machten Bad Zell in den letzten Jahrzehnten zu einem wichtigen Vertragspartner der Krankenkassen.

Bekanntester Sohn von Bad Zell ist Tobias Haslinger (1787–1842), einer der bedeutendsten österreichischen Musikverleger seiner Zeit. Bei ihm wurde unter anderem Schuberts Winterreise publiziert, auch Werke Beethovens – mit dem er gut bekannt war –, sowie von Carl Maria von Weber und anderer Größen erschienen bei ihm. An seinem Geburtshaus ist eine Tafel mit einem Relief angebracht.

Die gotische, aber in der Mitte des 18. Jahrhunderts veränderte **Pfarrkirche** steht an der Stelle der alten Mönchsklause. Sehenswert ist das Deckenfresko in der Halbkuppel von Bartolomeo Altomonte (1694–1783), einem der bedeutendsten Freskomaler des österreichischen Barock. Im 18. Jahrhundert waren Kirche und das Hedwigsbründl bedeutende Wallfahrtsorte. Hübsch ist das **Prangermandl** von 1574 auf dem Marktplatz; es ist das einzig erhaltene in Oberösterreich. Die alte baufällige **Hedwigskapelle** an der Straße nach Allerheiligen wurde Ende des 20. Jahrhunderts durch einen stilvollen Neubau ersetzt, auch das **Hedwigsbründl** erhielt ein neues Quellenhaus. Im **Gasthaus Feuchtes Eck** (Hutererstr. 5) sind einiger der in Ober- und Niederösterreich verbreiteten Erdställe zugänglich, prähistorische Höhlen.

Östlich des Ortes, in der Streusiedlung Zellhof, liegt die Ruine des **Schlosses Zellhof**. Hier saßen seit dem Mittelalter zahlreiche bedeutende Adelsgeschlechter. Das Schloss war im 18. Jahrhundert großzügig barockisiert wurden, doch nach vielen Besitzerwechseln verfiel es nach 1848 und wurde teilweise abgerissen, so dass heute nur noch der Südflügel, die Kapelle, einige Wirtschaftsgebäude an seine einstige Pracht erinnern. Das kleine ehemalige **Landschloss Aich**, auch Mayrhof genannt, liegt nur wenige Kilometer nordöstlich von Bad Zell. Von einer mittelalterlichen Wehrburg als Vorgängerbau ist der untere Teil des Bergfrieds erhalten. Das Schloss aus dem frühen 14. Jahrhundert gelangte um 1820 in die Hände eines vermögenden

Das ›Prangermandl‹ auf dem Marktplatz von Bad Zell

Bauerns, der den Palas abtrug und nur das Untergeschoss übrig ließ, wodurch die Anlage zu einem, wenn auch ansehnlichen Bauernhof wurde.

Westlich von Bad Zell, in **Riegl**, gibt es auf dem Dachboden eines als prächtigen Gasthof geführten Bauernhofes ein bezauberndes privates **Bauernmuseum**, im gut zehn Kilometer nordöstlich liegenden **Schönau** eine attraktive **Speed-Gleitbahn** (Sommerrodelbahn, www.stoaninger-alm.at).

■ **Im Naturpark Mühlviertel**

Zwischen den Gemeinden Bad Zell, Rechberg und St. Thomas am Blasenstein erstreckt sich der Naturpark Mühlviertel. Er umfasst elf Quadratkilometer und ist

Die Ruine Ruttenstein

durch unberührte Fluss- und Bachtäler, Schluchtwälder, Feucht- und Magerwiesen sowie eindrucksvolle Granitfelsen charakterisiert. Führungen können über das Naturparkbüro vereinbart werden.

Die Straße durch das **Naarntal** von der Steinbruckmühle östlich von Bad Zell bis Perg ist eine der landschaftlich schönsten in Oberösterreich. Die gut 28 Kilometer lange Naarn (von slaw. ›narat‹, tauchen, waten) trägt ihren Namen erst nach dem Zusammenfluss von Großer Naarn und Schwarzaubach bei Königswiesen. Sie durchfließt zwischen Unterweißenpach und Perg das Natura2000-Gebiet Waldaist-Naarn und mündet bei dem Dorf Naarn im Machland in die Donau.

Westlich oberhalb des Tals, etwa fünf Kilometer südlich von Bad Zell, liegt **Allerheiligen im Mühlkreis**. Es besitzt eine gewisse Bedeutung durch das einzige in Österreich abbauwürdige Vorkommen von Kaolin im westlich gelegenen Gemeindeteil Kriechbaum. Dieses Tonmineral bildet sich durch Verwitterung von Feldspat-Mineralen, die in den Graniten des Untergrunds in großer Menge vorhanden sind. Ein firmeneigenes ›Wissensnetzwerk‹ bietet neben Werksbesichtigungen und geführten Themenwanderungen auch die Benutzung eines **Hochseilparks** an. Sehenswert ist auch die spätgotische **Wallfahrtskirche** mit ihrem barocken Kreuzgratgewölbe. Der öffentliche zugängliche Kirchturm kann über eine freihängende Wendeltreppe bestiegen werden. Bei Allerheiligen steht auf einem zwei Meter hohen Felsblock die **Heiligensteinkapelle** aus dem Jahr 1492. Sie wurde auf einem vermutlich schon römischen Kultplatz erbaut und gilt als Kraftort. Allerheiligen liegt herrlich, von seiner Umgebung bieten sich weite Blicke ins Mühlviertel und nach Niederösterreich hinein.

Rechberg östlich des Naarntals wird wegen seines Badesees viel besucht. Sehenswert ist weiterhin das **Freilichtmuseum Großdöllnerhof** an der Straße nach Pierbach. Daei handelt es sich um einen 400 Jahre alten Dreiseithof, der auch regionales Veranstaltungszentrum ist. Hier wird das bäuerliche Leben früherer Zeiten thematisiert. Lohnend ist auch der Besuch der **Weichselbaumer Aussichtswarte** direkt oberhalb von Rechberg (www.rechberg.at).

Vier Kilometer nördlich von Pierbach erhebt sich die gewaltige **Ruine Ruttenstein**, seit 1823 im Besitz der Fami-

St. Thomas: Kirche und Bucklwehluckn

lie Sachsen-Coburg-Gotha. Mit 4800 Quadratmetern bebauter Fläche gilt sie als größte Wehranlage Österreichs. Der Zugang zu ihr ist über einen Güterweg auch mit dem Auto möglich. Die Anlage verfiel schon im 16. Jahrhundert. 2010 wurde ihre Umgebung durch die Initiative des lokalen Heimatvereins gerodet, wodurch die Burg wie im Mittelalter wieder weithin sichtbar und auch von ihr eine gute Rundumsicht möglich ist.

■ St. Thomas am Blasenstein

St. Thomas (900 Einwohner) schmiegt sich an die Kuppe des Blasensteins und bietet viele Sehenswürdigkeiten. Damit ist in erster Linie nicht die **Pfarrkirche** gemeint, sondern die in ihr gezeigte 171 Zentimeter lange und 10 Kilogramm schwere **Mumie** eines Ortsgeistlichen, die mitunter gemütvoll ›luftg´ selchter Pfarrer‹ genannt wird. Es soll sich bei diesem gemäß tradierter Volksmeinung um Franz Xaver de Rosenegg (1709–1746) handeln, der Epileptiker war, in mittleren Jahren an einer Seuche starb und daher ohne jeden Zeitverzug unmittelbar nach seinem Tod beerdigt wurde. Als man um 1850 das Grab auflassen wollte, stellte man fest, dass der Leichnam unverwest, jedoch mumifiziert war. Bis vor kurzem war völlig unklar, was die Mumifizierung bewirkt haben könnte. Bei einer Untersuchung des Leichnams im Jahr 2001 fand man im Darm eine kleine Kugel, was eventuell auf eine Vergiftung hindeutet und die Seuchentheorie relativiert. Außerdem konnte gezeigt werden, dass die Mumifizierung mit gewisser Sicherheit unter Luftabschluss durch Austrocknung erfolgt ist. Die Mumie war im Sommer 2018 wegen Konservierungsmaßnahmen nach Deutschland ausgelagert und ist jetzt wieder zugänglich. Der Zugang zu ihr erfolgt über einen geheimnisvoll wirkenden Gang, der unter der Kirche hindurch zu einer Krypta führt. Dort kann die Mumie nach Münzeinwurf betrachtet werden. Gleich neben der Kirche kann man auf ein kleines **Felsplateau** hinaufsteigen – es bietet eine phantastische Fernsicht. Im Süden erblickt man Niederösterreichs höchsten Berg, den Ötscher, deutlich ist auch die Ruine Klam zu erkennen. Im Norden streift der Blick weit hin bis ins Böhmerland, gespenstisch leuchtet die pittoreske Ruine Ruttenstein in der Ferne herüber. Kurzum: St. Thomas am Blasenstein ist in vielerlei Hinsicht ein sehr lohnendes Besichtigungsziel.

In der alten Schule am Markt ist auch das 800 Exponate aus der Zeit zwischen 1850 und 1910 umfassende **Puppenhausmuseum** zu finden. Die **Bucklwehluckn** am Westrand des Ortes ist ein in zwei unterschiedliche Stücke zerfallener großer Granitfels, wobei man über eine schmale Kluft durch die beiden Brocken hindurchschlüpfen kann – was den Durchgeschlüpften sofort von allen Gelenk- und Rückenschmerzen befreit, wie die Einheimischen aus langer Erfahrung bestätigen können. Allerdings muss man doch ziemlich ausgemergelt sein, um sich durch diesen Spalt winden können. Eine Kuriosität ist auch der ›Hoanl‹ genannte **Wackelstein** (Markt 26).

Zwischen St. Thomas und Pierbach liegt im Wald nahe des Großbergerhofs die **Zigeunermauer**, ein markanter Granitfels mit Höhle und einem prähistorischen Opfertisch.

Die nordöstlich von St. Thomas gelegene **Ruine Klingenberg**, zu erreichen auch über Pabneukirchen, bietet wunderbare Blicke auf die Alpen. Die Burg verfällt seit der zweiten Hälfte des 17. Jahrhunderts – 1855 stürzte der Bergfried großteils ein –, wurde jedoch bis in die 1930er Jahre als lokales Armenhaus genutzt. Ein lokaler Verein kümmert sich um die

Konservierung der Anlage, die übrigens über einen schönen Wanderweg von St. Thomas aus (Weg 150) direkt in anderthalb Stunden erreicht werden kann. Nicht ganz so sehenswert ist die Ruine der **Burg Saxenegg**, nur etwa drei Kilometer südwestlich von St. Thomas. Von ihr ist neben Mauerresten nur noch ein kleines Relikt des Bergfrieds vorhanden.

■ Windhaag bei Perg

Dieses Windhaag – nicht zu verwechseln mit jenem ›bei Freistadt‹ ganz im Norden des Mühlviertels – schmiegt sich ähnlich wie St. Thomas an eine Bergkuppe. Es war im 17. Jahrhundert ein bedeutender Herrschaftsort. Besuchen kann man hier die Ruine des **Alten Schlosses**, etwa 500 Meter östlich des Ortszentrums, die von der Gemeinde als Veranstaltungsort genutzt wird. Das Neue Schloss war ein 1673 vollendetes Renaissancebauwerk, das jedoch schon 1681 durch die letzte Nachkommin des vormaligen Besitzers Reichsgraf Johann Joachim Enzmilner (1600–1678), Eva Magdalena von Windhag (1629–1700), vollständig abgetragen wurde – vermutlich als Trotzreaktion gegenüber dem jahrzehntelang so übermächtigen Vater. Eva war bereits 1647 Nonne geworden, zog ein Leben als Braut Christi allen weltlichen Genüssen vor und entschied sich, aus dem Abbruchmaterial das schon 1664 am Ort begonnene Dominikanerinnenkloster weiterzubauen. Sie sollte bald dessen erste Äbtissin und Priorin werden. Dieses **Kloster** wurde kurz nach Evas Tod durch ein Feuer schwer in Mitleidenschaft gezogen und schließlich in der josephinischen Zeit aufgehoben. Die vormalige Klosterkirche ist jetzt **Pfarrkirche** von Windhaag, der einstige **Priorinnentrakt** ist erhalten. Übrigens wurde nach dem Tod des Enzmilner dessen umfangreiche Bibliothek nach Wien gebracht, wo sie den Grund-

Die Pfarrkirche von Windhaag bei Perg

stock der gerade neubegründeten Universitätsbibliothek bildete. Johann Joachim Enzmilner war für Oberösterreich eine bedeutsame Persönlichkeit, obwohl aus heutiger Sicht eher eine wenig sympathische Erscheinung. Als strenger und harter Durchsetzer der Gegenreformation war er in den Jahren nach 1648 im ganzen Land gefürchtet, lutherische Bauern flohen aus den Dörfern, wenn sein Kommen als ›Reformationskommissär‹ angekündigt war. Mit seinem Übereifer bei der Zwangsrekatholisierung der Bevölkerung machte er sich jedoch am Hof in Wien unbeliebt, da man dort zumindest für Oberösterreich auf sanftere Methoden setzte. In der von ihm in Auftrag gegebenen ›Topographia Windhagiana‹ (erweiterte Fassung von 1673) unternahm er eine vollständige Darstellung seiner umfassenden Besitztümer in Bild und Wort. Auch erließ er eine Stipendienstiftung für Studenten der Wiener Universität. Ein im Windhaager Pfarrhof aufbewahrtes Gemälde zeigt ihn als anscheinend wenig glücklichen Mann. Beigesetzt ist er in der Dominikanerkirche von Münzbach.

Altenburg

Die **Bartholomäuskirche** im südlich von Windhaag gelegenen Altenburg stammt aus der Zeit um 1300 und wurde 1425 verändert. Da sie nie danach nie mehr umgebaut wurde, ist sie eine der wenigen reinen gotischen Kirchenbauten im Mühlviertel, wenngleich sie auch barockes Interieur aufweist. Die 1340 gegossene Glocke gilt als älteste des Mühlviertels. In der um 1510 angebauten **Annakapelle** gibt es einen ungewöhnlichen granitenen Kamin aus der Renaissance, in ihrer Gruft existieren gut erhaltene Wappenfresken. Altenburgs altes Schulhaus aus dem 16. Jahrhundert birgt ein kleines **Enzmilner-Museum**, der **Enzmilner-Kulturwanderweg** verläuft von Windhaag über Münzbach bis Perg.

Münzbach

Im 17. Jahrhundert war Münzbach ein ähnlich bedeutender Ort wie Windhaag. Bei der **Pfarrkirche St. Laurentius** mit ihrem 42 Meter hohen Turm handelt es sich, ähnlich wie in Windhaag, um die ehemalige Stiftskirche des angebauten aufgelassenen **Dominikanerklosters**. Zusammen mit diesem bildet sie ein geschlossenes eindrucksvolles Gebäudeensemble, in dessen Hof man durch ein prachtvolles Portal gelangt. Sehenswert in der Kirche sind der Hochaltar von 1794 sowie das Grabmal des Johann Joachim Enzmilner. Dieser hatte das Dominikanerkloster (1662–1669) erbauen lassen. Es wurde wie das in Windhaag 1784 aufgehoben und diente bis 1849 als ›Siechenhaus‹. Danach war es Schule, blieb teils auch ungenutzt und begann zu verfallen. Die vormalige Stiftsschule ist heute Pfarrhof, doch andere leerstehende Gebäudeteile bedürfen der Renovierung.

Am westlichen Ortsrand von Münzbach steht das schlichte **Barbaraspital** von 1620, heute als Wohnhaus und Kindergarten genutzt. Über seinem Portal erblickt man das Enzmilnersche Wappen. Dann gibt es als ganz andere Attraktion am Markt noch einen **Erlebnispark der Sinne** mit 50 interaktiven Stationen. Drei Kilometer östlich von Münzbach, bei Danndorf, liegt auf einer Felshöhe über dem Klammbachtal das in Privatbesitz befindliche **Renaissanceschloss Innernstein**, das ursprünglich eine Wehrburg war. Die sehenswerte **Koppler-Föhre** im Gemeindeteil Pilgram etwa anderthalb Kilometer östlich von Münzbach ist alljährlich zur Sommersonnenwende Ort alten Brauchtums. Östlich und südöstlich von Münzbach, um Klam und Bad Kreuzen, ist bereits der Strudengau erreicht.

Das Grabmal Johann Joachim Enzmilners

Der Strudengau

Das Donautal auf einer Länge von etwa 25 Kilometern zwischen Dornbach in der Gemeinde Saxen auf der Nordseite und Ardagger Markt auf der Südseite bis Persenbeug in Niederösterreich wird Strudengau genannt. Die Donau mäandert hier durch ein teilweise sehr enges Tal, das stark bewaldet ist.

Der Name rührt von zahllosen Strudeln und Untiefen her, die in diesem Bereich der Schifffahrt auch heute noch gefährlich werden können. Für den Tourismusverband Donau-Oberösterreich umfasst der Strudengau auch das Hinterland zwischen Bad Kreuzen und Waldhausen. Daher wird dieser Teil des Mühlviertels zusammen mit dem Strudengau im engeren Sinne im Kapitel ›Entlang der Donau‹ behandelt – auch wenn das Mühlviertel kulturhistorisch gesehen bis zur Donau reicht (→ S. <?>).

Von Bad Zell in den Strudengau

Tourismusverband Bad Zell, Lebensquellplatz 1, 4283 Bad Zell, Tel. 07263/7516. www.tourismusverband.badzell.at
Naturpark Mühlviertel, 4324 Rechberg Nr. 9, Tel. 07264/4655-18. www.naturpark-muehlviertel.at
Gemeindeamt St. Thomas am Blasenstein, Markt 7, 4364 St. Thomas, Tel. 07265/5455. www.st-thomas.at
Gemeindeamt Windhaag bei Perg, Enzmilnerplatz 3, 4322 Windhaag bei Perg, Tel. 07264/4255. www.windhaag-perg.at
Gemeindeamt Münzbach, Arbinger Str. 7, 4323 Münzbach, Tel. 07264/4555. www.muenzbach.at

Gasthof und Bauernmuseum Salomon, Riegl 8, 4283 Bad Zell, Tel. 07263/7390, p.P. im DZ 37 €. Museum geöffnet nach Voranmeldung. www.urlaubambauernhof.at/salomon
Pension Gschwandtner, Marktplatz 24, 4283 Bad Zell, Tel. 07263/7266, p.P. im DZ 38 €.
Färberwirt, Kurhausstr. 10, 4283 Bad Zell, Tel. 07263/7434. Kultwirtshaus, das oft in ganzheitlicher Weise zu den kredenzten regionalen Köstlichkeiten besondere Konzerte veranstaltet (www.klangmenue.at). www.faerberwirt-badzell.at
Gasthaus Ahorner, Markt 9, 4364 St. Thomas a.B., Tel. 07265/5474. Gediegene Speisen, auch jenseits bloßer rustikaler Küche, konkurrenzlos.
Gasthof Populorum, Dorfstr. 5, 4282 Pierbach, Tel. 07267/8213. Zutreffende Eigenwerbung: »Die unverwechselbare Mischung aus Wirtshauskultur, gehobener Hausmannskost, süffigem Bier und weltoffenem Charme wird weithin geschätzt.« www.populorum.at
Gasthof Trinkl, Naarntal 1, 4282 Pierbach, Tel. 07267/8219, p.P. im DZ 40 €. www.trinkl.tk
Hoftaverne, Perger Str. 2, 4283 Windhaag b. P., Tel. 07264/4238, Zimmerpreise auf Anfrage. www.hoftaverne-holzer.at

Wissensnetzwerk Kaolinbergbau, 4284 Kriechbaum, Tel. 0664/9972433. www.kaolinum.at
Freilichtmuseum Großdöllnerhof, Döllnerstr. 3, 4324 Rechberg, Tel. 07264/4655-16; Mai–Okt. Sa/So 13–18 Uhr.
Puppenhausmuseum, Markt 11, 4364 St. Thomas a.B., Tel. 07265/55825; ganzjährig Di–Do und Sa/So 10–18 Uhr. www.puppenhausmuseum.at
Museum Altenburg, 4322 Altenburg 2, Tel 07264/4255; Mai–Okt. Sa/So 11–17 Uhr. www.windhaag-perg.at
Burgruine Ruttenstein, Führungen unter Tel. 0664/2143164 vereinbar. www.ruttenstein.at
Infos zum **Erlebnispark der Sinne** in Münzbach: www.sinnepark-muenzbach.at

Das Granitland

Mit dem Begriff Granitland, den die Tourismusverbände kreiert haben, wird der Westen und Südwesten des Mühlviertels bezeichnet. Diese Regionen zwischen Böhmerwald und Donautal werden von den Touristen recht wenig aufgesucht, besitzen wegen ihrer Unberührtheit aber landschaftliche Reize. Sie gehören weder geographisch noch touristisch zum Böhmerwald, sind aber aus reisepraktischen Erwägungen hier einbezogen.

■ Oberkappel und das Rannatal

Ganz im Westen, nahe der Grenze zu Bayern, liegt Oberkappel. Hier ist die aus dem Bayerischen Wald heranströmende Ranna zu einem gut drei Kilometer langen, aber nur etwa 150 Meter schmalen See aufgestaut. Der **Stausee** ist ein beliebtes Naherholungsgebiet und lässt sich bequem zu Fuß und mit dem Rad umrunden. Entlang des Rundweges gibt es Fitness- und Kneippstationen. Unterhalb des Stausees ist die Ranna tief in die Granitgesteine eingeschnitten. Sehr schön ist die etwa zweistündige **Wanderung durch die Rannaschlucht** von der Staumauer an der Straße Neustift–Pfarrkirchen bis zur Rannamündung in die Donau; von dort geht es mit dem Bus zurück nach Neustift und weiter zum Ausgangspunkt. Alternativ bietet sich für den Rückweg auch Wanderweg E 10 an, der auch zu den beiden folgenden Punkten führt: Oberhalb der Rannaschlucht liegt das barocke **Schloss Altenhof**, das bis auf die Schlosskapelle (nur So 8 Uhr!) und den Schlossgarten öffentlich nicht zugänglich ist. Südlich von Altenhof, hoch über dem Rannatal, befindet sich die **Ruine Falkenstein**; sie ist derzeit wegen Rekonstruktion noch nicht wieder begehbar. Von der Burg geht die Sage von der Nixe Lilofee. In diese hatte sich ein Ritter verliebt, doch wusste er nicht um ihre wahre Natur. Er bat sie, mit ihm auf seine Burg im Rheinland zu kommen. Sie willigte ein, erbat sich aber die Erlaubnis, jede Vollmondnacht allein im Wasserturm der Burg verbringen zu dürfen. Nachdem dies viele Monate lang erfolgt war, wurde der Ritter, aufgestachelt durch Verwandte, misstrauisch, was seine Braut denn allein dort mache. Er begab sich zum Turm, sah Lilofee im Wasser sitzen und bemerkte jetzt, dass sie Flossen statt Füßen besaß. Er erschrak, Lilofee bemerkte seine Gegenwart, es erfolgte ein dröhnender Donner – sie war verschwunden und ward nimmermehr gesehen. Der Ritter ergab sich dem Trunk. Östlich von Oberkappel lohnt der Besuch des 940 Meter hohen **Ameisbergs** mit seinem gemütlichen Lokal. Vom Turm gibt es eine wunderbare Aussicht auf die Alpen.

Hübsch gelegen: Schloss Sprinzenstein

■ Sarleinsbach

Ein Franke namens Sarelin gründete um 800 den Ort Sarleinsbach. Einen Blick lohnt das sogenannte **Brezerhaus** im sechs Kilometer nordöstlich gelegenen Gemeindeteil Rutzersdorf. Das um 1600 errichtete Bauernhaus ist bis heute unverändert, hatte weder Wasser- nach

Stromanschluss und war bis 1982 noch bewohnt. Jetzt wird es von einem lokalen Verein betreut und ist Jausenstation (Besichtigung und Verpflegung Mitte Mai–Mitte Oktober So 13.30–19 Uhr). Etwa einen Kilometer nördlich von Sarleinsbach liegt im Wald die **Chagerkapelle**. An ihr befindet sich eine Heilquelle, die sich bei Augenleiden bewährt hat. Das malerische, im Renaissancestil ausgeführte **Schloss Sprinzenstein** vier Kilometer östlich von Sarleinsbach sitzt auf einem Felssporn über der Kleinen Mühl, seit der Zeit seiner Erbauung befindet es sich im Besitz der Familie Spannocchi. Im kleinen Dorf **Sprinzenstein** gibt es noch die alte **Schlosstaverne** von 1574. Sprinz ist übrigens ein lokaler Name für Sperber.

Die recht dünn besiedelte Region nördlich von Sarleinsbach bis nach Innerödt ist Reisenden mit Weltschmerz bestens zu empfehlen und bietet alle Möglichkeiten zur inneren Einkehr.

■ Lembach im Mühlkreis

Für die oberösterreichische Geschichte ist der ansonsten stille Ort Lembach, der seit 1600 ein Zentrum der Leineweberei war, von besonderer Bedeutung. Hier, genau genommen im damls existierenden Wirtshaus ›Habach‹, begann am 17. Mai 1626 der Oberösterreichische Bauernkrieg (→ S. 35). Ziel der Aufständischen war es, Oberösterreich wieder habsburgisch werden zu lassen und die bayerischen Besatzer aus dem Land zu vertreiben. Denn die lokalen Bauern und Wirte hatten nicht nur die Willkürherrschaft der Besatzer zu ertragen, sondern mussten den Bayern hohe Abgaben und Arbeitsleistungen entrichten, und Protestanten wurden unterdrückt. Während habsburgische Truppen teils erfolgreich kämpften und viele oberösterreichische Orte den Bayern entreißen konnten, blieb dem Bauernheer, das unter Stefan Fadinger und dem Wirt Christoph Zeiler stritt, nur der Partisanenkampf. Beide, die weniger Strategen als Haudegen waren, fielen im Juli 1626 in den Kämpfen. Obwohl die bayerischen Besatzer ihre Leichname wieder ausgraben und enthaupten und in einem Moor bei Eferding versenken ließen, wurden beide bald nach ihrem Tod als große Freiheitshelden gefeiert und ihr Andenken verklärt, fast wie es in Tirol knapp 200 Jahre mit Andreas Hofer geschah. Im Herbst 1626 hatte

▲ *Die Große Mühl am Unterberger Wehr*

Die Burgruine Waxenberg

sich der Bauernkrieg ›totgelaufen‹, er verlöschte angesichts der gewaltigen Übermacht der bayerischen Truppen. Viele Bauernanführer wurden jedoch jetzt hingerichtet.

Zum 350. Jahrestag der Bauernerhebung wurde 1976 auf der Erhebung, wo das Signal für den Aufstand gegeben wurde, die **Bauernkriegsbuche** gepflanzt. Zur Buche führt ein ›Bauernkriegsweg‹.

■ **Neufelden**

Auch Neufelden lohnt einen Besuch. Das **Heimathaus** im vormaligen Gefängnis (Leinengasse 2, Zugang nach Voranmeldung im Gemeindeamt) widmet sich den Themen Landwirtschaft und Handwerk, den **Marktplatz** rahmen zahlreiche hübsche barocke Bürgerhäuser ein. Von dem auf das Mittelalter zurückgehenden **Schloss Velden** (am Burggraben 1/Markt 6), das nach den Zerstörungen des Bauernkriegs größtteils gegen 1700 abgerissen wurde, ist nur ein später erbauter Wohntrakt vom Ende des 18. Jahrhunderts enthalten. An einen Besuch Anton Bruckners im September 1890 erinnert eine Tafel an jenem Wohntrakt.

Burg Pürnstein, eine der besterhaltenen mittelalterlichen Burgen Oberösterreichs, liegt etwa drei Kilometer nördlich von Neufelden, auf einer Felsnase über der Großen Mühl. Sie geht auf das 11. Jahrhundert zurück, erhielt ihr jetziges Aussehen aber um 1460, als auch die große sechseckige Wohnburg entstand. Leider ist sie wegen Renovierung bis auf weiteres geschlossen.

Von großem Reiz ist das Tal der **Großen Mühl** südlich von Neufelden. In knapp drei Stunden kann man es bis zur Flussmündung in die Donau durchwandern und in weiteren drei Stunden via Plöcking, vielleicht mit Besuch der **Erlebniswelt Granit**, zurückkehren. Dort gibt es unter anderem den größten Natursteinlehrpfad Europas und ein Steinsägewerk mit Filmvorführungen sowie ein Natur-Amphitheater aus Granit.

■ **Das Hansbergland**

Die Region östlich der Großen Mühl bis zum Haselgraben und nordwärts etwa bis in die Umgebung von Helfenberg und St. Stefan am Walde sowie im Süden bis Herzogsdorf nennen die Tourismusverbände Hansbergland, genau genommen HansBergLand. Damit wird eine alte Kulturlandschaft bezeichnet, die seit Jahrhunderten durch Weberei und Hopfenanbau geprägt ist. Das Hansbergland ist verhältnismäßig dünn besiedelt, eine der weniger bekannten und besuchten Mühlviertler Regionen und vielleicht genau deswegen für Individualisten besonders anziehend.

St. Peter am Wimberg wurde bekannt als Hauptdrehort von ›Die Alpensaga‹ (Regie Dieter Berner, 1976–1980), einem sozialkritischen Fernseh-Sechsteiler, der das Leben der oberösterreichischen Landbevölkerung von 1900 bis 1945 schilderte. **St. Johann am Wimberg** liegt in etwa in der Mitte des Hansberglands, nach dem unweiten 850 Meter hohen **Hansberg** trägt die ganze Gegend ihren Namen.

Auf ihm erinnern **Gedenksteine** an den Komponisten der oberösterreichischen Landeshymne, dem Lehrer Hans Schnopfhagen (1845–1908). St. Johann liegt am 58 Kilometer langen **Rundwanderweg Kraft-Quelle-Baum**, der die Baumheilkunde – etwa die Heilkraft von Ästen, Blättern und Holz – sowie die Baummythologie thematisiert. Der Weg führt über St. Peter bis nach St. Stefan am Walde und über Helfenberg zurück.

Nahe des unweiten Waxenberg stehen die pittoresken Reste der **Burg Waxenberg**, die seit einem Brand durch Blitzschlag 1756 Ruine ist. Ihr Turm ist eine gern besuchte Aussichtswarte. Unterhalb der Ruine steht noch das Schloss Waxenberg aus dem 17. Jahrhundert, seit damals im Besitz der Familie Starhemberg. Es dient heute als Veranstaltungsort.

Oberneukirchen ist Geburtsort von Hans Schnopfhagen, an seinem Geburtshaus gibt es eine Gedenktafel. Nicht weit entfernt liegt **Zwettl an der Rodl**. Hier ist traditionell die Imkerei heimisch, wie ein **Bienenmuseum** und ein **Bienenerlebnisweg** bezeugen. Im Museum, dem Gruberhäusl von 1710, gibt es einen interaktiven und größten betretbaren Bienenkorb Österreichs.

Hellmonsödt, etwas südöstlich von Oberneukirchen, weist mit dem **Freilichtmuseum Pelmberg** eine attraktive Sehenswürdigkeit auf. In einem historischen Bauernhof aus dem 14. Jahrhundert wird das mühevolle Bauernleben früherer Jahrhunderte vergegenwärtigt. Vielleicht noch bedeutender ist das private **Kunstmuseum Artemons**, das auf zeitgenössische Malerei spezialisiert ist und besonders das Werk Albrecht Dunzenhofers (1907–1980) würdigt, jedoch auch oberösterreichische Kunst des 19. und 20. Jahrhunderts zeigt. Im Ort selbst lohnt die **Pfarrkirche** mit der Gruftkapelle der Starhemberger mitsamt einem im Glassarg sichtbaren mumifizierten Kind den Besuch, sehenswert ist der **Pranger** von 1566 auf dem Marktplatz. Der auch für Kinder ansprechende **Planetenweg** bietet auf seiner vier Kilometer langen Runde manch Informatives zum Sonnensystem (www.planetenweg.at).

Südlich von Hellmonsödt, schon im Haselgraben, liegt das ziemlich ruinöse **Schloss Wildberg**. Hier spielen Adalbert Stifters Fragment gebliebene frühe Novelle ›Julius‹ (1830), auch im ›Waldgänger‹ (1847) beschreibt er die Burg. Auf der Burg war 1394 der böhmische König und römisch-deutsche Kaiser Wenzel festgesetzt, nachdem ihn aufständische böhmische Adelige gefangen genommen hatten. Die Burg befindet sich in Privatbesitz und kann daher nicht besichtigt werden. Vom Ort Kirchschlag bis zur Burg gibt es einen fünf Kilometer langen **Stifter-Rundwanderweg**.

Kirchschlag selbst, offiziell Kirchschlag bei Linz genannt, war ein Lieblingsaufenthalt Adalbert Stifters. Die pavillonähnliche ›Stiftervilla‹, erbaut 1861, war ursprünglich das Privathaus eines Johann Metz, den Stifter oft besucht hat. Sie dient heute als Veranstaltungsort. Vor ihr sitzt eine lebensgroße Gestalt des Dichters auf einer Bank. Die einige Kilometer südwestlich gelegene **Giselawarte** auf dem 927 Meter hohen Lichtenberg ist ein beliebtes Ausflugsziel der Linzer.

ℹ Granitland

Tourismusverband Granitland Sarleinsbach, Marktplatz 4, 4152 Sarleinsbach, Tel. 07283/8255-22. www.sarleinsbach.at bzw. www.granitland.at

Gemeindeamt Lembach, Schulstr. 2, 4132 Lembach, Tel. 07286/8255-0.
Tourismusverband Neufelden, Markt 22, 4120 Neufelden, Tel. 07282/6255-0. www.neufelden.at

Tourismusverband und Gemeindeamt Neufelden, Leinengasse 2, 4120 Neufelden, Tel. 07282/6387.
www.neufelden.ooe.gv.at
Tourismusverband St. Johann am Wimberg, 4172 St. Johann a. W. 10, Tel. 07217/7155-13. www.hansbergland.at
Gemeinde Hellmonsödt, Marktplatz 1, 4202 Hellmonsödt, Tel. 07215/2255-0. www.hellmonsoedt.at

Restaurant Erlebnishof Kräutermandl, Schulgarten 8, 4152 Sarleinsbach, Tel. 07283/8227-0, p.P. im DZ 39 €. www.erlebnishof.at
Gasthof Kirchenwirt, Marktplatz 9, 4152 Sarleinsbach, Tel. 07283/8225. Rustikale Mühlviertler Gastlichkeit.
Gasthaus Jagawirt, Gollnerweg 1, 4252 Sarleinsbach, Tel. 07283/8247. gh-jell.at
Vitalhotel Lembacher Hof, Falkensteinstr. 4, 4132 Lembach, Tel. 07286/8257; Preise auf Anfrage. Gepflegtes Haus mit schönem Wellnessbereich.
www.lembacherhof.com
Gasthof und Fleischhauerei Kislinger, Falkensteinstr. 11, 4132 Lembach, Tel. 07286/8251, p.P. im DZ 30 €. Regionalweit berühmt für Leberkäse, Blut- und Leberwürste, Bratwürste, Leberknödel sowie Gemüse- und Fleischlasagne.
www.gasthof-kislinger.com
Hotel Sammer, Markt 30, 4120 Neufelden, Tel. 07282/6223, p.P. im DZ ab 60 €. Erstes und vornehmstes Haus am Platz.
www.hotelsammer.at
Marktwirt, Markt 20, 4120 Neufelden, Tel. 07282/20792. Hervorragende regionale Küche. www.marktwirt-neufelden.at
Gasthaus Zeller, Marktplatz 2, 4121 Altenfelden, Tel. 07282/5514, p.P. im DZ 43 €. www.zellerwirt.at
Lang's Wirtshaus, Pehersdorf 16, 4116 St. Ulrich, Tel. 07282/8077, DZ ab 25 €. Gute bodenständige Küche.
www.gasthaus-lang.at
Landhotel Keplingerwirt, 4172 St. Johann a. W. Nr. 14, Tel. 07217/7105, p.P. im DZ 59–65 €. Nobles Golfhotel mit Haubenrestaurant. www.keplingerwirt.at
Gasthof-Pension Höller, Wimbergstr. 11, 4171 St. Peter a. W., Tel. 07282/8039, Preise auf Anfrage. www.gh-hoeller.at
Kirchenwirt Gasthaus Reingruber, Marktplatz 16, 4202 Hellmonsödt, Tel. 07215/2219. Herausragendes Restaurant im Hansbergland.
www.gasthaus-reingruber.at
Ameisbergwarte, Hohenschlag 17, 4152 Sarleinsbach, Tel. 0664/2507585. Derzeit geschlossen, Wiedereröffnung geplant. www.ameisberg.com

Erlebniswelt Granit, 4114 Plöcking Nr. 2, Tel. 0664/4630014. Besichtigung am besten mit kurzer Voranmeldung unter 07232/210516 (Verein Erlebniswelt Granit im Gemeindeamt St. Martin i.M.) oder 0676/81425351 (Granitobmann Herr Simmel). Auch für Kinder geeignet.
www.erlebniswelt-granit.at
Bienenmuseum, Obermühlweg 2, 4180 Zwettl an der Rodl, Tel. 07212/6444; Mai–Okt. nach Voranmeldung.
www.zwettl-rodl.at
Freilichtmuseum Pelmberg (Denkmalhof), Pelmberg 2, 4202 Hellmonsödt, Tel. 07215/3340; Sa/So 14–17 Uhr oder nach Vereinbarung.
www.ooemuseen.at
Kunstmuseum Artemons, Linzer Str. 19, 4202 Hellmonsödt, Tel. 0699/16688881; Sa 12–18, So 10–18 Uhr.
www.artemons.at
Infos zu **Burg Pürnstein**:
www.burg-puernstein.org
Infos zu **Burg Waxenberg**: Burgverein, Tel. 0699/19293704. www.waxenberg.at

Tierpark Altenfelden, Atzesberg 8, 4121 Altenfelden, Tel. 0664/5769851; Apr.–Okt. tgl. 9–17 Uhr, Nov.–März tgl. 10–16 Uhr. Österreichs größter Tierpark zeigt 1000 Tiere in 200 Arten. Live-Gepardenfütterung. www.tierpark-altenfelden.at

Auf und entlang der Donau zu reisen ist seit alters her eine der schönsten Möglichkeiten, nach und durch Österreich zu fahren.

Blick auf die Schlögener Schlinge

ENTLANG DER DONAU

Die Mühlviertler Alm Entlang der Donau

Die Donau wird erst dort bemerkenswert, wo sie bei Passau von deutschem Gebiet nach Oberösterreich übertritt. Insbesondere ein Teil des österreichischen Donautals ist weltberühmt und wurde in Literatur und Film oft gerühmt und auch verklärt: die Wachau. Dass das Donautal in Oberösterreich keineswegs von geringerem Reiz und minderer Schönheit ist und in der Konkurrenz mit der niederösterreichischen Wachau durchaus bestehen kann, wird hierbei oft übersehen. Die Donau ist ein uralter Verkehrsweg, der Mitteleuropa mit Ungarn und Südosteuropa verbunden hat, verbindet und verbinden wird. Jedes Jahr fahren allein Hunderttausende auf dem Donauradweg den Fluss entlang. Etwa 150 Kilometer des Donauradwegs Passau–Bratislava liegen zwischen Engelhartszell und Grein im Strudengau – östlich davon beginnt Niederösterreich – auf oberösterreichischem Boden. Die Trasse des Donauradwegs ist überwiegend entlang des Nord- und Südufers ausgewiesen, nur an einigen kürzeren Abschnitten – Engelhartszell–Niederranna und Wilhering–Linz–Mauthausen – verläuft sie nur am Nordufer. Der Donauradweg ist sicherlich der meistfrequentierte Radweg Mitteleuropas. Zwar gibt es an ihm viele Einkehr- und Übernachtungsmöglichkeiten speziell für die Radfahrer, doch darf man nicht erwarten, während der Saison ohne weiteres ein Zimmer zu bekommen. Rechtzeitige Reservierung ist angeraten. Die Tourismusverbände vertreiben eine praktische Broschüre mit allen Informationen zu den Sehenswürdigkeiten und ausführlichem Gastgeberverzeichnis (www.donauradweg.at). Über diese Webseite lassen sich auch durch die Oberösterreich Touristik individuell organisierte Touren inkl. Anreise mit der Bahn, Gepäcktransport und Übernachtungen buchen. Diese Touren können auch niederösterreichisches Gebiet einschließen.

Das Pendant zum Donauradweg ist der Donausteig. Dieser länderübergreifende, 2010 eröffnete Weitwanderweg ist ebenfalls entlang beider Flussseiten angelegt, beginnt in Passau und endet in Grein, ist also eine fast rein oberösterreichische Angelegenheit. Er führt sehr oft durch das bergige Hinterland. Auf einer Gesamtlänge von 450 Kilometern – zählt man beide Uferseiten – sind 23 Stationen angelegt. Zusätzlich gibt es über 40 vom Hauptweg abzweigende Sonder-Rundwege, ausgewählte Abschnitte des Hauptweges sind in Verbindung mit einzelnen Sonderrunden als explizit spirituelle Wege ausgewiesen. Weitere Infos unter www.donausteig.com.

Nicht zu vergessen seien die Schiffsfahrten auf der Donau. Entlang der Strecke Passau–Linz–Wien gibt es in Oberösterreich die Anlegestellen Kasten, Engelhartszell, Wesenufer, Schlögen, Aschach, Ottensheim, Linz, Mauthausen und Grein, zwischen denen beliebig Fahrten möglich sind. Die Fahrzeit von Passau nach Linz beträgt etwa 5 Stunden, von Engelhartszell nach Linz rund 3,5 Stunden, von Linz bis Grein etwa 3 Stunden. Ohne weiteres kann man auch in die Wachau und bis nach Wien weiterfahren. Es werden auch viele Sonderfahrten angeboten. Fahrpläne und -preise unter www.donauschifffahrt.eu

Die DonauCard ermöglicht mindestens 20 Prozent Preisermäßigung bei über 70 Freizeitangeboten und Sehenswürdigkeiten links und rechts der Donau. Sie gilt von April bis Dezember und kostet derzeit 4,90 Euro. Kinder bis 15 Jahren benötigen keine eigene Card, auch ist sie nicht an die Dauer einer Nächtigung in einem Betrieb der Region gebunden. Man erhält sie bei den Tourismusbüros und Gemeindeämtern sowie in den meisten Hotels, Pensionen und sonstigen Partnerbetrieben (www.donaucard.info).

Von der Grenze bis Linz

Egal, ob man es mit dem Rad, dem eigenen Wagen oder auf einem Schiff durchfährt – das enge Donautal gleich hinter Passau bis hin zum weit geöffneten Eferdinger Becken zeigt sich seinen Besuchern von großem landschaftlichen Reiz.

Auf der nördlichen Donauseite

Anders als auf der südlichen Seite gibt es entlang des nördlichen Ufers keine durchgehende Straße, die direkt dem Flussverlauf folgt. Man muss oft weite Bögen ins Landesinnere schlagen, wenn man mit dem Wagen am linken Donauufer entlang fahren will. Wer auf der Bundesstraße bei Engelhartszell gleich hinter dem **Kraftwerk Jochenstein** – hier können Radfahrer und Fußgänger täglich zwischen 7 und 22 Uhr auf der Staumauer den Fluss überqueren – österreichischen Boden betritt und auf das Nordufer wechseln möchte, kann das nach etwa sieben Kilometern über die Brücke bei Niederranna tun; die nächste Brücke befindet sich erst gut 35 Kilometer flussabwärts (Fahrstrecke 25 km) bei Aschach. Selbstverständlich gibt es auch einige Fähren, meist nur für Räder und Fußgänger: Engelhartszell, Schlögen-Au, Au-Inzell, Au-Grafenau (Längsfähre), Kobling-Obermühl (auch für Pkw), Untermühl und Wilhering-Ottensheim (hier können nur wenige Pkw mitfahren). Fahrpläne unter donauregion.at

Das Donaukraftwerk Jochenstein

■ Hofkirchen im Mühlkreis und Umgebung

Die erste der gewaltigen Burg- und Schlossanlagen, an denen das Donautal so reich ist, ist **Burg Rannariedl**. Sie erhebt sich hoch über der Mündung der von Norden heranbrausenden Ranna. Errichtet um 1240 als Wehrburg, wurden im 18. Jahrhundert mehrere Nebengebäude dazu gebaut. Leider kann die Burg nicht besichtigt werden.

In **Niederranna** werden von der Familie Königsdorfer seit 200 Jahren in traditioneller Arbeit sogenannte Zillen gebaut, Boote mit charakteristischem flachen Boden (www.zille.at); ein weiterer solcher Betrieb liegt wenig flussabwärts in Freizell unterhalb der Burg Marsbach (www.witti.co.at), wo auch Zillen für die eigene Tour auf der Donau verliehen wer-

Burg Rannariedl von der Donau aus gesehen

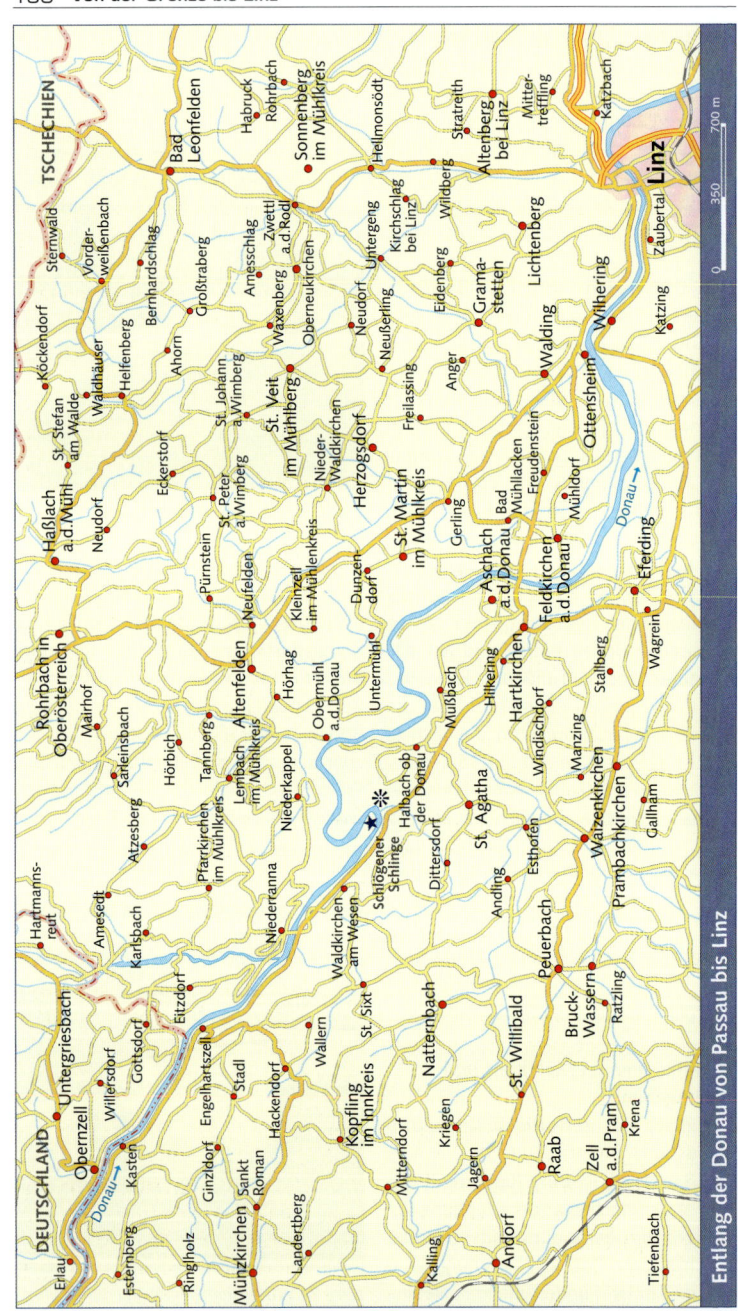

den. Die Zillen sind motorbetrieben, die mit einem 6-PS-Motor können nach kurzer Einweisung auch ohne Schiffsführerpatent benutzt werden, doch wird ein solches für alle stärker motorisierten Zillen benötigt, die auch zur Verfügung stehen. Das Tal der Ranna selbst ist eine romantische Schlucht, die beste Wandermöglichkeiten bietet.

Etwas nordwestlich von Niederranna, bei Großmollsberg, befindet sich der viel besuchte Donaublick **Penzenstein** mit schöner Aussicht über Donau, Engelhartszell und das Kraftwerk Jochenstein.

Hofkirchen selbst liegt etwa drei Kilometer im Hinterland und lohnt vor allem wegen der begehbaren zeitgenössischen spirituellen Labyrinthkreationen den Besuch. Es gibt ein Pflanzenlabyrinth (an der Alten Bassena nahe der Ortsmitte), ein Steinlabyrinth (am Emmersdorfer Augenbründl) und ein Kunstlabyrinth an den ›Drei Linden‹ (www.labyrinthehofkirchen.at).

In **Pfarrkirchen**, nördlich von Hofkirchen, lohnt der Besuch des nahen Schlosses Altenhof, das als Eventlocation dient. Die ursprünglich mittelalterliche Anlage brannte 1682 und 1724 ab und wurde danach neu erbaut. Allerdings sind nur Schlossgarten und -kapelle öffentlich zugänglich. Die örtliche Pfarrkirche weist erst 1992 entdeckte Fresken von Giovanni Carlone (1636–1713) vom Ende des 17. Jahrhunderts auf. Die Loretokapelle daneben entstand 1694 durch den Umbau einer älteren Grabkapelle und ist eine genaue Nachbildung des italienischen Originals von Loreto in Apulien, wobei sogar Mauerrisse und Balkenlöcher direkt nachgestaltet sind.

Südlich von beiden Orten, wieder am Donauufer, liegt **Burg Marsbach**. Ihr markanter eckiger Bergfried stammt aus dem Spätmittelalter, die Hauptburg erhielt jedoch erst Ende des 16. Jahrhunderts ihr jetziges Aussehen. Sie war ursprünglich eine passauische Wachtburg. Sie wird seit einigen Jahren renoviert und kann bis auf weiteres nicht besichtigt werden. Nahe der Schlögener Schlinge liegt die **Ruine Haichenbach**, oft auch Kerschbaumerschlössl genannt, eine alte wirkliche Raubritterburg. Von ihr sind Burgtor und der zugängliche Wohnturm neben Resten der Ringmauer erhalten. Von ihm, zugänglich über die Siedlung Dorf und einen halbstündigen Fußweg, gibt es einen prachtvollen Blick auf die Donau. Lohnend ist jedoch auch die Wanderung von der Burg Marsbach bis hierher (einfache Strecke 1,5 Std.) und zum nahen **Brodlblick**, einem Gegenstück zum weltberühmten Blick über die Schlögener Schlinge von deren westlicher Seite.

■ **Niederkappel und Umgebung**

Der **Mühlviertler Dom** in Niederkappel, ursprünglich eine gotische Kirche vom Anfang des 15. Jahrhunderts, wurde nach 1890 in einer eigentümlichen Stilmischung vergrößert, wodurch – in seltsamem Missverhältnis zur Größe von Niederkappel – die größte Hallenkirche des Mühlviertels entstand.

Niederkappel, genau genommen der Gemeindeteil Grafenau direkt am Donauufer, ist Geburtsort von Rudolf Kirchschläger (1915–2000), der von 1974 bis 1986 österreichischer Bundespräsident war. An ihn erinnert auch ein kleines Museum (Nr. 48, Mo–Fr außer Mi nachmittags gemäß der Öffnungszeiten des Gemeindeamts).

Sehr lohnend ist die Fahrt direkt am Fluss von Obermühl nach Grafenau unterhalb steiler bewaldeter Felswände. Von Grafenau kann man entlang des Flusses und damit entlang der berühmten Schlögener Schlinge donauaufwärts bis nach Au auf einem Naturlehrpfad spazieren.

Der ›Mühlviertler Dom‹ in Niederkappel

Obermühl, wo die Kleine Mühl in die Donau mündet, ist ein Ausgangspunkt für Radtouren mühlaufwärts entlang des 28 Kilometer langen Mühltalradwegs (R 26), der in Aigen beginnt und in Obermühl endet. Sehenswert ist hier der 1618 erbaute große Getreidespeicher. Der 613 Meter hohe **Burgstall** nahe des unweiten Kirchberg ob der Donau ist der höchste unmittelbar an der Donau befindliche Berg zwischen deren Quelle und Mündung.

Bei Untermühl, etwa zehn Flusskilometer donauabwärts von Burgstall, mündet die Große Mühl. Oberhalb liegt **Schloss Neuhaus**. Sein fünfeckiger Bergfried stammt aus dem 14. Jahrhundert, das Schloss selbst aus dem 16. Jahrhundert. Vom Schloss kann der Fluss auf acht Kilometer Länge bis nach Aschach und westwärts bis Exlau hin eingesehen werden. Direkt unterhalb des Schlosses, am Hang, befindet sich der sogenannte **Lauerturm**, ein Kettensperrturm, über den der Verkehr auf dem Fluss mit einer Kette gesperrt werden konnte. Das bewohnte Schloss ist in Privatbesitz und daher nicht zugänglich. Vom Feuerwehrhaus in Untermühl kann man auf schmalem, steilen Weg zumindest zum Kettensperrturm gelangen – die Aussicht lohnt sehr.

Wenige Kilometer landeinwärts liegt **St. Martin**. Eine landesweite Institution ist im Ortsteil Adsdorf das ›Landbrauhaus Hofstetten‹. Hier wird nachweislich seit 1449 gebraut, wahrscheinlich bestand aber schon seit 1229 eine Brauerei. Damit existiert in Hofstetten die älteste Braustätte Österreichs. 25 Spezialitäten wie das karamellige ›Granitbier‹ oder der ›Sündenbock‹ (7,2%, mit Hafer und Honig) entzücken Bierliebhaber in aller Welt. In St. Martin befindet sich auch das ›Empire‹, Oberösterreichs größte Discothek (www.empire.co.at), die für jede Altersgruppe geeignete Veranstaltungen bietet.

■ Feldkirchen an der Donau und Umgebung

Bei Aschach verlässt die Donau ihr bisher in die Granite und Gneise verhältnismäßig eng eingeschnittenes Tal. Feldkirchen liegt dabei schon in einer breiten Schwemmebene. Nördlich davon gibt es mit dem **Pesenbachtal** noch ein landschaftliches Kleinod.

Von **Bad Mühllacken** mit seinem sehenswerten, öffentlich zugänglichen Kräutergarten kann man gut den Bach entlang in das Pesenbachtal wandern, aufwärts bis zum 455 Meter hohen Kerzenstein. Entlang der Tour gibt es schöne Felsformationen (einfache Strecke ca. 2 Std.). Nimmt man das weiter nördlich gelegene Gerling aus Ausgangspunkt, bietet sich der Weg, diesmal in umgekehrter Laufrichtung, bis hinab nach Oberlandshaag an. Von hier fährt ein Bus zurück. Drei Stunden sind für die einfache Strecke nötig. Feldkirchen selbst weist mit seinen Badeseen viel besuchte Attraktionen auf, östlich davon ist das zum Hotel verwandelte **Schloss Mühldorf**, eine ehemalige befestigte Wasserburg und im 16. Jahrhundert umgebaut, sehenswert. Ein Wasserschloss war auch **Schloss Bergheim** (direkt in Feldkirchen), das sein heutiges Aussehen gegen 1870 erhielt und jetzt eine landwirtschaftliche Schule birgt.

Nicht zu vergessen sei das Faustschlössl in **Oberlandshaag**, genau Aschach gegenüber. Ursprünglich war es die Feste Oberlandshaag, als umgebautes Schlossrestaurant hat es jedoch nichts Festungshaftes an sich. Der Bau soll vom Teufel persönlich ausgeführt worden sein, der dem berühmten Doktor Faust zu Diensten stand und für ihn ein Schloss zu bauen hatte – so erzählt es die Sage. Auch fuhr der Teufel zusammen mit dem Doktor durch ein Loch in der Schlosswand zur Hölle; das Loch kann bis heute nicht zugemauert werden und wird den Gästen gern gezeigt. Der Teufel kann jedoch nicht zurückkommen, da über der Schlosstür ein Drudenfuß angebracht ist.

■ Ottensheim

Bei Ottensheim (4800 Einwohner) ist schon fast die Stadtgrenze von Linz erreicht. Hier steht ein weiteres **Donaukraftwerk**, erbaut 1970–1974. Eine Besonderheit ist die 1964 errichtete **Drahtseilbrücke**, eine strömungsbetriebene Rollfähre, die eine Nachfolgekonstruktion einer schon 1871 erbauten ersten Rollfähre ist. Das **Schloss Ottensheim** steht auf einem markanten Vorsprung an der Donau und erhielt seine heutige Form gegen 1890, war aber eine mittelalterliche Burg. Es wechselte sehr oft die Besitzer und ist heute in Privatbesitz.

■ Eschelberg

Lohnend ist ein Besuch im nördlich von Ottensheim gelegenen Eschelberg bei Sankt Gotthard. Das dreiflügelige eindrucksvolle **Renaissanceschloss** (Privatbesitz) liegt malerisch auf einem nach drei Seiten abfallenden Bergrücken. Es gehörte einst den Herren von Gera (Wappenkartusche über dem Portal) und kam nach dem Dreißigjährigen Krieg an die Starhemberger. 1962 brannte der Schloss-turm durch Blitzschlag nieder, zur Zeit wird die Anlage renoviert. Die wuchtigen Mauerreste im Süden der Anlage auf dem äußersten Hangsporn sind Relikte eines Vorgängerbaus.

■ Rottenegg

Im St. Gottharder Gemeindeteil Rottenegg liegt die malerische **Ruine Rottenegg**, von der aber nur die Außenmauern des Palas erhalten sind. Ein Wohnhaus unterhalb der Ruine zeigt auf einem Sgraffito eine Sage um die Burg.

■ Puchenau

Puchenau besitzt eine sehenswerte, zwischen 1963 und 2000 errichtete **Gartenstadt**, die von Roland Rainer (1910–2004) entworfen wurde. Ihre Bauten ähneln keineswegs den Gartenstädten, die in den Jahren nach dem Ersten Weltkrieg in Deutschland errichtet wurden, dennoch ist ein besonderes soziales und ökonomisches Konzept realisiert (www.nextroom.at). Roland Rainer entwarf auch die modernistische, aber sehr sehenswerte **Neue Pfarrkirche St. Andreas**, die 1976 geweiht wurde und sich architektonisch an armenische Zentralraumskirchen anlehnt. Das aus dem 17. Jahrhundert stammende **Schloss Puchenau** ist innen vollständig umgebaut; es gibt einige Wohnungen und es dient für Veranstaltungen und dem Kleingewerbe. Sehenswert ist der Schlosspark mit der Figur einer Gewässerallegorie. Um die Innenstadt sind auch noch Relikte der sogenannten **Maximilianischen Befestigung** erhalten, die nach 1825 als Lehre aus den napoleonischen Belagerungen entworfen wurde und Linz und seine Umgebung schützen sollte.

ℹ Auf der nördlichen Donauseite

Donau Oberösterreich Tourismus, Lindengasse 9, 4040 Linz, Tel. 0732/7277-800. www.donauregion.at
Gemeindeamt Hofkirchen, Markt 8, 4142 Hofkirchen, Tel. 07285/7011. www.hofkirchen.at
Tourismusverband Pfarrkirchen, 4141 Pfarrkirchen i. M. Nr. 13, Tel. 07285/4152. www.pfarrkirchen.at
Gemeindeamt Niederkappel, Hauptstr. 12, 4133 Niederkappel, Tel. 07286/8555. www.niederkappel.at
Gemeindeamt Feldkirchen, Hauptstraße 1, 4101 Feldkirchen a. d. D., Tel. 07233/7255. www.feldkirchen-donau.at
Gemeindeamt Ottensheim, Marktplatz 7, 4100 Ottensheim, Tel. 07234/8225534. www.ottensheim.at

Gasthof-Pension Draxler, Niederranna 3, 4085 Wesenufer, Tel. 07285/511, p. P. im DZ 37–43 €. Direkt an der Donau in ruhiger Lage. www.donau-urlaub.at
Landgasthaus-Café am Weiher, Am Weiher 22, 4142 Hofkirchen, Tel. 07285/24673. www.hofkirchen.at
Gasthof Scherrer, 4141 Pfarrkirchen Nr. 16. Tel. 07285/409, Preise auf Anfrage. Exzellent! www.gasthofscherrer.at
Gästehaus Pension Lang, 4141 Pfarrkirchen Nr. 56, Tel. 07285/6470, Preise auf Anfrage. Mit vier Edelweiß klassifiziert, kolossale Blicke über die Donau bis hin zum Alpenrand. www.pensionlang.at
Gasthof Zalto-Höglinger, Ortsplatz 8, 4131 Kirchberg o.D., Tel. 07282/4003. Mit interessanter Schaufleischerei – übrigens Österreichs einziger ihrer Art. www.zalto-hoeglinger.at

Gasthof-Pension Ernst, Untermühl 4, 4114 Neuhaus, Tel. 07232/2919, p. P. im DZ 47 €. Schlichte, dennoch gediegene Zimmer in einem repräsentativen Gasthof am Flussufer. www.gasthof-ernst.at
Frühstückspension Fischerhof, Oberlandshaag Nr. 42, 4101 Feldkirchen, Tel. 07233/7412, Preise auf Anfrage. Direkt an der Donau, ggü. Aschach, gelegen. www.fischerhof-feldkirchen.at
Restaurant Thalhammer´s, Badeseestr. 2, 4101 Feldkirchen, Tel. 0699/11601958. Beliebtes Ausflugslokal inmitten der Feldkirchner Badeseen mit eigenem Badestrand. Berühmt und vielverzehrt ist der Schweinsbraten mit Kraut und Knödeln (So ab 11 Uhr). www.thalhammers.at
Landbrauerei Hofstetten, Adsdorf 5, 4113 St. Martin im Mühlkreis, Tel. 07232/2204-0, Bierverkauf Mo–Fr 7–12 und 13–18, Sa 9–12 Uhr. www.hofstetten.at

Auf der südlichen Donauseite

Gemessen an der eher kontemplativen Atmosphäre der Donaunordseite, tobt am Südufer gleichsam das Leben. Über den uralten Handelsweg entlang des Flusses braust der touristische Verkehr, aber es gibt auch viele Orte der Stille. Am Anfang und Ende dieses Teilstücks an der Donau liegen zwei geistliche Zentren – das Kloster Engelszell in Engelhartszell und das Stift Wilhering. Und mittendrin, vom viel besuchten Panoramapunkt oberhalb der Schlögener Schlinge, blickt man weit in die tief unterhalb liegenden, scheinbar ruhig träumenden Lande.

■ **Zwischen Achleiten und Pasching**
Beim Zollamt Achleiten erreicht man von Westen her, von Passau – auf der B 130, der alten Nibelungenstraße – Österreich. Entlang der Donau geht es ostwärts, die Staatsgrenze verläuft in diesem Bereich in Flussmitte, man passiert die jenseits der Donau liegenden Orte Erlau und Obernzell.

Gegenüber von Erlau ragt auf österreichischem Gebiet, etwa acht Kilometer nach dem Grenzübergang, die **Burg Krempenstein** auf, oft auch Schneiderburg genannt. Ihr Turm ist auf den Fundamenten eines römischen Wachturms errichtet. In der für die Öffentlichkeit nicht zugänglichen Anlage lebte der Sage nach ein Schneider mit einer Ziege. Als diese starb, wollte er sie in die Donau werfen, stürzte dabei mit ab und ertrank im Fluss. Die Pfarrkirche im nahen **Pyrawang** zeigt im Innern Fragmente gotischer Wandmalereien, die in **Kasten** ein sehenswertes Kreuzigungsrelief von 1548 aus rotem Marmor.

Nach weiteren acht Kilometern, nach dem Kraftwerk Jochenstein, ist Engelhartszell erreicht, berühmt durch das 1293 gegründete **Stift Engelszell**, das ursprünglich den Zisterziensern gehörte, nach dem Ende der österreichischen Monarchie von Trappisten übernommen wurde und einziges Trappistenkloster in Österreich ist. Der Trappistenorden entwickelte sich aus den Zisterziensern, ist gekennzeichnet durch besondere Askese und durch die Pflicht zu körperlicher Arbeit. Trappistenklöster sind oft bekannt durch ihre Klosterprodukte – etwa Liköre, Bier und Käse –, und unter anderem das Trappistenbier aus Engelszell ist ein weithin geschätztes Getränk. Die Stiftskirche (1754–1764), im reinsten Rokoko ausgeführt, besitzt einen 76 Meter hohen, weithin sichtbaren Turm und entstand wie die anderen Klostergebäude erst nach langer Pause nach einem vernichtenden Brand 1699. Von der Ortsmitte führt eine eindrucksvolle Alle direkt auf die Westfront der Klosterkirche zu, die viele sehenswerte Kunstwerke birgt. Sehenswert ist auch der in Teilen der Öffentlichkeit zugängliche Stiftsgarten, der zu einem Pflegeheim gehört und ein wunderbarer Ort für Meditationen ist. Die spätgotische Pfarrkirche von **Engelhartszell** ist barockisiert und zeigt an der Außenmauer einige schöne Epitaphe. Das spätgotische kaiserliche Mauthaus war Grenzwache des Habsburgerreichs, an ihm wurde der Schiffsverkehr auf der Donau zolltechnisch abgefertigt. Besu-

Vichtenstein steht Besuchern leider nicht offen

chenswert ist auch das ›Wassererlebnis Minidonau‹, eine interaktive Nachbildung des Donauverlaufs, dazu gibt es einen Barfuß-Sinnesweg etc. (www.engelhartszell.at).

Lohnend ist die Fahrt in den Sauwald empor nach **Vichtenstein**, oberhalb von Engelhartszell. Die malerische, um 1100 erbaute Burg ist zwar nur von außen zu besichtigen, aber fast vom gesamten Ort aus hat man einen wunderbaren Blick über das Donautal.

In **Oberranna** existieren die Fundamentreste von vier Rundtürmen des Römerkastells Stanacum, das den Limes bewachte. Das Schloss Niederwesen in **Wesenufer** ist ein 1890 bis zur Unkenntlichkeit umgebautes Bauwerk aus dem 17. Jahrhundert und dient als Veranstaltungszentrum bzw. birgt ein psychosoziales Zentrum. In Wesenufer existiert auch eine ganzjährig geöffnete Dauerausstellung zum Thema ›Zille‹ (Tel. 07718/20090903).

Die im Privatbesitz befindliche **Ruine Wesen** bei Waldkirchen am Wesen, das deutlich oberhalb der B 130 liegt, ist öffentlich nicht zugänglich, da in Teilen

Die Kirche des Stifts Engelszell

bewohnt. Nahe Waldkirchen liegt **Pasching**, vom **Panoramapunkt Paschinger Hügel** hat man eine Sicht über 23 Kirchen und Dörfer.

■ Um die Schlögener Schlinge

Die Donau vollzieht bei Schlögen auf engstem Raum ganz unvermutet eine 180-Grad-Wendung nach Nordwest und biegt gleich danach in einer weiteren Wendung wieder in ihre alte Fließrichtung nach Südosten zurück. Diese Flussschleife gehört zu den berühmtesten Sehenswürdigkeiten Oberösterreichs und des Donauabschnitts zwischen Passau und Bratislava. Den Blick auf die Schlinge erlangt man am besten und angenehmsten vom Weiler Schlögenleiten aus. Hier gibt es einen kleinen Parkplatz – ihm gegenüber führt ein bezeichneter Wanderweg in 25 Minuten zum berühmten Aussichtspunkt (Schlögenleiten erreicht man über eine schmale Straße von Schlögen aus). Einen Blick mit etwas veränderter Perspektive bietet der Aussichtspunkt westlich von Linetshub, zu dem man von diesem kleinen Ort über den Ciconiaweg (blau-rote Markierung) gelangt (500 Meter Wegstrecke). Eine dritte Aussicht liegt im Norden der Schlinge: der Steinerfelsen westlich von Eckersdorf. Man informiere sich über die bestmögliche Annäherung mithilfe einer guten Karte, die Navis versagen oft. Mit dem Pkw sind alle drei Aussichtspunkte ohnehin nicht unmittelbar erreichbar.

Von **Schlögen** aus, wo es die Reste eine Römerkastells gibt, kann man auf hinreißender Fahrstraße – sie ist gleichzeitig auch Donauradweg – unmittelbar am Donauufer bis nach Inzell fahren und die Schlinge auf der Ebene der Donau erkunden. Im Bereich der Schlinge existieren drei Donaufähren für Fußgänger und Radfahrer.

Die Bundesstraße entfernt sich hinter Schlögen vom Flussufer und nähert sich der Donau erst bei Aschach wieder an. Fünf Kilometer südlich von Haibach und auch südlich der B 130 liegt **Ruine Stauf**, eine pittoreske Anlage aus dem 12. Jahrhundert (tgl. 8–18 Uhr). Sie ist von der Bundesstraße aus nicht sichtbar. Es sind Wanderwege dorthin ausgeschildert, allerdings ist eine gute Stunde Weges nötig.

Aussichtspunkt über der berühmten Schlögener Schlinge

In **St. Agatha**, genau genommen im etwas landeinwärts gelegenen Gemeindeteil Parz, kam der in Oberösterreich tief verehrte Stefan Fadinger (um 1585–1626) zur Welt. Er war zusammen mit dem Gastwirt Christoph Zeller der Anführer des Volksheers im Oberösterreichischen Bauernkrieg. Der Fadingerhof ist ein barocker Vierkanthof, der auf den Fundamenten von Fadingers eigenem Hof entstand – der bayerische Statthalter Adam von Herberstorff hatte diesen nach Fadingers Tod niederbrennen lassen. Christoph Zellers altes Wirtshaus ist als ›Zeller-Taverne‹ erhalten. Im Ort wird durch ein Denkmal, ein Museum und durch ein alle vier Jahre – das nächste Mal 2022 – aufgeführtes Bauernkriegsspiel des großen Freiheitskämpfers gedacht (www.st-agatha.at). In der Nähe des Ortes gibt es auch eine Schau-Hammerschmiede (Besuch nach Voranmeldung unter 07277/8255-20).

Malerisch ist die Straße entlang des Aschbachs, die östlich von Haibach von der B 130 nach Süden abzweigt. Auch über sie kann man zur Ruine Stauf gelangen.

■ **Hartkirchen und Umgebung**

Die Bundesstraße 130 senkt sich bald nach dem Abzweig der Aschachtalstraße ins Eferdinger Becken hinab und erreicht Hartkirchen. Sehenswert ist hier die barocke Pfarrkirche, die auf den Mauern eines gotischen Vorgängerbaus entstand. Auf dem örtlichen Friedhof ist Richard Billinger (1890–1965) beigesetzt, ein Autor, der oft als NS-treuer Schriftsteller beurteilt wurde. Viele seiner Romane und Gedichte schildern in der Tat das Bauerntum und mythisch-dämonische Naturkräfte in euphorisch-emphatischer Überhöhung. Billinger saß in der NS-Zeit wegen seiner Homosexualität einige Monate in Haft und entging mehrmals nur durch direkte Intervention höchster Regierungskreise dem Konzentrationslager, da der ideologische Gehalt seiner Werke der NS-Weltanschauung entgegenkam und man auf diesen Literaten nicht verzichten wollte. Zu verschiedenen Filmen – darunter ›Der Berg ruft‹ von Luis Trenker und ›Die goldene Stadt‹ von Veit Harlan – verfasste er die Drehbücher.

Sehr lohnend ist der Besuch der **Ruine Schaunberg**. Sie liegt westlich von Hartkirchen an einem steilen Berghang, wird zu den größten Burganlagen Österreichs gezählt, geht auf die Zeit um 1150 zurück und verfällt seit der zweiten Hälfte des 17. Jahrhunderts. Ihr 32 Meter hoher Bergfried wird als der mächtigste ganz Österreichs angesehen; er besitzt eine Treppe mit 189 Stufen und ist in der Regel frei zugänglich.

Ruine Schaunberg

■ Aschach an der Donau

Aschach, das mit Hartkirchen so gut wie zusammengewachsen ist, stellt eine der ältesten Siedlungen des österreichischen Donauraums dar. Als Römerlager Joviacum existierte es schon vor 2000 Jahren. Es hat einen hübschen Ortskern mit prächtigen Bürgerhäusern. In der **Pfarrkirche** weist der Hochaltar mit dem als wundertätig verehrten Donaukreuz eine besondere Pretiose auf, nach Aschach kam es 1693, als eine Donauflut es an Land spülte. Das sehr sehenswerte **Renaissanceschloss Aschach** ist zumindest bei Ausstellungen und Events öffentlich zugänglich und lohnt die Besichtigung, bietet auch Gästezimmer an. Es ist seit 1622 im Besitz der Familie Harrach. Sein englischer Park galt als eine der schönsten Parkanlagen ganz Österreichs. Von ihm sind leider nur kleine Areale erhalten, der größte Teil ist ganz unpoetisch überbaut. Als Kuriosität sei erwähnt: Der Wagen des Herstellers Gräf & Stift, in dem Thronfolger Franz Ferdinand und seine Frau am 28. Juli 1914 in Sarajevo ermordet wurden, wurde vorher leihweise von jenem Grafen von Harrach auf Aschach, für den Repräsentationsbesuch in Sarajevo zur Verfügung gestellt. Im lokalen **Schopper- und Fischereimuseum** ist die nicht mehr ausgeübte Kunst des ›Schopperns‹ thematisiert, des Abdichtens von Fischerbooten mit Moos und Schilf.

■ Pupping

Pupping, etwa fünf Kilometer südlich von Aschach, ist der Sterbeort des heiligen Wolfgang, des damaligen Bischofs von Regensburg. Während einer Inspektionsreise verstarb er am 31. Oktober 994, 70-jährig, am Altar der heute nicht mehr existierenden Othmarskapelle. An der Stelle der Othmarskapelle wurde 1879 die heutige Klosterkirche errichtet. Die Puppinger St. Wolfgangskapelle markiert dagegen den Ort, an dem der Heilige, auf der Donau von Regensburg kommend, an Land ging.

■ Eferding

In der Mitte des Eferdinger Beckens, das sich von Aschach bis Ottensheim hinzieht, liegt dessen namensgebende Siedlung mit ihren gut 4000 Einwohnern. Das sehr fruchtbare Schwemmland ist für den Anbau von Kartoffeln, Gurken und Spargel bekannt. Eferding selbst, das seit 1222 die Stadtrechte besitzt, gilt nach St. Pölten, Wien und Enns als Österreichs viertälteste Stadt. Die Eferdinger Burg, später zum als ›Neue Veste‹ zum Schloss Starhemberg verändert, wird bereits im Nibelungenlied erwähnt: Hier soll Kriemhild auf ihrer Fahrt nach Ungarn übernachtet haben.

Bedeutendster Sohn der Stadt ist der Komponist Johann Nepomuk David (1895–1977). In der verinnerlichten Ausrichtung im Geiste seinem Landsmann Anton Bruckner verwandt, liegt der Schwerpunkt seines Oeuvres in der geistlichen Chor- und Orgelmusik, in der er die Sprache Johann Sebastian Bachs mit den harmonischen Errungenschaften des 20. Jahrhunderts verband. Davids Orchesterwerke zeigen nirgendwo den Brucknerschen Glanz, umgehen dessen jubelnde Lobpreisung der Schöpfung und wollen auch dessen allzu weltliche Pracht der Klangentfaltung vermeiden, sind jedoch wie die Bruckners tief-meditativ. Vielleicht sind daher seine Werke fast völlig aus dem Konzertsaal verschwunden – Schöpfungen eines Meisters von großem Können sind sie dennoch. Eine von einem Kritiker ausgesprochene Würdigung seiner Kunst als ›Produkt von Gelehrsamkeit und Phantasie, von Ordnung und Gefühl‹ macht begreiflich, dass Davids Kunst eine mögliche Wirkung dem breiten Pub-

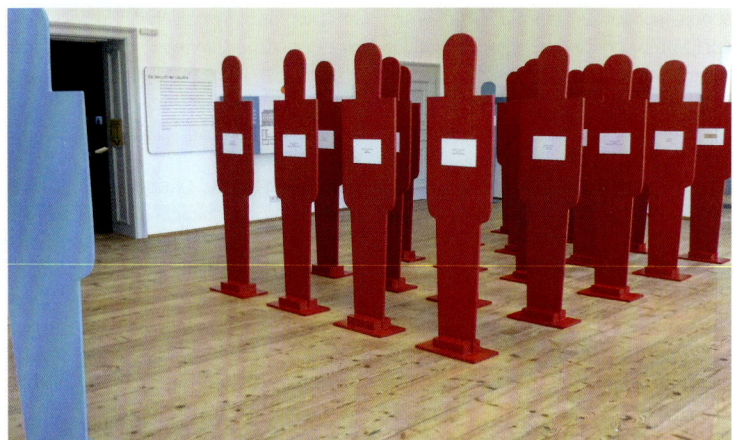

In der Ausstellung ›Wert des Lebens‹ in Hartheim

likum gegenüber bewusst nicht sucht. Der recht reizvolle **Stadtplatz** weist einige Bürgerhäuser aus Barock und Renaissance auf. In Haus Nr. 37 verheiratete sich am 30. Oktober 1613 der Astronom Johannes Kepler mit der Ratsherrentochter Susanne Reuttinger, Nr. 27 ist die traditionelle Lebzelterei Vogl, seit 1683 im Familienbesitz. Die mächtige spätgotische **Pfarrkirche** – obwohl keine Bischofskirche, oft als ›Dom‹ bezeichnet – besitzt Kunstwerke aus allen Stilepochen und ein prachtvolles Eingangsportal an der Südseite. Die schlichte, turmlose **evangelische Kirche** stammt von 1833. Das **Schloss Starhemberg** erwuchs im Spätmittelalter aus einer älteren Burganlage, war zunächst die Stadtburg der Schaunberger und erhielt seine klassizistische Fassade Ende des 18. Jahrhunderts. Es ist im Besitz der Familie Starhemberg, jedoch auch öffentliches Veranstaltungszentrum. Im Schloss befindet sich neben dem Stadtmuseum auch das Familienmuseum der Starhembergs mit Ahnensaal, Porzellansaal, Köstümsaal, Waffensaal und Zunftsaal. Ernst Rüdiger von Starhemberg (1638–1701) war übrigens der Verteidigungskommandant von Wien bei der Türkenbelagerung 1683.

Die auffällige, 1325 erbaute **Spitalskirche** am Schiferplatz weist einen merkwürdigen, in die Fassade integrierten Turm mit achtseitigem Pyramidenhelm auf.

Der **Gschichtenweg**, ein regionaler Themenweg, führt Besucher durch die Innenstadt.

■ Alkoven und Hartheim

Für die oberösterreichische Geschichte ist Alkoven wegen einer Schlacht ein bedeutungsvoller Ort. Sie fand genau genommen vier Kilometer westlich statt, im sogenannten Emlinger Holz östlich von Raffelding. Hier trafen am 9. November 1626 die Truppen des kaiserlichen Generals Gottfried Heinrich zu Pappenheim (1594–1632), zusammen 8000 Mann, auf ungefähr gleich viele Bauern. 3000 Bauern und 3000 Soldaten fanden den Tod. Mit der Schlacht von Alkoven war der Bauernaufstand so gut wie niedergeschlagen. Drei Steinsäulen unweit der B 129 erinnern an das Ereignis.

Im Gemeindeteil Hartheim ist das sogenannte **Heizinger-Stöckl** (Backstöckl) sehenswert, es ist ein Giebelhaus mit spätbarocker Stuckfassade (Schlossstraße 4). Ganz in der Nähe liegt **Schloss Hartheim**, das bedeutendste Renaissanceschloss Oberösterreichs und eine der herausragenden Renaissanceanlagen Österreichs, allerdings nur in seinem äußeren Erscheinungsbild: Die Inneneinrichtung aus jener Zeit ist nicht mehr vorhanden. Das Schloss ging aus einer mittelalterlichen Burg hervor, die gegen 1590 unter der Familie Aspan als Vierflügelanlage mit vier polygonalen Ecktürmen ihr heute noch bestehendes Antlitz erhielt. Schloss Hartheim gelangte gegen 1800 in Besitz der Starhemberger, begann nach 1860 zu verfallen und wurde 1898 dem ›Oberösterreichischen Landeswohltätigkeitsverein‹ überlassen, der ein Pflegeheim für geistig Behinderte einrichtete. Aus diesem Pflegeheim machten die Nationalsozialisten 1939 eine ›Euthanasie-Anstalt‹, also eine Tötungseinrichtung, in der geistig und körperlich Schwerstbehinderte ermordet wurden. Zwischen Mai 1940 und dem Sommer 1944 wurden auf Schloss Hartheim im Rahmen der Aktion ›Gnadentod‹ wahrscheinlich 30 000 Personen umgebracht. Während der NS-Zeit bestanden im ganzen Reich sechs solcher Anstalten. 1948 erfolgte die Rückgabe an den erwähnten Wohltätigkeitsverein, das Schloss blieb aber ungenutzt. 1969 wurde eine Gedenkstätte für die NS-Euthanasieverbrechen eingerichtet, und 1997 wurden die Tötungsräume (Gaskammer und Verbrennungsöfen) der Öffentlichkeit zugänglich gemacht und das Gedenken mit der Ausstellung ›Wert des Lebens‹ erweitert. Heute ist Schloss Hartheim ›Lern- und Gedenkort‹ unter anderem zu den Themen Euthanasie, Behinderte und Inklusion.

Der österreichische Schauspieler und Abenteurer Friedrich von Ledebur (1900–1986) verbrachte seine letzten Lebensjahre in Alkoven. Er war Soldat auf den Schlachtfeldern des Ersten Weltkriegs, Goldgräber in Alaska, Fischer und Taucher in der Südsee und auch Kammerdiener bei vermögenden Kaliforniern. Internationale Bekanntheit erlangte er durch die Rolle des schweigsamen, tätowierten Kariben Queequeg in ›Moby Dick‹ (1956) des Regisseurs John Huston.

Schlichtweg imposant: Kloster Wilhering

■ Wilhering

Eine der großen Klosteranlagen Österreichs ist Stift Wilhering. Schon 1146 existierte ein kleiner hölzerner Klosterbau der Zisterzienser, die ihre Anlage in der ersten Hälfte des 13. Jahrhunderts dann in Stein ausführten. Schenkungen brachten dem Kloster raschen Wohlstand. Wilhering und Schlägl sind die großen geistlichen ›Motoren‹ der Besiedlung und Rodung des Mühlviertels, Hohenfurt (heute Vyšší Brod) im südlichen Böhmerwald und Engelszell Tochterklöster von Wilhering.

Eine Brandstiftung vernichtete 1733 die gesamte Klosteranlage. Ein vorgesehener größerer und prachtvollerer Neubau konnte in der Gänze nicht verwirklicht werden. Nur die Stiftskirche und die Prälatur wurden errichtet (1733–1751) und erst 30 Jahre später der Gästetrakt vollendet. Dennoch gilt die Stiftskirche als vollendetste Sakralschöpfung des österreichischen frühen Rokoko. Nach einigem Niedergang in der josephinischen Zeit und im 19. Jahrhundert kam es erst spät wieder zu einem Aufschwung. Aus dem alten Sängerknabenkonvikt des Stifts entstand 1895 ein gymnasiales Internat, Mönche aus Wilhering gingen 1928 in die Missionsarbeit nach Südamerika, wo sie bis Ende des 20. Jahrhunderts unter anderem in Bolivien viele größere Gebiete seelsorgerlich betreuten. Die Nationalsozialisten enteigneten das Kloster 1940, doch die Mönche konnten nach 1945 zurückkehren, auch der Schulbetrieb wurde wieder aufgenommen. Heute lernen im Stiftsgymnasium etwa 500 Schüler; 22 Mönche bilden derzeit die Klostergemeinschaft.

Von der 1733 abgebrannten mittelalterlichen **Stiftskirche** hat sich das Portal erhalten. Hat man es durchschritten – beiderseits des Eingangs befinden sich schöne Hochgräber der Grafen von Schaunberg –, so betritt man einen der grandiosesten Kirchenräume des Rokoko, denn das Innere wirkt durch Farbe und bewegte Architektur und Ornamentik wie aufgelöst. So oder ähnlich urteilen jedenfalls die meiste Kunstführer. Der Gesamtentwurf stammt von Johann Haslinger, die Details wurden von Mitgliedern der Familie Altomonte ausgeführt. Von Martin Altomonte (1657–1745), der zur Zeit der Arbeit an dem Auftrag schon 80 Jahre alt war, stammen der Hochaltar und alle anderen Altarbilder; die Deckenfresken schuf sein Sohn Bartolomeo Altomonte (1694–1783); das grandiose ›Wilheringer Heiligenhimmel‹ ragt heraus. Eine Konzeption für die Gesamtwirkung aller einzelnen Elemente schuf Bartolomeos Bruder, der Theaterarchitekt Andreas Altomonte (1699–1780). Ungewohnt ist für eine Rokokokirche das Vorhandensein eines Querschiffs. Zugänglich ist der (allerdings schlichte) Kreuzgang, in ihm existieren Reste des spätromanischen Vorgängerbaus mit einigen Fresken.

Sehenswert ist auch der **Stiftspark** mit einer etwa 850-jährigen Eibe, die aus der Gründungszeit rührt. Im Prälaturtrakt gibt es eine öffentlich zugängliche **Gemäldesammlung** des österreichischen Barock, im Meierhof des Stifts existiert eine **Ausstellung zur Stiftsgeschichte** und die österreichweit größte Sammlung von Gemälden Fritz Fröhlichs (1910–2001). In seinem Werk stehen Fresken im Zentrum (www.stiftwilhering.at; Juli/Aug. Di-So 10–18 Uhr).

Hinter Wilhering führt die Straße direkt am Donauufer entlang, unterhalb des Abhangs des Kürnberger Waldes. Man passiert einige hundert Meter hinter dem Abzweig der Straße nach Leonding einen dem Mittelalter nachempfundenen Turm aus dem späten 19. Jahrhundert, und dann ist die Stadtgrenze von Linz erreicht.

Auf der südlichen Donauseite

Donau Oberösterreich Tourismus, Lindengasse 9, 4040 Linz, Tel. 0732/7277-800. www.donauregion.at
Marketinggemeinde Engelhartszell, Marktplatz 61, 4090 Engelhartszell, Tel. 07717/805516. www.engelhartszell.at
Gemeindeamt Hartkirchen Abt. Tourismus, Kirchenplatz 1, 4081 Hartkirchen, Tel. 07273/8956-42.
www.hartkirchen.ooe.gv.at
Tourismusverband Aschach, Abelstr. 44, 4082 Aschach, Tel. 07273/6255.
www.aschach.at
Tourismusverband Eferding, Stadtplatz 31, Tel. 07272/5555-160.
www.eferding.at
Gemeindeamt Wilhering, Linzer Str. 14, 4073 Wilhering, Tel. 07226/2255-0.
www.wilhering.at

Gästehaus Donautal, Kasten 22, 4091 Vichtenstein, Tel. 07714/6310, p. P. im DZ ab 34 €. Direkt an der Donau. www.gaestehausdonautal.at
Gasthaus Zur blauen Donau, Vornwald 2, 4085 Wesenufer, Tel. 07718/7241, p. P. im DZ 29 €. www.gasthaus-schlager.at
Zum Schiffmeister, 4085 Wesenufer Nr. 19, Tel. 0699/17385109, p. P. im DZ ab 45 €. Vinothek und Mostothek, Biergarten mit Edelkastanie. www.schiffmeister.at
Gasthof Reisinger, Inzell 2, 4083 Haibach ob der Donau, Tel. 07279/8715, p. P. im DZ ab 28 €. Direkt in der Schlögener Schlinge gelegen.
www.gasthof-reisinger.at
Aschacher Hof, Ritzbergerstr. 7, 4082 Aschach, Tel. 07273/6360, p. P. im DZ 35 €. www.aschacherhof.at
Gasthof Sonne, Kurzwernhartplatz 5, 4082 Aschach, Tel. 07273/6308, p. P. im DZ ab 39 €. Gastgarten direkt am Fluss.
www.gasthof-sonne-aschach.at
Schloss Aschach, Harrachstr. 1, 4082 Aschach, Tel. 07273/7181, p. P. im DZ 70 €. Geschmackvolle Gästezimmer.
www.schloss-aschach.at
Gasthof Dieplinger, Brandstatt 4, 4070 Pupping, Tel. 07272/2324, p. P. im DZ ab 46 €. Wildspezialitäten, Spargelgerichte, gutes Bodenständiges. www.langmayr.at
Gasthof Kreuzmayr, Schmiedstr. 29, 4070 Eferding, Tel. 07272/4142, p. P. im DZ 38 €. www.gasthof-kreuzmayr.at
Landgasthaus Lehnerwirt, Alte Hauptstr. 9, 4072 Alkoven, Tel. 07274/6338.
www.lehnerwirt.at

Stefan-Fadinger-Museum, Kirchenplatz 1, 4084 St. Agatha, Tel. 0676/848084812; geöffnet nach Anfrage.
https://sanktagatha.riskommunal.net
Schoppermuseum, Schopperplatz 2, 4082 Aschach, Tel. 0664/4797704; Juni So 13–16 und Mo 10–12 Uhr, Juli/Aug. Sa–Do 10–17 Uhr, Sept./Okt. So 13–16 Uhr. Begegnung mit einem traditionsreichen, jedoch ausgestorbenen Handwerk.
www.museum-aschach.at
Museum Schloss Starhemberg (Stadtmuseum und Fürstliches Familienmuseum), Kirchenplatz 1, 4070 Eferding, Tel. 07272/5555-160; So 10–12 und 14.30–17 Uhr. Führungen müssen über den Tourismusverband vorangemeldet werden.
https://starhemberg.com
Schloss Hartheim, Schlossstr. 1, 4072 Alkoven, Tel. 07274/6536546, Gedenkräume Mo und Fr 9–15, Di–Do 9–16, So 10–17 Uhr, Sa geschlossen.
www.schloss-hartheim.at
Zisterzienserstift Wilhering, Linzer Str. 4, Tel. 07226/2311–12; Sammlungen Juli/Aug. Di–So 10–18 Uhr, Führungen Fritz-Fröhlich-Sammlung und Stift nach Voranmeldung. www.stiftwilhering.at

Klosterkrämerei Engelszell, Stiftstr. 13, 4090 Engelhartszell, Tel. 07717/200-24. Neben den berühmten Likören und Schnäpsen auch weitere Bio-Produkte aus der Region sowie Kunsthandwerkliches. www.klosterkraemerei.at

Die Linzer Torte

Sie ist außerhalb Österreichs vielleicht nicht so berühmt wie die Sachertorte, aber in Oberösterreich erhält sie man sie in Cafés und Bäckereien fast überall: die Linzer Torte. Sie wird bis heute nach dem ältesten in Gebrauch befindlichen Tortenrezept der Welt gebacken, das aus dem Jahr 1653 stammt. Für die Oberösterreicher ist sie ein traditionelles Backwerk, das für Festtage gerne zubereitet wird, wobei es zum Grundrezept etwa 250 Varianten gibt. Sie besteht aus einem Boden aus dem sogenannten Linzer Teig. Diesen gibt es als Mürbteig in braun (Mehl, Zucker, Butter, Ei, Mandeln, Nüsse, etwas Zimt oder Gewürznelken oder Muskatnuss) oder in weiß (Mehl, Zucker, Butter, Ei, Zitronenabrieb). Auf den Tortenboden wird Schwarze-Johannisbeer-Marmelade, in Österreich Ribiselmarmelade genannt, dünn aufgetragen. Dann erfolgt – als besonderes Charakteristikum der Linzer Torte – die Auftragung eines quadratischen oder rautenförmigen Gitters aus ›Linzer Masse‹. Diese ist eine mit Zimt und Zitrone abgeschmeckte Masse aus Mehl, Fett, Ei und Zucker mit Zusätzen von Mandel-, Marzipan- oder Nuß-Nougat-Masse. Dann erfolgt das Backen. Danach wird die noch heiße Torte nochmals mit Johannisbeermarmelade – manchmal auch Aprikosenmarmelade – bestrichen; oft erfolgt dieser letzte Vorgang auch schon vor dem Backen. Nach dem Backen sollte die Torte mindestens einen Tag stehen, damit die Füllung durchziehen kann.

Der Schriftsteller Alfred Polgar behauptete, dass die Torte ihren Namen im 17. Jahrhundert von einem Konditor namens Linzer in Wien erhalten habe. Die Erklärung wurde lange kolportiert. Da sie sich aber nicht nachweisen ließ, ist es wahrscheinlicher, dass die Torte ihren Namen von der Stadt Linz erhalten hat. Das Rezept aus dem Jahr 1653 – genau genommen sind es vier etwas variierende Rezepturen, die alle mit dem Attribut Linz versehen sind – findet sich im Küchenbuch der veronesischen Gräfin Sagramoso, das in der Stiftsbibliothek Admont bewahrt wird und erst 2005 aufgefunden wurde. Vor dem Jahr 2005 war eine in der Wiener Landesbibliothek aufbewahrte Zubereitungsanweisung aus dem Jahr 1696 als das Ur-Rezept der Torte angegeben. Admont liegt am alten Handelsweg von Venedig nach Linz, über den wahrscheinlich die Zutaten Zimt und Nelken nach Österreich gekommen sind. Oft wird ein Johann Konrad Vogel als erster Tortencreateur genannt. Dieser fränkische Zuckerbäcker war 1822 nach Linz zugewandert und hatte eine vermögende Konditorswitwe geheiratet. Er stellte die Linzer Torte in einem größeren als heute üblichen Umfang her und versendete sie nach ganz Europa, erfunden hat er sie jedoch nicht. Wegen der damals exotischen Zutaten galt die Torte im 17. und 18. Jahrhundert als Genuss vor allem in adeligen Kreisen.

Die Linzer Torte ist etwas variiert auch in Norditalien verbreitet, wobei die Johannisbeermarmelade meist durch solche aus Quitten ersetzt wird, so wie auch manche Rezeptvarianten überhaupt eher auf diese Frucht bauen. Eine andere Variante aus Italien verwendet als Füllung vorher in Zuckerwasser eingelegte und dann zerkleinerte grüne Walnüsse.

Als Kuriosität sei noch erwähnt, dass auch eine regelmäßig ausgestrahlte Radio-Talkshow auf Radio Oberösterreich den Namen ›Linzer Torte‹ trägt.

Linz

Linz ist mit über 206 000 Bewohnern zwar Österreichs drittgrößte Stadt, aber erst seit etwa 15 bis 20 Jahren ein touristisch viel besuchter Ort geworden. Der traditionelle Industriestandort – Stahlwerke, Metallverarbeitung –, der größte an der Donau zwischen deren Quelle und Budapest, genoss bis etwa zum Jahr 2000 den Ruf einer eher tristen Stadt mit großer Luftverschmutzung und ohne große Sehenswürdigkeiten. Es ist in hohem Maße dem engagierten Wirken des Kulturphilosophen und Tourismusdirektors Georg Steiner zu verdanken, dass Linz in den letzten Jahren als Kulturmetropole mit Veranstaltungen wie der ›Linzer Klangwolke‹, dem ›Brucknerfest‹ und unter anderem dem ›Ars-Electronica-Fest‹ internationales Ansehen erzielen und seine Besucherzahl vervielfachen konnte.

Linz hat eine durchaus reizvolle Innenstadt, weist aber in der Tat kein historisches Bauwerk auf, das allein einen Besuch in Linz rechtfertigt und das nicht andernorts in ähnlicher Form anzutreffen ist. Dennoch: Seit der Nominierung zur Kulturhauptstadt Europas (2009) haben die Stadt und deren Väter sich in solcher Weise ins Zeug gelegt, dass der Besucher kaum Atem holen kann, weil es so viel zu besuchen, zu bestaunen und zu ›behören‹ gibt. Georg Steiners Projekte konnten 2009 in einem 365-Tage-Festival gipfeln, durch das ganz Europa mit anderen Augen auf Linz schaute, als es vorher der Fall war. Der Publizist Andreas Hallaschka schrieb in diesem Zusammenhang verwundert über die ›Geburt einer Kulturmetropole‹. Eine Kulturmetropole von internationalem Rang ist Linz seither geblieben. Und viele Touristen erleben das neue Linz, vor allem seitdem die Donaukreuzfahrtschiffe hier öfter anlegen.

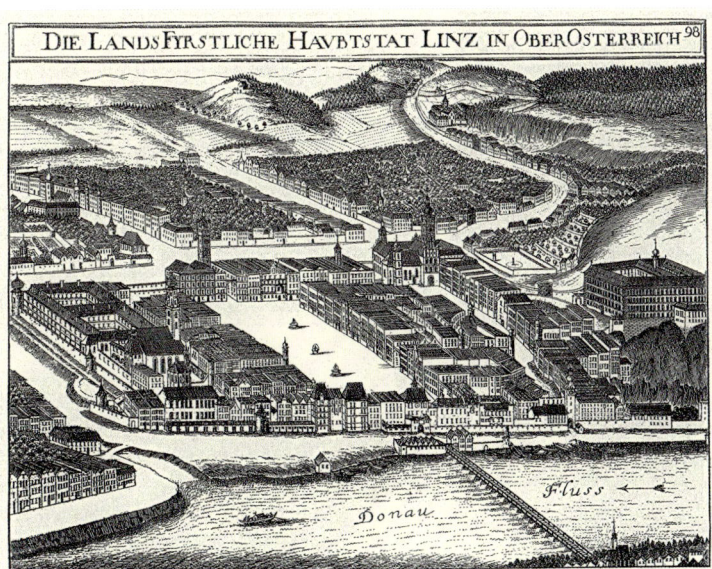

Linz 1674, Kupferstich von Georg Matthäus Vischer

Stadtgeschichte

Linz steht auf uraltem Siedlungsboden, seit etwa 2500 Jahren ist die Region besiedelt. Wiederholte Herrschaftswechsel, Bauern- und Glaubenskriege wie auch die ideologischen Kämpfe der ersten Hälfte des 20. Jahrhunderts führten zu einer bewegten Stadtgeschichte.

■ Frühgeschichte und Antike

Das Gebiet des späteren Linz ist seit der frühen Antike besiedelt. Eine keltische Siedlung etwa aus der Zeit um 400 v. Chr. konnte am Gründberg, etwa anderthalb Kilometer nördlich der Innenstadt jenseits der Donau, nachgewiesen werden. Sie lag an jenem uralten Verkehrsweg, die heute noch das Donaugebiet mit Südböhmen verbindet. Eine weitere keltische Siedlung befand sich auf dem Freinberg ganz im Westen der Innenstadt am südlichen Donauufer. Es wird vermutet, dass diese schon den Namen ›Lentos‹ getragen hat; die Bezeichnung bedeutet in etwa ›gekrümmt‹ und weist damit auf den Donauverlauf an dieser Stelle hin. Lentos hieß nämlich auch ein hier später befindliches Römerkastell – die Römer hatten um die Zeitenwende das keltische Königreich Noricum ihrem Imperium eingegliedert. Im 2. Jahrhundert wird eine römische Siedlung ›Lentia‹ erwähnt. Sie wurde um 300 von den Germanen zerstört, erhob sich jedoch bald wieder aus der Asche und überdauerte die folgenden Jahrhunderte wie auch die unruhige Völkerwanderungszeit. Anscheinend war die Lage dieser Stelle als Handels- und Verkehrsknotenpunkt so bedeutend, dass seit der Keltenzeit bis ins frühe Mittelalter durchgehend eine bewohnter Ort bestehen bleiben konnte.

■ Mittelalter

Als die Donauregion östlich von Passau im 8. Jahrhundert baierisch wurde, erschien das alte Lentos erstmals mit einem eingedeutschten Namen: 799 erfolgte die Erwähnung als ›lintze‹. Der Ort blieb bis zum Jahr 1210 baierisch und konnte sich zu einem bedeutenden Zollstützpunkt und Marktort an der Ostgrenze Baierns entwickeln. Allerdings konnte zu diesem Zeitpunkt noch keineswegs von einer Stadt die Rede sein. Erst nachdem der Babenbergerherzog Leopold VI. die Region erwerben hatte, kam es zum planmäßigen Aufbau einer Stadtanlage mit einem zentralen Hauptplatz, wie die rechtwinklig zueinander verlaufenden Straßen der Linzer Innenstadt zeigen. Nun war es Mautstation für die neuen Herrscher, deren Reichtum durch die Zolleinnahmen beträchtlich erweitert wurde. Nach dem Aussterben der Babenberger 1246 und den anschließenden Erbfolgewirren wurde die Stadt 1278 habsburgisch. 1335 erfolgte in Linz die Vertragsunterzeichnung, mit der Kärnten nach dem Aussterben der dort regierenden Meinhardiner habsburgisch wurde. Als Sitz eines Landeshauptmanns wurde es administratives Zentrum von ›Österreich ob der Enns‹, wie der Name Oberösterreichs damals lautete. Für kurze Zeit, von 1484 bis 1493, war Linz Residenz des Kaisers des Heiligen Römischen Reichs, Friedrich III. Dieser hatte zeitweise aus Wien fliehen müssen. Denn der Ungarnkönig Matthias Corvinus hatte die Stadt besetzt. Diese Besetzung war jedoch nur von kurzer Dauer, da der König am 6. April 1490 in Wien, gerade 47-jährig, an einem Schlaganfall starb. Friedrich selbst schien sich in Linz jedoch wohlgefühlt zu haben, da er in seinen letzten Lebensjahren immer wieder hierher kam. Er starb am 19. August 1493 in Linz, wurde jedoch im Wiener Stephansdom beigesetzt. Linz war in seiner gesamten Geschichte nur einmal, von 1458 bis 1462, eigenständige Residenzstadt, als hier Herzog Albrecht VI. (1418–1463), Friedrichs jüngerer Bruder und Erzherzog der Lande oberhalb der Enns, hofhielt. In das späte 15. Jahrhundert fällt auch der Bau einer ersten, noch hölzernen Linzer Donaubrücke. Sie blieb lange Zeit die einzige zwischen Passau und Krems.

■ Die Neuzeit

Die Reformation fiel in Linz in der ersten Hälfte des 16. Jahrhunderts auf fruchtbaren Boden. Die protestantischen Stände konnten als Ausdruck ihrer Macht auf der Stelle des abgerissenen Minoritenklosters das Landhaus erbauen. Daran war eine protestantische Schule angeschlossen, an der Johannes Kepler von 1612 bis 1626 als Lehrer tätig war und während dieser Zeit seine wichtigsten astronomisch-mathematischen Werke schuf. Zu dieser Zeit war jedoch die von den Jesuiten und dem ›Protestantenfresser‹ Kaiser Ferdinand II. erbarmungslos angesetzte Gegenreformation schon in vollem Gang. 1626, das Jahr des Oberösterreichischen Bauernkriegs, war auch für Linz schicksalhaft: Ein Bauernheer konnte neun Wochen lang die Stadt belagern, musste aber im Herbst erfolglos wieder abziehen. Die Rekatholisierung wurde nach dem Dreißigjährigen Krieg mit geballter Wucht weitergeführt, allerdings erfolgten auch früheste Industrialisierungen: 1672 wurde in Linz die erste Textilfabrik Österreichs gegründet, die ›Wollzeugfabrik‹. Für sie waren zu ihren Hochzeiten um 1790 rund 50 000 Personen tätig, allerdings nur etwa 100 in der Fabrik selbst, die anderen in Heimarbeit. Die Anlage befand sich am Donauufer und wurde erst 1960 abgerissen.

Ein Großbrand zerstörte im August 1800 große Teile des Schlosses, des Landhauses und der Altstadt. 1832 brachte die Eröffnung der Budweis–Linzer Pferdeeisenbahn einen gewissen wirtschaftlichen Aufschwung; sie war aber nur 40 Jahre in Betrieb. Bedeutender war und wurden neue Dampfeisenbahnstrecken, mit denen seit 1861 Salzburg, Passau, Linz und Wien (Westbahn) verbunden waren. Die Märzrevolution des Jahres 1848, die in Wien zu bürgerkriegsähnlichen Zuständen führte, berührte Linz nicht. Bis zum Ende des Ersten Weltkriegs blieb es in Linz weiterhin beschaulich.

■ Zwischenkriegszeit und Zweiter Weltkrieg

Der kurzen Epoche einer gewissen Verelendung, wie sie in allen Städten Österreichs nach der Zerschlagung der Monarchie einsetzte, und die von revolutionärer Stimmung und kleineren Aufständen begleitet war, folgte in der Mitte der 1920er Jahre in der sogenannten ›Ersten Republik‹ ein gewisses Wiedererstehen der wirtschaftlichen Kraft. Zusammen mit einigen Eingemeindungen ließ diese Entwicklung Linz zur Großstadt werden. Die weltanschaulichen Auseinandersetzungen konservativ-bürgerlicher und sozialdemokratisch-sozialistischer Parteien und Gruppierungen brachten aber auch in Linz wie damals überall im deutschsprachigen Raum Konflikte mit sich. Diese eskalierten 1934 aufgrund des wenig demokratischen Kurses der allerdings demokratisch gewählten damaligen Bundesregierung unter Engelbert Dollfuß und führten zum ›Österreichischen Bürgerkrieg‹. Der ›Republikanische Schutzbund‹, eine paramilitärische Einheit der österreichischen Sozialdemokraten (SPÖ), sollte nach Razzien mit Waffenfunden zerschlagen werden, was im Februar 1934 in Linz zu blutigen Straßenkämpfen führte. An einigen Kämpfern des Schutzbundes wurde wegen Widerstands gegen die Staatsgewalt sogar die Todesstrafe vollstreckt. In der Folge wurde die SPÖ verboten. Engelbert Dollfuß half die Niederschlagung der Sozialdemokratie jedoch nichts: Er wurde von österreichischen Nationalsozialisten am 25. Juli während eines Putschversuchs getötet.

Als dann im März 1938 die Nationalsozialisten Österreich an das Deutsche Reich ›anschlossen‹, geriet Linz in eine völlig neue Lage. Denn für Adolf Hitler war Linz die Stadt seiner Jugend, seit 1900 hatte er hier nach dem Umzug seiner Eltern in das nahe Leonding die Realschule besucht, war hier in Kontakt mit Vertretern antisemitischer und völkischer Weltanschauungen gekommen, hatte im hiesigen Opernhaus erstmalig Werke von Richard Wagner gehört. Er war bis 1907 in Linz geblieben. Aufgrund dieses emotionalen Verhältnisses war es für Hitler eine Herzensangelegenheit, bereits am 13. März 1938, also noch vor seinem spektakulären Auftritt auf dem Balkon der Wiener Hofburg, in Linz vor die jubelnden Volksmassen zu treten und spontan den ›Anschluss‹ zu verkünden sowie ihn gleich auch als Erlass zu unterschreiben. Linz sollte zur ›Führerstadt‹ mit ganz besonderer wirtschaftlicher und kultureller Rolle im Deutschen Reich um- und ausgebaut werden, auch plante Hitler, hier seinen Altersruhesitz zu nehmen. Kolossalbauten entlang des Donauufers und eine imposante Prachtstraße sollten diesen Anspruch untermalen, wurden aber bis Kriegsende mit der Ausnahme der den Hauptplatz zur Donau hin abschließenden Repräsentativgebäude so gut wie nicht umgesetzt. Ein ›Führermuseum‹ sollte die weltweit größte Gemäldegalerie beherbergen.

Im Rahmen dieser neuen angestrebten Rolle von Linz erfolgte bereits im Mai 1938 der erste Spatenstich zum Bau der ›Reichswerke für Erzbergbau und Eisenhütten Hermann Göring‹, die aus der Übernahme der ›Österreichisch-Alpinen

Begeisterter Empfang für Adolf Hitler in Linz beim ›Anschluss‹ 1938

Montangesellschaft‹ entstanden. Die ›Reichswerke Hermann Göring‹ waren in den 1940er Jahren neben der ›I.G. Farben‹ (Frankfurt) und den ›Vereinigten Stahlwerken‹ (Duisburg) der größte Konzern des Deutschen Reiches. Überhaupt wurden bereits bestehende Industrieanlagen ausgebaut, auch der Hafen großflächig erweitert, wobei der Ortsteil St. Peter-Zizlau niedergerissen wurde. Seine 4500 Bewohner mussten in andere Stadtteile umziehen, teils wurden für sie auch neue Siedlungen wie unter anderem die im ehemaligen Gemeindeteil Bindermichl neu gebaut. Zudem erfolgten weitere Eingemeindungen. Die auch noch heute bestehende Bedeutung Linz als Stahlstandort mit den Werken der voestalpine wurde somit schon 1938 festgelegt.

Bis Juli 1944 blieb Linz vom Bombenkrieg verschont. Doch als wichtiger Rüstungsstandort stand es schon lange auf der Liste der Angriffsziele der alliierten Bomberflotten, die es bis zum Kriegsende 22-mal attackierten. 1600 Linzer starben, neben den Industriebetrieben war auch die Innenstadt in Mitleidenschaft gezogen. Während um ihn herum das Reich in Trümmer fiel, beschäftigte sich

Adolf Hitler noch Ende April 1945 in den Gewölben seines Berliner Bunkers an einem hölzernen Stadtmodell mit dem weiteren Ausbau der ›Führerstadt Linz‹. Am 5. Mai 1945 marschierten die Amerikaner in Linz ein, der nördlich der Donau gelegene Ortsteil Urfahr wurde am 27. Juli von sowjetischen Truppen besetzt. Bis 1955 bildete die Donau eine Art Demarkationslinie zwischen dem amerikanisch besetzten Linz und dem sowjetischen Urfahr, der Übertritt von einer Besatzungszone in die andere wurde streng bewacht und kontrolliert.

■ Von 1945 bis heute

Bis 1955 blieb die Teilung des Stadtgebiets in eine sowjetische Zone links der Donau und eine amerikanische am rechten Ufer bestehen. Die Teilung Linz´ und damit die Besatzungszeit ganz Österreichs endete am 15. Mai 1955, als jener berühmte Staatsvertrag unterschrieben wurde, mit dem sich Österreich zur Neutralität verpflichtete und dafür frei werden konnte.

1966 wurde Linz Universitätsstadt. Zunächst wurde die Hochschule für Sozialwissenschaften ins Leben gerufen, aus der später die Johannes-Kepler-Universität entstand. Die Stahlindustrie blieb in der Nachkriegszeit stadtbestimmend. Linz war kein Touristenort, sondern eine graue, von Luftverschmutzung gepeinigte Stadt, die niemand besuchte, der dort nicht lebte oder arbeitete. Erfolgreich ging man jedoch in der Stadtverwaltung gegen dieses Image an. In den 1970er Jahren belebten architektonisch avantgardistische Wohnungs- und Bürogebäudekomplexe wie etwa das ›Lentia 2000‹ (Blütenstr. 23), das 2010 um ein Einkaufszentrum erweitert wurde, das Stadtbild. Mit dem 1974 eröffneten Brucknerhaus an der Donaulände entstand ein weithin bekanntes Konzerthaus mit vorzüglicher Akustik. 1979 wurde ein – damals ungeheuer futuristisch erscheinendes – Festival für Computerkunst- und -musik, die ›Ars Electronica‹, ins Leben gerufen. Es existiert bis heute und genießt weltweite Bekanntheit. Gegen 1990 erreichte Linz mit 204 000 Bewohnern einen Bevölkerungshöchststand, dem ein kurzer Rückgang folgte und der erst 2016 wieder erreicht wurde. Mit der Eröffnung des Ars Electronica Centers 1996, einem Museum digitaler Interaktion (genannt auch ›Museum der Zukunft‹), und des Lentos Kunstmuseums 2003 legte Linz endgültig das Schmuddelimage ab. Es avancierte 2009 mit der Wahl zur Kulturhauptstadt Europas zu einem weltweit anerkannten Kulturstandort, was aber sicherlich ohne das langjährige erfolgreiche Wirken des Kulturmanagers Georg Steiner so nicht möglich geworden wäre. Die ›Klangwolke‹, die im Rahmen des alljährlichen Brucknerfestes als großes Open-Air-Spektakel unterschiedlicher Musikgattungen stets Anfang September Hunderttausende in die Stadt zieht und gleichsam zu ihrem neuen Symbol geworden ist, ist symbol-

Das Wappen von Linz bis 1965

haft und unumkehrbar seit vielen Jahren an die Stelle der grauen Staubwolken aus den Schloten der voestalpine getreten. Linz ist auch ein Ort gewissen Wohlstands: Mit 157 000 Arbeitsplätzen weist es gemessen an der Zahl seiner Bewohner eine ungewöhnliche Arbeitsplatzdichte auf. Das brachte und bringt eine hohe Pendlerrate und damit unübersehbare Verkehrsprobleme mit sich. Der Ballungsraum Linz, der zweitgrößte Österreichs, weist knapp 800 000 Bewohner auf.

Bedeutende Linzer Persönlichkeiten

In Linz kam als wahrscheinlich älteste bedeutende der hier geborenen Persönlichkeiten Erzherzog **Ferdinand II.** (1529–1595) zur Welt. Berühmt wurde er als Landesfürst von Tirol, durch seine heimliche Heirat mit der Bürgerstochter Philippine Welser und als Kunstsammler. Seine umfangreichen Kollektionen trug er auf Schloss Ambras bei Innsbruck zusammen. Goethes Muse **Marianne von Willemer** (1784–1860), die er im ›West-östlichen Divan‹ verewigte, kommt ebenfalls aus Linz. **Hermann Bahr** (1863–1934) war zu seiner Zeit ein sehr bedeutender Schriftsteller und Kritiker. Stilistisch pendelte er zwischen Naturalismus und Expressionismus, sein bekanntestes Werk ist das Lustspiel ›Das Konzert‹ (1909). An seinem Geburtshaus Herrenstr. 12 befindet sich eine Gedenktafel. Populär war einst auch die Theater- und Filmdarstellerin **Hedwig Bleibtreu** (1868–1958). In ›Dreizehn Stühle‹ (1938) mit Heinz Rühmann und ›Der dritte Mann‹ (1949) von Sir Carol Reed hatte sie zwei ihrer wichtigsten Rollen. Ihre Großnichte ist Monica Bleibtreu (1944–2009, vor allem bekannt in der Darstellung der Katia Mann in jenem berühmten Fernseh-Dreiteiler von 2001); deren Sohn und damit Hedwigs Urgroßneffe ist der bekannte Darsteller Moritz Bleibtreu (geb. 1971). Linzer ist auch **August Kubizek** (1888–1956), Zeitgenosse Adolf Hitlers und Verfasser des einst vielgelesenen, jedoch von der seriösen Historikerzunft nicht goutierten Erinnerungsbuchs ›Adolf Hitler, mein Jugendfreund‹, das er allerdings erst 1953 publizierte. Von ganz anderem Bekanntheitsgrad ist der Sänger **Richard Tauber** (1891–1948), geboren als Richard Denemy. Er war in den 1920er und 1930er Jahren – nach dem Tod Enrico Carusos – *der* Tenorsänger weltweit. Franz Lehár schrieb die Tenorpartien seiner wichtigsten Operetten, unter anderem ›Das Land des Lächelns‹, direkt für ihn. Tauber wirkte in vielen Tonfilmen mit und komponierte selbst unter anderem auch eine Operette (›Old Chelsea‹, 1941). Nachdem er 1933 in Deutschland als ›Judenlümmel‹ angegriffen und beschimpft wurde, blieb er in Österreich, 1938 emigrierte er nach England. Nur 57-jährig, starb er im Exil an Lungenkrebs. Seine letzte Ruhestätte fand er auf dem Friedhof von Bad Ischl.

▲ *Hermann Bahr im Jahr 1891*

Der Hauptplatz, dahinter der Alte Dom

Der auch in Deutschland unter anderem als grantelnder österreichischer Tatort-Kommissar Marek bekannte Schauspieler **Fritz Eckhardt** (1907-1995) ist Linzer. **Geli Raubal**, die Tochter von Adolf Hitlers Halbschwester Angela Raubal, wurde ebenfalls in Linz geboren. Sie nahm sich 1931, gerade 23-jährig, in München das Leben. Über die Gründe, die nie herausgefunden wurden, wurde viel spekuliert. War es eine unglückliche Leidenschaft zu ihrem damals politisch schon erfolgreichen Cousin? **Karl Moik** (1938-2015), langjähriger Moderator des ›Musikantenstadls‹ und damit auch in Deutschland einst sehr populär und beliebt, war ebenso Linzer, genau wie **Frank Elstner** (eigentlich Timm Elstner, geb. 1942), Radiomoderator und einem breiten Publikum bekannt als Showmaster und Showerfinder: unter anderem ›Spiel ohne Grenzen‹, ›Die Montagsmaler‹, ›Wetten, dass‹, ›Verstehen Sie Spaß?‹. **Franz Welser-Möst** (geb. 1960) war von 2010 bis 2012 Generalmusikdirektor der Wiener Staatsoper, dirigierte 2011 und 2013 das berühmte Neujahrskonzert der Wiener Philharmoniker und ist ein europaweit angesehener Dirigent.

Historische Innenstadt

Die historische Innenstadt erstreckt sich von der Donau zwischen Schloss und Lentos Kunstmuseum nach Südosten, links und rechts von Hauptplatz und Landstraße, die die große Hauptachse der Altstadt bilden. Die historische Innenstadt ist kleinräumig und lässt sich an nur einem Tag bestens erkunden – natürlich nur, wenn man den Besuch von Museen nicht einschließt.

■ Hauptplatz

Herz der Stadt ist der Hauptplatz mit der Dreifaltigkeitssäule. Mit 220 Metern Länge und 60 Metern Breite gilt der deutlich zur Donau abfallende, jedoch bei den beiden ›Brückenkopfhäusern‹ am

Donauufer wieder ansteigende Platz als einer der größten Stadtplätze Europas. Er wurde etwa um 1230 als besonderer Kaufmannsplatz am Fuß des Schlossbergs angelegt, östlich der damaligen Altstadt. Nur Kaufleute durften hier bauen. Die Grundstückspreise waren sehr hoch, was zur Folge hatte, dass nur schmale, aber sehr lange Häuser entstanden. Wahrscheinlich sind die Hausnummern 15 bis 21 die ältesten, wenngleich im Laufe der Zeit umgebauten Gebäude am Hauptplatz. Haus Nr. 18 – hier ist das Café ›Glockenspiel‹ untergebracht – ist beispielsweise 90 Meter tief. Nr. 21 kann man als Kulturhochburg bezeichnen: es beherbergt ein kleines Theater, ein Café, Restaurants, eine Buchhandlung und im Keller eine Musikbar.

Vom Hauptplatz fährt die Bahn auf den Pöstlingberg, hier herrscht an vielen Tagen fröhliches Markttreiben, und hier hat 1521 anlässlich der Hochzeit des Erzherzogs Ferdinand (dem späteren Kaiser Ferdinand I. und Bruder Kaiser Karls V.) mit der Jagiellonentochter Anna von Böhmen und Ungarn das wahrscheinlich letzte große Ritterturnier in Europa stattgefunden.

Obwohl der Platz in seiner Bebauung aus der Zeit zwischen 16. und 19. Jahrhundert sehr homogen wirkt, fallen die beiden wuchtigen Gebäude am Durchgang zur **Donaubrücke**, der Nibelungenbrücke, auf. Sie wurden 1940 errichtet und gehören zu den wenigen verwirklichten Neu- und Umbauten, mit denen Linz in eine ›Führerstadt‹ verwandelt werden sollte. Die Gebäude erhielten vor wenigen Jahren Glasaufbauten, womit ganz bewusst ihre NS-Monumentalität etwas abgeschwächt werden sollte. In ihnen sind Einrichtungen der Linzer Kunsthochschule untergebracht. Unter ihnen, wie auch unter dem gesamten Platz, existieren Bunker und Luftschutz-

Malerische Fassaden dicht an dicht: die Klosterstraße in der Nähe des Hauptplatzes

stollen aus der selben Zeit. Sie können nach Voranmeldung besucht werden (www.limonistollen.at).

Verhältnismäßig bescheiden, doch würdevoll ist mit seinem hübschen Turm das **Alte Rathaus** (Hauptplatz 1). Es entstand zwischen 1510 und 1520 und beherbergt heute unter anderem die Touristeninformation. Vom Balkon des Rathauses verkündete Adolf Hitler am 13. März 1938 den ›Anschluss‹, ein Akt, den er zwei Tage später in Wien wiederholte. Im Rathaus gibt es ein kleines **Zahnmuseum**.

Sehr sehenswert und gewissermaßen auch hörenswert ist das **Feichtingerhaus** (Hauptplatz 18). Denn sein Glockenspiel lässt täglich um 11.03, 14.03 und 17.03 je nach Monat für jeweils einige Minuten Weisen von Mozart, Haydn und Bruckner oder auch die österreichische Hymne erklingen.

Die den Platz dominierende 20 Meter hohe **Dreifaltigkeitssäule** (Pestsäule) entstand nach der großen Pestzeit (1708–1713), die ganz Mitteleuropa heimsuchte. Solche Säulen sind auf annähernd allen Stadtplätzen in den alten Habsburgerlanden zu finden. Sie wurden entweder aus Dankbarkeit gleich nach der Pestzeit errichtet, wenn die Seuche die Stadt nicht allzu sehr dezimierte, oder kurz davor, um die Pestheiligen Rochus und Sebastian gnädig zu stimmen, die Stadt nicht zu sehr verheeren zu lassen. Rochus und Sebastian, wie auch St. Florian – er hilft gegen Feuersbrünste – sind daher am Sockel der Säule zu finden. Das Säulenende wird durch die heilige Dreifaltigkeit bekrönt: Gottvater mit Weltkugel, Christus mit Kreuz, der Heilige Geist mit Taube.

■ Stadtpfarrkirche Mariä Himmelfahrt

Die Stadtpfarrkirche Mariä Himmelfahrt steht vom Hauptplatz deutlich zurückgesetzt, in einer Parallelgasse hinter dem Alten Rathaus. Ihr 84 Meter hoher **Turm** ist weithin sichtbar und für die Stadtsilhouette charakteristisch. Anton Bruckner war an dieser Kirche von 1855 bis 1868 als Organist tätig.

Ursprünglich eine romanische Kirche, dann um 1460 gotisiert, wurde das Langhaus gegen Ende des 17. Jahrhunderts barock umgebaut, wobei der Turm von 1483 unverändert blieb. Nur der Turmhelm wurde 1818 im Stil der Zeit verändert. Dennoch ist einiges Gotische wie das Kreuzrippengewölbe im Eingangsbereich erhalten. Das **Altarbild** schuf 1695 Carl von Reslfeld (1658–1735), das **Deckenfresko** ›Triumph der Religion‹ (1773) ist ein bemerkenswertes Alterswerk von Bartolomeo Altomonte (1694–1783), einem der bedeutendsten Vertreter der Freskenmalerei des österreichischen Barock. Die Figur des heiligen Nepomuk in einer Nische an der Außenseite der Kirche stammt von Georg Raphael Donner (1693–1741). Sehenswert sind die 13 lebensgroßen **Apostelfiguren** an den Pfeilern sowie der **Grabstein** (Kenotaph) für Kaiser Friedrich III., der 1493 in Linz starb. Beigesetzt sind des Kaisers Gebeine allerdings in einem Hochgrab im Wiener Stephansdom, doch in Linz sind seine Eingeweide, wie man zu sagen pflegt, zu ihrer letzten Ruhe gebettet. Der **Kreuzaltar** im linken Seitenschiff weist eine wundertätige Christusfigur auf, deren Haartracht ungewöhnlicherweise eine Echthaarperücke ist.

Im unweiten Haus Rathausgasse 5 lebte von 1622 bis 1626, während seiner letzten Jahre in Linz, der Astronom Johannes Kepler. Ein neu eingerichteter ›Keplersalon‹ dient als Veranstaltungsraum.

■ Alter Dom

Die zweite große Kirche der Linzer Altstadt – die Ignatiuskirche, meist Alter Dom genannt – befindet sich ebenfalls nicht direkt am Hauptplatz, sondern ebenfalls zurückversetzt, an der parallel zu ihm verlaufenden Domgasse. Als Kirche des Jesuitenordens, der im Zuge der Gegenreformation um 1600 nach Linz kam, wurde sie zwischen 1669 und 1678 erbaut. Seit 1775, nach der Aufhebung des Jesuitenordens, war sie bis

Die Kanzel im Alten Dom

1909, bis zum Bau des ›Neuen Doms‹, Bischofskirche. Jetzt ist sie wieder im Besitz des Jesuitenordens. Auch an dieser Kirche war Anton Bruckner als Organist tätig. Die alte **Barockorgel** hat er übrigens nach seinen Wünschen zu einer klangprächtigen Konzertorgel umbauen lassen. Während das Kirchenäußere recht nüchtern wirkt, ist ihr hell erstrahlendes Inneres, wie es für Jesuitenkirchen charakteristisch ist, sehr prunkvoll gestaltet. Die reich verzierte, mächtige **Kanzel** (grandioser Schalldeckel), der **Hochaltar** und das **Chorgestühl** sind dabei besonders sehenswert.

Im ›Alten Dom‹ ist Erzherzogin Maria Elisabeth (1748–1808) beigesetzt. Die Tochter Maria Theresias wurde wegen ihres unattraktiven Äußeren – sie war unter anderem von Pockennarben gezeichnet und litt an einer Schilddrüsenfehlfunktion – im Volksmund die ›kropferte Liesl‹ genannt. Sie war seit 1781 Äbtissin eines Innsbrucker Frauenstifts und floh 1805 vor den napoleonischen Truppen nach Linz, wo sie auch starb. Das Grab ist nicht direkt zugänglich.

■ Alter Markt

Westlich des Hauptplatzes, am Fuß des Schlossbergs, schmiegen sich die Häuser um den Alten Markt. Hier gibt es noch manch verwunschenen Winkel; während um den Hauptplatz die Gassen meist rechtwinklig aufeinander stoßen und nüchtern wirken, lassen die krummen Gässchen hier im ältesten Teil der Stadt eine Stimmung längst vergangener Jahrhunderte aufkommen.

Gleich hinter dem Landhaus führt die Straße Altstadt zum Alten Markt. Das Gebäude Altstadt 17 wird heute **Mozarthaus** genannt. In diesem Haus, das dem Grafen Thun-Hohenstein gehörte, komponierte Wolfgang Amadeus Mozart 1783, während der Rückreise von einem Besuch bei seinem Vater in Salzburg, in nur vier Tagen zwischen dem 30. Oktober und dem 3. November für ein kurzfristig durch den Grafen angesetztes Konzert seine später so genannte Linzer Symphonie (C-Dur, Nr. 36, KV 425). Das Haus kann innen nicht besichtigt werden, eine Mozartbüste an der Außenwand und eine Klanginstallation im Hof müssen das ersetzen.

Altstadt 13 ist das so genannte **Wilheringer Freihaus**, das dem nahen Stift Wilhering gehörte; ein Stiftswappen über dem Portal deutet diese Verbindung an. Altstadt 12 ist das aus dem Spätmittelalter stammende **Waaghaus**, das seit langem Markthalle ist. Ein schönes Renaissanceportal, gekrönt von einem barocken Stiftswappen, besitzt das **Kremsmünsterer Stiftshaus**, bis 1493 Stadthaus Kaiser Friedrichs III. Das ursprünglich gotische Gebäude wurde nach dem Tod des Kaisers, der hier gestorben sein soll, 1507 dem Kremsmünsterer Stift verkauft, das es mehrmals umbauen ließ. Heute ist es ein bloßes Wohnhaus.

Die Hofgasse führt am Nordende des Alten Markts verhältnismäßig steil nach links zum Schloss hinauf und nach rechts auf den Hauptplatz. In der Gasse gibt es mehrere Bars und Clubs.

Die Hofgasse im ältesten Teil der Stadt

■ **Landhaus**

Das Landhaus ist das vielleicht bedeutendste historische Gebäude der Altstadt. Es ist Sitz des oberösterreichischen Landtags, der Landesregierung und des Landeshauptmanns. Bis 1569 stand hier ein damals verfallendes Minoritenkloster. Es wich bis auf die Klosterkirche einem repräsentativen Neubau, der in verschiedenen Etappen bis 1658 errichtet wurde. Dieser entstand für die oberösterreichischen Stände und beherbergte auch eine protestantische Schule. Johannes Kepler unterrichtete an ihr von 1612 bis 1626, hier verfasste er auch seine astronomischen ›Tractate‹. Nach dem Brand im Jahr 1800, der durch überspringendes Feuer vom Brand des oberhalb gelegenen Schlosses ausgegangen war und die Bibliothek und die Gemäldegalerie des Landhauses zerstörte, erfolgte der Wiederaufbau einiger Gebäudeteile in abweichender, klassizistischer Form. Dabei wurden der an die Südmauern des Landhauses angrenzende Stadtgraben größtenteils zugeschüttet und die Wallanlagen und Mauern geschleift, wodurch die Straße ›Promenade‹ entstand.

Nahe der steinernen, aus der Barockzeit rührenden Brücke – sie wurde erst 2009 freigelegt, nachdem sie seit dem Stadtbrand zusammen mit dem Graben zugeschüttet war – über den ehemaligen Stadtgraben befindet sich am Südportal des Landhauses ein Metallkreis von über drei Metern Durchmesser, der in den Boden versenkt ist. Er erinnert an und symbolisiert den Neuguss der ›Pummerin‹, jener gewaltigen Glocke des Stephansdoms, die 1945 bei dessen Brand hinabgestürzt und zerborsten war. Das Land Oberösterreich ließ 1951 für den Dom eine neue Glocke gießen. Sie war einige Wochen, bevor sie nach Wien gebracht wurde, an der Stelle abgestellt, die der Kreis markiert.

Der Innenhof des Landhauses

Im Landhaus existieren drei Innenhöfe, der prächtigste davon ist der **Arkadenhof** von 1571 mit zwei Planetenbrunnen in der Mitte. Er ist fast original erhalten. Hier findet während lauschiger Sommernächte manch kleines Promenadenkonzert statt. Das markante **Nordportal** des Landhauses liegt zur Straße Altstadt hin. Es ist aus rotem Marmor gemeißelt und mit seinen Putten, die die Wappen von Oberösterreich, Niederösterreich und den österreichischen Bindenschild in ihren Händen halten, fast zum Wahrzeichen von Linz geworden. Der **Turm** (1638) des Landhauses zeigt in Richtung Herrengasse unter der Zeigeruhr auch eine **Sonnenuhr** mit hübschen Sgraffitodarstellungen von Fritz Fröhlich (1910–2001) – Sonnenuhren sind überhaupt an allen Seiten angebracht.

■ **Minoritenkirche**

Wegen ihrer unmittelbaren Nähe zum Landhaus wird die Minoritenkirche oft auch Landhauskirche genannt. Sie stellt das einzige Relikt des 1239 gegründeten, jedoch wegen des Landhausbaus im 16. Jahrhundert abgetragenen Minoritenklosters dar. Die vomals romanische Kirche wurde nach 1750 barockisiert, der Turm-

Das Stifter-Denkmal an der Promenade

umbau erfolgte bereits 1699. Der äußerlich schlichte Bau ist im Inneren von verspielter Rokoornamentik erfüllt. Am kostbarsten ist sicherlich der **Hochaltar** aus Stuckmarmor von 1756 mit dem Altarbild ›Verkündigung Mariae‹ von Bartolomeo Altomonte. Die **Seitenaltäre** stellen architektonisch eine gewisse Besonderheit dar, da sie in ihren jeweiligen Altarnischen mit diesen eine untrennbare Einheit aufweisen. Das Altarblatt des **Kreuzaltars** stammt von Martin Johann Schmidt (1718–1801), dem ›Kremser Schmidt‹, Österreichs bedeutendstem Maler des Spätbarock und Rokoko. Die Kirche ist zwar im Besitz des Landes Oberösterreich, wird aber von der Petrusbruderschaft genutzt.

■ Promenade

Die Straße Promenade südlich des Landhauses verläuft auf dem mittelalterlichen Stadtgraben und begrenzt die historische Innenstadt im Südwesten. Sie ist vielbefahren, lädt aber durch kleine Grünanlagen und einige attraktive Lokale auch zum Bummel ein.

Unweit der erwähnten Brücke am Südportal des Landhauses steht ein **Stifter-Denkmal** (1902), das aus Granit aus dem Böhmerwald gemeißelt wurde. Vom traditionsreichen Café ›Traxlmayr‹ mit seiner schönen Sommerterrasse lässt sich das muntere Treiben entlang der beliebten Flaniermeile genüsslich betrachten.

■ Landestheater

An der Promenade steht auch das Landestheater. Der barocke Ursprungsbau von 1696 wurde 1774 erweitert, sein Haupttrakt 1803 klassizistisch umgeformt. Der 1958 vom damaligen Stararchitekten Clemens Holzmeister errichtete Anbau der Kammerspiele gehört genauso zum Linzer Landestheater wie das extern gelegene Musiktheater am Volksgarten und der ›u\hof‹ im OÖ Kulturquartier. Das Landestheater ist Oberösterreichs größte Bühne und auch seine größte kulturelle Einrichtung überhaupt (www.landestheater-linz.at).

■ Schloss und Schlossberg

Seit uralten Zeiten ist der Schlossberg wegen seiner strategischen Lage besiedelt. Das Römerkastell Lentium befand sich auf und am Schlossberg. 799 wird eine befestigte Anlage auf dem Berg in

Das Nibelungendenkmal vor dem Schloss

Nachbau einer Bauernstube im Schlossmuseum

einer karolingischen Urkunde als ›linze‹ bezeichnet. Von hier genießt man einen guten Blick donauaufwärts und -abwärts. Kaiser Friedrich III. veranlasste 1477 den Umbau einer alten Babenbergerburg, doch Kaiser Rudolf II. ließ im Jahr 1600 dieses Schloss zu einer groß angelegten Renaissance-Residenz erweitern. Sie wurde allerdings nach der Belagerung durch die Aufständischen während des Oberösterreichischen Bauernkriegs im Jahr 1626 weniger und weniger genutzt, der hier residierende Landeshauptmann zog 1783 ins Landhaus um. Das damals bereits verfallene Schloss brannte 1800 nieder, übergreifende Flammen ließen auch große Teile der Innenstadt in Asche sinken. Doch wurde es teilweise wieder instandgesetzt: ab 1800 diente es als Gefängnis, von 1851 bis 1945 als Kaserne und nach einem erneuten Ausbau von 1953 bis 1963 ist es **Schlossmuseum**. Der 1800 abgebrannte und nicht wieder aufgebaute Südflügel wurde 2009 durch eine spektakuläre Stahl-Glas-Kon-struk-tion ersetzt, in der die technischen und naturkundlichen Sammlungen des Museums untergebracht sind. Hier gibt es auch neben einer Aussichtsterrasse ein hübsches Modell der Stadt Linz aus Bronze. Bei den Umbauarbeiten wurde auch ein seit 1800 verschütteter Raum und eine Art mittelalterlicher Fluchtstollen entdeckt und der Öffentlichkeit zugänglich gemacht, genau wie die Reste eines Rundturms aus der Zeit Friedrichs III.

Vom Landestheater aus kann man über die Römerstraße und den Schlossberg hinaufgelangen, vom Alten Markt via Tummelplatz und ebenfalls die Straße Schlossberg. Vom Hauptplatz geht es via Hofgasse am schnellsten zum Schloss, das man auf diesem Weg durch das **Rudolfstor** betritt. An diesem Tor erinnert eine Stele mit einem Schiff an die mythische Nibelungenfahrt. Wer über die Römerstraße hinaufgeht, betritt das Schlossareal durch das **Friedrichstor;** Friedrichs III. bekannte und geheimnisvolle symbolische Runen AEIOU sind in der Wappenkartusche unübersehbar. Die **Parkanlagen** an der Westseite des Schlossbergs lohnen zu allen Jahreszeiten einen Spaziergang.

Martinskirche

Die unscheinbare, kleine Martinskirche an der Martingasse, Ecke Römerstraße ist das älteste Gotteshaus von Linz und eine der ältesten Kirchenbauten Österreichs – sie wurde schon Ende des 8. Jahrhunderts erwähnt. Ihr heutiges Aussehen erfolgte durch romanischen Umbau einer karolingischen Kirche, wobei sie dann in der Gotik dann letztmals verändert wurde. Im Inneren gibt es sehenswerte leuchtend bunte **Fresken** und **römische Grabsteine**, leider ist die Kirche meist geschlossen.

Herrenstraße und Spittelwiese

Eine viel begangene Straße und neben der Achse Hauptplatz–Landstraße die zweite wichtige Nord-Süd-Verbindung innerhalb der Innenstadt ist die Herrenstraße. Sie ist als Fußgängerzone gestaltet, beginnt an der Promenade am Landhaus und endet am Auerspergplatz. Ihren Namen trägt sie nach den vielen kleineren und größeren sie säumenden Adelssitzen. Heute gibt es viele Lokale und Geschäfte. An der Stelle des Hotels zum Schwarzen Bären (Nr. 9–11) stand einst das Geburtshaus Richard Taubers, schräg gegenüber, in Nr. 12, kam der Schriftsteller Hermann Bahr zur Welt, die Familie siedelte jedoch bald in das Haus Nr. 18 über. Der **Bischofshof** an der Ecke zur Bischofstraße ist der alte von 1721 bis 1726 nach Plänen von Jakob Prandtauer erbaute Hof für die Äbte des Stifts Kremsmünster. Das Gebäude, nicht zu verwechseln mit dem anderen Stiftshaus am Alten Markt, ist heute Sitz des Bistums Linz.

In der Straße Spittelwiese, die hinüber zur Landstraße führt, befindet sich seit 1994 ein **Brunnen**. Friedensreich Hundertwasser schuf ihn anlässlich des hundertjährigen Jubiläums des Baus der Linzer Wasserleitung. Er stellt eine nach oben geöffnete Hand dar, wobei das Wasser von den Fingerkuppen in die Handfläche läuft.

Neuer Dom

Der Neue Dom (Mariendom) gilt als Österreichs größte Kirche. Tatsächlich passen 20 000 Menschen hinein, dabei gibt es aber nur 700 Sitzplätze. Das monumentale Bauwerk, dessen Bau von 1862 bis 1909 dauerte, dominiert mit seinem 135 Meter hohen Turm, der nur zwei Meter niedriger ist als der des Wiener Stephansdoms, weithin die Stadtsilhouette. Es gilt als letzter, spätester großer Kirchenbau in Mitteleuropa. Die neugotische Innenausstattung ist künstlerisch wenig bedeutend, die farbenprächtigen **Fenster** sind umso eindrucksvoller. Sie zeigen Szenen aus dem Kirchenbau – Grundsteinlegung, Glockenweihe, Bischofsweihe –, das vierte Fenster hinter dem Eingang rechts stellt eine Pilgerfahrt nach Jerusalem dar, wie sie von Linz aus 1900 durchgeführt wurde. Bei dieser Fahrt wurde eine heute auch noch sehr verehrte Pilgermadonna mitgeführt, die

Die schlichte Martinskirche

Karte: hintere Umschlagklappe

Historische Innenstadt

Der Neue Dom gehört zu den größten Sakralbauten Österreichs

sich heute am östlichen Seiteneingang befindet. Am originellsten ist wahrscheinlich das sogenannte ›Linzer Fenster‹, das fünfte auf der linken Seite. Seine obere Hälfte zeigt ein Panorama von Linz mit Maria, die untere zeigt das Gebäude der lokalen Sparkasse, daneben den Sparkassendirektor (!). Denn die Sparkasse stiftete das Bild und erhob damit Anspruch auf angemessene Werbung. Unter der Sparkasse sind noch Beethoven und Bruckner dargestellt.

Als Kuriosität sei erwähnt, dass man die ehemalige Türmerstube für Freiwillige zur Verfügung stellt, die oben in 68 Metern Höhe für eine Woche in völliger Einsamkeit leben, sich der Meditation und Stille hingeben und Abstand vom Weltgetümmel gewinnen wollen. Die Nachfrage ist enorm, auf zwei Jahre hinaus ist die Türmerstube ausgebucht (Kontakt über das DomCenter, Herrenstr. 36, Tel. 946100, www.dioezese-linz.at).

Im Dom wurde übrigens 2007 Franz Jägerstätter als Märtyrer seliggesprochen. Der Bauernsohn aus St. Radegund im Innviertel hatte sich mehrmals aus Glaubensgründen gegen das NS-Regime aufgelehnt und den Dienst in der Wehrmacht verweigert. Im Zuchthaus Brandenburg/Havel war er dafür im August 1943 hingerichtet worden. Eine Reliquienstele im Dom enthält handschriftliche Dokumente Jägerstätters.

■ Links und rechts der Landstraße

Über das kurze Verbindungsstück der Schmidtorstraße bildet die Landstraße die südliche Verlängerung des Hauptplatzes. Ihr Anfang liegt am Taubenmarkt, am alten Stadtgraben, der hier durch die Straßenzüge der Promenade und des Grabens markiert ist. Der Taubenmarkt ist als Kreuzung und Knotenpunkt öffentlicher Verkehrslinien eine der meistbefahrenen Örtlichkeiten der Innenstadt. Nach gut 1300 Metern endet die Landstraße am Volksgarten, am Gebäude des Musiktheaters. 1977 wurde der größte Teil der Landstraße als damals erste Fußgängerzone Österreichs ausgewiesen. Sie ist die wichtigste Einkaufsstraße in Linz, hier gibt es jedoch auch einige beschauliche Gartenwirtschaften wie das ›Stieglbräu zum Klosterhof‹ (Nr. 30, www.klosterhof-linz.at).

Erwähnenswert ist Haus Nr. 12, das ehemalige **Palais Weissenwolff** mit seinen mächtigen Atlanten am Portal, durch das ein Zugang zum Einkaufszentrum Arcade existiert.

Gegenüber der Einmündung der Bischofstraße liegen Ursulinenkirche und das ehemalige Ursulinenkloster. Die 1772 vollendete doppeltürmige **Ursulinenkirche** ist die städtebauliche Dominante der ansonsten mit manchen Bausünden versehenen Landstraße. Sehenswert ist in ihr besonders der Hochaltar mit dem Altarbild ›Erzengel Michael‹ von Martin Altomonte (1657–1745) und die Kanzel von 1740 mit ihrem mächtigen Schalldeckel. Auf ihm symbolisieren allegorische Putten die damals bekannten vier Erdteile Europa, Asien, Afrika und Amerika.

Entlang der Donau

Das **Ursulinenkloster** existierte trotz der josephinischen Klosteraufhebungen des späten 18. Jahrhunderts durchgehend 200 Jahre bis 1968, als es wegen Nachwuchsmangels aufgelassen wurde. In die Klostergebäude ist heute das Landeskulturzentrum Ursulinenhof eingezogen, es umfasst mehrere Kulturinstitutionen des Landes Oberösterreich. Das Landeskulturzentrum ist Teil des **OÖ Kulturquartiers**, das mit mehreren Einzeleinrichtungen das Viertel zwischen Landstraße, Bethlehemstraße und Dametzstraße einnimmt. Zu diesen gehört das ›Offene Kulturhaus‹ mit seinen ständig wechselnden Ausstellungen zeitgenössischer Kreativer und der Dauerausstellung ›Höhenrausch‹, die sich in luftiger Umgebung auf der über eine interessante Stahlkonstruktion zugängigen Dachterrasse befindet. Auf dieser befindet sich dann noch ein hölzerner Turm, der großartige Blicke über die Stadt ermöglicht. Von der Dachterrasse kann man über einen ausgeschilderten Weg direkt zum Turm der Ursulinenkirche gelangen. Man begeht ein museales Gesamtkunstwerk, das zu den wichtigsten Attraktionen von Linz gerechnet werden kann.

Das Linzer **Stadtmuseum Nordico** jenseits der Dametzstraße ist im Gebäude der alten Jesuitenschule von 1610 untergebracht, dem Collegium nordicum. Sehr sehenswert ist dabei die Dauerausstellung ›100% Linz – Kaleidoskop einer Stadt‹ mit teils ungewöhnlichen Exponaten aus Kunst und Volkskunde, daneben wird als Kuriosität ein Haarbüschel Anton Bruckners präsentiert.

Östlich des Stadtmuseums, schon weitab der Landstraße befindlich, liegt die **Landesgalerie**. Das monumentale, im Stil des Historismus 1895 als ›Francisco-Carolinum‹ geschaffene Gebäude beherbergt das Museum für moderne und zeitgenössische Kunst und besitzt die weltweit größte Sammlung von Graphiken

Die Landesgalerie

und Gemälden des expressionistischen Zeichners Alfred Kubin (1877–1959), der seine letzten Lebensjahre im oberösterreichischen Zwickledt bei Schärding verbrachte und dem hier besonderer Platz eingeräumt ist.

Die schmale Harrachstraße trennt den Komplex des OÖ Kulturquartiers von der turmlosen, im Inneren eher schlichten **Karmelitenkirche**, die 1726 vollendet wurde. Auch hier stammt das Hochaltarbild von Martin Altomonte. Die Kirche gehört zum anliegenden, noch aktiven Karmelitenkloster.

Die Kreuzung der Landstraße mit der Mozartstraße und der Rudigierstraße wird in Linz nur die **Mozartkreuzung** genannt und ist auch auf Fahrplänen ein fester Begriff.

Geht man von hier weiter stadtauswärts, stößt man – schon in der sogenannten Neustadt – linker Hand auf die gelbe, klassizistische **Martin-Luther-Kirche** von 1844 mit ihrem neogotischen Turm. Sie wurde zunächst als turmloses, schlichtes ›Toleranzbethaus‹ erbaut, denn im Habsburgerreich durften die Protestanten ursprünglich keine eigenen Kirchen haben. Erst seit der josephinischen Zeit konnten sie solche kleinen Bethäuser erbauen.

Historische Innenstadt   161

Fast am Ende der Landstraße erstreckt sich der **Volksgarten**. Menschen aus vielen Nation, die sich hier tummeln, geben ihm den Charakter von Buntheit und Vielfalt. Anton Hanaks Brunnen ›Freude am Schönen‹ von 1908 setzt mit seiner unbekleideten Marmorschönen dazu einen reizvollen Kontrast, genau wie das Denkmal für Franz Stelzhamer, dem Textdichter der oberösterreichischen Landeshymne. Am Ostrand des Parks steht mit dem **Musiktheater** ein modernes, erst 2013 fertiggestelltes Opernhaus mit drei Bühnen. Die ›Studiobühne Blackbox‹ performt Experimentelles und benötigt daher nicht mehr als 300 Plätze. Dazu gibt es einen Probensaal, der auch für Kammerkonzerte Verwendung findet, und den Großen Saal mit bis zu 1200 Plätzen.

■ **Am Donauufer**

Die Straße Donaulände führt am rechten Ufer der Donau entlang. Die Einmündung des Hauptplatzes und die Nibelungenbrücke teilen sie in eine Obere und eine Untere Donaulände. ›Lände‹ kommt dabei, wie überall in Österreich, nicht von ›Land‹, sondern bezieht sich auf das ›landen‹/‹anlanden‹ von Schiffen.

Die 250 Meter lange **Nibelungenbrücke** stammt aus der NS-Zeit, doch bestand hier seit 1838 schon eine steinerne Brücke. Ihr Name erinnert an die tragische Reise Kriemhilds und der Nibelungen donauabwärts zum Hof des Hunnenkönigs Etzel. Die Brücke ist mit deutlicher Erhöhung über die Donau konstruiert, denn der vorgesehene Ausbau von Linz zur Stahlstadt sollte es auch größeren Schiffen möglich machen, unter ihr durchzufahren. Daher erfolgt von der tiefsten Stelle des Hauptplatzes ein deutlicher Anstieg zu ihrem Brückenkopf.

Westlich der Nibelungenbrücke, also donauaufwärts, gibt es am Ufer nur wenig besonders Sehenswertes und touristisch Attraktives. Donauabwärts kommt man zunächst zum 2003 eröffneten **Kunstmuseum Lentos**, das ein eindrucksvolles, fast futuristisches Äußeres besitzt und durch das ›Donaufenster‹, gleichsam ein Loch in der Architektur, besonders auffällt. Nachts ist es illuminiert und erstrahlt in kühlen, glänzenden Blautönen. Es genießt europaweit den Ruf eines der bedeutendsten Museen zeitgenössischer Kunst und auch der Pop Art. Eine Dauerausstellung zeigt unter anderem wichtige Werke österreichischer Meister vom

Entlang der Donau

Das Kunstmuseum Lentos

19. bis zum 21. Jahrhundert, darunter Klimt und Schiele. Ein gutes, stilvolles Restaurant (www.lentos-gastro.net) rundet das Angebot des Kunstmuseums ab. Am Kunstmuseum legen die Donaukreuzfahrtschiffe an und kurz dahinter beginnen und enden die lokalen Donau- und Hafenrundfahrten. Eine Tour donauabwärts entlang der Industrieanlagen ist übrigens ein interessantes Erlebnis.

Auf der stadtzugewandten Seite der Unteren Donaulände, am Adalbert-Stifter-Platz, steht das **Stifterhaus**. In dem 1844 errichteten Gebäude lebte der Dichter und Schulrat von 1848 bis zu seinem Tod 1868. Sein Arbeitszimmer ist jetzt Gedenkraum, unter anderem mit originalen Möbeln und der Totenmaske. Das **Oberösterreichische Literaturmuseum** zeigt in den vormalige Wohnräumen Stifters unter anderem mittelalterliche Handschriften und widmet sich verschiedenen Epochen der österreichischen Literatur, auch zeigt es persönliche Gegenstände vieler Schriftsteller.

Nordöstlich an das Kunstmuseum schließt sich der **Donaupark** an. Hier finden alljährlich jene großen Kunstspektakel und -installationen wie unter anderem das Brucknerfest oder die Linzer ›Klangwolke‹ statt, die Linz in den letzten Jahren zu großer Bekanntheit verholfen haben. Für viele Linzer und ihre Besucher ist der Donaupark ein beliebter Treffpunkt geworden, an dem man ausspannt oder sich andächtig der Betrachtung der vielen zeitgenössischen Metallskulpturen des **forum metall** hingibt. Sie schießen hier seit 1977 aus dem Boden – und verschwinden auch wieder. Das 1974 erbaute **Brucknerhaus** lässt mit seinem bescheidenen Namen kaum vermuten, dass sich hier einer der akustisch herausragenden Konzertsäle Europas verbirgt. Er wurde seinerzeit mit den Wiener Philharmonikern unter Herbert von Karajan eingeweiht.

Abschließend sei noch die ehemalige **Tabakfabrik** erwähnt. Sie befindet sich vom Brucknerhaus 700 Meter stadtauswärts. Der 1935 vollendete neu-sachliche, 227 Meter lange Stahlskelettbau von Alexander Popp und Peter Behrens ist als Werksanlagenkomplex ein einzigartiges architektonisches Denkmal. Bis 2009 wurden in ihm Zigaretten produziert, die Stadt Linz kaufte es dann für 21 Millionen Euro einem japanischen Tabakkonzern ab. Seitdem ist es ganz offiziell ein ›Kreativ-Areal‹ mit Veranstaltungen der Hoch- wie Subkultur. Auch dient es anderen kulturellen Linzer Einrichtungen als Eventlokalität und ist Ort nationaler und internationaler Großausstellungen.

Außerhalb der Innenstadt

Sowohl jenseits der Donau wie auch am östlichen und südlichen Rand des Linzer Zentrums finden sich viele touristische Attraktionen. Einige bedeutende Einrichtungen erreicht man gleich jenseits der Nibelungenbrücke.

■ Am linken Donauufer

Am jenseitigen Donauufer, gleich neben der Brücke, räkelt sich breit und behäbig ein modernistischer, 1995 er-

Das Ars Electronica Center

Die Wallfahrtskirche auf dem Pöstlingberg

richteter Bau. Es ist das **Ars Electronica Center**, das berühmte und unkonventionelle ›Museum der Zukunft‹, das sich als Scharnier von Kunst, Technologie und Gesellschaft versteht. 1995 wurde die Stadt zur ›UNESCO City of Media Arts‹ – in dieser Funktion ist Linz seit über 20 Jahren führend. Nachts bildet das illuminierte Gebäude ein eindrucksvolles Gegenstück zum ebenfalls erleuchteten Lentos Kunstmuseum am anderen Donauufer. Gleich daneben befindet sich die **Stadtwerkstatt**, ein schon 1979 begründetes alternatives Kulturzentrum mit wechselnden Veranstaltungen.

Der Stadtteil auf dieser Donauseite heißt **Urfahr**, was soviel wie ›Überfahrt‹ bedeutet und auf die jahrhundertealte Möglichkeit zur Donauquerung an dieser Stelle hinweist – bis 1838 als Fähre, seit jenem Jahr mit Brücke. Die Donau war von 1945 bis 1955 Grenze zwischen dem russischen und dem amerikanischen Sektor von Linz, und eigentlich war sie immer ein Grenzfluss, da sie schon in der Antike zumindest zwischen dem bayerischen Raum und dem Wiener Becken römisches Territorium von dem irgendwelcher ›Barbaren‹ trennte. In Urfahr steht, gleich am nördlichen Ende der Nibelungenbrücke, das 1985 erbaute Neue Rathaus. Von der Urfahrer **Pfarrkirche** grüßt ein großes Wandgemälde ihres Patrons, des heiligen Nikolaus, die vorbeifahrenden Schiffer.

In Urfahr lohnt ein Blick auf die Jugendstilfassade des **Urfahrer Alten Rathauses** (Rudolfstr. 18). Urfahr besitzt zwar auch Arbeiterwohnsiedlungen aus der Zeit nach 1938, gehört mit seiner näheren Umgebung jedoch zu den nobelsten Wohnvierteln von Linz. Das gilt insbesondere für die Wohnlagen um den Pöstlingberg. Lohnend sind Uferspaziergänge donauaufwärts und -abwärts. An der Hohen Straße (unweit der Pöstlingbergbahn) liegt der kleine, aber sehr reizvolle **Linzer Zoo**.

Pöstlingberg

Die meisten Besucher, die sich auf die linke Donauseite begeben, zieht es auf den 593 Meter hohen Pöstlingberg, den Hausberg von Linz. Er gehört zu den meistbesuchten Sehenswürdigkeiten Oberösterreichs, vor allem da die Fahrt selbst hinauf mit der seit 1897 bestehenden und 2006 modernisierten, insgesamt vier Kilometer langen **Pöstlingbergbahn** ein besonderer Genuss ist. Sie gilt als steilste Adhäsionsbahn weltweit. Trotz der erheblichen Steigungen – bis zu 11 Prozent! – erfolgt der Antrieb ausschließlich über die Haftreibung der Räder, die Bahn besitzt keine zusätzlichen Zahnräder. Die Bahnfahrt lässt sich seit 2009 bequem bereits am Hauptplatz beginnen – in knapp 25 Minuten ist der Pöstlingberg nach aussichtsreicher Runde durch die Urfahrer Villenviertel erreicht. Die Bahnen fahren im Viertel- bis Halbstundentakt (www.poestlingbergbahn.at). Ein kleines **Museum** zur Pöstlingbergbahn gibt es in der Landgutstraße 19 (www.linzag.at) in Urfahr.

Eine Alternative zur Pöstlingbergbahn ist die Wanderung vom Hauptplatz über den Stadtwanderweg 2 hoch zum Pöstlingberg und von dort zurück entlang des verhältnismäßig steilen Kreuzwegs, vorbei am höchst eindrucksvollem, 1000 Fenster aufweisenden Gebäude des Petrinums vorbei, dem Bischöflichen Gymnasium vom Ende des 19. Jahrhunderts, und durch die Urfahrer Hauptstraße zurück zum Hauptplatz.

Nach den Franzosenkriegen wurde 1830/31 am Pöstlingberg als Teil des sogenannten ›Maximilianischen Befestigungsrings‹ eine kleine **Festungsanlage** unterhalb des Gipfels gebaut, wobei der größte Teil des Waldbestands am Berghang abgeholzt wurde. Auf einem der Festungstürme gibt es eine **Aussichtsterrasse**, die sehr viele Besucher anzieht. In einem anderen der alten Befestigungstürme existiert eine bei Kindern sehr beliebte **Grottenbahn**, die als ›Drachenexpress‹, geleitet von einem Drachen Lenzibald, durch eine bezaubernde Märchenwelt fährt (www.grottenbahn.at, tgl. 10–17 Uhr, Juni–Aug. 10–18 Uhr).

Auf dem Pöstlingberg steht als bedeutendste Sehenswürdigkeit die spätbarocke **Wallfahrtskirche Zu den Sieben Schmerzen Mariae** von 1774, die ein Wahrzeichen Linz´ und Oberösterreichs ist und zu den meistbesuchten Pilgerstätten Europas zählt. Ihre Türme stammen aus dem Jahr 1892. Auch führt ein Kreuzweg zu ihr empor. Schon seit 1716 wurde auf dem Gipfel des Pöstlingbergs eine wundertätige Pietà verehrt. Am Osthang des Berges existiert ein **Heiliges Bründl** mit zwei Quellen mit besonders weichem Wasser – eine in einer Mariengrotte nahe der 5. Kreuzwegstation –, das seit Jahrhunderten nachweislich bei Augenleiden hilft. Das Bründl gilt bei Esoterikern als Kraftort.

Das **Pöstlingbergschlössl** entstand 1898 als Berghotel. Es war und ist wegen des prächtigen Blicks über Linz und die Donau, der sich von seinem Biergarten eröffnet, viel besucht. Hier wird sogar eigenes Bier ausgeschenkt, das Schlössl-Bräu. Es zählt ohne Übertreibung zu den elegantesten und geschmacklich besten Bieren Österreichs. Sehr zu empfehlen (Reservierung notwendig!) ist das Dinieren auf der überdachten Terrasse des Restaurants.

Magdalenenberg

Lohnend ist auch der Besuch des Magdalenabergs. Er liegt einige Kilometer außerhalb von Urfahr im Ortsteil St. Magdalena an der Straße nach Hellmonsödt (Magdalenastraße). Er ist ›nur‹ 257 Meter hoch, bietet aber eine ganz

andere Perspektive auf Linz, die Donau und den Pöstlingberg. An dem beliebten Ausflugsziel der Linzer – auswärtige Touristen trifft man hier fast nie – gibt es das gute **Gasthaus Oberwirt**. Sehenswert ist die viele Jahrhunderte alte **Linde** neben der Kirche.
St. Magdalena war Endbahnhof der durch Kaiser Franz II. am 21. Juli 1832 eröffneten Pferdeeisenbahn Budweis–Linz. In der Pferdebahnpromenade finden sich noch Reste der vormaligen Bahntrasse.

■ Freinberg

Etwa anderthalb Kilometer westlich des Schlossbergs befindet sich auf dem rechten Donauufer mit dem Freinberg das Gegenstück zum Pöstlingberg. Er gilt als Keimzelle von Linz – schon in prähistorischer Zeit befand sich hier eine keltische Siedlung. Von ihr ist eine Wallanlage noch zu erkennen. Während der Pöstlingberg oft sehr überlaufen und voller Touristen ist, darf man den Freinberg einen Geheimtipp nennen. Vom 1888 errichteten Aussichtsturm der **Franz-Josephs-Warte** (405 m) hat man einen ganz anderen Blick auf die Donau und den Pöstlingberg.
Etwas weiter östlich zeigt der **Botanische Garten** auf 4,5 Hektar rund 10 000 Pflanzenarten.

■ Leonding

Leonding einige Kilometer außerhalb von Linz war zwar jahrelang eingemeindet, gehört aber heute nicht mehr zu Linz. Es ist mit über 28 000 Bewohnern die viertgrößte Stadt Oberösterreichs.
Im Norden der Innenstadt findet man noch vier **Türme** der nach 1830 erbauten Maximilianischen Befestigung, die Linz und den umgebenden Donauraum nach den napoleonischen Kriegen Schutz vor eventuellen neuen Feinden gewähren sollte. Adolf Hitler lebte von 1898 bis 1905 mit seinen Eltern in Leonding, ihr damaliges Wohnhaus an der Michaelsbergstraße 16 existiert noch. Hitlers Eltern Klara (gest. 1907) und Alois (gest. 1903) waren bis März 2012 auf dem Leondinger Ortsfriedhof bestattet, dann wurde ihr Grab aufgelassen. Es heißt, dass es verstärkt Treffpunkt von Neonazis geworden war.
Aus Leonding stammen unter anderem der in Österreich sehr populäre Karikaturist Gerhard Haderer (geb. 1951) und der Schauspieler Ferry Öllinger (geb. 1959), bekannt auch in Deutschland aus der Serie ›SoKo Kitzbühel‹, wo er den charismatischen Polizisten Kroisleitner gibt.

■ Südlich der Innenstadt

Der zwölf Hektar große **St. Barbara-Friedhof** ist seit dem Beginn des 19. Jahrhunderts die Hauptbegräbnisstätte von Linz. Der alte Barbarafriedhof zwischen Landstraße und Bethlehemstraße war vorher aufgelassen worden. Auf dem neuen liegen unter anderem die Schriftstellerin Enrica von Handel-Mazzetti (1871–1955). Sie hatte sich 1933 öffentlich gegen die NS-Bücherverbrennung gewandt, war aus dem P.E.N. ausgetreten und musste deshalb nach 1938 ein Schreibverbot hinnehmen. An ihrem Sterbehaus an der Linzer Spittelwiese befindet sich eine Gedenktafel. Ihr Schaffen beinhaltet vornehmlich historische Romane und Erzählungen aus der österreichischen Geschichte. Die meistbesuchte Grabstätte ist sicherlich die Adalbert Stifters (1805–1868), die ein eindrucksvoller Obelisk überragt. Der große, aus dem Böhmerwald stammende Novellist und Erzähler starb in Linz am 28. Januar 1868 (→ Extra S. 50).
Noch weiter außerhalb, südlich der Traun, liegt der Ortsteil **Ebelsberg**. Die alte Pfarrkirche wurde 1809 in den na-

Ausstellung in der voestalpine Stahlwelt

poleonischen Kämpfen zerstört. Daher errichtete man 1829 einen neoklassizistischen Neubau, dessen Apsis 1908 im Jugendstil umgestaltet wurde. Dabei wurden unter anderem vier überlebensgroße Mosaiken geschaffen, die Aaron, Petrus, Paulus und Melchisedek darstellen. Über diesen ist die Taufe Christi wiedergegeben, ebenfalls als Mosaik.

■ Östlich der Innenstadt

Linz' östlicher Stadtrand wird fast ausschließlich von den ausgedehnten Industrieanlagen der voestalpine und anderer Großbetriebe gesäumt, die sich von der Autobahnbrücke über die Donau fast zehn Kilometer südwärts bis zur Mündung der Traun erstrecken. Diese Industrieanlagen stellen eine ganz eigene Welt dar. Sie wirkt fast menschenfeindlich, lohnt jedoch eine Begegnung. Denn hier lernt man jenen Charakter von Linz kennen, der das Bild der Stadt viele Jahrzehnte geprägt hat. Das Stahlwerk voestalpine ist eines der wenigen in Europa, dem – so sieht es aus – bis auf weiteres eine sichere Zukunft beschieden ist. Der **Posthof** nahe des Handelshafens bietet ›Zeitkultur‹, sehr sehenswert ist der unweite **Mural Harbor**, eine Freiluftgalerie mit über 50 großflächigen Fassadengraffiti von in diesem Metier international bekannten Künstlern. Die Gemälde innerhalb des zugänglichen Hafengeländes sind am besten von der Donau her während einer Hafenrundfahrt einzusehen (www.muralharbor.at). Die voestalpine ist ein weltweit operierendes Großunternehmen (Hauptsitz Linz), das insgesamt 50 000 Mitarbeiter beschäftigt. Sie entstand 1995 aus dem 1946 gegründeten Stahlkonzern VÖEST hervor, der wiederum aus den 1938 gegründeten ›Reichswerken Hermann Göring‹ und der ›Alpine Montan AG Hermann Göring‹ hervorging. Das Unternehmen trägt heute noch schwer daran, dass ab 1941 in Linz und im unweiten Konzentrationslager Mauthausen bis zu 7000 Zwangsarbeiter für die Rüstungsindustrie eingesetzt waren. Zusätzlich waren 20 000 ›normale‹ Mitarbeiter in den Hermann-Göring-Werken beschäftigt. Seit 2014 gibt es in der Linzer Konzernzentrale eine **Dauerausstellung** zu diesem Thema.

Die **voestalpine Stahlwelt** ist ein von der voestalpine 2009 eröffnetes Museum, mit dessen Begehung eine Werksbesichtigung verbunden werden kann. Wie faszinierend die inzwischen zur Hochtechnologie avancierte Stahlerzeugung sein kann, zeigt dieses Museum eindrucksvoll. Ein riesiger Stahlwerkstiegel bildet eine Art Rotunde, die den zentralen Bereich einnimmt. Interaktive Stationen, die zu einem Raum voller Lichteffekte und Sphärenklänge führen, leiten weiter zu Exponaten zur Werkshistorie, zu Stahlerzeugung und -verarbeitung, und gleichsam als Krönung gelangt man zu einer Aussichtsterrasse über das Werkgelände. Bei den Werksbesichtigungen (nur mit Führung), während derer man unter anderem ein Hochofeninneres besucht, werden die Besucher mit Multimediabussen durch das fast sechs Quadratkilometer große Gelände gefahren – eines der Top-Besucherziele in Oberösterreich. Um das gewaltige Werk der voestalpine zumindest von außen kennenzulernen, lässt sich alternativ auch eine Hafenrundfahrt mit Schiffen der Reederei Wurm & Noé machen (www.donauschifffahrt.eu). Man kann dabei die Ausmaße der Linzer Industrieanlagen von der Donau aus bewundern. Die Abfahrt erfolgt am Kunsthaus Lentos.

Linz

PLZ: 4020 (Innenstadt).
Vorwahl: 0043/(0)732.
Touristinformation Linz, Hauptplatz 1 (Altes Rathaus), Tel. 70702009. Man bietet auch organisierte Stadtspaziergänge an. www.linztourismus.at

Mit der **LinzCard** erhalten Sie freien Eintritt in Museen und Ausstellungen, freie Fahrt mit den lokalen öffentlichen Verkehrsmitteln der Linz AG, diverse Ermäßigungen beim Besuch vieler Ausflugsziele bzw. auf sonstige touristische Leistungen. Man erhält die LinzCard in der Touristinformation am Hauptplatz sowie am Infoschalter am Hauptbahnhof, in einigen Linzer Hotels und ausgewählten örtlichen Museen. Die Karte ist mit der Gültigkeitsdauer von 1 Tag (18 €) oder von 3 Tagen (30 €) erhältlich, für ADAC- bzw. ÖAMTC-Mitglieder sowie Behinderte, Schüler, Studenten und Kinder sowie Besitzern mancher österreichischer BahnCards ist sie ermäßigt zu bekommen (16 €/27 €). In der Dreitageskarte ist auch eine kostenlose Fahrt auf den Pöstlingberg inkludiert (Preise vom Sommer 2018). www.linz.at/linzcard

Einzelfahrkarten für öffentliche Verkehrsmittel unabhängig vom Vorhandensein einer LinzCard gibt es an Automaten an den Haltestellen, in den Tabakfiliaken und in der Touristinformation. Eine 24-Std.-Karte kostet 4,80 €, ein normales Ticket 2,40 € und ein Kurzstreckenticket 1,30 € (weitere Ticketangebote unter www.linzag.at).
LinzCityExpress (www.geigers.at): regelmäßig 25-minütige Stadtrundfahrten, Abfahrt am Kiosk auf dem Hauptplatz.

blue danube airport Linz, Flughafenstr. 1, etwa zehn Kilometer südwestlich der Innenstadt gelegen. www.linz-airport.at

Hotel Wolfinger, Hauptplatz 19, Tel. 7732910, p. P. im DZ 51–71 €. Innen wie außen herrlichstes Biedermeier, hier stieg schon die kaiserliche Familie ab. Eine zentralere Lage ist nicht möglich. www.hotelwolfinger.at
Arcotel Nike Linz, Untere Donaulände 9, Tel. 76260. Hochhaushotel direkt an der Donau, ganz nahe am Hauptplatz. Nicht zu teuer, Preise auf Anfrage. www.arcotelhotels.com
Göttfried (vormals Gasthof ›Goldener Anker‹), Hofgasse 5, Tel. 771088, p. P. im DZ ab 50 €. Modern-rustikales, dennoch

gemütliches Ambiente, niveauvolle Küche. Als ›Goldener Anker‹ existierte das Haus seit 1670, auch Anton Bruckner war hier Gast. www.goettfried.at
Hotel Zum Schwarzen Bären, Herrenstraße 11, Tel. 7724770, p.P. im DZ 55 € (stark saison- und tagesabhängig). Günstig inmitten der historischen Innenstadt gelegen, auf der Dachterrasse angesagtes Restaurant ›Rooftop‹ mit erlesenen Gerichten. www.linz-hotel.at
Hotel Kolping, Gesellenhausstr. 5, Tel. 661690, p.P. im DZ ab 53 €. Gutes Frühstücksbuffet, zentrale aber ruhige Lage zwischen Hauptbahnhof und Landstraße. www.hotel-kolping.at
Hotel zur Lokomotive, Tel. 654554, nahe des Hauptbahnhofs, gut und günstig, p.P. im DZ ab 56 €. www.hotel-lokomotive.at
Gasthof Goldener Adler, Hauptstr. 56, Tel. 731147, p.P. im DZ 50 €. Mitten in Urfahr gelegen, sehr gute Straßenanbindung zum Hauptplatz. www.goldeneradler.at
Gasthof Lüftner, Klausenbachstr. 18, Tel. 750166, Preise auf Anfrage. Gutbürgerliches Establishment, etwas außerhalb im Ortsteil St. Magdalena gelegen, es gibt jedoch mit der Straßenbahn schnelle und direkte Verbindung zum Hauptplatz. www.gh-lueftner.at

Campingplatz Linz-Pichlinger See, Wiener Str. 937, Tel. 305314. An der A 1, ziemlich außerhalb der Innenstadt gelegen; März–Okt. www.camping-linz.at
Zeltplatz Linz-Pleschinger See, Seeweg 11, Tel. 248701. Direkt an der Donau, dem Handelshafen gegenüber, nur Zelte. www.restaurant-kolmer.at

Schloss-Brasserie, Schlossberg 1a, Tel. 302315. Im gläsernen Südflügel des Schlosses. Großartige Blicke auf Linz, Spezialität: Fleisch vom Mühlviertler Rind. www.schlossbrasserie.at
Alte Welt, Hauptplatz 4, Tel. 770053. Verwinkeltes Gasthaus, das Kulturkeller und Bar vereinigt. Früher leicht alternativ, jetzt mit Konzerten und Kabarett kulturaffin. www.altewelt.at
Restaurant Fischerhäusl, Flussgasse 3, Tel. 232700. Direkt an der Donau. Gute Ausblicke, bestes Essen. Berühmt ist die knusprige Surstelze (gepökelte Haxe). www.fischerhaeusl.at
Stieglbräu zum Klosterhof, Landstr. 30, Tel. 773373. Sehr schöner, schattiger Gastgarten, gute regionale Küche. www.klosterhof-linz.at
Leberkas-Pepi, Rathausgasse 3, Tel. 796868. Österreichweit bekanntes Imbisslokal mit mehreren Filialen in Linz und Wien. Ambiente zwar von mäßigem Charme, doch sind die zwölf Sorten an Leberkäsdelikatessen von gewisser Güte. Kultstatus unter Linzer Nachtschwärmern. www.leberkaspepi.at
Restaurant-Bar Pianino, Landstr. 13, Tel. 944080. Atmosphärisch dichtes Szenelokal, feine Speisen bei angemessenem, nicht zu hohem Preisniveau. www.pianino.at
Promenadenhof, Promenade 39 (im Landestheater), Tel. 777661. Mehrere Gaststuben mit verschiedenen Charakteren (Themenwelten). Haubenküche zu volksnahen Preisen. Empfehlung des Autors. www.promenadenhof.at
Pöstlingberg-Schlössl, Am Pöstlingberg 14, Tel. 716633. Gutbürgerliche Küche, eigenes Schlössl-Bier, kolossale Aussicht. www.poestlingberg.at
Landgasthaus Oberwirt, Magdalenastr. 50, Tel. 273332. Verfeinerte österreichische Küche. www.oberwirt-magdalena.at

Café Traxlmayr, Promenade 16, Tel. 773353. Traditionshaus mit Altwiener Charme. www.cafe-traxlmayr.at
Konditorei Jindrak, Herrenstr. 22 (Stammhaus), Tel. 779258. Bekanntester lokaler und regionaler Hersteller der berühmten Linzer Torte, gegründet 1929. www.jindrak.at

Die wichtigsten Museen:
Zahnmuseum (im Alten Rathaus), Hauptplatz 1; Mo-Fr 9-18 Uhr. Es zeigt die Entwicklung von Zahnmedizin und Zahntechnik seit dem Mittelalter.
www.zahnmuseum.at
OÖ Kulturquartier, OK-Platz 1, Tel. 7841780; tgl. 10-20.30 Uhr.
www.ooekulturquartier.at
www.ok.centrum.at
Nordico Stadtmuseum, Dametzstr. 23, Tel. 70701912; Di-So 10-18 Uhr, Do 10-21 Uhr. Kunst, Architektur, Archäologie, Stadtgeschichte, wechselnde Sonderausstellungen zu Linz. www.nordico.at
Landesgalerie, Museumstr. 14, Tel. 772052200; Di, Mi, Fr 9-18, Do 9-21 Uhr, Sa/So 10-17 Uhr. Oberösterreichische Kunst des 20. und 21. Jahrhunderts.
www.landesgalerie.at
Kunstmuseum Lentos, Ernst-Koref-Promenade 1, Tel. 70173614; Di-So 10-18 Uhr, Do 10-21 Uhr. www.lentos.at
Stifterhaus mit Oberösterreichischem Literaturmuseum, Adalbert-Stifter-Platz 1, Tel. 772011294; Di-So 10-15 Uhr. www.stifterhaus.at
Tabakfabrik, Ludlgasse 19. Eventstandort, www.tabakfabrik-linz.at
Ars Electronica, Ars-Electronica-Straße 1, Tel. 72720; Di/Mi, Fr 9-17, Do 9-21, Sa/So 10-18 Uhr. Ungewöhnliches Museum für Kinder und Erwachsene, teils interaktiv. Es versteht sich als Schnittstelle von Kunst, Technologie und Gesellschaft. Besonders sehenswert: der ›Deep Space 8K‹ mit seinen 3D-Erfahrungen. www.aec.at
Stadtwerkstatt, Kirchengasse 4, Tel. 0731/209205. Leicht alternativ angefärbtes Kultur- und Kommunikationszentrum. www.stwst.at
Zeitgeschichte Museum, voestalpine-Str. 1, Tel. 50304/15-8900; Mi/Do, Sa 9-17, Fr 13-17 Uhr. Dauerausstellung zur Geschichte des Stahlwerks, insbes. während der NS-Zeit. www.voestalpine.com
voestalpine Stahlwelt, voestalpine-Str. 4, Tel. 050304/158900; Mo-Sa 9-17 Uhr.
Für Kinder unter 6 Jahren keine Teilnahme an der Werksbesichtigung. Festes Schuhwerk und schmutzfeste Kleidung erforderlich sowie etwas Kondition, da mehrmals Treppen von bis zu 90 Stufen überwunden werden müssen. www.voestalpine.com

Musiktheater am Volksgarten, Am Volksgarten 1, Tel. 0800/218000. Zur Zeit modernste Musikbühne Europas (Oper, Ballett, Operette, Musical), auch Innenführungen. www.landestheater-linz.at
Arena Schauspielhaus und Kammerspiele, Promenade 39, Tel. 76110. Klassisches und zeitgenössisches Sprechtheater.
www.landestheater-linz.at
Brucknerhaus, Untere Donaulände 7, Tel. 76120. Renommiertes Konzerthaus, alle Musikrichtungen. www.brucknerhaus.at

Zoo Linz, Windflachweg 1, Tel. 73180; Ende März-Ende Okt. tgl. 9-18 Uhr. Keine Großtiere, dafür aber eine Fülle von Arten von Wellensittich bis Tigerpython, es gibt auch ein Tropenhaus. www.zoo-linz.at

Botanischer Garten, Roseggerstr. 20, Tel. 70701860; Nov.-Feb. tgl. 8-17 Uhr, März und Okt. 8-18 Uhr, Apr. und Sept. 8-19 Uhr, Mai-Aug. 8-19.30 Uhr. U.a fleischfressende Pflanzen, Tropenhaus, einzigartige Kakteensammlung.
www.linz.at/botanischergarten

records & more, Hofgasse 7, Tel. 0699/13103715. Einer der bestsortiersten Plattenläden (Vinyl) im deutschsprachigen Raum. Raritäten, Ankäufe, niveauvolle Plaudereien mit den Inhabern etc.
www.recordsandmore.at
DonauSteinDesign, Hofgasse 7, Tel. 790561. Schmuckmanufaktur, die Donausteine verarbeitet, handgemachte hochwertige Dekoartikel.
www.donausteindesign.com

Zwischen Linz und der niederösterreichischen Grenze

Die Landschaften des Donautals sind auch unterhalb von Linz sehr reizvoll. Bis Mauthausen geht es durch Auenwälder, dann folgt die weite Ebene des Machlands, bis sich dann, ganz im Osten, um Grein das Tal wieder verengt und fast wachauähnliche Züge annimmt. Mit dem Stift St. Florian und der alten Stadt Enns gibt es zwei kulturhistorisch besonders bedeutende Attraktionen in diesem Abschnitt.

Von Linz bis in das Machland

Das Nordufer der Donau flussabwärts von Linz ist vom Menschen etwas weniger berührt und verändert als das Südufer, doch gibt es hier einiges sehr Bedeutende zu sehen.

■ Steyregg

Gegenüber den gewaltigen Stahlfabriken der voestalpin auf einer Anhöhe über der Donau gelegen, und mit diesen durch eine Brücke direkt verbunden, liegt Steyregg mit seinen 5000 Bewohnern. Es handelt sich um eine idyllische Kleinstadt, die in den 1970er Jahren durch zahlreiche Umweltaktivitäten bekannt wurde, die sich gegen den immensen Schadstoffausstoß des Stahlwerks richteten.

Sehenswert ist vor allem das **Schloss Steyregg**. Der barockisierte Renaissancebau ging aus einer mittelalterlichen Burg des 12. Jahrhunderts hervor, wurde 1945 ziemlich beschädigt und erst 1980 wiederhergestellt, wobei die heute noch vorhandene Bausubstanz nur den ehemaligen Ostflügel darstellt. Allerdings dezimierten schon Brände im 18. Jahrhundert das Schloss. Die Anlage im Privatbesitz kann für Events gemietet werden.

■ St. Georgen an der Gusen und Umgebung

Vorbei am markanten Kegel des 400 Meter hohen Luftenbergs – geologisch der südlichste Ausläufer des Böhmerwaldes – geht es nach St. Georgen an der Gusen, das während der NS-Zeit besondere Bedeutung hatte. Hier befand sich die Hauptverwaltung der von der SS betriebenen Granitwerke Mauthausen und ein riesiges unterirdisches Werk zur Produktion des Düsenjagdflugzeugs Me 262,

Entlang der Donau von Linz bis zum Strudengau

das als ›Wunderwaffe‹ noch in der Endphase des Zweiten Weltkriegs die Wende herbeiführen sollte. Lange hielt sich das Gerücht, dass hier auch erste unterirische kleine Atomtests stattgefunden haben sollen, was jedoch nicht nachgewiesen wurde. Kurz vor Kriegsende gelang es einem Vertreter des Internationalen Roten Kreuzes, die Sprengung der gesamten Anlage zu verhindern und den Anmarsch der Amerikaner zu beschleunigen. Die Reste der Anlage werden einige wenige Male im Jahr zugänglich gemacht, meist immer nahe des Jahrestags der Befreiung des Konzentrationslagers Mauthausen Ende April und anlässlich des österreichischen Nationalfeiertags am 26. Oktober.

In **Katsdorf**, etwa 7 Kilometer nördlich von St. Georgen, gibt es ein **Kardenmuseum**, das die Verwendung der ›Weber-Karde‹ in diesem Handwerk thematisiert. Die Weber-Karde (Dipsacus cativus) ist ein Distelgewächs mit dornenähnlichen, aber flexiblen Fruchtstandspitzen, das aus diesem Grund zur Aufrauhung von Geweben verwendet wird. Bis 1955 existierte im Mühlviertel eine Kardengenossenschaft. Die Pflanze ist seit etwa 40 Jahren ausgestorben und kommt in Auwäldern und an Böschungen nur noch in der Abart der Wilden Karde vor, die als Unkraut gilt.

Südlich von St. Georgen, jenseits einer flachen, langgestreckten Donauinsel, liegt das **Kraftwerk Abwinden-Asten**, das wie das Kraftwerk Wallsee bei Mitterkirchen nicht zur zur Stromerzeugung, sondern auch zur Flussregulierung dient: die Staumauer macht es möglich, dass auch bei niedrigem Wasserstand der Linzer Hafen für größere Schiffe befahrbar bleibt. Mit dem Rad oder zu Fuß kann man sich von Abwinden über eine Insel auf die Staumauer begeben; der einfache Weg beträgt etwa 1,5 Kilometer.

Gedenkstein für die Opfer des Faschismus in Gusen

■ **Langenstein**

In Langenstein gibt es das bewegende **Memorial Gusen**, das an die Konzentrationslager Gusen I (ab 1938) und Gusen II (ab 1944) erinnert; Gusen ist ein Ortsteil von Langenstein. Ein Lager Gusen III befand sich drei Kilometer nördlich, in Lungitz. 37 000 Menschen fanden in diesen Lagern, in denen es brutaler als im Stammlager zuging, den Tod. Das Memorial ist ein würfelähnlicher Betonbau, der Anfang der 1960er Jahre um die ehemaligen Krematoriumsöfen des KZ Gusen II errichtet wurde.

Südlich von Gusen liegt die prähistorische Kultstätte **Berglitzl**, an der Kulthandlungen von der Steinzeit bis zum frühen Mittelalter nachgewiesen sind und die als eine der wichtigsten archäologischen Orte des Donauraums gilt.

Südlich Langensteins liegt an der Gusen inmitten der Auwälder die **Ruine Spielberg**. Die Burg stammt aus dem 12. Jahrhundert, war ursprünglich eine Wasserburg und eine bayerische Grenzfeste. Seit dem 18. Jahrhundert zerfällt sie.

Die gewaltigen Granitsteinbrüche um Gusen und Mauthausen sind seit dem Mittelalter in Betrieb und lieferten jahrhundertelang für jene habsburgischen Länder, die wie Ungarn keine Hartgesteinsvorkommen hatten, das Baumaterial: es konnte dorthin leicht über die Donau transportiert werden.

■ Mauthausen

Wie der Name sagt, bestand hier, gegenüber der Mündung der Enns in die Donau, ursprünglich eine Zollstation und damit ein Warenumschlagplatz, der der Siedlung im 14. Jahrhundert rasch Wohlstand brachte. Dazu trug auch die Granitindustrie bei. Seit 1821 gab es hier eine Donaufähre. Mauthausen hat am Donauufer einige sehr hübsche **Bürgerhäuser** aufzuweisen.

Sehenswert ist **Schloss Pragstein**, ein Renaissanceschloss, auf einer damaligen Felseninsel nahe des linken Donauufers errichtet. Es beherbergt heute einige kommunale Dienststellen und neben dem lokalen Heimatmuseum ein sehenswertes Apothekenmuseum. Des Weiteren sollte man sich die **Heinrichskirche** ansehen, die am östlichen Ortsende liegt. Sie geht auf das 11. Jahrhundert zurück, ist jedoch vollständig gotisiert.

In der Gedenkstätte Mauthausen

Die Mauthausener **Pfarrkirche St. Nikolaus** ist im Kern spätgotisch, wurde ebenso barockisiert und besitzt einen weithin sichtbaren Turm mit Spitze aus dem 20. Jahrhundert. Bedeutender ist allerdings der **Karner** (Beinhaus) mit seinen Fresken an der Außenwand (spätes 15. Jahrhundert) und im Inneren (um 1260).

Von Mauthausen gibt es eine Personen-/Radfähre hinüber nach Enns.

Traurige Berühmtheit erlangte Mauthausen durch sein Konzentrationslager, das einst größte auf österreichischem Boden. Mit seinem Bau wurde schon im Frühjahr 1938 begonnen, gleich nach dem ›Anschluss‹ Österreichs. Bereits im August wurden die ersten Häftlinge eingeliefert. 200 000 Menschen saßen hier bis Kriegsende ein. Mauthausen war kein Vernichtungslager von Ausmaßen wie etwa Auschwitz und Treblinka, aber 4500 Juden wurden hier vergast, gut 95 000 Häftlinge starben an den unmenschlichen Arbeitsbedingungen in den Granitsteinbrüchen, viele 1940/41 durch die großen Typhusepidemien im Lager. Zahlreiche Häftlinge waren zur Arbeit in den Linzer Hermann-Göring-Werken abkommandiert. In Mauthausen gab es eines der wenigen Lagerbordelle, durch die nach einer Idee Himmlers die Arbeitskraft männlicher Häftlinge gesteigert werden sollte. Die dafür ›zugeführten‹ Frauen waren vom Regime als ›asozial‹ klassifiziert worden und wurden meist aus dem Frauen-Konzentrationslager Ravensbrück nach Mauthausen verbracht. Am 2. Februar 1945 gelang 500 russischen Häftlingen die Flucht. Sie wurden jedoch alle während einer dreiwöchigen Verfolgungsjagd nach und nach aufgegriffen und ermordet. Dieses Verbrechen wurde von der SS als ›Mühlviertler Hasenjagd‹ bezeichnet, im nahen Gallneukirchen erinnert ein **Mahnmal** daran. Eine österreichische Verfilmung von 1994 erregte seinerzeit größtes Aufsehen, da die ›Hasenjagd‹ fast vergessen war. Am 5. Mai 1945 befreite die US-Armee das Lager, nachdem die SS alle wichtigen Unterlagen vernichtet hatte und geflohen war. Mauthausen hatte 52 Außenlager, neben den in Gusen befanden sich die größten in Ebensee (Salzkammergut) und Melk (Niederösterreich). Die **Mahn- und Gedenkstätte** gibt es seit 1947. Sie besteht aus einem Museum in einem der Lagergebäude, dem ehemaligen Steinbruch und mehreren erhaltenen Lagerbaracken, dazu existiert seit 2003 außerhalb des vormaligen Lagergeländes das Besucherzentrum Gusen. Die Gedenkstätte Mauthausen liegt etwa drei Kilometer nordwestlich des Ortszentrums auf einer Anhöhe und ist vom Donautal aus nicht sichtbar.

> **Von Linz bis in das Machland**
>
> **Donau Oberösterreich Tourismus**, Lindengasse 9, 4040 Linz, Tel. 0732/7277800. www.donauregion.at
> **Tourismusverband Mauthausen**, Marktstr. 2, 4310 Mauthausen, Tel. 07238/2243-0. www.mauthausen.info
>
> **GartenZimmer**, Haid 8, 4310 Mauthausen, Tel. 0676/821252023, p.P. im DZ ab 45 €. Idyllischer modernisierter Bauernhof etwa 3 km östlich von Mauthausen. www.gartenzimmer.at
> **Gasthof Maly**, Machlandstr. 1, 4310 Mauthausen, Tel. 0699/10098068, p.P. im DZ 37 €. Gemütlich und bodenständig. www.maly.co.at
> **Donauhof**, Promenade 30, 4310 Mauthausen, Tel. 07238/2183; Zimmerpreise auf Anfrage. Beliebte Einkehrmöglichkeit direkt an der Donau, das Hotel wurde jüngst erweitert. www.donau-hof.at
> **Gasthof zur Traube**, Heindlkai 15, 4310 Mauthausen, Tel. 07238/2023-0, p.P. im DZ 40–48 €. Schöner Biergarten mit Donaublick, gute Weine und Biere, alles sehr nett. www.gasthofzurtraube.info
>
>
>
> **Karden- und Heimatmuseum**, Kirchenplatz 1, 4223 Katsdorf, Tel. 0664/73003561; Apr.–Okt. an jedem ersten So im Monat 13–16 Uhr und nach Vereinbarung. www.museum-katsdorf.at
> **Apothekenmuseum und Heimatmuseum**, Schlossgasse 1 (Schloss Pragstein), 4310 Mauthausen, Tel. 0681/10851815 (Herr Mag. Voigt) oder 07238/551163 (Herr Mag. Aichberger); Mai–Okt. Do 16–18, Sa/So 15–18 Uhr und nach Anfrage. www.mauthausen.at
> www.apothekenmuseum.at
> www.heimatverein-mauthausen.org
> **Besucherzentrum KZ-Gedenkstätte Gusen**, Georgestraße 6, 4222 Langenstein, Tel. 07238/22690; März–Okt. tgl. 9–16.30 Uhr, Nov.–Feb. Di–So 9–15.45 Uhr. www.mauthausen-memorial.org
> **KZ-Gedenkstätte Mauthausen**, Tel. 07238/2269; März–Okt. tgl. 9–17.30 Uhr, Nov.–Feb. Di–So 9–15.45 Uhr. www.mauthausen-memorial.org

Das Machland

Als Machland wird eine eher kleine Kulturlandschaft bezeichnet, die zum großen Teil auf oberösterreichischem Gebiet liegt. Sie umfasst den donaunahen Bereich des Mühlviertels östlich von Mauthausen auf der nördlichen Donauseite und auch den einen kleinen Bereich auf der südlichen Donauseite, östlich der Ennsmündung. Dieser gehört schon zu Niederösterreich.

Im Mittelalter existierte ein Machlandviertel, das zu den historischen Vierteln Oberösterreichs zählte und das gesamte untere Mühlviertel östlich des Haselgrabens einschloss. Heute wird nur die breite Aue am Nordufer, östlich von Ennsmündung und Aistmündung bis kurz vor

Blick nach Osten in das Machland

der Talverengung bei Grein, zum Machland gezählt. Der Name kommt vermutlich vom Begriff ›ache‹ für Wasser (lat. aqua) und bedeutet folgerichtig ›Land des Wassers‹.

■ **Schwertberg**
Schwertberg, etwa fünf Kilometer landeinwärts gelegen, ist ein Ort intensiver kultureller Events. In einem aufgelassenen Steinbruch gibt es eine **Freilichtbühne**, in der alljährlich eine Theaterstück der Weltliteratur aufgeführt wird (www.aiserbuehne.at); 2017 gab man den ›Verschwender‹ von Ferdinand Raimund. Im Maierhof des **Schlosses Schwertberg** existiert seit 2012 ein überregional bekanntes Kulturzentrum mit Lesungen, Konzerten und weiteren Veranstaltungen (www.kultur-im-meierhof.at). Das eigentliche Schloss stammt trotz seines Ritterburgaussehens aus der Renaissance und bietet auch von außen eine beeindruckende Ansicht. Es ist in Besitz der Grafen von Hoyos, sein Inneres nicht zugänglich.
Schloss Poneggen aus dem 13. Jahrhundert am Westrand des Ortes, einst in Thürheimschen Besitz, befindet sich an der Straße nach Ried und wird heute meist Stöckl genannt. Es wurde zu einem unauffälligen Wohnhaus umgebaut, nachdem es im 18. Jahrhundert verkauft und zu einer Strumpffabrik umgebaut wurden war.

Zu den schönsten Mühlviertler Burgen zählt die **Ruine Windegg**, etwa drei Kilometer nordöstlich von Schwertberg. Sie entstand im 12. Jahrhundert als Sitz der Regensburger Geistlichkeit und ist seit 1911 wie Burg Schwertberg in Hoyosschem Besitz. Die großartige romanische Burganlage, die mehrmals den Besitzer wechselte, war seit 1675 im Verfall begriffen, wird jedoch von einem lokalen Verein instand gehalten. Bemerkenswert an der Burg ist ihr Buckelquadermauerwerk aus nur grob behauenen und nach außen gewölbten Steinen – eine Bau- und Materialform, die in Österreich nur selten verwendet wurde. Der 25 Meter hohe Bergfried ist begehbar, in ihm gibt es eine kleine Galerie.

Perg

Die Stadt Perg mit ihren über 8300 Bewohnern liegt am Südrand des Mühlviertler Hügellands und damit auch am Rand der einst sumpfigen Perger Aue, dort wo die Naarn die Hügellandschaft verlässt und in das flache Machland eintritt. Perg konnte im Mittelalter und in der frühen Neuzeit durch die Keramikherstellung, hier Hafnerei genannt, sowie durch die Steinbrüche und das Steinbrecherhandwerk zu Wohlstand kommen. Bis 1859 bestand die Mühlsteinbrecher Zunft. In Perg schuf Anton Bruckner 1884 für einen Freund das kleine ›Perger Präludium‹ für Orgel. Am Ort von dessen Entstehung (Herrenstr. 26) gibt es eine **Gedenktafel**.

Durch die Anbindung an den Donauradweg und den Donausteig-Weitwanderweg besuchen viele Reisende die Stadt, die einiges Sehenswerte bietet wie die **Pfarrkirche** aus dem 15. Jahrhundert, das barockisierte **Seifensiederhaus** von 1563 oder das unscheinbare **Steinbrecherhaus** von 1802 auf dem Gelände des Scherer-Mühlsteinbruchs. Es birgt ein kleines **Museum** zum Leben der Steinbrecher vor 200 Jahren. Eine besondere Attraktion ist der erst seit 1976 öffentlich zugängliche **Erdstall Ratgöbluckn**, ein unterirdisches, stark verzweigtes, in der Gänze nicht erschlossenes und zur Zeit 106 Meter langes Gangsystem. Es wurde im frühen Mittelalter vermutlich zum Zweck der Flucht oder des Versteckens vor fremden Truppen angelegt, Genaues weiß man jedoch nicht. Erdstall, Steinbrecherhaus, Seifensiederhaus und Erdstall stehen unter dem Schutz der Haager Konvention. Lohnend ist auch das **Stadtmuseum** mit seinen Puppenexponaten, es zeigt auch archäologische Funde aus dem frühen Mittelalter aus dem Gräberfeld Auhof.

Das etwa drei Kilometer südöstliche gelegene mittelalterliche **Schloss Auhof** wurde im 19. Jahrhundert klassizistisch verändert, es hat einen sehr schönen Park mit einer neogotischen Gruftkapelle. Leider ist es nur von außen zu besichtigen – seit 1931 ist es in Besitz einer Familie Löw-Baselli.

■ Naarn

Unweit der Mündung der Aist liegt Naarn, wie Perg und das übrige Machland jahrhundertelang und bis in die jüngste Zeit durch die Donau oft hochwassergeschädigt. 2002 ereignete sich die letzte schwere Flut. Daher gibt es in diesem Bereich seit 2010 am Flussnordufer den 36 Kilometer langen Machlanddamm, der sich von Mauthausen bis St. Nikola hinzieht. Er gilt als größtes Hochwasserschutzprojekt in Mitteleuropa. Für Radfahrer bietet das weite Land um die Großgemeinde Naarn eine Fülle herrlichster Touren flussabwärts bis Mitterkirchen, wo sich die Donau auf einer Brücke überqueren lässt.

Sehenswert ist in Naarn, im Ortsteil Oberwagram, das **Heimathaus** (Haus Nr. 6) mit dem sogenannten Schiffszug-

Scheint sich zu verstecken:
die Wallfahrtskirche Maria Krönung

Fresko von 1797, das einen Schiffszug mit acht Pferden und drei Schiffen zeigt. Die **Pfarrkirche St. Michael** in Naarn selbst geht auf das 11. Jahrhundert zurück. Die Außenseiten zeigen romanische und gotische Elemente, das Innere ist prächtig barockisiert. Auch der Karner ist sehenswert. Die **Wallfahrtskirche Maria Krönung** (Maria Laab) im östlichen Ortsteil Laab liegt am alten Pilgerweg von Böhmen nach Mariazell. Auch sie bestand schon im 11. Jahrhundert, ihre Außenmauern stammen aus der Gotik, sie wurde später barockisiert und um 1900 neoromanisch verändert.

■ Au an der Donau

Nahe der Aistmündung im sehr hübsch gelegenen Au an der Donau steht die **Flößerkapelle** von 1901, die auf einen bei einem Hochwasser zerstörten Vorgängerbau von 1712 zurückgeht. Auf der Aist wurde von 1801 bis 1948 auf 74 Kilometern Länge die Holztrift betrieben, die von großer wirtschaftlicher Bedeutung für Au war.

■ Arbing

In Arbing lohnt vor allem die frühgotische **Pfarrkirche** einen Blick. Deren Turm ist ein zinnenbekrönter Wehrturm, der ursprünglich zum gleich daneben befindlichen Schloss Arbing vermutlich in einer dessen früheren Bauphasen gehörte. Die Kirche besitzt daher einen burgartigen Charakter und kann als ein Wahrzeichen des nördlichen Machlands angesehen werden.
Die kleine **Franziskuskapelle** von 2011 am Ortsfriedhof besitzt ungewöhnlicherweise kein Dach – mit diesem Konzept sollen Blicke und Gedanken der Gläubigen direkt zum Himmel geleitet werden. Sehenswert ist auch der zehn Meter hohe **Wasserfall** im Ortsteil Frühstorf-Puchberg.

■ Mitterkirchen

Der Ort Mitterkirchen führt den Beinamen ›Keltendorf‹, denn hier bestand in der Hallstattzeit (etwa 800–500 v. Chr.) eine keltische Siedlung, die in einem **Freilichtmuseum** im Gemeindeteil Lehen rekonstruiert ist. Nach seiner Zerstörung durch das Donauhochwasser 2002 entstand es völlig neu. Die spätgotische **Pfarrkirche** wurde 2004 nach dem Hochwasser im Inneren in zeitgenössischer Form umgestaltet; besondere Lichtverhältnisse schaffen eine eigentümliche Stimmung.
Südlich von Mitterkirchen lohnt der Besuch des 1968 fertiggestellten **Donaukraftwerks Wallsee**, das man über einen Fuß- und Radweg über die Staumauer erreicht. Es befindet sich auf einer Donauinsel, die noch zu Oberösterreich gehört. Das Kraftwerk dient nicht nur zur Energiegewinnung, sondern besitzt auch eine wichtige Funktion zur Flussregulierung.
Der **Ort Wallsee** mit seinem hübschen Ortsbild, Römermuseum und Schloss liegt auf dem rechten Donauufer und somit auf niederösterreichischem Gebiet.

■ Baumgartenberg

In Baumgartenberg gibt es mit der **Pfarrkirche**, der ehemaligen **Zisterzienserstiftskirche**, eine besondere Sehenswürdigkeit. Sie geht auf das 12. Jahrhundert zurück, wie das romanische Portal noch zeigt. Chor und Langhaus sind gotisch, das Innere ist barockisiert, eindrucksvoll sind die 121 Wandfresken. Das schöne Chorgestühl stammt aus der Zeit um 1680. Auffallend ist die eindrucksvolle Raumwirkung der Gesamtanlage. Das ehemalige Zisterzienserstift, das 1141 von Herzog Otto von Machland gegründet und 1784 aufgehoben wurde, ist heute ein Kloster der Schwestern vom Guten Hirten. Das Epitaph des Gründers befindet sich in der Pfarrkirche.

Das Machland

Stadtmarketing Perg, Dr.-Schober-Str. 10, 4320 Perg, Tel. 07262/53150-0. www.stadtmarketing-perg.at. Auch Stadtführungen.
Marktgemeindeamt Mitterkirchen, 4343 Mitterkirchen Nr. 50, Tel. 07269/8255-0. www.mitterkirchen.ooe.gv.at
Marktgemeinde Baumgartenberg, 4342 Baumgartenberg Nr. 85, Tel. 07269/255. www.baumgartenberg.at

Hotel Restaurant Tinschert, Ing.-Schmiedl-Str. 6, 4311 Schwertberg, Tel. 07262/61276, p. P. im DZ ab 50 €. www.hotel-tinschert.at
Mühlviertlerhof, Hauptstr. 10, 4311 Schwertberg, Tel. 07262/61262, p. P. im DZ ab 49 €. Sehr hübscher Biergarten, große Gemütlichkeit. www.gasthof-geirhofer.at
Gasthof Jägerwirt, Oberer Markt 24, 4332 Au/Donau, Tel. 07262/58514. Gaststube mit folkloristischen Musikdarbietungen, Übernachtungspreise auf Anfrage. www.jaegerwirt-au.at
Waldhör KunstHotel, Herrenstr. 28, 4320 Perg, Tel. 07262/54345-0, p. P. im DZ 60 €. Feines kleines Businesshotel. www.hotel-waldhoer.co.at
Gasthaus Kastner, Staffling 16, 4131 Naarn, Tel. 07262/57872. Mit Kinderspielplatz und Kleintierzoo. Zwei gemütliche Zimmer auf Anfrage zu vermieten. www.gasthaus-kastner-gelsenwirt.at
Kraglhof, 4343 Mitterkirchen Nr. 26, Tel. 07269/8313-0. Radlerparadies, Mostschenke, Jausenstation, Produkte vom eigenen Bauenhof, Zimmerpreise auf Anfrage. www.kraglhof.at
Gasthof Wirt z´Langacker, Weisching Nr. 16, 4343 Mitterkirchen, Tel. 07269/30311. Gemütliches Lokal mit gutem Preis-Leistungs-Verhältnis.
Landgasthof Rechberger, 4342 Baumgartenberg Nr. 15, Tel. 07269/250. Leider nur Fr–So und mit eingeschränkten Zeiten geöffnet, jedoch bekannt gute Küche.

Burg Windegg, 4311 Schwertberg, Tel. 07262/61155 (Marktgemeinde Schwertberg); Galerie Mai–Okt. So 14–18 Uhr, Burgführungen (Herr Manfred Grübl) unter Tel. 07262/61782 vereinbaren.
Stadtmuseum Perg mit Puppenwelt, Stifterstr. 1 a, 4320 Perg, Tel. 0650/5427786; Sa/So 14–17 Uhr und nach Vereinbarung. Themen: Mühlsteinabbau, Kaolinabbau, Archäologie, 400 Puppen aus verschiedenen Epochen. www.pergmuseum.at
Oldy Kai – das etwas andere Privatmuseum, Gartenstr. 18, 4320 Perg, Tel. 07262/54409; Apr.–Okt. Mo–Mi 16–20 Uhr oder nach Vereinbarung. Zweirad- und Radio-Oldtimer.
Keltendorf Mitterkirchen, Lehen 12, 4343 Mitterkirchen, Tel. 07269/6611; Mitte April–Ende Okt. tgl. 9–17 Uhr. www.keltendorf-mitterkirchen.at

Camping Au/Donau, Hafenstr. 1, Tel. 07262/53090. Origineller Platz: hier gibt es auch ein Zelt aus Holz, große Schlaffässer und urige Hütten zum Mieten. www.camping-audonau.at

Der Strudengau

Der östlichste Abschnitt des Donautals auf oberösterreichischem Gebiet heißt Strudengau. Er beginnt in etwa auf der Höhe von Saxen, schräg gegenüber dem niederösterreichischen Ardagger Markt. Im Strudengau verläuft die Landesgrenze in der Donaumitte. Als kulturhistorische Landschaft endet der Strudengau bei Ybbs, ebenfalls in Niederösterreich. Auf etwa 25 Kilometer Länge ist das Donautal hier – anders als im Machland – zwischen Berglandschaften verengt, die bis zu 400 Meter über dem Flussniveau teils steil aufragen. Von alters her existierten hier für die Schifffahrt gefährliche

Felsriffe und daraus resultierende Stromschnellen (›Strudel‹), die der Landschaft ihren Namen gaben. Erst der Bau der Staumauer bei Persenbeug (1954–1959) entschärfte die Situation größteils.

■ Saxen

In der kleinen Gemeinde Saxen gibt es ein viel besuchtes **Strindbergmuseum**, übrigens das einzige außerhalb Schwedens, das dem Andenken an den bedeutenden Autor gewidmet ist. August Strindberg (1849–1912) verbrachte in den Jahren von 1893 bis 1896 die Sommermonate in Saxen und schuf hier einige seiner bedeutendsten Dramen. Sein Bezug zu Österreich rührt von der aus dem Salzkammergut stammenden Maria Friederike Uhl (1872–1943), mit der er von 1893 bis 1897 verheiratet war. Friedrich Strindberg (1897–1978), der Sohn der Maria Friederike Uhl, wuchs in Saxen auf. Allerdings war sein leiblicher Vater nicht August Strindberg, mit dem die Mutter damals noch verheiratet war, sondern der damalige Skandalautor Frank Wedekind. August Strindberg schildert übrigens im 15. Kapitel seines Romans ›Inferno‹ die Landschaft zwischen Saxen und Klam, vor allen den romantischen Schluchtweg entlang des Klambachs hinüber nach Klam und zur Ruine Clam. Diese nur etwa einen Kilometer lange und bequem durchwanderbare **Klamschlucht** – Zugang über die Hintermühle nordwestlich des Ortes – zählt zu den schönsten Landschaftserlebnissen des oberösterreichischen Donauraums. Die alte **Hammermühle** wurde privat durch die Herren von Clam 1923 und 1963 zu einem ungewöhnlichen Kleinkraftwerk verändert, das die Dörfer Saxen und Klam mit Strom versorgt. Über die Schlucht und das Machland sowie deren Fauna und Flora informiert ein kleines lokales **Infozentrum**.

■ Burg Clam

Am Nordende der Klamschlucht steht die gewaltige Burg Clam, seit 1454 durchgehend im Besitz der Familie Clam. Sie ist kein eigentliches Museum, sondern eine voll ausgestattete und möblierte mittelalterliche Veste, auf der man auch eine **Porzellansammlung** bewundern kann. Die Burg geht auf das 12. Jahrhundert zurück, wurde um 1640 umgebaut und besitzt einen schönen Arkaden-Innenhof. Der massige Wohnturm ist noch ein Relikt aus der ersten Bauphase. Eine Führung zeigt neben der Burgkapelle auch die Burgapotheke mit einem kuriosen Medikamentenkasten aus der Zeit des Dreißigjähriges Krieges.

■ Bad Kreuzen

Ganz am Nordrand des Strudengaus liegt Bad Kreuzen (2300 Seelen), Kneippkurort mit einer Kaltwasserheilanstalt seit 1846. Berühmtester Kurgast ist Anton Bruckner, der sich hier 1867 von einem Nervenzusammenbruch erholte. Er hatte sich als Linzer Domorganist psychisch überanstrengt.

Die Kreuzener **Pfarrkirche** ist ungewöhnlich vierjochig und zeigt im Inneren Wandmalereien mit Szenen aus dem Leben des heiligen Vitus aus der Zeit um 1520. Die **Burganlage** gilt als zweitgrößte Oberösterreichs – die größte ist Burg Schaunberg bei Eferding (→ S.139) – und existierte wahrscheinlich schon um 900. Sie bestand ursprünglich aus zwei kleineren Burgen, die durch einen Arkadenhof verbunden waren. Ein Großbrand machte sie 1880 zur Ruine. Sie wurde in den 1980er Jahren renoviert und ist heute Jugendherberge und Kulturzentrum. Die neue Nutzung durch einen Hotelbetreiber, der die Burg als ›schatz.kammer lodge‹ vermarktet, brachte umstrittene Umbauten mit sich (www.burgkreuzen.at). Nahe der Burg beginnt der historische Kneippweg, an dem vor 150 Jahren besondere Duschanlagen existierten, heute der **Naturlehrpfad Wolfsschlucht**, ein Teil des Donausteigs. Die **Wolfsschlucht** selbst gilt bei Esoterikern als ein mythischer Kraftort.

Ein besonders eindrucksvolles Naturdenkmal ist eine Gruppe von vier Linden um die **Mariahilfkapelle** herum, nördlich des Ortszentrums, etwa 200 Meter vom Friedhof entfernt auf freiem Feld. Eine sehr schöne Landstraße ist die von Kreuzen durch das ›Stille Tal‹ nach St. Thoma am Blasenstein‹.

■ Grein

Die Lage Greins am Donauufer ist sicherlich nicht weniger eindrucksvoll als die Dürnsteins. Hier in Grein begann in alter Zeit für die Schiffer der gefährlichste Abschnitt der Donau in Österreich, hier gingen sie vorher an Land und holten sich besondere Lotsen an Bord, und auch die Mannschaften hatten Möglichkeit zum Landgang. So blieb mancher Dukaten in Grein, dem auch der Getreide- und Salzhandel gewissen Wohlstand brachte, wie es das sehr schöne Ortsbild deutlich zeigt. Der Ortsname soll von ›grinen‹ stammen, was ›schreien, lärmen‹ bedeutet und damit möglicherweise auf die tosenden Strudel oder Hilferufe von Schiffern hindeuten.

Sehenswert ist am kleinen Marktplatz das **Stadttheater**, das älteste noch im originalen Innern bespielte Theater Österreichs (167 Sitzplätze). Es wurde 1791 im 1563 erbauten Alten Rathaus von Grein eingerichtet, das schon längere Zeit nicht mehr diesem Zweck diente und ein Getreidespeicher war. Anlass war ein 1788 erlassenes Dekret des Kaisers Joseph II. zu sozialen Projekten, bei denen unter anderem der Erlös von Theateraufführungen den Opfern der regionalen Donauüberschwemmungen zugute kommen sollte. Der **Stadtplatz** ist im Sommer Schauplatz der lokalen Sommerspiele.

Über der Stadt thront mit machtvoller Gebärde **Schloss Greinburg**, das sein heutiges Aussehen im 17. Jahrhundert erhielt. Die ursprünglich spätmittelalterliche Burg aus der Zeit um 1490 ist seit 1823 in Privatbesitz des Hauses Sachsen-Coburg-Gotha, die großartigen historischen Säle, das ›Diamantgewölbe‹, der Arkadenhof und eine Sala Terrena können jedoch besichtigt werden. Das Schloss birgt auch das **Oberösterreichische Schiffahrtsmuseum**. Während der Donaufestwochen (www.donau-festwochen.at) finden hier auch Opernaufführungen statt – die Strudengauer Donaufestwochen alljährlich im Juli und August sind österreichweit bekannt.

Das **Tal des Gießenbachs** am Ostrand von Grein, durch das die sehr schöne Landstraße nach St. Georgen am Walde führt, ist sehr reizvoll. Am Gießenbach, der teilweise durch ein mit Einschränkungen begehbares Höhlensystem fließt, liegt die wegen ihrer Freischütz-Romantik viel begangene **Stillensteinklamm**.

Das traditionsreiche Theater in Grein

Ein Rundweg führt durch sie hindurch, der Zugang ist vom berühmten siebenbogigen Bahnviadukt an der Mündung des Gießenbachs in die Donau her. Von Grein gibt es eine **Personen- und Radfähre** hinüber nach Wiesen (Mai–Sept. 9–18 Uhr, Tel. 0664/4024877).

■ Insel Wörth und Burg Werfenstein

Auf dem Weg von Grein nach Osten passiert man gegenüber der Mündung des Gießenbachs die Insel Wörth, ein bewaldeter flacher Fels in der Donau. Auf ihm liegen einige wenige Reste der **Burg Wörth** aus dem Mittelalter. Die Insel ist ist die letzte eine ganzen Inselkette, die sich hier bis in die zweite Hälfte des 18. Jahrhunderts befand und die wegen ihrer Gefährlichkeit für die Schifffahrt zwischen 1778 und 1791 gesprengt wurde. Der Sprengung folgten bis zum Beginn des 20. Jahrhunderts weitere Regulierungsmaßnahmen, womit der Strudengau für die Flussfahrten fast gefahrlos wurde.

Die **Ruine Werfenstein** thront der Ostspitze der Insel gegenüber am linken Donauufer, doch ist sie wegen der Bewaldung des Hangs von der Straße aus zumindest im Vorbeifahren kaum zu sehen. Sie gehörte zu einem Donau-Sperrgürtel, entlang dessen Ketten zwischen ihr und der Burg Wörth über den Fluss gespannt werden konnten. Die Burg bestand schon um 1240, verfiel aber nach mehrmaligem Besitzerwechsel bereits nach 1540, die Reste brannten im 17. Jahrhundert nieder. 1780 erfolgte schließlich der Abriss großer Teile, und beim Bau der Donauuferbahn wurde die Vorburg abgetragen. Trotzdem diente die Anlage durch die Jahrhunderte in den jeweils erhaltenen Gebäuden als Wohnburg, so auch zu Beginn des 20. Jahrhunderts, als der umstrittene Mystiker Jörg Lanz von Liebenfels (1874–1954) sie als Treffpunkt seiner esoterischen Gesellschaften nutze. Die Ruine ist heute wieder in Privatbesitz

Ansicht der Ruine Werfenstein und der Insel Wörth, Kupferstich (1674) von G. M. Vischer

und kann nicht betreten werden. Viele Sagen ranken sich um diese Burg, so soll einst im Teufelsturm, dem Bergfried, die ruhelose Seele eines Mönchs gehaust haben, die wegen des gottlosen Leben des Mönchs dorthin verbannt war. Der Mönch soll sich immer zeigen, wenn Unheil dem Donautal droht.

In der Nähe von Burg Werfenstein liegt der kleine Ort **Struden**, seine Sehenswürdigkeiten sind die 1800 zum Wohnhaus umgebaute Marienkirche von 1502, der hübsche Marktbrunnen und ein Pranger.

■ St. Nikola

St. Nikola besitzt einen engen und dabei recht hübschen Ortskern. Im Ortsteil Hirschenau, direkt an der Grenze zu Niederösterreich, befindet sich auf 228 Metern der tiefstgelegene Punkt Oberösterreichs. In St. Nikola kamen, anders als in Grein, keine Lotsen an Bord der Donauschiffe, sondern hier nahm der Ortsgeistliche für die himmlischen Mächte nach erfolgreicher Fahrt durch die Strudel einen kleinen Dankobulus entgegen – was für St. Nikola recht einträglich war.

Vom **Kirchenberg** in St. Nikola – der heilige Nikolaus ist Schutzpatron der Schiffsleute –, zu dem man direkt von der Straße über eine Treppe emporsteigen kann, genießt man einen herrlichen Donaublick. Die sich in engen Mäandern aus dem Donautal entlang des Dimbachs emporschraubende Straße nach Waldhausen ist landschaftlich sehr reizvoll und für Kraftfahrer ein besonderer Genuss.

Drei Kilometer ostwärts vom eigentlichen St. Nikola liegt der Gemeindeteil Sarmingstein. Auch von hier, entlang des Sarmingbachs, führt eine sehr schöne Straße hinauf nach Waldhausen. Die **Ruine Sarmingstein**, von der nur geringe Reste erhalten sind, gehörte wie Werfenstein zu dem erwähnten Donausperrgürtel. Man erreicht sie über einen steilen

Die Pfarrkirche von St. Nikola

Wanderweg von der erwähnten Straße nach Waldhausen, gleich am Rand von Sarmingstein oberhalb der Serpentine. Ungewöhnlich ist ihre vorgelagerte Artilleriestellung (Kanonenrondell) vom Anfang des 16. Jahrhunderts. Die Ruine ist nicht zu verwechseln mit einem Turm nahe des Donauufers, dem Rest einer 1488 erbauten Basteianlage des Donausperrgürtels, einer der ganz wenigen erhaltenen Mauttürme des Mittelalters an der Donau. Er ist als **Turmruine Sarmingstein** ein Aussichtsturm.

Aus Sarmingstein stammt die Pianistin Barbara Ployer (geb. 1765), eine Schülerin Mozarts. Für sie schuf er seine Klavierkonzerte KV 449 und 453. Hinter Sarmingstein geht es weiter am Donauufer entlang, bis etwa 600 Meter nach Hirschenau die Landesgrenze erreicht ist.

Die Stiftskirche des Waldhausener Augustinerchorherrenstifts

■ Waldhausen

Gute fünf Kilometer von der Donau landeinwärts und über 250 Meter über dem Donautal gelegen, ist Waldhausen ein stiller, waldumrauschter Ort von knapp 3000 Bewohnern. Es ist sehenswert zunächst wegen des ehemaligen **Augustinerchorherrenstifts** aus dem 12. Jahrhundert., das Ende des 18. Jahrhunderts aufgelassen und danach teilweise abgebrochen wurde; der Stiftsbrunnen kam dabei nach Melk. Heute ist nur noch ein Stiftstrakt mit Arkaden und ein Torturm erhalten. Sehr bedeutend ist die frühbarocke Stiftskirche (1647–1680) mit ihrem lichtdurchfluteten Inneren und dem 20 Meter hohen Hochaltar. Die sogenannten ›Waldhausener Mumien‹ aus dem 18. Jahrhundert, auf natürliche Weise mumifizierte Leichname und vermutlich höhere geistliche Herren, sind in der Krypta der Stiftskirche bestattet und der Öffentlichkeit nicht zugänglich (→ St. Thomas am Blasenstein, S. 188).

Die Waldhausener Seefestspiele am Nepomukteich gibt es seit 2005, es sind die kleinsten ihrer Art und Oberösterreichs einzige; geboten werden meist Kabarettveranstaltungen. Josef Hader (geb. 1962), einer von Österreichs großen zeitgenössischen Schauspielern, bekannt unter anderem aus dem Kinofilm ›Der Knochenmann‹, stammt aus Waldhausen.

Der Strudengau

Marktgemeinde Klam, 4352 Klam Nr. 43, Tel. 07269/7255. www.klam.at
Tourismusverband Bad Kreuzen, 4362 Bad Kreuzen 20a, Tel. 07269/6255-78. www.bad-kreuzen.at
Tourismusbüro Grein, Stadtplatz 5, 4360 Grein, Tel. 07268/7055. www.grein.info
Gemeindeamt St. Nikola, 4381 St. Nikola Nr. 16, Tel. 07268/8155. www.sankt-nikola.at
Gemeindeamt Waldhausen, 4391 Waldhausen i. Str., Tel. 07260/4505. www.tourismus-waldhausen.com

Gasthof zum stillen Tal, Thomastal 15, 4363 Pabneukirchen, Tel. 07266/6383, Zimmerpreise auf Anfrage. Spezialität: Somloer Nockerln, eine traditionelle, aber wenig bekannte Nachspeise der k.u.k. Zeit. Rechtzeitige Reservierung immer empfohlen. www.stillestal.at
Aumühle, Panholz 17, 4360 Grein (etwa 10 km auswärts, an der Gießenbachtalstraße), Tel. 07268/8130, p. P. im DZ 55-75 €. Noblere Wellness-Oase mit Restaurant. www.aumuehle.at
Café Konditorei und Restaurant Schörgi, Rathausgasse 2, 4360 Grein, Tel. 07268/350-0, Traditionslokal, in der oberen Etage Terrasse mit großartigem Donaublick. www.schoergi.at
Pension Martha, Hauptstr. 12, 4360 Grein, Tel. 07268/345, p. P. im DZ ab 40 €. www.pensionmarthakgrein.at

Gasthof Goldenes Kreuz, Stadtplatz 8, 4360 Grein, Tel. 07268/316, p. P. im DZ 42-70 €. In einem über 700 Jahre alten Schiffsmeisterhaus. www.hotel-in-grein.at
Binderalm-Zum singenden Wirten, Herdmann 4, 4360 Grein (am westlichen Ortsrand oberhalb der Donau in herrlicher Lage), p. P. im DZ 38 €. www.binderalm.at
Gasthof Schauer, Markt 6, 4391 Waldhausen, Tel. 07260/4227, p. P. im DZ ab 37 €. Schöner 500 Jahre alter Vierseithof. Besonderer Tipp des Autors. www.gh-schauer.at

Strindbergmuseum, 4351 Saxen Nr. 7, Tel. 07269/6828 oder 284; Mai-Okt. Sa/So 14-16 Uhr oder nach Vereinbarung. www.strindbergmuseum.at
Burg Clam, Sperken 1, 4352 Klam, Tel. 07269/7217; Mai-Okt. tgl. 10-16.30 Uhr. www.burgclam.com
Schloss Greinburg mit Oberösterreichischem Schiffahrtsmuseum, Greinburg 1, 4360 Grein, Tel. 07268/7007-18; Mai-Okt. tgl. 9-17 Uhr, Führungen nur nach Voranmeldung. Geschichte der Donauschifffahrt, Schiffszüge, Flößerei. www.schloss-greinburg.at

Campingplatz Grein (mit Restaurant Donaublick), Campingplatz Nr.1, Tel. 07268/21230 bzw. 0720/903901. Bewusst fettreduzierte Küche. www.camping-grein.at

St. Florian

Am südlichen Donauufer gibt es zwischen Linz und der Landesgrenze zu Niederösterreich zahlenmäßig nicht allzu viele große Sehenswürdigkeiten, doch die wenigen zählen zu den großartigsten ganz Österreichs. Das Stift St. Florian stellt ein Kulturdenkmal ersten Ranges dar, und daher wird die 6000-Seelen-Gemeinde nicht wegen ihres durchaus hübschen Ortsbildes, sondern nur wegen des grandiosen barocken Augustinerchorherrenstifts besucht, das hier seit dem 11. Jahrhundert besteht und eine der größten und in ihrer Geschlossenheit einzigartige Klosteranlage Europas ist. In St. Florian fand der frühchristliche Märtyrer Florianus seine Grabstätte, allerdings ist die genaue Lage des Grabs nicht mehr bekannt. Seine Reliquien sind verschollen. Er ist bis heute einer der populärsten Heiligen überhaupt.

■ Die Florianslegende

Im Jahr 304 lebte Florianus als pensionierter römischer Offizier in Aelium Cetium, dem damaligen St. Pölten. Er war bereits Christ geworden, hatte es aber bisher nicht gewagt, sich öffentlich zu seinem Glauben zu bekennen. Während der Christenverfolgungen unter Kaiser Diokletian wurde auch in den römischen Donauprovinzen nach möglichen Christen gefahndet. In Lauriacum, dem heutigen Lorch (Ortsteil von Enns), wurden zahlreiche Christen verhaftet. Florianus erfuhr davon und eilte dorthin, um sich für sie einzusetzen, was nun zu seiner Verhaftung führte. Da er sich weigerte, seinem Glauben abzuschwören, wurde er zum Tode verurteilt und sollte verbrannt werden. Da seine Standfestigkeit die Soldaten beeindruckte, änderte man die Todesart in Ertränken. Am 4. Mai 304 wurde er mit einem großen Stein um den Hals – in der Kunst meist als Mühlstein dargestellt – von einer Brücke in die Enns gestoßen. Sein Leichnam soll bald danach angeschwemmt und von einem Adler bewacht worden sein. Eine Frau namens Valeria nahm den Toten auf, um ihn zu bestatten. Der Karren, der den Leichnam des Florianus transportierte, blieb an einer bestimmten Stelle wegen der Ermattung der Zugtiere stehen. Plötzlich sprudelte eine Quelle genau an dieser Stelle empor. Die Tiere tranken, der Zug ging weiter, und an der Stelle, an der die Frau gemäß einer Vision die Bestattung vorgesehen hatte, wurde er begraben. An diesem Punkt wurde später das Stift St. Florian errichtet; über der Quelle wurde der Florianbrunnen errichtet, der sich gleich neben der Johanneskirche in St. Florian befindet. Es wird behauptet, dass dem Soldaten, der Florian von der Brücke stieß, die Augen ausgefallen seien. In der Kunst sieht man auf Bildern der Florianslegende dies oft so dargestellt.

Der Innenhof des Stifts

Dass Florian der Schutzpatron der Feuerwehr und Bekämpfer von Bränden ist, wird darin begründet, dass er einesteils seinen Feuertod abwenden konnte und andererseits als aktiver Offizier in einer Einheit zur Feuerbekämpfung tätig war. Auf der Ennsbrücke der nördlichen Umgehungsstraße von Enns (B 1) steht genau über der Flussmitte ein merkwürdiges, etwa drei Meter hohes Drahtgeflecht. Dieses **Kunstwerk** ist eine zeitgenössische Darstellung des heiligen Florian, der vermutlich an dieser Stelle seinen Tod gefunden hat. Leider kann man an dieser Stelle nirgendwo anhalten, um sich die seltsame Kreatur näher anzusehen.

■ Aus der Stiftsgeschichte

Vermutlich bestand an der Stelle des heutigen St. Florian schon im 9. Jahrhundert ein Kloster. Um 1071 übernahmen es die Augustinerchorherren, die Bischof Altmann von Passau hierher gesandt hatte. Nach und nach entstanden jetzt Klostergebäude aus Stein. Durch das Kloster erfolgte eine wichtige Kolonisationsarbeit: Wälder wurden gerodet, Dörfer angelegt, zu Berühmtheit gelangten schnell die Schreibstube und die Malerschule von St. Florian. Der hier um 1510 bis

1518 entstandene Sebastiansaltar von Albrecht Altdorfer, der lange Jahre für das Stift tätig war, ist ein herausragendes Werk der Spätgotik.

Die heutige barocke Stiftsanlage entstand zwischen 1685 und 1750. Am Bau waren die berühmten österreichischen Architekten Carlo Antonio Carlone (1635–1708) und nach ihm Jakob Prandtauer (1660–1726) beteiligt; letzterer ist auch der Schöpfer des Stifts Melk. Die geistige Arbeit der Augustiner dauerte bis ins 20. Jahrhundert an, St. Florianer Chorherren waren unter anderem als Historiker für die mittelalterliche Geschichte Österreichs wegweisend. Von 1848 bis 1855 war Anton Bruckner der Stiftsorganist. Von 1941 bis 1945 war das Stift aufgehoben. Die NS-Machthaber installierten in ihm eine Zweigstelle der Reichsrundfunkgesellschaft, die an diesem Ort vor allem die Kunst Anton Bruckners, der in jenen Jahren großes Ansehen genoss, pflegen sollte.

Heute ist St. Florian wieder ein Ort augustinischen Klosterlebens. Die Florianer Sängerknaben sind ein bekannter Chor, seit 1997 finden hier regelmäßig die Bruckner-Tage statt. In der Stiftsmeierei ist das **Oberösterreichische Feuerwehrmuseum** eingerichtet, und tatsächlich gilt, was auf der Webseite steht: ›Glaube, Kunst, Kultur und Musik gehen hier eine perfekte Harmonie ein‹. St. Florian ist wahrscheinlich die bedeutendste Bruckner-Gedenkstätte in Österreich. In Wien gibt es kein Museum, Bruckners dortige letzte Wohnung ist öffentlich nicht zugänglich; ebenso wenig gibt es eines in Linz. Das Geburtshaus in Ansfelden ist zwar Museum, hat aber zweifellos nicht die Bedeutung für die Brucknerpflege wie St. Florian.

■ Stiftskirche

Die Stiftskirche Mariae Himmelfahrt bildet das Nordende der monumentalen 204 Meter langen Westfassade des Stifts. Ungewöhnlich ist ihre Ausrichtung mit der Front gegen eine Anhöhe, doch war dies durch die Lage des – heute verschwundenen – Floriangrabs vorgegeben. Daher ist die Fassade eher schlicht gehalten, nur die Turmhelme sind von prachtvoller Art. Das Kirchenportal und der Portalvorbau von Jakob Prandtauer erstrecken sich über drei Geschosse. Südlich der Vorhalle befindet sich die **Marienkapelle** mit ihrer reichen Ausstattung. Beeindruckend ist das Gitter von 1698, durch das man aus der Vorhalle in die Kirche tritt. Gleich hinter dem Gitter befindet sich ein modernes **Denkmal**, das an die Eremitin Wilbirg erinnert, die in einer Klause unweit des Stifts lebte, 1289 starb und wie Maria als dessen Patronin verehrt wird. Riesige Halbsäulen säumen den Raum, den acht Seitenkapellen erweitern. Die **Deckenfresken** von Anton Gumpp zeigen Szenen aus dem Leben des heiligen Florian und dem Marias, das **Altarbild** von Giuseppe Ghezzi des 20 Meter hohen Hochaltars aus rotem Marmor Marias Himmelfahrt. Großartig ist das reich geschnitzte **Chorgestühl** mit zwei seitlichen Orgelemporen von Adam Franz. Auf den Spitzen dieser Chororgel

Deckenfresko im Marmorsaal

(Orgelwerk von 1931) sind vier Statuen der Kirchenväter angebracht. Prächtig schimmert die **Kanzel** aus schwarzem Marmor von Johann Michael Leithner (1755). Sehr eindrucksvoll ist auch der Blick aus dem Kirchenschiff hinauf zur **Bruckner-Orgel**, die allerdings schon 1774 und somit vor der Zeit des großen Komponisten entstand. Mit 103 Registern und 7386 Pfeifen ist sie nach mehreren Umbauten 1873, 1932, 1951 und 1996 die größte bespielte Orgel Österreichs.

Unter dem Langhaus befindet sich die zugängliche **Krypta** mit den Sarkophagen der Stiftspröpste. Hinter einem Gitter ist eine große Menge menschlicher Knochen aus dem frühen Mittelalter und möglicherweise sogar noch aus der Römerzeit angehäuft. Vor dem Gitter steht frei auf einem Sockel der schlichte Sarkophag mit den sterblichen Überresten Anton Bruckners, in der Position genau zwei Etagen unter seiner geliebten Orgel. Im unter dem Hochaltar befindlichen Kryptateil kann man einige Relikte der ersten steinernen, romanischen Stiftskirche sehen. In diesem Bereich liegt auch jene Valeria begraben, die einst den Leichnam des heiligen Florian aufgenommen hat, sowie die Klausnerin Wilbirg.

■ Stift

Schon der **Stiftshof** macht auf den empfindsamen Besucher einen überwältigendem Eindruck. Begrenzt im Westen vom Trakt des Kaiserzimmers, im Süden von dem des Marmorsaals und im Osten von jenem der Bibliothek und der Kunstsammlung, besitzt er zusammen mit dem niedrigen Adlerbrunnen in der Mitte eine grandiose Raumwirkung. Das in die oberen Etagen des Westflügels führende Stiegenhaus Jakob Prandtauers würdigt der Kunsthistoriker Floridus Röhrig als »eine der vollkommensten Lösungen des Treppenhausbaus, nicht nur ästhetisch beglückend, sondern auch die Funktion der Treppe nach außen zur Wirkung bringend. Es ist ein höchster Genuss, diese Treppe hinanzusteigen.« Im zweiten Stock des Westtrakts lie-

▲ *Die Bibliothek, eine wahre Schatzkammer*

gen die 14 prunkvollen **Kaiserzimmer** für den jeweiligen Habsburgerherrscher, seine Gemahlin und die Hofentourage. Ihre Einrichtung ist im Original erhalten. Jakob Prandtauer ist auch der Schöpfer des **Marmorsaals**, der im Südtrakt gleichsam das weltliche Gegenstück zur Stiftskirche bildet. Er stellt zweifellos einen der schönsten Barocksäle des Landes dar. Thema seiner Decken- und Wandgemälde, die von Vater und Sohn Altomonte stammen, ist der Sieg Habsburgs über die Osmanen. Die Darstellung belässt es aber nicht bei bloßer Siegestriumphalik, sondern glorifiziert auch den lang ersehnten Frieden. Verherrlicht werden allerdings Kaiser Karl VI. und Prinz Eugen.

Die **Stiftsbibliothek** im Osttrakt wurde zwischen 1746 und 1751 von Gotthard Hayberger erbaut. Sie fällt wegen ihrer graziös durchbrochenen Galerie auf. Ihr Deckenfresko von Bartolomeo Altomonte stellt die Verbindung von Tugend und Wissenschaft durch die Religion dar. Etwa 140 000 Bände sowie fast 900 Handschriften und ebenso viele Inkunabeln sind hier aufbewahrt. Hier befand sich seit 1637 auch der ›Florianer Psalter‹, eine vermutlich in Krakau im 14. Jahrhundert entstandene dreisprachige Bilderhandschrift, die 1931 mit Genehmigung des Vatikans in die Warschauer Nationalbibliothek gebracht wurde – der polnische Teil des Psalters gehört zu den ältesten Zeugnissen der polnischen Schriftsprache. Im Osttrakt befinden sich auch die **Kunstsammlungen** des Stifts mit einer barocken und gotischen Galerie, zu der insbesondere einige Bilder von Albrecht Altdorfer (um 1480–1538) zählen, vor allem dessen Sebastiansaltar. Er ist neben der in der Münchner Alten Pinakothek aufbewahrten ›Alexanderschlacht‹ das wahrscheinlich bekannteste Bild des Malers. Unbedingt sollte man den Kraftort bei jener Quelle besuchen, an der die Zugtiere mit dem Leichnam des heiligen Florian stehenblieben. Das **Florianibründl** befindet sich hinter der Johanneskirche im Ort St. Florian (Zufahrt am Haus Wiener Str. 28). Viele Leute entnehmen der Quelle Trinkwasser für den eigenen Bedarf, die Schüttungsmenge ist beeindruckend.

■ Rund um St. Florian

Zwei Kilometer westlich von St. Florian, an der Straße nach Enzing/St. Marien, steht **Schloss Hohenbrunn**, das ehemalige Jagdschloss des Stifts. Es wurde um 1730 für Propst Johann Födermayr nach Prandtauers Plan errichtet, als dieser bereits verstorben war. Doch nach Födermayrs Tod 1732 wurde das Schloss kaum noch genutzt. Um 1830 war es bereits ziemlich verfallen und nach 1945 fast eine Ruine. Erst dann erfolgte eine Rettung des Baus. Heute birgt es ein **Jagdmuseum** und ist eine Eventlocation.

Östlich von St. Florian, bei Volkersdorf, liegt **Schloss Tillysburg**, ebenfalls ein Vierflügelbau wie Hohenbrunn. Es wurde zwischen 1633 und 1646 erbaut, ist reich ausgestattet; allerdings nur von außen zu besichtigen, ausgenommen bei besonderen Veranstaltungen. Seinen Namen trägt es nach der Familie des berühmten kaiserlichen Feldherrn des Dreißigjährigen Kriegs. Dessen Neffe kaufte 1630 die Ländereien und ließ das Schloss erbauen, wobei ein Vorgängerbau abgebrochen wurde.

Nicht weit davon liegt das **Freilichtmuseum Sumerauerhof** mit einem landestypischen Vierkanthof. Es thematisiert unter anderem das Leben oberösterreichischer Bauern im 19. Jahrhundert.

In **Asten** gibt es das private **Paneum**, ein landesweit einzigartiges Museum zur Geschichte der Brotherstellung, eingerichtet in einer avantgardistischen Architektur, die einem Teigklumpen ähnelt.

Anton Bruckner

Anton Bruckner gehört als Mensch und Komponist zu den merkwürdigsten Gestalten der Musikgeschichte, ja ist zweifellos eine ganz singuläre Erscheinung. Aus einem alten oberösterreichischen Lehrergeschlecht stammend, erhielt der 1824 geborene Anton durch seinen Vater seit 1834 Orgel- und anderen Musikunterricht, besuchte nach 1840 ein Lehrerseminar, arbeitete viele Jahre als Hilfslehrer – unter anderem in Windhaag im Mühlviertel – und wurde 1851 Organist am Stift St. Florian. Er erhielt 1855 den Posten des Organisten am Linzer Dom und nahm jetzt Kompositionsunterricht bei Simon Sechter, einem angesehenen Theoretiker, bei dem Franz Schubert noch kurz vor seinem Tode 1828 glaubte, Unterricht nehmen zu müssen. In der Linzer Zeit begann Bruckner zu komponieren, zunächst waren es jedoch nur einige geistliche Chöre. Er absolvierte weiterhin Kompositionsunterricht, und 1861 schloss er am Wiener Konservatorium all seine Studien mit überragendem Erfolg ab. »Er hätte uns prüfen sollen«, war die Ansicht eines seiner Prüfer. 1863 entstand dann seine erste Symphonie, die sogenannte ›Studiensymphonie‹ in f-moll. Sie erhielt keine Numerierung. 1864 komponierte er die d-moll-Symphonie, die er selbst seine ›Nullte‹ nannte. Seine erste numerierte Symphonie ist ein 1866 komponiertes Werk, die ›Linzer Symphonie‹ genannt. 1868 siedelte Bruckner nach Wien über, wo er Lehrer für Musiktheorie und Orgel am Konservatorium wurde. Er machte sich bald als Organist einen Namen, wenngleich seine Symphonien nur wenig Beifall fanden, die Erstaufführung seiner 3. Symphonie 1873 wurde gar ein niederschmetternder Misserfolg. Bruckner hatte sie Richard Wagner gewidmet, dessen Person und dessen Musik er seit langem innigst verehrte. Wohlmeinende Freunde überredeten den Komponisten daher zu Änderungen und Strichen, was dazu führte, das von den meisten seiner Symphonien – ausgenommen die 6. und die 7. – mehrere Fassungen existieren. 1891 ließ sich der kränkelnde Bruckner pensionieren, vollendete seine umfangreichste Schöpfung, die 8. Symphonie, und begann die Arbeit an der Neunten, die er ›dem lieben Gott gewidmet‹ sehen wollte. Kaiser Franz Joseph gewährte ihm 1894 in einem Nebengebäude des Wiener Belvedere lebenslanges Wohnrecht. Kurz vor der Vollendung des Finales der Neunten starb Bruckner dort am 11. Oktober 1896 nachmittags, am Vormittag schrieb er noch an diesem Satz.

Bruckner zählt zu jenen Komponisten, die an Hörer wie an Ausführende große Anforderungen stellen, doch füllen seine Werke stets die Konzertsäle. Er verlangt größte Orchesterbesetzungen, seine Symphonien haben meist über eine Stunde Dauer, die 8. gilt mit etwa 75 bis 80 Minuten Spielzeit als längstes rein instrumentales Werk der klassi-

Anton Bruckner im Jahr 1885, Gemälde von Hermann von Kaulbach

Der Sarkophag Bruckners in der Krypta in St. Florian

schen Musik. Viele seiner Themen sind keine Melodien im herkömmlichen Sinn, sind markant, doch nicht ohne weiteres ›nachzusingen‹. Allerdings sind Elemente der oberösterreichischen Volksmusik unüberhörbar. Ländlerartige Themen sind vor allem in den Scherzosätzen präsent, das Trio des Scherzo der 2. Symphonie scheint direkt der Folklore entnommen. Bruckners Harmonik ist chromatisch sehr differenziert, damit kompliziert, der innere Aufbau seiner Symphoniesätze bei aller Verwendung klassischer Formen äußerst komplex. Seine Musik hat ausschließlich absoluten Charakter, programmatische Hinweise, Tonmalerei oder die Illustration eines literarischen oder sonstwie gearteten außermusikalischen Vorwurfes sind ihr völlig fremd. Ausgenommen ist vielleicht der erste Satz der Vierten, bei dem Bruckner zu Beginn an eine Morgenstimmung und an Ritter gedacht hat, die bei Tagesanbruch aus dem Tor reiten.

Auch dadurch ist der Zugang zu seiner Musik erschwert. Dennoch war Anton Bruckner kein Intellektueller im heutigen Sinn. Musikästhetik oder Kunsttheorie waren ihm vollkommen fremd. Zu jenem musikalischen Ästhetizismus, wie ihn etwa Richard Wagner pflegte, hatte er keinerlei Zugang. Bruckners Orchesterbehandlung ist jedoch ohne die Wagners nicht denkbar. Der seltsame Mann, über den eine Fülle von Anekdoten existieren, legte in Kleidung und Sprechweise seine Herkunft aus dem einfachen bäuerlichen Milieu niemals ab. Seine Unbeholfenheit, eine starke Naivität, dazu sein ungeheuer tiefer Katholizismus brachten ihm das Attribut eines ›Musikanten Gottes‹ ein – völlig zu Recht darf man alle seine Symphonien als große geistliche Lobgesänge ansehen. Alle – bis auf die fragmentarische 9. Symphonie – enden in grandiosem Jubel, mit dem Gott und die Schöpfung gepriesen werden.

Bruckners Tonsprache war wegweisend für Gustav Mahler, dessen Kolossalsymphonien ohne die des Vorbilds nicht denkbar wären. In seiner Neunten reißt er im Adagio in der chromatisch äußerst differenzierten Harmonik die Tür zur Musik des 20. Jahrhunderts weit auf. Neben elf Symphonien schuf Bruckner drei Messen, ein Requiem und einige kleinere Werke für Chor und Orchester sowie für Männer- und gemischten Chor. Wer sich Bruckners Tonsprache nähern will, sollte die 4. Symphonie hören. Sie ist neben der Siebenten das populärste seiner Werke.

Enns

Die 12 000-Seelen-Stadt Enns nahe der Mündung des Ennsflusses in die Donau nennt sich selbst die älteste von Österreich. Allerdings erheben die St. Pöltener Einspruch, da sie ihre Stadtrechte schon 1159 erhalten haben wollen. Enns besitzt ein eindrucksvolles historisches Stadtbild und eine große kulturgeschichtliche Bedeutung für ganz Österreich – es ist geradezu ein Muss bei jeder Oberösterreichreise.

■ Stadtgeschichte

Im Mündungsgebiet der Enns in die Donau gab es schon vor 4000 Jahren menschliche Siedlungen. Um 400 v. Chr kamen Kelten ins Land, deren sich auf große Teile des heutigen Österreichs erstreckendes Reich Noricum gliederten die Römer um die Zeitenwende ihrem Imperium ein. Gegen Ende des zweiten nachchristlichen Jahrhunderts existierte an der Stelle des späteren Enns das Militärlager und eine Zivilstadt Lauriacum (im heutigen Ortsteil Lorch), in denen über 30 000 Menschen lebten. Für die Kulturgeschichte war der Tod des Römers Florianus bedeutend, der während der Christenverfolgungen unter Diokletian im Jahr 304 durch Ertränken in der Enns aus Glaubensgründen den Märtyrertod fand und bald als Heiliger europaweit Verehrung erfuhr. Doch bereits um 370 bestand eine frühchristliche Basilika; auf ihren Fundamenten wurde im 14. Jahrhundert in Lorch die jetzige Laurentiuskirche erbaut. Wegen der drohenden Einfälle der Ungarn wurde gegen 900 die Enisiburg auf dem späteren Georgenberg errichtet. Durch Umbauten wurde aus ihr später das Schloss Ennsegg. Unter der Herrschaft der Traungauer Grafen entstand um die Burg eine Siedlung, die rasch zu Wohlstand kam – die vormalige Römersiedlung Lauriacum-Lorch war lange unbedeutend gewesen. Am 17. August 1186 wurde in der Burg

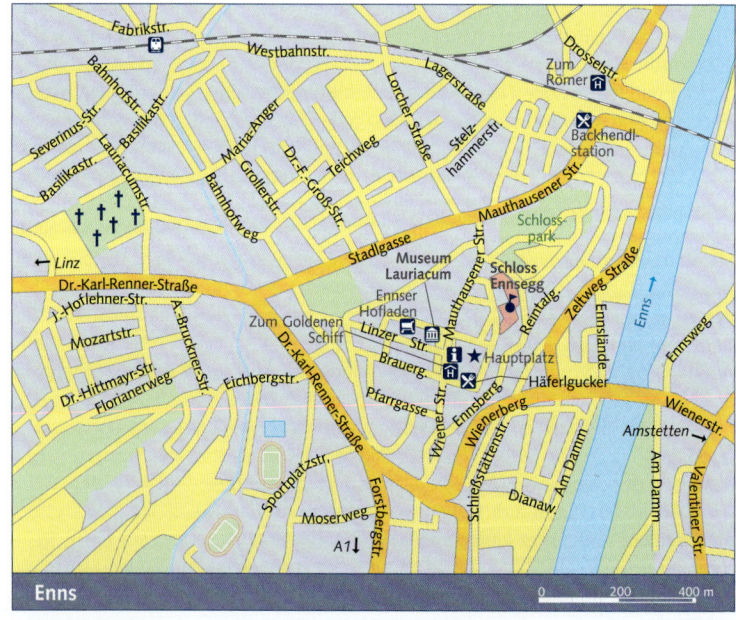

Enns

Das Alte Rathaus am Hauptplatz

auf dem Georgenberg die Georgenberger Handfeste unterzeichnet. Mit diesem Erbvertrag fielen nach dem Tod des letzten Traungauers Ottokar IV. 1192, der in Steyr residiert hatte, dessen Besitztümer, darunter vor allem die Steiermark, an das Geschlecht der Babenbergerherzöge. Damit war auch die Steiermark mit dem Babenbergergebiet Österreich verbunden – damals verstand man unter Österreich (ostarrichi) im Wesentlichen zunächst nur das heutige Niederösterreich.

Im Jahr 1212 erhielt die Siedlung Enns die Stadtrechte – noch vor Wien. 1278, nach dem Aussterben der Babenberger und einer längeren Zeit innenpolitischen Durcheinanders, wurde Österreich habsburgisches Gebiet. Bei der 1458 erfolgten Teilung des Herzogtums Österreichs aufgrund eines Erbvertrags in zwei Teilherzogtümer oberhalb (Oberösterreich) und unterhalb der Enns (Niederösterreich) entschied man sich oberhalb der Enns jedoch für Linz als Hauptstadt. Enns blieb aber wichtiger Handelsort, etwa für Salz, Wein, Getreide, Leinen, Eisen und Holz. Es erfuhr keine großen Stadterweiterungen, verlor nach und nach etwas an Bedeutung, konnte aber dafür sein historisches Stadtbild erhalten.

1945 lag es am Ostrand der amerikanischen Besatzungszone: Gleich jenseits der Enns, wo Niederösterreich begann, befand sich das russische Gebiet. In den Nachkriegsjahren wurden viele vertriebene Deutsche aus Böhmen in und um Enns ansässig. Vor allem Bewohner des nordböhmischen Gablonz (heute Jablonec nad Nisou) kamen nach Enns und bauten hier ähnlich wie im bayerischen Neugablonz die traditionelle Schmuckindustrie ihrer Heimat wieder auf.

■ **Historisches Zentrum**

Herz der Stadt ist der rechteckige **Hauptplatz**, den an allen Seiten prächtige, teilweise umgebaute Bürgerhäuser des 14. bis 19. Jahrhunderts säumen. In einem spätgotischen, barockisierten Haus befindet sich auch die Touristeninformation. Seine Dominante wie auch Wahrzeichen der ganzen Stadt ist der 60 Meter hohe **Stadtturm** von 1568, der als Wach-, Uhr- und Glockenturm in einem Mischstil gotischer Und Renaissance-Elemente entstand. Seine Grundfläche ist 10 mal 10 Meter groß, sein Kupferdach 17 Meter hoch. Die Messingkugel an der Spitze trägt eine 140 Zentimeter hohe Geniusfigur. Bei der Turmuhr sind der Stunden- und der Minutenzeiger vertauscht. Beeindruckend sind die Malereien der Turmwände. An der Südseite erblickt man einen großen österreichischen Doppeladler, darunter eine Sonnenuhr mit einer lateinischen Überschrift. Diese lautet frei übersetzt:

Als Maximilian die Huldigung als Herrscher entgegennahm
Begann zu Enns sich dieser Bau zu erheben.
Als der Cynthier (Sonnengott) das Jahr zum vierten Mal
während seiner Herrschaft wandte,
war die gewünschte Vollendung des unternommenen Werkes vollendet.

*Du siehst die kleine Stadt, ohne bedeutenden Namen
Für die jedoch Gott der Ewige in Liebe sorgt.
Sie ist der Rest von Lauriacum. In dieser Gegend hat Markus
Mit Lukas Christi Lehre verkündet.*

Mit Maximilian ist der Habsburgerkaiser und österreichische Erzherzog Maximilian II. gemeint. Wegen der grandiosen Aussicht sollte man den Turm unbedingt besteigen, es sind nur 157 Stufen. Die alte Türmerstube ist seit 2013 stilvoll zum Hotelzimmer umgebaut (Buchung und Info unter 07223/82181888, www.pixelimturm.at).

Auch das **Römermuseum Lauriacum** am Hauptplatz lohnt einen Besuch. Es thematisiert eindrucksvoll die gesamte Stadtgeschichte und widmet sich besonders dem historischen Römerlager.

Südlich des Hauptplatzes, am Südrand der Altstadt, steht die **Marienkirche** mit ihrem dünnen und niedrigen Barockturm. Sie war einst Kirche eines Minoritenklosters (Franziskanerklosters) aus dem 13. Jahrhundert und seit 1553 Stadtpfarrkirche. Gemäß der Ordensregeln ist ihr Inneres schlicht gehalten. Die Kirche bildet eine Einheit mit der angebauten **Wallseerkapelle**, deren filigrane gotische Bögen herausragen. Die Fresken aus dem Jahr 1625 zeigen Gottvater, den heiligen Florian sowie die Evangelisten Markus und Lukas und eine historische Ansicht von Enns; eine weitere Freskenreihe porträtiert 22 Bischöfe des Bistums Passau, zu dem Enns im Mittelalter gehörte. Schön ist auch eine sitzende frühgotische Madonna, nur das Jesuskind passt stilistisch nicht dazu: Die ursprüngliche Skulptur wurde gestohlen und im 17. Jahrhunderts durch ein Werk der Zeit ersetzt. Vom alten Kloster ist unter anderem der Kreuzgang erhalten. Auch heute noch besteht eine kleine Gemeinschaft von Franziskanern, die in der Seelsorge tätig sind.

Am Nordrand der Altstadt, am Abhang des Georgenbergs, befindet sich **Schloss Ennsegg**. Auf den Mauern einer frühmittelalterlichen Burg wurde 1483 unter Kaiser Friedrich III. eine neue landesfürstliche Burg erbaut, doch auch die war 100 Jahre später baufällig geworden. Unter Erzherzog und Kaiser Maximilian II. errichtete man von 1566 bis 1570 auf einem Mauervorsprung gleichsam als Flankenschutz der Stadtbefestigung das Schloss Ennsegg. Verkehrsgünstig gelegen, nahmen hier durch die Jahrhunderte viele illustre Reisende Quartier: Marie Antoinette, Napoleon, Kaiser Franz I., Erzherzog Franz Ferdinand und viele andere. Das Schloss befindet sich in Privatbesitz. Sein Inneres ist nicht zugänglich, außer bei besonderen Veranstaltungen, Schlosshof und Park aber können jederzeit besichtigt werden.

■ Lorch

Im Ortsteil Lorch lohnt die alte **Laurentiusbasilika** einen Besuch, die aus der Zeit um 1300 stammt. Sie befindet sich auf freiem Feld und ist auf den Fundamenten verschiedener Römerbauten errichtet. Ihr Inneres weist unter anderem sehr viele bedeutende gotische Kunstwerke und eindrucksvolle Grabplatten auf – sehr sehenswert sind die Gräber der Adelsfamilie Scharffenberg –, jedoch auch vieles aus der Mitte des 20. Jahrhunderts, nachdem die Kirche im, wie es heißt, ›Geist des Zweiten Vaticanums‹ umgestaltet wurde. Unter ihr gibt es Reste eines römischen Wohnhauses aus dem 2. Jahrhundert, die Siedlung Lauriacum. Auf diesen entstand um 400 eine frühchristliche Kirche.

Die historische Bedeutung des Ortes liegt in seiner Funktion als Wirkungsstätte des heiligen Florian (→ S. 184) und des heiligen Severin von Noricum, eines Missionars in der Römerprovinz Noricum, die sich über weite Teile der Ostalpen und ihres nördlichen Vorlands erstreckte. Der heiligen Severin erfuhr übrigens an der Severinstüre der Kirche eine eindrucksvolle Reliefdarstellung. Der gehörlose Künstler Peter Dimmel schuf sie 1970. Auch soll im nachrömischen Lauriacum noch vor Gründung des Bistums Passau ein eigenständiger Bischofssitz existiert haben.

In Lorch hat angeblich im Jahr 791 Karl der Große vor seinem Awarenfeldzug mit seinem Heer gerastet.

 St. Florian und Enns

Tourismusinformation, Marktplatz 2, 4490 St. Florian, Tel. 07224/5690. www.oberoesterreich.at/st.florian
Tourismusverband und Stadtmarketing Enns, 4470 Enns, Hauptplatz 19, Tel. 07223/82777. www.tse-enns.at, www.enns.at

Stiftskeller, Stiftstr. 1, 4490 St. Florian, Tel. 07224/890270. U.a. saisonale Kürbisspezialitäten. www.stiftskeller.co.at
Landgasthof zur Kanne, Marktplatz 7, 4490 St. Florian, Tel. 07224/4288, p. P. im DZ ab 45 €. Mit Vinothek. www.gasthof-koppler.at
Gasthof Pfistermüller, Am Bäckerberg 1, 4490 St. Florian, Tel. 07224/4276, p. P. im DZ ab 40 €. Guter österreichischer Landgasthof. www.pfistermueller.at
Hotel garni zum Römer, Mauthausener Str. 39, 4470 Enns, Tel. 07223/84900, p. P. im DZ ab 42 €. Gemütlich und modern. www.zumroemer.at
Restaurant Häferlgucker, Hauptplatz 27, 4470 Enns, Tel. 07223/84417. www.haeferl-gucker.at
Hotel zum goldenen Schiff, Hauptplatz 23–25, 4470 Enns, Tel. 07223/86086; p. P. im DZ ab 50 €. Erstes Haus am Platz. www.hotel-brunner.at
Gasthof Backhendlstation, Mauthausener Str. 37, 4470 Enns, Tel. 0660/7729441. Mit dem schönsten Biergarten von Enns, p. P. im DZ 43 €. www.gh-backhendlstation.at

Augustinerchorherrenstift St. Florian, Stiftstr. 1, 4490 St. Florian, Tel. 07224/ 8902-0. Stiftsräume und Krypta) nur mit Führungen Mai–Mitte Okt. tgl. 11, 13 und 15 Uhr. Die Stiftsbasilika ist frei zugänglich. www.stift-st-florian.at
Feuerwehrmuseum, Stiftstr. 2, 4490 St. Florian, Tel. 07224/4219; Mai–Okt. Di–So 10–12 und 14–17 Uhr. Im barocken Meierhof des Stifts. www.feuerwehrmuseum-stflorian.at
Jagdmuseum Schloss Hohenbrunn, Hohenbrunn 1, 4490 St. Florian, Tel. 07224/ 20084, Karsamstag–Okt. tgl. 10–12 und 13–17 Uhr, Fr nachmittags geschlossen. Jagdporzellan, Jagdkynologie, Jagdwaffen etc. www.ooeljv.at
Freilichtmuseum Sumerauerhof, Samesleiten 15, 4490 St. Florian, Tel. 07224/ 8031; Ende April–Ende Okt. Di–So 10–12 und 13–17 Uhr. www.landesmuseum.at
Paneum – Wunderkammer des Brotes, Kornspitzstraße 1, 4481 Asten, Tel. 07224/8821400; Mo–Sa 10–18 Uhr, Fe geschlossen. www.paneum.at
Römermuseum Lauriacum, Hauptplatz 19, 4470 Enns, Tel. 07262/85362; Di–Fr 10–15, So 10–12 und 14–16 Uhr. Stadtgeschichte, Militärlager Lauriacum. www.museum-lauriacum.at

Von Enns nach Mauthausen gibt es eine Personen- und Fahrradfähre, allerdings haben auf ihr nur zwölf Personen incl. Fahrrad Platz. Mai–Aug. 9–19 Uhr, Sept. 9–18 Uhr.

Ennser Hofladen, Linzer Str. 8, 4470 Enns, Tel. 07223/80602. Hochwertiges einheimischer Hersteller und Biobauern. www.hofladen-enns.at

Das Innviertel ist herb, streng auf eine Art, hinter der Sanftheit steckt, die Leute sind spröde, abwartend, von zurückhaltender Freundlichkeit, die erst bei wachsender Vertrautheit ganz zum Vorschein kommt. Man muss ihnen gegenübertreten wie ihrem Land, oftmalig, ohne Ungeduld.

Franz Rieger

Blick auf Schärding

DAS INNVIERTEL UND DIE MITTE OBERÖSTERREICHS

Abenddämmerung am Inn bei Schärding, gegenüber Schloss Neuhaus

Oberösterreichs nordwestlicher Teil gehört zu den historischen vier Viertel des Landes – Mühl-, Inn-, Hausruck- und Traunviertel –, die aber 1868 durch eine neue Kreiseinteilung ersetzt wurden. Touristisch-geographisch gesehen sind nur Mühl- und Innviertel einigermaßen genau zu definierende Gebiete. Das Innviertel ist im Westen zwischen Passau und Braunau vom Inn begrenzt und weiter südlich, bis kurz vor der Landesgrenze zu Salzburg bei Ostermiething, von der Salzach. Im Nordosten bildet die Donau seine Grenze bis etwa in die Gegend von Eferding. Von dort zieht sich eine nicht definierte ungefähre Grenze südwestlich hin, am Hausruck vorbei bis zur salzburgischen Grenze bei Straßwalchen. Südlich an das Innviertel schließt sich das Salzkammergut an, das historisch gesehen überwiegend zum Traunviertel gehört. Das Innviertel unterscheidet sich von allen anderen österreichischen Regionen dadurch, dass es bis 1779 zu Bayern gehörte, damals Innbaiern genannt. Bis heute bemerkt man diese frühere Zugehörigkeit am Dialekt seiner Bewohner und auch zahlreicher Architekturzeugnisse. Nicht zuletzt macht sich dieser Einfluss an der hohen traditionellen Braukunst und der Fülle und Vielfalt der hier ausgeschenkten Biere bemerkbar. Deren kultivierter Genuss zählt zu den alten Bräuchen der Region, vor allem, da seit einigen Jahren im Innviertel wieder eigener Hopfen angebaut wird (Infos: www.innviertelbier.at). Kein Wunder, dass der alljährliche ›Innviertler Biermärz‹ mit Verkostungen und Kulturveranstaltungen eines der wichtigsten Events ganz Oberösterreichs ist (www.biermaerz.at). Neun Privatbrauereien gibt es in der Region. Aus reisepraktischen Gründen und wegen der geographischen Zusammengehörigkeit ist das Hausruckviertel innerhalb des Großkapitels Innviertel dargestellt. Die donaunahen Regionen des Innviertels, insbesondere des Sauwaldes, werden dagegen im Kapitel ›Entlang der Donau‹ behandelt (→ ab S. 127). Das gleiche gilt für den sogenannten ›Oberösterreicherischen Zentralraum‹, eine künstliche geschaffene Bezeichnung für die Region zwischen Wels, Linz und Steyr, die einst überwiegend dem Traunviertel angehörte, hier im Buch jedoch ebenfalls aus reisepraktischen Gründen auf mehrere Großkapitel verteilt ist.

Entlang von Inn und Salzach

Die Westgrenze Oberösterreichs ist seit 250 Jahren auch die zu Bayern. Doch haben und hatten beide Flüsse nie etwas Trennendes. Sie sind alte Handelswege, entlang derer viele hübsche Städte und manch großartiger Sakralbau zu finden sind.

Schärding

Wer von Deutschland über die A3 via Passau nach Österreich fährt, erreicht über den Grenzübergang Suben bei Schärding oberösterreichisches Gebiet. Die wenigsten Reisenden machen einen Abstecher in das nahe Schärding und sein Umland – zu Unrecht, denn es zählt zu Oberösterreichs reizenden und dabei vom Massentourismus nur wenig berührten Ecken.

Schärding (5300 Bewohner) wirbt mit dem Attribut ›Barockstadt‹, und sicherlich ist sein großartiges Stadtbild von dieser Epoche geprägt. Die meisten der historischen Häuser stammen jedoch aus der Gotik und sind nur barockisiert. Überhaupt ist Schärding ein sehr alter Ort, bereits 804 wurde er als ›scardinga‹, einem Wirtschaftshof des Passauer Bischofs, erstmals erwähnt. Die Innschifffahrt und der aus ihr resultierende Handel unter anderem mit Salz, Erz, Getreide, Vieh und Holz ließen die Siedlung rasch wachsen und zu Wohlstand kommen. Seit 1364 besitzt Schärding die Stadtrechte. Bedeutend war 1369 der Frieden von Schärding, in dem die jahrzehntelangen Streitigkeiten der Baiernherzöge mit den Habsburgern um den Besitz von Tirol beendet wurden. Tirol wurde mit ihm Tirol habsburgisch und blieb es bis 1918. 1703 brachte der Spanische Erbfolgekrieg die Belagerung der Stadt durch österreichische Truppen mit sich, die Pfarrkirche und 50 Häuser brannten nieder. 1779 wurde Schärding wie das ganze Innviertel habsburgisch; der Wechsel der Landesherrschaft brachte den gewinnbringenden grenzüberschreitenden Salzhandel zum Erliegen.

Trotz der napoelonischen Brandschatzungen hat sich Schärding sein historisches Stadtbild bewahren können. Es war immer wieder Opfer von Innhochwassern, am Wassertor am Innufer sind die höchsten Wasserstände vergangener Epochen angebracht. Schärding ist ein Ort großer Lebensfreude. Diverse Bierwochen, Schlemmerfeste und andere Festivitäten werden von Frühjahr bis zum Herbst veranstaltet (www.aktiwirte.at, www.schaerding.at). Auf 5000 Bewohner kommen 60 Lokale! Den höheren geistigen Genüssen widmet sich der Inn4tler Sommer (www.inn4tler-sommer.at) mit Veranstaltungen auch in Braunau und Ried.

■ Sehenswürdigkeiten

Schärdings Stadtbild ist ein typisches Beispiel für den ›Inn-Salzach-Stil‹. Von Passau über Burghausen und innaufwärts bis Innsbruck existieren in den kleineren historischen Städten viele vergleichbare Platzansichten und Hausarchitekturen. Gerade in den kleinen Seitengassen der Altstadt Schärding gibt es an den Bürgerhäusern viele hübsche Details zu entdecken.

Ein grandioses und fast einzigartiges farbenfrohes Panorama historischer Bürgerhäuser bildet der **Obere Stadtplatz** mit der **Silberzeile**, wie die spätbarocke Gebäudereihe wegen der hier einst ansässigen vermögenden Kaufleute genannt wird. Die verschiedenfarbigen Fassaden sind Zunftfarben, so war etwa in früheren Jahrhunderten Rot die Farbe der Metzger und Blau die der Bäcker. Das **Linzer Tor** schließt im Osten den Oberen Stadtplatz ab. Jenseits liegt der **Stadtgra-**

198 Entlang von Inn und Salzach

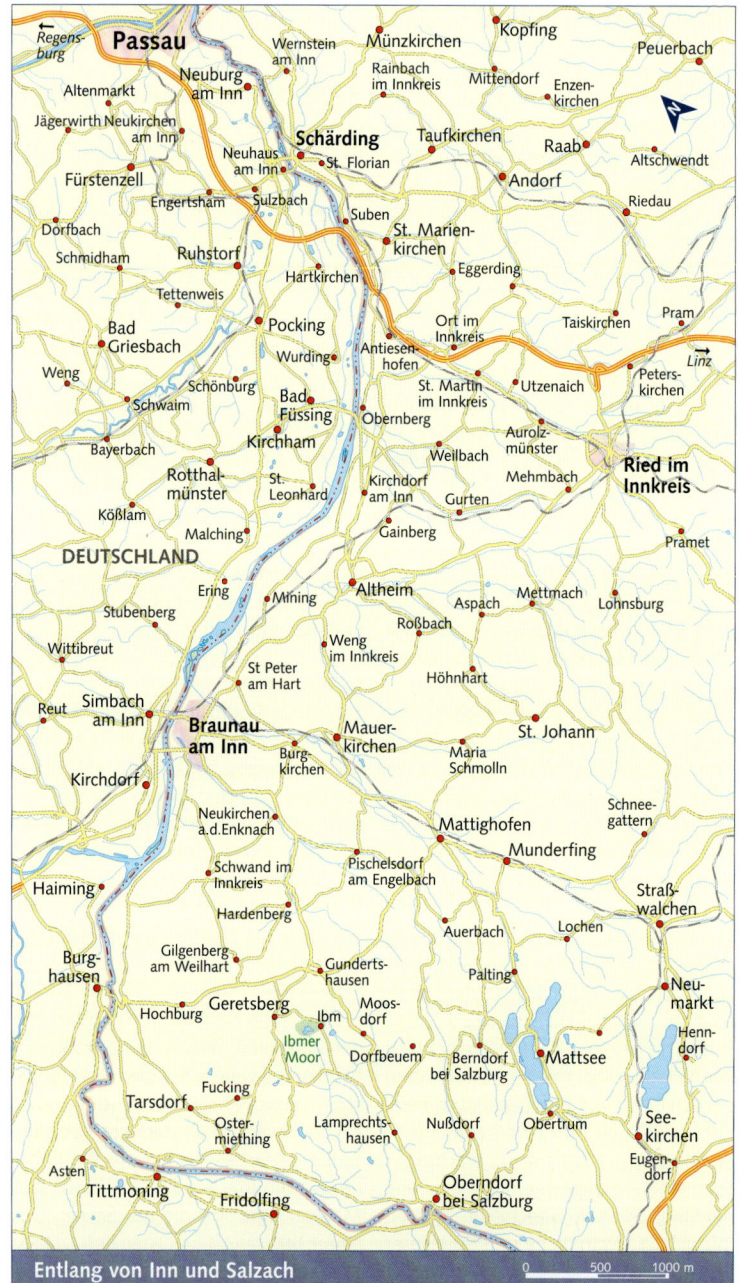

ben, der auch heute noch fast zur Gänze die Stadt umzieht und für Spaziergänge sehr lohnend ist.

Der **Untere Stadtplatz** schließt sich an den Oberen an. Schön ist das reich ornamentierte ehemalige **Weinhaus Hasibeder** (Nr. 9) mit seinen Bacchusmasken über den Fenstern. Das **Alte Rathaus** stammt von 1594 und wurde nach 1809 umgebaut. Die ursprünglich gotische **Pfarrkirche St. Georg** wurde 1726 nach den Zerstörungen durch den Spanischen Erbfolgekrieg barockisiert. Über dem Hochaltar erkennt man ein großes bayerisches Wappen. Das **Wassertor**, das ehemalige Inntor, mit seinen Hochwassermarkierungen begrenzt den Unteren Stadtplatz zum Inn hin. Gleich daneben liegt das kostenlos zugängliche **Granitmuseum** (Stadtgeschichte) mit der schweinskopfähnlichen ›Schandmaske‹. An der Kirchengasse (Nr. 19) steht die ehemalige, 1809 ausgebrannte **Heiliggeistkirche**, jetzt Stadthotel. Erhalten blieb ihr kunstvolles spätgotisches Portal mit Tympanon. Gleich gegenüber befindet sich mit dem **Passauer Tor** ein weiteres altes Stadttor. Durch dieses Tor erreicht man den **Leonhard-Kaiser-Weg**. An ihm erinnert eine Gedenktafel an jenen an dieser Stelle am 16. August 1527 als Ketzer verbrannten lutherischen Prediger. Am Übergang vom Unteren zum Oberen Stadtplatz erreicht man über die Schlossgasse die Stelle des ehemaligen Schlosses, auch Burg genannt, aus dem 15. Jahrhundert. Im Schlosstor befindet sich das **Heimatmuseum** – die Burg selbst existiert aber nicht mehr. Der Burghof wurde zu einer schönen **Parkanlage**, der seit 1915 zugeschüttete 26 Meter tiefe Burgbrunnen ist seit 2003 wieder freigelegt. Für Veranstaltungen wurde auf dem Burgareal 1997 der Kubinsaal errichtet, seine Bühnenrückwand ist gleichzeitig ein Rest der alten Stadtmauer.

Die Silberzeile, das Prunkstück Schärdings

Vom Schlosspark steigt man hinunter zur **Innbrücke**. An der Treppe beeindruckt ein Kriegerdenkmal mit einem apokalyptischen Reiter. Hier befindet sich die Touristeninformation, und von hier geht es über die Innbruckstraße und die Straße Im Eichbühl zu **Kurhaus**, dem vollständig umgebauten Kapuzinerkloster aus dem 17. Jahrhundert, und **Kurpark**. Die alte Klosterkirche wurde zur ›Kurhauskirche‹. Vom angrenzenden **Orangeriepark** von 1884 genießt man schöne Blicke auf die Stadtbefestigung und viele Bürgerhäuser.

Im hübschen Orangeriepark

200 Entlang von Inn und Salzach

Die Mariensäule bei Wernstein

■ Schiffsfahrt auf dem Inn

Sehr lohnend ist eine Schiffsfahrt von Schärding innabwärts. Dreimal täglich (außer Mo) fahren Ausflugsschiffe bis zur Staumauer des Kraftwerks Ingling kurz vor Passau und von dort zurück. Beliebt sind Fahrten mit dem Brauereischiff auf der gleichen Route, während der Fahrt wird das ›Kanonenbräu‹ gebraut und verkostet (www.innschifffahrt.at). Man passiert vor Neuburg und Wernstein die hochwasserfördernde Verengung des Inntals, die berühmte Vornbacher Enge. Gleich neben dem Ufer steht an der Wernsteiner Burg (Privatbesitz) die berühmte weiße, aus Erz gegossene **Mariensäule** von 1646. Schloss Neuburg gegenüber, heute Tagungsstätte und Wirtschaftsforschungsinstitut, liegt schon auf bayerischem Gebiet. Eine 145 Meter lange Hängeseilbrücke führt von Wernstein hinüber.

■ Die Umgebung

In **Zwickledt**, wenige Kilometer ostwärts von Wernstein, lebte der aus dem böhmischen Leitmeritz (heute Litoměřice) stammende Zeichner, Graphiker und Schriftsteller Alfred Kubin (1877–1959) seit 1906 auf dem Schloss, wo er auch starb (→ Extra S. 204). Im Schloss haben die **Oberösterreichischen Landesmuseen** 1962 eine Gedenkstätte mit wechselnden Ausstellungen eingerichtet, es gibt mehrere originale Wohnräume und die Bibliothek des Künstlers zu sehen. Sein Grab mit einem sehr ungewöhnlichen, von dem Bildhauer Karl Prantl gestalteten Grabstein befindet sich auf dem Wernsteiner Friedhof gleich neben der Kirche. In **Brunnenthal** nordöstlich von Schärding gibt es an der stattlichen Bründlkapelle von 1670 eine **Wunderquelle**. Sie soll im 17. und 18. Jahrhundert Krankheiten gelindert, aber nach und nach ihre Heilkraft verloren haben, nachdem das Innviertel 1779 zu Bayern gekommen war. Dennoch wird sie viel besucht, vor allem um Augenwäschen durchzuführen. Etwa zehn Kilometer südlich von Schärding liegt **St. Marienkirchen**. Es ist Geburtsort des mythisch-religiösen Schriftstellers Richard Billinger (1890–1965). Für seinen Nachruhm war nachteilig, dass ihn die Nationalsozialisten als Blut- und-Boden-Schriftsteller vereinnahmten. Der homosexuelle und tiefgläubige Autor, der als Expressionist begann, verdient es aber, auch heute noch als Schilderer Innviertler Bauernlebens gelesen zu werden. Seine von der Schilderung von Natur-

Die Pfarrkirche in Schardenberg

geistern und Dämonen, jedoch auch von verdrängter Sexualität gekennzeichneten Prosawerke, Dramen und Gedichte lassen ihn als Außenseiter der Literatur seiner Zeit erscheinen. Er ist in Hartkirchen bei Eferding begraben. Auch heute noch sehr lesenswert ist sein Drama ›Rauhnacht‹ (1931), dessen Erstausgabe Alfred Kubin bebildert hat. Ein kleines **Billinger-Museum** gibt es in der Volksschule (Schulstr. 20), das Geburtshaus befindet sich an der Eggerdinger Str. 1.

■ Der Sauwald

Zwischen dem schmalen und teils tief eingeschnittenen Inntal zwischen Schärding und Passau sowie dem Donautal bei Engelhartszell und St. Aegidi liegt das intensiv bewaldete Bergland des Sauwaldes. Es erstreckt sich im Süden bis zum Tal der Pram. Geologisch handelt es sich dabei um einen südlich der Donau ausstreichenden Ausläufer der Böhmischen Masse. Höchste Erhebung ist der 895 Meter hohe Haugstein bei Vichtenstein. Pittoreske Granitformationen prägen die Felsmassive des Sauwaldes (→ Entlang der Donau S. 127).

Eine 62 Kilometer lange **Panoramastraße** verläuft am Nordabbruch des Sauwaldes oberhalb der Donau von Esternberg bis St. Agatha. An ihr gibt es elf Aussichtspunkte, an denen individuelle Holzskulpturen von Michael Lauss den Charakter der jeweiligen Lokalität betonen.

Einzigartig in Europa ist der **Baumkronenweg** bei **Kopfing**, mit zwei Kilometern der längste der Welt. In der Kopfinger **Pfarrkirche** sind übrigens die Reliquien des heiligen Anastasius und des heiligen Andreas aufbewahrt. Im **Kulturhaus** kann man eine Brauchtumsstube und eine mineralogische Sammlung bewundern. Als Hauptort des Sauwaldes gilt **Münzkirchen** (2500 Einwohner). In der auf einen spätmittelalterlichen Bau zurückgehenden barocken **Pfarrkirche** gibt es gotische Fresken zu bestaunen. In **Schardenberg**, ganz am Westrand des Sauwaldes, wird die 1910 vollendete Pfarrkirche **Innviertler Dom** genannt. Ihr Turm stammt von einem barocken Vorgängerbau. Die verhältnismäßig große und massige **Fatimakapelle** von 1951, etwa ein Kilometer westlich, steht am Ort einer uralten Kultstätte.

Schärding und Umgebung

Vorwahl: 0043/(0)7712.
Tourismusverband Schärding, Innbruckstr. 29, 4780 Schärding, Tel. 07712/4300-0. Auch Radverleih. Vielzahl von thematischen Führungen, sehr lohnend sind die ›Flüssige Mittelalterführung‹ mit Einkehr und vor allem die Nachtwächterführung, April–Okt. einmal monatlich um 21.45 Uhr.
www.schaerding.at, schaerding.info

Hotel Stiegenwirt, Schlossgasse 2, Tel. 3070, p. P. im DZ 50–52 €. Sehr ruhige Lage im Zentrum.
www.stiegenwirt-schaerding.at
Stadthotel garni Schärding, Kirchengasse 19, Tel. 36130, p. P. im DZ ab 60 €. In der ehemaligen Heiliggeistkirche.
www.stadthotel-schaerding.at
Hotel Restaurant Biedermeierhof, Passauer Str. 8, Tel. 3064, p. P. im DZ 42–50 €. In Altstadtlage mit viel grüner Umgebung.
www.biedermeierhof.at
Wirtshaus zur Bums´n, Denisgasse 8, Tel. 3061. Der für deutsche Besucher missverständliche Name rührt vom Lärm der Bierfässer, die einst auf einem schiefen, bis heute erhaltenen Bretterboden in die Gaststube gerollt wurde und dort mit anderen Fässern zusammenstießen. Uriges Traditionslokal, Hausmannskost, tgl. 16 Stunden geöffnet.
www.bumsn.at
Baumgartner Stadtwirt, Knörleinweg 11, Tel. 2828. Neu renoviertes Brauwirtshaus, hervorragende eigene Biere, vorzügliche Küche, schöner Biergarten.
www.baumgartner-stadtwirt.at
Café Konditorei Eibensteiner, Unterer Stadtplatz 14, Tel. 2069. Auch Lebzelterei und Hotel (p. P. im DZ ab 47 €).
www.eibensteiner-schaerding.at
▶ In der Umgebung:
Gasthaus Oachkatzl, Knechtelsdorf 1, 4794 Kopfing, Tel. 07763/2289. Direkt am Baumkronenweg Kopfing.

Gasthof Wösner, Hofmark 12, 4792 Münzkirchen. Tel. 07716/7240, p. P. im DZ ab 45 €. Kulinarisches Zentrum des Sauwaldes. Mit eigenem Erdstollen (begehbare unterirdische Stallung), der direkt vom Gasthof aus erreichbar ist.
www.woesner.at

Stadtmuseum Heimathaus, Schlossgasse 10, Tel. 3154-702, Mai-Okt. Mi, Do, Sa und So 10–12 und 14–17 Uhr. Stadtgeschichte, Bürgerstube, alte Karten, Innschifffahrt.
www.schaerding.at
Baumgartner-Brauerei, Franz-Xaver-Brunner-Str. 1, Tel. 3119-12. Besteht seit 1609, heute die einzige der Stadt ist. Besichtigungen möglich, es gibt dabei sogar interaktive Tools und eine ungewöhnliche Brauereiapotheke, in der verschiedene Biersorten in kleinen Mengen an Menschen zu Heilzwecken angewendet werden.
www.brauerei-baumgartner.at
Kubin-Haus, Zwickledt 7, 4783 Wernstein, Tel. 07713/6603; Ende März–Ende Okt. Di–Do 10–12 und 14–16, Fr 9–12 und 17–19; Sa/So 14–17 Uhr. An jedem ersten Do im Monat haben Senioren freien Eintritt.
www.landesmuseum.at
Billinger-Gedenkraum, Schulstr. 20, 4774 St. Marienkirchen, Tel. 07711/2638; geöffnet nach Voranmeldung.
www.st-marienkirchen.at
Baumkronenweg bei Kopfing; April–Anf. Nov. tgl. 10–18 Uhr.
www.baumkronenweg.at

Fleisch-Wurst-Feinkost Feichtinger, Stadtplatz 45, Tel. 07712/6883. Führende Metzgerei des Innviertels, Filialen in St. Florian am Inn, Ried, Münzkirchen und Haibach. Großes kulinarisches Imbissangebot – der Leberkäse hat Weltruf. Besonderer Tipp des Autors.
www.feichtinger-wurst.at

Alfred Kubin

Alfred Kubin war zu Lebzeiten als kongenialer Illustrator phantastischer Novellen und Romane berühmt, insbesondere von Edgar Allan Poe, E. T. A. Hoffmann, Dostojewskij und Jean Paul. Heute ist er weitgehend vergessen, eine Beschäftigung mit seinem Werk lohnt aber noch immer.

Alfred Kubin kam 1877 im nordböhmischen Leitmeritz (Litoměřice) zur Welt. Als sein Vater 1889, nach dem Tod von Alfreds Mutter, erneut heiratete, begann für Alfred ein Leidensweg. Denn Vater und Schwiegermütter – der Vater heiratete noch ein weiteres Mal – überließen die Erziehung einer brutalen Magd, die Alfred quälte. Seine Schulleistungen ließen nach, und der Vater gab auf Anraten von Stiefmutter und Magd den angeblich missratenen Sohn 1892 zu einem Onkel in die Lehre. Dieser arbeitete in Klagenfurt als Photograph. Doch hier hielt es der überempfindliche Knabe nicht aus, die Strenge auch des Onkels führte zu einem Selbstmordversuch, und in einer Art Flucht nach vorne meldete sich Kubin als Freiwilliger zum Militär. Dies führte nach kurzer Zeit als Soldat zu weiterer Zerrüttung, die in einem Nervenzusammenbruch endete. Kubin wurde für einige Monate in eine Heilanstalt eingeliefert. Nach der Entlassung verbesserte sich jedoch das Verhältnis zu seinem Vater und er begann zu malen und zu zeichnen. 1898 zog Kubin nach München und begann Graphik an der dortigen Akademie der Bildenden Künste zu studieren, Aufenthalte in Berlin und Paris vervollkommneten die Ausbildung. Größten künstlerischen Ansporn erhielt er durch die Begegnung mit Max Klinger, dessen Werk ihn faszinierte. In einem Schaffensrausch entstanden bis 1904 gut 1000 phantastisch-alptraumhafte Zeichnungen mit unruhiger, getriebener Strichführung, in denen er sein eigenes biographisches Erleben kompensierte.

In diesen Federzeichnungen des Frühwerks wie auch in den späteren, die sich meist auf nur wenige Symbolgestalten in einem leeren Raum konzentrieren, erscheinen Visionen sexueller Angstvorstellungen, von Folter, Qual, Übermacht und Ausgeliefertsein an fremde Mächte. So ist es wohl kein Wunder, dass ihn die Werke Edgar Allan Poes, E.T.A. Hoffmanns und Fjodor Dostojewkis als seelenverwandte Künstler besonders anzogen. Unbewusst schuf Kubin in und durch seine Zeichnungen Einblicke in die geheimen Triebe und Ängste der Seele. Das erregte bei den Zeitgenossen Aufsehen und machte Kubin insbesondere in den Münchner Bohèmekreisen zu einer bekannten, fast berüchtigten Künstlergestalt.

Alfred Kubin schloss allerdings seine Studien nicht ab. 1904 lernte er seine spätere Frau Hedwig Gründler kennen. Die vermögende Witwe erwarb für sich und Kubin das Schlösschen in Zwickledt und siedelte 1906 mit ihrem Mann dorthin über. Doch Kubins Schaffenskraft ließ seit der Begegnung mit Hedwig nach, Federzeichnungen entstanden jetzt fast keine mehr. Er selbst begründete dies mit ›einem in geschlechtlicher Hinsicht geregeltem Leben‹. Kubin, der in dieser Zeit sehr zu Depressionen neigte, widmete sich verstärkt der sogenannten Kleisterfarbenmalerei, nahm aber ab 1908 wieder Aufträge für Buchillustrationen an, womit er zu Federzeichenkunst zurückkam. In einem unerwarteten Schaffensrausch schrieb er 1908/09 den Roman ›Die andere Seite‹ nieder. Es war eine Rückkehr zu den peinigenden Visionen der vorhedwigschen Zeit. In der Handlung reist der Hauptheld, wie Kubin ein Zeichner von Beruf, in ein durch einen Multimillionär irgendwo in den Himalayagefilden geschaffenes Traumreich. Dieser reiche Mann heißt bezeichnenderweise Patera (lat. ›pater‹=Vater). Die seltsame, im ewigen Dämmerlicht liegende Hauptstadt Perle ist dem Zeichner eine willkommene Inspirationsquelle. Mit Horrorvisionen gelangt die Handlung zu einem apokalyptischen Niedergang des Traumreichs. In dem vielschichtigen hochkomplexen Werk gehen Traum und Realität ineinander über, wie es auch für die zahlreichen anderen, kleineren Prosawerke Kubins gilt.

Kubin gründete 1909, unter anderem mit Wassily Kandinsky, Gabriele Münter und Karl Hofer, die ›Neue Münchner Künstlervereinigung‹, aus der 1911 der ›Blaue Reiter‹ hervorging. Die künstlerische Krise war überwunden, bis in die 1920er Jahre schuf Kubin wieder zahlreiche Zeichnungen, besonders Buchillustrationen. Von Bedeutung war für ihn 1922 die Begegnung mit Reinhold Koeppel, einem aus Oschersleben stammenden Maler, der abgeschieden im Bayerischen Wald lebte und dessen künstlerisches Thema der Wald und seine Bewohner waren. Viele Jahre verbrachte das Ehepaar Kubin die Sommermonate in Koeppels Haus am Lusen, wo Kubin selbst ebenso Motive des Bayerischen Waldes zeichnete und malte. Mit dem oberösterreichischen Dichter Richard Billinger verband ihn um 1930 die künstlerische Arbeit bei der Illustrierung der Buchausgaben von dessen Bühnenstücken. Kubin war inzwischen ein Künstler mit geachteter Reputation, Ausstellungen fanden in allen größeren Städten Mitteleuropas statt.

Nach dem ›Anschluss‹ Österreichs 1938 untersuchten NS-Kulturpolitiker die Werke Kubins genau und brandmarkten einige seiner Zeichnungen und Sammelbände als ›entartet‹; ein grundsätzliches Ausstellungsverbot verhängten sie jedoch nicht. Kubin schrieb in jener Zeit die autobiographische umfangreiche Skizze ›Aus meinem Leben‹, die er mit Unterbrechungen bis 1952 weiterführte. Sie erlaubt erhellende Einblicke in seine Psyche.

Kubin zog sich 1948, nach dem Tod seiner Frau, fast völlig von der Außenwelt zurück; seine Werke wurden aber weiterhin regelmäßig ausgestellt. 1955 vermachte er seine Zeichnungen und seinen Nachlass gegen eine Altersrente testamentarisch dem österreichischen Staat. Kubins Zeichnungen gelangten später teils in die Wiener Albertina, teils in das Oberösterreichische Landesmuseum und das Kunsthaus Lentos in Linz. In der Ostdeutschen Galerie Regensburg befinden sich seine Bayernwaldzeichnungen. Alfred Kubin, schon lange schwer krank, starb am 20. August 1959 in Zwickledt.

Am Ende seines Lebens war es ihm gelungen, die Dämonen von sich zu stoßen. Auf dem Krankenlager äußerte er: »Ich habe mein Leben lang Angst gehabt, Angst vor dem, was ich nicht wahrhaben wollte, was ich verdrängen wollte – nun habe ich keine Angst mehr, weil ich die Wahrheit erkenne.«

Kubin wird und wurde oft als einer jener großen Visionäre bezeichnet, die um die Abgründe der Welt und des Daseins wissen und die die Bedrohungen und Gefährdungen erkennen, denen der Mensch ausgesetzt ist. Insofern ist er vor allem Francisco de Goya und Edvard Munch stilistisch verwandt. Der hochgradig sensible Künstler registrierte in seiner Prosa und seinen Zeichnungen bei aller subjektiven psychologischen Deutung gleich einem Seismometer auch alle drohenden politischen Verwerfungen seiner Epoche. Alfred Kubin ist eine der genialsten Erscheinungen der europäischen Phantastik.

Das Augustinerstift Reichersberg lohnt unbedingt einen Besuch

Zwischen Reichersberg und Braunau

Die 30 Kilometer innaufwärts von Reichersberg nach Braunau sind voll reizender touristischer Ziele, eindrucksvolle Klosteranlagen und hübsche Stadtbilder lohnen den Besuch dieses Innabschnitts.

■ Reichersberg

Viel besucht ist das **Augustinerstift Reichersberg**, das bereits 1084 gegründet wurde. Von den mittelalterlichen Bauten und der gotischen Erweiterung des Stifts ist nichts mehr vorhanden, da es 1624 zusammen mit der Bibliothek vollständig abbrannte. Gut 70 Jahre dauerte der Wiederaufbau, ebenso lange dauerte es, bis die Bibliothek wieder einen erwähnenswerten Bestand aufwies.

Gemessen an anderen österreichischen Stiften wirkt Reichersberg fast bescheiden, dennoch lohnt der Besuch wegen der kontemplativen Stimmung des Stiftshofs sehr. Sehenswert sind der Arkadengang und der historische Herrengarten. Die Stiftskirche ist gleichzeitig die Pfarrkirche von Reichersberg. 1629 wurde sie nach dem erwähnten Brand neu errichtet. Der Turm stürzte 1774 ein, wurde aber bald danach wieder errichtet. Eindrucksvoll sind besonders die Deckenfresken, die unter anderem Erzengel Michael auf dem Berg Gargano in Süditalien zeigen. Seit 1709 bewahrt man auf einem Nebenaltar in der Stiftskirche die Reste des Katakombenheiligen Claudius auf. Ein besonderes Kunstwerk ist das schmiedeeiserne Eingangsgitter von 1760.

Auch heute noch leben hier Augustinerchorherren, die in der Seelsorge und Schulen tätig sind. Jeden Sommer kommen viele Besucher zu den Konzerten der ›Festmusik im Stift‹, in der Stiftsvinothek gibt es selbst produzierte Weine und Liqeure (www.stift-reichersberg.at).

■ Obernberg

Die Kleinstadt Obernberg mit ihren 1620 Bewohnern stellt ein weiteres Beispiel für die Inn-Salzach-Architektur dar und besitzt einen sehr schönen **Marktplatz** mit vielen Stuckfassaden aus dem Rokoko. Sie schuf sämtlich der bayerische Maler Johann Baptist Modler (1697–1774) in seinen letzten Lebensjahren. Besonders eindrucksvoll ist die Südseite mit dem grünen Wörndlehaus (Nr. 3), Nr. 4 (Apotheke) daneben weist in der Mitte die Figur einer ›Maria Immacula-

Das Innenbecken der Therme in Geinberg

Schöne Stuckfassaden rahmen den Marktplatz in Obernberg ein

ta auf‹ und über den Fenstern des ersten Stockwerks finden sich Allegorien der vier Jahreszeiten. Das **Rathaustor**, das den Marktplatz nach Südwesten abschließt, stammt von 1511, kunstvoll ist auch die Fassade von Marktplatz Nr. 2, gleich rechts daneben. Die **Pfarrkirche Zum Heiligen Abendmahl** ist die einzige in Österreich mit diesem Patrozinium, stammt aus der Zeit um 1440, ihr Inneres ist teilweise neogotisch, etwa der Hauptaltar. Von der einst bedeutenden mittelalterlichen **Veste Obernberg**, die gegen Ende des 19. Jahrhunderts abgetragen wurde, sind nur ein einstöckiges Gebäude, ein Brunnen und der Schüttkasten (Getreidespeicher) erhalten (Bezirksgerichtsgasse 4), in denen ein Kunsthaus und ein Seminarzentrum existiert. Die alte **Schifferkirche St. Nikolaus** am Vormarkt-Ufer am Inn geht auf das 12. Jahrhundert zurück, war Gotteshaus der Salzschiffer und ist heute Kulturhaus.

■ **Kirchdorf am Inn**

Auch Kirchdorf besitzt einige Sehenswürdigkeiten. Das **Schloss Katzenberg**, etwa zwei Kilometer östlich des Ortszentrums, ist eine ursprünglich mittelalterliche Burg, die Anfang des 17. Jahrhunderts zu einer Renaissance-Schlossanlage umgebaut und 100 Jahre später barock erweitert wurde. Hier gibt es ein privates **Buchbindereimuseum**, in dem vor allem aufwendig gestaltete Gebetbücher und Bibeln zu sehen sind. Die Familie Steinbrenner besaß in Winterberg (heute Vimperk) im Böhmerwald von 1870 bis 1945 den größten Gebetbuchverlag der damaligen Zeit. Er ging aus einer seit 1485 bestehenden Druckerei hervor, die die älteste in Böhmen war.

■ **Geinberg**

Langjährige, nur wenig erfolgreiche Bohrungen nach Erdöl führten in Geinberg 1980 zur Erschließung eines großen unterirdischen schwefelhaltigen Wasservorkommens, das sich als eine der ergiebigsten heißen Quellen Mitteleuropas erwies. Doch es dauerte noch 15 Jahre, bis man mit dem Bau einer Therme begann. Sie eröffnete 1998. Mit 102 000 Quadratmeter Fläche ist die Geinberger Thermenanlage die größte Oberösterreichs, ein Wellnessparadies für die ganze Familie.

Das **Schloss Neuhaus** aus dem 16. Jahrhundert östlich von Geinberg ist heute Kinderheim und sozialpädagogisches Wohnheim.

■ **Altheim**

In Altheim lohnt die **Pfarrkirche St. Laurentius** einen Besuch. Sie wurde gegen 1525 vollendet und im Frühbarock umgebaut und besitzt barocke Fresken. Der Baumeister Sebastian Junger ist in einem Fresko neben dem Chorbogen als ›Fenstergucker‹ dargestellt. Im sogenannten **Ochzethaus** ist ein interaktives ›Römer-Erlebnismuseum‹ eingerichtet.

Sehenswert ist auch das jederzeit frei zugängliche **Freilichtmuseum Weirading** etwa zwei Kilometer östlich von Altheim, in und um ein rekonstruiertes römisches Gutshaus (‹Villa rustica›) herum angelegt. Ein Hinweis für kulinarisch Interessierte: Die Region, in der der berühmte Innviertler Surspeck hergestellt wird, zieht sich von Altheim südostwärts bis zum Rand des Kobernaußerwaldes hin (→ Essen und Trinken, S. 58).

Zwischen Reichersberg und Braunau

Tourismusverband s´Innviertel, Thermenplatz 2, 4943 Geinberg, Tel. 07723/8555. www.innviertel-tourismus.at

Augustiner-Chorherrenstift, 4981 Reichersberg am Inn 1, Tel. 07758/2313-0. www.stift-reichersberg.at
Volkskundemuseum der Donauschwaben, Bezirksgerichtsgasse 4 (im Kunsthaus Obernberg), 4982 Obernberg am Inn, Tel. 0664/1142732 (Herr Ritt); Apr.–Nov. Sa/So 14–17 Uhr. www.museum-banat.at bzw. www.donauschwaben.ooe.at
Römer-Erlebnismuseum, Roßbacherstraße 2, 4950 Altheim. Thema: Römerleben am unteren Inn. www.roemermuseum-altheim.at

Buchbindereimuseum, Kirchdorf (im Schloss Katzenberg), Voranmeldung unter 07712/2038 (Familie Steinbrenner). www.schloss-katzenberg.at

Therme Geinberg, Thermenplatz 1, 4943 Geinberg, Tel. 07723/8501; tgl. 9–22 Uhr (Sauna ab 10 Uhr). 3000 Quadratmeter Wasserfläche, Salzlagune, 11 Saunen, orientalisches Dampfbad etc. www.therme-geinberg.at

Genuss-Bauernhof Jenichl, Wagham 1, 4950 Altheim, Tel. 0676/9056080. Alles, was das Innviertel an Delikatessen anbietet. www.genussbauernhof-jenichl.at

Braunau

Mit seinen 17 500 Bewohnern ist Braunau die größte Stadt des Innviertels. Es ist auch die älteste, 1120 wurde es als ›prounaw‹ erstmals erwähnt. Ihm gegenüber – auf der anderen, der bayerischen Innseite – liegt das etwa gleich große Simbach, mit dem es ein grenzüberschreitendes regionales Zentrum bildet. Wie das ganze Innviertel, so wechselte auch Braunau 1779 den Landesherrn und wurde habsburgisch. Napoleon ließ hier am 26. August 1806 den Nürnberger Buchhändler Johann Philipp Palm hinrichten, nachdem dieser in seinem Verlag antinapoleonische Schriften publiziert hatte. Während des Ersten Weltkriegs bestand in Braunau ein großes Kriegsgefangenen- und ein Flüchtlingslager fast ausschließlich für Italiener aus dem Trentino. Nachdem sich Italien, zunächst ein Bündnispartner Österreichs, 1915 auf die Seite der Gegner geschlagen hatte, wurde die k.u.k. Marineakademie von Pola (heute Pula, Kroatien) nach Braunau verlegt – ein kurioses Faktum, denn Meeresanbindung hatte Braunau nicht. Allgemein ist bekannt, dass Braunau der Geburtsort Adolf Hitlers ist. Sein Geburtshaus steht noch, immer wieder gibt es Diskussionen darüber, wie man mit dem Haus umgehen oder ob man es nicht besser abreißen solle. 2016 wurde ein Gesetz beschlossen, das die Enteignung der Eigentümerin legalisieren sollte – es hieß, dass damit der Staat eine bessere Kontrolle über das Haus erhalte. Doch bis heute erfolgte noch keine offizielle Umwidmung.

■ Sehenswürdigkeiten

Braunaus **Stadtplatz** gehört zu den hübschesten in Oberösterreich. Er ähnelt dem in Schärding, allerdings leuchten die Hausfarben hier weniger als in Schärding, sondern zeigen sich auffallend gedämpft –

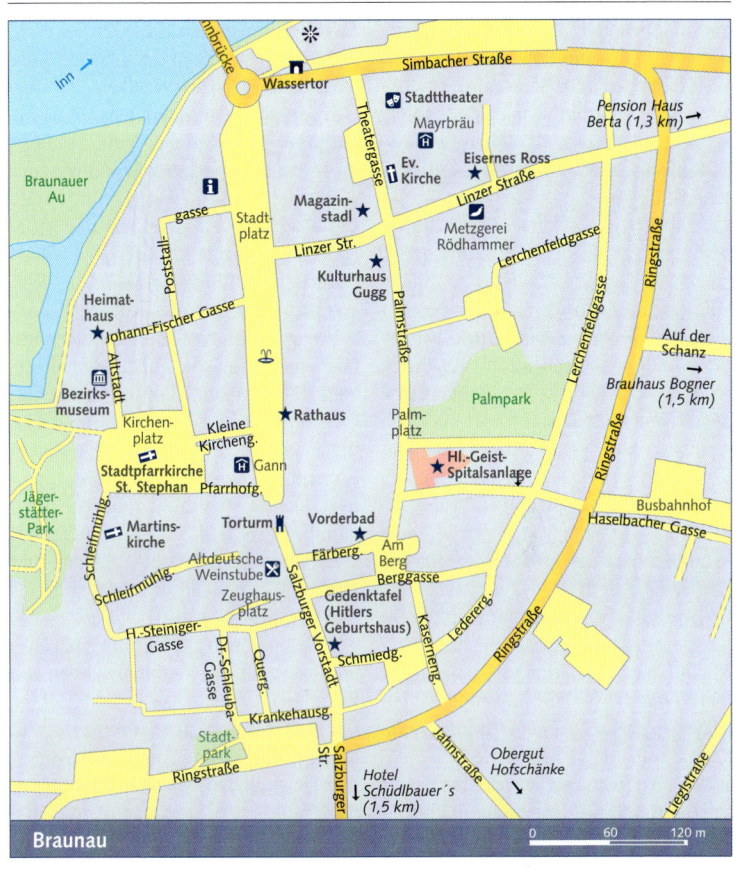

man verwendete fast ausschließlich Naturfarben, die auf Putz besser halten. Der Stadtplatz fällt deutlich zum Inn hin ab und ist vom Durchgangsverkehr stark gezeichnet. Im oberen Teil befindet sich das **Rathaus** im Neorenaissancekleid. Seine südliche Begrenzung bildet der **Torturm**, der einzige, der von den fünf ehemaligen Festungstoren verblieben ist.

Vom Stadtplatz führt die Poststallgasse ab. An deren Knick liegen alte Stallungen, daher der Name. Im Haus 6 war 1806 der Buchhändler Palm vor seiner Hinrichtung gefangen. Von der Poststallgasse hat man einen der schönsten Blicke auf die Stadtpfarrkirche mit ihrem 87 Meter hohen Turm.

An der Johann-Fischer-Gasse Nr. 18 bestand schon gegen Ende des 14. Jahrhunderts eine Glockengießerei. Sie ist original erhalten und jetzt Teil des **Heimathauses**. Hier befindet sich auch die **Heimatstube** der Donauschwaben, von denen viele nach dem Zweiten Weltkrieg in Braunau eine neue Heimat fanden.

Die Johann-Fischer-Gasse geht in die Straße Altstadt über. Haus Nr. 10 ist die sogenannte Herzogsburg, heute **Bezirksmuseum**. Das Gebäude trägt seit der Biedermeierzeit diesen Namen, war aber mit gewisser Sicherheit nie ein landesherrschaftlicher Sitz.

Die **Stadtpfarrkirche St. Stephan** (1439–1466) liegt an einem sehr idyllischen Winkel und gilt als eine der bedeutendsten Schöpfungen der baierisch-österreichischen Spätgotik. Der Kirchturm ist der sechsthöchste Österreichs, sein Turmhelm stammt aus dem 18. Jahrhundert. Über 192 Stufen kann man zur Spitze aufsteigen. Sehenswert sind im Inneren die zwölf Seitenkapellen – jede war einer lokalen Handwerkerzunft zugehörig – sowie das kunstvolle Netzrippengewölbe. An der Außenwand findet man den Grabstein des Kirchenerbauers Stephan Krumenauer (1400–1461, Südseite) sowie den des auffallend langbärtigen Ratsherrn Hans Staininger (Nordseite) – wie er auf dem Epitaph an der Nordseite der Kirche dargestellt ist.

Gleich südlich der Stadtpfarrkirche steht die spätgotische **Martinskirche**. Seit 1785 ist die vormalige Friedhofskirche nicht mehr geweiht, seit 1956 befindet sich in ihrem Untergeschoss eine eindrucksvolle Kriegsgefallenengedenkstätte.

Jenseits des Torturms liegt die Salzburger Vorstadt, und hier, gleich auf der linken Seite, befindet sich das unscheinbare Gebäude (Nr. 15), in dem am 20. April 1889 Adolf Hitler zur Welt kam. Vor dem Haus gedenkt ein **Mahnstein** aus Mauthausener Granit an die Opfer des Regimes. Viel diskutiert wurde und wird der Abriss des Hauses. Zwar war und ist der Ort kaum ein Treffpunkt alter und neuer Nazis, man möchte jedoch jede Form von Hitlertourismus unterbinden. Vor 1945 war das Haus Sitz der lokalen NSDAP-Führung, in den Nachkriegsjahren Stadtbücherei, dann Schule und Behindertenwerkstatt, zur Zeit ist es in Privatbesitz. Im Juli 2016 wurde die Enteignung mit Entschädigung für die Eigentümerin und anschließendem Abriss diskutiert. Der Bezirk Braunau möchte überhaupt in Gänze das Negativ-Image als ›Heimatkreis des Führers‹ ablegen und stellt sich auf Tafeln den Besuchern als ›Friedensbezirk‹ vor.

Wendet man sich am Torturm nach links und biegt auf einen schmalen Weg ein, schaut man auf die malerischen Rückseiten der Häuser an der **Färbergasse**. Auf diesem Pfad gelangt man zum **Vorderbad** gleich neben der alten Steinbrücke über den Graben, jenem berühmten mit-

Am Stadtplatz

Braunau

telalterlichen Badhaus, das fast original erhalten ist und in dem bis etwa 1800 ein Badebetrieb bestand. Ihm gegenüber liegt das vormalige **Heiliggeistspital** mit Kirche von 1432. Hier öffnet sich auch ein kleiner Platz, von dem man die turmgekrönte Stadtsilhouette Braunaus gut überblickt. Südlich schließen sich der Platz Am Berg und die Berggasse an; dieses kleine Viertel ist wegen seiner hohen pseudogotischen Gibelhäuser ebenfalls sehenswert.

Die Palmstraße führt am **Palmpark** mit einem Denkmal des freiheitskämpfenden Buchhändlers vorbei. Schräg gegenüber (Palmstr. 10) befindet sich das **Rabenhaus** aus der Zeit um 1490 mit einem vierstöckigen Speicheraufbau, im 18. Jahrhundert war es Brauerei. Auf dem mit 24 Meter höchstem Giebel der Altstadt befindet sich ein bayerischer Löwe. Etwas weiter, auf der Ecke zur Linzer Straße, liegt das **Kulturhaus Gugg**.

Folgt man der Linzer Straße stadtauswärts, erblickt man bald auf der linken Straßenseite ein deutlich erkennbares eisernen **Roß auf einem Giebel**. Dieses, damals ein Symbol für Krieg, erinnert an die Zeit um 1743, an den Bayerischen Erbfolgekrieg, während dessen bayerische Truppen Braunau belagerten und in der Stadt Hungersnot herrschte. An der Linzer Str. 22 liegt die **Metzgerei Rödhammer**, bekannt bei Gourmets nicht nur wegen des vorzüglichen Leberkäses. Nach Norden ändert die Palmstraße ihren Namen in Theatergasse. Gleich links liegt der alte kurfürstlich bayerische **Magazinstadel**, heute Musikschule, etwas weiter rechter Hand das **Stadttheater**, umgebautes Relikt des 1785 aufgelassenen Kapuzinerklosters. Über das **Wassertor** jenseits der Simbacher Straße kann man in den alten **Stadtgraben** gelangen und die eindrucksvollen Befestigungsmauern Braunaus bestaunen.

Palms Hinrichtungsstätte, die durch einen kleinen Obelisken gekennzeichnet ist, liegt etwas südlich der Innenstadt, östlich der Salzburger Straße, beim Haus Loys-Auffanger-Weg 5. Der Freiheitskämpfer selbst ist auf dem Alten Friedhof von Braunau begraben.

■ Die Umgebung

Der Ortsteil **Ranshofen** wurde als ›rantesdorf‹ schon 788 erwähnt, zu dieser Zeit war es herzoglicher Hof des bayerischen Fürstengeschlechts der Agilolfinger.

Im Ortsteil gibt es zwei sehenswerte Bauten: Pfarrkirche und Schloss. Schon um das Jahr 1020 bestand hier eine Pfarrei, die Kaiser Heinrich II. selbst begründete und aus der 1125 ein Augustinerchorherrenstift hervorging. Nach Kriegszerstörungen im Landshuter Erbfolgekrieg wurde 1508 mit dem Bau einer neuen Stiftskirche und eines neuen Klostertraktes begonnen. Der Dreißigjährige Krieg brachte zwar keine Zerstörungen, aber eine umfassende Barockisierung der spätgotischen Anlage, der 1698 erneute Umbauten folgten. Die ehemalige Stiftskirche ist heute **Pfarrkirche**, ihre pompöse Ausstattung ent-

Die Linzer Straße

Im Europareservat Unterer Inn

stand mit und nach dem letzten Umbau 1698. Im Jahr 1811 wurde das Kloster aufgehoben. Das **Schloss Ranshofen**, das eher schlicht wirkt, entstand nach dieser Zeit durch Umbau einiger älterer Klostertrakte.

Östlich von Braunau, auf beiden Seiten des Inns, liegt das **Europareservat Unterer Inn**, das vor allem Vogelschutzgebiet ist und sich in unterschiedlich intensiv geschützten Teilzonen mit Wasserflächen, Schlickbänken, Auwäldern und Inseln von der Salzachmündung bis Schärding erstreckt. Das Infozentrum befindet sich im bayerischen Ering (Tel. +49/8573/1360, www.europareservat.de)

Braunau

Tourismus Braunau am Inn, Stadtplatz 2, 5280 Braunau, Tel. 07722/62644. www.tourismus-braunau.at

Hotel Mayrbräu (Gaststube nur Mo–Do), Linzer Str. 13, 5280 Braunau, Tel. 07722/63387, p. P. im DZ ab 50 €. www.mayrbraeu.at

Schüdlbauer´s, Auf der Haiden 76, 5280 Braunau, Tel. 07722/64545, p. P. im DZ 63 €. Gleich neben der Brennerei Obergut. www.schuedlbauers.at

Hotel Gann, Stadtplatz 23, 5280 Braunau, Tel. 07722/63206, p. P. im DZ ab 28 €. www.hotelgann.at

Haus Berta, Höferstr. 31, 5280 Braunau, Tel. 0699/10992945, p. P. im DZ ab 27 €. Mit rumän. Lokal (Tel. 81992). https://casa-trnasilvania.at

Brauhaus Bogner – Museumsbrauerei, Haselbach 22, 5280 Braunau, Tel. 07722/22358. Kleinste Weißbierbrauerei der Welt, Brauereiführungen, auch Restaurant, sehr schöner Biergarten unter Kastanien. Besonderer Tipp des Autors. www.hausbrauerei-bogner.at

Obergut Hofschänke und Schaubrennerei, Auf der Haiden 42, 5280 Braunau, Tel. 07722/87321. Schönes Restaurant, selbstgemachte Moste und Edelbrände. www.obergut.at

Altdeutsche Weinstube, Salzburger Vorstadt 10, 5280 Braunau, Tel. 0676/4765094. Gilt als schönste und traditionellste Gaststube der Stadt. www.wolfsgrubers-altdeutsche.at

Bezirksmuseum Herzogsburg, Altstadt 10, 5280 Braunau, Tel. 07722/65211; Di-Sa (je nach Saison sehr unterschiedliche Öffnungszeiten). Regionalgeschichte von der Eiszeit bis zur Gegenwart. www.braunau.at

Heimathaus, Joh.-Fischer-Gasse 18, 5280 Braunau, Tel. 07722/65211; Führungen Mai-Sept. Di-Sa jeweils 13.30 Uhr. Originale Glockengießerei aus dem 14. Jahrhundert, Bäckerstube, Heimatstube der Donauschwaben, Innschifffahrt etc. www.tourismus-braunau.at

Mittelalterliche Badestube Vorderbad, Färbergasse 13, Tel. 07722/808231; Di-Sa 10–17 Uhr. Eines der letzten original erhaltenen Badehäuser Europas.

Kulturhaus Gugg, Palmstr. 4, 5280 Braunau, Tel. 07722/65692. Kabarett bis Konzert. www.gugg.at

Blick auf das bayerische Burghausen

Von der Salzachmündung bis zur Landesgrenze

Knapp zehn Kilometer innaufwärts von Braunau mündet die Salzach in den Inn, und von diesem Punkt verläuft die Grenze zwischen Österreich und Deutschland in deren Mitte. Der Inn selbst, der seinen Namen vom lateinischen ›aenus‹ (›der Schäumende‹) hat, entspringt in den Gletschern des Engadins in der Ostschweiz, fließt durch Tirol, nach Bayern hinein und mündet nach 510 Kilometer Lauf bei Passau in die Donau. Die Salzach ist mit 225 Kilometern Länge der größte Nebenfluss des Inns. Sie entspringt den Kitzbüheler Alpen in mehreren kleinen Bächen, wendet sich ostwärts nach Salzburg und von hier nordwärts, bis sie sich kurz vor Braunau in den Inn ergießt. An der Landstraße Braunau–Ach gibt es etwa 2,5 Kilometer westlich des Abzweigs nach Schwand einen Parkplatz mit einem schönen Blick von einer Anhöhe auf die Mündung der Salzach in den Inn; ein Hinweisschild führt dorthin. Leider ist er seit einigen Jahren etwas verwachsen. Grandios ist jedoch der berühmte Blick auf das bayerische Burghausen und die Salzach, den man genau der kolossalen Burghausener Burg gegenüber, von der Gemeinde Hochburg-Ach im Ortsteil Ach, hoch oben machen kann. Die Zufahrt erfolgt von der Braunauer Straße, dann biegt man rechts ab abwärts Richtung Burghausen und Innbrücke und gleich etwa 50 Meter nach dem Abzweig wieder nach rechts. Für verschiedene Kulturveranstaltungen existiert ein Inn-Salzach-Ticket, das grenzüberschreitend gilt (www.inn-salzach-ticket.de) und mit dem Eintrittskarten vergünstigt erworben werden können.

■ Hochburg

Hochburg, etwa drei Kilometer landeinwärts der Salzach, ist als Geburtsort von Franz Xaver Gruber (1787–1863) bekannt. Die Melodie, die er 1818 auf einen Text des Hilfspredigers Josef Mohr schuf, verhalf ihm zu Unsterblichkeit geben – es ist das wohl bekannteste Weihnachtslied, ›Stille Nacht‹. Gruber kam im Ortsteil Unterweitzberg zur Welt, doch steht in der Mitte von Hochburg, nahe der Kirche, ein **Gedenkhaus**, das allerdings nicht sein Geburtshaus ist. Dieses existiert nicht mehr, doch man hat originalgetreu ein Haus von ähnlichem

Aussehen des 19. Jahrhunderts aus einer Nachbargemeinde nach Hochburg umgesetzt, so dass ein annähernd originalgetreues Geburtshaus wieder erstanden ist. Nur steht es nicht an der ursprünglichen Stelle, die etwa zwei Kilometer entfernt ist. Im Inneren gibt es viele Exponate aus Grubers Leben und mehrere ebenfalls original eingerichtete Räume, wie sie ein oberösterreichisches Bauernhaus vor etwa 200 Jahren aufwies.

Unweit davon beginnt ein **Friedensweg** mit sieben Skulpturen des Künstlers Hubert J. Flörl, wobei jede dieser etwa drei Meter hohen Skulpturen einen Kontinent symbolisiert. Jeder der Kontinente aus Edelstahl trägt eine Strophe des Liedes ›Stille Nacht‹. Hinweisschilder am Weg beschreiben wichtige Plätze des jungen Franz Xaver Gruber, etwa Standort des Geburtshauses, Taufbrunnen und Lehrstätte, in der er den ersten Orgelunterricht bekam. Der Weg führt auch zur Pfarrkirche mit der Gruber-Gedächtnisorgel, an der letzten Station tragen Gruber und Mohr ihr Lied Maria und dem Kind vor. Ein Rundgang nimmt etwa eine Stunde in Anspruch.

Die Gedenkstätte für Franz Xaver Gruber

■ Weilhartsforst und Umgebung

Südlich von Hochburg liegt das gut 100 Quadratkilometer große Waldgebiet des Weilhartsforsts. Er zieht sich als Oberer Weilhartsforst von der Salzach südlich von Burghausen gut 15 Kilometer ostwärts und geht bei Hochburg in nördlicher Richtung in den Unteren Weilhartsforst über. Im Süden endet er kurz vor Franking. Durch den fast ausschließlichen Fichtenbewuchs ist er sehr monoton und wird touristisch wenig besucht und erwandert. Allerdings gibt es an seinem Saum einige sehr lohnende Orte.

Im Nordosten des Waldes liegt **Gilgenberg**. Es ist literarisch von gewisser Bedeutung, denn die Handlung des mittelalterlichen Epos ›Meier Helmbrecht‹ – zwischen 1250 und 1280 entstanden – von Wernher dem Gartenaere (Gärtner) spielt in wesentlichen Teilen im und um den Weilhart. Das Epos erzählt vom Aufstieg eines Bauernsohns, der zum Raubritter wird und elend zugrunde geht. Daher gibt es in Gilgenberg einen **Meier-Helmbrecht-Rad-Lehrpfad**, der sich bis Burghausen hinzieht. An die spätgotische **Pfarrkirche** mit ihrem quadratischen Langhaus ist ein Beinhaus angebaut.

Geretsberg fünf Kilometer südlich rühmt sich mit seinem einzigartigen Panoramablick auf die Alpen am sogenannten Geretsberger Friedenspanorama.

Östlich von Tarsdorf, im Südwesten des Weilhart, liegt das **Filzmoos** mit seltener Moorflora.

■ St. Radegund

St. Radegund ist Oberösterreichs westlichste Gemeinde und liegt am Abbruch eines Steilhangs über der Salzach. Die kleine spätgotische **Pfarrkirche** befindet sich ganz reizvoll nahe dieses Abhangs – überhaupt hat man von vielen Stellen in St. Radegund eine schönen Blick auf das Salzachtal. An der Außenmauer der

Pfarrkirche ist der seliggesprochene Franz Jägerstätter (1907–1943) beigesetzt. Der in St. Radegund geborene, tief religiöse Landwirt verweigerte im Zweiten Weltkrieg nach seiner Einberufung nach Braunau am 17. Mai 1940 den Wehrdienst – wegen der Euthanasiepolitik und der antikirchlichen Haltung der Nazis. Es gelang dem St. Radegunder Bürgermeister jedoch, Jägerstätter als in seinem Heimatort ›unabkömmlich‹ vom Militärdienst freizustellen. Jägerstätter kehrte nach St. Radegund zurück, trat bald in Enns in den Franziskanerorden ein und wurde Mesner in St. Radegund. Doch bei den NS-Dienststellen achtete man inzwischen genau auf sein Verhalten. Der verlustreiche Russlandfeldzug forderte neue Soldaten für die Front, und am 23. Februar 1943 wurde Jägerstätter ein zweites Mal einberufen, diesmal nach Enns. Er verweigerte erneut den Waffendienst. Er kam in Linz in ein Untersuchungsgefängnis und wurde am 4. Mai nach Berlin verlegt, am 6. Juli wegen Wehrkraftzersetzung zum Tod verurteilt und am 9. August im Zuchthaus Brandenburg/Havel enthauptet. Seine Asche konnte nach Kriegsende nach St. Radegund gebracht werden, wo die Urne am 9. August 1946 an der Kirchenwand beigesetzt wurde. Nach zehnjährigem Vorbereitungsprozess wurde Jägerstätter 2007 im Neuen Dom in Linz seliggesprochen. Als Christ, der seinen Glauben konsequent leben wollte, ist Jägerstätter heute ein europaweit tief verehrter Märtyrer. Man muss allerdings ergänzend zugeben, dass im Innviertel nicht alle dieser Ansicht sind. Denn so wie Ältere sagen, die es noch von ihren Eltern gehört haben wollen: Jägerstätter sei sicher in seinem Glauben ein kompromissloser Mann gewesen, doch ein Nörgler und Querulant gewesen sein, der sich voller Streitsucht mit allen angelegt, mit dem es kein Auskommen gegeben habe, der sich von niemandem etwas habe sagen und raten lassen und der in den Nationalsozialisten leider Gegner gefunden habe, mit dem er sich besser nicht hätte anlegen sollen. So sorgt die Gestalt Franz Jägerstätter bis heute für Kontroversen, doch sind diese kritischen Stimmen deutlich in der Minderzahl.

Jägerstätters ehemaliges Wohnhaus in St. Radegund ist eine kleine **Gedenkstätte**, viele Straßen in den Orten des Innviertels tragen seinen Namen, sein Leben und Leiden wurde zwischen 1971 und 2015

Blick von Geretsberg auf die Alpen

Nur ein kleiner Teil der Fresken im Alten Pfarrhof

sechsmal verfilmt, es gibt Bühnenstücke über ihn, und 2007 schuf der Komponist Viktor Fortin sogar die Oper ›Franz Jägerstätter‹.

■ Ostermiething

Der 4000-Seelen-Ort Ostermiething ist die letzte Gemeinde entlang der Straße oberhalb der Salzach, bevor salzburgisches Gebiet erreicht wird. Es ist eine sehr alte Siedlung, bereits um das Jahr 500 bestand hier ein Wirtschaftshof des bayerischen Adelsgeschlechts der Agilolfinger. Aus dem Jahr 748 stammt die erste Erwähnung als ›ostermuntingin‹.
Sehenswert sind hier die barocke **Pfarrkirche** (1676–1683) mit sehr hübscher Rokoko-Innenausstattung, im Eingang erinnert eine Tafel an die erste Erwähnung des Ortes in einer Urkunde des Baiernherzogs Tassilo III. aus dem Jahr 748. Die Orgel ist ganz ungewöhnlich in der Form eines griechischen Tempels gehalten.
Die größte Sehenswürdigkeit des Ortes, jedoch kaum außerhalb des Innviertels bekannt, ist ein Freskenzyklus im **Alten Pfarrhof** von 1462 (Weilhartstr. 49), der heute Altenheim ist. Hier wurden 1941 Wandgemälde in einem sechs Meter langen tonnengewölbten Zimmer aufgedeckt, von denen einige eine sogenannte ›verkehrte Welt‹ zeigen. So springen Fische auf Bäumen herum, Vögel schwimmen durch Wasser. Andere Darstellungen sind teils von grotesker Symbolik, wie man es von Gemälden von Hieronymus Bosch oder Pieter Brueghel kennt, weitere zeigen ausführliche Jagdszenen, Imker und Vogelfänger. In der Gänze fußen die Darstellungen auf dem Gottesbild und der Moral des ausgehenden 15. Jahrhunderts. Letztlich handelt es sich um einen im Uhrzeigersinn zu begehenden erzählenden Zyklus. Die sehr lohnende Besichtigung ist nach Voranmeldung beim Gemeindeamt möglich.
Am südlichen Ortsrand gibt es im stillgelegten Kraftwerk Riedersbach eine **Galerie** und einen **Stahlpark**, ein Open-Air-Museum für Metallskulpturen, und alljährlich ein ›Stahlsymposion‹. Bei diesem schaffen Metallkünstler Skulpturen und bieten auch Stahl-Kreativ-Seminare und -workshops an; zur Zeit ist die ganze Anlage jedoch geschlossen, die Wiedereröffnung steht noch nicht fest.
Eindrucksvoll ist auch das **Stiegl-Biergut** in **Wildshut**. Hier produziert die renom-

Klein, aber international bekannt: Fucking

mierte Salzburger Stiegl-Brauerei exquisite Biersorten aus eigens angebauten, längst vergessenen Getreidesorten in einer unikalen ›Vollholzbrauerei‹. Die Sorte ›Wildshuter Gmahde Wiesen‹ ist dabei der Geheimtipp des Autors. Das Biergut ist dabei an einem geomantisch nachweisbaren Kraftort angelegt.

■ Fucking

Der kleine Ort Fucking, etwa vier Kilometer nordöstlich von Ostermiething, hat den Namen wahrscheinlich von einem baierischen Adeligen ›Fokko‹, der hier im 6. Jahrhundert einen Hof hatte. Für englischsprachige Besucher hat der Name jedoch eine ganz andere Bedeutung, nicht von ungefähr kommen viele Busse mit englischsprachigen Touristen hierher. Seit Jahren werden die Ortsschilder mit schöner Regelmäßigkeit gestohlen, aber wohl nicht mehr lange: der Ort wird ab 2021 Fugging heißen.

Die Privatbrauerei Waldhaus im Schwarzwald stellte von 2011 bis 2013 das Bier ›Fucking Hell‹ her – in Analogie zur Bierart ›Helles‹. Es wurde nicht in Fucking gebraut, die Marke war jedoch registriert.

Salzachmündung bis Landesgrenze

Tourismusverband Wohlfühlregion Seelentium (ein Verbund aus den Gemeinden des westlichen Innviertels und den bayerischen Orten Burghausen und Tittmoning), Holzöster 21, 5131 Franking, Tel. 0664/3946369. www.seelentium.at
Marktgemeindeamt Ostermiething, Bergstraße 30, 5121 Ostermiething, Tel. 06278/6255. www.ostermiething.at

Gasthaus Hofbauer, 5121 St. Radegund 4, Tel. 06278/8172, p. P. im DZ ab 39 €. www.gasthaus-hofbauer.at
Waldgasthof Lindlbauer, Haid 2, 5121 Tarsdorf, Tel. 06278/6663, p. P. im DZ 34–39 €. www.waldgasthof-lindlbauer.at
Timeless – Café-Restaurant-Bar, 5122 Ostermiething, Tel. 06278/71043. Angesagtes Lokal. www.cafetimeless.wordpress.com
Gasthof Wirt z´Ernsting, Ernsting 6, 5121 Ostermiething, Tel. 06278/6325. Eigene Hausbrauerei, original erhaltene, fast 200 Jahre alte Gaststuben. Besonderer Tipp des Autors.
Stiegl-Biergut Wildshut, Wildshut 8, 5120 St. Pantaleon, Tel. 06277/64141; Do–Sa 12–22, So 10–20 Uhr. Hochinteressantes Konzept einer Biobrauerei mit Biobauernhof und ökologischem Hotel. www.biergut.at

Gruber-Gedenkhaus, Franz-Xaver-Gruber-Str. 44, 5122 Hochburg-Ach, Tel. 07727/2652 (Kustos Herr Hans Schwarzmayr); Sonntag nach Ostern–Ende Okt. tgl. 13.30–16.30 Uhr, während der oberösterreichischen Ferien zusätzlich tgl. 9–12 Uhr. https://fxgruber.at
Stahlpark Riedersbach, Weilharstr. 92, 5121 Ostermiething, Tel. 059/0008220. Derzeit geschlossen, Wiedereröffnung fraglich, nachdem ein Investor das Areal gekauft hat, um dort einen Logistikpark zu eröffnen. www.stahlpark.com

Von Franking nach Mattighofen

Zwischen Franking und Mattighofen erstreckt sich das südliche Innviertel östlich der Salzach. Diese sanft hügelige, nicht allzu dich besiedelte Region ist ein Landstrich ohne plakative Sehenswürdigkeiten, dafür aber ein Land der Stille, der unberührten Natur mit zauberhaften Mooren und genau deswegen besuchenswert.

■ Franking

Franking ist das Herz der Tourismusregion Seelentium, der man nicht von ungefähr diesen Namen gegeben hat – Seele und Stille gehen hier eine beglückende Symbiose ein. Der **Holzöstersee** gehört zur Oberinnviertler Seenplatte. Dieser beschauliche kleine See von 9 Hektar Fläche zieht im Sommer wegen seiner geringen Tiefe von maximal 4,5 Metern und der damit verbundenen schnellen Erwärmungen Badelustige an und ist für auswärtige Touristen ein Geheimtipp.

■ Ibmer Moor und Umgebung

Eine der Hauptsehenswürdigkeiten des südlichen Innviertels ist zweifelsohne das Ibmer Moor. Mit 2000 Hektar Fläche ist es Österreichs größte zusammenhängende Moorlandschaft. Bis 1970 wurde hier intensiv Torf abgebaut, doch konnte sich eine spezifische Fauna erhalten. So existiert im und um das Ibmer Moor eines der größten Brachvogelvorkommen Österreichs. Von der Straße Ibm–Hackenbuch gibt es einen Zugang zum Moor, das über einen größeren und einen kleinen **Rundwanderweg** (Lehrpfad) begangen werden kann und über den man zur Jausenstation Seeleiten kommt.

In **Hackenbuch** selbst existiert ein **Moormuseum**. Ein besonderes Erlebnis ist eine Moorführung durch die Naturforscherin Maria Wimmer. Sie bietet alle möglichen floristischen und faunistischen Führungen durch die Region am Holzöstersee und das Ibmer Moor an.

Der **Seeleitensee** mag als Teil des Naturschutzgebiets Ibmer Moor unzugänglich sein, doch liegt an seinem Ostsaum etwas erhöht die **Jausenstation Seeleiten**. Sie lohnt den Besuch in jedem Fall, zum einen wegen des prachtvollen Blicks über das Moor und zum anderen wegen des schmackhaften Imbisses. Die Zufahrt kann auf unbefestigtem Weg via Ibm oder befestigt von Moosdorf her erfolgen.

Der 25 Hektar große **Heratinger See**, oft auch Ibmer See genannt, im Norden des Ibmer Moors ist wie der Holzöstersee ein beliebter Badesee. Um ihn herum ist ein Barfußweg angelegt, der unterschiedliche Bodentypen thematisiert.

In **Moosdorf**, genau genommen im Gemeindeteil Elling, gab es die Fundamente einer römischen Villa aus der Zeit um 200 zu bestaunen. Leider hat man die Grabung wieder zugeschüttet, da der jahreszeitliche Temperaturwechsel das marode Mauerwerk vollends hat zerfallen lassen.

■ Eggelsberg und Gundertshausen

Die durch ihren 72 Meter hohen Turm weithin sichtbare **Pfarrkirche** in Eggelsberg entstand um 1435. Ungewöhnlich für das Innviertel ist sie von einer Wehrmauer umgeben. Der für eine Kirche im ländlichen Raum verhältnismäßig große Hochaltar von 1661 lohnt unbedingt einen Blick. Die **Brauerei Schnaitl** in Gundertshausen bei Eggelsberg bietet Brauereiführungen und Bierverkostungen an. So ergänzen sich in dieser Gemeinde geistige und geistliche Erquickung. Der **Bienenhof** im Ortsteil Autmannsdorf ist wahrscheinlich für Kinder und Erwachsene in gleicher Weise attraktiv.

In **Handenberg**, etwa sieben Kilometer nördlich von Eggelsberg, weist die ursprünglich gotische und später barockisierte Pfarrkirche eine etwas disproportionierte Turmzwiebel auf – für den schmalen Turm wirkt sie zu groß.

■ Mattighofen

Der größte Ort des südlichen Innviertels mit über 6200 Bewohnern ist Mattighofen, gelegen im breiten Tal der Mattig. Es bestand schon im 8. Jahrhundert als einer jener fünf frühbaierischen Wirtschaftshöfe, die es in dieser Region gab. Mattighofen ist heute eine Einkaufsstadt besonderer Art. Frei vom Massenshopping bietet sie mit 100 meist famili-

Im Ibmer Moor

geführten Betrieben ein individuelles Einkaufsgefühl, und trotz aller vorhandenen Infrastruktur liegt Mattighofen mitten auf dem Land.

Die idyllische Kleinstadt bietet einiges Sehenswerte, so einen reizvollen **Stadtplatz** im Inn-Salzach-Stil, der 320 Meter lang ist.

Das **Schloss** aus dem 16. Jahrhundert am Nordrand des Stadtplatzes ist heute Stadtamt. Sehenswert ist ein Türstock aus rotem Marmor an der rechten Seite der Schlosseinfahrt mit dem Wappen der Erbauerfamilie Ortenburg. Als das Innviertel 1779 österreichisch wurde, erfolgte nach dem Besitzerwechsel die Umwandlung des Schlosses in eine Brauerei, dann erwarb es 1796 das Militär. Ein erneuter Wechsel brachte 1799 den Umbau in italienischen Formen mit sich, und der alte Wallgraben wurde zu einem Teil einer Parkanlage. Gegen 1870 übernahm die kaiserliche Familie den Bau und wandelte ihn in ein Jagdschloss um. Vor dem Schloss steht ein **Mammutbaum**, der um 1910 gepflanzt wurde und 35 Meter hoch ist.

Dem Schloss schräg gegenüber liegt die stilistisch uneinheitliche, im Kern spätgotische **Pfarrkirche St. Marien**, deren Vorgängerbauten auf das 8. Jahrhundert zurückgehen und über einer Kultstätte der Kelten und Römer errichtet waren. Gegen 1680 erfolgte eine Barockisierung, nach einem Brand 1774 wurde sie stark verändert und Teile des Inneren wurden frühklassizistisch neu gestaltet. Die Gotik ist an den Turmfenstern noch erkennbar. Neben der Kirche befindet sich das ehemalige **Kollegiatsstift**, wo unter dem Propsteigebäude eine zugängliche Krypta existiert. Diese ist keine eigentliche Krypta, sondern war einst ein ebenerdige Halle mit schönem spätgotischem Gewölbe. Was sie ursprünglich war, ist unsicher. Sehenswert ist auch der Kreuzgang des Kollegiatsstifts mit seinen Renaissancefresken.

Die Pfarrkirche in Mattighofen

Unweit liegt davon das **Zinngießerhaus**. Es wurde um 1400 errichtet und nach einem Brand 1683 etwas verändert wieder aufgebaut. Hier existierte bis zum Ersten Weltkrieg eine Zinngießerei. In der Nachkriegszeit kam das regionale Heimathaus hierher, es entstand eine museale **Zinngießerwerkstatt** mit Originalwerkzeug aus dem 19. Jahrhundert. Das Heimathaus befindet sich im Besitz der ›Bürgergarde‹, einer lokalen Vereinigung von Heimatfreunden.

Erwähnenswert sind die **Häuser Salzburger Str. 3 und 7** – interessante expressionistische Bauten aus den Jahren 1931/32.

■ **Zwischen Mattighofen und der Grenze zum Land Salzburg**

In **Pfaffstätt** ist das ehemalige mittelalterliche Wasserschloss (Privatbesitz) zu einer hübschen kleinen Barockanlage umgestaltet, die Pfarrkirche weist eine reiche gotische und barocke Innenausstattung auf.

In **Perwang** gibt es ein durchaus sehenswertes Renaissanceschlösschen und eine hübsche Pfarrkirche. Der nahe **Grabensee** liegt schon auf salzburgischem Gebiet und ist ein Badesee mit sommerlichen Wassertemperaturen bis zu 28 Grad. Sehr lohnend ist der Besuch von **Lochen am See**. Hier besitzt die Pfarrkirche einen Hochaltar des berühmten Meinrad Guggenbichler (1649–1723), einem Bildhauer, der besonders im Salzkammergut tätig war. In der Filialkirche zum Heiligen Kreuz im Gemeindeteil **Gebertsham**, etwa fünf Kilometer südwestlich von Lochen am See, gibt es einen grandiosen spätgotischen Flügelaltar; sehenswert sind auch die Wandmalereien mit ihrer reichen Pflanzenornamentik.

In **Teichstätt** ist das Renaissanceschloss Teil eines landwirtschaftlichen Großbetriebs und hat dadurch selbst bauern-

Der beeindruckende Flügelaltar in der Kirche von Gebertsham

hofähnliches Aussehen angenommen. Das hübsche kleine Renaissanceschloss Erb in **Untererb** kann leider nur von außen besichtigt werden. In **Lengau** kam am 27. April 1860 Franz Winkelmeier zur Welt. Er galt mit einer Körpergröße von 2,58 Metern in der zweiten Hälfte des 19. Jahrhunderts als größter Mensch überhaupt und wurde als Naturwunder in ganz Europa vorgeführt. Er starb, erst 27-jährig, an Tuberkulose und ist auf dem Lengauer Friedhof beigesetzt. In Lengau gibt es ein Riesenmuseum, das an ihn erinnert und originale Kleidungsstücke aus seinem Besitz zeigt.

■ **Helpfau-Uttendorf**

In der Ortsmitte von Uttendorf kann man dem Aufgang zu einem Kalvarienberg folgen, auf dem sich eine Kapelle befindet. Diese frühere Schlosskapelle stellt den einzig verbliebenen Rest der **Burg Uttendorf** dar, die im 18. Jahrhundert abgetragen wurde.

Die Filialkirche St. Florian in **St. Florian** bei Helpfau ist gotisch, jedoch sehr schön barockisiert. Der Turm erhielt 1885 sein neugotisches Kleid. Auf dem Friedhof liegen sehr viele Gefallene der 6. Armee, die 1942/43 bei Stalingrad aufgerieben wurde. Das Heckenlabyrinth Im nahen **Reichsdorf** besitzt einen Durchmesser von 65 Metern und ist den Menschenrechten gewidmet.

■ Mauerkirchen

Der hübsche Ort Mauerkirchen, der zwar nicht mehr zum Seelentium-Land gehört, hier aber wegen der geographischen Nähe erwähnt sein soll, erlangte wegen eines Meteoritenfalls Bekanntheit. Am 20. November 1768 ging hier ein über 20 Kilogramm schwerer Steinmeteorit nieder, sein größtes einzelnes Bruchstück mit neun Kilogramm Gewicht befindet sich heute im Museum der Mineralogischen Staatssammlungen München. 1865 zerstörte ein Brand Mauerkirchen zu mehr als der Hälfte, doch ist der langgezogene **Unter- und Obermarkt** voll schöner historischer Bürgerhäuser. Dazu zählen etwa das Schremshaus und das Reischlhaus; etwas oberhalb steht das turmähnliche Nachtwächterhaus. Der Marktbrunnen von 1990 gedenkt einer historischen Szene, nach der im 10. Jahrhundert König Heinrich nach einer Ungarnschlacht zwei bronzene Reiterstatuen nach Mauerkirchen gebracht haben soll. Sie wurden 1297 zerstört und erhielten Nachbildungen, die aber 1865 wiederum durch den erwähnten großen Brand zerstört worden sind.

Nach 1945 bestand in Mauerkirchen ein amerikanisches Kriegsgefangenenbzw. Entlassungslager, über das 300 000 deutsche Soldaten ihre Freiheit wiederfanden. Seit 2008 gibt es am Ende des Untermarkts (Biburger Str. 1) den **Maria-Hafner-Park**, eine Gedenkstätte an jenes Lager. Der Park trägt seinen Namen von der 1945 die örtlich Rotkreuzstelle leitenden Maria Hafner, der es durch geniales Organisieren in der Notzeit jener Monate gelang, 200 000 Soldaten mit Verbandmaterial, Nahrung und anderem zu versorgen.

Sehenswert ist auch **Schloss Spitzenberg**, mag es auch etwas vergammelt wirken. Das Renaissancegebäude ist seit etwa 1820 zum Wohnhaus umgewandelt. Es wurde ebenfalls durch den Brand zerstört, allerdings erfolgte sein Wiederaufbau erst nach dem Ersten Weltkrieg. In **Moosbach**, einige Kilometer nordöstlich von Mauerkirchen, weist die Pfarrkirche an ihren Außenmauern sowie in der Vorhalle einige sehenswerte Grabsteine aus dem 16. und frühen 18. Jahrhundert auf.

🛈 Von Franking nach Mattighofen

Tourismusverband Wohlfühlregion Seelentium (ein Verbund aus den Gemeinden des westlichen Innviertels mit den bayerischen Orten Burghausen und Tittmoning), Holzöster 21, 5135 Franking, Tel. 0664/3946369. Über das Büro werden auch hübsche Traktorrundfahrten durch die Region angeboten (Traktor-Roas). www.seelentium.at

Marktgemeindeamt Eggelsberg, Marktplatz 13, 5142 Eggelsberg, Tel. 07748/2255. www.eggelsberg.at

Tourismusbüro Mattighofen, Stadtplatz 3, 5230 Mattighofen, Tel. 0664/7611828. Einrichtung des Tourismusverbandes Mattighofen (Moosstr. 28).
www.mattighofen-erleben.at

Gemeindeamt Mauerkirchen, Obermarkt 19, 5270 Mauerkirchen, Tel. 07724/2855-0. www.mauerkirchen.ooe.gv.at

Moormuseum, Hackenbuch 3, 5141 Moosdorf, Tel. 07748/6808; Apr.–Nov. Mi–So 9–19 Uhr, Mo und Di nach Ver-

Am Obermarkt in Mauerkirchen

einbarung. Moorflora- und -fauna, Torfabbau, Renaturierung, Filmvorführungen etc. www.arge-kultur.at
Moorführung durch die Naturforscherin Maria Wimmer, Tel. 0650/5604123. www.moor-ausflug.at, www.naturschauspiel.at

Kirchenwirt Mayr, 5131 Franking Nr. 4, Tel. 06277/8108, p. P. im DZ 38 €. Gutbürgerlich in schönster ruhiger Landschaft. www.kirchenwirt-franking.com
Der Seewirt, Holzöster 21, 5131 Franking, Tel. 06277/8666, p. P. im DZ 45–80 €. Etwas nobler. www.derseewirt.at
Gasthaus Badhaus, Moosstr. 28, 5230 Mattighofen, Tel. 07742/2372. Traditionsgasthaus. www.badhaus.at
Landhotel Moorhof, 5131 Dorfibm Nr. 2, Tel. 06277/8188, p. P. im DZ ab 68 €. Großes Wellnessangebot, u.a. Bierbäder. www.moorhof.com
Jausenstation Seeleiten, 5141 Seeleiten Nr. 4, Tel. 0664/4274008, tgl. ab 10 Uhr.
Gasthof Steinerwirt, Revier Heimhausen 7, 5142 Eggelsberg, Tel. 07748/2360. Hübsche Zimmer, gutes Essen, alles stimmig; Zimmerpreise auf Anfrage. www.steinerwirt-eggelsberg.at
Brauerei und Braugasthof Schnaitl, Gundertshausen Nr. 9, 5142 Eggelsberg, Tel. 07748/ 66820. Viele saisonale Bierspezialitäten, berühmt ist u.a. das weihnachtliche Festbier ›Stille Nacht‹. Zimmerpreise auf Anfrage. www.schnaitl.at
Mattigtalerhof, Postgasse 18, 5230 Mattighofen, Tel. 07742/2562. In jeder Hinsicht bestbewertet im Netz, Zimmerpreise auf Anfrage. www.mattigtalerhof.at
Helpfauer Hof, Helpfau 2, 5261 Helpfau-Uttendorf, Tel. 07724/44131, p. P. im DZ ab 50 €. Modern und dennoch gemütlich, lokale Delikatessen. www.helpfauerhof.at
Gasthof Ginzinger, Obermarkt 20, 5270 Mauerkirchen, Tel. 07724/3239. Traditionshaus seit 1904; traditionelle, mediterrane und thailändische Küche. www.gasthofginzinger.at

Innviertler Bienenhof, Autmannsdorf Nr. 6, 5142 Eggelsberg, Tel. 07748/6514. Lehrpfad, Bienenschaukästen, Honigverarbeitung, Bioladen.
Riesenmuseum Lengau, Lengauer Hauptstr. 22, 5211 Lengau, Tel. 0664/5978310; So 14–16 Uhr und nach Vereinbarung. www.riesevonlengau.at

Campingplatz Holzöstersee (mit angeschlossener Pension), Holzöster 1, 5131 Franking, Tel. 06277/8161. www.franking-holzoester.com

224 Das mittlere Innviertel

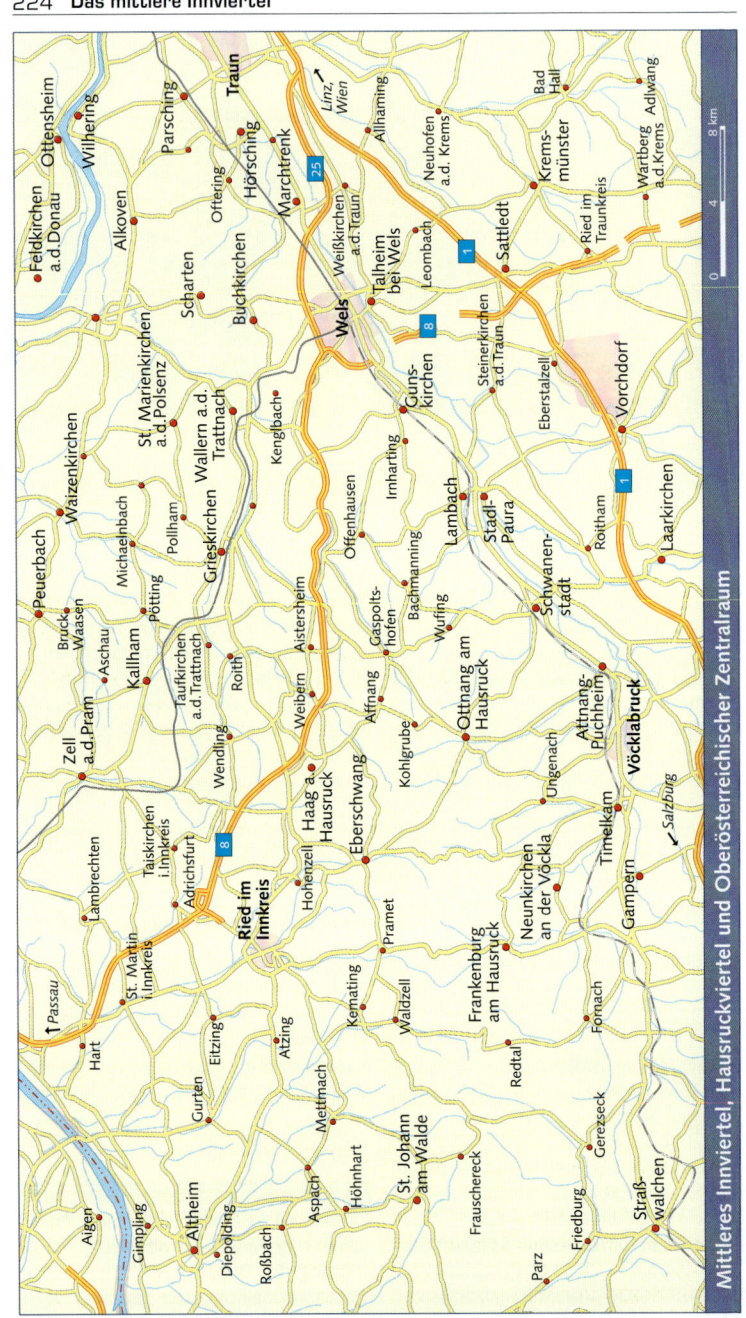

Das mittlere Innviertel

Die Umgebung von Ried stellt die Mitte des Innviertels dar. Wie Schärding und Braunau ist auch Ried eine Stadt besonderer Lebensfreude, und wie überall im Innviertel ist die jahrhundertelange Zugehörigkeit zu Bayern zu spüren. Im folgenden Abschnitt sollen die Regionen um Peuerbach im Norden und um Ried weiter südlich dargestellt sein.

Ried im Innkreis

Wie überall im Innviertel hat auch in Ried das Brauwesen eine lange Geschichte. Der Besuch dieses Städtchens (gut 12 500 Einwohner) lohnt zu jeder Jahreszeit, sowohl als Stätte niveauvoller Einkaufsmöglichkeiten jenseits gesichtsloser Shopping Malls und wegen der zahlreichen saisonalen Märkte und Volksfeste. Ried ist auch österreichweit seit 1867 als Messestadt bedeutend.

Ried wurde 1145 erstmalig erwähnt. Sein Name, der etymologisch dem niederdeutschen ›Reet‹ verwandt ist, bedeutet etwa ›das an Ufern und Sümpfen wachsende Röhricht‹. Denn vor 900 Jahren gab es um den Fluss Breitsach und die kleine Oberach, die innerhalb des heutigen Ried zusammenkommen, viele solcher Stellen. Allerdings liegt die Kernzelle der Stadt nicht um den heutigen Hauptplatz, sondern im Bereich um die untere Bahnhofstraße.

Die Sage berichtet, dass 1191 der Müllerssohn Dietmar aus Ried an einem Kreuzzug teilnahm und dort sehr tapfer kämpfte. Als bei der Eroberung einer Stadt die Fahne des christlichen Heer in Feindeshand gelangte, nahm Dietmar seinen Bundschuh – ein historischer Lederschuh mit langen Riemen –, befestigte ihn an seiner Lanze und stürmte das gegnerische Lager. Die christlichen Truppen konnten Mut fassen, eroberten die Stadt, Dietmar wurde vom bayerischen Herzog als ›Dietmar der Anhanger‹ geadelt. Seither führt Dietmars Heimatstadt einen Bundschuh im Wappen. 1364 wurde es während eines Kriegs zwischen den Baiern und den Habsburgern zerstört. In Ried wurden zweimal die baierisch-österreichischen Landesgeschicke verhandelt: Im Ersten Vertrag von Ried (1379) wurden Streitigkeiten um den Grenzverlauf beigelegt, im Zweiten Vertrag (1813) wechselte das bis dahin napoleontreue Bayern die Seite, trat aus dem Rheinbund aus und stellte 36 000 Soldaten für den Kampf gegen Napoleon bereit.

In Ried kam unter anderem Sybil Danning (geb. 1947) zur Welt. Sie spielte in den 1960er und 1970er Jahren in Softsexfilmen und danach in B-Filmen unterschiedlicher Genres. Der NS-Kriegsverbrecher Ernst Kaltenbrunner (1903–1946) wurde ebenso in Ried geboren. Er war Chef der Sicherheitspolizei und des SD sowie des Reichssicherheitshauptamtes und zweitoberster SS-Funktionär nach Heinrich Himmler. Er wurde in den Nürnberger Prozessen zum Tode verurteilt.

Die bedeutendsten Rieder sind zweifelsohne die Mitglieder der Künstlerfamilie Schwanthaler– ursprünglich Schwabenthaler –, die im Barock und Rokoko für die oberösterreichische bildende Kunst so bedeutend war. Die frühen Familienmitglieder hatten in Ried und Aurolzmünster ihre Wurzeln und bis 1838 auch dort ihre Werkstätte. Der Familie sind 21 Künstler entsprungen, darunter Thomas (1634–1707), Johann Franz (1683–1762) und Johann Peter d. Ä. (1720–1795), der auch in München wirkte. Der geadelte Ludwig Michael von Schwanthaler (1802–1848) ist der Schöpfer der ›Bavaria‹ an der Theresienwiese, die sein letztes Werk war. Einer

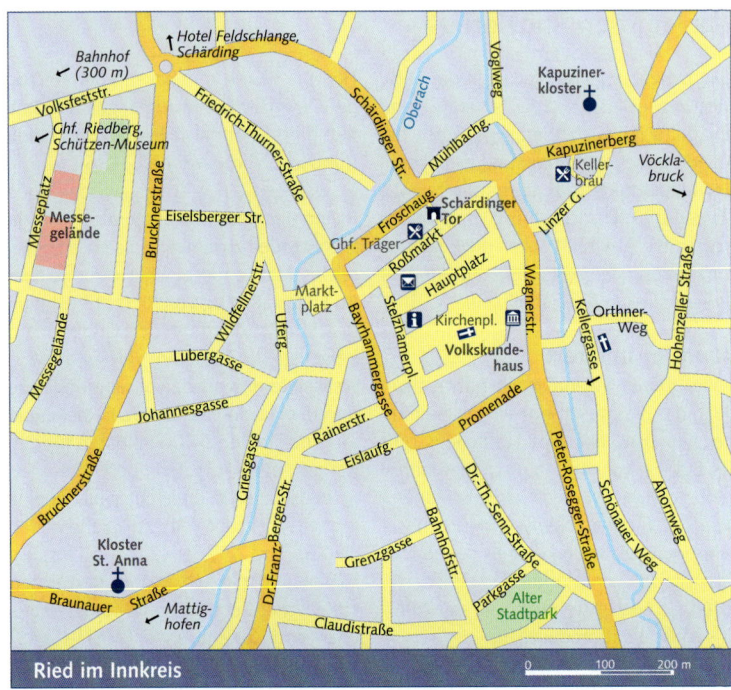

der wenigen Maler, die direkt aus Oberösterreich stammen, kommt aus Ried: Franz Xaver Weidinger (1890–1972). Er schuf vor allem Aquarelle, in seiner späteren Zeit nähert er sich in anachronistischer Form dem Impressionismus an. Ebenfalls aus Ried kommt Wilhelm Dachauer (1881–1951), der Porträtmaler war, vor allem jedoch viele Entwürfe österreichischer Briefmarken schuf.

■ **Sehenswürdigkeiten**

Ried ist eine der zahlreichen Kleinstädte, deren historischer Kern im Inn-Salzach-Stil gehalten sind. Sehr sehenswert ist der langgestreckte **Hauptplatz** mit Bürgerhäusern, die bis aufs Mittelalter zurückgehen, wobei die geschlossenen Giebelfronten erst im 19. Jahrhundert entstanden. Das **Rathaus** am Hauptplatz mit seinem markanten kleinen Eckturm geht auf das Jahr 1538 zurück, wurde aber wahrscheinlich um 1653 (Jahreszahl am Torbogen) umgebaut. Vor dem Rathaus befindet sich der barocke **Dietmarbrunnen** mit einer Statue des Helden. Parallel nördlich zum Hauptplatz liegt der **Rossmarkt**, wo jährlich am Dienstag nach Ostern immer noch ein großer Pferdemarkt abgehalten wird. Den Rossmarkt kann man nach Norden durch das **Schärdinger Tor** verlassen, zusammen mit dem **Braunauer Tor** am Stelzhamerplatz die einzigen Relikte der Stadtbefestigung. Das **Franz-Stelzhamer-Denkmal** am nahen Stelzhamerplatz erinnert an den in Oberösterreich sehr geschätzten Poeten und Textdichter der oberösterreichischen Nationalhymne, der von 1845 bis 1855 in Ried lebte.

Die **Stadtpfarrkirche St. Peter und Paul** am Kirchenplatz ist ein um 1735 barockisierter gotischer Bau. Der dabei neuentstandene 73 Meter hohe Turm erhielt 1929 nach schweren Sturmschäden sein heutiges Aussehen. Sehenswert im Inneren sind die zehn Zunftkapellen.

Als gemeindeübergreifendes Geothermieprojekt soll beim nahen **Mehmbach** eine 2700 Meter tiefe Bohrung abgeteuft werden. Geologisch ist das erwartete Heißwasservorkommen (90–100 Grad) dem von Geinberg verwandt. Man rechnet mit einer Wasserförderung von bis zu 150 Litern pro Sekunde, zur Zeit gibt es bei der geplanten Abteufung jedoch noch manch bürokratisches Hemmnis.

Pfarrhof und Pfarrkirche in Aurolzmünster

■ **Aurolzmünster**

Im 8. Jahrhundert soll in Aurolzmünster ein Einsiedler namens Cotto gelebt haben, dessen Zelle und Besitz um 780 in den des Klosters Niederaltaich übergingen. Dessen Abt Urolf ließ gegen 800 an ihrem Ort eine Kirche zu Ehren des heiligen Mauritius errichten. Um sie entstand eine kleine Siedlung ›munster‹ (von lateinisch monasterium=Mönchshaus), der irgendwann der Name des Gründers Urolf hinzugefügt wurde – urolfismunstiure. Aus diesem Namen wurde später Aurolzmünster.

Das markante Rathaus in Ried, rechts der Dietmarbrunnen

Die **Pfarrkirche** ist ein Nachfolgebau jener mittelalterlichen Kirche. Ursprünglich gotisch, wurde sie um 1735 barockisiert. Sehr sehenswert ist die Kreuzigungsgruppe am Tabernakel von Johann Franz Schwanthaler.

Das barocke **Wasserschloss** in der Ortsmitte wird angeblich ›Versailles des Innviertels‹ genannt und entstand von 1694 bis 1711 für Ferdinand Franz Albrecht von der Wahl. 1797 erwarb es die Familie von Arco. Ihr bekanntestes Mitglied ist der radikale Nationalist Anton Graf Arco (1897–1945, Tod durch Autounfall), unrühmlich bekannt als Mörder des bayerischen Ministerpräsidenten Kurt Eisner im Februar 1919. Graf Arco ist in der Grablege seiner Familie auf dem Kalvarienberg im nahen St. Martin beigesetzt. Im Schloss befinden sich heute das Marktgemeindeamt, einige lokale Behörden und private Dienstleister.

Im Schloss lebte seit 1925 die schillernde und auch heute noch beeindruckende Gestalt des Carl Schapeller (1875–1947). Dieser merkwürdige Naturwissenschaftler, der im örtlichen Armenhaus aufgewachsen war und das ruinöse Anwesen nach Kriegsende erworben hatte, behauptete, die sogenannte

Das Kneipp-Traditionshaus in Aspach

Raumkraft entdeckt zu haben, mit der ohne Energieaufwand unter anderem Fahrzeuge angetrieben werden können. Seine Ideen verbanden allgemeine Naturforschung mit technischer Innovation, einer Prise Sozialrevolutionärstum und ein gerüttelt Maß Okkultismus. Auch war er sein Leben lang auf der Suche nach dem Grab Attilas und dem Hunnenschatz. In den 1930er Jahren versuchte er, von den Nationalsozialisten Förderungen seiner Vorhaben zu erhalten, wurde aber als Scharlatan abgelehnt. Er starb völlig verelendet in Aurolzmünster, sein Grab auf dem örtlichen Friedhof ist erhalten. Im nahen **St. Martin** gibt es an der südlichen Mauer der Pfarrkirche einen sehenswerten Gedenkstein für einen verstorbenen Juden aus dem Jahr 1294.

■ Aspach

Zu den meistbesuchten Orten des Innviertels zählt Aspach – Kneippkurort und mit seinen Wellness- und Gesundheitseinrichtungen Touristenmagnet. Eine Kuriosität ist, dass **Papst Pius II.** (Enea Silvio Piccolomini, 1405–1464), der auch Poet und Gelehrter war, vor seinem Aufstieg in der Kurie von 1444 bis 1447 als Ortspfarrer in Aspach tätig gewesen ist. Im nahen **Mettmach** werden seit 1947 Passionsspiele veranstaltet, es ist Oberösterreichs einziger Passionsspielort (www.theater-mettmach.at).

In **Höhnhart** südwestlich von Aspach kann man auf der ›Erlebnisschanze‹ einen aufregenden Skiflug von 200 Metern Länge genießen.

ℹ️ Ried und Umgebung

Tourismusverband s´Innviertel, Thermenplatz 2, 4943 Geinberg, Tel. 07723/8555. www.innviertel-tourismus.at
Tourist Info Ried, Stelzhamerplatz 2, 4910 Ried, Tel. 07723/855516. www.innviertel-tourismus.at

🛏️ ✖️

Braugasthof Träger, Roßmarkt 27, 4910 Ried i. I., Tel. 07752/82160, p. P. im DZ ab 40 €. Gemütliches Traditionshaus mit kleinem privaten Weißbiermuseum. www.hotel-traeger.at
Gasthaus-Hotel Feldschlange, Försterstraße 3, 4910 Ried, Tel. 07752/83747, p. P. im DZ 48 €. Ruhige Lage, 2 Kilometer außerhalb des Zentrums. www.gasthaus-feldschlange.com
Biergasthof Riedberg, Südtiroler Straße 11, 4910 Ried, Tel. 07752/82610, Zimmerpreise auf Anfrage, viele Pakete. Bierverkostungen mit Biersommelier etc. www.riedberg.at
Brauwirtshaus Kellerbräu, Am Kellerbräuberg 1, 4910 Ried im Innkreis, Tel. 07752/70330. Äußerst gemütlich. www.brauwirtshaus.ried.at
Hofwirtshaus, Diesseits 10, 4973 Sankt Martin, Tel. 07751/8088. Urig, gemütlich, lange Holzbänke, große Tische. Moderner Hotelbereich, Zimmerpreise auf Anfrage. www.hofwirtshaus.at

🏛️

Innviertler Volkskundehaus, Kirchenplatz 13, 4910 Ried, Tel. 07752/901301; Di–Fr 9–12 und 14–17, Sa 9–12 Uhr. Dau-

erausstellung zur Familie Schwanthaler, volkskundliche Sammlungen und Galerie. **Volkskundemuseum der Donauschwaben**, im Kunsthaus Obernberg (Tel. 0664/1142732, Herr Ritter); Apr.–Nov. Sa/So 14–17 Uhr. www.museum-banat.at
2er Schützen-Museum des k.k. Landwehrinfanterieregiment Linz Nr. 2, Zehnerkaserne, Kasernstr. 10, 4910 Ried, Tel. 0699/10062203 (Herr Danner); geöffnet nach Voranmeldung. Gedenken an die Isonzoschlachten des Ersten Weltkriegs. www.linzer-zweier.at

Revital Aspach, Revitalplatz 2, 5252 Aspach, Tel. 07755/6801. Mit angeschlossenem Hotel ›Medical Health Resort Villa Vitalis‹.
www.revital-aspach.at

Erlebnisschanze Skiflyer, Thannstraße 4, 5251 Höhnhart, Tel. 07743/2421; Apr.–Okt. Fr–So 14–20 Uhr, kein Betrieb bei schlechtem Wetter. Voranmeldung erforderlich. www.erlebnisschanze.at

Peuerbach und Umgebung

Schon donaunah liegen südöstlich des Sauwaldes Peuerbach und seine Umgebung. Auch dieser Teil des Innviertels ist von größeren Touristenmassen unberührt – doch natürlich gibt es auch hier einiges zu entdecken.

■ Peuerbach

Mit 2150 Bewohnern ist Peuerbach die größte Siedlung im Norden des Innviertels. Es besitzt für ganz Oberösterreich wegen seiner Rolle in den Bauernkriegen von 1626 historische Bedeutung.

Das **Schloss Peuerbach**, erbaut um 1580, ist nurmehr der Rest eines einst größeren Renaissancebaus. Er wurde 1626 während des Oberösterreichischen Bauernkriegs erstürmt und brannte wie der ganze Ort nieder. Das Schloss wurde notdürftig wiederhergestellt, doch nahmen sich die wechselnden Besitzer nur unzureichend der Erhaltung des Baus an. Wegen Baufälligkeit wurde 1777 der Turm abgetragen, 1831 wurden weitere Teile niedergerissen. In den 1970er Jahren war das Schloss so heruntergekommen, dass man an den vollständigen Abriss dachte. Die Peuerbacher Stadtväter entschlossen sich jedoch, ein **Bauernkriegsmuseum** einzurichten, so dass mit verschiedenen Fördermitteln die Anlage konserviert und gerettet werden konnte. Erhalten sind heute drei hufeisenförmig miteinander verbundene zweigeschossige Flügel sowie ein Turmrest. Der vierte Flügel, der seit 1831 fehlte, wurde 2009 durch einen modernen Bau ersetzt, das Kulturzentrum Melodium. Das erhaltene Renaissanceportal gilt als eines der schönsten nördlich der Alpen.

Neben dem Bauernkriegsmuseum gibt es eine Ausstellung zu Georg von Peuerbach (1423–1461). Dieser Astronom, eigentlich Georg Aunpekh, stammte aus Peuerbach, war der erste Universitätsprofessor ausschließlich für Astronomie und wird als einer der Wegbereiter des heliozentrischen Systems

Im Bauernkriegsmuseum Peuerbach

angesehen. Des Weiteren findet man im Museum die ›Oberösterreichische Landeskrippe‹, innerhalb derer wie in einer maßstabsgerechten Nachmodellierung Oberösterreichs verschiedene Bauernhofformen, Trachten und Ähnliches dargestellt sind.

Der **Kometor** im Schlosspark, ein begehbarer Pentagondodekaeder (Fünfeckkörper), soll das Weltall symbolisieren. Eine 36 Meter hohe Kompassnadel ergänzt den kleinen naturwissenschaftlichen **Skulpturengarten**, den das Künstlerehepaar Hebenstreit schuf.

Der Marktbrunnen in Waizenkirchen

■ Natternbach

Auch Natternbach, nur wenige Kilometer nördlich von Peuerbach, spielte im Bauernkrieg eine wichtige Rolle. Denn dass die protestantischen Bauern hier im Januar 1625 den katholischen und dazu noch direkt von Rom eingesetzten italienischsprachigen Ortspfarrer verjagten, war einer der Auslöser für den Aufstand. Ähnliche Vertreibungen ereigneten sich in anderen Orten der Region. Die Herbersteiner Herrschaft statuierte manches Exempel (Strafgerichte) an den Bauern. Schließlich kulminierten die Auseinandersetzungen in dem Bauernaufstand.

Aus Natternbach kommt der in Österreich seinerzeit sehr bekannte katholische Aktivist Martin Humer (1925–2011), der militant gegen Pornographie im Alltag, freizügige Darstellungen in Filmen, Prostitution und Homosexualität kämpfte. Wegen Sachbeschädigung von vielen – seiner Meinung nach gotteslästerlichen – Bildern oder auch Statuen in Museen kam er mehrmals vor Gericht. Gegen Ende seines Lebens verstieg er sich gar dazu, Abtreibung und den Holocaust miteinander in Bezug zu setzen.

Vor allem bei Kindern ist das **Naturerlebnispark Ikuna** mit seinen mehr als 40 Spiel- und Erlebnisstationen sehr beliebt.

■ Waizenkirchen

In Waizenkirchen kam am 17. Januar 1857 der Komponist Wilhelm Kienzl zur Welt. Seine Oper ›Der Evangelimann‹ (1894) war bis in die 1960er Jahre europaweit ein höchst erfolgreiches Bühnenwerk. Er schuf vor allem Opern und Lieder, konnte aber letztlich nur mit dem ›Evangelimann‹ einen dauernden Erfolg erzielen. Seine teils sentimentale Tonsprache ist voller volkstümlicher Elemente. Man darf ihn zur Wagner-Nachfolge rechnen, wenngleich er dessen Leitmotivtechnik nicht weiterführt. 1920 komponierte er die Melodie zu dem von Karl Renner geschriebenen Gedicht ›Deutschösterreich, du herrliches Land‹, das bis 1929 eine Art inoffizielle Nationalhymne Österreichs war. Letztlich hat sich seine Melodie aber nicht durchgesetzt. Kienzl starb 1941 in Wien. In seinem Geburtshaus (Wilhelm-Kienzl-Str. 1) ist ein **Gedenkzimmer** eingerichtet. Sehenswert sind in der Waizenkirchener **Pfarrkirche** die Altarbilder des berühmten ›Kremser Schmidt‹, Österreichs bedeutendstem Maler des Rokoko.

Das einst im Ortsteil Inzing befindliche **Schloss Hochscharten** aus der Zeit um 1820 wurde 2010 wegen Baufälligkeit abgerissen. **Schloss Weidenholz** im gleichnamigen Gemeindeteil ist eine alte Wasserburg des Mittelalters, im späten 16. Jahrhundert umgebaut; heute ist es Musikschule.

■ Zell an der Pram

Westlich von Peuerbach liegt Zell mit seinem hübschen dreigeschossigen **Schloss**. Es war 1774 vollendet und geht auf ein Wasserschloss aus dem 15. Jahrhundert zurück, von dem aber nichts mehr vorhanden ist. Franz Cuvilliés d. J. als Architekt und der Münchner Hofmaler Christian Wink (1739–1795) gestalteten den Bau, der vor allem durch die Decken- und Wandfresken des Festsaals berühmt ist. Sie zeigen Szenen der griechischen Mythologie und des Landlebens der damaligen Aristokratie. 1821 kam es in den Besitz der Familie Arco (→ St. Martin, S. 227), heute ist es ein Zentrum für Erwachsenenfortbildung. Die Besichtigung des Festsaals ist anlässlich von Konzerten und nach telefonischer Anfrage möglich. Im Schlosshof finden allsommerlich Aufführungen von Operetten statt – die ›Pramtaler Sommeroperette‹ ist ein landesweit bekanntes kleines Festival. Die Pram ist 56 Kilometer lang, entspringt am Nordrand des Kobernaußerwaldes und ist der bedeutendste Fluss des nördlichen Innviertels. Sie mündet bei Schärding in den Inn.

■ Andorf

In Andorf lohnt ein Besuch der **Pfarrkirche**. Ihr zwölf Meter hoher Altar (1690) stammt aus der Werkstatt Thomas Schwanthalers (1634–1707), der auch die Schutzmantelmadonna (1670) in der Filialkirche St. Sebastian am Ried schuf. Von der **Kaiserlinde** etwa 500 Meter südlich der Ortsmitte hat man einen schönen Blick in die Umgebung. Auch das **Freilichtmuseum** im Brunnbauerhof im Gemeindeteil Großpichl lohnt einen Besuch. Es thematisiert das Bauernleben um 1900. Im unweiten **Sigharting** gibt es ein sehenswertes Renaissance-Wasserschloss, in dem heute Heimatmuseum und Kulturzentrum beheimatet sind. Die Pfarrkirche St. Pankratius, die ehemalige Schlosskapelle, erhielt ihr heutiges Aussehen im 19. Jahrhundert.

🛈 Peuerbach und Umgebung

Stadtgemeinde Peuerbach, Rathausplatz 1, 4722 Peuerbach, Tel. 07276/2255-0. www.peuerbach.at
Tourismusverband Andorf, Hauptstr. 32, 4770 Andorf, Tel. 07766/225515. www.tourismus-andorf.at

🛏 ✕

Gasthof Urtlhof, Urtlgasse 5, 4722 Peuerbach, Tel. 07276/2076. www.urtlhof.com
Gasthaus Schrank, Hauptstraße 20, 4722 Peuerbach, Tel. 07276/3243. Kreative Speisekarte, gut und günstig, nievauvolles Ambiente. www.schrank.at
Landhotel Gasthof Bauböck, Gottfried-Schachinger-Weg 2, 4770 Andorf, Tel. 07766/2279, p. P. im DZ ab 41 €. www.bauboeck.at

🏛

Schlossmuseum, 4722 Peuerbach, Tel. 07276/2255-22; Mai–Okt. So 10–17 Uhr sowie am ersten So im Dez. Themen: Bauernkrieg, Georg von Peuerbach, Landeskrippe. www.peuerbach.at
Schloss Zell, Besichtigung nach Absprache unter Tel. 07764/6498. www.schloss-zell.at, www.sommeroperette.at
Freilichtmuseum Brunnbauerhof, Großpichl 4, 4770 Andorf, Tel. 07766/225515; Mai–Okt. So 14–17 Uhr und nach Vereinbarung.
www.brunnbauerhof.jimdofree.com

####

Naturresort IKUNA, Naturpfad 1, 4723 Natternbach, Tel. 07278/20800; tgl. 10–19 Uhr. www.ikuna.at

Das Hausruckviertel

Östlich an das Innviertel schließt sich ein weiteres der historischen Viertel Oberösterreichs an, das Hausruckviertel. Es ist nicht so einfach zu sagen, wo genau die Begrenzung des Hausruckviertels verläuft. Im Westen und Südwesten ist es traditionell der Kobernaußerwald, im Süden der Verlauf der Flüsse Vöckla, Ager und Traun und im Osten war es bis zur Aufhebung der historischen Landesaufteilung 1868 ebenfalls der Fluss Traun. Im Norden stellten die Linie Grieskirchen–Eferding und die Donau die Grenze dar. Heute wird die Gegend um Eferding, Wels und Linz nicht mehr zum Hausruckviertel gerechnet, da für diese Region der wenig phantasievolle Begriff ›Oberösterreichischer Zentralraum‹ erdacht wurde. Dieser ist seinerseits in großen Teilen mit dem Nordteil des historischen Traunviertels identisch, dem vierten der Viertel. Bei der Verwendung der Begriffe Hausruck- und Traunviertel herrscht daher bei den Tourismusverbänden und in der Literatur eine ziemliche Konfusion.

Namensgebend für das Hausruckviertel ist der etwa 30 Kilometer lange und am Göblberg bis zu 801 Meter hohe Höhenzug des Hausruck, der sich mit leichter Biegung etwa in West-Nordost-Richtung erstreckt und an den Kobernaußerwald anschließt.

Das nördliche Hausruckviertel

Die Gegend zwischen Grieskirchen und Linz ist innerhalb Oberösterreichs eine der stärker besiedelten, vor allem stärker industrialisierten. Die Donau ist nahe, das industrielle Zentrum Linz ebenso.

■ Grieskirchen

Schloss Parz und das dazugehörige **Wasserschloss Parz** am Rand der 5000-Einwohner-Stadt Grieskirchen bilden eines der großartigsten Renaissance-Schlossensembles ganz Österreich. An seiner Südfassade zeigt Schloss Parz einen eindrucksvollen, riesigen Freskenzyklus, der den Sieg des Protestantismus über die römische Kirche thematisiert – eine in dieser Art sehr seltene Darstellung. Besonders beeindruckt das Teilbild des Durchzugs der Kinder Israel (hier die Protestanten!) durch das Rote Meer, verfolgt von den Schergen des Pharao (die katholische Kirche). Der Park und der Arkadenhof ergänzen die unvergleichliche architektonische Schöpfung. Im Sommer finden hier Konzerte und andere Veranstaltungen statt, auch ist es Ort für Hochzeiten und Dienstleisterstandort (Info über die Innenbesichtigung bei der Stadtgemeinde). Das bescheidene, in Privatbesitz befindliche Wasserschloss Parz ist klassizistisch umgebaut, steht unweit und war bis vor kurzem Künstleratelier. Derzeit wartet es auf eine neue Bestimmung.

Bei **Schloss Tollet** etwa zwei Kilometer nordwestlich von Grieskirchen handelt es sich um einen Renaissancebau aus der Zeit um 1610, heute ist es das ›Museum Kulturama‹ mit Konzerten und Ausstel-

Fresken am Schloss Parz

lungen. Sehr hübsch ist auch die längste **Most-Obstbaumallee** Österreichs, die von Grieskirchen nach St. Georgen verläuft. Entlang der Allee hat man einen schönen Blick auf das Schloss.

■ Gallspach

Gallspach ist seit langem Kurort. Die 1891 Kaltwasserheilanstalt hatte nur drei Jahre Bestand, doch bald avancierte Gallspach auch zum Luftkurort. Das medizinisch-physikalische Institut Zeileis im Wasserschloss Gallspach machte den Ort seit 1920 europaweit bekannt. Denn hier fand die Hochfrequenztherapie, auch Plasmamedizin genannt, medizinische Anwendung. Valentin Zeileis (1873–1939) war wissenschaftlicher Autodidakt und durch die Heirat mit der Tochter einer vermögenden Wiener Industriellenfamilie finanziell unabhängig. Er sah die Forschungen zum Einsatz von Elektrizität in der Medizin als seine Lebensaufgabe an. Obwohl er ausreichend medizinische Erfolge aufzuweisen hatte, hielten ihn orthodoxe Medizinerkreise für einen Scharlatan. Die einst sehr beliebte alternative Heilmethode, bei der durch Elektroden Mini-Blitze auf die Haut übertragen werden, genießt heute wieder Ansehen (www.philognosie.net). Ein kleines **Museum** im Institut, in dem die Methode auch jetzt angewendet wird (www.zeileis.at), erinnert an die Hochfrequenztherapie.

In Gallspach gibt es eine weitere physikalische Gedenkstätte – sie befasst sich mit dem genialen Erfinder Nikola Tesla.

■ Bad Schallerbach

Auch Bad Schallerbach ist seit langem Kurort. Seine Bedeutung liegt jedoch in einer Schwefeltherme, die 1918 erschlossen wurde. Der Badebetrieb findet im pompösen ›Eurothermen Resort Bad Schallerbach‹ statt. Von anderer Bedeutung ist der ›Internationale Musiksommer‹ (musiksommerbadschallerbach.at), eine der bedeutendsten Konzertveranstaltungen Österreichs – Jazz, Klassik, Chanson –, an der jedes Jahr rund 300 Künstler ihr Programm präsentieren.

■ Krenglbach

In Krenglbach wird der auf dem Gelände des Schlosses Schmiding gelegene **Privatzoo Schmiding** viel besucht. Mit Aquazoo, Evolutionsmuseum und frei begehbarer Greifvogelvoliere auf insgesamt 13 Hektar Fläche ist er einer der bedeutendsten Zoos ganz Österreichs. Krenglbach lohnt aber auch den Besuch wegen des ehemaligen **Wasserschlosses** im Ortsteil Haiding. Sehenswert ist das eindrucksvolle Steinportal des Hauptgebäudes von 1604. Das Schloss ist heute Kulturzentrum.

■ Haag am Hausruck

Der für den Tourismus bedeutendste Ort im nördlichen Hausruck ist sicherlich Haag. Es liegt idyllisch am nördlichsten Ausläufer des Hausruckmassivs und besitzt einen sehr hübschen Ortskern. Aus Haag kommt Karel Klostermann (1848–1923), neben Adalbert Stifter und Hans Watzlik der bedeutendste ›Böhmerwalddichter‹. Er schrieb in deutscher, jedoch überwiegend in tschechischer Sprache, wodurch er im deutschen Sprachraum nie populär wurde, in Böhmen aber größere Bekanntheit genießt als Adalbert Stifter. Auf einem Hügel oberhalb der Stadt liegt das eindrucksvolle aus dem 16. Jahrhundert, wegen des vorzüglichen Erhaltungszustands eine der bedeutendsten Schlossanlagen Oberösterreichs. Es befindet sich seit 1916 in Privatbesitz einer Familie Hatschek. Sehr schön ist der Schlosshof mit seinen Arkaden. Im Schloss befindet sich auch das **Regionalmuseum** der Haager Heimatstube.

Die 700 Meter hohe **Luisenhöhe** ist Haags Hausberg. Zu ihr fährt seit 2015 eine **Schienenseilbahn**, auch gibt es am Berg eine 750 Meter lange **Sommerrodelbahn** und an der Luisenhöhe einen **Naturerlebnispfad** und einen 33 Meter hohen **Aussichtsturm**.

■ Gaspoltshofen

Als Hauptsehenswürdigkeit in Gaspoltshofen darf die **Pfarrkirche** mit ihrer für Österreich ganz ungewöhnlichen Schiffskanzel (Fischerkanzel) gelten. Die Kanzel ähnelt einem Schiffsrumpf mit Takelage; diese Form trifft man meist nur in den Kirchen norddeutscher Küstenregionen an.

Der bis heute ebenso angesehene wie umstrittene österreichische Dramatiker Thomas Bernhard (1931–1989) hat Gaspoltshofen in seinem Stück ›Der Theatermacher‹ (1984) ein literarisches Denkmal gesetzt. Das Stück wurde in Gaspoltshofen oftmals aufgeführt, was dazu beitrug, dass sich in dem kleinen Ort eine reiche Theater- und Kulturszene etablierte (www.spielraum.at). Das **kinOptikum** in Gaspoltshofen ist ein Kinomuseum zur Geschichte der bewegten Bilder.

Schloss Starhemberg, Stich (um 1674) von Georg Matthäus Vischer

■ Offenhausen

Offenhausen, einige Kilometer östlich von Haag, ist bekannt durch das **Wasserschloss Würting**. Diese Renaissanceanlage stammt aus der Zeit um 1610 und geht auf das 9. Jahrhundert zurück. Sehr oft wechselte es in den 1000 Jahren seines Bestehens die Besitzer. Seit 1919 gehörte es dem Wiener Industriellen Wilhelm Gutmann, unter dem es ein Treffpunkt für Künstler und auch Politiker war. Angeblich schrieb Richard Coudenhove-Kalergi sein berühmtes Buch ›Paneuropa‹ auf Schloss Würting. Der Jude Gutmann musste 1938 aus Österreich fliehen, die NS-Gauleitung übernahm das Schloss, nach dem Krieg wechselten die Besitzer wieder mehrmals. Das Schloss ist nicht im besten Zustand und nur von außen zu besichtigen. Viele Sagen ranken sich um das Schloss und seine vielen Besitzer, auch eine gespenstische ›Schwarze Frau‹ soll in seinen Räumen spuken. Es lohnt, sich mit dem Schloss näher zu beschäftigen. Die Offenhausener **Pfarrkirche St. Stephan** (um 1680) wird oft als ›bedeutendste Marktkirche der Renaissance in Österreich‹ bezeichnet, wenngleich sie

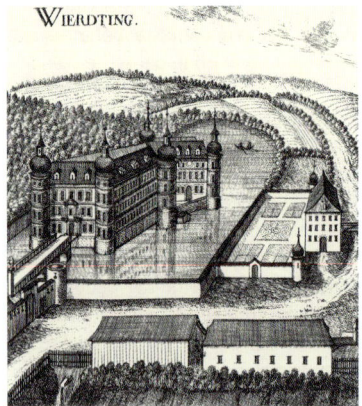

Und noch ein Stich von Georg Matthäus Vischer von 1674: Schloss Würting

im Inneren barockisiert ist. Viele Mitglieder der Besitzerfamilien von Schloss Würting sind hier beigesetzt. Der Hochaltar (1754) stammt von Bartolomeo Altomonte und zeigt die Steinigung des heiligen Stephanus. Am Marktplatz des Ortes gedenkt eine **Pestsäule** der Seuche von 1649.

Das nördliche Hausruckviertel

Stadtgemeinde Grieskirchen, 4710 Grieskirchen, Stadtplatz 9, Tel. 07248/62255-0. www.grieskirchen.at
Marktgemeindeamt, Rathausplatz 1, 4701 Bad Schallerbach, Tel. 07249/48555-0. www.bad-schallerbach.at
Tourismusregion Vitalwelt, Promenade 2, 4701 Bad Schallerbach, Tel. 07249/42071-0. Haag am Hausruck ist gemeinsam mit den Gemeinden Bad Schallerbach, Gallspach, Geboltskirchen, Grieskirchen und Wallern Mitglied dieser Tourismusregion. www.vitalwelt.at

Landgasthof Waldesruh, Traunsteinstr. 24, 4713 Gallspach, Tel. 07248/68566, p.P. im DZ 36 €. Mit Naturbadeanlage. www.gasthof-waldesruh.at
Gasthof Steiner, Lambacher Str. 1, 4680 Haag, Tel. 0699/19091878, p.P. im DZ 34 €. www.steinersgasthof.com

Tesla Museum, Geymannstraße 2, 4713 Gallspach, Tel. 07248/62351; geöffnet Mo–Do nur nach Voranmeldung unter 0732/245808 (Prof. Pichler).

Haager Heimatmuseum im Schloss Starhemberg, Starhemberg 1, 4680 Haag, Tel. 07732/2255 (Gemeinde) bzw. 3762; Mai–Okt. So 14–16 Uhr oder nach Vereinbarung.
www.pramtal-museumsstrasse.at
kinOptikum, Hauptstr. 15, 4673 Gaspoltshofen, Tel. 07735/6954 (Gemeinde); geöffnet nach Voranmeldung.
www.kinoptikum.at

Zoo Schmiding, Schmidinger Str. 5, 4631 Krenglbach, Tel. 07249/46272; tgl. 9–19 Uhr (Aquazoo 9–18 Uhr).
www.zooschmiding.at

Zeileis Gesundheitszentrum, Valentin-Zeileis-Str. 33, 4713 Gallspach, Tel. 07248/62351-0. www.zeileis.at

Piratenwelt Aquapulco im Eurothermen-Resort Bad Schallerbach, Promenade 1, 4701 Bad Schallerbach, Tel. 07249/440-0; So–Fr 9–22, Sa 9–24 Uhr. https://www.eurothermen.at/bad-schallerbach/therme-aquapulco

Das südliche Hausruckviertel

Man tut dem südlichen Teil des Hausruckviertels nicht unrecht, wenn man darauf hinweist, dass es weniger attraktive, lohnende Besichtigungspunkte aufweist als die meisten anderen Regionen Oberösterreichs. Sicherlich gibt es fast in jedem Ort ein kleines ›Schlösschen‹, doch präsentiert es sich meist sehr bescheiden. Eine gute Route, um diese Region zu erkunden, führt vom Kobernaußer-wald über Vöcklabruck nach Lambach.

■ Um den Kobernaußerwald

Östlich des Schwemmbachtals erstreckt sich das nur an den Rändern besiedelte und im Innern fast siedlungslose sowie in Privatbesitz befindliche Waldgebiet des Kobernaußerwaldes. Es bildet hier die kulturhistorische Grenze zwischen dem Inn- und dem Hausruckviertel.

Der Kobernaußerwald gehört zu den größten zusammenhängenden Waldgebieten Mitteleuropas, besitzt zwischen Mattighofen und Neukirchen a.d. Vöckla eine Ost-West-Ausdehnung von knapp

Der Aussichtsturm am Steiglberg

25 Kilometern und von Nord nach Süd eine von etwa 15 Kilometern. Der **Steiglberg** (767 m) ist seine höchste Erhebung. Wegen des überwiegenden Fichtenbewuchses wirkt er sehr monoton und lohnt trotz eines 70 Kilometer umfassenden Wanderwegnetzes weniger als andere Waldgebirge Oberösterreichs.

Mit dem Auto kann man auf der Straße Lohnsburg–Schneegattern durch den Wald zur **Kobernaußerwaldwarte** auf dem Steiglberg fahren, sie liegt direkt am Weg und bietet neben schöner Rundsicht auch eine gute Einkehrmöglichkeit. **Maria Schmolln** am Nordrand des Kobernaußerwaldes ist wegen seines wundertätigen Marienbilds ein Wallfahrtsort; die Kirche stammt von 1860. Das unweite **St. Johann am Walde** im Gemeinde-teil Klafterreith besitzt mit dem ›Beandhaus‹ ein kleines, aber interessantes **Bauernmuseum**.

■ Landgraben

Etwa sieben Kilometer westlich von Frankenmarkt, am westlichen Ortsrand von Pöndorf an der Straße Richtung Schneegattern, befinden sich Überreste des sogenannten Landgrabens (Ausschilderung/Hinweistafel), des jahrhundertelangen Grenzwalls zwischen Bayern und Österreich – das Innviertel gehörte bis 1779 zu Bayern.

■ Frankenmarkt

In Frankenmarkt lohnt ein Blick in die **Pfarrkirche St. Nikolaus**, die gegen 1520 entstand. Die Stuckdekorationen, die reizvolle Orgelempore und die Wappengrabsteine hinter dem Hochaltar sind sehenswert, besonders der von Erasmus Kunigwiser (gest. 1543), Pfarrer zur Bauzeit und vermutlicher Schöpfer der ebenfalls eindrucksvollen Fresken im Chor.

■ Vöcklamarkt

Ein prächtiger Bau ist das dreigeschossige frühbarocke **Schloss Walchen** im Vöcklamarkter Gemeindeteil Walchen. Es befindet sich in Privatbesitz und wird als Ort für Hochzeiten genutzt, beherbergt aber im Meierhof das **Kinderweltmuseum**, das auf reformpädagogischen Konzepten basiert (Spielzeug aus natürlichen Materialen, ökologische Konzepte, Spiegelkabinett, Montessori-Naturspielpark) – für Kinder ein besonderes Erlebnis. Schloss Walchen (mit schöner Bibliothek und zwei künstlerisch wertvollen Kapellen) kann besichtigt werden.

Turmrest ohne Burg: Walchen

In der Ortsmitte von Walchen steht der Turm der vormaligen **Burg Walchen**. Er ist etwa 800 Jahre alt, von der zugehörigen Burg ist nichts erhalten. Die spätgotische, später barockisierte **Pfarrkirche** wird wegen ihrer Größe mitunter auch ›Dom des Vöcklatals‹ genannt. Ihr Turm von 1722 reckt sich 75 Meter hoch. Der eindrucksvolle Hochaltar von 1684 und der bronzene Volksaltar von 2016 bilden ein markantes Ensemble.

■ **Neukirchen an der Vöckla**

Fast jeder in Österreich kennt Neukirchen an der Vöckla, denn im Gemeindeteil Zipf hat die über die Landesgrenzen hinaus bekannte **Brauerei Zipf** ihren Sitz. Das Zipfer zählt zu den beliebtesten und besten Bieren des Lands. Durchgehend von Januar bis November werden Brauereiführungen angeboten. Doch nicht nur Bierliebhaber, sondern auch Kinder kommen in Scharen nach Vöcklamarkt. Denn hier gibt es das **OBRA Kinderland**, ein Kinderparadies, in dem man klettern, rutschen, schaukeln, springen, balancieren und vieles andere mehr machen darf, ja soll.

■ **Gampern**

Keineswegs sollte man versäumen, in Gampern einen Stop zu machen. Die zweischiffige gotische **Pfarrkirche St. Remigius** besitzt einen wuchtigen Turm aus dem 16. Jahrhundert – der Spitzhelm ist jünger – und birgt im Inneren einen prachtvollen Flügelaltar, der als einer der größten in ganz Österreich gilt. Meister Lienhart Astl schuf ihn gegen 1500. Der geöffnete Schrein zeigt Maria als Himmelskönigin. Die sogenannte Piesdorfer Madonna in der Pfarrkirche stammt aus dem Jahr 1485.

■ **Frankenburg**

Zwar ist von der alten Verteidigungsveste der Frankenburg nichts mehr vorhanden, aber dafür besteht noch das **Renaissanceschloss** im Gemeindeteil Frein. Es befindet sich in Privatbesitz, in ihm sind die lokale Forstverwaltung und die **Heimatstube** untergebracht.

Auf dem **Göblberg** (801 m), dem Hausberg von Frankenburg und Ampflwang, steht ein hölzerner **Aussichtsturm** mit 210 Stufen, der prächtige Fernsichten bietet: vom Böhmerwald streift der Blick über den Ötscher bis zum Dachstein. Vom Parkplatz nahe Pehigen steigt man noch eine halbe Stunde zu Fuß auf.

Erwähnenswert ist das sogenannte ›Frankenburger Würfelspiel‹. Am 15. Mai 1625, während des Oberösterreichischen Bauernkriegs, ließ der bayerische Statthalter Adam Graf Herberstorff etwa 5000 Männer aus der Gegend um Frankenburg und Vöcklamarkt zwischen beiden Orten zusammentreiben, um über sie als angebliche Rebellen Gericht zu halten. Denn die Bayern hatten den protestantischen Innviertlern ständig ihre lutherischen Geistlichen abgesetzt und durch katholische ersetzt, was landauf und landab zu kleineren Aufständen geführt hatte. In der Folge dieser Aufstände kam es in Frankenburg anlässlich der erneuten Absetzung eines protestantischen Pfarrers zu einer größeren Erhebung. Bei dem erwähnten Gericht wurden 36 Rädelsführer zum Tode verurteilt. Die Hälfte von ihnen sollte begnadigt werden, und darum sollten die 36 jetzt würfeln. 16 Verlierer wurde gehängt, zwei begnadigt, ein weiterer angeblicher Rädelführer später noch gehenkt. Damit wurde das ›Frankenburger Würfelspiel‹ zum Auslöser des großen Bauernaufstands vom Mai 1626 – keineswegs hatte der bayerische Statthalter den Willen der Innviertler brechen können. Seit 1925 wird dieses Ereignis alle zwei Jahre von 400 Laiendarstellern nachgespielt, darunter Nachfahren der Verurteilten von damals.

Ampflwang

In Ampflwang bestand vom 18. Jahrhundert bis 1995 ein reger Braunkohlebergbau, betrieben von der Wolfsegg-Traunthaler-Kohlenwerk AG. Vor etwa 17 Millionen Jahren verlandete hier ein Meer, durch Einschwemmung von Flussgeröllen, die aus den sich gerade auffaltenden Alpen herabtransportiert wurden. Zehn Millionen Jahre später gedieh im sumpfigen ufernahen Milieu dieses Restmeers ein Zypressenwald, der jedoch wegen der Auffüllung des flachen Restmeerbeckens bald unter dem Geschiebe verschwand. Erosion und Gletschertransport zerschürften in geologisch jüngster Zeit die bis zu 200 Meter mächtige Schotterdecke. Was an den Rändern übrig blieb, erschien nun gegenüber der ausgeschürften Talkerbe als Höhenzug – der Hausruck war entstanden. Die Urzeitbäume oder vielmehr deren organische Substanz war durch den Druck der auflagernden Schotter inkohlt, also über die Torfphase zu Braunkohle umgewandelt.

Seit Jahren schon ist Ampflwang ein Paradies für Reitsportler und nennt sich stolz ›Ort der 607 Pferde‹. Reitsportfreunde finden hier unter anderem fünf Reithallen, Sandreitbahnen und im nahen Hausruckwald 420 Kilometer Reitwege.

Das Ampflwanger Eisenbahnmuseum, der **Lokpark Ampflwang**, präsentiert eine umfangreiche Kollektion historischer Lokomotiven, eine Museumseisenbahn fährt auf der Trasse der ehemaligen Kohlenbahn – die ganze Anlage ist für junge und alte Eisenbahnfreunde ein Erlebnis. Sehenswert ist die spätgotische **Pfarrkirche** mit frühbarockem Turm im nahen **Zell am Pettenfirst**. Ihr Hochaltar ist ein Werk Thomas Schwanthalers, sehenswert auch die kunstvolle Südvorhalle mit Portal.

Ein Schätzchen im Lokpark

Ottnang

Ottnang ist namensgebend für das Ottnangium, ein Zeitabschnitt des Miozäns (Tertiär). Es dauerte von vor 18 Millionen Jahren bis etwa vor 16 Millionen Jahren. (→ S. 23). Zu jener Zeit war die Hausruckregion der Meeresboden eines den sich auffaltenden Alpen vorgelagerten Meeres (Molassemeer). Die Typlokalität bei Wolfsegg ist als Naturdenkmal und Geotop ausgewiesen, ein **Lehrpfad** erläutert die geologischen Verhältnisse. Der Zugang erfolgt vom Parkplatz oberhalb der Haarnadelkurve an der Straße Ottnang–Wolfsegg.

Timelkam

Sehr reizvoll anzusehen ist **Schloss Neuwartenburg**, oberhalb der Vöckla östlich des Ortes Timelkam gelegen. Es wurde um 1690 erbaut, befindet sich in Privatbesitz und kann nicht besichtigt werden. Von der oberhalb gelegenen mittelalterlichen **Burg Altwartenburg** ist ein pittoresker Turmrest erhalten, die Burg wurde im 18. Jahrhundert nach dem Bau des Schlosses Neuwartenburg angebrochen. Hübsch ist auch der 23 Meter hohe **Timelkamer Marktturm** von 1609, der auch als Mautturm diente.

Das südliche Hausruckviertel

■ Vöcklabruck

Die Vöckla, die nahe des Mondsees entspringt, mündet nach 47 Kilometern Länge bei Vöcklabruck in die Ager. Diese ist ein Abfluss des Attersees und entwässert den ganzen Norden des Salzkammerguts. Um die Mündung der beiden besteht ein größeres breites Senkungsgebiet, das wie die ganze Region entlang des Unterlaufs der Ager deutlich industrialisiert ist.

Die Stadt Vöcklabruck, mit über 12 000 Einwohnern die größte des Hausruckviertels, nennt sich voll Selbstbewusstsein ›Tor zum Salzkammergut‹. Sie liegt tatsächlich nur wenige Kilometer vom Attersee entfernt, aber es herrscht in ihr doch eine ganz andere Atmosphäre als in der Kaiser-Künstler-Landschaft des Salzkammerguts. Seitens der Tourismusverbände gehört Vöcklabruck jedoch dazu.

Man darf es ruhig als bautechnischgeschichtliche Bedeutsamkeit bezeichnen: 1893 wurde in der Vöcklabrucker Firma Hatschek in einer Mischung aus Zement und Asbest der Werkstoff Faserzement erfunden, der sich durch Unbrennbarkeit, Wasserabweisung, niedriges Gewicht und als Wärmeisolator auszeichnete. Unter dem Markennamen ›Eternit‹ (=ewig haltbares Material) war es bis in die 1970er Jahre ein viel verwendeter und billiger Baustoff, vor allem für Dachabdeckungen.

In Vöcklabruck und Umgebung entstanden zwischen 2004 und 2008 zahlreiche Folgen der Serie ›Vier Frauen und ein Todesfall‹ – die heiter-grotesken Erlebnisse von vier Hobbydetektivinnen.

Sehr sehenswert sind in der Stadtmitte die **Stadttürme** mit ihren Fresken (um

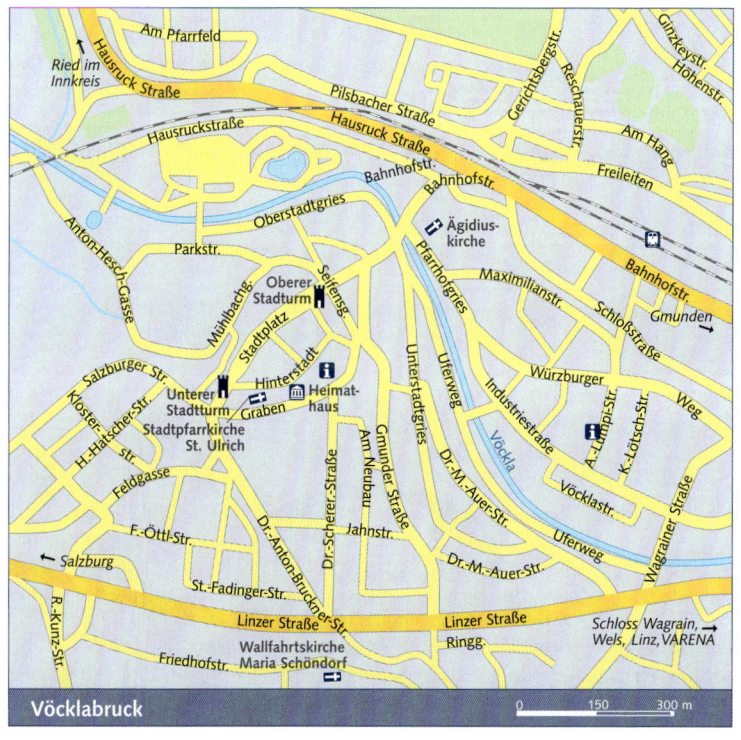

Das Stadttor in Schwanenstadt

1500), die der Tiroler Meister Jörg Kölderer schuf. Im unteren Stadtturm gibt es eine **Ausstellung** zur Stadtgeschichte, auch lohnt der Besuch der Aussichtsplattform in 27 Metern Höhe; der Zutritt ist nach Voranmeldung beim Tourismusbüro möglich. Das Haus Stadtplatz 15–17 beherbergt ein unkonventionelles kleines **Museum** zum Thema ›Triebwerke‹. Die barocke **Ägidiuskirche** am linken Vöcklaufer schuf Carlo Antonio Carlone 1691. Die gotische und im Inneren barocke **Stadtpfarrkirche St. Ulrich** ist nicht weniger sehenswert. Vöcklabrucks älteste Kirche, die **Wallfahrtskirche Maria Schöndorf** an der Friedhofstraße im Gemeindeteil Schöndorf, geht auf das 9. Jahrhundert zurück. Sie besitzt ein ganz ungewöhnliches, stilistisch etwas uneinheitliches Aussehen, vor allem weil der Westturm (um 1500) unvollendet blieb. Der zweijochige gotische Chor schafft eine hübsche Raumwirkung, das Innere ist stark barockisiert.

Schloss Wagrain, ein mehrmals veränderter Renaissancebau am Ostrand der Stadt und heute Sitz eines Bundesrealgymnasiums, ist nicht zugänglich. Das **Heimatmuseum** (Hinterstadt 18) mit seinen volkskundlichen Sammlungen und Bauernstuben sowie dem Bruckner-Gedenkraum lohnt einen Besuch.

Der Vollständigkeit halber soll erwähnt sein, dass sich mit dem **Shopping Center VARENA** das – nach Angaben des Managements – wichtigste Einkaufszentrum zwischen Salzburg und Wien in Vöcklabruck befindet.

■ Attnang-Puchheim

Schloss Puchheim geht auf eine 1585 abgebrannte mittelalterliche Veste zurück. Die Besitzerfamilie Polheim ließ danach ein vierflügeliges Schloss im Renaissancestil errichten. Nach wechselnden Besitzverhältnisse kamen 1851 Mitglieder des Ordens der Redemptoristen nach Puchheim, und in ihrem Besitz ist das Schloss heute noch. Sie ließen 1890 eine fünfschiffige Kirche im Pseudobarock an einen der Flügel anbauen, ein in ihr befindliches Gnadenbild ließ sie zur Wallfahrtskirche werden. Wer den Nazarenerstil schätzt, kann sich an den 90 Wand- und Deckengemälden erfreuen, die der Mönch Max Schmalzl (1850–1930) entworfen hat.

■ Schwanenstadt

Weiter agerabwärts von Attnang-Puchheim wird Schwanenstadt erreicht. An seiner Stelle befand sich schon im ersten vorchristlichen Jahrtausend die Keltensiedlung Tergolape. Im 8. Jahrhundert wird eine Siedlung Suanaseo genannt, 1351 ein Marktflecken Schwans erwähnt und 1627 ein Ort Schwanenstadt mit Stadtrechten.

Sehenswert sind die neugotische **Pfarrkirche** von 1902 mit ihrem 78 Meter hohen Turm wie auch das **Stadttor**, dessen Umbau 1909 man als stilistisch nicht ganz gelungen bezeichnen darf. Nördlich des Ortskerns, jenseits der Bahnlinie, liegt die **Kalvarienbergkirche** (Philippsbergkirche) mit ihrer höchst sehenswerten beweglichen Fastenzeitkrippe aus der Zeit um 1720. Die Kirche kann allerdings nur zu Gründonnerstag, Karfreitag und Karsamstag besichtigt werden.

■ Lambach

Bei Lambach fließt die Ager in die Traun. Der 153 Kilometer lange Fluss entspringt auf steirischem Gebiet unterhalb des Toten Gebirges am Kammersee östlich von Bad Aussee als Grundlseer Traun, wechselt mehrmals seinen Namen, durchfließt den Hallstätter See, passiert Bad Ischl, durchquert den Traunsee, fließt hinter Gmunden nordwärts an Wels vorbei, südlich um Linz herum und mündet schließlich unweit der voestalpin-Werke in die Donau. Die breite Traunebene um Lambach ist reich an Mooren und Niederungsgebieten, die meist unter Naturschutz stehen. Die Gebiete östlich der Traun bis zur niederösterreichischen Landesgrenze und zu den steirischen Eisenwurzen gehören zum historischen Traunviertel.

Lambachs Hauptsehenswürdigkeit ist das **Benediktinerstift**. Bischof Adalbero von Würzburg, der letzte Abkömmling der Grafen von Lambach-Wels, gründete es 1056. Vermutlich wurde dabei die Stammburg der Familie zum Kloster umgebaut. 1089 konnte Adalbero noch die Vollendung der ersten Klosterkirche erleben und Mönche nach Melk, das gerade gegründet war, entsenden. Er starb 1090, sein Grab wird heute noch viel besucht. Um 1150 war Stift Lambach ein Zentrum des geistigen Lebens im östlichen Voralpenraum. Im Barock wurde die mittelalterliche Anlage umgebaut und vergrößert, in der zweiten Hälfte des 20. Jahrhunderts erfolgten weitere Um- und Neubauten. Heute ist Lambach eine der beeindruckendsten Stifte ganz Österreichs.

Die Stiftskirche entstand um 1440 in Nachfolge des Adalbero-Baus, von dem allerdings Bauteile übernommen wurde. Gegen 1660 war eine komplette Barockisierung abgeschlossen. Sehenswert sind der mächtige Hochaltar von 1717, die grandiosen romanischen Fresken – Thema: thronende Gottesmutter mit Kind – aus dem ersten Bau in der Kuppel des Westwerks. Sie wurden im Laufe der Zeit sehr beschädigt und übermalt und sind erst 1956 freigelegt worden. Die Fresken gelten im Voralpenraum als die ältesten überhaupt. Im Stift selbst ist die 60 000 Bände umfassende Bibliothek sehr sehenswert, genau wie das

Romanische Fresken in der Stiftskirche Lambach

Leserad von 1730, weiterhin existiert ein Notenarchiv mit teils noch unentdeckten Schätzen barocker Tonsetzer. Besonders wertvoll ist hier Mozarts Originalhandschrift seiner 1766 als Zehnjähriger für das Stift verfassten ›Lambacher Symphonie‹ (KV 45a). Im Stift gibt es auch ungewöhnlicherweise eine Stiftsbühne, erbaut um 1770 im Geiste der benediktinischen Theatertradition. Denn bei den Benediktinern gehörten Aufführungen geistlicher und moralisch erbaulicher Stücke zum klösterlichen Leben. Die Lambacher Stiftsbühne ist im Original noch bespielbar. Derzeit leben 20 aktive Benediktinermönche im Stift, das Forst-, Fisch- und Wasserwirtschaft sowie einen Stiftskeller betreibt.

In Lambach lohnt am Hauptplatz ein Blick auf den **Musketenzaum** am Rathaus, errichtet aus Gewehrläufen aus den napoleonischen Kriegen. Hier fand am 31. Oktober 1805 ein kleines Scharmützel statt, bei dem die Franzosen ein verbündetes österreichisch-russisches Heer besiegten, gleichsam eine Vorwegnahme der Schlacht von Austerlitz. Überhaupt gibt es hier einige hübsche barocke und klassizistische Bürgerhäuser.

Die Wallfahrtskirche in Stadl-Paura

■ Stadl-Paura

Kaum besucht, kaum bekannt – und doch besitzt Stadl-Paura eine der bestaunenswertesten **Wallfahrtskirchen** Österreichs. Der Ort hat seinen Namen von den Salzstadeln, die hier schon im 13. Jahrhundert existierten. Denn wegen des damaligen für größere Schiffe unpassierbaren Traunfalls – seit 1611 besteht er nicht mehr als Hindernis – musste das auf Schiffen hier vorbei transportierte Salz umgeladen werden. Und als Stapelplatz kam Paura schnell zu Wohlstand. Johann Michael Prunner erbaute von 1714 bis 1724 die Wallfahrtskirche. Als 1713 eine Pest den Ort bedrohte, gelobte der Abt des nahen Stifts Lambach, Maximilian Pagl, den Bau eines neuen Gotteshauses, sollte die Seuche die Gegend verschonen. Die Kirche, die der Heiligen Dreifaltigkeit geweiht ist, wird in ihrer Architektur von der Dreizahl beherrscht. Sie ist dreiseitig, hat drei Apsiden, drei Türme, drei Orgeln und drei Portale, aber eine vereinigende Raumkuppel. Alle drei Altäre werden während des Jahreslaufs nacheinander genutzt, und damit wechseln auch das Eingangsportal und die Blickrichtung der Gemeinde.

■ Bad Wimsbach-Neydharting

Südlich von Lambach, in der Niederung zwischen Traun und Alm, liegt das viel besuchte Moorbad Wimsbach-Neydharting. Schon im 11. Jahrhundert war die Heilkraft des Neydhartinger Moors bekannt. Wimsbach ist besonders auf den großen Arzt Paracelsus stolz, der hier 1525 tätig war. Johannes Kepler und Napoleon nutzten die Heilwirkung des Neydhartinger Moors. Kulturhistorisch interessant ist die Heraldik des Ortswappens: Ein Badezuber bezieht sich auf den Kurbetrieb, ein dem Zuber eingezeichnetes Pentagramm soll als altes Heilszeichen Dämonen und Unheil abwehren. Balken und Federbüsche rühren aus dem Wappen der Familie Aspan, die bis 1645 die Herren von Wimsbach und Neydharting war.

Das **Moorbadehaus** im Kurviertel, zwei Kilometer außerhalb der Ortsmitte, präsentiert sich als sehenswertes Jugendstilgebäude. Sehenswert ist auch die Wimsbacher **Pfarrkirche St. Stephan** von Carlo Antonio Carlone und der zugehörige **Kreuzweg**, der ungewöhnlicherweise gegen den Uhrzeigersinn angelegt ist. Von der Kirche führt eine prächtige, über 300 Meter lange **Kastanienallee** nordwärts bis Urharting, sie gilt als eine der längsten ihrer Art weltweit. Sie gehörte einst zum Schlosspark. Nur wenige hundert Meter westlich der Kirche liegt **Schloss Wimsbach**. Es befindet sich in Privatbesitz, der Park ist aber für die Öffentlichkeit zugänglich. Das Schloss wurde im Bauernkrieg 1626 niedergebrannt, dann im Stil der Renaissance mit frühbarocken Elementen wieder aufgebaut.

Der Alpenblick in Kösslwang, drei Kilometer südlich, ist berühmt.

> **Das südliche Hausruckviertel**
>
> **Tourismusverband Vöcklabruck**, Graben 8, 4840 Vöcklabruck, Tel. 07672/26644. www.voecklabruck.info
>
> **Heimathaus Beandhaus** (Bauernmuseum), Geiserseck 1, 5242 St. Johann a. W., Tel. 07743/860013; Mai- Anf. Okt So 14-17 Uhr oder nach Vereinbarung. www.saigahans.at
>
> **Kinderwelt Schloss Walchen**, Walchen 3, 4870 Vöcklamarkt, Tel. 07682/624612. Leben der Kinder in verschiedenen Zeiten und sozialen Milieus. Als Museum ein besonderes Gesamtkunstwerk. Zu den Öffnungszeiten: http://schlosswalchen.wixsite.com/kinderwelt-walchen
>
> **Heimathaus**, Hinterstadt 18, 4840 Vöcklabruck, Tel. 0676/84106699 und 07672/25249; Mai-Sept. Mi und Sa 10-12 Uhr, Okt.-Apr. nur Mi 10-12 Uhr. Große volkskundliche Sammlungen, bäuerliches und bürgerliches Leben, Pfahlbauten, Bruckner-Gedenkzimmer. www.voecklabruck.at/kunst-kultur/heimathaus-voecklabruck
>
> **Lokpark Ampflwang mit Museumseisenbahn**, Bahnhofstr. 29, 4843 Ampflwang, Tel. 0664/5087664; Mai-Anf. Okt. Sa/So 14-17 Uhr. Die Nostalgiezüge fahren Juli-Mitte September jeweils So. Historische Drehscheibe, Lokschuppen, viele historische Lokomotiven. Für Kinder und erwachsene Eisenbahnfreunde unverzichtbar. www.oegeg.at
>
> **Stift Lambach**, Jubiläumsplatz 2, 4650 Lambach, Tel. 07245/21710 bzw. 21710-334; die Dauerausstellungen (u.a. Geschichte des Mönchtums) sind Ostersonntag-Ende Okt. Mo-Fr 9-12 und 13-16 zugänglich. Führungen (Fresken, Bibliothek, Theater) Mai-Okt. tgl. 14 Uhr. www.stift-lambach.at
>
> Alles Infos zu den entsprechenden Einrichtungen: www.reiterdorf-ampflwang.at
>
> **OBRA Kinderland**, Kirchenplatz 5, 4872 Neukirchen an der Vöckla, Tel. 07682/71056, tgl. 10-18 Uhr, mit Ausnahme von Schlechtwetter. Aktuelle Öffnungszeiten auf der Webseite. Großes Kinderspielparadies mit Wasserrutsche. www.obrakinderland.at
>
> **Shopping Center VARENA**, Linzer Str. 50, 4850 Vöcklabruck, Tel. 07672/20000; Mo-Fr 9-19, Sa 9-20 Uhr. www.varena.at
>
> **Brauerei Zipf**, 4871 Zipf Nr. 22. Führungen und Verkostungen nach Voranmeldung unter der Tel. 07682/3600-5341 oder per E-Mail an Frau Natalia Schwarz (n.schwarz@brauunion.com). www.zipfer.at

Der Oberösterreichische Zentralraum

Das vierte der oberösterreichischen Viertel ist das Traunviertel, das heute aber weder verwaltungstechnisch noch in touristischer Form bei den Tourismusverbänden existiert. Es umfasste alles Gebiete östlich der Traun hin zur niederösterreichischen und steirischen Landesgrenze. Die nördlichste Region des Traunviertels um Wels und Linz bis hin nach Steyr, seit einigen Jahrzehnten ›Oberösterreichischer Zentralraum‹ genannt, ist Oberösterreichs größtes Ballungsgebiet, sein industrielles Herz. Hier lebt mit fast 600 000 Personen etwa ein Drittel des Gesamtbevölkerung des Landes. Der ›Zentralraum‹ gilt als eine der wirtschaftsstärksten Kleinregionen ganz Europas. Trotzdem wirkt die Region nicht als industrieller Moloch, da die Verdichtung nur auf Einzelpunkte beschränkt ist, Linz selbst keine Megalopolis darstellt und überall innerhalb des Zentralraums nach nur wenigen Kilometern innerhalb und außerhalb liegendes ländliches Gebiet erreicht ist. Zum Zentralraum zählt man auch den nordöstlichen Teil des Hausruckviertels um Eferding und Grieskirchen.

Da diese Regionen aus geographisch-touristischen Gründen genau wie Linz schon in den Abschnitten ›Entlang der Donau‹ und ›Die Mitte des Innviertels‹ behandelt wurden und Steyr im Abschnitt Ennstal-Eisenwurzen-Nationalpark Kalkalpen seine Darstellung erfährt, sollen im Folgenden nur die Regionen um die Traun zwischen Wels, Marchtrenk, Traun und Ansfelden vorgestellt werden.

Wels

Mit 61 000 Bewohnern ist Wels Oberösterreichs zweitgrößte Stadt. Sie liegt innerhalb der Welser Heide, einer breiten linksseitigen Terrasse (Schotterschwemmebene) der Traun, die schon vor der letzten Eiszeit erodiertes Material der Alpen herantrug. Abgelagert wurden auch Löss, Lehm und Schlick, was die Welser Heide zu einem sehr fruchtbaren Gebiet machte. Sie ist seit 6000 Jahren besiedelt. Wels ist heute ein bedeutender Industriestandort und die zweitwichtigste Messestadt Österreichs. Berühmt ist auch der Welser Adventsmarkt, eine der reizvollsten Veranstaltungen seiner Art.

■ **Stadtgeschichte**

Zur Römerzeit existierte hier der kleine Militärstützpunkt Ovilava, der bis um das Jahr 200 zu einer der größten Orte im Voralpenland anwuchs und wegen der Gefahr von Alemannenangriffen mit einer Mauer und Türmen umgeben war. Unter Kaiser Diokletian war Wels Hauptstadt der Provinz Ufernoricum (Noricum ripense), womit alle römischen Gebiete nördlich der Alpen bezeichnet wurden. Mit dem Niedergang des Römischen Reichs ab etwa dem Jahr 400 wurde auch Ovilava wieder unbedeutend. Mit dem 6. Jahrhundert kamen die Baiern (Bajuwaren) ins Land. Es wurde agilolfingischer Besitz, im 9. Jahrhundert karolingisch. Um 1000 befand sich das südliche Oberösterreich mit Wels im Besitz der Traungauer, ein Erbvertrag übereignete es 1192 an die Babenberger, im 14. Jahrhundert wurde es habsburgisch. Markt- und Handelsrechte, vor allem das Stapelrecht, brachten Wohlstand in die Stadt. Kaiser Maximilian I. liebte Wels fast so sehr wie Innsbruck – er hatte nahe von Wels ein Jagdschloss – und besuchte die Stadt sehr oft, auch gab er ihr viele Privilegien. Maximilian starb auch in Wels, auf der Rückreise von seinem letzten Aufenthalt in Innsbruck zum Landtag nach Linz am 12. Januar 1519

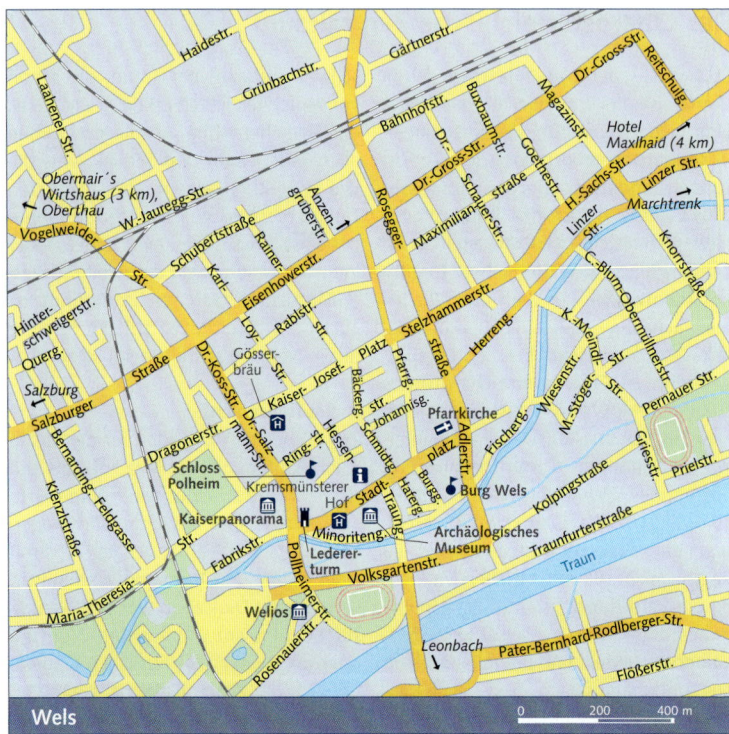

auf der Welser Burg. Beigesetzt wurde er in Wiener Neustadt.

Wels wurde im Bauernkrieg 1626 niedergebrannt, konnte wegen des neu entstandenen Eisenhandels und der Eisenproduktion bald wieder an den früheren Wohlstand anknüpfen: einer der Handelswege aus den steirischen Eisenwurzen zur Donau hin berührte auch Wels. Der Dreißigjährige Krieg verschonte die Stadt großteils, dafür wurde sie von Pestwellen gleich mehrmals heimgesucht.

Im 18. Jahrhundert ging der Eisenhandel zurück, dafür nahm das Braugewerbe einen deutlichen Aufschwung. Der wurde etwa 100 Jahre später durch den Bau der Pferdeeisenbahn Budweis–Linz, später weitergeführt nach Gmunden, verstärkt. Wels war direkt in die österreichische Industrialierung eingebunden, die schon in den letzten Jahren Maria Theresias einsetzte. 1860 wurde Wels an die Westbahn Wien–Salzburg angebunden, womit sich seine Infrastruktur weiter verbesserte. In der NS-Zeit bestanden in Wels mehrere Gefangenenlager, im nahen Gunskirchen bestand eine Außenstelle des Konzentrationslagers Mauthausen. Noch über 1000 seiner Insassen starben nach der Befreiung an den Folgen der Lagerhaft. Elf alliierte Luftangriffe zerstörten gut ein Viertel der Stadt. Heute finden in der Industriestadt Wels 40 000 Beschäftigte in 4000 Betrieben Arbeit, gut 23 000 davon pendeln regelmäßig in die Stadt hinein. Aus Wels stammt der auch in Deutschland bekannte ›SOKO 5113‹ Schauspieler Werner Kreindl (1927–2001).

■ Sehenswürdigkeiten

Wels ist kein klassischer Touristenort: Trotz seiner Bedeutung in der Geschichte Österreichs gibt es keine große Zahl von Sehenswürdigkeiten. Die meisten auswärtigen Besucher kommen daher nur zu den Welser Messen. Ein großer Teil der historischen Bebauung ist Stadtbränden zum Opfer gefallen, auch wurde im 19. Jahrhundert, um den gestiegenen Anforderungen von Straßen- und Hausbau zu entsprechen, viele historische Gebäude abgerissen.

Von der alten Stadtbefestigung ist nur der **Ledererturm** übrig geblieben. Der mittelalterliche Turm erhielt sein heutiges Aussehen um 1620, wobei das Dach aus dem 18. Jahrhundert stammt. Heute gilt er als Wahrzeichen der Stadt.

Die eher bescheiden wirkende **Burg Wels** ging gegen 1515 durch Umbauten aus der alten Stadtburg hervor, die seit dem 8. Jahrhundert als Schutz des Traunübergangs bestand. Sie kam aus dem Habsburgerbesitz 1653 an die Familie von Auersperg und gegen Ende des 19. Jahrhundert in den Besitz eines vermögenden Welser Margarinefabrikanten, der in ihr auch produzierte. Kaiser Maximilian verstarb im Januar 1519 auf der Burg. Sie ist zur Zeit lokales Kulturzentrum und beherbergt mehrere kleine **Museen**.

Zu den schönsten Welser Bürgerhäusern gehört das sogenannte **Hoffmannsche Freihaus** gegenüber der Pfarrkirche (Stadtplatz 24). In seinem Mauerwerk geht es auf das 13. Jahrhundert zurück. Überhaupt gibt es am **Stadtplatz** eine Fülle von Bürgerhäusern mit unzähligen kulturhistorischen Baudetails. Fast alle besitzen im Innern kleine Arkadenhöfe. Stadtplatz 52 hat eine schöne Rokokofassade, Stadtplatz 62 ist der Kremsmünstererhof, einst ein Handelshaus des späten 15. Jahrhunderts, das im 17. Jahrhundert in den Besitz des Stifts Kremsmünster kam und dann eine spätbarocke Fassade erhielt. Das Wappen des Stifts befindet sich über dem Portal. Das ehemalige Minoritenkloster (Minoritengasse 1) ist heute **archäologisches Museum**. Von der frühgotischen **Klosterkirche** ist noch der Chor erhalten. Das Kloster erhielt seine heutige Form im 17. und 19. Jahrhundert, nach der Aufhebung 1785 diente es ausschließlich profanen Zwecken, heute ist es ein Ort verschiedener Konzertveranstaltungen.

Das **Schloss Polheim** (Ringstraße bzw. Freiung 14) entstand im 14. Jahrhundert durch den Zusammenbau mehrerer älterer Bürgerhäuser. Es gehörte jahrhundertelang zur Befestigungsanlage der Stadt und war durch Gräben und Zugbrücken

Burg Wels

besonders gesichert. Sein Turm ist noch gotisch, die Schlosstrakte wurden in der Renaissance umgebaut, ein weiterer Flügel wurde vollständig umgebaut und ist kaum noch als solcher erkennbar. Die Schlosskapelle von 1519 ist im Innenhof noch existent. Seit Ende des 17. Jahrhunderts ist es im Besitz von Welser Bürgerfamilien. Heute dient das Schloss als Wohnhaus und Musikschule. Neben dem Portal an der Nordseite gedenkt eine Tafel dem großen Nürnberger Schuhmacher und Poeten Hans Sachs (1494–1576), der hier 1513 als Schusterlehrling lebte und die Meistersingerkunst in Wels belebt hat. Die Polheimer waren eine der ältesten oberösterreichischen Adelsfamilien. Sie waren seit dem 11. Jahrhundert im Land ansässig, starben 1909 aber aus.

Vom Wasser umspielt: Schloss Traun

Die gotische **Pfarrkirche** zeigt noch einige ältere romanische Bauelemente, im Inneren gibt es einige Grabmale der Welser Patrizierfamilie Polheim. Sehenswert sind die farbigen Kirchenfenster besonders des Chors. An dieser Stelle stand schon im 9. Jahrhundert eine Holzkirche. An der Ecke Schmidtgasse/Stadtplatz steht eine Nachbildung der **Welser Metzen**, ein 75 Liter fassendes Getreidemaß. Lohnend besonders für Kinder ist das interaktive, höchst eindrucksvolle **naturwissenschaftliche Museum Welios** (Weliosplatz 1).

In **Marchtrenk** siedelten sich nach dem Zweiten Weltkrieg wie in anderen Gemeinden Oberösterreichs viele heimatvertriebene Donauschwaben und Siebenbürgener an, womit der Protestantenanteil in dieser Gegend stark anstieg und eine eigene evangelische Kirche errichtet werden musste. Als Kuriosum sei erwähnt, dass 1702 auf Anweisung des örtlichen Richters in Marchtrenk eine hölzerne große Wiege angefertigt wurde. Sie sollte dazu dienen, prozessierende zänkische Eheleute in launiger Weise zu bestrafen: die Streitenden wurden wie Babys gewickelt und zur Erbauung der Ortsbewohner öffentlich gewiegt und beruhigt. Die Originalwiege befindet sich heute im Schlossmuseum von Linz. Die gotische Leonhardskirche unweit von **Pucking,** im Gemeindeteil St. Leonhard – jenseits der Autobahn – gelegen, weist sehenswerte Fresken aus der Mitte des 15. Jahrhunderts auf.

■ **Traun**

Traun, die fünftgrößte Stadt Oberösterreichs (24 300 Bewohner), ist wegen der guten Verkehrsanbindung zur Landeshauptstadt Linz und wegen der Nähe zu unberührteren ländlichen Gegenden ein beliebter Wohnort geworden. Die Trauner Messe und die Trauner Kulturtage locken viele Besucher an, im Sommer gibt es regelmäßig Open-Air-Rockkonzerte auf dem Hauptplatz. Die neu errichtete ›Spinnerei‹ neben dem Schloss bietet ganzjährig Kleinkunst und Konzerte an (spinnerei.kulturpark.at). In Traun kam Josef Pühringer (geb. 1949) zur Welt, der von 1995 bis 2017 als Landeshauptmann von Oberösterreich amtierte.

Das dreigeschossige **Trauner Schloss**, einst mittelalterliche Wasserburg, erhielt sein heutiges Aussehen mit den kleinen Ecktürmchen um 1570. Durch mehrmaligen Besitzwechsel und mangelnde Pflege begann es seit 1820 zu verfallen. Ein 1944 abgeschossenes amerikanisches Flugzeug stürzte direkt auf das Schloss, was weitere große Schäden mit sich brachte; einer der Türme wurde dabei völlig zerstört. Heute ist es als ›Kulturschloss Traun‹ Veranstaltungsort (schloss.kulturpark.at), in den Nebengebäuden befindet sich das lokale **Heimatmuseum**. Eine Besichtigung des Äußeren und des kleinen Parks lohnt in jedem Fall.

■ **Ansfelden**
Als Geburtsort Anton Bruckners, der hier am 4. September 1824 zur Welt kam, wird die 16 000-Einwohner-Stadt Ansfelden von den Brucknerianern aus aller Welt viel besucht. Bruckners Geburtshaus, in dem er bis 1837 lebte, bis zum Tod seines Vaters, ist **Gedenkstätte**. Ein 1996 eröffnetes Anton Bruckner Centrum (ABC) ist Veranstaltungszentrum, doch wird hier nicht nur Brucknersches dargeboten. Ein **Sinfonie-Wanderweg** führt vom Geburtshaus hinüber nach St. Florian. Diesen Weg ging Bruckner sicher oft, als er ab 1837 Sängerknabe in St. Florian war.

 Wels und Zentralraum

Tourismusinformation Wels, Stadtplatz 44, 4600 Wels, Tel. 07242/67722-22. www.wels.at bzw. www.wels-info.at
Stadtmarketing Traun, Heinrich-Gruber-Str. 50, 4050 Traun, Tel. 07229/23828. www.stadtmarketing-traun.at

Stadtmuseum Wels, mehrere Standorte (Archäologische Sammlung, Kaiserpanorama, Burg Wels); Di–Fr 10–17, Sa 14–17, So 10–16 Uhr. www.wels.at
Archäologische Sammlung, Stadtplatz 67 (im ehemaligen Minoritenkloster), 4600 Wels, Tel. 07242/2351346. www.ooemuseen.at
Burg Wels (mit Museum der Heimatvertriebenen und Gebäckmuseum), Burggasse 13, 4600 Wels, Tel. 07242/2357350. www.wels.gv.at
Kaiserpanorama, Pollheimerstr. 17, Tel. 07242/2357350; nur So 14–18 Uhr. Originales stereoskopisches Rundpanorama von 1903, kolorierte Stereofotografien ermöglichen ein dreidimensionales Sehen.
Anton-Bruckner-Museum, Augustinerstraße 3, 4052 Ansfelden, Tel. 07229/87128-12 (Pfarre Ansfelden); April–Ende Okt. Fr 9–12, Sa/So 10–17 Uhr. Gezeigt werden u.a. der originale Hut, der Dirigentenstab und anderes aus des großen Meisters Besitz. www.landesmuseum.at
Welios, Weliosplatz 1, 4600 Wels, Tel. 07242/908200; Mo–So 10–18 Uhr. Eindrucksvolles naturwissenschaftlich-technisches, dabei interaktives Museum für Kinder und Jugendliche. www.welios.at

Hotel Gösserbräu, Kaiser-Josef-Platz 27, 4600 Wels, Tel. 07242/60460, p. P. im DZ 55 € (zu Messezeiten abweichend). Traditionshaus aus dem 16. Jahrhundert. www.goesserbraeu.at
Amedia Plaza Kremsmünsterer Hof, Stadtplatz 62, 4600 Wels, Tel. 07242/46623, p. P. im DZ 42 €. Hotel in schönem Rokokogebäude, zentral, ruhig, Preis-Leistungs-Verhältnis bestens.
www.kremsmuensterhof.at
Hotel Gasthof Maxlhaid, Maxlhaid 9, 4600 Wels, Tel. 07242/46716, p. P. im DZ 50–90 € (tagesaktuelle Preise). Vier-Sterne-Hotel und Gasthof, modern und gleichzeitig traditionell.
www.maxlhaid.at
Obermair´s Wirtshaus, Wimpassinger Str. 100, 4600 Wels, Tel. 07242/45689. Vielbesucht, rustikal, Reservierung manchmal erforderlich.
www.gasthaus-obermair.at

Wohl kein anderer Fleck auf Erden, ausgenommen der Süden Frankreichs, zieht seit über zwei Jahrhunderten Persönlichkeiten so magnetisch an wie das Salzkammergut. Kaiser und Maler, Musiker und Musen begaben sich hierher zur Sommerfrische. Und kaum eine andere Landschaft mit ihren Menschen ist so typisch österreichisch wie das Salzkammergut.

St. Wolfgang

DAS OBERÖSTERREICHISCHE SALZKAMMERGUT

Salz

Bei der Bildung von Ablagerungsgesteinen (sedimentäre Gesteine), von denen Sandstein, Ton oder Kalkstein die häufigsten sind, braucht die Ablagerung kein bloßer mechanischer Vorgang zu sein. Sie kann ebenso durch Ausfällung von in Meerwasser oder auch Süß- und Grundwasser gelöstem Material erfolgen, wie es unter anderem bei der Kalkbildung in Tropfsteinhöhlen der Fall ist. Zu dieser Untergruppe gehören auch die sogenannten Evaporite (vapor=Dampf). Das sind Gesteine, die durch Eindampfung von Meeresbecken entstehen. Die Minerale, die diese größtenteils Gesteine aufbauen, sind Salzminerale, wie sie beispielsweise in Oberösterreich im Salzkammergut vorkommen. Sie haben dort seit Jahrhunderten als unverzichtbare Rohstoffe große Bedeutung.

Bei geologischen Prozessen können langfristige Hebungen des Meeresgrunds oder die Ausbildung untermeerischer Barrieren dazu führen, dass einzelne randliche Meeresbereiche vom Restmeer abgetrennt werden und mit diesem kein Wasseraustausch mehr erfolgen kann. Eine solche Barrierenbildung kann auch durch Schüttungsvorgänge oder Bergrutsche in kleinem Umfang in küstennahen Bereichen erfolgen. Die so entstandenen abgeschnürten Meeresbecken können zwischen 5 und 500 Kilometer Durchmesser haben. Wenn dies über geologische Zeiträume (etwa 1–15 Millionen Jahre) gleichzeitig mit trockenem, heißen Klima verbunden war und entgegengesetzt wirkende andere geologische Prozesse die erwähnte absperrende Barriere nicht wieder erodierten, trocknete das abgeschnürte Becken je nach herrschenden Temperaturen schneller oder langsamer aus (vor allem, wenn es auch keine größere Süßwasserzufuhr beispielsweise durch Flüsse gab). Das, was im Wasser gelöst war, setzte sich in der Folge nach und nach am Boden ab.

Meerwasser enthielt in früheren Jahrmillionen wie auch heute noch pro Liter etwa 35 Gramm (35 Promille) an gelösten Substanzen. Diese fallen, wenn die Wassermenge kleiner wird, nun gemäß ihrer Löslichkeit aus; zuerst also die schwer löslichen, bei denen bei einer gegebenen Wassermenge nur eine geringe Menge gelöst werden kann. Das sind im Fall des Meerwassers Karbonate, vor allem Calcit und Aragonit (beides $CaCO_3$). Ist die Wassermenge auf etwa 25 Prozent der Ausgangsmenge zusammengeschrumpft, fallen Sulfate aus – Gips ($CaSO_4 \times 1/2\ H_2O$) und Anhydrit. Diese Minerale bilden am Grund des Meeresbeckens eine dünne Schicht – es ist von ihnen ja nur eine geringe Menge gelöst. Wenn die verbliebene Wassermenge nur noch ein Zehntel des ursprünglichen Volumens ausmacht, kommt es zur Ausfällung von Natriumchlorid (NaCl), eben jenem wichtigen Steinsalz, das in großer Menge aus

Steinsalz (Halit) in Rohform

der Lösung geht. Denn von den pro Liter im Meerwasser gelösten erwähnten 35 Gramm anorganischer Substanz sind knapp 30 Gramm NaCl, das jetzt folgerichtig über den Karbonaten und Sulfaten sedimentiert wird. Ganz am Schluss, wenn nur noch etwa 1,5 Prozent der anfänglichen Wassermenge vorhanden sind, fallen die am leichtesten löslichen Salzminerale aus, die sogenannten Edelsalze: Chloridverbindungen von Kalium und Magnesium mit unterschiedlicher Zusammensetzung sowie Magnesiumsulfate.

Wenn das Meer vollständig verdunstet ist, werden die abgelagerten Salzbänke oft von anderen Sedimentgesteinen zugeschüttet; natürlich ist es auch möglich, dass bei einem erneuten Anstieg des Meeresspiegels und Zufließen von Wassereinbruch eine teilweise oder vollständige Wieder-Auflösung des Evaporit-Pakets erfolgt (zuerst die leichtlöslichen Edelsalze) und sich dann bei abermaligem Eindampfen ein Zyklus von Salzausfällungs-Abfolgen bildet, wie es unter anderem die deutschen Salzvorkommen in Anhalt zeigen. Hinweis: Der Begriff Steinsalz wird oft uneinheitlich verwendet und bedeutet nicht nur das Mineral NaCl (Halit), sondern das jeweilige vorkommende Salzgestein in Gänze, in dem auch andere Salzminerale in geringen Mengen (unter 5 Prozent) vorhanden sein können.

In Mitteldeutschland und auch im Salzkammergut erfolgte die Bildung der Salzgesteine bzw. die Eindampfung vor etwa 250 Millionen Jahren, zur Zeit des Zechsteins. In dieser Zeit kam es zu mehreren Meeresvorstößen und -rückzugen sowie Eindampfungsepochen. Die älteren Salzgesteine des Salzkammerguts wurden bei der Alpenauffaltung unterschiedlich angehoben, an manchen Stellen erfolgte eine Abtragung der auflagernden Gesteine, so dass die Salzminerale mehr oder weniger oberflächennah einfach zugänglich wurden und mit den Mitteln der Bergtechnik abgebaut werden konnten.

Im Untergrund Mitteleuropas und auch der nördlichen Alpen ist überall Salz vorhanden. Dennoch waren es eher zufällige geologische Gegebenheiten, die im Salzkammergut und im Berchtesgadener Land in nicht allzu großen Tiefen – bis maximal etwa 300 Metern – den Abbau ermöglichen. Alle Ozeane zusammen enthalten übrigens so viel Steinsalz, dass sich sämtliche Kontinente mit einer 150 Meter mächtigen Schicht zudecken ließen.

›Thalassa‹ (Thalatta) bedeutet auf griechisch Meer. Das am meisten verbreitete aus dem Meer herrührende Mineral, unser Steinsalz, nannte sich daher bei den Griechen, von ›thalatta‹ abgeleitet, ›alos‹. Wieder von diesem Wort abgeleitet, lautet der wissenschaftliche Name des Steinsalzes ›Halit‹. Doch das griechische ›alos‹ erscheint auch in verschiedenen deutschen und österreichischen Ortsnamen entweder direkt zum deutschen ›salz-‹ (aus der indogermanischen Wurzel ›sal‹= schmutziggrau stammend) verändert oder noch mit der griechischen Wurzel versehen, so etwa bei Halle, Bad Salzschlirf, Bad Salzuflen, Schwäbisch Hall, Salmünster, Reichenhall, Salzburg, Hallein und Bad Hall. Damit wird bereits im Ortsnamen auf die Salzvorkommen oder -quellen an und um die jeweiligen Lokalitäten hingewiesen.

Die bekannte Frage ›Wie kommt das Salz ins Meer?‹ lässt sich einfach beantworten: durch Auslaugung von an Natrium und Chlor reichen Gesteinen oder reinen Salzgesteinen mit Transport des gelösten Materials ins Meer, wo sich die Atome zu NaCl paaren. Alles in der Welt ist ein großer Kreislauf, alles fließt.

Das Salzkammergut ist eine der schönsten Urlaubsregionen Europas. Berge, Seen, Wiesen und Kultur gehen hier eine besondere Symbiose ein; oft wird das Salzkammergut als Österreichs zehntes Bundesland bezeichnet. Die liebliche Landschaft zog nicht von ungefähr Künstler und Herrscher an. In Bad Ischl, wo Kaiser Franz Joseph und Sisi jahrzehntelang die Sommermonate verbrachten, traf sich Geld- und Hochadel, die Hautevolée Europas, Johann Strauss und Johannes Brahms kurten hier. Der nahe Wolfgangsee und sein berühmtes Hotel ›Zum Weißen Rößl‹ wurde zusammen mit dem ganzen Salzkammergut weltweit zum operettenseligen Idyll, dessen ewig blauer Sommerhimmel nie von Wolken getrübt war und in dem man ›gut lustig sein‹ konnte. An Attersee und Traunsee ließen Gustav Mahler und Gustav Klimt ihre künstlerischen Träume und Eingebungen Wirklichkeit werden. Ihre Idylle machte die Landschaft zur viel besuchten Sommerfrische, was sie bis heute geblieben ist.

Das historische Salzkammergut erstreckt sich nicht nur auf oberösterreichischem Gebiet, sondern auch auf die heutigen Bundesländer Salzburg (Fuschlsee, St. Gilgen) und Steiermark (Dachstein, Grimming, Ausseer Land). Zum Salzkammergut in kulturhistorischer Sicht gehören aber genau genommen nur die Regionen der historischen Salzabbaue um Bad Ischl, Bad Goisern und Hallstatt, die oft ›Inneres Salzkammergut‹ genannt werden. Doch seit über 100 Jahren ist der Begriff erweitert: Zum Salzkammergut rechnet man nun auch die Landstriche ostwärts vom Fuschlsee – über den Mond-, Atter- bis zum Traunsee hin –, die sich dann im Süden vom Wolfgangsee über Bad Ischl hinauf nach Hallstatt ziehen und auf steirischem Gebiet die Region um Bad Aussee einschließen. Die Stadt Salzburg gehörte nie zum Salzkammergut, da sie bis zum Beginn des 19. Jahrhunderts nicht habsburgisch, sondern ein eigenes Staatsgebilde war: das Erzbistum Salzburg, das in etwa die Form des heutigen Bundes-

Die Bergstation der Schafbergbahn

Blick auf St. Gilgens verträumten Ortsteil Brunnwinkl

landes Salzburg hatte. Salzburg besaß jedoch bei Hallein eigene Salzbergwerke. Zur ›Tourismusregion Salzkammergut‹ gehören heute jedoch die östlichen Teile des Bundesland Salzburg dazu (www.salzkammergut.at).

Seit dem dritten vorchristlichen Jahrtausend wird hier Salz gewonnen. Anfangs wurden Wässer aus salzhaltigen Quellen versiedet, mit der Bronzezeit (um 1500 v. Chr.) erfolgte im Schacht der direkte Abbau von Steinsalz. Es heißt, dass sich in Hallstatt die wahrscheinlich älteste Salzbergbaustelle der Welt befindet.

›Kammergut‹ bezeichnet übrigens ein Gebiet direkt im Besitz des Landesherrn, das kein Lehen eines Untergebenen ist. 1656 erscheint der Name ›Salzkammergut‹ erstmals – in einer Urkunde, in der Kaiser Ferdinand III. den Salzbergbau und -handel neu regelte. Salz war ein begehrter, teurer Stoff, über den der Staat, also der König oder Kaiser, seit Jahrhunderten das Monopol besaß, so dass der Herrscher es vorzog, es in Privatbesitz oder dem der Dynastie zu lassen. Bis ins 19. Jahrhundert saß der höchste Beamte über das Salzwesen in der Hofkammer zu Wien. Seit dem Ende des 19. Jahrhunderts ging der namensgebende Abbau des Salzes mehr und mehr zurück, da Salz billiger aus anderen Ländern bezogen werden konnte. Heute spielt der Salzabbau für die Wirtschaft des Landes nur noch eine vergleichsweise geringe Rolle.

■ Salzkammergut-Erlebniscard

Die Salzkammergut-Erlebniscard gibt es als Winter- und Sommercard, letztere ist von Mai bis Oktober gültig. Sie bietet bis zu 30 Prozent Ermäßigung bei Liften, Seilbahnen, den Seeschifffahrtslinien, Schwimmbädern, Museen und weiteren Einrichtungen, kostet 4,90 Euro und ist in allem Tourismusämtern des Salzkammerguts erhältlich (www.salzkammergut.at). Man erhält sie jedoch ab drei Übernachtungen bei allen teilnehmenden Nächtigungsbetrieben kostenlos.

256 Das nördliche Salzkammergut

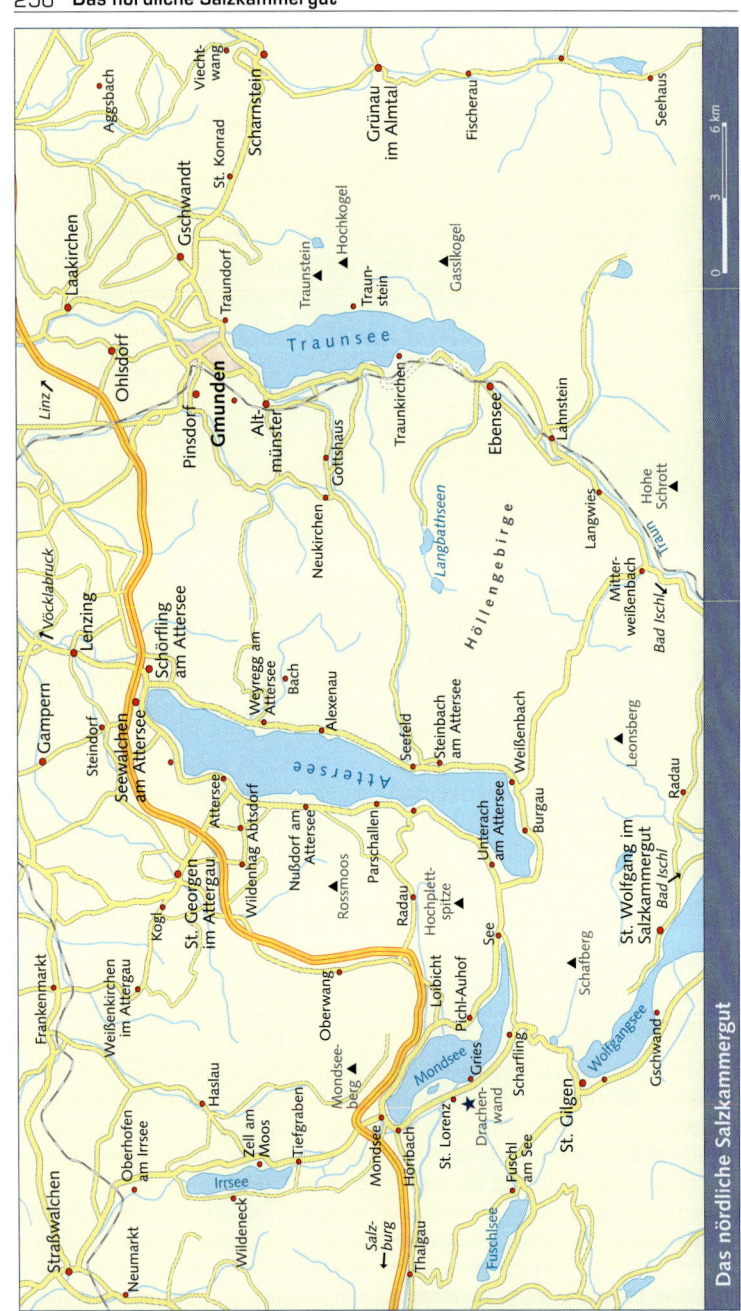

Der Norden

Das oberösterreichische Salzkammergut weist durch die Seendichte seiner Nordhälfte eine deutliche Zweiteilung auf. Große Seen wie Mondsee, Attersee und Traunsee dominieren seine Nordhälfte, sie liegen unmittelbar am Alpenfuß. Der Süden dagegen gehört in großen Teilen schon direkt zum Hochgebirge und weist – den Hallstätter See ausgenommen – keine vergleichbaren Wasserflächen auf. ›Äußeres Salzkammergut‹ war übrigens jahrhundertelang die Bezeichnung für diesen Nordteil.

Der Irrsee

Der langgestreckte, knapp fünf Kilometer lange und nur einen Kilometer breite Irrsee wird oft auch Zeller See genannt, nach dem größten Ort an seinem Ufer, Zell am Moos. Er besitzt trotz des 1144 Meter hohen Kolomansbergs, der im Westen über ihm aufragt, nicht jenes großartige Bergpanorama, das die anderen Seen des Salzkammerguts umgibt. Er wirkt sanfter, seine Wassertemperaturen erreichen oftmals 25 Grad, so dass er ein beliebter, vor allem familienfreundlicher Badesee ist. Unter seinem Wasserspiegel lassen sich zwei Teilbecken ausmachen, die durch einen quer verlaufenden Rücken in 21 Meter Tiefe getrennt sind. Das nördliche Teilbecken ist mit 27 Metern etwas flacher als das südliche (32 m). Der See steht unter Naturschutz, besitzt teilweise einen Schilfgürtel und ist von einigen Moorgebieten gesäumt. Das Ortswappen von Zell am Moos weist eine Schilfdarstellung auf.

Der Irrsee und sein Umland sind nicht vom Massentourismus heimgesucht, sehr viele der Übernachtungmöglichkeiten befinden sich nicht in pompösen Gasthöfen, sondern sind Ferienwohnungen in Bauernhöfen. Zell wirkt noch sehr dörflich. Sehenswert ist das **Irrseer Heimathaus**, das bäuerliches Leben zeigt. Es beitzt eine Volkskundesammlung und eine Gartengalerie, ein begehbares Gesamtkunstwerk mit Plastiken lokaler Künstler.

Der Irrsee lässt sich auf dem **Irrseeweg**, einem Rundwanderweg von 13 Kilometern Länge, bequem bezwingen.

Mondsee: See, Kloster, Ort

Der Mondsee liegt zwar nur wenige Kilometer südlich des Irrsees, besitzt aber ein ganz anderes Panorama. Von drei Seiten ist er von Bergkämmen umgeben:

Von sanften Hügeln umspielt: der Irrsee

im Nordosten und Osten von Kulmspitze (1095 m) und Koppenstein (1123 m), im Südwesten überragt ihn der Schober (1328 m) mit der Drachenwand, im Südosten der markante Schafberg (1782 m). Nach Westen und Nordwesten grenzt er an die Fuschler Ache an.

Über die knapp vier Kilometer lange Ache entwässert der Mondsee in den zwölf Meter tiefer liegenden Attersee. Der 11 Kilometer lange und durchschnittlich 1,5 Kilometer breite See (14,2 km²) ist gekrümmt wie eine Mondsichel. Sein Name rührt aber nicht davon, sondern von dem Adelsgeschlecht derer von Mannsee. Ungewöhnlicherweise befindet sich der See seit dem 18. Jahrhundert in Privateigentum.

Die direkte Umgebung des Sees wie auch der Ort Mondsee selbst sind von großer Bedeutung für die Vorgeschichte des Alpenvorlands. Funde von Keramik, Knochen und Werkzeugen, die aus der Zeit von 2800 bis 1800 v. Chr. stammen und zwischen 1864 und 1874 gemacht wurden, weisen im ufernahen Bereich mehrere jungsteinzeitliche Siedlungen auf Pfahlbauten nach. Für diese Epoche hat sich der Begriff ›Mondseekultur‹ eingebürgert. In Scharfling am Seesüdufer wurde 1972 ein etwa 90 Zentimeter großes gabelförmiges Holzobjekt geborgen, das jedoch älter als die Mondseekultur eingestuft wird. Die Fundstellen der Pfahlbauten im ganzen Alpenraum sind UNESCO-Welterbe (www.pfahlbauten. at). Ein kleines **Museum** im ehemaligen Kloster Mondsee widmet sich zusammen mit der Heimatgeschichte und der des Klosters dieser Thematik. Die Oberösterreichische Landesausstellung 2027 wird unter dem Motto ›versunken-aufgetaucht‹ speziell dieses Thema aufgreifen.

Mondsee ist auch berühmt durch die seit 1922 alljährlich im Juli und August stattfindenden Jedermann-Spiele, anders als in Salzburg jedoch hier in lokaler Mundart und in bäuerlichem Umfeld (www. mondseer-jedermann.at).

Der Mondsee ist nicht zuletzt ein bezaubernder Badesee. Der schönste Strand liegt am Nordufer. Unweit davon, an der Robert-Baum-Promenade, legen Schiffe zu Seerundfahrten ab (www.schifffahrtmeindl.at). Für Kulturfreunde wurde innerhalb des Ortsbereichs ein 4,5 Kilometer langer Kulturleitweg angelegt, der seinen Anfang am Tourismusbüro nimmt.

Der Mondsee mit der Drachenwand

Mondsee: See, Kloster, Ort

Am Marktplatz in Mondsee

■ Geschichte

Die jungsteinzeitlichen Siedlungen verschwanden durch den Anstieg des Seespiegels, der den Lebensraum ihrer Bewohner überflutete. In der Römerzeit existierte wieder eine Ansiedlung, von der eine Straße nach Juvavum führte, dem heutigen Salzburg. Aus dem Dämmerlicht der Geschichte tritt der Ort Mondsee jedoch erst 748 hervor, als der Baiernehrzog Odilo hier ein Kloster gründete. Es erlangte in den folgenden Jahrhunderten Berühmtheit: als Ort der Wissenschaft, der Schreibkunst und der Buchmalerei. Die Mönche kamen vermutlich aus dem süditalienischen Montecassino. Schon kurz nach der Gründung entstand in Mondsee der Tassilopsalter; er wird heute in Montpellier bewahrt.

Von 831 bis 1106 gehörte Mondsee zum Bistum Regensburg, womit der heilige Wolfgang gegen Ende des 10. Jahrhunderts auch Herr von Mondsee war und hier auch einige Zeit lebte. Von Mondsee ging dann die Gründung von St. Wolfgang aus. Unter Abt Konrad II. erlebte das Stift eine weitere Blütezeit, allerdings brachte ihm der Versuch einer umfassenden Neuordnung der Besitzverhältnisse des Gebiets den Tod durch Erschlagen. Heute noch genießt er große Verehrung, seine Gebeine sind im Hochaltar der Mondseer Basilika beigesetzt. Nach zwei Jahrhunderten des Niedergangs und der Kriege setzte sich im 15. und 16. Jahrhundert die Blütezeit fort. Bedeutende Maler kamen zum Kloster oder malten für das Kloster, besonders die Künstler der Donauschule wie Albrecht Altdorfer und Wolf Huber. Michael Pacher schuf den berühmten Wolfgangsaltar von St. Wolfgang im Auftrag des Stifts Mondsee. 1506 endete die baierische Herrschaft über Mondsee, das Gebiet wurde durch Kauf habsburgisch. Die Wirren der Reformationszeit brachten in den folgenden 100 Jahren erneut einen Niedergang, im Zuge der Gegenreformation ging es ab der Mitte des 17. Jahrhunderts wieder aufwärts, ein weiteres Mal erfuhr Mondsee eine künstlerische Blütezeit. Meinrad Guggenbichler, selbst in Mondsee geboren, arbeitete 44 Jahre lang, bis 1723, als Bildhauer für die Kirchen des nördlichen Salzkammerguts. Bis zu jener Zeit entstand eine umfassende Sammlung von Archivalien, der Mondseer Traditionscodex, der die Geschichte der Region seit dem Mittelalter dokumentiert. 1774 zerstörte ein Brand den ganzen Ort. Zum großen Fest wurde 1784 die Tausendjahrfeier des Stifts. 1791 erfolgte jedoch seine Aufhebung – ein Nachwehen der josephinischen Reformen. 1810 kam es zum Umbau des Stifts zum Schloss Mondsee und zur Übernahme durch die Grafen von Almeida, deren Nachkommen heute noch der Seegrund gehört.

■ Sehenswürdigkeiten

Die Mondseer **Basilika** – seit 2005 dazu erhoben – ist die alte Stiftskirche, heute Ortspfarrkirche St. Michael. Sie wurde um 1470 erbaut und nach 1730 barockisiert. Die Fassade entwarf der große

Prandtauer-Schüler und -neffe Joseph Munggenast. Vorher schon schuf Meinrad Guggenbichler um 1700 die barocken fünf Seitenaltäre und die Kanzel, der Hochaltar (1626) stammt von Hans Waldburger. Guggenbichler hat sich am Wolfgangsaltar selbst dargestellt. Das Netzrippengewölbe zeigt pflanzenähnliche Ornamentik, sehr selten für die Spätgotik. Die anderen ehemaligen **Stiftsgebäude** (heute Schloss Mondsee) gleich daneben werden als Veranstaltungs- und Dienstleistungsort genutzt, auch Wohnungen gibt es hier.

Das **Schloss**, ursprünglich das Stift, hat sein heutiges Aussehen nach dem großen Brand 1774 erhalten.

Die Basilika besitzt eine prächtige Fassade

■ **Weitere Orte**

Am Westufer des Sees liegt der Ortsteil **Schwarzindien**. Er erhielt seinen ungewöhnlichen Namen in der Zeit um 1870, nachdem ein lokaler Badearzt begonnen hatte, erfolgreich die Naturheilmethode des Sonnenbadens anzuwenden. Dies erfolgte in besonders abgetrennten Uferbereichen hüllenlos, die bekannt hohen Temperaturen der Seeregion im Sommer brachten schnelles und scharfes Anbräunen mit sich. Kein Wunder, dass die Einheimischen die von ihrer Sonnenbehandlung ins Hotel zurückkehrenden Sommerfrischler als Schwarzindianer bezeichneten. Der erwähnte Uferbereich wurde in einer scherzhaft-offiziellen Aktion 1890 zum autonomen Gebiet ›Schwarzindien‹ erklärt.

In **Oberwang** östlich von Mondsee gibt es den zwei Kilometer langen Rundwanderweg **Lebensroas**, der interaktiv Alltag und Geschichte des Dorfes und des Mondseegebiets erlebbar macht.

Von mystischer Schönheit: der Mondsee. Im Hintergrund der Schafberg

■ **Wanderungen im Mondseegebiet**

Ganz gemütlich ist die Tour vom Ort Mondsee zum **Irrsee** hin und zurück (reine Gehzeit vier Stunden). Es sind nur etwa 90 Höhenmeter zu überwinden, es geht durch das zauberhafte Helenental, an Erlach- und Haidermühle vorbei nach Tiefgraben und zum Gasthof ›Pöllmann‹ in der Südwestecke des Irrsees, wo es auch eine Badegelegenheit gibt.

Anstrengender ist die Tour zum **Kolomannsberg** (1114 m), dessen Gipfel teilweise militärisches Sperrgebiet ist. Beim Gipfelkirchlein auf 1098 Metern handelt es sich um die einzige noch vollständig

Mondsee: See, Kloster, Ort

und original erhaltene Holzkirche Österreichs. Zwar ist die Rundsicht von ihr eingeschränkt, dafür aber entschädigen die Panoramen während des Aufstiegs (via Leidingerhof und Scherntan). Dafür sollte man drei Stunden einplanen, 600 Höhenmeter sind zu überwinden.
Als Hausberg von Mondsee gilt die **Kulmspitze** (1095 m). Leider ist auch von ihr der Gesamtblick eingeschränkt.
Sehr lohnend ist der Aufstieg (45 min) oder die Hinauffahrt zu den Häusern von **Seegruber** gleich östlich oberhalb von Mondsee. Es gibt kaum einen schöneren Seeblick als den von dort.
Die **Drachenwand** gegenüber, oberhalb des Westufers, ist schwierig zu erklimmen, fordert höchste Kondition und Schwindelfreiheit (3 Std. Aufstieg ab Parkplatz bei St. Lorenz, Gasthof ›Drachenwand‹, 600 Höhenmeter).
Etwas einfacher ist der Weg auf den 1030 Meter hohen **Almkogel** vom gleichen Ausgangspunkt, obwohl auch hier ebenfalls 600 Höhenmeter zu überwinden sind. Doch der Seeblick lohnt die Mühe.

Mondsee

Vorwahl: 06234.
Tourismusverband MondSeeLand, Dr.-Franz-Müller-Str. 3, 5310 Mondsee, Tel. 2270. Im Gebäude befindet sich auch die Franztaler Heimatstube, die die Geschichte der Donauschwaben dokumentiert – 130 000 fanden nach dem Krieg in Oberösterreich eine neue Heimat (Eintritt nach Voranmeldung beim Tourismusverband). www.mondsee.at

Hinweis: Die Gasthöfe um die Seen des Salzkammergut haben oft zwischen November und März geschlossen.
Hotel Krone, Rainerstr. 1, 5310 Mondsee, Tel. 2236, p. P. im DZ 65–80 €. www.hotelkrone.org
Gasthof Drachenwand, St. Lorenz Nr. 46, 5310 Mondsee, Tel. 3356, p. P. im DZ 65 €. 500 Jahre altes Traditionshaus. www.drachenwand.at
Hotel-Garni Stabauer, Salzburger Str. 2, 5310 Mondsee, Tel. 2285, p. P. im DZ 39–47 €. www.hotel-stabauer.at
Aichingerwirt, Eich 5, 5310 St. Lorenz, Tel. 2130, p. P. im DZ 55–62 €. Produkte aus eigener Landwirtschaft. www.aichingerwirt.at
Gasthaus Zum fidelen Bauer, Grossenschwandt 31, 4882 Oberwang, Tel. 8570. www.fideler-bauer.at

Irrseer Heimathaus, Dorfstr. 20, 4893 Zell am Moos, Tel. 7025; nach Voranmeldung, auch Führungen; Gartengalerie Mo–Fr 9–12 und 14–18, Sa 9–14 Uhr. www.museummondsee.at
Mondsee-Museen (mehr zu den drei Museen auch unter unter www.museum-mondsee.at und www.mondseeland.org/museen.html:
▶ Bauern- und Freilichtmuseum, Hilfberg 6; Mai–Sept. Di–So, im Okt. nur So.
▶ Pfahlbau- und Klostermuseum, Marschall-Wrede-Platz 1, Tel. 2895; Mai–Sept. Di–So, im Okt. nur So 10–17 Uhr.
▶ Salzkammerguter Lokalbahnmuseum, Seebadstr. 2, Tel. 4270; Mai–Juni Sa/So; Juli/Aug. Fr–So. Von 1893 bis 1957 existierte die Schmalspurbahn Salzburg–Bad Ischl. Mondsee war über eine Nebenstrecke an diese Linie angebunden.
Freilichtmuseum Mondseer Rauchhaus, Hilfberg 6, Tel. 4270; Mai–Okt. Di–So 10–17 Uhr. Typisches altes lokales Gehöft, das Wohnhaus, Stall und Stadel unter einem Dach vereinigt – ohne Rauchschlot. Der Rauch zieht direkt durch das Dach ab.

Camp MondSeeLand, Punzau 21, 5310 Tiefgraben, Tel. 2600. Etwa zwei Kilometer nordwestlich des Mondsees gelegen, auf der Hälfte des Wegs zum Irrsee. www.campmondsee.at

Gustav Mahler am Attersee

Um die Mitte der 1890er Jahre hatte der Komponist und Dirigent Gustav Mahler den ersten Höhepunkt seiner Laufbahn erreicht. Diese Phase ist eng mit seinen Aufenthalten am Attersee verbunden.

Gustav Mahler kam 1860 in Kalischt bei Iglau (heute Jihlava) in Böhmen in einfachem jüdischen Milieu zur Welt. Früh zeigte sich bei ihm eine große musikalische Begabung, die ihm bereits als Fünfzehnjährigen das Wiener Konservatorium öffnete. 1880 begann er seine Karriere als Kapellmeister im oberösterreichischen Bad Hall. Wie es sich für einen aufstrebenden jungen Dirigenten gehörte, nahm er – um sich möglichst viel Erfahrung und ein breites Repertoire zu erarbeiten – in rascher Folge verschiedene Engagements in zahlreichen Städten Deutschlands und der österreichischen Monarchie an. Der Zeit in Bad Hall folgten Verpflichtungen in Laibach (heute Ljubljana, Slowenien), Olmütz (heute Olomouc, Tschechien), Kassel, Prag, Leipzig und Budapest. Von dort wechselte er 1891, als Dirigent bereits europaweit zu hohem Ruhm gelangt, nach Hamburg an die dortige Staatsoper. Mahler hatte bis zu dieser Zeit neben zahlreichen Liedern und einer Kantate auch seine erste Symphonie (D-Dur, ›Der Titan‹) geschaffen, die 1889 in Budapest erstaufgeführt worden war.

Gustav Mahler kam erstmals im Sommer 1893 an den Attersee, zusammen mit seinen Geschwistern Justine, Emma und Otto. Denn seit dem Tod der Eltern 1888 kam der inzwischen nicht ganz unvermögende Mahler für die Geschwister mit auf. Der Attersee war damals keineswegs so mondän wie heute, doch eben auch nicht weniger schön gelegen als der Wolfgangsee oder die damals noch berühmteren Kärntner Seen. Mahler hatte von Juni bis Ende August einen längeren Urlaub geplant, um neben den zeitraubenden Verpflichtungen als Kapellmeister endlich ausreichend Muße für die eigene Komponierarbeit zu finden. Denn er hatte bereits seine zweite Symphonie konzipiert, aber eben noch nicht ausarbeiten können. Am 20. Juni kam der ganze Tross am Attersee an. Als Domizil hatten die Schwestern den Gasthof ›Zum Höllengebirge‹ (heute Hotel-Restaurant ›Föttinger‹) in Steinbach ausgewählt, denn dort hatten sie die Möglichkeit, eine ganze Etage mit fünf Schlafkammern, eigener Küche, Speiseraum und eigenem Balkon zu mieten. Zusätzlich ließ man die spartanische Einrichtung der Zimmer mit einigen schnell von lokalen Tischlern zusammengezimmerten zusätzlichen Möbeln etwas wohnlicher werden. Mahler war bis dahin noch unverhelicht, aber es hatte in seinem Leben bis dahin zahlreiche Liebschaften gegeben. Die Wiener Bratschistin Natalie Bauer-

Gustav Mahler im Jahr 1892

Gustav Mahler am Attersee 263

Lechner (1858–1921), die ihm seit 1890 nahestand, nahm an diesem Urlaub teil.

Diese Sommerwochen wurden eine sehr produktive Zeit für Mahler: vier der sogenannten ›Wunderhorn-Lieder‹ entstanden, genau wie zwei Sätze der c-moll-Symphonie, der ›Zweiten‹. Im Juli machte Mahler im nahen Bad Ischl Johannes Brahms seine Aufwartung. Der wohl angesehenste Komponist jener Jahre im deutschen Sprachraum verbrachte seine Sommer in dem berühmten Kaiserbad, wo sich auch Franz Joseph und seine Familie seit 1853 regelmäßig in den Sommermonaten aufhielten. Anscheinend hatte Gustav Mahler jedoch

Im Komponierhäuschen Mahlers

die erwünschte Ruhe zum Komponieren nicht gefunden. Denn für den Sommer des darauffolgenden Jahres, 1894, gab er den Bau eines aus Ziegeln zu errichtenden ›Komponierhäuschens‹ in Auftrag, das unweit des Gasthofes, auf einer Wiese nahe des Seeufers errichtet werden sollte. Mahler traf Ende Mai 1894 wieder in Steinbach ein, wieder mit Natalie und den Geschwistern, und konnte dieses Häuschen, das er ›Schnützelpützelhäusl‹ nannte, gleich beziehen. Ein Flügel war dorthin geschafft worden, ansonsten gab es im Inneren nur einen Tisch, drei Stühle und einen einfachen, kleinen Ofen. Natürlich hatte er deswegen seine Zimmer im Gasthof nicht aufgegeben. Er stand gegen 6 Uhr auf, schwamm einige Runden im See und setzte sich sogleich in das Komponierhäuschen, wohin ihm der Wirt das Frühstück brachte. Gegen 12.30 Uhr rief ihn ein Glöckchen zum Mittagessen. Dem folgte eine kurze Ruhepause, am Nachmittag fand meist eine Bergwanderung statt. Das Abendessen wurde gegen 18 Uhr eingenommen – danach folgte Geselligkeit, Lektüre, Unterhaltung, Klavierspiel. Mahler ging relativ früh zu Bett. Sehr oft, je nach Intensität seiner Arbeit, wurde der Zeitplan jedoch gestört, und die hungrigen Geschwister durften manchmal bis drei Uhr am Nachmittag warten, bis sich die Tür des Häuschens öffnete und Mahler endlich zum Mahl heraustrat. Und er wurde sehr ungehalten, wenn jemand vorher an der Türe klopfte. Mahler, den oft Migräneattacken heimsuchten, bevorzugte Schonkost; auch trank er nur das lokale Quellwasser. Hatte er einen größeren Abschnitt einer Komposition fertiggestellt, genehmigte er sich eine der damals teuren Importzigarren. Mahlers Lärmempfindlichkeit führte zu grotesken Abwehrmaßnahmen. Bauern ließen es sich mit Geld bezahlen, wenn sie nicht allzu nah am Häuschen arbeiteten. Singende und pfeifende Schnitter sowie lärmende Wirtshausbesucher wurden ebenso mit Geld zur Lautlosigkeit animiert. Doch Mahler konnte auch ganz böse werden, wenn er bemerkte, dass er beim Klavierspiel im Häuschen belauscht worden war.

Von Ende Juli bis zum 5. August 1894 besuchte Mahler die Bayreuther Festspiele. Er kehrte danach an den Attersee zurück und fuhr Ende August über Wien wieder nach Hamburg. Kompositorisches Resultat dieses Sommers war das Finale der Zweiten Symphonie, die Mahler in Partitur und Gänze im Herbst abschließen konnte. Auch 1895, Anfang Juni, kam Mahler mitsamt Entourage wieder nach Steinbach, und im Juli besuchte er wiederum Brahms in Ischl. Er fand ausreichend Zeit, um seine Dritte Symphonie – konzipiert als philosophischer Hymnus auf die unbelebte Natur, auf Blumen, Tiere, Mensch, die Engel und die Liebe – großteils fertigzustellen. In diesem Sommer entstanden von dem ungewöhnlich sechssätzigen Werk alle Sätze bis auf den ersten – Mahlers Dritte gilt mit fast 100 Minuten Spieldauer als längste Symphonie überhaupt. Mahler besaß dabei die Gewohnheit, seine Skizzen und Partituren täglich gleich nach erfolgter Niederschrift in einen Handkoffer zu packen, der in seinem Zimmer eingeschlossen wurde. Gleichzeitig hatte er den Gasthofbesitzer wie auch andere Gäste dazu vergattert, im Fall von Feuer oder sonstigen Gefahren zuallererst diesen Koffer in Sicherheit zu bringen.

Wie auch im Jahr davor, verließ Mahler den Attersee Ende August und kehrte nach Hamburg zurück. In Berlin brachte er am 13. Dezember die Zweite, die ›Auferstehungssymphonie‹, zur bejubelten Erstaufführung. Der folgende Sommer, 1896, sollte Mahlers letzte Ferienzeit am Attersee werden. Noch einmal besuchte er Johannes Brahms in Bad Ischl. Brahms, der vom Leberkrebs bereits schwer gezeichnet war, genoss den Besuch seines um 27 Jahre jüngeren Kollegen, der die letzte Begegnung der beiden großen Künstler werden sollte. Mahler komponierte den ersten Satz der Dritten, fand jedoch in diesem Jahr auch Zeit, die anderen großen Seen des Salzkammerguts sowie Aussee zu besuchen. Der Dirigent Bruno Walter (1876–1962) besuchte Mahler 1896 in Steinbach. Als Walter bei der Ankunft am 17. Juli ganz hingerissen die Berge um den See bewunderte, meinte Mahler: »Sie brauchen gar nicht mehr hinzusehen – das habe ich alles schon wegkomponiert.« Denn ursprünglich sollte der erste Satz der Dritten den Untertitel erhalten ›Was mir das Felsgebirge erzählt‹. Und auch in diesem Jahr unterbrach Mahler seinen Aufenthalt in Steinbach, um zu den Bayreuther Festspielen zu fahren. Leider hatte in diesem Jahr ein anderer Pächter den Gasthof übernommen. Dem berühmten Stammgast Mahler gelang es nicht, die bewährten günstigen Aufenthaltskonditionen auch für 1897 auszuhandeln, er geriet mit dem Wirt sogar in einen Streit. So entschied er sich voll Trotz, im kommenden Jahr nicht mehr zurück nach Steinbach zu kommen, brach aber kurz vor der Abreise Ende August in Tränen aus, als er von einer Anhöhe den letzten Blick auf das geliebte Komponierhäuschen warf.

Nachdem Mahler nach 1896 nicht mehr an den Attersee gekommen war – 1897/98 hielt er sich im Sommer überwiegend in Südtirol auf –, wurde das ›Componierhäuschen‹ durch den neuen Wirt, wahrscheinlich aus purer Boshaftigkeit, zweckentfremdet. Es soll in den Jahrzehnten danach als Waschküche, Schlachthaus und auch als Abortanlage gedient haben, wie es der Mahler-Biograph Jens Malte Fischer beschreibt. Doch seit 1984 befindet es sich wieder in seinem Originalzustand. Es war aber nicht Mahlers letztes Häuschen dieser Art: Seine Urlaube zwischen 1899 und 1907 verbrachte er in Maiernigg am Wörthersee, die von 1908 bis 1910 in Toblach am Fuß der Dolomiten. In beiden Orten haben sich seine extra für ihn erbauten Komponierhäuschen erhalten.

Wer noch mehr über Mahlers Sommermonate am Attersee erfahren möchte, lese die ›Mahleriana‹, die Tagebücher der Natalie Bauer-Lechner, oder höre die musikalische Reflexion jener Tage am Attersee: die Dritte Symphonie.

Rund um den Attersee

Der Attersee gilt als der größte in Österreich liegende See, denn Neusiedler See und Bodensee liegen ja in Teilen auf angrenzenden Ländern. Der Attersee ist bis zu 171 Meter tief, besitzt eine Fläche von 46,2 Quadratkilometern und wird manchmal auch Kammersee genannt. Er besitzt Trinkwasserqualität und ist ausgesprochen klar, bis zu 25 Meter hat man unter Wasser Sicht. Daher ist der Attersee ein beliebtes Tauchgebiet.

In prähistorischer Epoche bestand wie am Mondsee in ähnlicher Zeit auch am Attersee eine Pfahlbautenkultur. Es ließ sich aber auch eine weitere, jüngere Epoche solcher Siedlungsform aus der Zeit um etwa 1500–1000 v. Chr. (Bronzezeit) nachweisen.

Beliebt ist der Attersee seit über 150 Jahren als Sommerfrische. Künstler wie beispielsweise Gustav Mahler (→ Extra S. 262) und Gustav Klimt (→ Extra S. 269) verbrachten hier die Sommermonate. Klimt hat viele Orte und Lokalitäten um den Attersee in vielen Gemälden verewigt. Durchaus lohnend ist die Umrundung des Attersees mit dem Auto, es gibt viele hübsche Fotomotive. Man muss aber erwähnen, dass es zumindest an der Westeite wegen der Enge der Straße außerorts fast keine und innerorts nicht allzu viel Parkplätze gibt. Alle Orte am Seeufer besitzen beste Bademöglichkeiten, und die Attersee-Schifffahrt bietet Linien- und Charter-Seerundfahrten von allen Orten aus an (www.atterseeschifffahrt.at). Touristisch wird am und um den See überhaupt viel geboten: Segeln, Surfen, Paragleiten, Wandern, Mountainbiken, Golf und Tauchen. Und für Sportfischer ist der See ein wahres Paradies.

Das Lasserschlössl in Uterach

Der Attersee

■ Unterach

Wer den Mondsee an seiner Ostspitze verlässt, erreicht bereits nach knapp vier Kilometern Wegstrecke entlang der Ache die Südspitze des Attersees, den zumindest in seinem südlichen Teil ein grandioses Bergpanorama prägt. Erster Ort ist hier Unterach, das ähnlich wie Hallstatt bis in die Zeit um 1820 mit Pferd und Wagen nicht erreicht werden konnte. Gustav Klimt hat zwei bemerkenswerte Gemälde der Pfarrkirche und des Schlosses hinterlassen.

In der **Pfarrkirche** gibt es ein Altomonte-Altarbild, das **Schloss** ist heute Wohnhaus, ebenso wie das kleine **Lasserschlössl**; beide stammen aus dem

16. Jahrhundert. Als größte Sehenswürdigkeit kann sicherlich der zehn Hektar große, etwa 80 Bäume umfassende **Edel-Kastanienwald** an einem Südhang nördlich des Ortes gelten. Hier gibt es auch einen **Lehrpfad**. Der Wald ist aus einer römischen Anpflanzung hervorgegangen und angeblich der einzige seiner Art nördlich der Alpen. Weitere Naturdenkmale, etwa drei Kilometer nördlich von Unterach, sind **Egelsee** (ein Toteisloch) und **Egelseemoor**. Der See liegt 150 Meter oberhalb des Seespiegels des Attersees. Unterhalb des Egelsees gibt es einen kleinen **Märchen-Rundwanderweg**. Auf dem **Viktor-Kaplan-Themenweg** (Richtung Mondsee) kann man viel über Leben und Schaffen des großen Erfinders und Wasserkraftingenieurs (1876-1934) erfahren. Kaplan ist in einem Mausoleum beigesetzt, das direkt an diesem Weg liegt.

■ Nußdorf

In Nußdorf gab es zwar keine Pfahlbauten, doch wie in Unterach bestand auch hier schon zur Römerzeit eine Siedlung. Sehenswert ist neben vielen hübschen Villen besonders die **Pfarrkirche St. Mauritius**, eine 1988 umgebaute spätgotische Kirche. Stilistisch uneinheitlich ist auch das Innere: der klassizistische Hochaltar von 1837 steht neben einem merkwürdigen Marienbild von Emanuel Oberhauser. Die Züge der Muttergottes sind die von Emma Adler (1858-1935), der Ehefrau des Gründers der SPÖ, Victor Adler. Bei einem Brand der Kirche blieb das Marienbild unbeschädigt – die Kombination aus Muttergottes und der Jüdin Emma soll eine besondere Schutzwirkung gehabt haben. An der Südseite der Friedhofsmauer befindet sich eine **Grabkapelle** mit beschrifteten Totenköpfen und farbigen Reliefdarstellungen von Szenen der Heilsgeschichte.

Um Nußdorf gibt es auch einen **Wildholzweg** (1 km Länge), der besonders dem Nußbaum gewidmet ist. Ein weiterer Themenweg beginnt am Musikpavillon und gedenkt des Künstlers und Forschers Eugen Freiherr von Ransonnet (1838-1926), der in Nußdorf lebte und unter anderem von einer Taucherglocke aus Gemälde des Unterwasserlebens schuf.

■ Attersee

Die barocke **Wallfahrtskirche** in Attersee erhielt ihre jetzige Form im 18. Jahrhundert, das Gnadenbild stammt vom Altar eines gotischen Vorgängerbaus. Bedeutendstes Kunstwerk der Kirche ist eine gotische Reliefdarstellung der Kindsanbetung durch die Weisen aus dem Morgenland. Der große Meinrad Guggenbichler (1649-1723) aus Mondsee schuf einige Statuen der Kirchenlehrer; sie befinden sich am rechten Seitenaltar.

Besonders für Familien mit Kindern lohnt der **Bienenhof** mit **Bienenlehrpfad** in eigenem fünf Hektar großem Park und Hofladen – er zählt zu den Top-Attraktionen am Attersee. Attersees **Seepromenade** ist wie die von Nußdorf sehr hübsch und lohnt den Rundgang.

■ Unterbuchberg

In Unterbuchberg lohnt das architektonisch unkonventionelle **Haus Gamerith** von 1934 (Haus Nr. 21) mit seinem Flachdach einen Blick. Ernst Anton Plischke baute es als Sommerresidenz für die aus dem Waldviertel stammende Kaufmannsfamilie Gamerith.

■ Litzlberg

In der kleinen Siedlung Litzlberg gibt es verschiedene sehenswerte **Villengebäude**, unter anderem die Curzon-Villa aus dem ersten Drittel des 20. Jahrhunderts. **Schloss Litzlberg**, auf einer Insel gelegen, wurde erst 1900 gebaut. Gustav Klimt malte zu Beginn des 20. Jahrhunderts sehr viele Landschaftsbilder von Litzlberg und seiner Umgebung.

Auch in der Nähe dieses Ortes wurden Pfahlbauten entdeckt. Sie befinden sich allerdings unter Wasser und sind nicht ohne weiteres zugänglich.

■ St. Georgen im Attergau

In St. Georgen, etwas vom See entfernt gelegen, kam Johann Beer (1655–1700) zur Welt, als Dichter und Komponist eine schillernde Gestalt des Barock. Bekannt war er durch seine ›Schelmenromane‹ im Stil etwa von Grimmelshausens ›Simplicissimus‹. In ›Die Teutschen Winternächte & Die kurtzweilgen Sommer-Täge‹ gab er moralisierende und satirische Zeitbilder seiner Epoche. ›Der Ritter Hopfensack‹ ist eine phantasievollsten und fabulierfreudigsten Erzählungen der Barockzeit. Dennoch genießt Beer kaum Bekanntheit, der Ruhm Grimmelshausens überstrahlt ihn. Als Musiker im Dienst des Herzogs von Sachsen-Weißenfels schuf Beer zahlreiche Festmusiken besonders für Blechbläser. Bei einem Wettschießen traf ihn eine verirrte Kugel, an den Folgen der Schussverletzungen starb er am 6. August 1700 in Weißenfels.

St. Georgen ist Sterbeort des bekannte Dirigenten Nikolaus Harnoncourt (1929–2016), der auch auf dem hiesigen Friedhof begraben ist.

St. Georgen im Attergau liegt etwas vom See entfernt. Ein **Keltenbaumweg** am nahen Koglberg, der in einer 2,5 oder 5 Kilometer langen Variante begangen werden kann, thematisiert die Kultur dieses Volkes. Lohnend ist der Aufstieg über 208 Stufen auf den auf 884 Meter gelegenen **Attergauer Aussichtsturm** (Mai–Sept. und Oktober-April bei geeigneter Witterung). Das kleine **Schloss Kogl** erreicht man über eine hübsche Allee vom Marktplatz aus. Dieser Bau, ein Werk von Johann Michael Prunner aus dem Jahr 1710, entstand über dem abgetragenen gotischen Schloss Neuattersee.

In Straß nahe St. Georgen gibt es das viel besuchte **Salz Spa – die KristallSalzWelt**.

■ Seewalchen und Schörfling

Das Nordende des Attersees liegt schon im Alpenvorland. Seine Umgebung ist hügelig, an beiden Orten zieht die Autobahn Salzburg–Wien direkt vorbei. Seewalchen und Schörfling gehören zusammen, sind nur durch die aus dem Attersee abfließende und nicht breite Ager

Der Yachthafen in Schörfling

voneinander getrennt. Der Besuch von Seewalchen und Schörfling gehört zu den Höhepunkten einer jeden Reise zu den Seen des Salzkammerguts.

Auch in Seewalchen gibt es besondere Pfahlbautenreste, denen hier ein am Seeufer ein besonderes **Freilichtmuseum** gewidmet ist. Und die **Villen** sind hier vielleicht noch eindrucksvoller als anderswo am Attersee, etwa die Villa Paulick mit ihrem markanten spitzen Rundtürmchen. Zu ihren Bewohnern gehörten der Maler Gustav Klimt (1862–1918) und seine Geliebte Emilie Flöge (1874–1952). Von den anderen Villen sei die Villa Daheim (Schmidt-Villa) im Stil der Neorenaissance genannt sowie die Müller-Villa an der Seepromenade. Oberhalb des Sees liegt die Seewalchener **Pfarrkirche St. Jakobus**. Ihr neugotischer Hochaltar birgt gotische Schnitzfiguren. Gustav Klimt und der Attersee – selten gingen ein Künstler und eine Landschaft eine solche Symbiose ein. Denn keinem Maler außer ihm gelang es in solchem Maße, die Landschaft und Stimmung um den See und den See selbst so eindrucksvoll zu erfassen und künstlerisch zu überhöhen. Daher ist der größter Publikumsmagnet dieser Orte zweifellos das **Gustav Klimt Zentrum** in Schörfling. Es zeigt Kopien seiner Atterseebilder und beleuchtet seinen Aufenthalt und sein Verhältnis zu Emilie Flöge. Es ist eine multimediale Ausstellung mit eigenem Kino, die auch den Sommertourismus am Attersee um 1900 thematisiert. Die Attersee-Schifffahrt bietet unter anderem ein Kombiticket ›Seerundfahrt-Klimtzentrum‹ an. Und entlang der Seepromenade von Schörfling hinüber nach Seewalchen existiert ein **Gustav-Klimt-Themenweg**. Gustav Klimt malte auch das **Schloss Kammer**, das auf einer Halbinsel im See nahe des Klimtzentrums liegt. Eine berühmte Allee führt durch den Schloss-

Nachbildung von Pfahlbauten in Schörfling

park auf die Halbinsel. Ursprünglich eine mittelalterliche Wasserburg, wurde das Schloss unter wechselnden Besitzern zu einem Renaissancebau umgestaltet. Es befindet sich in Privatbesitz und kann nicht besichtigt werden, außer bei besonderen Veranstaltungen.

Sehenswert ist die **Pfarrkirche St. Gallus**. Wie so viele österreichische Kirchen war sie ursprünglich spätgotisch und wurde dann barockisiert. In der Eingangshalle sieht man rechts den Totenschild eines Freiherrn von Egg. Totenschilde entstammen dem germanischen Brauch, verstorbenen Helden ihre Waffen mit ins Grab zu geben, wobei seit dem Spätmittelalter der Kampfschild durch eine symbolische runde Scheibe ersetzt wurde.

Lohnend ist ein Ausflug nach **Aurach am Hongar**, etwa sechs Kilometer östlich von Schörfling. Von Aurach kann man zu einem Wanderparkplatz an der sogenannten Schusterwiese hinauffahren und von dort eine hübsche kleine Wanderung zum Almgasthof Schwarz auf 884 Metern Höhe machen. Der nahe **Hongar** (943 m) und seine Umgebung sind beliebte Ausflugsziele und bieten herrliche Fernsichten vom Böhmerwald über das Innviertel bis zum Toten Gebirge.

Gustav Klimt und Emilie Flöge

Seit 1891 waren die 1874 geborene Emilie Flöge und der zwölf Jahre ältere Gustav Klimt miteinander bekannt: Klimts jüngerer Bruder hatte in jenem Jahr Emilies Schwester geheiratet. Die seither ohnehin intensive Beziehung zur Familie Flöge verdichtete sich, als ein Bruder Emilies die Tochter des Atterseer k.u.k. Hoftischlermeisters Paulick heiratete und Gustav Klimt mit Bruder und den Flöges ab 1900 die Sommermonate in der Seewalchener Villa Paulicks verbringen durfte. Doch in der Villa wurde es zu eng, und Klimt und die Flöges bezogen ein neues Quartier im Brauhof von Litzlberg. Sieben Sommer lebte man dort, dann wurde erneut umgezogen, in die ›Oleandervilla‹ nach Kammer. Keineswegs riss dabei der Kontakt zu Paulick ab, denn in dessen Salon trafen sich das Wiener Großbürgertum und Künstler wie eben Gustav Klimt.

Grundsätzlich hielten sich die Damen – Emilie mit ihren beiden Schwestern – jeweils von Juni bis September am Attersee auf, die Männer kamen meist erst Ende Juli und fuhren auch früher wieder ab. Auch in der Sommerfrische blieb für Klimt das Malen am wichtigsten. Er begann den Reiz von Obstbäumen, stillen Seeufern, Bauerngärten und Sonnenblumen zu erkennen und künstlerisch umzusetzen. Aber er benötigte für den schöpferischen Prozess völlige Stille. So verließ er meist schon vor Sonnenaufgang sein Quartier und begab sich in die Natur. Ohne einen Helfer brachte er seine umfangreiche Ausrüstung – gewaltige Leinwände, die Staffelei, Malkasten – zu seinen Malorten. Bei gutem Wetter ließ er sie unter Laub vergraben zurück, um sich das Hin- und Hertragen zu ersparen. Seinen Unwillen erregte es, wenn er von anderen Urlaubern angesprochen wurde. Er reagierte dann äußerst mürrisch. Klimt war in der Kunstwelt schon lange kein Unbekannter mehr, und seine extravagante äußere Erscheinung mit der berühmten Tunika ließ ihn sofort erkennbar werden.

Welche Rolle hat nun Emilie die ganzen Jahre in seinem Leben gespielt? Man muss zunächst daran erinnern, dass Klimt schon vor 1900 mit einem seiner Wiener Modelle namens Mizzi Zimmermann ›engsten‹ Umgang gepflegt hat. Mit ihr hatte er sogar zwei mehr oder weniger vor der Öffentlichkeit geheim gehaltene Kinder; sie scheint er wirklich geliebt zu haben. Viele Briefe von ihr gelangten in Klimts Atterseer Sommerfrische. Die Familie Flöge wusste aber von der umfangreichen Urlaubskorrespondenz nichts, man wusste wahrscheinlich von Mizzi als Modell, aber nichts Genaues über das Verhältnis der beiden. Und auch Mizzi erfuhr in dem Briefwechsel nichts über Gustav Klimts Urlaubsgefährten. Niemand durfte erfahren, dass Klimt in Wien eine heimliche Geliebte hatte, während er mit den Flöges am Attersee freundschaftlichen Umgang pflegte. 1903 endete Klimts Beziehung zu Mizzi, und das brachte ihn Emilie näher. Allgemein wurden Klimt und Emilie am Attersee für ein Paar gehalten, wenn man sie bei Bootsfahrten oder Spaziergängen entlang des Ufers erblickte. Emilie näherte sich Klimt im äußeren Erscheinungsbild an, trug sie doch ein leuchtend buntes, reich ornamentiertes ›Reformkleid‹, Gustavs Tunika im Schnitt nicht unähnlich. Diese ›Reformkleider‹ soll Klimt selbst entworfen haben. In Emilies und ihrer Schwestern Haute-Couture-Salon ›Schwestern Flöge‹ – sie waren in Wien anerkannte Modedesignerinnen – wurden sie dann verfertigt. Charakteristisch für diese von den damaligen Frauenrechtlerinnen bevorzugten Gewänder war, dass sie ohne Korsett zu tragen waren, weite Ärmel hatten und locker von den Schultern herabhingen. Doch war diese Mode für die Wiener Gesellschaft zu extravagant, als dass Emilie damit ausreichend Geld verdienen konnte. So verschrieb sie sich der Herstellung überwiegend konventioneller Kleidung.

Wenngleich die Umwelt Gustav und Emilie die ganzen Atterseer Jahre für ein Liebespaar ansah, sind doch die Briefe Klimts an Emilie – wenn beispielsweise Emilie schon am Attersee angekommen war und er sich noch in Wien aufhielt – von einer seltsamen, fast klinischen Antisepsis. Nirgendwo ist von einem Kuss die Rede, nirgendwo kann man von Gefühlen lesen, ganz im Gegenteil: Klimt schrieb mehr im Jargon einer Zeitungsnachricht als sachlich über das jeweilige Wetter, über seinen Gesundheitszustand oder andere lokale Banalitäten. Wie lässt sich das deuten? Warum vermied Klimt bewusst jede Gefühlsregung? Wollte er Emilies Ruf schützen, solange er in Wien noch mit Mizzi verkehrte? War sie für

›Der Kuß‹ (1908), eines der berühmtesten Gemälde Klimts

ihn eine ›hohe Frau‹, eine Respektsperson, der man sich nur in platonisch nähern durfte? Wahrscheinlich ist, dass sie mehr erwartete, sich aber irgendwann mit der Rolle als Muse und Seelenfreundin zufrieden gab. Wir wissen nicht mehr und nichts Genaues. Emilie, die Klimt um 34 Jahre überlebte, hat sich bis zu ihrem Tod 1952 nie öffentlich über die Beziehung zu ihm geäußert.

Was man aber dank der Recherchen der Kunsthistorikern Alice Strobl seit 1982 weiß, nachdem jahrzehntelang darüber gerätselt wurde: Die weibliche Gestalt auf Klimts weltberühmten Gemälde ›Der Kuß‹ ist Emilie Flöge. Nicht nur hat er Emilie am Attersee oft genug porträtiert, auch eine neun Jahre nach der Erschaffung des ›Kusses‹ gezeichnete gleichartige Bleistiftskizze trägt in einer Ecke den ornamentalen Schriftzug ›Emilie‹. Und der Blumenteppich auf dem Vordergrund des Gemäldes soll in Anlage und Blumen genau dem Blumenbeet in der Oleandervilla entsprechen. Gustav Klimt und Emilie wurden doch zu einem der großen Liebespaare der Kunst – aber nur auf einem Bild. 16 Sommer haben beide am Attersee verbracht. Dass sie 1916, beim letzten Aufenthalt, immer noch nicht verheiratet waren, erstaunte die ländliche Bevölkerung, die das den andersartigen Sitten des Künstlermilieus zuschrieb. Doch warum hätten sie überhaupt heiraten sollen? Emilie Flöge war die Muse Klimts, sie regte ihn künstlerisch ungemein an. Und das war genug, für ihn auch genug Erotik.

■ Weyregg

Weyregg an der Ostseite des Sees besitzt eine auffallende Fülle an Attraktionen. Es gibt ein **Schauaquarium** zur Lebenswelt im Attersee und einen dort beginnenden **Wasserkulturpfad**, die ›Wasser Roas‹, sowie ein privates **k.u.k. Hausmuseum** im Hotel ›Kaisergasthof‹. Weyregg ist auch das Tauchzentrum am Attersee (www.up-divecenter.at).

Die **Sternwarte** am Gahberg bietet ganzjährig Führungen und besondere Präsentationen an. Überhaupt ist der 864 Meter hohe **Gahberg** ein sehr beliebtes Ausflugsgebiet – auch Gustav Klimt hat sich hier sehr oft aufgehalten –, und allein die Fahrt dorthin lohnt. Die hölzerne **Kapelle** von 1951 ist ein originalgetreuer Nachbau der Kapelle von 1670, die in den Nachkriegsjahren abbrannte. Der Gahberg und die Wälder an der Ostseite des Attersees gehören zum Naturpark Attersee-Traunsee und bieten viele reizvolle und bequeme Spaziermöglichkeiten bis in die Region hinüber nach Gmunden. Oberhalb von Weyregg gibt es neben dem Besucherparkplatz am Gahberg zwei weitere Parkmöglichkeiten, von denen aus das herrliche Waldgebiet erkundet werden kann. Weyregg ist dabei eine Station am Josefweg, einem Pilger-Rundweg, der von Altmünster am Traunsee über den Gahberg nach Weyregg und von dort über den Richtberg zurück nach Altmünster verläuft. Der Naturpark lohnt den Besuch zu jeder Jahreszeit: blühende Obstbäume des Frühjahrs, dann leuchtend bunte Blumenwiesen, verträumte Almen und Waldromantik. Die Naturparkverwaltung bietet auch Führungen an.

■ Steinbach

Wie Seewalchen für Gustav Klimt gleichsam genius loci ist, so gilt dies im Falle Steinbachs für Gustav Mahler (1860–1911, → Extra S. 262). Der Komponist verbrachte hier zwischen 1893 und 1896 die Sommermonate, der größte Teil seiner monumentalen Dritten Symphonie entstand in Steinbach, genau genommen im Ortsteil Seefeld. Es heißt, dass die Beschaulichkeit der Landschaft ihren Widerhall in der überwiegend lyrischen Stimmung dieser Symphonie gefunden hat. Gustav Mahler sich dazu extra ein ›Komponierhäuschen‹ direkt am Ufer bauen lassen. Es ist heute noch vorhanden, am Seezugang des Campingplatzes beim Gasthofs Föttinger, und beherbergt eine **Dauerausstellung**. Den Schlüssel zum Häuschen erhält man unbürokratisch im Gasthof. Alljährlich findet in Steinbach anlässlich zum Geburtstag des Meisters am 7. Juli um diese Tage ein Mahler-Festival statt (www.mahler-steinbach.at), das Mahlerianer aus aller Welt anzieht. Für Autofahrer lohnt die schöne Waldpanoramafahrt von Steinbach hinauf zur Waldtaferlklause (Gasthaus), zum winzigen Waldtaferlsee (hier jedes Jahr am 15. August Echoblasen) und weiter hinüber nach Neukirchen und Gmunden. Von dieser Strecke aus lässt sich der Naturpark Attersee auch gut erwandern.

Das Grab Friedrich Guldas auf dem Friedhof in Steinbach

In Steinbach gibt es das **Heimathaus**, im Ortstail Kaisigen gibt es eine alte **Hausmühle**. Die ›Bierschmiede‹ bietet neben unvergleichlichem hausgemachten Bier unter anderem auch Führungen zur Braukultur.

Lohnend ist der Besuch von **Kirche** und **Friedhof** oberhalb Steinbachs. Erstens genießt man hier einen schönen Seeblick, zweitens ist hier der einzigartige Pianist und geniale Jazzer Friedrich Gulda (1930–2000) begraben. Als enfant terrible unter den Pianisten machte er seit den 1950er Jahren Furore, teils durch seine unkonventionellen Interpretationen, teils durch eine gewisse Missachtung dem Publikum gegenüber, das ihn deshalb aber umso mehr liebte. So spielte er fast nie das, was im Programm angekündigt war – wenn denn überhaupt etwas angekündigt wurde. Als einmal Bachs ›Wohltemperiertes Klavier‹ auf dem Programmzettel erschienen, spielte er Werke von Beethoven. Als das zweistündige Konzert vorbei war und die Zuhörer sich zum Gehen anschickten, begann er mit dem Wohltemperierten Klavier und forderte seiner Zuhörerschaft zwei weitere Stunden ab. Als vermutlich einziger klassischer Pianist der Gegenwart konnte Gulda jedoch auch als Jazzpianist überzeugen – berühmt sind seine Duo-Auftritte mit Chick Corea.

Die Pfarrkirche steht am Ort einer vorchristlichen Kultstätte, und schon für das Ende des 8. Jahrhunderts ist an dieser Stelle eine christliche Kirche nachweisbar. Sie ist gotisch, die genaue Entstehungszeit weiß man nicht, doch wurde der Turm um 1410 erbaut. Im Eingang der Kirche verweist eine Tafel auf Philipp von Ferrary (1850–1917). Er gilt als Besitzer der größten und wertvollsten Briefmarkensammlung, die es je gegeben hat. Auch er liegt auf dem Steinbacher Friedhof bestattet, allerdings unter dem Pseudonym Philipp Arnold. Seine Sammlung wurde nach dem Ersten Weltkrieg zerschlagen, da Frankreich sie als Reparationszahlung des besiegten Österreichs gefordert hatte und sie versteigern ließ; Philipp von Ferrary hatte sie bei seinem Tod der österreichischen Monarchie vermacht.

■ Weißenbach

Weißenbach gehört noch zur Gemeinde Steinbach. Hier gibt es ein Forsthaus, in dem Gustav Klimt von 1914 bis 1916 zusammen mit Emilie Flöge bei seinen letzten Aufenthalten am Attersee gewohnt hat. Leider ist es ebenso unzugänglich wie die Villa Langer, in der sich das Paar ebenfalls aufhielt.

Interessant ist der **Geologie- und Bannwaldlehrpfad** am nördlichen Ortsende von Weißenbach. In diesem Bereich schiebt sich das eigentlich nur für erfahrene Kletterer zugängliche und stark verkarstete Höllengebirge bis an das Seeufer heran. Es gibt dort zwar auch einige Wanderwege, doch sie sind teils unmarkiert und erfordern Kondition, Trittsicherheit und Schwindelfreiheit.

Westlich von Weißenbach, genau an der Südspitze des Sees, lohnt ein Spaziergang in die **Burggrabenklamm**. Ein gesicherter, in den Felsen montierter Weg (30 Min.) führt zu einem eindrucksvollen Wasserfall und weiter oben zu einer romantischen Quelle. Die Burggrabenklamm ist im allgemeinen von April bis Oktober zugänglich, jedoch bei besonderen Wetterbedingungen geschlossen. Von Weißenbach führt eine in den Wintermonaten gesperrte sehr reizvolle Fahrstraße (Landesstraße 153) auf 14 Kilometer Länge durch das Tal des Weißenbachs hinüber ins Trauntal nach Ebensee und Ischl. Entlang der Straße gibt es sehr viele Wanderparkplätze und zwar nur wenig markierte Wanderwege, dafür umso mehr Begegnungen mit wenig berührter Natur.

■ Wanderungen um den Attersee

Eine kleine Auswahl:

Sehr lohnend ist ab dem Kastanienlehrpfad in Unterach der Aufstieg zu 1134 Meter hohen **Hochplettspitze**. Zwar sind 650 Höhenmeter zu überwinden, schon die einfache Strecke ist mit drei Stunden zu veranschlagen. Doch lohnt der Weg wegen der Aussicht sehr, es ist auch nicht zu anstrengend.

Zwischen Unterach und Nußdorf existiert ein Abschnitt des **Attersee-West-Wanderweg**. Es geht am Hang entlang über schöne Wiesen, vorbei am Egelsee, an zauberhaften Höfen und immer mit überwältigendem Seeblick. Knapp vier Stunden braucht man auf gut markierten Wegen für die einfache Strecke, die auch in der umgekehrten Richtung sehr lohnt. Im Druckerhof (Tel. 07665/8295, www.druckerhof.com), der nahe bei Unterach liegt, lässt es sich unterwegs gut einkehren. Am Weg, ungefähr bei der Hälfte, gibt es eine große Nußbaumplantage.

Vom Ort Attersee aus kommt man in knapp anderthalb Stunden zum 808 Meter hohen **Buchberg**. Der Weg ist zwar teils steil und steinig, doch lohnen die Blicke auf den See und das Höllengebirge während des Aufstiegs; vom Gipfel aus sieht man eher wenig.

Vom Steinbach am Attersee lohnt der Aufstieg zum Gipfel des **Bramhosen** (950 m). Entlang des Kienbachtals geht es zum Parkplatz Kienklause und von dort hinauf zum Gipfel und über den Attersee-Ostwanderweg wieder hinab. Reine Gehzeit für die gesamte Tour vier Stunden, es sind 480 Höhenmeter im Aufstieg jedoch auf guten, breiten Wegen. Es ist nicht allzu schwer. Man kann die Tour auch vom erwähnten Parkplatz machen (eine Stunde Gehzeit einfache Strecke), allerdings dann ohne den Abschnitt auf dem Ostwanderweg. Sonst steht das Auto unabgeholt an der Kienklause.

Von Weißenbach aus erreicht man über 570 Höhenmeter den 1037 Meter hohen **Schoberstein** (einfache Strecke knapp 2,5 Std.). Die Tour ist nicht schwer, erfordert aber etwas Kondition sowie Trittsicherheit und Schwindelfreiheit. Legendär ist der Blick vom Schoberstein hin über den Attersee bis zur Drachenwand am Mondsee.

ℹ Attersee

Tourismusverband Attersee-Attergau, Attergaustr. 31, 4880 St. Georgen, Tel. 07666/7719-0.
http://attersee-attergau.salzkammergut.at
Infobüro Attersee, Nußdorfer Str. 15, 4864 Attersee, Tel. 07666/77550.
Infobüro Unterach, Hauptstr. 9, 4866 Unterach, Tel. 07666/7719-50.
Infobüro Nußdorf, Dorfstr. 33, 4865 Nußdorf, Tel. 07666/7719-40.
Infobüro Weyregg, Weyregger Str. 69, 4852 Weyregg, Tel. 07664/7719-z0.
Infobüro Steinbach, 4853 Steinbach Nr. 5, Tel. 07663/7719-60.

Naturpark Attersee-Traunsee, 4853 Steinbach Nr. 5, Tel. 07663/20135.
www.naturpark-attersee-traunsee.at

Attersee-Schifffahrt, Büro am Bahnhof Attersee, 4864 Attersee, Tel. 07666/7806.
www.atterseeschifffahrt.at

Hinweis: Die Hotels und Gasthöfe am Attersee haben oft zwischen November und März geschlossen.

Gasthof Druckerhof, Druckerstr. 15, 4866 Unterach, Tel. 07665/8295, p.P. im DZ ab 51 €. Herrliche Panoramaanlage oberhalb des Sees.
www.druckerhof.com

Hotel Restaurant Aichinger, Am Anger 1, 4865 Nußdorf, Tel. 07666/8007, p.P. im DZ ab 79 €. Etwas gediegener, mit Wellnessbereich, Poolgarten und eigenem Hotelstrand.
www.hotel-aichinger.at

Hotel-Restaurant Alpenblick, Abtsdorf 56, 4864 Attersee, Tel. 07666/7543, p. P. im DZ ab 44 €. Umgeben von Wiesen und Äckern. www.hotel-alpenblick.co.at

Kirchenwirt Gasthof zur Post, Hauptstr. 2, 4863 Seewalchen, Tel. 07662/2315, Zimmerpreise auf Anfrage, jedoch grundsätzlich gutes Preis-Leistungs-Verhältnis. Rustikal. www.gasthof-stallinger.at

Café Restaurant Tostmanns Bandlkramerey, Hauptstr. 4, 4863 Seewalchen, Tel. 07662/2304-40.
www.tostmann.at

Hotel Restaurant Zur Post, Marktplatz 22, 4861 Schörfling, Tel. 07662/2595, Zimmerpreise auf Anfrage.
www.gasthof-zur-post-koderhold.at

Almgasthof Schwarz, Kasten 32, 4861 Aurach am Hongar, Tel. 07662/2012. www.hongar.at

Waldgasthof Födinger, Bach 106, 4852 Weyregg, Tel. 07664/2303, p. P. im DZ ab 35 €. Mit angeschlossener Almhütte auf dem 894 Meter hohen Kienesberg. www.waldgasthof-foedinger.at

Hotel Gasthof Föttinger, Seefeld 14, 4853 Steinbach, Tel. 07666/8100, p. P. im DZ ab 75 €. Edles Traditionshaus, kostenloser Kanu-, Ruderboot- und Fahrradverleih, hauseigener Seestrand. Schon Gustav Mahler war hier zur Gast.
www.hotel-attersee.at

Gasthof Kienklause, Kienklause 3, 4853 Steinbach am Attersee, Tel. 07663/202, p. P. im DZ ab 25 €. Guter Ausgangspunkt für Wanderungen in den Naturpark Attersee-Traunsee, eigener Badeplatz am Attersee. www.kienklause.at

Abenteuer Pfahlbau, Agerbrücke/Promenade, 4863 Seewalchen, Tel. 0660/4939729. Infp-Pavillon durchgehend geöffnet. www.pfahlbau.at

Gustav Klimt Zentrum, Allee von Schloss Kammer (Hauptstr. 30), 4861 Schörfling, Tel. 0664/8283990; Ostern–26. Oktober. www.klimt-am-attersee.at

k.u.k. Hausmuseum mit Klimtstube, Hotel Kaisergasthof, Weyregger Str. 75, 4852 Weyregg, Tel. 07664/2202; p. P. im DZ ab 45 €. www.kaisergasthof.at

Gustav Mahler Komponierhäuschen, ganzjährig (Nov.–Apr. nur nach Voranmeldung), Schlüssel beim Gasthof Föttinger (Seefeld 14, 4853 Steinbach, Tel. 07663/8100).

Heimathaus, Steinbach, Tel. 0664/2230247; nur in der Sommersaison tgl. 17.30–19.30 Uhr. Holzwirtschaft im Attergau und ein sehenswertes Modell eines Holzaufzuganlage für das Holztriften.

Aquarium, 4852 Weyregg (am Erholungsgelände beim Musikpavillon), Tel. 07664/22550; Mai–Ende Okt. tgl. 9–22 Uhr. Zahlreiche Fischarten des Attersees in einer, so die Betreiber, ›naturnah gestalteten Seelandschaft‹. www.weyregg.at

Sternwarte Gahberg, Kontakt über: Sachsenstr. 2, 4863 Seewalchen, Tel. 07662/8297. www.astronomie.at

Bienenhof, Neuhofen 5, 4864 Attersee, Tel. 07666/20845. Lehrpfad, Imkerei, Hofladen; Do–Sa 10–18.30, So 10–17 Uhr, Juli/Aug. tgl. 10–18.30 Uhr, zusätzlich Mai–Sept. Do 16.15 Uhr öffentliche Führungen. www.bienenhofattersee.at

See Alpaka, Weyregger Str. 21, 4852 Weyregg, Tel. 0664/1619605, Alpakazucht, Alpakawolle und Kleidung.
www.see-alpaka.at

KristallSalzWelt, Innerlohen 12, 4881 Straß, Tel. 07667/807777.
www.kristallsalzwelt.com

Bierschmiede, Seefeld 56, 4853 Steinbach, Tel. 0664/5486321; ganzjährig Do–Sa ab 17 Uhr, Juli/Aug. auch Mi ab 17 Uhr. Brauereiführungen, Bierverkostungen.
www.bierschmiede.at

Gute Anregungen für Wanderungen rund um den Attersee gibt die Broschüre ›Wandern am Attersee und im Attergau‹, die die Tourismusbüros bereithalten.

Gmunden

Mit über 13 200 Bewohnern ist Gmunden nach Bad Ischl die größte Stadt des oberösterreichischen Salzkammerguts. Es trägt das Attribut ›Keramik-Stadt‹, alljährlich zieht ein großer Töpfermarkt Besucher an. Die Gmundner Keramik, die in der Stadt seit 1803 produziert wird, ist durch die ›grüngeflammte‹ Ornamentik charakterisiert. Vielen Menschen ist Gmunden bekannt, auch wenn sie sich nie dort aufgehalten hatten: die in den 1990er Jahren beliebte Fernsehserie ›Schlosshotel Orth‹ ist hier gedreht worden.

Gmunden ist seit 1278 Stadt und kam durch den Salzhandel zu Wohlstand. Der oberösterreichische Bauernkrieg brachte erste wirtschaftliche Einbußen, auch die Türkenkriege schwächten die Stadt, da sie aufgrund ihres Wohlstands eine erhöhte Türkensteuer zur Verteidigung Österreichs aufzubringen hatte. Als gegen 1800 Salzhandel und Salzumschlag deutlich zurückgingen, gelang es der Stadt in den folgenden Jahrzehnten, mit der Einrichtung eines regulären Kur- und Badebetriebs wieder zu Bedeutung zu kommen. Johannes Brahms und Anton Bruckner zählten zu den berühmtesten Kurgästen. Und seit 1839 besteht eine reguläre Traunseeflotte.

■ Sehenswürdigkeiten im Zentrum

Gmunden wirkt auf die zu Schiff anreisenden Besucher sehr mondän. Das Gebäudeensemble an der **Schiffsanlegestelle** mit den mächtigen historischen Hotels, der Promenade und dem Rathaus ist grandios. Man kann sagen, dass das doch berühmtere Bad Ischl keinen solchen repräsentativen Platz besitzt. Einige exotische Pflanzen schaffen eine mediterrane Atmosphäre – fast glaubt man, sich an der Côte d'Azur zu befinden. Gmundens **Rathausplatz**, einst Unterer Markt genannt, ist der alte Salzhandelsplatz, hier legt seit Beginn der hiesigen Schifffahrt die Traunseeflotte an. Das **Rathaus** stammt aus dem Jahr 1574, wurde 1669 erweitert und 1959 mit einem Glockenspiel aus Porzellan versehen. Ursprünglich stand das Rathaus ganz nahe am Seeufer. Nach 1874 wurde das Ufer aufgeschüttet, um mehr Raum für den Rathausplatz zu gewinnen. In diesem Zusammenhang entstand auch die **Seepromenade**, hier ›Esplanade‹ genannt. Sie zieht sich westwärts am Ufer bis nach Schloss Orth hin. An der Promenade, gegenüber dem Parkhaus,

Das reich geschmückte Rathaus

In der Kirchgasse

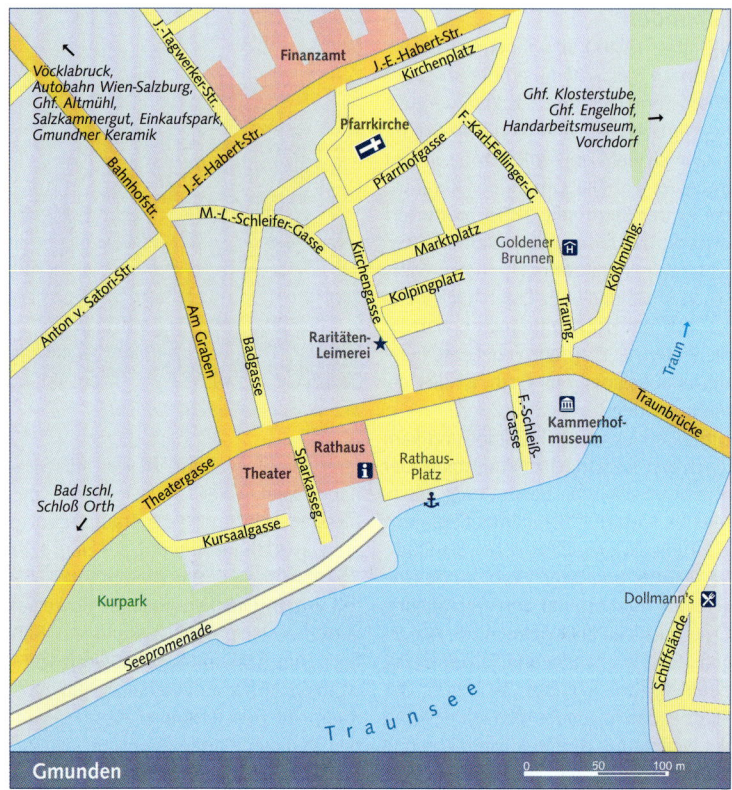

stand auch das berühmte Gmundener Kurhaus. Es brannte 1941 ab und wurde nicht mehr aufgebaut. Theatergasse und Kammerhofgasse, beides wichtige Geschäftsstraßen, schließen den Rathausplatz nach Norden hin ab. An der Promenade, gleich westlich der Schiffsanlegestelle, steht auch das klassizistische **Theater** (1872). An ihn schließt westlich der **Kaiser-Franz-Joseph-Park** (Kurpark) an, eine nur kleine Anlage, aber durch den ungewöhnlichen **Springbrunnen** von 1953 sehenswert: ein Zwerg (Gnom) hält einen großen Bergkristall in der Hand. Am Ostrand des kleinen historischen Zentrums steht der markante Gebäudekomplex des **Kammerhofs**, einst Sitz des Salzamtmanns. Heute befinden sich hier viele Bars und Geschäfte, aber auch einige sehr interessante lokale **Museen**: eines zur Stadtgeschichte, eines zu Geologie und Archäologie, eines zur sakralen Kunst des Salzkammerguts, eines zu zeitgenössischer Kunst und als besonders ungewöhnliches und äußerst sehenswertes Museum eines zur Sanitärkultur. Im Rahmen zusätzlicher Ausstellungen wird auch an Johannes Brahms gedacht, der sich in den Sommermonaten der Jahre 1880 bis 1882 und 1889 bis 1896 in Ischl aufgehalten hat und sehr oft nach Gmunden kam, um seinen Freund Victor Miller von Aichholz in dessen Villa (Lindenstr. 11) zu besuchen. Dieser gründete nach Brahms' Tod in seiner Villa ein Brahms-Museum, dessen Exponate später in den Besitz der Kammerhofmuseen übergingen. Der dem See und der Traun zugewandte Museumsplatz war dabei einst der Garten des um 1450 erbauten landesfürstlichen Salzamts. Man erreicht ihn auch direkt entlang des Seeufers. Hinter dem Kammerhof verlässt man durch das **Trauntor** die Innenstadt, und hier verlässt auch die Traun den Traunsee. Traunabwärts gibt es an der linken Flussseite eine hübsche Promenade. Sie geht in den **Traunuferwanderweg** über, auf dem man bis Lambach und weiter wandern kann.

Vom Seeufer aus steigen die Straßen an zum Viertel um die Stadtpfarrkirche. Man geht am besten durch die Kirchengasse hoch. Sie gehört zu den ältesten Gassen der Stadt und ist mit ihren Läden und Lokalen voll urbanen Lebens. Es geht vorbei am landesweit berühmten Antiquitätenladen Leimer, der Blick die Kirchengasse aufwärts zur Pfarrkirche ist ein beliebtes Fotomotiv. Kirchengasse 2 war im Mittelalter das Rathaus. Die Mauer dieses Gebäudes zeigt zwei alte Maßeinheiten: den ›Gmundner Klafter‹ und die ›Gmundner Elle‹. Zwei Hochwasserkatastrophen am Ende des 19. Jahrhunderts ließen übrigens den Seespiegel bis hierher ansteigen, wie am gleichen Haus Markierungen zeigen. Gmundens Marktplatz ist nicht mit dem Rathausplatz identisch; es ist eine breitere, eher bescheiden wirkende Gasse, die von der Kirchengasse abgeht.

Die **Pfarrkirche** wurde um 1725 von Johann Michael Prunner barockisiert, der Turm dabei auf 52 Meter Höhe erweitert. Grabplatten an ihrem Äußeren beweisen, dass sie einst direkt vom Stadtfriedhof umgeben war. Zwei große Freskenbilder (um 1525) schmücken unter einem Bogenvordach die Südwand der **Stadtpfarrkirche**. Sie zeigen das Jüngste Gericht (links) und den heiligen Christophorus. Das Turmtor der Kirche ist übrigens ein Relikt der 1844 abgerissenen gotischen Friedhofskapelle.

Die Kirche birgt im Inneren mit dem Dreikönigsaltar (1678) von Thomas Schwanthaler ein besonderes kunstgeschichtliches Kleinod. Bewegend sind die lebensgroßen Darstellungen der heiligen Drei Könige, über denen der Stern von Bethlehem schwebt. Denn das Patronat der Kirche ist die ›Erscheinung des Herrn‹ bzw. die Epiphanie am 6. Januar, wie kirchlich offiziell der Dreikönigstag genannt wird. Nach der Barockisierung erhielt die vormalige Marienkirche dieses neue Patronat.

Westlich der Pfarrkirche liegt der kleine **Rinnholzplatz**, der seinen Namen als ›Rinderholzplatz‹ von den zum Verkauf hier angebotenen Rindern erhielt, die an Holzpflöcke gebunden waren. Auf dem Platz steht der einzige **Keramikbrunnen** Österreichs. Er stammt von 1948 und weist einen Salzträger als Brunnenfigur auf. Sein Trinkwasser stammt von einem ›heiligen Bründl‹ der Umgebung, an dem der Legende nach die heiligen Drei Könige auf ihrer Reise nach Gmunden einst Rast machten.

Westlich vom Rinnholzplatz liegt die Straße Graben, die die alte Innenstadt begrenzt. Der einst etwa 20 Meter breite Stadtgraben entlang dieses Weges wurde 1841 zugeschüttet.

Eine Kuriosität ist die 1894 als Lokalbahn eröffnete und 1938 umgewidmete Gmundner Straßenbahn, die zwischen dem Bahnhof und dem Rathausplatz auf der mit 2315 Meter kürzesten Linie der Welt verkehrt. Mit zehn Prozent Steigung gilt die Strecke gleichzeitig als steilste weltweit. Vom Bahnhof Gmunden fährt jedoch auf 15 Kilometern Strecke eine Lokalbahn, die Traunseebahn, nach Vorchdorf. Auf der Linie werden auch touristische Themenfahrten angeboten (www.stern-verkehr.at). Der Gmundener Bahnhof war im 19. Jahrhundert Endstation der berühmten Pferdeeisenbahn Linz–Budweis, die bis 1836 bei 199 Kilometern Gesamtlänge bis Gmunden weitergebaut war. Ein Trassenteil ist jetzt Themenwanderweg.

■ **Außerhalb des Zentrums**

Knapp einen Kilometer stadtauswärts, am westlichen Seeufer, ragt eine flache Landzunge in den See. Darauf liegen der Toscanapark, das Landschloss Orth und ein Kongresszentrum, vorgelagert ist das Seeschloss Orth, oft auch nur ›Ort‹ geschrieben. Das waren von 1996 bis 2004 Drehorte der bekannten Fernsehserie ›Schlosshotel Orth‹, sie gehören sicherlich zu den meistbesuchten Sehenswürdigkeiten von Gmunden.

Das vierflügelige **Landschloss Orth** entstammt der Renaissance. Der bayerische Statthalter im Bauernkrieg, Adam Graf Herberstorff (1585–1629), ließ es 1626 errichten, nachdem ein Meierhof an dieser Stelle von den Aufständischen niedergebrannt worden war. Die Bauern hatten die Aufbauarbeit zu leisten. Seine heutige Form mit seinen vier von Zwiebelhelmen gekrönten kleinen Ecktürmen erhielt es erst im 17. Jahrhundert. Das Schloss, in dessen reizvollem, noch spätgotischem Innenhof Wappenfresken und ein Rokokobrunnen existieren, ist heute Forstakademie.

Berühmter, schon wegen der spektakulären Lage auf einer kleinen Insel, ist das **Seeschloss Orth**. Der Sage nach hat an dieser Stelle ein Riese namens Erla aus Liebe zu einer Traunseenixe namens Blondchen das Schloss gebaut und nach deren Tod ihr Gesicht in den Erlakogel gemeißelt. Tatsächlich ähnelt die Silhouette dieses Berges nahe Ebensee am Südrand des Traunsees der einer schlafenden Frau. Realität zumindest ist: Ein Vorgängerbau hat hier schon im 10. Jahrhundert bestanden, nachweisliche erste Besitzer waren von 11. bis ins 13. Jahrhundert steirische Ministerialen. 1483 wurde es habsburgisch, 1580 kaufte es die Stadt Gmunden, 1620 der bayerische Statthalter. 1626 brannten die Aufständischen des Bauernkrieges auch dieses Schloss nieder. Die Schlossuhr stammt original aus dem Jahr 1634, ihr Uhrwerk wird täglich noch

▲ *Seeschloss Orth liegt hinreißend*

Gmunden

Die Pfarrkirche St. Valentin beeindruckt mit ihrem Netzrippengewölbe

mit der Hand aufgezogen. Zunächst blieb das Schloss in Herberstorffschem Besitz, bis es nach dem Aussterben der Familie wieder ans Haus Habsburg kam. 1867 erwarb es der Enkel des Kaisers Leopold II., Erzherzog Leopold II. von Toskana, der es sogleich seinem Sohn überschrieb, Erzherzog Johann Salvator (geb. 1852). Der war ein ungewöhnlicher Adeliger: Er entschied sich 1889 für ein bürgerliches Leben, legte alle Adelstitel ab und nannte sich nur noch Johann Orth. Er heiratete eine Schauspielerin, die seine langjährige Geliebte gewesen war, und unternahm 1890 eine Weltreise mit einem eigenen Dreimaster. Sein Plan, Südamerika zu umsegeln, scheint aber gescheitert zu sein. In La Plata wurde er noch gesehen, am 12. Juli 1890 traf eine letzte Nachricht von ihm ein, seinen nächsten geplanten Zielhafen, Valparaiso, erreichte er aber anscheinend nicht mehr. 1911 wurde Johann Salvator offiziell für tot erklärt, sein Grundbesitz fiel an Kaiser Franz Joseph. Bis heute weiß man nichts über sein Verschwinden. Schloss Orth ist heute in Staatsbesitz. Viel besucht wird das Schlossrestaurant, das Schloss ist ein beliebter Ort für Hochzeiten, und überhaupt zählt der Blick über die 123 Meter lange Brücke zur Schlossinsel zu den beliebtesten Fotomotiven Oberösterreichs. Auf der kleinen Insel kann das Schloss umrundet werden – herrliche Blicke auf den Traunsee und den Traunstein inklusive.

Sehenswert ist auch das **Renaissanceschloss Weyer**, das am Ostufer des Sees liegt, am Fuß des Grünbergs. Schöne Arkadenhöfe und vor allem die europaweit bedeutendste Sammlung von Meißner Porzellan lohnt den Besuch. Es ist in Privatbesitz, zugänglich sind im Inneren nur die Sammlungsräume.

■ Laakirchen

Wenige Kilometer nördlich von Gmunden liegt Laakirchen. Wer Zeit hat und gerne wandert, erreicht es auf dem Traunuferwanderweg von Gmunden aus in anderthalb Stunden. Obwohl der Ort an der Traun in Reiseführern oft überhaupt nicht erwähnt wird, gibt es hier einiges sehr Sehenswerte, vor allem die gotische **Pfarrkirche St. Valentin**. Sie besitzt eine Mittelsäule als Stütze des Netzrippengewölbes, das sich über zwei Schiffe hinzieht.

Im Gemeindeteil Rahstorf (3 km östlich) liegt das **Gmöser Moor**. Hier besteht seit 1907 ein kleines **Moorbad** (www.moorbad.gmoes.at), das aus einem alten Bauernbad hervorging. Das **Schloss** im Gemeindeteil **Lindach** nordöstlich von Laakirchen ist bemerkenswert, da es Österreichs einziges Schloss ist, bei dem der Schlosshof gleichzeitig Dorfplatz ist. Es wurde von vornherein um den Dorfplatz herum angelegt. Im Schloss befand sich von 1810 bis 1840 Österreichs erste Zuckerfabrik. Im Ortsteil **Steyrermühl** steht eine architektonisch innen und außen bemerkenswerte Expositurkirche – Pfarrei ohne eigene Vermögensverwaltung – aus dem Jahr 1988. In Steyrermühl bestand von 1868 bis 1988 eine Papierfabrik. In den früheren Werkshallen ist seit 1997 das **Österreichische Papiermacher-Museum** eingerichtet. Es zeigt unter anderem eine Handschöpferei und den Nachbau der ersten Papiermaschine der Welt von 1799. An das Museum sind ein kleines **Feuerwehrmuseum** und ein **Druckermuseum** angeschlossen, außerdem werden die alten Werkshallen gern für Hochzeiten und sonstige Veranstaltungen aller Art genutzt.

■ **Wanderungen um Gmunden**

Gmundens Hausberg ist der 1004 Meter hohe **Grünberg**. Zu ihm lässt es sich bequem emporsteigen, auch gibt es an seiner Ostseite einen Wanderparkplatz. Spektakulärer ist allerdings die Fahrt mit der **Seilbahn** hinauf zur **Grünbergalm**. Die Talstation befindet sich an der Karl-Josef-von-Frey-Gasse 4 (www.gruenberg.info, Tel. +43/50140). Der Ausflug ist wegen des herrlichen Traunseeblicks mehr als lohnend. Dazu gibt es eine schöne Einkehrmöglichkeit.

Sehr zu empfehlen ist die etwa einstündige Wanderung hinüber zum lauschigen **Laudachsee**, der sich hinter der Ostseite des Traunsteins versteckt. Auch hier gibt es eine Einkehrmöglichkeit.

An der schmalen Straße am Ostufer des Traunsees liegt der Gasthof ›Hoisn‹. Hier, am Fuß des Traunsteins, liegt die sogenannte **Kaltenbachwildnis**, eine sehr malerische Schlucht mit pittoresken Felsformationen, die auf bequemen Pfaden auf einem Rundweg (2 Std.) zu begehen ist. Vom Moaristdl (Ostuferparkplatz), ebenfalls am Ufer, doch etwa einen Kilometer weiter südlich gelegen, führt die Steiganlage des **Mieswegs** direkt über dem Seespiegel und unmittelbar unter der steilen Traunsteinwand entlang (Trittsicherheit erforderlich!)

Lohnend ist von ›Moaristdl‹ auch der Aufstieg zum 895 Meter hohen **Kleinen Schönberg**, wofür man zwei Stunden benötigt und oben plötzlich dem gewaltigen Traunstein ganz nahe ist. Die Tour ist nicht schwierig, doch sollte man schwindelfrei und trittsicher sein. Der Traunstein selbst ist nur Geübten und Gutkonditionierten zugänglich (via Naturfreundesteig), Gasthof ›Hoisn‹ und Moaristdl sind mit dem Pkw erreichbar.

Rund um den Traunsee

Der Traunsee besitzt den Superlativ, mit 191 Metern Österreichs tiefster See zu sein. Nach dem Attersee ist er mit 24,35 Quadratkilometer Fläche auch Österreichs zweitgrößter – rechnet man nur die, die vollständig auf österreichischem Gebiet liegen. Die Römer würdigten ihn als ›lacus felix‹, als ›glücklichen See‹. Und das mit Recht: die landschaftlich einzigartige Lage machte ihn berühmt und zog wie am Attersee Künstler und Herrschende an. Und auch hier sind viele Wassersportarten möglich: Segeln, Tauchen, Surfen, Wasserski. Der Traunsee wird an seinem Ostufer eindrucksvoll vom Felsmassiv des 1691 Meter hohen Traunsteins überragt. Anders als beim Attersee, der an allen Seiten besiedelt ist und viele touristische Attraktionen bietet, ist der Ostsaum des Traunsees wegen der steilen Berghänge nur schwer zugänglich, auch gibt es hier keine Ortschaften. Doch kann man auf schmaler, sehr interessanter Straße bis zu einem Besucherparkplatz direkt unterhalb des Traunsteins fahren.

Natürlich ist auch der Traunsee durch Schifffahrtslinien erschlossen. Der Raddampfer ›Gisela‹, benannt nach der ältesten Tochter Sisis und Franz Josephs, ist hierbei der Stolz der Reederei. Das 250 Personen fassende Schiff wurde 1871 gebaut und ist mit kleineren Unterbrechungen durch Wartungsarbeiten durchgehend auf dem See im Dienst, mittlerweile jedoch nicht mehr mit Kohle, sondern mit Öl betrieben.

Eine Kuriosität ist, dass am 8. April 1945 ein Flugzeug der US-Luftwaffe in den See stürzte, 60 Jahre als verschollen galt und erst 2006 geborgen wurde. Unklar sind bis heute die Gründe des Absturzes. Die Straße am Westufer des Traunsees von Gmunden nach Ebensee ist von großem Reiz. Traunsee und Traunstein bilden links eine markante Kulisse, rechts geht es direkt am Berghang entlang, nach Traunkirchen werden immer wieder kleine und große Tunnel durchfahren und immer wieder ändert sich der Blick auf See und Traunstein. Hie und da gibt es auch einige historische Tunnelportale und parallel zu den Tunneln die schmale Ufer-Altstraße, die heute Radfahrern und Fußgängern vorenthalten ist. Einige hübsche kleine Seen nahe des Südendes des Traunsees ergänzen die Attraktionen der Region.

■ Pinsdorf und Ohlsdorf

Pinsdorf nordwestlich von Gmunden ist wegen seiner Nähe zu den Waldgebieten des Naturparks Attersee-Traunsee ein viel besuchter Ort, für Familien mit Kindern stellt das hiesige **Tierweltmuseum** die wichtige Attraktion dar. Sehenswert ist besonders der ›Bauernhügel‹, mit einem Obelisken gleich neben der Straße gelegen. Hier wurde in der Schlacht von Gmunden am 15. November 1626 ein Bauernheer von den Truppen des kaiserlichen Generals Pappenheim (1594–1632) vernichtend geschlagen. 2000 Bauern fielen und sind hier, in der näheren Umgebung um das Denkmal, begraben. Das Areal liegt an der Gmundner Straße, nahe der Einmündung der Sportplatzstraße.

Im unweiten Ohlsdorf gibt es ein **Thomas-Bernhard-Haus**. Das Wohnhaus des großen Literaten, ein Vierkanthof, ist zu einer Gedenkstätte geworden. Thomas Bernhard (1931–1989) ist kein Oberösterreicher, er starb allerdings in Ohlsdorf, sein Werk besitzt nirgendwo einen spezifischen Bezug zu Oberösterreich. Nicht weniger sehenswert in Ohlsdorf ist das **Motorrad Trial Museum**.

■ Altmünster

Altmünster (9800 Bewohner) schließt sich westwärts an Gmunden an und ist mit diesem fast zusammengewachsen. Sehenswert sind die gotische und später außen barockisierte **Pfarrkirche St. Benedikt**, bei der allerdings der Turm

Die ›Gisela‹ auf dem Traunsee

weder farblich noch stilistisch zum Langhaus passt. In ihrer Allerheiligenkapelle ist Adam Graf Herberstorff beigesetzt, baye-rischer Statthalter und Bauernschlächter im Oberösterreichischen Bauernkrieg 1626. Er veranlasste kurz vor seinem Tod 1629, den Altarraum im Renaissancestil zu verändern. Das klassizistisch umgebaute **Renaissanceschloss Ebenzweier** (Ebenzweierstr. 23) ist heute landwirtschaftliche Berufsschule. Ein ungewöhnliches Aussehen besitzt auch die **Filialkirche** von 1956 im Gemeindeteil Reindlmühl.

Viel besucht werden in Altmünster zwei Museen: das **Heimathaus** und das **Schachmuseum**.

In Altmünster, im Haus Grasberg 98, lebte übrigens zeitweise der Dramatiker Thomas Bernhard, der im unweiten Ohlsdorf (→ S. 281) ein Haus besaß, heute Gedenkstätte.

Kaum bekannt ist, dass im Altmünsterer Ortsteil Ebenzweier, in der Villa Traunblick (Nachdemsee Nr. 15), Mathilde Wesendonck (1828–1902) von 1878 bis zu ihrem Tode lebte. Sie war, wenn man so sagen darf, Richard Wagners ›unsterbliche Geliebte‹. Ohne die erotische Wirkung der verheirateten Frau auf Richard Wagner wäre ›Tristan und Isolde‹ wahrscheinlich nicht entstanden. Mathilde Wesendonck starb in Ebenzweier, ihre letzte Ruhestätte befindet sich im Familiengrab der Wesendoncks auf dem Alten Friedhof in Bonn. Dass in Altmünster aber der ›Tristan‹ komponiert worden ist, wie man bisweilen von den Tourismusführern zu Land und auf dem Traunsee hört, ist Unsinn. Der entstand zwischen 1857 und 1859 in Zürich, wo Wagner und die Wesendoncks in dieser Zeit lebten.

Eine sehr reizvolle Fahrstraße führt von Altmünster durch den Naturpark Attersee-Traunsee hinüber zum Ostufer des Attersees. Entlang der Straße gibt es einige Einkehrmöglichkeiten, und natürlich bieten sich auch viele Wanderungen an.

■ **Traunkirchen**

In Traunkirchen sind viele traditionelle Bräuche lebendig. Am Abend des 5. Januar gibt es den Glöcklerlauf, wo gegen 22 Uhr Männer mit farbenfrohen Glöcklerkappen zu einem bestimmten Punkt laufen und Krippen- und Weihnachtslieder singen. In der Karwoche findet das ›Antlassingen‹ statt. ›Antlass‹ bedeutet Angst, gemeint ist die Todesangst Christ. So ziehen am Gründonnerstag um 21 Uhr die Gläubigen durch Traunkirchen und gedenken in mehrfacher Runde an zwölf Stationen der Passion Christi, ein Vorsänger und die Gemeinde intonieren Passionslieder. Gegen 3 Uhr morgens singt man ein 16-strophiges Abschlusslied. Und auch am Fronleichnam gibt es traditionell eine Sakramentsprozession, die am Seeufer entlang zieht.

Traunkirchen ist einer der meistbesuchten Orte im Salzkammergut und von großer kulturhistorischer Bedeutung für Oberösterreich. Die Verbindungsstraße Gmunden–Ischl umfährt das kleine und enge Städtchen in einem Tunnel, doch es ist ein Muss, hier einen Besuch gemacht zu haben.

Markantester Punkt des Ortes ist der in den Traunsee hineinragende Felsen des **Johannesberges**. Dabei handelt es sich um einen uralten Kultort, der allein durch seinen ansonsten im Salzkammergut nicht anzutreffenden Eibenbestand magisch wirkt. Es ist ein uralter Brandopferplatz, an dem die prähistorischen Bewohner jahrhundertelang ihren Gottheiten opferten.

Die gotische **Johannesbergkapelle** besitzt einen Knorpelwerksaltar aus dem 16. Jahrhundert, also einen durch allerlei knollenähnliche Ornamentik charakteri-

Die Johannesbergkapelle in Traunkirchen

sierten Altar, wies es sonst nur in den Niederlanden und in Norddeutschland vorkommt. Dem Johannesberg ist eine kleine Badeinsel vorgelagert, die über einen künstlichen Steg zugänglich ist.

Die **Pfarrkirche** befindet sich nördlich des Johannesbergs und dicht am Seeufer. Sie entstand 1632, nachdem ihr Vorgängerbau, die Kirche des 1032 gegründeten Traunkirchner Benediktinerklosters, einem Brand zum Opfer gefallen war. Ihr bedeutendstes Kunstwerk ist die 1753 entstandene hölzerne Fischerkanzel (Schiff-Petri-Kanzel), die in der äußeren Form an einen Schiffskiel erinnert und das neutestamentliche Motiv des reichen Fischfangs (Menschenfischens) in Skulptur und Bild wiedergibt. Bewundernswert sind das filigrane Fischernetz und vor allem die Apostelstatuen.

Das dazugehörige Kloster wurde 1622 zum Jesuitenkloster, die ehemaligen **Klostergebäude** sind seit der Klosteraufhebung 1773 in kommunalem Besitz und dienen als unter anderem als Bildungs- und Tagungshaus profanen Zwecken, auch ein regionales **Handarbeitsmuseum** gibt es dort.

60 Jahre nach der Kirche, von 1696 bis 1699, errichtete man einen **Kalvarienberg**, der der älteste im Salzkammergut ist. In der **Kalvarienbergkapelle** gibt es ein seltsames Wandbild mit einer Darstellung des himmlischen Jerusalem, das sich merkwürdigerweise im Salzkammergut befindet – zumindest suggeriert es die Darstellung.

Sehenswert ist auch die sogenannte **Russenvilla** (Kalvarienberg 8), die 1854 für Sophia Pantschulidzew erbaut wurde, eine russische Fürstentochter.

Etwa anderthalb Kilometer südlich von Traunkirchen steht direkt an der Uferstraße eine 2,5 Meter hohe **Löwenskulptur**. Kaiser Franz Joseph ließ sie 1861 als Symbol seiner Macht errichten. 1963 wurde der Löwe zerstört: im damaligen Südtirolkonflikt drangen italienische ›Aktivisten‹ ins Salzkammergut vor und demolierten zahlreiche national-österreichische Symbole.

■ Ebensee

Ebensee am Südende des Traunsees war viele Jahrhunderte ein wichtiger Ort der Salzgewinnung. Seit 1604 bestand hier eine Saline, die ab 1607 über eine 40 Kilometer lange Soleleitung von Hallstatt her versorgt wurde. 1835 brannten Ebensee und Saline ab und es dauerte, bis wieder an den wirtschaftliche Blüte der Zeit davor angeknüpft werden konnte. Doch mit den Werken der Salinen Austria wird die Tradition die Salzverarbeitung auch heute noch weitergeführt. Salinen Austria, obwohl erst 1997 gegründet, kann man als weiteren Nachfolgebetrieb der jahrhundertealten landesfürstlichen Salzproduktion ansehen, aus denen nach dem Ersten Weltkrieg die Österreichischen Salinen und nach 1938 die Alpenländischen Salinen hervorgegangen waren.

Seit 1877 ist Ebensee an die Salzkammergutbahn (Stainach-Irdning-Aussee-Ischl-Gmunden-Attnang-Puchheim-Ried-Schärding) angebunden, womit

Etwas außerhalb von Ebensee gelegen: das Naturmuseum Salzkammergut

Am Offensee

die Saline zur damaligen Zeit wieder Aufschwung erhielt. Denn die Waldbestände wurden knapp, und für die Feuerung musste Kohle verwendet werden, die jetzt mit der Bahn in großen Mengen antransportiert werden konnte.

Unrühmlich bekannt wurde Ebensee ab Herbst 1943, als eine Außenstelle des Konzentrationslagers Mauthausen entstand. Hierher wurde auch – nach den Bombenangriffen auf Peenemünde im Sommer 1943 – die Heerestechnische Versuchsanstalt von der Insel Usedom bombenangriffsicher in das Salzkammergut verlegt. Unter der Tarnbezeichnung ›Zement‹ wurde die Peenemünder Raketenforschung (V1, V2) in Ebensee weitergeführt. Nachweislich sind im KZ Ebensee über 8700 Häftlinge umgekommen, bei der Lagerbefreiung wurden noch 18300 Menschen lebend angetroffen. Eine **Gedenkstätte mit Gedenkstollen** erinnert im Gemeindeteil Finkerleiten, nahe der Umgehungsstraße am südlichen Ortsrand, an das Lager.

Ebensee hat einige hübsche Museen zu bieten: in der Ortsmitte ein **Kultur-Industrie-Museum**, das **Zeitgeschichte Museum Ebensee**, das sich der Geschichte Österreichs und des Salzkammerguts widmet, und etwas außerhalb das **Naturmuseum Salzkammergut**. Sehenswert ist auch die braocke **Pfarrkirche**, die der bedeutende Linzer Architekt Johann Michael Prunner 1726 schuf. Ihre Innenausstattung ist besonders reich. Auch in Ebensee werden die Traditionen hochgehalten: wie in Traunkirchen gibt es hier einen Glöcklerlauf, der zum UNESCO-Kulturerbe zählt.

■ **Rund um Ebensee**

Ebensees Hausberg ist der 1592 Meter hohe **Feuerkogel**, der mit einer Seilbahn von Ebensee aus erreichbar ist. Vom Feuerkogel ist das übrige Höllengebirge, dessen östlichster Pfeiler er ist, sowie der höchste Berg des Höllengebirges, der Große Höllkogel (1862 m), gut erreichbar.

Das Höllengebirge ist allerdings keine gemütliche Wandergegend – und wenngleich weder Seil noch Haken nötig sind, kann man das verkarstete kahle Gebirge nur Fortgeschrittenen empfehlen. Und der Feuerkogel gilt als der Berg Österreichs mit den höchsten Windgeschwindigkeiten (bis zu 220 km/h!). Natürlich lohnt die Auffahrt wegen der grandiosen Aussicht in jedem Fall.

Eine bedeutende Sehenswürdigkeit ist die **Gassel-Tropfsteinhöhle** östlich von Ebensee. Sie liegt auf 1229 Meter Höhe, unterhalb des 1411 Meter hohen Gasselkogels, und ist mit dem Auto nicht direkt erreichbar. Man muss vom Ebenseer Ortsteil Rindbach zu ihr aufsteigen, wofür etwa 2,5 Stunden erforderlich sind. Sie wurde erst 1918 entdeckt und ist nur mit Führung zugänglich; vom gesamten, 4600 Meter langen Höhlengangsystem ist nur ein kleiner Teil für das Publikum erschlossen. Eine Besonderheit sind die hier auftretenden verhältnismäßig großen Höhlenperlen, kugelige Kalksinterbildungen in Bodenvertiefungen

Von Rindbach aus lohnt der Aufstieg auf den **Erlakogel** (1575 m). Es ist nicht schwierig, aber anstrengend, da 1150 Höhenmeter zurückgelegt werden müssen (Trittsicherheit, Schwindelfreiheit und gutes Wetter erforderlich!). Der spitze Erlakogelgipfel und sein Umfeld werden oft als ›schlafende Griechin‹ bezeichnet, da die Bergsilhouette einer schlafenden Frau mit markanter Nase ähnelt. Einer Sage nach hat der Riese Erla seine Geliebte nach deren Tod ihr Profil eingemeißelt (→ Seeschloss Orth, S. 278). Der Erlakogel ist wenig besucht, ein Ort der Stille, bietet aber nicht zuletzt wegen der Sturmschäden im Wald wunderbare Blicke.

■ Der Offensee

Der Offensee, etwa zehn Kilometer von Ebensee entfernt, ist ebenfalls ein Ort der Stille, ein nur wenig bekannter Bergsee. Er liegt auf 649 Meter Höhe, ist bis zu 40 Meter tief und annähernd rechteckig bei etwa 900 Metern Seitenlänge. Die kaum anstrengende, etwa anderthalb Stunden erfordernde Umrundung zu Fuß bietet einige landschaftliche Reize. Direkt am See liegen zwei Wanderparkplätze, einer in der Nordwestecke in der Nähe des Jagdschlosses Offensee. Leider ist dessen Restaurant schon seit einigen Jahren geschlossen. Einkehren kann man allerdings an der Jausenstation Seeau (Mitte April–Mitte Okt., Tel. 0664/1122970) an der See-Südseite.

■ Das Langbathtal

Von Ebensee zieht sich des Langbathtal, am Nordsaum des Höllengebirges entlang, acht Kilometer hoch bis zu den beiden **Langbathseen**. Das sehr reizvolle Tal kann bis zum Vorderen Langbathsee mit dem Auto befahren werden. Dieser See ist ein beliebter Badeplatz, die Wassertemperatur erreicht im August bis 24 Grad, wird aber meist jedoch nur von Einheimischen aufgesucht; der Hintere Langbathsee wird wegen seines erhöhten Algengehalts als Badesee wenig benutzt. An der Südwestecke des Vorderen Langbathsees liegt wie am Offensee ein ehemaliges Jagdschloss Kaiser Franz Josephs. Im Süden überragt der 1779 Meter hohe Brunnkogel die Seen. Beide Seen können auf bequemen Rundwegen ohne nennenswerte Anstiege umwandert werden, und am vorderen See gibt es mit dem Café-Restaurant ›Langbathsee‹ eine schöne Einkehrmöglichkeit (Feb.–Okt. tgl. 10–22 Uhr). Die Runde um beide Seen dauert etwa 2,5 Stunden. Unterhalb der beiden Seen, an der Fahrstraße von Ebensee herauf, liegt der Gasthof ›In der Kreh‹. Als Geheimtipp sei die Wanderung von dort um den Hohenaugupf (1062 m) herum zur **Hochsteinalm** (907 m) und zurück empfohlen. Die Alm kann man übrigens auch von einem Wanderparkplatz im Ortsteil Dorf von Traunkirchen aus erreichen. Die Hochsteinalm ist eine elysische Wiese fernab allen Weltgetümmels. Knapp drei Stunden sollte man für die Runde einplanen, Trittsicherheit ist erforderlich, denn das Teilstück Hochsteinalm–Langbathstraße ist im Abstieg tückisch. Daher sollte man die Tour vom Gasthof ›In der Kreh‹ aus besser gegen den Uhrzeigersinn machen und aus dem Langbathtal unterhalb des Gasthofs zur Hochsteinalm aufsteigen (Weg 838 entlang eines kleinen Bachs).

Gmunden und Traunsee

PLZ: 4810 (Gmunden), 4801 (Traunkirchen), 4802 (Ebensee), 4813 (Altmünster).
Vorwahl: 07612 (Gmunden).
Tourismusverband Traunsee-Almtal, Toscanapark 1, Gmunden, Tel. 07612/74451. https://traunsee-almtal.salzkammergut.at
Stadtgemeindeamt Gmunden, Rathausplatz 1, Tel. 07612/794400 bzw. 74451. https://traunsee-almtal.salzkammergut.at
Tourismusbüro Altmünster, Marktstr. 6, Altmünster, Tel. 07612/87181. https://traunsee-almtal.salzkammergut.at
Tourismusbüro Traunkirchen, Ortsplatz 1, Traunkirchen, Tel. 07617/2234. https://traunsee-almtal.salzkammergut.at
Tourismusbüro Ebensee, Hauptstr. 34, Ebensee, Tel. 06133/8016. https://traunsee-almtal.salzkammergut.at

▸ Gmunden:
Keramikhotel Goldener Brunnen, Traungasse 10, Tel. 64431-0, p. P. im DZ ab 70 €. Gasthof seit 1545 und damit älteste durchgehend bestehende Herberge Oberösterreichs. www.goldenerbrunnen.at
Gasthof Engelhof, Engelhofstr. 1, Tel. 64892, p. P. im DZ ab 45 €. Am Ostrand von Gmunden. www.engelhof.at
Gasthof Altmühl, Ohlsdorfer Str. 50, Tel. 64262, p. P. im DZ ab 40 €. Gutbürgerlich und gemütlich. www.gasthof-altmuehl.at
Gmundner Brauhaus, Druckereistr. 3–30 (Salzkammergut Einkaufspark), Tel. 65204. Preisgünstige Mittagsmenüs von hoher Qualität, exzellentes Bier. www.brauhaus-gmunden.at
Dollmann´s, Schiffslände 3, Tel. 67874, leider So und Mo geschlossen. Spezialität: Fisch aus dem Traunsee. www.dollmanns.at
▸ Traunkirchen:
Pension s´Waldeck, Koglstr. 4, Tel. 07617/3122, p. P. im DZ ab 39 €. www.landhaus-waldeck.at
Klosterstube, Klosterplatz 2, Tel. 0664/4231747. Regionale, modern interpretierte Gerichte. www.klosterstube-traunkirchen.at

▸ Ebensee:
Landhotel Post, Hauptstr. 19, Tel. 06133/5208, p. P. im DZ ab 56 €. Erstes Haus am Platz. Hohe Preiswürdigkeit. www.hotel-post-ebensee.at
Gasthof Auerhahn, Bahnhofstr. 55, Tel. 06133/5320, p. P. im DZ 36 €. Bester Schweinsbraten weit und breit. https://gh-auerhahn.at
Gasthof Heckawirt, Langwieser Str. 110, Tel. 06131/3172. Vorübergehend geschlossen. www.hecka.at

▸ Gmunden:
Kammerhofmuseen, Kammerhofgasse 8, Tel. 794423; Mi–Fr 13–17, Sa/So 10–17 Uhr. 2000 Quadratmeter Schaufläche. Sonderausstellungen zu Johannes Brahms und zur lokalen Keramikherstellung. www.k-hof.at
Seeschloss Ort, Ort 1, Tel. 794100; März–Okt. tgl. 9.30–16.30 Uhr. www.schloss-ort.at
Galerie Schloss Weyer, Karl-von-Frey-Gasse 27, Tel. 65018; Juli/Aug. Di–Fr 10–12 und 14–17, Sa 10–13 Uhr.
▸ Traunkirchen:
Handarbeitsmuseum, Klosterplatz 2, Tel. 0664/5401364; Mai, Juni, Sept. und Okt. Mi und Sa/So 14–16.30 Uhr, Juli/Aug. tgl. 14–16.30. Schwerpunkt Kopftücher und Hauben bzw. Haubenschmuck (Goldhauben) im Salzkammergut. www.goldhauben.info
▸ Ebensee:
Naturmuseum Salzkammergut, Langwieserstr. 111, Tel. 06133/3218; Mo–Fr 10–17 Uhr, Sa/So s. Internetseite. Fauna des Salzkammerguts. www.naturmuseum.at
Museum.Ebensee – Begegnung Kultur und Industrie, Kirchengasse 6, Tel. 0676/83940778; 27. Juni–9. Sept. Di, Do und Sa 14–18 Uhr, Jan. tgl. 13–17 Uhr bzw. nach Voranmeldung. Brauchtum und Salzgewinnung. www.museumebensee.at
Zeitgeschichtemuseum, Kirchengasse 5, Tel. 06133/5601; Okt.–Feb. Di–Fr, März–Mitte Juni Di–Sa, Mitte Juni–Ende

Sept. Di–So – jeweils 10–17 Uhr. Österreichische Geschichte von 1918 bis 1955. www.memorial-ebensee.at
KZ-Gedenkstollen mit Gedenkstätte, Finkerleiten, Tel. 06133/5601; 1. Mai–14. Juni Sa/So 10–17 Uhr, 15. Juni bis 15. Sept. Di–So 10–17 Uhr, 16. Sept.–30. Sept. nur Sa/So 10–17 Uhr. www.memorial-ebensee.at
▶ Altmünster:
Eggerhaus, Am Wiesenhof 69, Tel. 0676/814142121; Juni–Sept. nur So 14–17 Uhr und nach Vereinbarung. Bauernhöfe und Wohnkultur des 18. und 19. Jahrhunderts. www.eggerhaus.at
Schachmuseum, Ebenzweierstr. 10, Tel. 0676/7513020; Mai–Okt. nach Vereinbarung. U.a. 213 Schachspiele in allen Designs aus allen Zeiten. www.schachmuseum.org
▶ Andere Orte:
Tierweltmuseum, Aurachtalstr. 61, 4812 Pinsdorf, Tel. 64454; Mo–Fr 8–12 und 14–17 Uhr, Sa/So nach Voranmeldung. 2000 Exponate vom Tiger bis zum Kolibri. www.tierweltmuseum.at
Thomas Bernhard Haus, Obernathal 2, 4694 Ohlsdorf, Tel. 47013; Juni–Sept. Sa/So 14–18 Uhr, in den anderen Monaten nach Vereinbarung. www.thomasbernhard.at
Papiermachermuseum, Museumsplatz 1, 4662 Laakirchen, Tel. 07613/3951; Di–So 10–16 Uhr. www.papierwelten.co.at

Viechtauer Heimathaus, Kapellenweg 5, 4814 Neukirchen, Tel. 0699/12794838; Juni–Sept. Di, Do und Sa 14–16.30 bzw. nach Voranmeldung. Küchengeräte, kleine landwirtschaftliche Geräte, historisches Spielzeug, Holzkunsthandwerk. www.heimathaus-viechtau.at
▶ Weitere Orte:
Gassel-Tropfsteinhöhle, Mai–Mitte Sept. Sa/So 9–16 Uhr, Führungsdauer 50 Min., Beginn nach Bedarf. www.gasselhoehle.at

Gmundner Keramik, Keramikstr. 24, Gmunden, Tel. 786-0 bzw. -79. Manufakturführungen, Keramik selbst bemalen, Keramikverkauf. www.gmundner.at
Leimers Antiquitäten-Raritäten-Leimerei, Kirchengasse 5, Gmunden. Antiquitäten, alte Bücher, Krims & Krams, Gerümpel & Hochwertiges; große Auswahl – günstige Preise. Ein Muss für jeden Gmundenbesucher. www.leimerei.at

Traunsee-Schifffahrt, Sparkassegasse 3, Gmunden, Tel. 66700. www.traunseeschifffahrt.at

Strandcamping, Uferstr. 46, Traunkirchen, Tel. 0660/3845070; Mai–Sept. www.strandcamping-traunkirchen-jimdo.com

Das Almtal und der Osten des Salzkammerguts

Etwa zehn Kilometer östlich des Traunsees liegt das bei auswärtigen Touristen kaum bekannte Almtal. Es erstreckt sich auf rund 40 Kilometer Länge und endet am Almsee. Die Alm entspringt im Almsee und mündet nach 48 Kilometer Lauf in der Nähe von Wimsbach-Neydharting in die Traun. Man darf das Almtal zu Recht als Geheimtipp bezeichnen: Es bietet eine touristische Infrastruktur und schöne Naturerlebnisse, ist aber nie überlaufen. Es ist kein Durchgangstal und konnte daher viel seiner Ursprünglichkeit bewahren. Gerade sein oberer Teil lohnt einen Besuch, und in den Städten in seinem unteren Abschnitt gibt es eine Fülle kleiner und origineller Museen. Das Almtal gehört zum Tourismusverband Salzkammergut, obwohl es historisch gesehen nie Teil des Salzkammerguts war und zum Traunviertel gehörte.
Im Folgenden stellen wir neben dem Tal zunächst auch dessen nördliches Vorland um Pettenbach vor.

Vorchdorf

Im untersten Bereich des Almtals liegt Vorchdorf. Das mittelalterliche Schloss Eggenberg war bereits großteils abgetragen, als ein Brand 1877 den Rest verwüstete; der Wassergraben ist zugeschüttet. In einem erhaltenen und umgebauten Gebäudetrakt befindet sich seit Anfang des 19. Jahrhunderts die Brauerei Eggenberg. Hier wird das stärkste Lagerbier der Welt hergestellt, das Samichlaus-Bier (14 % Alkohol!). Es wird nur am Nikolaustag gebraut und erst nach zehnmonatiger Lagerung verkauft. Berühmt ist das alljährlich im September hier veranstaltete Knödelfestival.

Das **Schloss Hochhaus** gilt als eines der frühesten Renaissanceschlösser Österreichs. Erbaut gegen 1600, wurde es mehrmals umgestaltet, weist eine Rokokoportal auf und bietet eine eindrucksvolle Ansicht. In einem erhaltenen Turm befinden sich das **Heimatmuseum** und ein privates **Emailmuseum**.

Pettenbach

Das alte Schloss Pettenbach wurde leider zur Unkenntlichkeit umgebaut. Sehenswert dagegen sind das **Schriftmuseum** im sogenannten Bartlhaus und die **Ruine Seisenburg**, ein ehemaliges Renaissanceschloss. Es verfiel nach dem Ersten Weltkrieg verfiel, der Turm stürzte ein – die Seisenburg wirkt heute so, als sei sie seit 500 Jahren Ruine. Es berührt seltsam, wenn man auf alten Fotos – etwa in der Ausstellung im Museum Bartlhaus – sieht, welche Pracht das Anwesen einst besaß und wie rasch das alles zunichte wurde. Immerhin kümmert sich ein lokaler Verein um den Erhalt der Reste.

Scharnstein

Von 1848 bis 1976 trug Scharnstein den Namen Viechtwang, dann bekam es den Namen der lokalen Burg. Wichtigste Sehenswürdigkeit ist das schlichte **Schloss** mit dem **Kriminalmuseum**. Auch der Aufstieg zur **Ruine Scharnstein** mit den Burgresten aus dem 12. Jahrhundert lohnt. Meistbesucht aber ist das **Freilicht-Sensenmuseum Geyerhammer** mit dem kulturgeschichtlichen Sensenlehrpfad; es gibt auch Schmiedevorführungen. Von 1586 bis 1987 wurden in Scharnstein Sensen hergestellt. Oberhalb von Scharnstein beginnt der reizvolle Abschnitt des Almtals, mag es hier auch noch ziemlich verbaut und industrialisiert wirken.

Grünau

Grünau (2100 Bewohner) ist das touristische Zentrum des Almtals. Sehr sehenswert ist hier das Innere der **Pfarrkirche**. Die Figurengruppe von 1531 im oberen Teil des ansonsten barocken Hochaltars zeigt Christus als Erlöser. Es heißt, dass diese Figur eine der bedeutendsten Renaissance-Monumentalplastiken nördlich der Alpen sei. Der berühmte Verhaltensforscher Konrad Lorenz (1903–1989) gründete in Grünau seine einzigartige Graugans-Forschungsstelle. Sie wird heute von einem privaten Förderverein getragen. Die Fahrt von Grünau auf die **Hochberg-galm** (1132 m, Mautstraße) lohnt. Von

Schönste Renaissance: Schloss Hochhaus

hier lässt sich eine hübsche Rundwanderung zur Sonnalm machen, einem lokalen Skiareal. Sehr empfehlenswert ist die Wanderung vom Hochberghaus (Anf. Mai–Ende Okt., Tel. 07616/8477, www.hochberghaus.at) via Sepp-Huber-Hütte (Einkehr, Tel. 0664/9266057, Anf. Juni–Ende Okt.) auf den 1747 Meter hohen **Kasberg**, ein großartiger Aussichtsplatz über das Tote Gebirge. Es ist (hin und zurück) eine nicht allzu anstrengende, aber eben eine Ganztagestour, bei der 600 Höhenmeter zu überwinden sind. Fünf Kilometer oberhalb von Grünau liegt der **Cumberland Wildpark**, für Kinder die Attraktion im Almtal. Eindrucksvoll ist bereits seine Lage vor den weiß aufragenden, gezackten Massiven des Toten Gebirges. Auf 60 Hektar Fläche sind unter anderem Wolf, Luchs, Braunbär, Steinbock und Rothirsch zu bestaunen.

■ Die Ödseen

Kurz vor Erreichen des Almsees weitet sich das Tal zu einem wunderbar weltfernen Wiesengrund. Hier, beim Gasthaus ›Jagersimmerl‹, zweigt eine Fahrstraße zu den verwunschenen waldumrauschten Ödseen ab. Obacht: Die Straße ist wegen der hier abgehaltenen Jagden nur von Frühsommer bis Mitte September befahrbar! Die Seen – ein kleiner (8 Hektar) und ein großer (22 Hektar) – können in zwei Stunden umrundet werden. Ausgangspunkt ist der Wanderparkplatz am Almtalerhaus (Mai–Mitte Sept., Tel. 0664/4109665, www.almtalerhaus.at). Das Almtalerhaus ist nicht zu verwechseln mit dem Seehaus am Almsee!
Der Abschnitt oberhalb des Ostufers des Großen Ödsees beeindruckt besonders. Unbedingt sollte man auf dieser Rundtour den kurzen Abstecher zum

▲ *Am Almsee*

Herrentisch einlegen, von dem ein sehr eindrucksvoller Blick auf die Seen möglich ist. Beide Seen konnten sich trotz ihrer geringen Größe erhalten, da ein Geröllwall ihre mähliche Verschüttung durch Bergbäche verhindert

■ **Der Almsee**
Den Talschluss bildet auf 589 Metern der Almsee, für den Autor eine der beglückendsten und traumhaftesten Stellen in Oberösterreich. Der See ist etwa 700 Meter breit und 2,5 Kilometer lang, an seinem Nordende läuft er in eine lange und schmale Zunge aus. Auch er lässt sich auf das beste umrunden, wofür etwa zwei Stunden ausreichen. Ein Parkplatz befindet sich am Seehaus. Eine ›schwimmende Insel‹ – ein Erdstück, das mit Birken, Fichten und Gras bewachsen ist und je nach Windrichtung in verschiedene Ecken des See getrieben wurde – hängt seit etwa 2007 am Ost-ufer des Sees fest. Um den See ist eine reiche Sumpfflora zu finden, teilweise ist sein ufernaher Bereich mit Schilf bewachsen. Im Winter friert er meist vollständig zu. Hinweis: Die Zufahrtsstraße zum See ist auch hier wie bei den Ödseen wegen der Jagden ab Mitte September gesperrt.

Das Almtal und der Osten

Tourismusverband Traunsee-Almtal, Im Dorf 17, 4645 Grünau, Tel. 07616/8268. https://traunsee-almtal.salzkammergut.at

Gasthaus Schloss Hochhaus, Schlossplatz 1, 4655 Vorchdorf, Tel. 07614/21110. Tafeln in schönem alten Ambiente. www.schloss-hochhaus.at
Hotel Denk, Bahnhofstr. 3, 4655 Vorchdorf, Tel. 07614/5103, p. P. im DZ ab 38 €. Gute und preiswerte Übernachtung.
Gasthof Schobermühle, In der Au 1, 4644 Scharnstein, Tel. 07615/2230, p. P. im DZ 45 €. Spezialität: Mehl- und Süßspeisen. https://schobermuehle.at
Enzenbachmühle, Enzenbach 3, 4645 Grünau, Tel. 07616/8476. Beste Preise, beste Speisen, Zimmerpreise auf Anfrage.
Pension Wanderruh, Rabenbrunn 4, 4645 Grünau, Tel. 07616/8337, p. P. im DZ ab 38 €. Ruhig und beschaulich, immer bestbewertet. https://wanderruh.at
Gasthof-Hotel Jagersimmerl, Habernau 6, 4645 Grünau, Tel. 07616/8505, p. P. im DZ ab 59 €. Edel. www.jagersimmerl.at
Gasthof-Restaurant Seehaus, Almsee 6, 4645 Grünau, Tel. 07616/8366, 1 Apartment für 2–4 Pers.; p. P. 48 €, März–Anf. Nov. In traumhafter Kulisse gelegen. www.gasthof-seehaus.at

Schrift- und Heimatmuseum Bartlhaus, Museumsstr. 16, 4643 Pettenbach, Tel. 07586/727418; Mai–Okt. Sa 14–17, So 10–12 Uhr. Themen: Schönschrift, Wappen, Urkunden, Exlibris etc. www.schriftmuseum.at
Kriminalmuseum, Schlossberg 12, 4644 Scharnstein, Tel. 07252/51720 und 0664/3005677; Mai–Mitte Okt. Di–Do und Sa/So 10–17 Uhr. Geschichte des Gendarmeriewesens, historische Kriminalfälle und Justiz etc. www.kriminalmuseum.at
Sensenschmiedemuseum Geyerhammer, Grubbachstr. 10, Tel. 07615/20938 oder 0676-844464402, Mai–Okt. Sa/So 10–12 und 14–16 Uhr. Im einst größten Sensenschmiedebetrieb der Monarchie. www.sensenmuseum.at
Heimatmuseum und Emailmuseum, Laudachweg 17, 4655 Vorchdorf; Di–Do 13–17 Uhr oder nach Voranmeldung unter Tel. 0680/2027197. www.museum-vorchdorf.at

Cumberland Wildpark, Fischerau 12, 4645 Grünau im Almtal, Tel. 07616/8425; Apr.–Okt. tgl. 9–17 Uhr, Nov.–März tgl. 10–16 Uhr. www.wildpark.at

Der Süden

Oft wird bei diesem südlichen Teil des oberösterreichischen Salzkammerguts vom ›inneren Salzkammergut‹ gesprochen. In der Tat kann man hier auch von der Herzregion des Salzkammerguts reden, denn vor 400 Jahren verstand man unter Salzkammergut nur jene Gebiete, in denen tatsächlich Salzabbau betrieben wurde. Mit dem weltberühmten Wolfgangsee, dem mondänen, international bekannten traditionellen Kurort Bad Ischl und der einzigartigen Landschaft um Hallstadt und den Dachsteingletscher, die zum UNESCO-Welterbe zählt, befinden sich hier einige der großartigsten Sehenswürdigkeiten Österreichs, ja ganz Europas.

Der Wolfgangsee

An der Grenze zum Bundesland Salzburg liegt der Wolfgangsee, an seinem Ufer St. Wolfgang. Beide haben ähnliche Berühmtheit wie Bad Ischl, weniger wegen der Besuche von Künstlern und Kaisern,

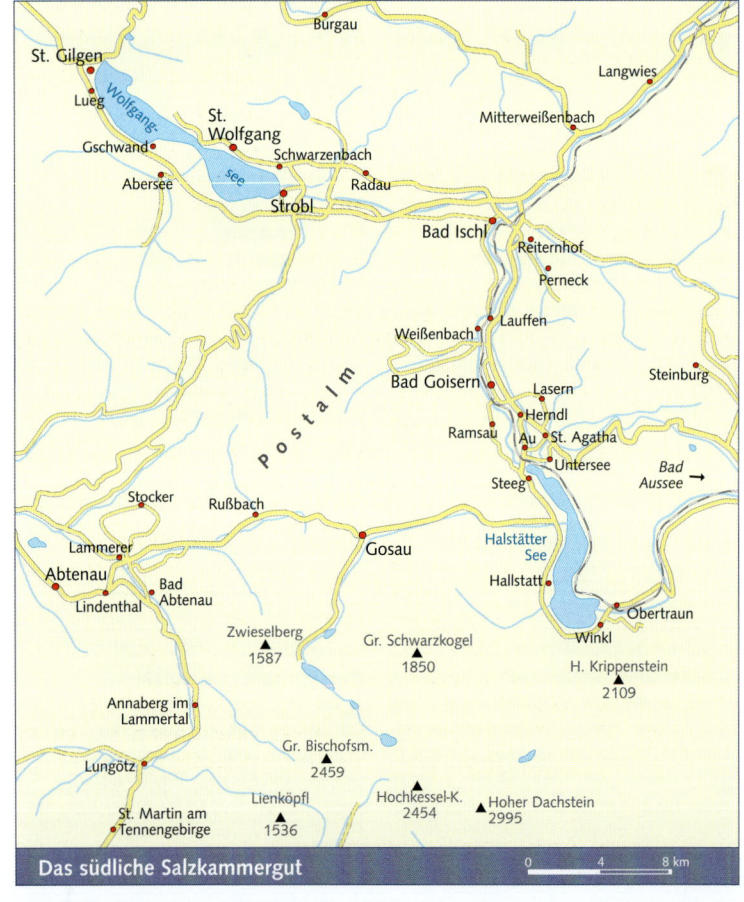

Das südliche Salzkammergut

Ruhiges Ferienidyll auf dem Wolfgangsee

sondern durch ihre Verklärung in Operette und Film. Dass davon unabhängig der See und seine Umgebung grandiose Landschaftseindrücke bieten und der Ort St. Wolfgang kulturgeschichtlich bedeutsam ist, versteht sich aber fast von selbst. Einst Abersee genannt, zählt der 13 Quadratkilometer große und bis 114 Meter tiefe Wolfgangsee zu den meistbesuchten Seen ganz Österreichs. Wie der Attersee hat auch er Trinkwasserqualität. Wegen der Klarheit des Wassers ist er ein beliebtes Tauchgebiet. An einer Stelle, der Franzosenschanze am Westufer, gibt es eine phantastische Unterwasserlandschaft mit versunkenen Bäumen. Da sich der Schwemmkegel des Zinkenbachs von Südwesten her in den See schiebt und ihn gegenüber von St. Wolfgang einschnürt, ist er annähernd zweigeteilt. Im Süden überragen ihn markante Gipfel wie der zugespitzte Sparber und die massige Bleckwand, im Norden ist der 1782 Meter hohe Schafberg ein viel besuchter Aussichtspunkt. Wie alle Seen des Salzkammerguts ist auch der Wolfgangsee durch Schiffslinien bestens erschlossen. Hauptorte am See sind Strobl, St. Wolfgang, St. Gilgen und die Katastralgemeinde Abersee. Aus Gründen der touristischen Zusammengehörigkeit werden St. Gilgen und die Postalm – das größte Almplateau Österreichs und das zweitgrößte Europas – hier behandelt, obwohl sie sich bereits auf salzburgischem Gebiet befinden. Auch der See selbst liegt größtenteils im Bundesland Salzburg.

St. Wolfgang

St. Wolfgang ist ein – zu Recht – weltweit bekannter Ort. Seine bezaubernde Lage am Seeufer, die berühmte Wolfgangskirche, der Nimbus aus Film und Operette und die klare Bergwelt um St. Wolfgang haben dazu beigetragen. Fast 1050 Jahre ist der Ort alt.
Im Jahr 976 zog sich Wolfgang (geb. 924), der Bischof von Regensburg, in das Kloster Mondsee zurück. Er entschied sich, am Nordrand des späteren Wolfgangsees eine hölzerne kleine Kirche zu bauen, die Johannes dem Täufer geweiht war – mit eigenen Händen, wie es die Legende erzählt. Als Wolfgang vorhatte, die Gegend zu verlassen, wollte das Kirchlein mit ihm ziehen; er befahl ihm sodann, hier zu bleiben, um die vielen Trostbedürftigen Hilfe zu geben. Wolfgang wurde 1052 heiliggesprochen, denn viele Wunder und Heilungen ereigneten sich um die Kirche, am See, am nahen Falkenstein. Aus der kleinen

Eine zufriedene Touristin in St. Wolfgang

Holzkirche entstand nach mehreren Umbauten im 15. Jahrhundert die heutige Wolfgangskirche. Im 16. Jahrhundert war St. Wolfgang einer der bedeutendsten Wallfahrtsorte Europas geworden, wenngleich der Heilige nicht hier, sondern in Regensburg begraben liegt. Zwar brachte die Reformation einen Einschnitt, aber die Rekatholisierung des Österreichs im 17. Jahrhundert ließ den Pilgerstrom nochmals anschwellen.

St. Wolfgang, das ursprünglich zum Erzbistum Salzburg gehört hatte, war seit 1506 österreichisch. Sein Ruhm als meditativer Ort war so groß, dass Kaiser Maximilian eine Zeitlang erwog, sein Grabdenkmal auf dem Falkenstein zu errichten. Für erneuten Aufschwung für St. Wolfgang sorgte das ab 1823 aufblühende Kurwesen des nahen Ischl, St. Wolfgang wurde gleichsam zur Badewanne der Ischler. Die mit aller möglichen Infrastruktur ausgestattete Seeidylle St. Wolfgangs, die nicht weniger illustren Gäste als in Ischl, das 1874 erbaute Schafberghotel und vor allem die 1893 eröffnete Zahradbahnbahn dort hinauf ließen St. Wolfgang europaweit berühmt werden. Einem wenig bekannt gewordenes Theaterstück ›Im weißen Rössl‹ (1898), verfasst von Oskar Blumenthal und Gustav Kadelburg, nahm sich der Librettist und Komponist Ralph Benatzky (1884–1957) auf Anregung von Emil Jannings an. Es wurde zur Grundlage seines am am 8. November 1930 uraufgeführten musikalischen Singspiels ›Im weißen Rössl am Wolfgangsee‹. Und dieses Werk schlug mit seinen eingängigen musikalischen Ohrwürmern und zündenden Versen in unerwartetem Maße ein. Die unverwüstliche Komödie wurde siebenmal verfilmt (unter anderem 1952 mit Johannes Heesters, 1960 mit Peter Alexander und letztmalig 2013 mit Armin Rohde), und manche Textzeile aus deren Chansons und Duetten wurde gleichsam zu geflügelten Worten.

Trotz des starken Andrangs von Touristen, vor allem von Asiaten, die als Tagesgäste nach St. Wolfgang strömen und sich hier zu Tode ›selfieren‹, hat der Ort seinen Zauber und viel an Beschaulichkeit bewahren können. Auch im Winter ist es viel besucht: der ›St. Wolfganger Advent‹ im November und Dezember ist wahrscheinlich der schönste Weihnachtsmarkt Oberösterreichs (www.wolfgangseer-advent.at).

Eine der vielen hübschen Villen am Seeufer

■ Pfarrkirche St. Wolfgang

Bedeutendste Sehenswürdigkeit ist natürlich die Pfarrkirche St. Wolfgang, in ihrem Inneren eine der großartigsten Kirchenbauten Österreichs. Sie wurde nach dem Brand des romanischen Vorgängerbaus (1330–1350) nach 1429 als zweischiffiger, verhältnismäßig kurzer Bau neu errichtet, die drei Kirchenportale stammen jedoch noch vom Ursprungsbau.

Weltberühmt ist der hölzerne **Flügelaltar** des Südtiroler Meisters Michael Pacher (um 1435–1498) aus Bruneck, für den er 1471 den Auftrag erhielt und der 1481 vollendet war. Er ist der einzige vollständig erhaltene Altar Pachers, 10,90 Meter hoch und bei geöffneten Flügeln 6,60 Meter breit. Teilweise sind die Figuren farbig gehalten, teilweise vergoldet. Der Altarschrein zeigt Maria als Fürbitterin vor Christus, ihr zur Seite stehen die Heiligen Wolfgang (links) und Benedikt. Die vier geöffneten Innenflügel zeigen Szenen aus dem Leben Mariae und Jesu. Das filigrane, fialenreiche Gesprenge über dem Schrein weist eine Kreuzigungsgruppe auf, darüber ist die Verkündigung Marias dargestellt, ganz oben thront Gott Vater. In der Predella (Altarsockel) ist die Anbetung der Könige dargestellt. Neben dieser Sonntagsseite (mit geöffneten Flügeln) gibt es auch eine Werktagsseite mit geschlossenen Flügeln. Diese zeigen Szenen aus dem Leben des heiligen Wolfgang, die geschlossene Predella zeigt außen die vier lateinischen Kirchenväter.

Der zweite bedeutende Altar in der Kirche ist der barocke **Doppelaltar** von Thomas Schwanthaler aus dem Jahr 1676, der durch ein Umfassungsgitter geschützt ist. Dieses besteht schon seit 1559 und soll genau jene Stelle bezeichnen, an der die Johanniskapelle stand, die der heilige Wolfgang selbst gebaut hatte. Der

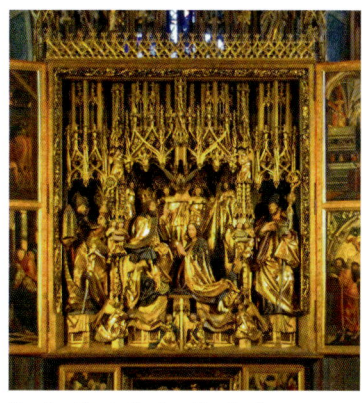

Der berühmte Pacheraltar in der Pfarrkirche (Ausschnitt)

Altar sollte ursprünglich als Hauptaltar den alten gotischen Pachers – die Gotik war in der Gegenreformation außer Mode gekommen – ersetzen. Als aber Schwanthaler den Pacheraltar erstmals sah, war er so beeindruckt, dass er auf dessen Erhalt bestand und der neue Altar an seiner jetzigen Stelle aufgestellt wurde. In der linken Altarhälfte steht ein Gehäuse mit einer Wolfgangsstatue aus dem 15. Jahrhundert, die rechte ist Sakramentsaltar, in der das sogenannte ›Allerheiligste‹ – Brot und Wein in der Transsubstantiation als Leib und Blut Christi – aufbewahrt ist. Über den beiden Gehäusen sieht man die heilige Familie. Die **Kanzel** mit ihren Kinderdarstellungen am Schalldeckel stammt vom großen Mondseer Meister Meinrad Guggenbichler (1649–1723). Er schuf auch den ergreifenden Schmerzensmann (der leidende Jesus), eine ungemein berührende Darstellung. Christus zeigt seine Wunden und die Marterwerkzeuge.

Die **Wolfgangskapelle** der Pfarrkirche wurde über der vormaligen Klause des Heiligen erbaut. Er wohnte darin, als er hier die Johanneskapelle baute. In der Kapelle befindet sich ein Nachbau jener winzigen Klause. Sehenswert ist auch die **Schatzkammer**, die nach Voranmeldung besucht werden kann (Pfarramt, Tel. 06138/2321, www.pfarre-sanktwolfgang.at).

Vor der Kirche steht der **Pilgerbrunnen** von 1515 mit einer Wolfgangsstatue, umgeben von einen von vier Säulen getragenen barocken Baldachin als Brunnenhäuschen. Gleich gegenüber befindet sich das Haus, in dem Michael Pacher während seiner Arbeit am Altar zwischen 1471 und 1481 gewohnt hat.

Die Wolfgangkirche weist noch viele weitere bedeutende Kunstwerke aufweist. Wir können hier nicht alle nennen und empfehlen, zum Besuch der Kirche ausreichend Zeit mitzubringen.

■ Weitere Sehenswürdigkeiten

Die Ortsmitte ist voller hübscher historischer Gebäude und kleiner Gassen, so dass es lohnt, einfach umherzuschlendern und sich durch die Anmut treiben zu lassen.

Das weltliche Gegenstück zur Wolfgangkirche liegt gleich neben dieser: das weltberühmte **Hotel Zum Weißen Rössl**. Es befindet sich seit 1912 im Besitz der Familie Peter und darf als Institution gelten. Seit 500 Jahren besteht an dieser Stelle ein Gasthof, erst ein kleinerer für die Wallfahrer, der immer wieder erweitert wurde. 1878 war der Neubau fertiggestellt, durch den das Haus sein heutiges Gesicht erhielt, obwohl es danach immer wieder erweitert wurde. Unterhalb des Hotels, direkt am Seeufer, befindet sich eine der Anlegestellen der Seeschifffahrt.

Auf dem **Friedhof** am östlichen Ortsrand, an der Straße nach Strobl, liegen der großartige Darsteller Emil Jannings (1884–1950), neben Heinrich George der überzeugendste deutsche Schauspieler zwischen 1925 und 1945, und Ralph Benatzky (1884–1957) begraben, Komponist des unsterblichen ›Weißen Rössl‹. Auch der in Österreich sehr populäre Skisportler Rudi Nierlich ist hier beigesetzt. Erst 25-jährig, starb der dreifache Skiweltmeister 1991 bei einem Autounfall. Betrachtet man die Grabinschriften auf dem Friedhof etwas genauer, fällt auf, dass gut drei Viertel aller hier begrabenen – wie übrigens auch der lebenden St. Wolfganger – den Namen Hödlmoser tragen.

Ein Muss bei jedem Aufenthalt am Wolfgangsee ist die Fahrt mit einer Dampf-

▲ *Spektakuläre Lage: die Himmelspfortenhütte auf dem Schafberg*

Zahnradbahn auf den 1783 Meter hohen **Schafberg**, den Hausberg von St. Wolfgang. Die Bahn ist seit 1893 in Betrieb. In 40 Minuten werden auf knapp 6 Kilometer Streckenlänge 1200 Höhenmeter überwunden. Auf dem Schafberg steht seit 1864 das älteste Berghotel Österreichs. Der Aufstieg zu Fuß zum Schafberg ist bei 1200 Höhenmetern sehr mühselig, wenngleich sich vom Weg herrliche Seeblicke eröffnen. Empfehlenswert ist allerdings der Abstieg über den Schafbergweg via Schafbergalm und Jausenstation Aschinger. Grandios ist der Nordabbruch des Schafberggipfels, überwältigend der 360-Grad-Blick von dort – ein Top-Reiseziel in Oberösterreich. Die Talstation der Bahn liegt etwa 700 Meter westlich der Ortsmitte am Seeufer, hier existiert auch eine Schiffsanlegestelle (www.schafbergbahn.at, Mitte Mai–Okt.). Unweit davon, an der leider nicht bis zum Ostrand von St. Wolfgang durchgehenden **Seepromenade** – offiziell Robert-Stolz-Promenade – steht ein Musikpavillon, der im Sommer zum Zuhören einlädt.

Nur wenige hundert Meter hinter dem westlichen Ortsrand ist die Fahrstraße zu Ende. Wer mit dem Auto nach St. Gilgen möchte, muss das mit dem Umweg über Strobl entlang des Südufers des Sees machen. Allerdings lässt sich St. Gilgen von St. Wolfgang direkt auf einem klassischen Wanderweg machen, die Strecke St. Gilgen–St. Wolfgang ist Teil eines internationalen Wallfahrerwegs, der gleichzeitig **Kulturweg** mit 24 beschilderten Stationen ist. Er thematisiert Kulte und Christentum in der Region seit 2000 Jahren. Zwei Stunden braucht man auf diesem legendenumwobenen Weg von St. Wolfgang bis zum Ortseingang von St. Gilgen beim Gasthaus ›Fürberg‹ (545 m). Es ist nicht übermäßig anstrengend, nur zum Falkensteinsattel (760 m) geht es ein Stück bergauf. Vom Gasthaus ›Fürberg‹ kann man sich mit dem Schiff zurückbegeben. Auf dem Falkenstein gibt es eine **Wolfgangskapelle** und zahlreiche **Andachtsstätten** sowie die **Falkenschlucht**. Es ist eine sehr lohnende Tour.

Weitere Orte am Wolfgangsee

Neben St. Wolfgang gibt es um den Wolfgangsee eine Reihe weiterer sehenswerter Orte wie auch kleine hübsche Seen und mit der Postalm eines der größten Almengebiete Europas.

■ Strobl

Das am Ostufer des Wolfgangsees gelegene Strobl ist eine traditionelle Sommerfrische. Seinen Namen hat es vermutlich von einem Friedrich, der den Beinamen ›stroblo‹ (=›strubbeliger Mann‹) hatte und gegen 1360 hier Fischteiche besaß. Seine Nachkommen trugen den Familiennamen ›Strobl‹, sie wurden im 15. und 16. Jahrhunderts die reichsten Bewohner des Ortes.

Strobl wurde im 19. Jahrhundert der Badeort der Ischler und ihrer Gäste, denn dort gab es keinen See, und Strobl ist keine zehn Kilometer von Ischl entfernt. Kein Wunder, dass manch bedeutender damaliger Zeitgenosse hier Erholung fand und auch Kommerzienräte, Fabrikbesitzer, Grafen, Erzherzöge und Mätressen anzutreffen waren. Seit 1890 war Strobl mit der Salzkammergutbahn an Ischl angebunden, was seine Attraktivität noch erhöhte. Die Linie war bis 1957 in Betrieb, ihre alte Trasse am Südufer des Wolfgangsees ist heute Radweg.

Die **Pfarrkirche** besitzt eine hübsche spätbarocke, vor allem einheitliche Ausstattung. Des Weiteren gibt es verschiedene Villen. Erwähnenswert ist als erstes die **Deutschvilla** (Fichtenweg 139), erbaut 1896 und 1925 im Geschmack der Zeit verändert; sie ist heute Kulturzentrum. Viele Schauspieler hatten ein Domizil in Strobl. In der Ortsmitte, unweit des Seeufers, erinnert eine Büste an den großen Mimen Emil Jannings (1884–1950), der in der heutigen Gemeinde Abersee seit 1929 ein Haus besaß und dort auch starb. Seine Leiche wurde mit einem Boot über den See gerudert und auf dem Friedhof in St. Wolfgang bestattet. Jannings war übrigens erster Oscar-Preisträger überhaupt und ist bis heute der einzige Deutsche, der den Oscar als ›Bester Hauptdarsteller‹ erhielt, für seine Darstellung im Film ›The Way of all Flesh‹ (1927). Leider ist der Film verschollen. Jannings arbeitete in dieser Zeit einige Jahre in Hollywood, seine wohl bekannteste Rolle ist die des Professors Rath in ›Der blaue Engel‹ (1930) mit Marlene Dietrich. Auch Theo Lingen (1903–1978) lebte lange Jahre in Strobl. Ein Kuriosum ist, dass ihn die Alliierten 1945 für einige Wochen als Ortsbürgermeister einsetzten. Von der Schiffsanlegestelle fährt die Wolfgangsee-Schifffahrt (www.schafbergbahn.at) nach St. Wolfgang und nach St. Gilgen.

Lohnend ist übrigens der Spaziergang an der **Bürglsteinpromenade**; der Bürglstein ist ein bewaldeter, aber nicht allzu hoher Berg, der Strobl im Norden überragt.

■ Rund um Strobl

Nördlich von Strobl liegt – mit dem Auto nur via Rußbach zu erreichen – der 54 Meter tiefe **Schwarzensee**. Er wird fast nur von Einheimischen besucht und lässt sich ganz bequem in etwa einer Stunde umwandern (Gasthaus vorhanden). Eine Besonderheit ist der hohe Mangangehalt seines Wassers, was von der Auslaugung manganreicher Kalke herrührt, die am Seeboden anstehen.

Ein absoluter Geheimtipp ist der **Haleswiessee** (790 m), der nur zu Fuß erreicht werden kann. Vom Wanderparkplatz am Kösselfall etwa einen Kilometer oberhalb von Rußbach, an der Straße zum Schwarzensee, erreicht man ihn in zwei Stunden via Lippenalm, von der aus er sich umrunden lässt. Am Ufer des verwunschen und weltfern daliegenden Sees wachsen seltene Sumpfpflanzen.

Westlich von Strobl, am südlichen Seeufer, liegt das **Blinklingmoos**, das aus ei-

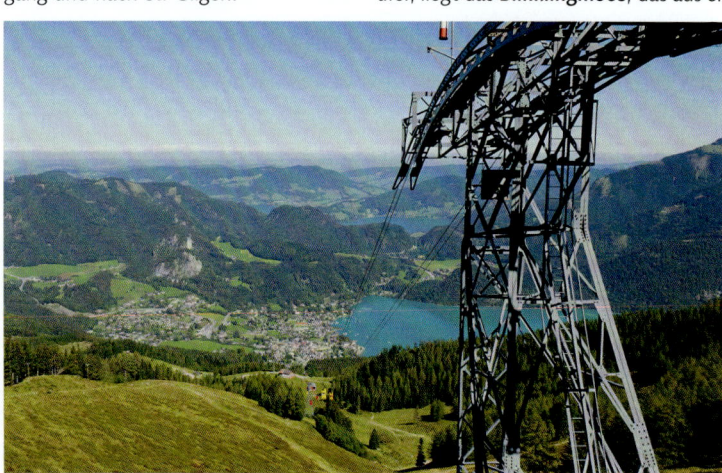

Blick von der Bergstation der Zwölferhornbahn zum Wolfgangsee

Weitere Orte am Wolfgangsee

Auch Strobl liegt hinreißend

ner verlandeten Bucht des Wolfgangsees entstand. Es bietet sich für eine Umwanderung an. Man erreicht es von Strobl über den Sportplatz bzw. die aufgelassene Trasse der Salzkammergutbahn.

■ Die Postalm

Südlich von Strobl, über eine 14 Kilometer lange Mautstraße zu erreichen, liegt auf durchschnittlich 1300 Meter Höhe die Postalm (www.postalm.at). Diese Ebene erstreckt sich über 40 Quadratkilometer, bereits auf salzburgischem Gebiet. Auch ihr Besuch gehört am Wolfgangsee geradezu zum Pflichtprogramm. Sie ist eine Welt für sich – Skigebiet im Winter und viel besuchte Wanderregion im Sommer.

Von fünf **Wanderparkplätzen** aus können verschiedene Touren unternommen werden, beispielsweise vom Parkplatz (P3) an der Postalmkapelle über die Postalmhütte (Einkehr) zur Thoralm und via Wieslerhütte zurück (1,5 Std.). Sehr schön ist auch die Wanderung vom erwähnten Parkplatz über die Wiesler Alm zum Wiesler Horn (1603 m). Es sind gute Wege, die bei Nässe wegen tonreichen Kalks aber sehr rutschig werden und daher nicht zu empfehlen sind.

Unterhalb der Postalm und des markanten Sparber (1502 m), beim Strobler Ortsteil, liegt **Weißenbach** mit dem Gasthof ›Kleefeld‹ mit dem hübschen Streichelzoo (Wildpark). Der anstrengende Aufstieg (815 Meter Höhenunterschied) von hier zum Sparber, oft als Matterhorn des Wolfgangseegebiets bezeichnet, ist jedoch nur Geübten anzuraten: Trittsicherheit und Schwindelfreiheit sind immer notwendig, bei Nässe ist es sehr gefährlich. Dennoch wird der Sparber viel aufgesucht, und unmöglich ist seine Bezwingung nicht.

■ Abersee

Der Zusammenschluss verschiedener kleinerer Orte um die Schwemmebene des Zinkenbachs (Zinkenbach-Halbinsel) am Südufer ist seit 1979 nach dem historischen Namen des Wolfgangsees benannt. In den 1930er Jahren bestand hier die Zinkenbacher Malerkolonie, ein loser Bund zahlreicher österreichischer Maler unterschiedlicher künstlerischer und politischer Richtung. Sie widmeten sich fast ausschließlich der Landschaftsmalerei und waren und sind gerade in Deutsch-

Auf der Thorhöhe oberhalb der Thoralm

land wenig bekannt. Im Kulturhaus St. Gilgen ist ein kleines **Museum** eingerichtet, das sich dieser Malerkolonie widmet. Sehenswert in Abersee ist das **Abarena** (vormals ›Blue Dome‹), ehemals eine interaktive Begegnung mit dem Phänomen Wasser, jetzt eine Ausstellung von 50 lebensgroßen Dinosauriermodellen. An der in den See am weitesten vorgeschobenen Stelle des Schwemmkegels existiert die ›Überfuhr‹, eine Personen- und Fahrradfähre nach St. Wolfgang. An der ersten Abfahrt von der L 158 nach Abersee und Überfuhr (hier ein kleiner Parkplatz) geht es gegenüber nach links bergan zum **Almgasthof Schwarzeneck** (1050 m) und auf herrlicher schmaler Panoramastraße hoch zur **Niedergadenalm** (1224 m), wo der Weg endet.

Die kurvenreiche Mautstrecke (Schrankenautomat mit Einwurf von 5 € in Münzen) ist für Auto- und Motorradfahrer ein Erlebnis und bietet vor allem auf dem Rückweg großartige Seeblicke.

Sehr lohnend ist der Aufstieg zur 1541 Meter hohen **Bleckwand** ab Niedergadenalm/Wetzlerhütte. Es lässt sich eine etwa nicht schwierige Rundwanderung via Bleckwandhütte (1329 m) machen (2,5 Std., Wanderkarte!). Die Illighütte

Der St. Gilgener Ortsteil Brunnwinkel

Das St. Gilgener Rathaus

an der Niedergadenalm bietet von Juni bis Mitte September kleine Imbisse an (keine Nächtigung), die Bleckwandhütte (Tel. 0664/4430874) ist von Mai bis Oktober geöffnet.

■ St. Gilgen und Umgebung

St. Gilgen am Westufer des Wolfgangsees liegt schon auf salzburgischem Gebiet. Die Stadt (3900 Einwohner) trägt ihren Namen vom heiligen Ägidius (Aegydius), der im süddeutschen Sprachraum auch Gilg genannt wird. St. Gilgen entstand als ursprünglich als Pilgerherberge für die Wallfahrer am Weg nach St. Wolfgang. Von hier setzte man über den See oder wanderte auf dem Weg über den Falkenstein. Mit dem Aufblühen Ischls als Kurort im 19. Jahrhundert erfuhren auch St. Wolfgang und St. Gilgen einen wirtschaftlich-touristischen Aufschwung, St. Gilgen wurde ebenso eine viel besuchte Sommerfrische. Der berühmte Chirurg Theodor Billroth (1829–1894) war seinerzeit einer der illustresten Gäste der Stadt, seine Privatvilla ist heute ein Seminarhotel. Bekanntester Gast in jüngerer Zeit war sicherlich der frühere Bundeskanzler Helmut Kohl (1930–2017), der die Parlamentsferien viele Jahre lang mit seiner Frau hier in der Villa eines Freundes verbrachte.

Auch St. Gilgen hat einen hübschen Ortskern. Teils sind die Häuser, die bis aufs 16. Jahrhundert zurückgehen, im Inn-Salzach-Stil gehalten, teils entstammen sie dem 19. Jahrhundert und der damaligen Sommerfrischeblütezeit. Die gotische und später barockisierte **Pfarrkirche St. Ägydius** besitzt eine interessante Ausstattung. Im 1718 umgebauten Pfleggericht aus dem 16. Jahrhundert wurde 1720 Anna Maria Pertl geboren. Deren Vater war bischöflich salzburgischer ›Pflegekommissarius‹. Sie heiratete 1747 einen gewissen Leopold Mozart und wurde am 27. Januar 1756 Mutter von Johannes Chrysostomus Teophilus Wolfgangus Mozart, wie des großen Komponisten Taufname lautete. Und sicher rührt die Wahl des Vornamens ›Wolfgang‹ von der Lage des Geburtsortes der Mutter am Pilgerweg nach St. Wolfgang her. Anna Maria Mozart lebte nur bis 1724 in St. Gilgen, allerdings zog Wolfgangs Schwester Maria Anna (Nannerl) 1784 nach ihrer Hochzeit mit dem lokalen Gerichtspfleger Johann Baptist von Berchtold nach St. Gilgen und lebte bis zum Tod ihres Mannes 1801 hier. Dann zog sie nach Salzburg, wo sie 1829 starb. An Maria Anna Berchtold geb. Mozart erinnert im Haus, das übrigens bis 2002 Sitz des Bezirksgerichts war, eine **Dauerausstellung**. Ein Mozart-Kulturverein nutzt es als Museum und Veranstaltungsort.

Etwa einen Kilometer östlich des Zentrums, in einem Winkel des Wolfgangsees, stößt man auf den zwar sehr kleinen, jedoch sehr malerischen Ortsteil **Brunnwinkel**. Er liegt gleich unterhalb der alten, schmalen Straße nach Mondsee. Das neogotische **Schloss Hüttenstein** von 1817 am idyllischen kleinen **Krotensee**, zwei Kilometer nordöstlich Richtung Mondsee, bietet einen eindrucksvollen Anblick, kann aber nur von außen besichtigt werden. Vom Krotensee (Baden verboten, Privatbesitz) wird eine Sage berichtet, nach der dort ein Fuhrwerk versunken sein soll, dessen Weinfässer, jedoch ohne Pferde und Fuhrmann, am Donauufer bei Linz angeschwemmt wurden. Nachweislich entsorgten die früheren Schlossherren von Hüttenstein alle möglichen Abfälle im See, in dem man vor Jahrzehnten mehrere Ausstattungsteile einer Schlossküche fand. Gegenüber des Sees gibt es ein Traditionsgasthaus mit Fischimbiss am Parkplatz.

St. Gilgens Hausberg ist das 1522 Meter hohe **Zwölferhorn**, zu dem eine Kabinenseilbahn hinauffährt. Die 908 Meter Höhendifferenz werden auf 2745 Metern Bahnlänge und in knapp 17 Minuten Fahrzeit überwunden. Das Zwölferhorn gilt als einer der schönsten Aussichtspunkte des Salzkammerguts. Lohnend ist dabei der Abstieg zu Fuß via Elferstein (1376 m), Sausteigalm (1110 m) und Gasthof Weißalm (777 m, königlicher Panoramablick), der nur Trittsicherheit nötig macht. Knapp 2,5 Stunden sollte man dafür ansetzen. Die Bahn fährt täglich von 9 bis 16 Uhr, nur im November ist sie außer Betrieb.

Wolfgangsee

PLZ: 5350 (Strobl), 5360 (St. Wolfgang), 5340 (St. Gilgen).
Wolfgangsee-Tourismus, Au 140, St. Wolfgang, Tel. 06138/8003.
▶ Weitere Vertretungen:

Büro Strobl, Moosgasse 275, Strobl, Tel. 06137/7255;
Büro St. Gilgen, Bundesstr. 1a, St. Gilgen, Tel. 06227/2348.
https://wolfgangsee.salzkammergut.at und www.stwolfgang.at

Angegebene Preisspannweiten sind saisonbedingt, einige Betriebe können von November bis März geschlossen haben.

▶ Strobl:

Gasthof Hotel Kirchenwirt, Bürglstr. 18, Tel. 06137/7207, p.P. im DZ 50–70 €. Eigener Badesteg am See. www.kirchenwirt.eu

Haus Hödlmoser, Ried 189, 5360 St. Wolfgang, Tel. 0664/5310367. Sehr schöne Pension mit wunderbarem Blick auf den Wolfgangsee, reichhaltiges Frühstücksbuffet; Preise auf Anfrage. Persönlicher Tipp des Autors. www.hoedlmoser-ried.at

Hotel Gasthof Kleefeld, Weißenbach 12, Tel. 06137/7383. Hotel, Restaurant und Wildpark, p.P. im DZ ab 55 € (saisonbedingt). www.kleefeld.at

▶ St. Wolfgang:

Hotel Zimmerbräu, Markt 89, Tel. 06138/2204. Leider hat das Hotel kein eigenes Restaurant mehr, es bietet aber im Zentrum von St. Wolfgang das beste Preis-Leistungs-Verhältnis, p.P. im DZ 75–120 €. www.zimmerbraeu.com

Pension Alpenrose, Markt 85, Tel. 06138/2481, p.P. im DZ ab 55 €. Im Zentrum von St. Wolfgang. www.tiscover.at/alpenrose-st.wolfgang

Gasthof Franz Josef, Markt 185, Tel. 06138/2354-0, p.P. im DZ 35–46 €. Zentral gelegen, gute Küche. www.franz-josef.co.at

Pension Linortner, Markt 55, Tel. 06138/8014, p.P. im DZ 60–70 € (saisonbedingt). Gute Lage, schöne Zimmer mit Seeblick, hauseigener Badeplatz. www.stwolfgang.at/_sites/linortner

▶ St. Gilgen:

Hotel Brunetti, Brunettiplatz 3, Tel. 06227/21066, p.P. im DZ 45–51 €. Bodenständige Speisen in der Ortsmitte, doch nahe am See. www.hotel-brunetti.at

Hotel Kendler, Kirchenplatz 3, Tel. 06227/2223-0, p.P. im DZ 50–70 €. Schöner Gastgarten, gemütliches Lokal. www.kendler.at

Konditorei Dallmann, Mozartplatz 2a, 5340 St. Gilgen, Tel. 06227/2208. Die wahrscheinlich vollkommenste Konditorei Oberösterreichs, eigenes Konditoreneis – ein Traum! www.dallmann.at

▶ Restaurants ohne Gästezimmer:

Dorf-Alm, Markt 123, 5360 St. Wolfgang, Tel. 06138/20145. Rustikales Gasthaus, nicht zu touristisch, gute Preise. www.dorf-alm.at

Gasthof Batzenhäusl, Schmalnau 1, 5340 St. Gilgen, Tel. 06327/2356, Spezialität: Fischgerichte aus eigenem Teich. www.batzenhaeusl.com

Camping Restaurant Landhotel Berau, Schwarzenbach 16, St. Wolfgang, Tel. 06138/25430. Vier-Sterne-Campingplatz, im Landhotel p.P. im DZ 45–60 €. www.berau.at

Museum Zinkenbacher Malerkolonie, Aberseestr. 11, St. Gilgen, Tel. 0676/7723405; Ende Juni–Anf. Okt. Di–So 14–19 Uhr. www.malerkolonie.at

Kulturverein Mozartdorf St. Gilgen – Mozarthaus, Ischlerstr. 15, St. Gilgen, Tel. 06227/20242; Juni–Sept. Sa/So 10–12 Uhr. www.mozarthaus.info

Joe´s Wasserskizentrum, Seestr. 55, Strobl, Tel. 06132/24975, Großes Angebot an Wasserskisportmöglichkeiten: u.a. Slalom, Figurenlauf, Springen, Barfußlauf und Fallschirmfliegen über dem See. www.joes-wasserski.com

Kabinenseilbahn auf den Zwölferhorn: www.12erhorn.at

Kronprinz Rudolf und seine Liebe, Markt 5, St. Wolfgang, Tel. 06138/20027. Delikatessenladen: Chutneys, Marmeladen, Duschbad, Seife – alles auf Basis von Obst. www.apfelputz.at

Bad Ischl und Umgebung

Den Ort macht sein seit fast 200 Jahren bestehender einzigartiger genius loci so attraktiv. Doch Ischl lebt nicht nur von der Vergangenheit – die Stadtväter verstehen es bestens, die Tradition als Sprungbrett in die Gegenwart und Zukunft zu benutzen, und haben damit die Stadt zur wahrscheinlich meistfrequentierten Sommerfrische des ganzen Salzkammerguts gemacht. Und es ist ein Ort der höchsten Lebensqualität, die ›Entente Florale Europe‹ hat Bad Ischl 2016 mit der bestmöglichen Wertung ausgezeichnet. 2024 wird es gemeinsam mit 20 anderen Gemeinden des Salzkammerguts europäische Kulturhauptstadt sein.

■ **Stadtgeschichte**

Bad Ischl (14 000 Bewohner) schmückt sich auch heute noch damit, ›Kaiserstadt‹ zu sein. Hier gaben und geben sich seit Metternichs Zeiten in der Tat österreichische und europäische Herrscher, Musiker, Maler, der niedere Adel wie auch die ›Schlotbarone‹ ein Stelldichein. In einem großen nostalgischen Fest kommt alljährlich um den 18. August – dem Geburtstag des Kaisers! – in der ›Kaiserwoche‹ Franz Joseph selbst in die Stadt – ein verkleideter lokaler Darsteller.

Urkundlich erwähnt wurde der Ort erstmals 1262, doch schon im ersten vorchristlichen Jahrtausend bestand hier eine menschliche Siedlung. In der Römerzeit existierte an dieser Stelle eine Zollstation. Seit dem 13. Jahrhundert bestand der Salzhandel und -abbau im südlichen Salzkammergut um ›Iselen‹, wie es damals hieß.

Von Anfang an kam es immer wieder zu Konflikten mit dem Salzburger Erzbischof, der mit den Habsburgern um das Salzmonopol der Region viele Fehden führte. Gegen Ende des 13. Jahrhunderts ließ der Salzburger Erzbischof die Ischler Salinen sogar zerstören. Immerhin hielt der bald geschlossene Frieden,

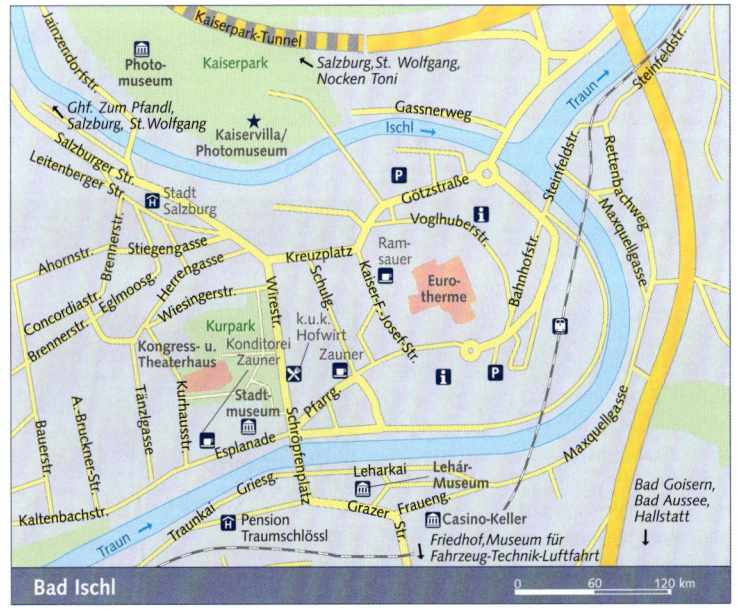

Bad Ischl

Der Süden

Beim ›Kaiserfest‹ in Bad Ischl

vor allem, als 1563 neben den bereits bekannten Salzbergwerken um Hallstatt und das Gosautal eines direkt bei Ischl erschlossen wurde. Nachdem eine eigene Saline erbaut worden war, zu der 1595 auch eine Soleleitung von Hallstatt her entstand, wuchs der Reichtum des Ortes rasch an.

Ischls Ruf als Kurort begann jedoch erst im 19. Jahrhundert, als der Wiener Arzt Franz Wirer hier erste Untersuchungen über die möglichen Heilwirkungen von Salinenwässern machte. Die positiven Resultate brachten 1822 die ersten Heilungssuchenden nach Ischl, offiziell ist es seit 1823 Solebad. Zu den berühmtesten Gästen dieser ersten Epoche des Kurbetriebs zählten Staatskanzler Metternich und Erzherzog und Kardinal Rudolf (1788–1831), der Sohn Kaiser Leopolds II. und Mäzen Beethovens, Erzherzog Franz Karl und Ehefrau Sophie, die Eltern des späteren Kaisers Franz Joseph. Damit wurde der neue Badeort schnell en vogue. Und als Kaiser Franz Joseph zusammen mit Sisi Ischl ab 1849 alljährlich für seinen Sommeraufenthalt nutzte, stieg der Ruf des Badeortes ins Unermessliche. Der greise Kaiser hielt sich noch im Juli 1914 hier auf. In Ischl verfasste er auch am 28. Juli das Manifest ›An Meine Völker‹, in dem die Kriegserklärung an Serbien erfolgte. Mit dem Kaiser kamen ab der Mitte des 19. Jahrhunderts auch die Künstler. Anton Bruckner war in Ischl zwischen 1863 und 1890 oft Gast, auch der des Kaisers. Johann Strauss und Johannes Brahms kamen hier in den 1880er und 1890er Jahren zusammen. Franz Lehár erwarb 1912 eine Villa in Ischl, wo er bis zum Lebensende 1948 fast jeden Sommer verbrachte. Das Ende des Ersten Weltkriegs und die Zerschlagung der Monarchie brachte einen empfindlichen Einschnitt in das gesellschaftliche Leben von Bad Ischl – die Hofaristokratie fehlte als Klientel. Bald aber konnte die alte Tradition wiederbelebt werden, nun aber nicht mit dem Adel, sondern mit vermögenden Besuchern aus aller Welt. Der Ort trägt erst seit 1906 offiziell den Namen Bad Ischl und erhielt erst 1940 die Stadtrechte. Heute präsentiert sich Bad Ischl als gelungene Symbiose aus Tradition und Moderne. Als Kongress- und Einkaufsstadt zieht es auch viele Gäste an, die nicht kuren. Hüte, Trachten und Lebkuchen beispielsweise sind in Ischl traditionell und individuell hergestellte Waren jenseits üblichen Massenkommerzes.

Der ›Lauscher‹ im Kaiserpark

Die Traun mit der Esplanade

■ Sehenswürdigkeiten

Bauten aus der Zeit vor dem 19. Jahrhundert fehlen in Bad Ischl fast vollständig. Ihr heutiges Gesicht erhielt die Stadt in ihrer Glanzzeit als Kurbad, das Stadtbild wird von großen Wohnhäusern im Stil des Historismus geprägt, die in der Gründerzeit entstanden.

Größte bauliche Sehenswürdigkeiten sind die **Kaiservilla** und der **Kaiserpark**, ein englischer Landschaftspark. Sie liegen jenseits des Ischlbachs, außerhalb des Ortszentrums; eine Fußgängerbrücke führt dorthin. Franz Joseph und seine Familie lebten hier während ihrer Aufenthalte. Franz Josephs Mutter Sophie kaufte 1853 eine 1834 errichtete Biedermeiervilla als Hochzeitsgeschenk für ihren Sohn und Sisi. Die Villa wurde in den Jahren danach erweitert und klassizistisch umgestaltet. Der Umbau war erst 1861 vollendet, da im Sommer, während der Anwesenheit des Kaisers, nicht gebaut werden durfte. Im Park befindet sich das **Marmorschlössl** (gebaut aus Untersberger Marmor), das als Teehaus und Rückzugsort für Sisi diente, heute ist es Photomuseum. An das Haus Habsburg erinnern überall im Stadtgebiet Büsten und Denkmäler von Mitgliedern der Dynastie.

Die **Stadtpfarrkirche** in der Innenstadt wurde 1780 vollendet, vom Vorgängerbau wurde der 1490 erbaute Turm übernommen. Franz Joseph nahm hier während seines Aufenthalts regelmäßig sonntags um 7 Uhr am Gottesdienst teil, was die Beförderung der Kirche zur ›k.u.k. Hofpfarrkirche‹ zur Folge hatte. Zum Kaisergeburtstag im August 1910 erhielt die Kirche eine neue, große Orgel. In der Nähe der Kirche steht die **Trinkhalle** von 1831 mit ihrem Umbau aus korinthischen Säulen. Die Trinkhalle begann nach dem Zweiten Weltkrieg zu verfallen, sollte abgerissen werden, erst 2007 erfolgte ihre Renovierung. In ihr sind heute die Kurdirektion und der Tourismusverband untergebracht, der Trinkbrunnen soll neu entstehen. Links daneben steht die **Post** von 1895, ihr schräg gegenüber befindet sich das neue **Kurhaus** mit der Salzkammergut Therme und der EuroResort Therme. Beide modernen Thermenbäder ersetzen die herkömmliche ausschließliche Solebehandlung.

In der Gegend um Pfarrgasse und Franz-Joseph-Straße stehen einige eindrucksvolle Profanbauten wie das **ehemalige Hotel zur Post**, das ein schönes Portal von 1827 aufweist. Unweit befindet sich das **Leháartheater**, erbaut 1827 und bis 1947 traditionsreiche Bühne von Bad Ischl. Hier traten die Schauspielgrößen der Monarchie auf, hier dirigierten Johann Strauss und Franz Lehár. Heute ist es ein Kinematographentheater. Das **Kongress- und Theaterhaus** von 1875 ist der Mittelpunkt des Kurparks an der Wirerstraße. Ursprünglich war es das Kurhaus, in dem unter anderem Bälle und Konzerte stattfanden. Es brannte 1965 ab, wurde danach originalgetreu wiederaufgebaut und dient seither als Kongresshaus. Hier findet auch alljährlich das berühmte Lehár-Festival statt, ein Fest der leichteren Muse, auch mit Operetten anderer Komponisten der Epoche. Von der Traunbrücke zieht sich westwärts, entlang des Traunufers, eine Promenade hin, die **Esplanade**. Hier schlendert man, um zu sehen und gesehen zu werden. Der Weg ist von zahlreichen hübschen klassizistischen Gebäuden gesäumt, im alten Hotel ›Austria‹ hat das **Stadtmuseum** seine Heimat gefunden. In diesem Hotel haben sich Franz Joseph und Sisi 1853 verlobt. An der Ecke zur Traunbrücke steht ein obeliskenähnlicher **Gedenkstein** für Erzherzogin Sophie, die Mutter Franz Josephs.

Was in Wien das Hotel ›Sacher‹ und die Literatencafés darstellen, geht in Ischl an der Esplanade und an der Pfarrgasse (Haupthaus) in der **Konditorei Café Zauner** (mit Restaurant) eine Verbindung ein. Hier liest man seine Zeitung, dichtet, komponiert, melancholisiert und diniert. Die alte k.u.k. Hofzuckerbäckerei ist ein Muss für jeden Ischl-Besucher und bietet das umfangreichste Kuchenbuffet ganz Österreichs. Die ›Ischler Oblaten‹, im Typ den Karlsbader Oblaten verwandt und vor allem eine höchst kalorienreiche Nougatspezialität, und der ›Zaunerstollen‹ – zerkleinerte, mit viel Schokolade überzogene Oblaten – genießen Weltruf. Die ›Ischler Törtchen‹, glasierte Mürbeteigscheiben mit Schokocremefüllung und Pistazienauflage und ebenfalls von Zauner, erzielten 1958 bei der Brüsseler Weltausstellung eine Goldmedaille. Auf der anderen Seite der Traun, am Lehár-Kai gleich neben der Traunbrücke, befindet sich die Lehár-Villa, heute **Lehár-Museum**.

Geht man über die Brücke die Grazer Straße etwa 500 Meter stadtauswärts, kommt man rechter Hand zum 1719 angelegten **Friedhof**. Hier liegen unter anderem Franz Lehár (1870–1948) begraben, sein Komponistenkollege Oscar Straus (1870–1954) und Leo Perutz (1884–1957), Verfasser großartiger mystisch-phantastischer Romane. Als eines seiner besten Werke gilt ›Nachts unter der steinernen Brücke‹.

In der Grazer Straße befindet sich auch das **Café Casino**. Sein großer Keller diente seit dem späten Mittelalter den Ischler Bürgern und der Brauerei als Kühlraum – hier herrschen konstant 12 Grad.

Sehr sehenswert ist noch die **Kalvarienbergkirche** am Westrand der Innenstadt. Sie stammt von 1706 und ist mit ihren zwei Zwiebeltürmen weithin sichtbar. Ihre Innenausstattung und das Decken-

Die berühmten Zaunerstollen

Bad Ischl und Umgebung 307

Almfest an der Rettenbachalm

fresko eines unbekannten Meisters aus dem Jahr 1779 lohnen eine Besichtigung – ebenso wie die Kapelle mit Heiligem Grab von 1764, die sich etwas unterhalb befindet.

■ Wanderungen und Ausflüge um Bad Ischl

Bad Ischl hat zwei Hausberge: der **Siriuskogl** (599 m) liegt ganz nahe der Innenstadt gleich oberhalb der Traun. Über 160 Höhenmeter führt zu ihm ein ›Sinneswunderweg‹ empor; man erreicht ihn via Grazer Str. und Siriuskoglgasse. Von der hölzernen Siriuskoglwarte (einst Franz-Josephs-Warte) hat man einen grandiosen Blick auf Bad Ischl. Hier gibt es auch ein viel besuchtes Gasthaus. Der andere Hausberg, die **Katrin** (1542 m) im Katergebirge, liegt etwa drei Kilometer südwestlich der Innenstadt. Zu ihr führt seit 1959 eine Seilbahn empor, die in 15 Minuten 1000 Höhenmeter zurücklegt. Die Talstation befindet sich im Ischler Ortsteil Kaltenbach. Zwar kann man von der Katrin aus nur auf schwierigeren Pfaden weiterwandern und absteigen, dennoch gehört wegen der grandiosen Aussicht ein Besuch der Katrin zu jedem Ischl-Aufenthalt. Oberhalb der Talstation steht die **Ruine Wildenstein**, die einzige Burg des inneren Salzkammerguts. Sie ist einfach zu erreichen und bietet ebenfalls schöne Aussichten. In der Nähe der Talstation steht im Wald etwas oberhalb der Engleitenstraße ein 1910 errichtetes **Standbild Kaiser Franz Josephs**, das ihn als Jäger darstellt.

Entlang der 1595 angelegten Soleleitung von Hallstatt nach Gmunden gibt es den **Soleleitungsweg**, einen Wanderweg, der teilweise als Salzlehrpfad angelegt ist. Ein Teilabschnitt beginnt an der Traunbrücke und führt am linken Flussufer über die Esplanade stadtauswärts über Bad Goisern (10 km) und nach Hallstatt (21 km). Man begeht ihn, soweit die Ausdauer es zulässt, und fährt mit öffentlichen Verkehrsmitteln zurück, da er meist nahe der Hauptverkehrsstraßen verläuft. Lohnend ist auch das **Rettenbachtal** östlich von Bad Ischl. Mit dem Auto kann man bis zur Rettenbachalm (639 m) fahren. Dort gibt es einen Wanderparkplatz. Oberhalb der Talstraße befindet sich ein Wanderweg Er führt zwar nicht bis zur Rettenbachalm, aber auf ihm kann man eine Runde über die Hoisnradalm (968 m) und zurück nach Bad Ischl machen (vier Stunden reine

Der Nussensee im Herbst

Lauffen mit den Traun-Stromschnellen

Gehzeit ab/bis Ischl Traunbrücke). Die **Hoisnradalm** (Gasthaus, Mai–Okt., Tel. 0664/2419591, www.hoisnradalm.at) lohnt wegen der hübschen Almwiesen, überhaupt ist es ein wunderschöner Ort mit herrlichen Ausblicken.

Zum idyllisch gelegenen **Nussensee**, wenige Kilometer westlich von Bad Ischl, lässt es sich in anderthalb Stunden ganzjährig ohne Anstrengung sehr gemütlich wandern, über Esplanade, Kaltenbachstraße und Lindaustraße. Leider gibt es am See keine Einkehrmöglichkeit mehr.

Nördlich von Bad Ischl, oberhalb des Kaiserparks, liegt der **Jainzenberg** (835 m), der als isolierter Waldberg die Stadt überragt. Kaiserin Elisabeth soll ihn täglich bestiegen haben. Der letzte Abschnitt ist recht steil, unterhalb des Gipfels gibt es auf 800 Meter eine Aussichtsterrasse mit schönster Fernsicht. Vom Gipfel selbst eröffnen sich keine Fernsichten. In knapp zwei Stunden ist man von der Stadtmitte aus dorthin gelangt.

■ **Lauffen**

Im Trauntal oberhalb von Bad Ischl gelegen, bietet Lauffen ein sehr schönes Ortsbild. Der Name kommt vom Mittelhochdeutschen ›loufe‹, was so viel wie ›Stromschnellen‹ bedeutet. Die gab es damals in der Traun zahlreich. Der ›Wilde Lauffen‹ existiert dabei noch, die Engstelle des Flusses und der Strudel stehen unter Naturschutz. Der Ort erhielt 1344 die Marktrechte und gilt als ältester Marktort des inneren Salzkammerguts. Lauffen war ein wichtiger Stützpunkt an der Salzstraße von Hallstatt zur Saline nach Ebensee, über die Traun wurde das Salz auch per Schiff transportiert.

Die **Pfarrkirche** aus der Mitte des 15. Jahrhunderts ist auch als Wallfahrtskirche ›Maria im Schatten‹ bekannt, da über ihr Berghänge hoch aufragen. Jeder ›Salzpfennig‹, den die vorbeifahrenden Salzschiffer den Lauffenern entrichten mussten, kam dabei der Kirche zugute. Der Turm stammt von 1705.

Bad Ischl
Vorwahl: 06132. **PLZ** 4820.
Tourismusverband Bad Ischl, Auböckplatz 5, Tel. 27757.
https://badischl.salzkammergut.at

Hotel Stadt Salzburg, Salzburger Str. 25, Tel. 23564, p. P. im DZ ab 52 €. Bestes Preis-Leistungs-Verhältnis in der Innenstadt. www.stadtsalzburg.at
Gasthof zum Pfandl, Steinbruch 1, Tel. 23875, p. P. im DZ 40–45 €. Am Ortsrand, jedoch traditionsreich.
Pension Traunschlössl, Traunkai 4a/Griesgasse 5 (Anfahrseite), Tel. 23279, p. P. im DZ ab 42 €. Sehr nett und familiär, direkt am Traunufer nahe der Traunbrücke.
k.u.k. Hofwirt zu Ischl, Wirerstr. 2, Tel. 0664/1528684. Für den Autor eine der besten rustikalen Einkehrmöglichkeiten. www.kukhofwirt.com
Landgasthaus Nocken Toni, Köhlerweg 1, Tel. 23327. Geschätztes Traditionshaus seit der Kaiserzeit. www.nockentoni.at
Café Restaurant Zauner, Esplanade, Tel. 23722. Eine Institution. An der Pfarrgasse Nr. 7 gibt es das Haupthaus: Konditorei mit Jugendstilsalon. www.zauner.at
Café Ramsauer, Kaiser-Franz-Joseph-Str. 8, Tel. 22408. 1826 eröffnet, eines der ältesten durchgehend bestehenden Kaffeehäuser in Österreich.
www.cafe-ramsauer.at

Keller unterm Casino: Besuch mit Führung möglich. Anmeldung und Auskunft über den Tourismusverband (s.o.) oder bei Herrn Schmalnauer, Tel. 0664/9559389.
Kaiservilla und Kaiserpark, Jainzen 1, 4820 Bad Ischl, Tel. 23241; Mai–Sept. tgl. 9.30–17 Uhr, April und Okt. tgl. 10–16 Uhr, außerhalb dieser Monate siehe Internetseite (eine im Übrigen sehr informative Seite zum Habsburgerleben in Ischl). www.kaiservilla.at
Photomuseum im Kaiserpark, Jainzen 1, 4820 Bad Ischl, Tel. 24422; April und Okt. tgl. 10–16 Uhr, Mai–Sept. tgl. 9.30–17 Uhr. Geschichte der Photographie, historische Kameras, Sisi und die Photographie etc. www.landesmuseum.at
Lehár-Museum, Lehár-Kai 8, 4820 Bad Ischl, Tel. 26992; Mai–Sept. Mi–So 10–17 Uhr, Juli Mi–Mo 10–17 Uhr. Größtenteils mit Originaleinrichtung Lehárs, Noten, Photos, Lehárs Kunstsammlung. www.stadtmuseum.at
Stadtmuseum, Esplanade 10, 4820 Bad Ischl, Tel. 25476; Apr.–Okt. und Dez. Do–So 10–17 Uhr, Mi 14–19 Uhr, Jan.–März siehe Internetseite. www.stadtmuseum.at
Casino-Keller, Grazer Str. 16, 4820 Bad Ischl, Tel. 0664/9559389; nur mit Führung jeden 1. und 2. Mi im Monat um 15 Uhr. www.cafe-casino-at
Museum Fahrzeug-Technik-Luftfahrt, Sulzbach 178, 4821 Lauffen, Tel. 26658; Apr.–Okt. tgl. 9–18 Uhr. www.fahrzeugmuseum.at
Oberösterreichisches Heimatwerk, Kaiser-Franz-Joseph-Str. 3–5, Tel. 26535. Heimisches Kunstgewerbe, Dirndln, Trachten etc. www.ooe-heimatwerk.at

Lehárfestival: www.leharfestival.at

EurothermenResort, Voglhuberstr. 10, Tel. 2040. Naturheilmittel, Wellnessbehandlungen etc. www.eurothermen.at

Seilbahn auf die Katrin; Mai–Nov. tgl. 9–17 Uhr, Winter Fr–So 10–16 Uhr. www.katrinseilbahn.com

Franz Tausch – Ischler Lebkuchen, Schulgasse 1, Tel. 236341. Lebkuchenherstellung seit 1848. www.ischler-lebkuchen.at
Hut Bittner, Auböckplatz 3, Tel. 0699/13336723. Seit 1862 in Familienbesitz, traditionsreiche Hutmanufaktur. www.bittner.co.at

Bad Goisern

Der 7500-Bewohner-Ort Bad Goisern wurde 1325 erstmals als ›gebisharn‹ in einer Urkunde des Bistums Passau genannt. Für die österreichischen Protestanten war es im 18. Jahrhundert bedeutend: Das Toleranzpatent Kaiser Josephs II. ließ in Goisern eine der ersten sogenannten Toleranzgemeinden entstehen. Mit behördlicher Duldung konnte 1782 ein erstes hölzernes, protestantisches Bethaus gebaut werden, das 1813 durch die an der gleichen Stelle befindliche evangelische Kirche ersetzt wurde. Goisern ist seit 1931 Heilbad und gehört touristisch zur ›Ferienregion Dachstein-Salzkammergut‹, einem der größten Touristenmagneten der Alpen. Viel besucht werden traditionelle eindrucksvolle, absolut unkonventionelle Musikveranstaltungen wie die ›Gamsjagatage‹, der ›Geigentag‹ sowie das ›Festival der Blasinstrumente‹. Auch gibt es hier mit dem ›Salzkammergut Mountainbike Trophy‹ die größte Mountainbike-Veranstaltung Österreichs, an der alljährlich im Juli 4000 Bergbiker aus aller Welt teilnehmen (www.trophy.at).

Die idyllische Anzenaumühle

Gebürtiger Goiserner ist der ›Bauernphilosoph‹ Konrad Deubler (1814–1884). Er opponierte gegen die politische Situation seiner Zeit, gegen den Kaiser und musste in Brünn und Olmütz Gefängnisstrafen absitzen. In der Haftzeit begann er die Schriften Ludwig Feuerbachs und unter anderem Ernst Haeckels zu lesen, wurde danach mit ihnen persönlich bekannt und lud Feuerbach mehrmals zu Gesprächen nach Goisern ein. Er veröffentlichte zwar keine Bücher, gab aber seine angenommenen Weltanschauungen an die Bevölkerung weiter. Er gilt den österreichischen Atheisten und Freidenkern als Vorläufer.

Bad Goisern ist auch Geburtsort von Jörg Haider (1950–2008), dem rechtsnationalen, umstrittenen Politiker und vormaligen Landeshauptmann Kärntens, der am 11. November 2008 nahe Klagenfurt bei einem Autounfall starb und in Kärnten vielerorts noch immer große Verehrung genießt. Auch Hubert Achleitner (geb. 1952) stammt aus Bad Goisern. Der Musiker und Liedermacher wurde unter seinem Künstlernamen Hubert von Goisern bekannt und gilt als einer der wichtigsten Vertreter des Alpenrock.

In der gotischen **Pfarrkirche** gibt es im Chor sechs Tafelbilder, des berühmten spätgotischen Meisters Rueland Frueauf d. Ä. (1450–1507). Der Hochaltar von 1691 stammt aus der Kirche von Niederthalheim bei Vöcklabruck. Die **Anzenaumühle** am nördlichen Ortsrand ist ein bäuerliches Freilichtmuseum, eingerichtet im mit 600 Jahren ältesten Hof des Salzkammerguts, das **Heimat- und Landlermuseum** ist nicht weniger sehenswert. Gezeigt wird dort unter anderem die Geschichte der berühmten Goiserer Bergschuhe und die Kultur der ›Altösterreicher‹. Das waren Protestanten, die in der Zeit Maria Theresias aus Goisern nach Siebenbürgen deportiert wurden.

Wanderungen rund um Goisern

Im Weißenbachtal, etwa drei Kilometer westlich von Bad Goisern, befindet sich das Stauwerk der **Chorinsky-Klause**. Es wurde von 1811 bis 1819 für die Holztrift zur Flutung des Weißenbachs errichtet und kann 75 000 Kubikmeter Wasser anstauen, die bei Bedarf in den Weißenbach abfließen können. Das interessante technische Denkmal ist nur zu Fuß über einen gesperrten Fahrweg ab dem Goiserner Ortsteil Weißenbach in einer Rundwanderung erreichbar, lohnt aber den Besuch.

Eine sehr hübsche Tour führt vom Marktplatz in Bad Goisern westwärts über Unterjoch zur Jausenstation Hochmuth (895 m) und zum **Aussichtspavillon Jochwand** (hin und zurück vier Stunden). Es ist eine ruhige Wanderung auf unmarkierten Wegen; man sollte unbedingt eine Wanderkarte mitnehmen.

Nicht allzu schwer, jedoch Trittsicherheit fordernd ist die Tour vom Parkplatz am Berghotel Predigtstuhl (973 m) östlich oberhalb von Bad Goisern auf den **Predigtstuhl** (1278 m) selbst. Schon die Auffahrt zum Berghotel ist ein Genuss und die ganze Tour, vor allem der Rückweg entlang der Ewigen Wand über den Goiserer Höhenweg, schlichtweg überwältigend. 3,5 Stunden braucht man an reiner Wanderzeit. Der steile, felsige Weg zum Gipfel des Predigtstuhl ist im Rahmen der Tour ein Abstecher, man kann durchaus vorher schon auf dem Sattel unterhalb des Gipfels auf dem Goiserner Höhenweg über die Ewige Wand den Abstieg beginnen (Weg 245).

Der **Soleleitungsweg** (→ S. 307) ist auch zwischen Bad Goisern und Hallstatt sehr reizvoll. Er überquert auf einer 43 Meter hohen und 133 Meter langen Brücke, Gosauzwang genannt, den Gosaubach. Über die Brücke verläuft seit 1758 die Soleleitung. Danach steigt der Weg etwas an und führt oberhalb von Hallstatt und des Sees weiter hoch auf 855 Meter zum **Rudolfsturm** (Einkehrmöglichkeit). Es ist eine phantastische Aussichtswanderung, etwa vier Stunden braucht man dafür; etwas Schwindelfreiheit ist vonnöten.

Rund um den Hallstätter See

Es ist schwer, unter den Kleinoden der großen Seen des Salzkammerguts Superlative zu verleihen, aber für den Autor ist der Hallstätter See – subjektiv gesehen – der reizvollste. Sicher ist er von den großen der kleinste, weist nur 8,55 Quadratkilometer Fläche auf. Aber er wirkt sehr unberührt, nur zwei Orte, Hallstatt und Obertraun, liegen unmittelbar an seinem Ufer. Über seinem Südsaum ragt der Dachstein auf, der mit seinem Gletscher hier besonders imposant ist. Ähnlich wie beim Wolfgangsee gibt es auch hier einen Schwemmkegel: der von Westen einmündende Gosaubach konnte östlich der Gosauzwang-Brücke eine kleine Halbinsel ausbilden, die unter dem Seespiegel als schmale Barriere bis an das Ostufer verläuft. Nördlich von ihr ist der See maximal 44 Meter tief, im größeren Teil südlich davon bis zu 125 Meter. Der bei Hallstatt mündende Mühlbach, der aus der Region

Der Hallstätter See

des berühmten Salzbergwerks kommt, verlieh dem See seit alters eine erhöhte Chloridkonzentration. 2005 kam es nach einem Leitungsbruch im Bergwerk zum Einströmen von 11 000 Kubikmeter Sole in den See, die spezifisch dichtere Salzlauge sank nach unten zum Seeboden. Es dauerte mehrere Jahre, bis ein genügend großer natürlicher Wasseraustausch stattgefunden hatte.

Natürlich gibt es auf dem See auch Schiffsverkehr. Seit 1862 verkehren Ausflugsboote zwischen Steeg bei Goisern, Hallstatt und Obertraun, auch besteht eine Fährverbindung von Hallstatt an das Ostufer zur Bahnstation Hallstatt (www.hallstattschifffahrt.at).

■ **Gosau**

Zu den eindrucksvollsten Berg- und Landschaftserlebnissen im Salzkammergut zählt die Gegend um Gosau (767 m). Wenn man die zehn Kilometer von Gosauzwang am Seeufer durch den Wald westwärts nach Gosau fährt, wird man am Ortseingang von einem gewaltigen Panorama überwältigt: grandios überkront die bizarr gezackte Gipfelkette des Gosaukamms das Tal des Gosaubachs. Gosau selbst liegt an der Bundesstraße Bad Goisern–Rußbach–Abtenau, auch hier wurde Salz gefördert. Der abgelegene Ort war im Mittelalter umkämpft: die Salzburger erhoben Anspruch auf eine hier von den Habsburgern gebaute Saline und führten um diese von 1291 bis 1295 Krieg, der in deren Zerstörung mündete. Gosau war im 16. und 17. Jahr-hundert ein Hort des Protestantismus, auch heute noch bezeichnen sich 71 Prozent der Bewohner als evangelisch, was in Österreich sehr selten ist. Nur aufgrund der Abgeschiedenheit des Ortes konnte sich das Luthertum behaupten und blieb auch in der Gegenreformation unbehelligt. Die katholischen Landesherren wollten natürlich im Zuge der wichtigen Salzgewinnung den inneren Frieden des Landstrichs so gut wie möglich aufrecht erhalten.

Gosau ist bedeutender Sommer- und Wintertourismusort, eine Besonderheit sind sommers die Bummelzüge, die auf verschiedene Almen fahren. Teile von Gosau zusammen mit den Gosauseen zählen zum UNESCO-Naturerbe ›Historische Kulturlandschaft Hallstatt-Dachstein‹.

■ **In der Umgebung von Gosau**

Am südlichen Ortsende von Gosau befindet sich ein kleiner **Stausee**, der zum 1907 errichteten Kraftwerk Gosau gehört. Dieses sollte Teil einer Kraftwerkskette werden, die sich hinunter zum Hallstätter See erstrecken sollte, jedoch nie vollendet wurde. Gleich gegenüber gibt es einen **Urzeitpark** und ein kleines lokales **Freilicht-Heimatmuseum**. Besichtigungen sind mit Voranmeldung (Herr Waldweber, Tel. 0660/5458495) möglich.

Südlich von Gosau, nahe der Badstubnhütte (Tel. 06136/8379), liegt auf 1344 Meter das **Löckermoos**. Um dieses Hochmoor kommt feiner weicher Sandstein vor. Der Wirt des Hütte bearbeitet ihn und macht kleine Kunstwerke davon. Die

Gosau vor dramatischer Kulisse

Am Gosausee, im Hintergrund der Donnerkogel

Hütte ist durch ihre Pofesen berühmt. Diese Traditionsspeise, in Deutschland mitunter Armer Ritter genannt, besteht hauptsächlich aus aufgebackenen Weißbrotscheiben mit Zwetschgenmarmelade. Vom Gosauer Ortsteil Hintertal aus, gleich am Stausee gelegen, erreicht man die Hütte in anderthalb Stunden Gehzeit. Moor und Hütte lohnen sehr!

■ **Die Gosauseen**

Von Gosau geht es durch das Tal des Gosaubachs etwa fünf Kilometer hinauf zu den Gosauseen; allein die Fahrt ist wegen des Bergpanoramas beeindruckend. Die Fahrstraße endet beim **Vorderen Gosausee** auf 933 Meter. Über dem Seespiegel blinkt in blendender Weiße der Dachsteingletscher auf; es ist eines der meistfotografierten Panoramen der Alpen. Vom Wanderparkplatz am Gasthof Gosausee ist der Vordere See in knapp zwei Stunden (4,5 km) umrundbar. Im Gasthof kann man auch übernachten. Man sollte jedoch auch den **Hinteren Gosausee** besuchen – vom Wanderparkplatz aus sind es bis zur Hinteren Seealm (1164 m) bzw. bis zur Holzmeisteralm am Südufer des Hinteren Gosausees via Gosauer Lacke etwa 2,5 Stunden einfache Strecke. Überwältigend ist die wilde Berglandschaft um den hinteren See. Auf keinen Fall sollte man versäumen, vom Gasthof Gosausee zur Goiserer **Ebenalm** (1157 m) aufzusteigen. Es ist eine problemlose, nur an einigen Stellen etwas steilere Wanderung, man benötigt knapp anderthalb Stunden. Die Ebenalm ist eine paradiesische Wiesenlandschaft, und auch sie wird wieder in überwältigender Pracht vom Gosaukamm überragt. Es gibt hier auch eine gute Einkehrmöglichkeit (Mitte Juni–Ende Sept.). Vom Vorderen Gosausee führt die Gosaukammbahn (www.dachstein.at) hinauf auf 1475 Meter zur **Zwieselalm** direkt am Berghang des Törleck (1618 m), über den nochmals der Große Donnerkogel (2054 m) emporsteigt. Dass auch diese Ecke voll überwältigender Natureindrücke ist, braucht nicht extra betont zu werden. Empfehlenswert ist der Abstieg

Hallstatt um 1900

von der Zwieselalm direkt nach Gosau über den Panoramarundweg des ›Herrenwegs‹. Dei Stunden braucht man für diese beseligende und beglückende Tour. Zwischen Gosau und dem Vorderen Gosausee besteht Busverkehr (www.gosaunet.at und www.hallstatt.net)
Am Weg vom Vorderen zum Hinteren Gosausee wie auch in Gosau selbst wurde 2011 der Film ›Die Mauer‹ nach dem Roman von Marlen Haushofer mit Martina Gedeck in der Hauptrolle gedreht, eine sehr sehenswerte Art eines Psycho-Mystery-Thrillers.

Hallstatt und Umgebung

Dank seiner einzigartigen Lage zwischen Hang und See, seinen Kunstschätzen und seines romantischen Ortsbildes gehört Hallstatt zu den attraktivsten Orten im Salzkammergut. Der Ort ist ein viel besuchtes Reiseziel von Asiaten aus aller Welt und gleichzeitig Namensgeber einer uralten Kultur. Hallstatts Bedeutung liegt nicht zuletzt in den Salzvorkommen, die dem Ort seinen Namen gaben. Diese Vorkommen ließen Herrscher um dieses Gebiet streiten, und es ist kaum übersehbar, welche Wirkung das seit vorchristlicher Zeit hier abgebaute ›weiße Gold‹ kulturgeschichtlich mit sich brachte. Heute hat Hallstatt kaum 800 Bewohner. Der Ort und seine Umgebung zählen seit 1997 zum UNESCO-Kulturerbe. Viele Besucher zieht es alljährlich im Juli und August auch zu den ›Hallstatt Classics‹ (www.hallstattclassics.com).
Zu erwähnen ist, dass Wilhelm Raabe (1831–1910) in der Erzählung ›Keltische Knochen‹ (1864) seinen Aufenthalt 1859 in Hallstatt beschreibt. Es ist eine köstliche Schilderung des Ortes vor über 150 Jahren und humorige Darstellung des Streits zweier Gelehrter um die Herkunft der nicht lange davor entdeckten Knochen am Salzberg.

■ Geschichte

Um Hallstatt bestand zwischen 800 und 400 v. Chr. eine Hochkultur. Sie wurde erstmals 1846 durch Gräberfelder, die der Bergwerksbeamte Johann Georg Ramsauer (1795–1874) ausgegraben hatte, am Salzberg nachgewiesen. Seit 1874 spricht man bei diesem Zeitalter von der Hallstattkultur; den Namen für jene Jahrhunderte gab damals der schwedische Forscher Hans Hildebrand. Natürlich war diese kulturelle Hochzeit nicht auf Hallstatt und seine Umgebung beschränkt, ähnliche Funde machte man in ganz Europa von Ostfrankreich bis in die Gegend des heutigen Slowenien. Vielleicht war das Verbreitungsgebiet der Hallstattkultur ein frühkeltisches Staatsgebilde, einige Deutungen sprechen auch von einem frühen illyrischen Großreich. Es war auch eine erste Zeit der Eisengewinnung und -verhüttung, die Hallstattzeit wird zur Eisenzeit gerechnet.

Salzbergbau gab es in Hallstatt gemäß anderer Funde jedoch schon vorher. Bereits um 1500 v. Chr., also in der Bronzezeit (2200–800 v. Chr.), fand am Salzberg ein Abbau statt, wie Schachtfunde aufzeigten. Außerdem konnte nachgewiesen werden, dass in jenen Jahrhunderten Pökelfleischherstellung in größerem Rahmen stattgefunden hat, was an Viehzucht geknüpft war. Allerdings konnte eine zugehörige bronzezeitliche Siedlung bisher nicht gefunden werden, weder am Salzberg noch am See.

In der Hallstattzeit fand der Bergbau jedoch an einer anderen Stelle als in der Bronzezeit statt, und in dieser Zeit scheint eine wohlhabende Siedlung bestanden zu haben. Vermutlich ein Bergrutsch brachte um die Mitte des 5. vorchristlichen Jahrhunderts den Bergbau völlig zum Erliegen und zerstörte auch die Siedlung wie das Tal. 1734 wurde im Hallstätter Bergwerk ein durch die Salzlauge konservierter Verschütteter – der ›Mann im Salz‹ – gefunden, der wahrscheinlich bei dieser Katastrophe ums Leben gekommen war. Diese Entdeckung regte übrigens Ludwig Ganghofer 1906 zu seinem Roman ›Der Mann im Salz‹ an.

Um die Zeitenwende wurde der Bergbau wieder aufgenommen. Beweise für römischen Bergbau gibt es kaum, und bis zum 14. Jahrhundert ist überhaupt nicht bekannt, ob in Hallstatt Bergbau erfolgte. 1311 erhielt Hallstatt die Marktrechte, es muss also schon längere Zeit an dieser Stelle eine Siedlung bestanden haben. Deren Name rührt vom altgriechischen ›hals‹ für Salz, was in etwa ›Material aus dem Meer‹ bedeutet, denn griechisch heißt das Meer ›thalatta‹. Hallstatt bedeutet also ›Salzplatz‹. Alle deutschsprachigen Ortsnamen mit ›hall‹ haben einen Salzbezug. Ab dem 14. Jahrhundert wuchs Hallstatts Wohlstand als Ort der Produktion des für den Menschen so wichtigen Rohstoffs Salz.

Blick auf das heutige Hallstadt

1607 wurde eine Soleleitung zur Ebenseer Saline gebaut, um den Salzgewinnungsprozess zu beschleunigen – weltweit die erste Konstruktion dieser Art. Hallstatt war bis 1890 nur zu Schiff und auf schmalen Saumpfaden oberhalb des Seeufers erreichbar. Erst seit 1877 existierte am Ostufer des Sees, Hallstatt direkt gegenüber, eine Bahnstation der Salzkammergutbahn. 1909 bauten noch über 300 Knappen und Bergleute in Hallstatt das Gestein ab, heute fördern 40 Mitarbeiter jährlich über Spülungsprozesse 605 000 Kubikmeter Sole, aus der 180 000 Tonnen Salz gewonnen werden.

Am Marktplatz in Hallstatt

Ein Hochwasser des Mühlbachs, der vom Salzberg herunter in den See strömt, führte 2013 zu schweren Überschwemmungen: der Seespiegel stieg um bis zu zehn Meter an und erreichte die ufernahen Häuser Hallstatts. Die 1607 errichtete Soleleitung nach Ebensee besteht heute noch, sie ist inzwischen aus Kunststoff und funktioniert über das natürliche Gefälle. Ihr entlang führt der beliebte **Soleleitungswanderweg** traunabwärts. Es gibt übrigens einen **Salzalpensteig** (www.salzalpensteig.com) der ab dem Chiemseegebiet Bad Reichenhall, Hallein und Abtenau mit Hallstatt verbindet.

Weil die Zahl vor allem ostasiatischer Besucher in den letzten drei Jahren sehr zugenommen hat, denkt man seit Sommer 2018 seitens der Gemeindeverwaltung ernsthaft über die Kontingentierung des Zugangs nach. Gruppen müssen also zukünftig für ihren geplanten Aufenthalt in Hallstatt vermutlich ein Zeitfenster buchen. Der Hallstatt-Hype der Chinesen hat übrigens zu der grotesken Marketing-Idee geführt, die lokale Hallstätter Luft in Halbliter-Dosen gepresst zu je 18 Euro Verkaufspreis nach China zu exportieren. Die Nachfrage jedenfalls war bis zur Corona-Krise enorm.

■ **Sehenswürdigkeiten**

Hallstatts kleiner historischer Kern drängt sich auf knappstem Raum zwischen steilen Berghängen und dem See. Wer mit dem Auto ankommt, durchfährt die Hänge im Tunnel und parkt außerhalb des historischen Teils am Südrand der Gemeinde. In der Saison von Juni bis September ist Hallstatt von Touristen überfüllt. Überwiegend sind es Asiaten, denen oft nicht bewusst ist, dass Hallstatt kein nachgebautes Freilichtmuseum ist, wie sie oft glauben, sondern ein tatsächlich existierender Ort mit Menschen, die ihn regulär bewohnen. Oft gehen die fernöstlichen Touristen unbekümmert in die Häuser, stehen im Wohnzimmer der Bewohner und halten diese für museale Staffage. Hallstatts Ruhm in China ist so groß, dass man dort in der Stadt Huizhou seit 2011 einen originalgetreuen Nachbau der Stadt errichtet hat, als Siedlung für Besserverdienende, eine sogenannte gated community. Wer Hallstatt auf eigene Faust besuchen will, sollte daher so früh wie möglich anreisen, und nicht nach 10 Uhr hier eintreffen. Später gibt es in der Regel keine Parkplätze mehr – das kleine historische Zentrum ist autofrei –, und die Massen verleiden den Aufenthalt.

Hallstatt und Umgebung

Geht man vom Busparkplatz bzw. der Touristeninformation auf der Seestraße Richtung historische Ortsmitte, beeindruckt das Panorama: an steilsten Hängen kleben schwalbennestgleich zauberhafte historische Häuser. Denkt man sich die Besuchermassen weg, fühlt man sich in die Zeit von vor 150 Jahren versetzt. Engste Gässchen ziehen fast in der Direkten empor, und kaum glaubhaft scheint es, dass oberhalb der Seestraße noch parallele Straßen am Hang entlang verlaufen und sogar befahren werden.

Haus **Seestr. 50** zeigt lokale archäologische Grabungen (Tel. 06134/8298, Mo–So 9–18 Uhr), Nr. 56 ist das **Museum Hallstatt**, das die lokale Geschichte von der Frühzeit bis heute thematisiert. Sehenswert ist Seestraße 121, das alte **Brauhaus** mit seinen spätmittelalterlichen Rundbogenportalen; es ist aus zwei Häusern zusammengebaut.

Der **Marktplatz** bilde das Herz der zauberhaften kleinen Ortsmitte. Ihn säumen prächtige Bürgerhäuser, in seiner Mitte plätschert ein zauberhafter Marktbrunnen. Die Nebengässchen und sonstigen Winkel sind voller köstlicher, lauschiger Ecken. Zwischen Marktplatz und Seeufer steht die neugotische evangelische

Die Pfarrkirche Maria am Berg dominiert den Ort

Kirche von 1862. Ähnlich wie in Gosau gab es auch hier, unter anderem wegen der zugezogenen Bergleute, eine hohe Protestantenanteil.

Am nördlichen Ortsrand, oberhalb der Schiffsanlegestelle, thront die **Pfarrkirche Maria am Berg** von 1505, der Turm stammt noch von einem Vorgängerbau von 1320. Es handelt sich um das bedeutendste sakrale Bauwerk der Stadt. Größtes Kunstwerk ist der zweiflügelige Marienaltar (um 1515) von Lienhart Astl mit seinen Werk- und Feiertagsansichten. Hinter der Kirche steht der **Karner** (Beinhaus), in dem über 600 Schädel mit Namen und Sterbedatum der Verblichenen gekennzeichnet sind, dazu sind kleine Zeichnungen von Efeu und anderen immergrünen Pflanzen als Ewigkeitssymbole angebracht. Der Karner gilt weltweit als einzigartig, da hier die Knochen ganzer Familien in vollständiger Generationenfolge erhalten geblieben sind.

Oberhalb von Hallstatt, am Salzberg, befinden sich die beiden anderen großen Publikumsattraktionen. Zu ihnen fährt man mit einer Standseilbahn (Talstation 513 m) vom Ortsteil Lahn auf 850 Meter empor. Nahe der Bergstation befindet sich das berühmte prähistorische **Gräberfeld** mit einem **Gräberfeldlehrpfad**, über den man mit etwa 20 Minuten Gehzeit zum **Salzbergwerk** gelangt, den ›Salzwelten‹. 65 Kilometer Stollen existieren hier. Man kann Teile davon begehen, über eine 64 Meter lange Rutsche hinabgleiten, es gibt ein Kino 400 Meter im Berg. Überhaupt erfährt man alles über den Salzabbau, wie er hier seit vielen Tausend Jahren stattgefunden hat, betrachtet die berühmte bronzezeitliche Stiege und kann vor dem Stollen, vom ›Skywalk‹ 360 Meter über dem Hallstätter See, einen überwältigenden Blick in sich saugen.

Nahe der Bergstation steht auch der gedrungene, wenig auffällige **Rudolfsturm**.

Im hübschen Echerntal

Es ist ein ehemaliger Verteidigungsturm aus dem 13. Jahrhundert, aus der Zeit der Salzkriege mit den Salzburger Bischöfen. Er diente in den Jahrhunderten danach, bis 1954, als Wohnung des jeweiligen Bergwerksleiters, jetzt ist hier und den Anbauten ein Gasthaus untergebracht.

Vom Ortsteil Lahn – dort wo sich die Geschäfte und die Parkplätze befinden – lohnt die Wanderung ins **Echerntal**. Knapp vier Stunden braucht man für den Hin- und Rückweg durch malerische Schluchten hin zu den 50 Meter hohen Wasserfällen am Waldbachursprung. Es ist keine schwierige Tour, die man bei Nässe aber nicht unternehmen sollte.

■ **Obertraun und die Dachsteinhochfläche**

Von größter Schönheit ist die Weiterfahrt von Hallstein am Südufer des Sees entlang nach Obertraun. Der Blick auf Hallstatt über den See hinweg ist eines der großen österreichischen Landschaftspanoramen. Kurz vor Obertraun wird die Traun überquert, die hier in den See einfließt.

Obertraun, das kein eigentliches Zentrum besitzt und sich eher als eine lose Häuserfolge präsentiert, wird als Ausgangspunkt für Touren zu den Dachsteingletschern viel besucht, vor allem befindet sich hier das wahrscheinlich bedeutendste oberösterreichische Wintersportgebiet, die **Freesports Arena Dachstein Krippenstein**. Seit etwa 1900 kommen Touristen unter anderem über die Salzkammergutbahn hierher, die sich von Aussee über den Koppenpass nach Obertraun windet. Der Tourismus nahm 1910 mit der Entdeckung und Erschließung der Eishöhlen raschen Aufschwung. Um Obertraun werden alljährlich von August bis Oktober zahlreiche geführte Wandertouren veranstaltet. Dieser ›Obertrauner Wanderherbst‹ stellt eine sehr gute Alternative zur Individualerkundung des Inneren Salzkammerguts dar.

Eine **Seilbahn** (Krippenstein-Seilbahn) fährt hinauf in die schneeüberzogene Karstwelt. Nahe der Mittelstation (Bergstation 1) an der Schönbergalm (1338 m) liegen die **Mammuthöhle** und die **Eishöhle** sowie ein **Höhlenmuseum**. In der Eishöhle gibt es Lichtinstallationen, Eisskulpturen und alljährlich sogar Musik: die Eisklangkonzerte sind weltweit ein Unikat. In der Mammuthöhle sind 70 Kilometer Gänge vorhanden, es ist eine der größten Karsthöhlen der Welt. Hier werden Trekkingtouren und auch besondere Abenteuertouren angeboten.

Von der Schönbergalm geht es mit der Seilbahn weiter hinauf, zum **Krippenstein** (Bergstation 2) auf 2100 Meter. Diese Fahrt wird im Juli und August jeweils Samstag um 5.30 Uhr auch als Sonnenaufgangsfahrt angeboten. Am Krippenstein gibt es das beeindruckende **Bergrestaurant Dachstein Krippenstein** (www.dachstein.at) und unweit davon die spektakuläre Aussichtsplattform **5fingers**, bei der fünf Stege über einen 500 Meter tiefen Abgrund ragen. Von ihnen kann man weit ins Salzkammergut und sein Vorland blicken. Dazu kommt der **WeltNATURerbeblick**, ebenso ein Aussichtspunkt, der eine grandiose Aussicht auf den Dachstein ermöglicht.

Eine empfehlenswerte **Rundwanderung** auf dem Heilbronner Weg geht von der Bergstation 2 zum Heilbronner Kreuz (1959 m) und von dort zur Bergstation 3 (1788 m) am Krippeneck, von wo man mit der Seilbahn wieder hinauf zu Bergstation 2 fährt. Es ist eine einfache Wanderung auf guten Wegen (reine Gehzeit 2,5 Std.), in einem Teilstück gibt es einen **Karstlehrpfad**. Sie darf nicht bei Nebel unternommen werden, zu groß ist die Gefahr des Verirrens. Auch sollte man sich vorher über die Wetter-

Schwindelerregend: die Aussichtsplattform ›5fingers‹

aussichten informieren. 1954 wurde eine Heilbronner Schulklasse hier vom Schneesturm überrascht, 13 Jugendliche starben. Am Heilbronner Weg liegt auch der acht Meter lange **Dachsteinhai**, ein beliebter Fotopunkt.

An der Bergstation 3, die natürlich auch über die Seilbahn von Bergstation 2 aus erreichbar ist, liegt die **Gjaid-Alm** (15 Min. Fußweg) mit ›Heidi´s Almbauernhof‹ (Tel. 0680/3253138, www.gjaid.at), der mit seinen vielen Tieren – darunter Ziegen, Schafe, Ponys, Pferde, Almkühe – besonders für Kinder ein Erlebnis und zudem eine gute Einkehrmöglichkeit ist. Von der Gjaidalm kann man tiefer in die Karsthölle eindringen: zunächst Richtung Wiesberghaus entlang eines **geologischen Lehrpfads**, dann aber nicht bis dorthin, sondern nach etwa zwei Kilometern links auf Weg 650 abgehend zur **Simonyhütte** (2205 m) schon unmittelbar am Rand des Gletschers. Auf der Simonyhütte (Tel. 0680/2196374, www.simonyhuette.at) gibt es eine Einkehr- und Nächtigungsmöglichkeit. Diese Tagestour ist sicherlich der absolute Höhepunkt einer jeden Reise in das Salzkammergut, nicht schwer, aber kräftezehrend (hin und zurück zur Gjaidalm sieben Stunden!).

Eine dritte sehenswerte Höhle, die **Koppenbrüllerhöhle**, befindet sich im Tal der Koppentraun, weniger als einen Kilometer vom Wanderparkplatz an der Straße Obertraun–Bad Aussee entfernt. Sie liegt in einer wildromantischen Schlucht, hier stützt ein Höhlenbach in die Koppentraun. Oberhalb der Höhle führt die Autostraße kurvenreich und teilweise sehr steil von etwa 520 Meter Seehöhe auf den 690 Meter hohen Koppenpass; dahinter beginnt die Steiermark. Ein Abstecher nach Bad Aussee lohnt wegen der schönen Blicke auf den Loser und das Tote Gebirge. Kurioserweise liegt Bad Aussee nur 30 Meter tiefer als die Passhöhe – der Pass besitzt damit nur eine Seite.

> **ℹ Bad Goisern und Hallstatt**
> **Ferienregion Dachstein Salzkammergut – Tourismusverband Inneres Salzkammergut – Tourismusinformation Bad Goisern**, Kirchengasse 4 a, 4822 Bad Goisern, Tel. 05/95095-10 (Internet-Telefonie). https://dachstein.salzkammergut.at
> ▶ Büro Gosau, 4824 Gosau, Gosauseestr. 5, Tel. 05/95095-20;

- Büro Hallstatt, 4830 Hallstatt, Seestr. 99, Tel. 05/95095-30;
- Büro Obertraun, 4831 Obertraun Nr. 180, Tel. 05/95095-40.

Dachstein-Tourismus AG, Winkl 34, 4831 Obertraun, Tel. 050/140. www.dachstein-salzkammergut.at https://dachstein-salzkammergut.com Zusätzliche Infos: www.bad-goisern.net

Die **Höhlen** (Mai–Okt.) sind nur im Rahmen von Führungen begehbar. Voranmeldung und Info unter 0043/50140, an den Stationen der Seilbahn bzw. beim Dachstein-Tourismus in Obertraun. https://dachstein-salzkammergut.com

- Bad Goisern (PLZ: 4822):

Hotel Moserwirt, Kirchengasse 6, Tel. 06135/82310, p. P. im DZ ab 55 €. Hübsches schlossähnliches Gemäuer, Fr Live-Volksmusik. www.moserwirt.at

Landhotel Agathawirt, St. Agatha 10, Tel. 06135/7557, p. P. im DZ ab 60 €. In der Nähe des südlichen Ortsendes. www.agathawirt.at

Gasthof Pension Bergblick, Bachlunzenweg 10, Tel. 06135/70089, p. P. im DZ 34–40 €. www.pensionbergblick.at

- Gosau (PLZ: 4824):

Kirchenwirt Gosau, Wirtsweg 18, Tel. 06136/8196, p. P. im DZ 43–49 € (Sommer). Top! www.kirchenwirt-peham.at

Gasthof Gosausee, Gosau 395, Tel. 06136/8514, p. P. im DZ 47–69 €. Direkt im Wandergebiet am Vorderen Gosausee gelegen. www.gasthof-gosausee.at

Gasthaus Sumara, Gosauseestr. 50, Tel. 0664/4283444, Zimmerpreise über Portal auf Anfrage.

- Hallstatt (PLZ: 4830):

Gasthof Pension Hirlatz, Malerweg 125, Tel. 06134/8443. Sehr gute Nächtigungspreise (auf Anfrage), nahe des Zugangs zum Echerntal. www.gasthof-hirlatz.at

Bräugasthof Lobisser, Seestr. 120, Tel. 06134/20673 (Restaurant) bzw. 8221 (Zimmer), p. P. im DZ 74 €. Gasthof seit 1472, seit 1504 Bierbraurechte, grandiose Seeterrasse. www.brauhaus-lobisser.com

Gasthof Seewirt Zauner, Marktplatz 51, Tel. 06134/8246. Wild- und Fischspezialitäten, Zirbenholzzimmer, Zimmerpreise auf Anfrage. www.seewirt-zauner.at

- Obertraun (PLZ: 4831)

Gasthaus Koppenrast, Obertraun Nr. 123, Tel. 06131/231. Gemütlich.

Gasthof Höllwirt, Obertraun Nr. 29, Tel. 06131/394. Fischspezialitäten. Zwei sehr hübsche Gästezimmer, Preise auf Anfrage. www.hoellwirt.at

Gasthof Dachsteinhof, Winkl 22, Tel. 06131/3932. Gute Lage, günstig (Zimmerpreise auf Anfrage).

Seehotel, Seestr. 152, 4831 Obertraun, Tel. 06131/462. Mit Swimmingpool, Zimmerpreise auf Anfrage.

Freilicht- und Erlebnismuseum Anzenaumühle, Anzenau 1, 4822 Bad Goisern, Tel. 0664/8933759 (Herr Rainer); Mi-Sa 10–12 und 15–18 Uhr. Bäuerliches Leben, Events (gemeinsames Brotbacken, Hausmusik etc.), auch mit Führung. www.anzenaumuehle.at

Heimat- und Landlermuseum, Kurparkstr. 10, 4822 Bad Goisern, Tel. 06135/6530; Juni–Sept. Di–So 10–17 Uhr. www.bad-goisern.net

Urzeitwald, Gosauseestr. 134, 4825 Gosau, Tel. 0677/61426929; Mitte Mai-Ende Sept. nur bei schönem Wetter 11–18 Uhr. Besondere Kinderprogramme. www.urzeitwald.at

Museum Hallstatt, Seestr. 56, 4830 Hallstatt, Tel. 06134/828015; Nov.–März Mi–So 11–15 Uhr, April tgl. 10–16 Uhr, Mai–Sept. tgl. 10–18 Uhr, Okt. tgl. 10–16 Uhr. Regionalgeschichte, Hallstattkultur, Salzabbau. www.museum-hallstatt.at

Salzwelten, Salzbergstr. 21, 4830 Hallstatt, Info-Tel. 06132/2002400; Anf. März–Ende Nov. Führungen tgl. ab 9.30 bis 14.30 bzw. 16 Uhr je nach Monat. www.salzwelten.at

Viele sagen, dass um die südöstliche Ecke Oberösterreichs ein Stückchen des Paradieses liege. In der fast unbesiedelten Gegend am und um den Nationalpark Kalkalpen trifft der Reisende auf Schluchten, Wasserfälle und unendliche Wälder.

UM DEN NATIONALPARK KALKALPEN

Das Jugendstilkraftwerk Steyrdurchbruch

Um den Nationalpark Kalkalpen

Die Regionen östlich der Traun und südlich der Donau gehören historisch betrachtet zum Traunviertel. Im vorliegenden Reiseführer, der sich an den üblichen Reiserouten orientiert, werden größere Abschnitte des alten Traunviertels in den Kapiteln Salzkammergut, Innviertel und Donau behandelt. Im Folgenden sollen daher nur die Regionen um das Kremstal und um Steyr, das Steyrtal, das untere Ennstal, der Nationalpark Kalkalpen sowie das Pyhrn-Priel-Gebiet vorgestellt werden. Das Steyrtal, die Pyhrn-Priel-Region und das Gebiet des Nationalparks ostwärts bis ins Ennstal ist Teil der alten Kulturregion Eisenwurzen. Auch dieser Begriff ist nicht eindeutig. Korrekterweise versteht man darunter alle Regionen etwa 25 Kilometer links und rechts der Straßen, die vom steirischen Erzberg bei Eisenerz ins nördliche Alpenvorland führen. Das bedeutet, dass die Eisenwurzen sowohl auf steirischem als auch auf niederösterreichischem Gebiet liegen. Ihr zentraler Bereich jedoch bildet den heutigen Nationalpark Kalkalpen.

›Wurzen‹ bedeutet nach einer Lesart, dass die Transportwege des Erzes sich wurzelähnlich ins Land schlängeln. Wahrscheinlicher soll jedoch gesagt werden, dass die Erzvorkommen aus der Tiefe wie Wurzeln nach oben gewachsen sind.

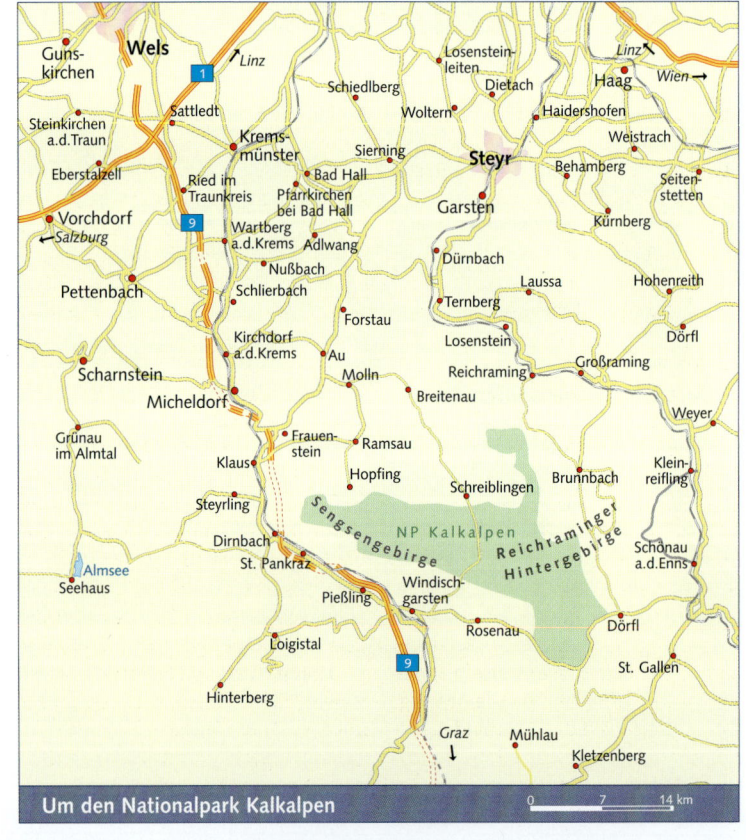

Um den Nationalpark Kalkalpen

Um Kremstal und Unterem Steyrtal

Die Ort und Landschaften im Dreieck Kirchdorf–Kremsmünster–Steyr werden, Kremsmünster und Steyr ausgenommen, von den Touristen weniger besucht als andere Regionen in Oberösterreich. Aber auch hier gibt es jedoch eine Fülle an Besuchenswertem. Die Burg Altpernstein etwa ist sicherlich eine der schöntgelegenen Österreichs. Und die Schlucht des Steyrtals um den Steyrdurchbruch lohnt in jedem Fall den Besuch.

Das Kremstal

Die Krems – nicht zu verwechseln mit dem Donauzufluss gleichen Namens in Niederösterreich – ist ein 60 Kilometer rechter Nebenfluss der Traun. Sie entspringt am Nordsaum der 1604 Meter hohen Kremsmauer südwestlich von Micheldorf, am Nordwestrand des Nationalparks Kalkalpen, und mündet südlich von Linz westlich von Ansfelden in die Traun. Hier gibt es neben der schon erwähnten Burg Altpernstein einen Wallfahrtsberg, ein Zisterzienserkloster und vor allem viel herrliche Natur.

■ Micheldorf

Höchstgelegene Siedlung an der Krems ist Micheldorf, das vom 14. bis ins 20. Jahrhundert ein Mittelpunkt der österreichischen Eisenverarbeitung war; hier führt die Straße aus den Eisenwurzen und vom steirischen Erzberg vorbei. In zwölf Schmieden – die des Caspar Zeitlinger war die größte ihrer Art der gesamten Monarchie – wurden vor allem Sensen hergestellt. Kein Wunder, dass es hier dazu in dessen alter Sensenschmiede ein **Museum** gibt. Ein Themenweg, die ›Sengschmiedroas‹, verbindet entlang der Krems die hier stehenden alten Sensenschmieden. In der Gradenstraße stehen viele der alten Schmiedgebäude und Wohnhäuser deren wohlhabender Besitzer. Überhaupt zeigen viele Häuser in Micheldorf den Wohlstand in historischer Zeit an. Der Ortsteil Heiligenkreuz wartet mit einer hübschen spätgotischen **Kirche** mit Zwiebelturm auf, durchaus sehenswert ist das Deckenfresko von Fritz Fröhlich (1954).

Der **Georgenberg** ist Micheldorfs Hausberg, ein besonderer Kraftplatz und uralte Kultstätte. Alle zwei Jahre findet Ende April der Georgiritt statt, bei dem Reiter in prachtvollen historischen Kostümen auf edlen, geschmückten Pferden hinauf zur **Georgskirche** reiten. Sie steht übrigens auf den Fundamenten eines gallo-römischen Tempels.

An der Fahrstraße zum Kremsursprung im Gemeindeteil Eisbach steht das **Pfusterkreuz**, ein bemerkenswertes barockes schmiedeeisernes Grabkreuz von 1735. Vom Kremsursprung (580 m) kann man zur Gradnalm (1240 m, Jausenstation) und zum Rauhen Kaibling (1361 m) aufsteigen – und dann eine sehr schöne Aussicht auf die Kalkalpen im Süden genießen.

Unbedingt lohnt ein Besuch der grandiosen **Burg Altpernstein**. Sie erhebt sich auf 780 Meter Höhe auf einem Felsvorsprung, östlich und 400 Meter oberhalb von Michelsdorf, und wird vom Hirschwaldstein (1095 m) überragt. Die Burg geht auf das 11. Jahrhundert zurück und erhielt ihr heutiges Gesicht gegen 1600. Die Besitzer wechselten, einer ihrer Eigentümer war Adam Graf Herberstorff, bayerischer Statthalter zu Anfang des 17. Jahrhunderts und Bauernschlächter während des Oberösterreichischen Bauernkriegs. Anton Bruckner hat mehrmals die Burg besucht und soll sich von Caspar Zeitlinger, dem vermögenden Gewerker, auf dem Rücken haben hochtragen

Grandiose Lage: Burg Altpernstein

lassen. Die Anlage wurde bis 2017 als Begegnungszentrum der Katholischen Jugend genutzt, genau wie die Jausenstation Burgstüberl. Sie dient derzeit als Seminarort, hier werden Workshops zur Förderung der Sozialen Kompetenz in Schulen abgehalten. Ihr Innenhof gilt als kleinster Burghof Europas, bedeutsam sind der Marmorbrunnen von 1607, der Rittersaal und die Burgkapelle. Das Burgstüberl ist weiterhin in Betrieb (Sa/So bis 18 Uhr).

Für Freunde der Burgenromantik ein Muss! Führungen von Mai bis Oktober immer sonntags um 15 Uhr.

Die Burg ist auch vom Steyrtal her über einen schönen Wanderweg (Nr. 15) erreichbar, der Aufstieg erfolgt vom Wanderparkplatz am Steyrdurchbruch. Knapp 2,5 Stunden benötigt man für die 380 Meter Höhendifferenz.

■ Kirchdorf an der Krems

Auch in der Bezirksstadt Kirchdorf an der Krems spielte die Sensenerzeugung jahrhundertelang eine große Rolle, doch gab es auch bis 1741, zum Jahr des großen Frostes, nennenswert Weinanbau. Die gotische **Pfarrkirche** aus dem Jahr 1491 wurde 1963 im Inneren umgestaltet – und das nicht zu ihrem Nachteil. Es gibt noch einen gotischen Flügelaltar, sehenswert sind auch die Buntglasfenster aus dem 20. Jahrhundert.

Schloss Neupernstein kann sich in der äußeren Wirkung nicht mit Burg Altpernstein vergleichen, lohnt aber dennoch einen Blick. Ursprünglich ein spätmittelalterlicher Vierkanter, wurde es nach einem Entwurf des berühmten Jakob Prandtauer zu Beginn des 18. Jahrhunderts umgebaut und blieb dennoch bescheiden. Der schlichte zweigeschossige Bau war vom 19. Jahrhundert bis 1990 Wohnhaus.

Von Kirchberg führt eine landschaftlich sehr schöne Straße hinüber nach Grünburg und Steinbach im Steyrtal.

■ Rund um Kirchdorf

Westlich von Kirchdorf liegt der 1080 Meter hohe **Pernecker Kogel**. Zwar bietet er von seinem Gipfel keine Rundsicht, doch lohnt der Aufstieg dennoch, denn von den Almwiesen an seinen Hängen genießt man schöne Blicke auf das Kremstal und das Sengsengebirge im Osten und das Almtal im Westen.

3,5 Stunden benötigt man für den Auf- und Abstieg ab Gasthaus Krapfenmühle in Steinbach am Ziehberg). Gegenüber dem Gasthof, in einer 1954 stillgelegten Brennerei, befindet sich das **Kalkofenmuseum**, das den Rohstoff Kalk, seine Verwertung und Verwendung und das fast vergessene Handwerk des Kalkbrennens thematisiert.

Südlich von Steinbach liegt der 1260 Meter hohe **Rauhkogel** (Mittagstein). Vom Wanderparkplatz Spießengraben erreicht man ihn in etwa zwei Stunden (600 Höhenmeter). Überwältigend ist der Blick auf das Tote Gebirge und das Kremstal. Die **Pfarrkirche** in **Inzersdorf** ist ein durchaus sehenswerter Bau aus den 1970er Jahren. Sie birgt im Inneren die vielverehrte Holzskulptur der ›Inzersdorfer Madonna‹ des ›Meisters von Seeon‹ aus dem Jahr 1430, die – eine Kuriosität – barock umgestaltet wurde. Sie stand ursprünglich seit 1927 in einem zur Kirche provisorisch umgebauten Stadl.

■ Schlierbach

Die **Zisterzienserabtei** in Schlierbach gilt als ein Hauptwerk des österreichischen Barock, wenngleich sie nie Berühmtheit erlangt hat. Die Abtei ging aus einer Burg des 10. Jahrhunderts hervor, die

Schloss Neupernstein

Die Kanzel in der Schlierbacher Stiftskirche

1355 Heimstatt eines Zisterzienserinnenklosters wurde. Die Reformation und der verbundene Übertritt eine Großteils der Bevölkerung zum Luthertum machte Schlierbach gegen 1560 bedeutungslos. Erst die Gegenreformation zu Beginn des 17. Jahrhunderts ließ es neu als Mönchskloster entstehen, zu dem Mönche aus Stift Rein bei Graz entsendet wurden. Die mittelalterliche Burganlage war jedoch zu klein und mittlerweile auch verfallen. Ein Neubau war unerlässlich, und zwischen 1670 und 1683 entstand das Stift durch Mitglieder der in Oberösterreich eifrig tätigen Künstlerfamilie Carlone in seinem heutigen Ansehen. Natürlich ist hier alles sehenswert: Die Stiftskirche von 1682 mit ihrer reichen Stuckdekoration, die prunkvolle Bibliothek von 1712, der eindrucksvolle Bernhardisaal, den man ohne Übertreibung als einzigartige Symphonie aus Gold, Illusionsmalerei und Marmor bezeichnen kann. Nicht vergessen sei die hölzerne spätromanische ›Schlierbacher Madonna‹ von 1320. Eine stiftseigene Käserei (12 Sorten) und die auch dem Stift zugehörige international bekannte, seit 1884 bestehende Glasmalerwerkstätte lohnen natürlich ebenso. Und als familien- und seniorenfreundliche freundliche Wanderung gibt es den Weg auf den 842 Meter hohen Grillenparz und von dort via Scherleiten zurück (3 Std. Gesamtzeit).

■ Ried im Traunkreis

In Ried weist die spätgotische **Pfarrkirche St. Nikolaus** (1522) eine sehr sehenswerte Besonderheit auf: die untere Turmhälfte ist vollständig von Efeu umrankt und daher Naturdenkmal. Im Inneren ist die Kirche überwiegend neugotisch.

Bad Hall

Bad Hall ist ein uralter Ort. Die hiesigen Solequellen waren schon im ersten vorchristlichen Jahrtausend bekannt, in der Gründungsurkunde des Stifts Kremsmünster werden eine Saline und drei Salzsieder benannt. Die Lage an der Eisenstraße machte Hall im 17. Jahrhundert zur bedeutendsten Hellebardenschmiede Europas. Der Niedergang der Waffenherstellung im 18. Jahrhundert führte zu wirtschaftlichen Einbrüchen für Hall, doch brachte seit 1826 das Kurwesen wieder eine Verbesserung. Ein regulärer Kurbetrieb – die Sole von Bad Hall ist durch erhöhte Jodgehalte charakterisiert – wurde aber erst 1855 aufgenommen, 1876 erhielt Hall den Zusatz ›Bad‹. Und jetzt begann die eigentliche Blütezeit. Bald galt Hall als einer der vornehmsten österreichischen Badeorte. Der 20-jährige Gustav Mahler gab hier 1880 sein Debüt als Dirigent, er leitete des Kurorchester.

Vielleicht wichtigste Sehenswürdigkeiten sind die **Tassiloquelle** und der **Quelltempel** – die Quelle lässt seit 777 ihre berühmte jodreiche Sole sprudeln, die insbesondere zur Behandlung von Hautkrankheiten Verwendung findet. Die mittelalterliche **Burg Hall** erhielt im 17. Jahrhundert eine Erweiterung zum Schloss, das heute ein Altersheim ist.

Bad Hall hat ein schönes, nicht allzu großes Zentrum mit vielen historischen Häusern aus der Zeit um 1900, sehenswert sind das ehemalige **Sanatorium** von 1907 (heute ›Kurhotel Tassilo‹) sowie der **Stifterpark** und der **Kurpark** mit dem **Musikpavillon**. Die historischen Toiletten im Kurpark stammen von Mauriz Balzarek (1872–1945), einem Schüler Otto Wagners. Er schuf in Bad Hall auch die **Landesvilla** (1914, Parkstr. 1), die als bedeutendstes Jugendstilhaus Oberösterreichs angesehen wird.

Die **Margarethenkapelle** am Margarethenplatz ist eine spätgotische Kirche, 1785 frühklassizistisch im Inneren verändert, seit etwa 1850 profaniert.

Das Alte Badehaus

Kremsmünster

Eine der gewaltigsten Klosteranlagen Österreichs befindet sich in Kremsmünster, das seit 1250 Jahren ein geistliches Zentrum ist. ›Gottes Vierkanthof‹ wird das Stift auch ab und an genannt.

Im Jahr 777 gründete der Baiernherzog Tassilo III. (um 741–796) das Kloster in der damals fast unbesiedelten und unwirtlichen Region. Sein Sohn Gunther soll kurze Zeit vorher auf der Jagd von einem Eber getötet worden sein, ein Hund führte Tassilo zum Toten. Der Baiernherzog ließ an dieser Stelle ein Kloster bauen. Tassilo war ein Schwager Karls des Großen, jedoch auch dessen Vasall. Als er mit Karl in einen politisch bedingten Streit geriet und von ihm 788 in das Kloster Jumiéges in Nordfrankreich verbannt wurde, brachte er von seinem reichen Besitztum die größten Kostbarkeiten nach Kremsmünster. Das Kloster erlebte bis etwa 900 eine erste Blütezeit, die jedoch der Ungarneinfall gegen 900 beendete. Das hohe Mittelalter war wiederum eine Epoche hoher Kultur: in der Schreibstube entstanden viele Handschriften, 1277 wurde das Langhaus der romanisch-gotischen Stiftskirche geweiht. Die Türme kamen übrigens erst 200 Jahre später dazu. 1549 wurde ein Gymnasium eingerichtet, das als öffentliche Schule mit hohem Ansehen bis heute existiert. Unter anderem Adalbert Stifter und der Jugendstilarchitekt Otto Wagner waren Absolventen dieser Anstalt. In der zweiten Hälfte des 17. Jahrhundert bekam das Stift sein heutiges Gesicht. Carlo Antonio Carlone (1635–1708) schuf den Umbau der Stiftskirche und erbaute Kaisersaal und unter anderem Bibliothek sowie die Fischbehälter (Fischkalter); Jakob Prandtauer (1660–1726) baute die Wirtschaftsgebäude. Um die Mitte des 18. Jahrhunderts kam die Sternwarte hinzu, die 1744 eingeweihte ›Ritterakademie‹

Kremsmünster gehört zu den beeindrucksten Klosteranlagen des Landes

■ **Die Umgebung**

Die Pfarrkirche (1660) von **Rohr im Kremstal** besitzt ein sehenswertes spätbarockes Hochaltarbild des ›Kremser Schmidt‹. Das **Renaissance-Wasserschloss Weyer** aus dem 16. Jahrhundert in **Kematen an der Krems** befindet sich in Privatbesitz. Der neue Eigentümer hat den Wassergraben abgelassen, so dass das Schloss nicht mehr auf einer Insel steht. Das **Schloss Achleiten** im gleichnamigen Gemeindeteil ist mittelalterlich, erhielt aber sein heutiges Aussehen im 18. Jahrhundert, es ist Teil eines privaten Gestüts.

Die Gegend zwischen Kremstal und Ennstal nördlich von Bad Hall und Steyr um St. Marien, Niederneukirchen und Hofkirchen ist zugegeben arm an touristischen Attraktionen.

kann man als Universität für Adelssprösslinge ansehen. Mit großem Pomp feierte man 1777 das tausendjährige Bestehen. Bis auf die kurze Zeit seiner Aufhebung während der NS-Zeit besteht das Stift seit fast 1250 Jahren und wacht von einem Rücken über Kremsmünster und das Kremstal.

■ Sehenswürdigkeiten

Durch das sogenannte **Eichentor**, erbaut von Prandtauer 1723, betritt man den äußeren **Stiftshof.** Nach links schließt sich gleich an das Eichentor der berühmte arkadenumsäumte **Fischkalter** mit seinen fünf Becken an. Die Bogengänge haben Skulpturen, die alle zum Wasser eine Beziehung aufweisen.

Nach dem äußeren Stiftshof geht es über den ehemaligen Wassergraben zum frühbarocken Portal (1667) des aus dem 14. Jahrhundert stammenden **Brückentors**. Es zeigt die Statuen Herzog Tassilos (Mitte), Kaiser Karls des Großen (links) und Kaiser Heinrichs II. (rechts). Unter ihnen erkennt man das Stiftswappen, bei dem Eber und Hund auf die Gründungssage des Stifts verweisen. Hinter dem Tor ist der **Prälatenhof** erreicht, den massige langgestreckte Trakten säumen. In der südöstlichen Ecke befindet sich der Eingang zur zweitürmigen **Stiftskirche St. Salvator und St. Agapitus**. In ihren Ausmaßen – 78 Meter Länge und 21 Meter Breite – stammt sie noch aus dem 13. Jahrhundert, wenngleich sie seit 1680 barock verändert wurde. Eindrucksvoll sind die leuchtend weißen Stuckgewölbe. Das Hochaltarbild von 1712 zeigt die Verklärung Christi, sein Sockel ist ein prachtvoller kupferner Tabernakel. Die Altäre der Kirche zeigen statt eines architektonischen Aufbaus einen Baldachin aus rotem Damast, unter dem zwei marmorne Engel das jeweilige Altarbild halten. In der rechten Turmkapelle be

Der kunstvolle Tassilokelch

findet sich das Grab des Herzogssohns Gunther. Seine Deckplatte (um 1290) zeigt in altertümelnder Darstellung Gunther, zu seinen Füßen ruht der Eber, der ihn tötete, sowie Gunthers Jagdhund.

Im Südflügel, der rechts an die Kirche anschließt, befindet sich die **Stiftsbibliothek**, die mit 160 000 Bänden und einer Raumlänge von 65 Metern eine der größten Österreichs ist. Ihr sicherlich wertvollstes Buch unter den 420 Handschriften und 792 Inkunabeln ist der ›Codex Millenarius‹ aus der Zeit um 800, der die vier Evangelien in lateinischer Sprache enthält. Der Band wird in der **Schatzkammer** aufbewahrt, die hier Zimelienraum genannt wird. Er birgt mit dem Tassilokelch das zweifellos größte Kunstwerk nicht nur des Stifts, sondern auch eine der wichtigsten frühmittelalterlichen Pretiosen ganz Europas. Der Kelch wurde vermutlich 768 anlässlich der Hochzeit des Herzogs Tassilo mit Liutperga geschaffen.

Der kupferne, teilweise vergoldete Kelch ist 26 Zentimeter hoch, wiegt 3 Kilo-

gramm und fasst 1,75 Liter. Fünf große Brustbilder – Christus und die vier Evangelisten – zeigt seine obere Hälfte, am Kelchfuß sind Maria und Johannes der Täufer dargestellt. ›TASSILO DVX FORTIS + LIVTPIRC VIRGA REGALIS‹ steht am Fuß zu lesen – ›Der tapfere Anführer Tassilo + Königliche Frau Liutpirc‹. Wahrscheinlich diente er von Anfang an als Kommunionskelch. In der Schatzkammer befinden sich zudem die beiden Tassiloleuchter, die wahrscheinlich nicht vor dem 10. Jahrhundert entstanden sind.
Im Südflügel sind auch die **Kunstsammlungen** des Stifts untergebracht, die einstigen Privatsammlungen der Äbte mit Gemälden aller Epochen und Stilrichtungen. Auch gibt es eine **Wunderkammer** mit kunstvollen Kuriositäten, eine Rüstkammer unter anderem mit Beutestücken aus den habsburgischen Türkenkriegen – sehr sehenswerte, einzigartige Kollektionen. In der Südwestecke des Klosters befindet sich mit dem **Kaisersaal** der Prunksaal des Stifts. Durch Fenster auf drei Seiten kann Licht ungehindert den Saal durchströmen, was das Deckenfresko ›Triumphzug des Apoll‹ von Melchior Steidl in unvergleichlichen Farben erstrahlen lässt. Am Ostrand des Stiftskomplexes erhebt sich ein seltsames, fast modern wirkendes, turmähnliches Gebäude, die 49 Meter hohe **Sternwarte** von 1756, oft auch Mathematischer Turm genannt. Sie wurde als weltliches, naturwissenschaftliches Gegenstück zu den Türmen der Stiftskirche konzipiert. Die Sternwarte birgt mit ihren naturwissenschaftlichen Sammlungen auch ein Wissenschaftsmuseum. Seit 1762 werden hier ununterbrochen die Wetteraufzeichnungen gemacht. Ganz oben gibt es eine Plattform, von der sich das ganze Stift wie auch das Kremstal überblicken lässt. Neben der Sternwarte steht die **Moschee**, ein exotisches, langgestrecktes, 1641 im maurischen Stil erbautes Gartenhaus.

Natürlich widmet sich das Stift auch weltlichen Angelegenheiten: die Weinkellerei ist eine der bedeutendsten Österreichs, die Anbaugebiete liegen in der Wachau und im Burgenland. Das Stift ist einer der größten Forsteigentümer Österreichs.

■ **Der Ort Kremsmünster**

Im Ort Kremsmünster selbst trifft man in der Herrengasse auf mehrere interessante **Bürgerhäuser**, Nr. 9 ist dabei das ehemalige Marktrichterhaus. Das **Alte Rathaus** am Rathausplatz hat einen hübschen Erker. Sehenswert ist auch die **Stadtpfarrkirche St. Stephan**, an der romanische, gotische und barocke Bauelemente erkennbar sind.

Der Fischkalter

Rund um Kremsmünster

Der Kalvarienberg im Südwesten Kremsmünsters lohnt den Besuch. Sehr sehenswert ist dabei das **Heilige Grab** mit einer Christusfigur aus Marmor. Die **Kirche** (1737) besitzt einen eindrucksvollen Dachreiter. Bei der **Wallfahrtskirche zum Heiligen Kreuz,** etwa vier Kilometer nordwestlich von Kremsmünster, musste der Architekt Carlo Antonio Carlone 1690, nach sieben Jahren, den Weiterbau wegen Geldmangels abbrechen. Sie ist daher unvollendet, wie das völlig schmucklose Langhaus und die seltsam schlichten Turmfassaden zeigen – und gerade deshalb sehenswert.

Das Schloss im Gemeindeteil **Kremsegg** (Richtung Bad Hall) ist eine spätmittelalterliche, vermutlich zwischen 1650 und 1700 umgebaute Burg. Es fungiert heute als beliebter Veranstaltungsort und Bildungsstätte, es gibt dort auch sehr sehenswerte Dauerausstellungen unter anderem zu Franz Schubert und Friedrich Gulda.

Sehenswert ist das Eingangstor mit dem Wappen des Kremsmünsterer Abtes Anton Wolfradt, der es 1627 kaufte, nachdem die protestantischen Vorbesitzer das Land hatten verlassen müssen. Im Gemeindeteil Kirchberg steht ein spätmittelalterlicher **Wohnturm,** auch er lohnt den Besuch.

Südlich von Kremsmünster, gleich an der Straße nach Ehmsdorf, liegt der 484 Meter hohe **Gusterberg,** von dessen Gipfel man bei guten Wetter einen Rundblick von den Alpen zum Böhmerwald hat. Daher wurde er 1817 als Nullpunkt der österreichischen Geodätie ausgewählt. Auf dem Gipfel befand sich eine uralte Linde, die 1929 gefällt werden musste, 1916 war jedoch eine ›Ersatzlinde‹ schon vorsorglich angepflanzt worden. Daher steht auf dem Gipfel immer noch ein, wie es heißt, ›Baum mitten in der Welt. In Adalbert Stifters Roman ›Der Nachsommer‹ wird ein Besuch an diesem Ort beschrieben, ohne dass der Autor ihn jedoch dezidiert nennt.

ℹ️ Kremstal und Kremsmünster

Tourismusverband Kremstal, Hauptplatz 10, 4560 Kirchdorf, Tel. 07582/63474. www.oberes-kremstal.at

Tourismusverband Nationalparkregion Steyrtal, Pfarrhofstraße 1, 4596 Steinbach an der Steyr, Tel. 07257/8411-13. www.steyrtal.at
www.nationalparkregion.at

Tourismusregion Bad Hall-Kremsmünster, Kurpromenade 1, 4540 Bad Hall, Tel. 07258/7200-0. www.badhall.at

🛏️ ✗

Gasthaus zum Schwarzen Grafen, Kaspar-Zeitlinger-Str. 28, 4563 Micheldorf, Tel. 07582/61160. www.schwarzergraf.at

Hotel Krmstl – Zur Stadt Gmunden, Hauptplatz 11, 4560 Kirchdorf, Tel. 0664/1059038, p. P. im DZ ab 38 €. www.hotel-krmstl.at

Wirtshaus Schöllhuber, Simon-Redtenbacher-Platz 8, 4560 Kirchdorf, Tel. 07582/62116. Mit eigener Metzgerei. Jeden Donnerstag gibt es hier von 8 bis 12 Uhr die berühmten Kirchdorfer Kesselheissen, frische Würste verschiedenster Sorten direkt aus dem Kessel, an Ort und Stelle verzehrt mit Kren, Brötchen und Senf. www.schoellhuber.at

Gasthaus Krapfenmühle, 4562 Steinbach am Ziehberg Nr. 78, Tel. 07582/7203.

Berggasthof Großer Jäger, Oberschlierbach 4, 4554 Oberschlierbach, Tel. 07582/62012, p. P. im DZ ab 36 €. Preisgünstiges, dennoch niveauvolles Haus. Gastgarten mit herrlicher Aussicht. www.grosser-jaeger.at

Landgasthaus und Metzgerei Schröcker, Klosterstr. 8, 4553 Schlierbach, Tel. 07582/81238. Kulinarisches Eldorado der Region. www.schroecker-schlierbach.at

Gasthof **König**, Bahnhofstr. 48, 4550 Kremsmünster, Tel. 07583/5217, p.P. im DZ 50 €. Gut, nicht teuer, dennoch gediegen. www.gasthof-koenig.at
Gasthaus Kremstalblick, Kirchberg 20, 4550 Kremsmünster, Tel. 07583/7390. Ausgezeichnete gutbürgerliche Küche.
Gasthaus Anzengruberstüberl, Ludwig-Anzengruber-Straße 20, 4540 Bad Hall, Tel. 07258/3584.
Parkhotel Zur Klause, Am Sulzbach 10, 4540 Bad Hall, Tel. 07258/4900, p.P. im DZ ab 69 €. Direkt am Kurpark mit großem Wellnessbereich, sehr schöne Becken. www.parkhotelzurklause.at

Oberösterreichisches Sensenschmiedemuseum, Gradenweg 9, 4563 Micheldorf, Tel. 07582/63474, zur Zeit nur Mi 9–17 Uhr, Außenanlagen besuchbar (Anfragen unter 0664/5968593, Herr Lechner).
Kalkofen-Museum, 4562 Steinbach am Ziehberg Nr. 2, Tel. 07582/7255-21; Mai–Okt. 1. So im Monat 12–17 Uhr und nach Vereinbarung. www.steinbach-ziehberg.at
Burg Altpernstein, Altpernstein 1, 4563 Micheldorf, Tel. 0732/60160070; Führungen Mai–Okt. So 15 Uhr, jetzt auch Zimmervermietung. www.burgaltpernstein.at
Stift Schlierbach, Klosterstraße 1, 4553 Schlierbach, Tel. 07582/83013-0; Apr.–Okt. Mo–Sa 8.30–17 Uhr, Nov–März Di–Fr 8.30–17 Uhr, Sa 8.30–12 Uhr. Schaukäserei und Glasmalerwerkstätte nur mit Führung. Führungen (auch im Kloster) Apr.–Okt. Mo–Sa 10.30 und 14 Uhr. Die Stiftskirche und der Kreuzgang sind zu den genannten Zeiten ohne Führung zugänglich. www.stift-schlierbach.at
Stift Kremsmünster, 4550 Kremsmünster, Tel. 07583/5275-0; Führungen Nov., Dez. und März tgl. 11, 14 und 15.30 Uhr, Apr.–Okt. tgl. 10, 11.30, 14 und 16 Uhr, Klosterladen Mo–Fr 9–12 und 13–16.30, Sa/So 10–12 und 13–17 Uhr.
www.stift-kremsmuenster.at
Die Sternwarte hat separate Führungszeiten, jedoch nur von Mai–Okt., und eine eigene Webseite: www.specula.at

Das Steyrtal zwischen Klaus und Sierning

Zu Recht kann man vom Steyrtal unterhalb des Klauser Stausees bis hin nach Steyr vom unteren Steyrtal reden. Man lässt diesen Talabschnitt am besten bei der langgezogenen 180-Grad-Kurve der B 138 bei Frauenstein beginnen, wo die abzweigende B 140 nach Steyr mit zwei Haarnadelkurven dem Reisenden zeigt, dass entlang des jetzt beginnenden Talabschnitts noch einiges auf ihn wartet. Entlang der B 140 verläuft auch die Trasse der stillgelegten Steyrtalbahn.

■ Frauenstein

Die **Wallfahrtskirche Frauenstein** (um 1520, später barockisiert) ist berühmt durch ihre Schutzmantelmadonna, die vermutlich Gregor Erhart (um 1465–1540) geschaffen hat. Die fast zwei Meter hohe, jedoch sitzende Marienfigur trägt einen Mantel, der sechs Personen beschützt, darunter Kaiser Maximilian I. und seine zweite Frau Bianca Sforza. Auf dem Schoß hält Maria das Jesuskind, das einen Kranz aus Rosen in den Händen hat. Sie trägt eine Krone aus filigranem Laubwerk. Auffallend ist die dreieckige Form der Konzeption. Die Madonna ist vermutlich eine Stiftung Maximilians selbst, die er in Auftrag gab, nachdem er 1489 in der holländischen Zuidersee aus Seenot gerettet worden war.

Auf dem Friedhof der Kirche liegt der einst sehr bekannte deutsche Fernsehmoderator und Schauspieler Hans-Joachim Kulenkampff (1921–1998) begraben. Die Grabstätte befindet sich ziemlich weit oben am Weg an der linken Mauer (vom Eingang aus gesehen) in einem kleinen Familiengrab und ist leicht zu übersehen.

Die Wallfahrtskirche Frauenstein vor der Kulisse der Kalkalpen

■ Der Steyrdurchbruch

Nach nur etwa zwei Kilometern von Frauenstein flussabwärts ist eine weitere Engstelle der Steyr erreicht, der Steyrdurchbruch. Hier gibt es gleich hinter der Straßenbrücke einen Parkplatz. Vom Westende der Straßenbrücke kann man zum Fluss hinab zur alten Brücke und zu dem berühmten Kraftwerk absteigen.

Das **Kraftwerk** an dieser Stelle wurde im Jahr 1908 im Stil jener Zeit erbaut, so dass man hier oft von einem Jugendstilkraftwerk spricht. Vor allem das Turbinenhaus und die Pfeiler an der historischen Straßenbrücke sind bester Art déco. Die Wehranlage besitzt eine Triftrutsche, da zu Beginn des 20. Jahrhunderts die Holztrift noch durchgeführt wurde. Das Kraftwerk ist heute noch in Betrieb und erzeugt für die Gemeinden Kirchdorf, Klaus und Molln jährlich 20 Millionen Kilowattstunden an Energie. Vom Kraftwerk kann man zur Burg Altpernstein bei Micheldorf aufsteigen (→ S. 325).

■ Molln

Unterhalb des Steyrdurchbruchs verbreitert sich das Steyrtal auf einem kurzen Abschnitt; hier entstand durch die einmündende Krumme Steyring eine etwas geweitete Schwemmebene. Im Zwickel zwischen beiden Gewässern liegt Molln, der heimliche Hauptort des Nationalparks Kalkalpen. Die 3700-Seelen-Marktgemeinde ist Sitz der Nationalparkverwaltung, und eigentlich hat man auch nur von hier Zugang in die tieferen Bereiche des Nationalparks.

Der Ortsname kommt von slawisch ›smolna‹, was Pech oder Teer bedeutet und darauf hinweist, dass hier im Mittelalter eine slawische Pechsiedersiedlung bestanden hat. Wie für so viele Orte des Eisenwurzengebiets spielten auch hier Erzbergbau, Eisenverarbeitung, bis 1962 die Sensenherstellung, für kurze Zeit um 1900 auch die Steinkohlenförderung eine wichtige Rolle. Molln ist seit über 400 Jahren traditioneller Produktionsort von Maultrommeln, einem in der Volksmusik verwendeten Musikinstrument, das auch im Ortswappen erscheint. Während um 1820 noch 34 Handwerker diese Arbeit ausführten, sind es heute noch drei Kleinbetriebe, diese aber liefern in alle Welt. Das Hoisnhaus (Maultrommelstr. 9) ist eine vormalige Maultrommelschmiede. Traditionell verbreitet war auch das Schaufelhackerhandwerk: aus Spaltstücken von Baumstämmen wurden Schaufeln angefertigt. In Molln erlosch die Schaufelhackerzunft 1951.

Berühmt und berüchtigt ist der ›Mollner Wildererkrieg‹ zwischen Jägern und Förstern auf der einen Seite und den Wilderern auf der anderen, der in den Hungerjahren nach dem Ersten Weltkrieg stattfand. Dabei wurde am 14. März 1919 ein gräflicher Förster erschossen, als ein Trupp Wilderer eine andere Gruppe von Wilderern, die verhaftet worden waren, am Bahnhof in Grünberg befreien konnte. Und anderntags ging es weiter: vier weitere Wilderer und ein Polizist fanden bei Femeaktionen den Tod.

In Molln kam Marlen Haushofer (1920–1970) zur Welt. Die nach ihrem Tod fast vergessene Autorin wurde durch den mit Martina Gedeck 2013 verfilmten Roman ›Die Wand‹ wieder etwas bekannter. Sie ist auf dem Taborfriedhof in Steyr beigesetzt.

Ein **Museum im Dorf** (Im Dorf 1) thematisiert unter anderem Maultrommeln, bäuerliches Leben, Jagdkultur. Sehenswert ist in der **Pfarrkirche** das Altarbild ›Das letzte Abendmahl‹ von Leopold Kupelwieser (1796–1862), einem der engsten Freunde Franz Schuberts, auch der barocke **Pfarrhof** von 1734 gegenüber lohnt einen Blick. Von unkonventioneller Architektur ist das **Nationalpark-Zentrum**, Österreichs größter hölzerner Atriumbau.

■ Rund um Molln

Von Molln aus kann man so tief wie sonst nirgends in den Nationalpark eindringen. Das Sengsengebirge lässt sich hier über seine Nordseite gut erreichen: an der Fahrstraße von Molln in das Gebirge gibt es den Wanderparkplatz Hopfing und die beiden anderen, die nahe beieinander liegen.

Von Hopfing kann man an der Nordseite des Sengsengebirges zu den **Feichtauseen** oder zur **Feichtauhütte** auf 1360 Meter Höhe wandern. Der Bo-

Das Kraftwerk im Steyrdurchbruch

dinggraben gilt als schönster Talschluss im Nationalpark. Auch von dort lässt es sich gut zur Feichtauhütte wandern (vier Stunden einfache Strecke), vielleicht noch weniger anstrengend. Mehr Wandertipps zu dieser Gegend unter www.bergwelten.com.

Als sehenswertes Naturdenkmal sei noch die **Rinnende Mauer** genannt. Sie befindet sich in der Steyrschlucht zwei Kilometer nördlich von Molln und ist ein Quell, der großflächig entlang einer Felswand austritt, etwa gegenüber von Schloss Leonstein. Von Gradau aus biegt man auf kleiner Fahrstraße westwärts Richtung Steyrfluß ab, der Weg ist gleichzeitig auch Wanderweg und die ›Rinnende Mauer‹ ist ausgeschildert. Man kann aber nicht bis unmittelbar zu ihr fahren, ab einem Parkplatze ist es noch etwa eine Dreiviertelstunde Fußweg.

Weihnachtlicher Schmuck in Sierning

■ **Grünburg**

Von Grünburg fährt während der Sommermonate und an den Adventswochenenden eine **Museumseisenbahn** in einer Stunde nach Steyr. Sie benutzt die Trasse der alten Steyrtalbahn.

Sehenswert ist das **Sensenschmiedeensemble** im Ortsteil Leonstein im Tal des Rinnerberger Bachs, das jetzt Freilichtmuseum ist. Es stammt aus der Zeit um 1600. Zu ihm gehören unter anderem Herrenhaus, Kuhstall, Magazin, Schmiedhaus, Kramgebäude und Herrschaftsgarten.

■ **Steinbach an der Steyr**

Steinbach liegt sehr malerisch am Fluss, der nördlich des Ortes verhältnismäßig tief in den Untergrund eingeschnitten ist, wobei das Konglomeratgestein teilweise überhängt. Das **Messerermuseum** im ehemaligen Betriebsgebäude einer Messerfabrik thematisiert das Leben der Messerer, Brauchtum und Handelsverbindungen, am Haus befindet sich auch eine Nachbildung eines Messerers bei der Arbeit.

■ **Sierning**

Die Stadt Sierning mit ihren fast 9500 Bewohnern ist die größte Siedlung im Steyrtal nach Steyr selbst. Schon 1588, gut 40 Jahre vor dem großen Oberösterreichischen Bauernkrieg, kam es hier zu ersten Bauernaufständen, die allerdings bald und unblutig zu Ende gingen. Große Bedeutung als kulturhistorische Tradition hat der ›Rudenkirtag‹, der in Sierning seit 1732 begangen wird. Es

Herbstliche Pracht im Bodinggraben

ist eine Faschingsveranstaltung, bei der fast ausschließlich Traunviertler Ländler gespielt werden, eine Besonderheit ist auch der Vortrag achtzeiliger ›Gstanzln‹, in denen satirisch-ironisch die Lokal- und Zeitpolitik aufs Korn genommen werden. Der Rudenkirtag ist Teil des immateriellen Weltkulturerbes der UNESCO.

In der gotischen **Pfarrkirche** wurde am 7. April 1801 die in Sierning geborene Theresa Helm getauft, die Mutter Anton Bruckners. Sehenswert ist an der Choraußenwand auch ein spätmittelalterlicher Steinkopf. Das Sierninger **Schloss** war ursprünglich im Besitz des Bistums Passau, wurde 1588 vollendet, wechselte sehr oft die Besitzer, begann zu verfallen, wurde nach 1969 jedoch durch die Kommune renoviert. Es besitzt einen hübschen Arkadenhof.

Im Gemeindeteil Neuzeug ist die **Kuhschellenböschung** recht bekannt. Hier wächst die in dieser Gegend durchaus häufig, anderswo überhaupt nicht vorkommende ›Gemeine Kuhschelle‹ (Pulsatilla vulgaris).

Das untere Steyrtal

Allg. Infos: www.kalkalpen.at
Nationalparkzentrum Molln, Nationalparkallee 1, 4591 Molln, Tel. 07584/3651; Ende April–Ende Okt. Mo–Fr 9–16, Sa/So 9–14 Uhr; im Winter Mo, Di, Do und Fr 9–12 und 13–16, Mi 9–13 Uhr, Sa/So geschlossen.
Nationalparkregion Steyrtal, Pfarrhofstr. 1, 4596 Steinbach/Steyr, Tel. 07257/8411-13. www.steyr-nationalpark.at und www.nationalparkregion.at

Gasthof Federlehner, Frauenstein Nr. 1, 4564 Klaus a. P., Tel. 07585/512, p. P. im DZ 43 €. Gleich neben der berühmten Wallfahrtskirche. Einst Stammlokal des berühmten Hans-Joachim Kulenkampff. www.federlehner.at
Gästehaus Kraml, Breitenau 20, 4591 Molln, Tel. 07584/3017, p. P. im DZ 34–38 €. 250 Jahre alter Erbhof, Halbpension möglich. www.steiner-kraml.at
Landgasthof Klausner, Hafnerstr. 30, 4591 Molln, Tel. 07584/39933, p. P. im DZ ab 42 €. Hübscher Wellnessbereich. www.landgasthof-klausner.at
Wirt zum Hochhaus (ehemals Kirchenwirt), Ortsplatz 8, 4596 Steinbach a.d. Steyr, Tel. 07257/7970. Erste Speiseadresse in Steinbach. www.wirt-zum-hochhaus.at

Gasthaus Hohe Linde, Hohe-Linde-Straße 13, 4594 Waldneukirchen, Tel. 07257/7034. Bekannt hochstehende Wirtshauskultur. www.hohelinde.at
Gasthof Alpenblick, Frauenhofenstr. 23, 4523 Sierning-Neuzeug, Tel. 07259/25520, p. P. im DZ 42 €. Gemütlich, exzellente Speisen, Vinothek, monatlich wechselnde kulinarische Schwerpunkte. www.gasthof-alpenblick.at
Hotel garni Leonsteiner Hof, Mollner Str. 6, 4592 Leonstein. Tel. 07584/2756, p. P. im DZ 38 €. Leider kein Restaurantbetrieb mehr. https://leonsteinerhof.at

Museum im Dorf, Im Dorf 1, 4591 Molln, Tel. 07584/2440; Mai–Okt. So 10–16 Uhr. Maultrommeln etc. www.museum.molln.cc
Freilichtmuseum Schmiedleithen, Schmiedleithen 7, 4592 Grünburg, Tel. 0650/2206094; Mai–Okt. So 10–17 Uhr. www.schmiedleithen.at
Messerermuseum, Hochgasse 17, 4596 Steinbach/Steyr, Tel. 07257/8411-13 (Tourismusverband); Ende Juni–Ende Okt. Sa 13–16, So 10–12 und 13–16 Uhr oder nach Vereinbarung unter Tel. 0664/2656609. www.messerermuseum.at

Feichtauhütte; nur Mai–Ende Okt., Selbstversorgerhütte, Info unter 0660/1634824.

Steyr und das untere Ennstal

Die Enns ist mit 254 Kilometern Österreichs längster Binnenfluss. Sie entspringt im Bundesland Salzburg in den Radstädter Tauern auf 1750 Meter Höhe am Kraxenkogel. Sie fließt von dort ostwärts auf steirisches Gebiet, bildet zwischen Schladming und Hieflau eines der großen Längstäler und Lineamente der Ostalpen aus und biegt dort nach Nordnordwest ab, betritt oberösterreichisches Gebiet, nimmt bei Steyr die Steyr auf und mündet bei der Stadt Enns in die Donau. Das untere Ennstal zwischen Steyr und der steirischen Landesgrenze mag durchaus zu den weniger bekannten Regionen Oberösterreichs zählen, doch großartige landschaftliche und kulturhistorische Sehenswürdigkeiten gibt es auch hier. Und die Stadt Steyr weist eines der schönsten österreichischen Stadtbilder auf und ist als traditioneller Ort der Eisenverarbeitung seit Jahrhunderten von großer kulturhistorischer Bedeutung.

Steyr und Umgebung

Mit über 38 000 Bewohnern ist Steyr nach Linz und Wels Oberösterreichs drittgrößte Stadt. Im Zentrum keiner anderen österreichischen Stadt münden zwei große Flüsse ineinander. Sein historisches Zentrum und seine Lage an den Flüssen und an den Hängen eiszeitlicher Schotterterrassen machen Steyr zu einem der lohnendsten Reiseziele im Land.

Das Stadtbild weist bedeutende Bauten aus der Zeit vom Mittelalter bis zur Gegenwart auf. Man muss dabei zwischen dem eigentlichen, historischen Steyr unterscheiden, das sich auf der Landspitze zwischen der Enns und der Steyr befindet und den beiden inzwischen ›inkludierten‹ Dörfern Steyrdorf auf der Nordseite der Steyr und Ennsdorf, der Mündung gegenüber an der Ostseite der Enns. Bis zum Ende des 19. Jahrhunderts waren Steyrdorf und Ennsdorf eigenständige Gemeinden. Steyr ist zu allen Jahreszeiten besuchenswert. Im November und Dezember existiert hier ein sehr schöner Weihnachtsmarkt. Man spricht auch von der Christkindlstadt Steyr, die in diesen Wochen viele Krippen präsentiert und saisonal auch das ›1. österreichische Weihnachtsmuseum‹ öffnet.

■ Aus der Stadtgeschichte

Der Ort hat seinen Namen vom gleichnamigen Fluss, den die Keltern vor über 2500 Jahren ›stiria‹ nannten. Der griechische Geograph Ptolemaios beschrieb um die Zeitenwende an der Stelle des späteren Steyr einen römischen Ort Gesodunum, über den aber nichts außer dem Namen bekannt ist. In der Römerzeit wurde das Eisen, das an vielen Stellen der Kalkalpen gewonnen wurde, nach Lauriacum – heute Lorch, ein Ortsteil von Enns – gebracht, von wo es über die Donau zu anderen Orten weitertransportiert wurde. Eine größere Siedlung scheint aber in der Römerzeit um die Mündung von Steyr und Enns nicht bestanden zu haben. Um 550 wurde die Region bairisch besiedelt und Teil des Herzogtums Baiern. Wegen der wiederholten Ungarneinfälle wurde an dem inzwischen strategisch bedeutsamen Punkt oberhalb der Mündung von Steyr und Enns um 900 die Styraburg erbaut. Landesherren waren in jener Zeit die Grafen von Wels-Lambach. Nach deren Aussterben 1090 folgten die ›Traungauer‹ nach, eine Linie des gegen 1200 ebenfalls ausgestorbenen Geschlechts der ›Otakare‹, das in jenen Jahren ein Gebiet zwischen Chiemgau, Traungau und Kärnten sowie die spätere Steiermark regierte und von den Baiernher-

Steyr und Umgebung 339

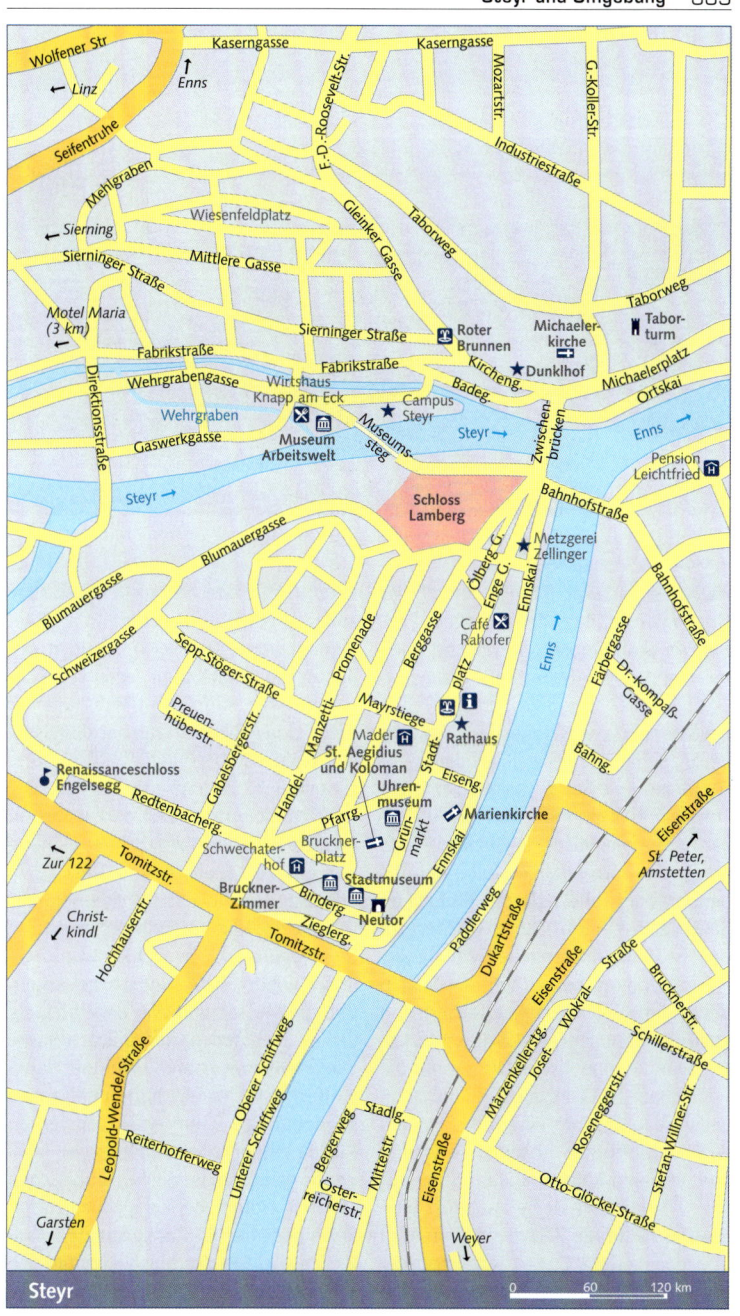

Blick auf Steyr vom Tabor, Gemälde (1844) von Jakob Alt

zögen belehnt war. Ihr Wappentier war ein weißer Panther, der als grüner Panther im Stadtwappen Steyrs und auch im Wappen der Steiermark erscheint. Das Land, das sich südlich an das Gebiet um Steyr und das Ennstal anschloss, war die Markgrafschaft Steier, aus der später die Steiermark werden sollte. Der letzte Traungauer, Markgraf und Herzog Otakar IV., vermachte seine Gebiete 1186, als er seinen Tod nahen fühlte, den Babenbergern, wobei auch die Bindung an Baiern gelöst wurde. Die inzwischen um die Styraburg entstandene Siedlung war in jenen Jahren bereits sehr ansehnlich geworden. Mit dem Aussterben nun auch der Babenberger 1246 entwickelten sich innenpolitische Wirren um die Herrschaft in Österreich, in die auch auswärtige Mächte eingriffen. Es kam zu kriegsähnlichen Auseinandersetzungen, in deren Folge die Stadt Steyr aus ihrer Markgrafschaft herausgelöst wurde und für kurze Zeit zu Ungarn kam und das spätere Oberösterreich unter die Herrschaft des Böhmenkönigs Ottokar II. gelangte. Steyr war damit aber auch vom Erzberg abgetrennt. 1278 jedenfalls wurde Österreich, nachdem der Böhmenkönig im Kampf gegen den deutschen König Rudolf von Habsburg auf dem Felde geblieben war, habsburgisch. Die Waldenserbewegung hatte in Steyr zwischen 1260 und 1370 einigen Zulauf, wurde jedoch von der Inquisition gnadenlos verfolgt. An die Verbrennung von gut 100 Menschen in Steyr 1397 erinnert heute noch das Waldenserdenkmal. Im 14. und 15. Jahrhundert blühte Steyr jedoch auf, der Erzberg war schon lange wieder habsburgisch geworden und die Messer- und Waffenherstellung ließ es zu einer reichen Stadt werden. Die Steyrer ›Messerer‹, wie die Handwerksmeister hießen, hatten im ganzen süddeutschen Raum einen sehr guten Ruf. Es entwickelten sich intensive Handelsbeziehungen zu vielen europäischen Städten, womit aber auch neue geistige Strömungen in die Stadt gelangten. Große Teile der Bevölkerung bekannten sich zur evangelischen Lehre, gegen Ende des

16. Jahrhunderts lebten in Steyr keine 20 katholischen Familien.

Die größte Hochwasserkatastrophe der Stadtgeschichte ereignete sich 1572, ihr folgte ein langsamer Niedergang des Eisenhandels. Viele Eisenhändler verkauften direkt ins Ausland mit höheren Preisen und für die Steyrer Handwerksmeister verblieb nach und nach nur zweitklassiges Metall. Der oberösterreichische Bauernkrieg zerstörte 1626 alle Infrastruktur, die Gegenreformation führte seit 1625 zur Ausweisung der Steyrer Protestanten. Viele davon wanderten nach Solingen aus, das dadurch zur führenden Stadt der Messerherstellung in Mitteleuropa wurde. In Steyr blieb jedoch mit dem Weggang der Protestanten viel Eisen liegen, ohne Abnehmer, ohne Verarbeiter. Um alle Härten aufzufangen, gründete man im gleichen Jahr noch die ›Innerberger Hauptgewerkschaft‹, aus der viel später die ›Alpine Montangesellschaft‹ hervorgehen sollte. Nach und nach gelang es, wieder zu Wohlstand zurückzukehren. Doch 1727 zerstörte ein Brand fast die ganze Stadt, auch die Styraburg sank in sich zusammen. An ihrer Stelle wurde das Schloss Lamberg erbaut.

Während der napoleonischen Kriege wurde Steyr 1800, 1805 und 1809 belagert. Zwischen 1829 und 1885 wurden die mittelalterlichen Stadtbefestigungen nach und nach abgetragen. 1855 fiel der grassierenden Cholera Steyrs damals berühmtester Industrieller zum Opfer, der Waffenhersteller Leopold Werndl. Dessen Sohn Josef Werndl (1831–1889) erweiterte den Betrieb des Vaters und baute eine der größten Waffenfabriken der damaligen Zeit auf. Seine Gewehrherstellung basierte neben der Innovation des Hinterladers auf einem Austauschprinzip, bei dem einzelne Präzisionsteile, die jeweils in Massen hergestellt werden, unterschiedlich miteinander kombiniert werden konnten und so eine gewisse Vielfalt an Endprodukten entstand. Die Elektrizität für seine Werke wurde aus Dynamomaschinen gewonnen, die durch Wasserkraft betrieben wurden – nicht schwierig, da es zwei große Flüsse in der Stadt gibt. Bei einer ›Electrischen Landes-Industrie-Forst- und culturhistorischen Ausstellung‹ illuminierte er 1884 im Beisein des Kaisers die ganze Stadt. Werndls ›Oesterreichische Waffenfabriksgesellschaft‹ (OEWG) wurde 1926 in die ›Steyr-Werke‹ umbenannt, diese fusionierten 1934 mit der ›Austro-Daimler-Puchwerke AG‹ zur ›Steyr-Daimler-Puch-AG‹, aus der Waffenschmiede war eine Automobil- und Flugzeugfabrik entstanden. Autos der Marke Steyr, die bereits seit 1920 in Steyr produziert wurden, waren in den 1930er Jahren durchaus begehrte Fahrzeuge, 1938 wurde die AG in die ›Reichswerke Hermann Göring‹ eingegliedert, womit wieder die Waffenproduktion aufgenommen wurde; in den Nachkriegsjahren wurden dann vor allem Traktoren und Lkw hergestellt. Als ›Steyr Mannlicher‹ existiert Werndls Fabrik jedoch bis heute – und produziert Gewehre.

Als Standort der Rüstungsindustrie war Steyr im Zweiten Weltkrieg mehrfach Bombenangriffen ausgesetzt, von denen der vom 24. Februar 1944 der schwerste war und die Waffenwerke großteils zerstörte. Es gab 212 Tote, 112 Gebäude wurden total zerstört, 400 wurden beschädigt. An die traditionelle Automobilproduktion wurde 1979 mit der Errichtung eines BMW-Zweigbetriebs angeknüpft. Steyrs exponierte Lage an der Mündung zweier großer Flüsse führte am 12. August 2002 zu einer heftigen Überschwemmung, bei der bei einem Pegelstand von 1050 Zentimetern der Stadtplatz völlig überflutet wurde.

■ Rund um den Stadtplatz

Die **Zwischenbrücken**, ein kleiner Platz direkt an der Flussmündung von Enns und Steyr, bieten sich als Ausgangspunkt für einen Stadtrundgang an. Hier stehen der gelbliche gefärbte **Wasserturm** von 1572 und die **Löwenapotheke** mit ihrer schönen Barockfassade. Bergan führt die Bergasse durch einen gotischen Torbogen – Rest der alten Styraburg – zum Schloss Lamberg. Die beiden Herrscher auf der Darstellung der mittelalterlichen Burg über dem Torbogen sind Kaiser Friedrich III. und sein Sohn Kaiser Maximilian. Durch die **Enge Gasse**, die voller hübscher Läden ist, erreichen wir den Stadtplatz, die gute Stube von Steyr und sicherlich einer der schönsten und besterhaltenen historischen Stadtplätze im deutschsprachigen Raum. Haus Nr. 12 (rechts) ist das **Sternhaus**, neu errichtet nach dem Brand von 1727. Sein goldener Stern über dem Portal steht sinnbildlich für den Wohlstand durch den Eisenhandel. Ihm gegenüber (Nr. 9) steht das **Meditzhaus**. Mit seiner Barockfassade und dem prächtigen Renaissanceinnenhof ist es eines der schönsten Bürgerhäuser der Stadt. Das grüne Haus Stadtplatz Nr. 16 ist das **Schuberthaus**. Hier wohnte der große Komponist bei seinem letzten Besuch in Steyr 1825; eine Reliefbüste zwischen den Obergeschossen deutet es an. Überhaupt lohnt es sich, soweit möglich, die Innenhöfe auch der anderen Bürgerhäuser anzuschauen. Prächtige Fassaden zeigt auch die Rückseite des Stadtplatzes zur Enns zu, am Ennskai (Parkplatz). Verschiedene Durchgänge, Kaig genannt, führen vom Stadtplatz zum Ennsufer. Die meisten Häuser reichen vom Stadtplatz tatsächlich bis zum Ennsufer.

In der Mitte des Stadtplatzes, gegenüber der neugotischen Sparkasse von 1900, steht der **Leopoldibrunnen** von 1683. Das **Rathaus** (Nr. 27), 1778 nach Plänen von Johann Gotthard Hayberger (1695–1764) vollendet, ist eines der schönsten weltlichen Rokokobauwerke ganz Österreichs. Auf der Balustrade stehen vier allegorische Frauenfiguren: Justitia (mit Schwert und Waage), Gerichtsbarkeit (Eisenkugel und Fußkette), Geistlichkeit (Weihrauchgefäss) und Römisches Recht (Buch), womit die Machtbefugnisse eindeutig dargestellt sind. Legendär ist der

▲ *Der Stadtplatz von Steyr, hinten links die Marienkirche*

Steyr und Umgebung

Ein Sensenhammer im Stadtmuseum

Würstelstand (Nr. 25) auf dem Stadtplatz vor dem Rathaus. Hier gibt es unter anderem die sogenannte ›Bosna‹, eine verhältnismäßig scharf gewürzte Bratwurst in einem aufgeschnittenen Weißbrot.

Das **Bummerlhaus** (Nr. 32) mit seinem dreieckigen Giebel gilt als besterhaltenes gotisches Bürgerhaus und Wahrzeichen der Stadt. Sein Mauerwerk stammt teilweise aus dem 13. Jahrhundert. Einst befand sich hier das Wirtshaus zum Goldenen Löwen, der am Aushängeschild noch erkennbar ist. Die Steyrer nannten diesen etwas klein geratenen Löwen ›Bummerl‹, womit kleine dickliche Hunde gemeint sind – so entstand der Name.

Haus Nr. 34 gleich daneben ist das **Stalzerhaus**. In diesem Haus hielt sich Franz Schubert während eines Besuchs bei seinem Freund Vogl 1819 und 1823 auf, und hier entstand großteils sein berühmtes ›Forellenquintett‹ (DV 664), das in Steyr auch uraufgeführt wurde.

Das **Hotel Mader** ist in ein altes Renaissancehaus (Nr. 36) eingezogen, hat dieses umgebaut, wobei der Innenhof nach oben geschlossen wurde und zwischen den neu entstandenen Räumen, vor allem des Erdgeschosses, noch die alten Arkaden erkennbar sind.

Bei der **Marienkirche** handelt es sich um eine ehemalige Dominikaner-Klosterkirche; sie besitzt eine reiche barocke Ausstattung.

Nach Westen geht der Stadtplatz in den Grünmarkt über. An seinem Ende steht das **Neutor** von 1573. Es besitzt zwei Durchfahrten und ist eines von drei erhaltenen Stadttoren. Gleich am Neutor (Grünmarkt 26) befindet sich ein Gebäude mit einem Doppelgiebel, der **Innerberger Stadl**, ein Getreidespeicher von 1612, nach 1625 Sitz der Innerberger Hauptgewerkschaft und heute **Stadtmuseum**. Hier ist auch das ›Steyrer Kripperl‹ beheimatet, ein sehr altes, noch bespieltes Stabpuppentheater.

■ Rund um die Stadtpfarrkirche

Vom Stadtplatz führt die Berggasse zur **Stadtpfarrkirche St. Aegidius und Koloman**, die in schönster Gotik von 1443 bis 1522 entstand. Nur ihr 80 Meter hoher Turm (1889) ist neugotisch, auch der Hochaltar stammt aus dem 19. Jahrhundert. Er wurde 1857 nach einem erfolglosen Attentat auf Kaiser Franz Joseph gestiftet. Ungewöhnlich düster ist die

An der Berggasse, Ecke Enge Gasse

Epitaph in der Steyrer Pfarrkirche

Vorhalle mit ihren Epitaphen. Sehenswert sind zwei der Kirchenfenster: an der Südwand rechts neben dem Hauptportal befindet sich das ›Laxenburger Fenster‹ mit Glasgemäldefragmenten des Spätmittelalters; drei Scheiben stellen Szenen aus dem Leben des später heilig gesprochenen Babenbergerherzogs Leopold VI. dar, dem Landesheiligen Österreichs; das links davon übernächste Fenster stammt aus der Renaissance (1523) und zeigt in der oberen Hälfte Tod und Krönung Mariens. In der Steyrer Pfarrkirche befand sich die 1778 erbaute Krismann-Orgel, auf der Anton Bruckner so oft gespielt hat. Die Orgel wurde 1893 erweitert und erhielt ein neugotisches Gehäuse. Bei einem erneuten Umbau 1962 blieb dieses Gehäuse erhalten, jedoch nicht das Krismann-Orgelwerk. An eine Seuche, die 1703 wütete, erinnert an der Rückwand des nördlichen Seitenschiffs ein ungewöhnlicher Sonnenblumenepitaph. Am **Alten Pfarrhof** gleich neben der Kirche erinnert eine Tafel an Anton Bruckner, der in Steyr fast alljährlich von 1886 bis 1894 die Sommermonate verbrachte und hier große Teile seiner achten und neunten Symphonie komponierte. Am unmittelbar oberhalb der Kirche befindlichen Brucknerplatz steht das eindrucksvolle **Brucknerdenkmal** von Victor Tilgner, der auch das berühmte Mozartdenkmal im Wiener Hofgarten schuf.

Von der Pfarrkirche führt die malerische **Berggasse** hinüber zum Schloss Lamberg, auch sie lohnt einen Streifzug, wenngleich es hier kein besonders herausragendes Einzelgebäude gibt. Hinter der Kirche, an der Leopold-Werndl-Straße, befindet sich mit dem **Schwechaterhof** ein Traditionsgasthaus und der schönste Biergarten Steyrs.

■ **An der Handel-Mazzetti-Promenade**
Nahe des südlichen Endes der Handel-Mazzetti-Promenade, in Steyr nur ›Promenade‹ genannt, steht das **Josef-Werndl-Denkmal** (1894), ebenfalls von Victor Tilgner. Sein Sockel zeigt verschiedene Darstellungen von Soldaten mit Werndl'schen Waffen. An ihrem nördlichen Ende geht die Promenade in den kleinen Professor-Jörg-Reitter-Platz über, wo sich seit 1997 ein **Denkmal** für die 1397 in Steyr verbrannten Waldenser befindet. Das dreiflügelige, dreieckige **Schloss Lamberg** ging aus der 1727 völlig niederge-

Im Museum Arbeitswelt

Blick auf die Michaelerkirche und den Tabor

brannten, aus dem Mittelalter stammenden Styraburg hervor. Von dieser sind der Burggraben, Reste der stadtseitigen Burgmauer und der Bergfried erhalten. Er wird auch Römerturm genannt, da die Fundamentquader aus dem Römerlager Lauriacum stammen. Von 1666 bis 1938 waren Burg und Schloss im Besitz der Familie Lamberg. Nach Plänen von Johann Michael Prunner (1669–1738) wurde gleich nach dem Brand eine repräsentative Barockanlage neu gebaut. Die Lambachs besaßen in der Mitte des 18. Jahrhunderts den größten Grundbesitz in Österreich. Bei den Belagerungen von Steyr in den napoleonischen Kriegen wurde das Schloss schwer mitgenommen und 1824 nach einem Brand erneut umgebaut. 1938 verkaufte es Vollrath von Lambach zusammen mit allem Grundbesitz an das Deutsche Reich, heute ist es ebenfalls in staatlichem Besitz und fast ausschließlich Veranstaltungsort. Sehenswert ist der Schlosshof mit dem Zwergenbrunnen (1666); die wasserspeiende Hundefigur ist Bestandteil des Lambergschen Wappens. Die Schlosskapelle ist heute Standesamt.

Auf schmalem Weg gelangt man unmittelbar entlang der Schlossmauer zu einem **Aussichtspunkt**, von dem sich ein großartiger Blick auf die Steyrmündung und auf Steyrdorf gegenüber mit der Michaelerkirche eröffnet.

■ Nördlich der Steyr

Unterhalb vom Schloss Lamberg, ganz in der Nähe des Aussichtspunktes, führt der **Museumssteg** auf die andere Seite der Steyr. Gleich am Fluss, in einer ehemaligen Messerfabrik, befindet sich das **Museum Arbeitswelt**. Es widmet sich weniger der Geschichte der Arbeit oder der Situation der Arbeiter durch die Jahrhunderte in Österreich, sondern ist Ausstellungs- und Kulturzentrum und stellt mit seinen Ausstellungen nach eigener – allerdings etwa schwammiger – Definition den ›Mensch und die Gestaltbarkeit seiner Umwelt‹ in den Vordergrund. Hinter dem Museum verläuft der **Wehrgraben**, eine 1,5 Kilometer langer künstlicher Kanal, der den hier ansässigen eisenverarbeitenden Manufakturen die antreibende Energie lieferte. Um den Wehrgaben befanden sich die Waffen-

Malerischer Winkel: Badgasse, Ecke Kirchengasse

werke Josef Werndls. Hier steht auch das bekannte **Wirtshaus Knapp am Eck**. Östlich davon, zwischen Steyr und Wehrgrabengasse, gruppieren sich die Gebäude des **Campus Steyr**. Schlendert man an ihnen entlang, stößt man auf die sehr malerische und enge Badgasse und schließlich auf die Kirchengasse. Folgt man ihr aufwärts bis zur Schuhbodengasse, steht man bald vor dem **Roten Brunnen** mit seiner Marienstatue aus dem 18. Jahrhundert. Im nahegelegenen **Haus Sierninger Str. 1**, dem ›Lebzelterhaus‹, wurden zwischen etwa 1650 und 1850 Met,

Die Wallfahrtskirche Christkindl

Wachskerzen und Lebkuchen hergestellt. Kirchengasse 10 ist der **Dunklhof**, heute ein Veranstaltungsort. In diesem Bürgerhaus aus dem 16. Jahrhundert lebte die Schriftstellerin Dora Dunkl (1925–1982), es hat einen sehr sehenswerten, vor allem begrünten, dabei auffallend kunstvoll gestalteten Arkadenhof.

Der ganze obere Teil von Steyrdorf lohnt durchaus einen Bummel, allenthalben gibt es hübsche Bürgerhäuser und verträumte Winkel. Am oberen Ende der Gleinkergasse, der Verlängerung der Kirchgasse, steht das **Schnallentor** von 1613, das zweite erhaltene Stadttor.

Nach Osten geht die Kirchengasse in den **Michaelerplatz** über. Die barocke **Michaelerkirche** (1635–1677) am Platz besitzt ein große Fresko zwischen den Türmen, es zeigt den Erzengel Michael und den Sturz der gefallenen Engel. Das wuchtige Bauwerk sollte in der Gegenreformation den abtrünnigen Protestanten aufzeigen, wo der wahre Glaube zu liegen hat – so wie es für alle pompösen Barockkirchen dieser Zeit gilt. Und nicht von ungefähr ist die Kirche daher direkt zum Steyrer Stadtplatz hin ausgerichtet. Etwas weiter erhebt sich seit 1480 der **Taborturm**, von dem man einen sehr schönen Blick auf Schloss Lamberg und Steyr hat. Eine Treppe mit 243 Stufen führt in ihm hinauf.

Vom Michaelerplatz führt die **Steyrbrücke** hinüber ins Zentrum. Nicht weit von der Einmündung der Enns in die Steyr entfernt, an ihrem östlichen Ufer, steht mit dem **Kollertor** (1573) das dritte der noch vorhandenen Stadttore.

Haus Redtenbachergasse Nr. 9 ist das **Renaissanceschloss Engelsegg** (bis 1642 Teufelsegg), das auf das 13. Jahrhundert zurückgeht, heute in städtischem Besitz ist und keinem erwähnenswerten Zweck dient. Es liegt etwa einen Kilometer westlich der Altstadt.

■ Christkindl

Etwa drei Kilometer westlich der Innenstadt liegt der Ortsteil Christkindl. Die dortige, 1709 geweihte **Wallfahrtskirche** von Carlo Antonio Carlone, architektonisch dem römischen Pantheon nachgebildet, wird viel von Gläubigen besucht. Ihren Namen hat sie von einer wächsernen Figur des Christuskinds, die im Hochaltar bewahrt ist. Der Legende nach betete im Jahr 1691 ein ›Fallsüchtiger‹ – Epileptiker – an einem Bild der heiligen Familie, das westlich von Steyr auf einer Anhöhe an einer Fichte hing. Gleichzeitig wurde eine Nonne von einer Krankheit geheilt, nachdem sie eine wächserne Christkindfigur unbekannter Herkunft angefleht hatte. Diese Figur wurde an der Fichte angebracht. Der Epileptiker, ein örtlicher Geistlicher, bat diese um Hilfe und konnte bald fröhlich und beschwerdefrei davonspringen. Bald wurde an dieser Stelle eine hölzerne Kapelle erbaut, bei der der Fichtenstamm direkt in den Bau integriert wurde. Aus ihr ging die heutige Kirche hervor, und in deren Hochaltar ist jener 120 Zentimeter hohe Fichtenstamm einbezogen. Beeindruckend sind auch die Kuppelfresken, die die Himmelfahrt Mariens zeigen. Weitere Infos: www.christkindlregion.com

■ Steyrtal-Museumsbahn

Ein Erlebnis ist eine Fahrt mit der Steyrtal-Museumsbahn, Österreichs ältester Schmalspurbahn (760 mm Spurweite). Sie ist das Relikt einer vor 100 Jahren längeren Strecke und verkehrt an Wochenenden im Sommer und im Advent bis zu sechsmal täglich. Die Strecke zwischen Steyr und dem flussaufwärts gelegenen Grünberg legt sie in einer Stunde zurück, der Lokalbahnhof befindet sich an der Redtenbachergasse 14, knapp einen Kilometer westlich der historischen Altstadt.

Die Museumsbahn in voller Fahrt

■ Rund um Steyr

Etwa neun Kilometer ennsabwärts von Steyr, auf der Hälfte des Wegs nach Enns, liegt **Kronstorf.** Hier befand sich von 1952 bis 1995 der Rundfunksender Kronstorf. Der 274 Meter hohe Sendemast, den die amerikanische Besatzungsmacht zusammen mit zwei kleineren Masten errichtet hatte, war das höchste Bauwerk in Österreich. Allerdings wurde er schon 1956 abgetragen und verkürzt auf dem Bisamberg bei Wien wieder aufgestellt. In Kronstorf gibt es im alten Schulhaus ein kleines **Bruckner-Museum,** das unter anderem Bruckners Geige auf-

Adventsstimmung in Garsten

bewahrt. Anton Bruckner war hier von 1843 bis 1845 Schulgehilfe, wie er es in den beiden Jahren davor im mühlviertlischen Windhaag gewesen war.

In **Gleink**, nur wenig nördlich von Steyr, befindet sich ein ehemaliges Benediktinerstift. Das Stift wurde 1784 säkularisiert, 1832 mit Salesianerinnen wiederbelebt und 1977 wegen Nonnenmangels endgültig aufgehoben. Bis in die jüngste Zeit bestand hier eine katholische Knabenanstalt. Das ganze eindrucksvolle Ensemble gehört heute zur lokalen Pfarrei. Die **Stiftsanlage** entstand in heutiger Form im Wesentlichen zwischen 1680 und 1710, geht aber auf einen mittelalterlichen Vorgängerbau zurück – das Stift war im Mittelalter gegründet worden. Reste der romanischen und gotischen Bauten im Langhaus der Stiftskirche sind nur noch wenig zu erkennen.

Nur wenige Kilometer südlich von Steyr, ennsaufwärts, liegt **Garsten**. Es ist durch eine grandiose **Stiftsanlage** bekannt, die heute als Justizvollzugsanstalt genutzt wird. Das ehemalige Benediktinerstift, das schon 1082 durch den Traungauer Otakar II. gegründet wurde und sein heutiges Gesicht im 18. Jahrhundert durch die Baumeisterfamilie Carlone erhielt, wurde 1787 aufgehoben und ist seit 1851 Gefängnis. Sehr lohnend ist dennoch die Besichtigung von außen sowie die der zugänglichen Stiftskirche, heute die örtliche Pfarrkirche. In ihr ist auch Stiftsgründer Otakar in einem prachtvollen Hochgrab beigesetzt. In der alten Stiftstaverne konnte man bis vor kurzem einkehren. Sie ist derzeit geschlossen, soll aber bald wieder eröffnet werden.

Im Gemeindegebiet von St. Ulrich bei Steyr liegt der **Damberg** (807 m), ein beliebter Ausflugspunkt mit einer 36 Meter hohen **Aussichtswarte**.

Ein absoluter Geheimtipp ist das südöstlich von Steyr befindliche **Kleinramingtal**, das sich entlang der Landesgrenze zu Niederösterreich hinzieht. Die 25 Kilometer zwischen Kleinraming und Maria Neustift sind sicherlich für den Automobilisten eine der schönsten Fahrstraßen im Land, eine Zufahrt ist nur von Steyr oder Maria Neustift her möglich.

Das ganze Gebiet zwischen Enns und der Landesgrenze wird wenig von Touristen besucht, bietet daher unberührte Landschaften, die aus diesem Grund umso reizvoller sind und den Besuch lohnen.

Steyr und Umgebung

Vorwahl Steyr: 07252.

Tourismusverband Steyr, Stadtplatz 27, Tel. 53229-0. Im Angebot sind auch Nachtwächter-Rundgänge mit Aufstieg auf den Turm der Stadtpfarrkirche.
www.steyr.info
www.christkindlregion.at

Steyrtal-Museumsbahn, Tel. 0664/5087664. www.steyrtalbahn.at

Restaurant Hotel Mader, Stadtplatz 36, Tel. 53358, p. P. im DZ 75–110 €. Edel, direkt am Stadtplatz, der Sonntagsbrunch ist Treffpunkt der Bedeutenden und Unbedeutenden in Steyr. www.mader.at

Pension Leichtfried, Haratzmüllerstr. 25, Tel. 52438, p. P. im DZ 40–42 €. Im Ortsteil Ennsdorf. https://steyr-austria.com

Schwechaterhof, Leopold-Werndl-Str. 1, Tel. 53067, p. P. im DZ 54 €. Gleich an der Stadtpfarrkirche gelegen. Traditionshaus mit über 80 (auch eigenen) Biersorten, Bierverkostungen mit Biersommelier. www.schwechaterhof.at

Motel Maria, Reindlgutstr. 25, Tel. 71062, p. P. im DZ ab 39 €. Am westlichen Stadtrand, vorzügliche Nächtigungsmöglichkeit. www.motel-maria.at

Wirtshaus Knapp am Eck, Wehrgrabengasse 15, Tel. 76269. Bekannt gute Küche,

rustikal, volksnah, dennoch szenig. Berühmte Backhenderl. www.knappameck.at
Restaurant Café Rahofer, Hauptplatz 9, Tel. 54606. Beliebter Treff in altem Arkaden-Innenhof. Besondere Empfehlung des Autors. www.restaurant-rahofer.at
Metzgerei Zellinger, Enge Gasse 13, Tel. 52471. Imbiss und Leberkäse-Semmeln von Weltruf. www.zellinger.at
Restaurant Gorfer Natur Gourmet, Herrenweidestr. 20, 4451 Garsten, Tel. 0664/3253962. In einem Bauerngehöft aus dem 15. Jahrhundert im Ortsteil Saaß, Bio-Fleisch von eigenem Hof. Besonderer Tipp des Autors.
www.gorfernaturgourmet.at.
Berggasthaus Nell, Königsberger Weg 2, 4442 Kleinraming, Tel. 07252/30114. www.berggasthofnell.at

Museum der Stadt Steyr, Grünmarkt 26, Tel. 575-348; Apr.–Okt. Di–So 10–16 Uhr, Nov.–März Mi–So 10–16 Uhr. Volkskundliches, Messersammlung, Vogelsammlung, berühmte Kollektion von Krippenfiguren, auch eine 18 Meter lange Krippe, bei der keine Figur der anderen gleicht. www.steyr.at
Museum Arbeitswelt, Wehrgrabengasse 7, Tel. 77351-0; März–Dez. Di–So 9–17 Uhr. Mit Gedenkstätte ›Stollen der Erinnerung‹ in einem Luftschutzbunker unter dem Schloss Lamberg, der die NS-Zeit in Steyr (Zwangsarbeit, Widerstand etc.) dokumentiert. www.museum-steyr.at
Uhrenmuseum und -manufaktur Schmollgruber, Grünmarkt 2, Tel. 53091-16; Mo–Fr 8.45–12 und 14.15–18 Uhr. Seit 400 Jahren werden in diesem Betrieb eiserne Uhren hergestellt.
www.schmollgruber.at
Bruckner-Zimmer, Brucknerplatz 4, 4484 Kronstorf, Tel. 07225/8256-17 (Gemeindeamt); ganzjährig Besuche nach Voranmeldung möglich. www.kronstorf.at

Entlang der früheren Eisen-straße ennsaufwärts

Obwohl das Ennstal südlich von Steyr viele reizvolle Ecken aufweist, zählt es zu den touristisch etwas weniger frequentierten Gegenden. Entlang des Flusses zieht sich auf der Trasse der historischen Eisenstraße die Bundesstraße 115, auf der man nach 60 Kilometern ab Steyr bei Altenmarkt steirischen Boden erreicht.
Die Tourismusverbände verstehen unter ›Eisenstraße‹ eine mit der historischen Eisenstraße nicht ganz identische ›Erlebnisstraße‹, die Touristen anhand von unter anderem Museen und Schautafeln mit dem traditionellen Erzabbau, der Eisenverarbeitung, Handwerksformen und Zünften bekannt macht. Sie ist länderübergreifend – mit Niederösterreich und Steiermark – angelegt.
Entlang jener Straße gibt es auch einige Möglichkeiten, näher mit dem Nationalpark Kalkalpen in Kontakt zu kommen, die Bundesstraße ist gleichsam seine Ostbegrenzung. Er ist nicht überall und nur an wenigen Stellen offiziell zugänglich, die inneren Bereiche sind es überhaupt nicht.

■ Nationalpark Kalkalpen

Der 1997 gegründete Nationalpark Kalkalpen umfasst große Teile des Sengsen- und Reichraminger Hintergebirges. Seine östliche Grenze ist der bei Reichraming in die Enns mündende Reichramingbach, im Westen und Süden bilden im Wesentlichen Teichltal und Hengstpassstraße die Grenze. Mit dem Niedergang der Eisenindustrie, wodurch eben auch die Eisenstraße ihre ursprünglichen Bedeutung verlor, konnte sich in diesem Teil der Alpen eine weitgehend intakte Natur bewahren. Denn außerhalb von Enns- und Steyr- bzw. Kremstal gibt es durch das Sengsen- und Reichraminger Gebirge keinerlei Durchgangsstraßen.

Das Ennstal bei Weyer

Der Nationalpark hat eine Fläche von 208 Quadratkilometern, davon sind 90 Prozent reine Naturzone, die nicht betreten werden darf, 80 Prozent seiner Fläche sind bewaldet. Seine höchste Erhebung ist mit 1983 Metern der Hohe Nock. Er erstreckt sich nicht vollständig über die Bergmassive zwischen Enns sowie Steyr- und Kremstal, sondern nimmt im Wesentlichen das Sengsengebirge und das Reichraminger Hintergebirge sowie einige Randbereiche zu diesen ein. Zugänglich ist er größtenteils nicht, nur einige Täler der Randbereiche können besucht werden. Von Ternberg, Reichraming und Großraming, von Unterlaussa wie auch von Molln kann man jeweils einige wenige Kilometer in den Park hinein fahren. Wo die Fahrstraßen enden, beginnt manchmal auch ein Betreteverbot. Dennoch lassen sich einige hübsche Wanderungen machen, auf die im Folgenden auch näher hingewiesen wird. Am besten lässt sich der Nationalpark über den **Kalkalpenweg** erkunden, einen 150 Kilometer langen Weitwanderweg, der am Besucherzentrum Ennstal zwischen Reich- und Großraming beginnt und von dort über die Ennser Hütte, die Anlaufalm und die Ebenforstalm hinüber nach Windischgarsten ins Pyhrn-Priel-Gebiet zieht und mit Schlenker über die Wurzenalm in Hinterstoder endet. Natürlich berührt auch der Kalkalpenweg die Kernzone nicht. Auf 11 geruhsamen Tagesetappen ist der Kalkalpenweg gut begehbar (www.kalkalpenweg.at).

Besonders erwähnenswert ist der Höhlenreichtum des Kalkgebirges. Über 70 Höhlen wurden bisher erfasst, die größte ist mit 22 Kilometern Ganglänge die erst 2005 entdeckte Klarahöhle im Sengsengebirge am Westrand. Aus Gründen des Naturschutzes – einige Tierarten wie ein besonderer Höhlenlaufkäfer kommen nur hier vor – wurde die Position ihrer genauen Lage nie veröffentlicht. Nachweislich ist sie seit ihrer Entstehung vor etwa fünf Millionen Jahren nicht begangen worden. Zu den im Nationalpark vorkommenden gefährdeten Tierarten zählen Fischotter, Fledermäuse, Siebenschläfer, Luchs und Braunbär sowie verschiedene Schlangenarten und zahlreiche Vogelarten. 2013 wurde ein langjähriger Streit zwischen Naturschützern und der Energie AG Oberösterreich über die Errichtung von Windkraftanlagen beigelegt – es hatte sich gezeigt, dass das Windaufkommen letztlich nicht ausreichend sei. Die

Ein ›Trattenbacher Zauckerl‹ im Großformat

Buchenwälder des Nationalparks zählen seit 2017 zum UNESCO-Weltnaturerbe. Nationalpark-Besucherbüros gibt es bei Reichraming, am Hengstpass, am Wurbauerkogel bei Windischgarsten und in Molln nahe des Steyrtals.

■ **Ternberg**

Das zwölf Kilometer südlich von Steyr gelegene Ternberg ist wie dieses ein alter Ort der Metallverarbeitung. Sein Ortswappen zeigt ein Taschenmesser, hierzulande Taschenfeitel und bisweilen auch ›Trattenbacher Zauckerl‹ genannt. Es wird seit Jahrhunderten im Ternberger Gemeindeteil Trattenbach produziert, hat einen runden Griff und eine ausklappbare Klinge eigener Form. Eine Innung der Feitelhersteller bestand hier seit 1680, und noch in den 1950er Jahren gab es sechs Herstellerbetriebe. Die Taschenfeitelproduktion gehört inzwischen zum immateriellen Weltkulturerbe. Im **Museumsdorf Trattenbach** sind die historischen Produktionsstätten erhalten. Zum Museumsdorf gehört auch eine funktionsfähige Drechslerei und das ›Museum der Wegscheid‹, ein unkonventionelles **Heimatmuseum**, das sich den Lebensbedingungen der hiesigen Bewohner anhand ausgewählter Biographien widmet.

Unweit der lokalen Tourismusinformation ist in Trattenbach an der Straße nach Losenstein, am linken Ennsufer, als ›weltgrößter Taschenfeitel‹ ein riesiges solches Messer aufgestellt. Die Klinge ist 5,80 Meter lang, das Heft 6,30 Meter (Infos: www.tal-der-feitelmacher.at)

Südwestlich von Ternberg liegt das 1026 Meter hohe **Herndleck**. Unterhalb davon, am Brandkogel und am etwas höher gelegenen Herndleck-Schutzhaus, befinden sich Wanderparkplätze. Von diesen ist das Herndleck in 30 Minuten gut zu Fuß erreichbar.

Vom Herndleck-Schutzhaus lässt sich eine hübsche familienfreundliche Tour über das Herndleck, den Waldkamm-Rehboden, zum Kruckenbrettl (1020 m) und über den Sauboden (auch Saumarkt genannt) zurück unternehmen. 2,5 Stunden braucht man für die Runde, die bis auf den kurzen steilen Gipfelanstieg zum Herndleck nicht anstrengend und auch nicht schwer ist, jedoch bei Nässe nicht gemacht werden sollte (Wanderkarte empfehlenswert). Die ganze Runde bietet herrliche Panoramablicke, Einkehrmöglichkeiten gibt es aber keine.

■ **Losenstein**

In Losenstein, von Ternberg fünf Kilometer weiter ennsaufwärts, steht auf einem markanten Felsen die Ruine der **Burg Losenstein**. Sie stammt aus dem 12. Jahrhundert, aus der Traungauerzeit, und zählt somit zu den ältesten Ruinen Österreichs. Es lohnt sehr, zur frei zugänglichen Aussichtsplattform aufzusteigen, der Burgfelsen dient dem Klettersport. Die Losensteiner **Pfarrkirche** (um 1350) weist im Chor vier gotische bemalte Fenster auf.

■ **Laussa**

Lohnend ist die landschaftlich sehr schöne Fahrt in das nördlich von Losenstein gelegene Laussa. Die dortige **Pfarrkirche** aus dem 19. Jahrhundert hat eine ungewöhnliche, pseudobarocke Architektur. **Schloss Kogl** am östlichen Ortsrand ist ein ehemaliger Bauernhof, der im 19. Jahrhundert zu einem schlossähnlichen Anwesen erweitert wurde. Leider ist es zur Zeit unbewohnt und verfällt.

■ **Reichraming**

Sehenswert in Reichraming ist das 1586 erbaute **Türkenhaus** (Dirnbachstr. 11). Es steht auf den Fundamenten eines Hammerherrenhauses, in dem während der ersten Türkenbelagerung Wiens 1529

türkische Offiziere Quartier genommen haben sollen – Flurnamen wie Türkenwiese sind um Reichraming verbreitet.
In Reichraming befand sich von 1528 bis 1928 eine Metallfabrik, die zu den ältesten der Habsburgerlande gehörte und in der unter anderem Messing produziert wurde.

Von Reichraming aus kann man südwärts durch das Reichramingtal ein Stückchen in den Nationalpark Kalkalpen vorstossen, der je nur wenige offizielle Zugänge hat. Das **Besucherzentrum** des Nationalparks befindet sich zwischen Reich- und Großraming, nahe des Kraftwerks Großraming. Entlang des erwähnten Tals gibt es einige Wanderparkplätze. Vom Wanderparkplatz an der Einmündung des Weißenbachs in den Reichramingbach – der dritte ab Reichraming – geht man den ersten westwärts, biegt links entlang des Holz-Themenwegs Richtung Bergerwieshütte ab (keine Einkehr), dann wieder nach links in den Zöbelgraben, abermals nach links steiler bergan bis zu einem Aussichtsturm und von dort zum Ausgangspunkt (Wanderkarte empfehlenswert). 2,5 Stunden sind für die Runde nötig. Vom obersten der Wanderparkplätze, wo die öffentliche Straße endet, lassen sich noch manche hübsche Spaziergänge machen: entlang des Großenbachs und über den Hintergebirgsweg in den Wilden Graben.

■ Großraming und Umgebung

Großraming ist Hauptort des Ennstals südlich von Steyr. Von 2005 bis 2013 wurde hier die beliebte Fernsehserie ›Die Landärztin‹ mit Christine Neubauer gedreht. Flöße waren jahrhundertelang die wichtigsten Transportmittel auf der Eisenstraße. Zwar werden keine Güter mehr per Floß befördert, aber Floßfahrten auf der Enns sind in den letzten Jahren ein Touristenmagnet geworden und werden

Das Forstmuseum in Reichraming

von Großraming aus angeboten. Es gibt sie in jeder beliebigen Form, auch als individuelle Grill- oder Biertour; zudem sind Kanutouren im Angebot.

Die 2700-Einwohner-Gemeinde besitzt einige Sehenswürdigkeiten, darunter das **Krippenmuseum** und – im Ortsteil Rodelsbach, am linken Ennsufer – ein privates **Kutschenmuseum**. Sehenswert ist auch die 115 Meter lange **Hängeseilbrücke** über die Enns.

Nördlich von Großraming, nahe des Wanderparkplatzes am Gasthof ›Schraml‹, liegt ein mächtiges **Denkmal** aus 15 Meter hohen Granitsteinen, das an den auch heute noch bedeutenden Geologen Leopold von Buch (1744–1853) erinnert, einem der bedeutendsten Gesteinskundler seiner Zeit und führenden Alpengeologen. Bedeutsam ist, dass der Granit zwar hier vorkommt, im geologischen Gesamtverband jedoch an dieser Stelle ein Fremdling ist, der in den Kalken nichts zu suchen hat und nur aufgrund komplizierter lokaler Bedingungen auftritt.

Auch von Großraming aus kann man den Nationalpark besuchen. Südwärts geht es etwa acht Kilometer bis **Brunnbach** mit seinem hübschen Dorfkirchlein, ein Stückchen oberhalb davon liegt der letzte der Besucherparkplätze. Die Wanderung auf den **Brunnbacher Gamsstein** (1275 m) ist eine familiengerechte Fast-Tagestour, die herrlichste Ausblicke auf die Kalkalpen bietet. Sie beginnt am besten etwas unterhalb von Brunnbach beim Gschwendtbauer (Parkplatz) bzw. Plaißahäusl (630 m), wo die Wege E 44 und 491 abgehen. Es geht hinauf zur Gschwendtalm (954 m, Mai–Mitte Okt., Nächtigung nach Voranmeldung, Tel. 07254/7168), dann steiler weiter hoch zum Gamsstein und von dort nordwärts via Langerhäusl zurück. Die Rundwanderung ist nur acht Kilometer lang, aber es müssen 650 Meter Höhenunterschied bewältigt werden.

Abseits des Ennstals, nordöstlich von Großraming, liegt die Gemeinde **Maria Neustift**. Ihre Pfarrkirche von 1490 wurde 1890 neugotisch vollständig umgestaltet. Es gibt in Maria Neustift eigentlich nichts Besonderes zu sehen – Reisende aber, die innere Einkehr suchen, werden sie hier finden.

■ **Weyer**

Weyer, wenige Kilometer oberhalb der Ennstalstraße gelegen, war seit alters her ein wohlhabender Ort. Das ergab sich aus der Lage an der Eisenstraße vom steirischen Erzberg nach Waidhofen an der Ybbs, wo jahrhundertelang die Waffenschmieden produzierten. Auch der Holzreichtum seiner Umgebung trug zu Wohlstand bei. Weyer liegt an einer immens befahrenen Durchgangsstraße, was vor Jahrhunderten sehr zu seinem Wohl beigetragen hat, heute jedoch eher das Gegenteil bewirkt.

Der Ort besitzt einen hübschen **Marktplatz,** Nr. 6 ist ein eindrucksvolles Bürgerhaus von 1550. Sehenswert ist auch ein 1654 errichteter gewaltiger Speicher, der **Innerberger Stadl** (Unterer Markt 42), der eine neobarocke Fassade von 1889 besitzt. Das sogenannte **Egerer Schlössl** (Schloss Weyer), eine kleine festungsähnliche Anlage von 1560, dient verschiedenen kommunalen Dienststellen (Marktplatz 30). Am Oberen Kirchenweg Nr. 2 steht der spätgotische, jedoch barockisierte **Pfarrhof**.

Von Weyer aus gelangt in wenigen Minuten mit dem Auto auf den steil abfallenden **Heiligenstein** (776 m), wo sich mit der spätgotischen, innen barockisierten **Sebalduskirche** ein viel besuchter Wallfahrtsort befindet. Die Kirche ist übrigens die einzige in Österreich, die dieses Patronat besitzt. Ihr quadratischer Grundriss ist ebenfalls ungewöhnlich

Deren nördliche und südliche Langhauswände zeigen in großformatigen Ölgemälden aus dem 18. Jahrhundert eindrucksvoll die Sebalduslegende. Zu dem Nürnberger Heiligen, der dort in einer Klause im 8. Jahrhundert gelebt hat, hatten die Eisenerzer Gewerker einen besonderen Bezug: sehr viele Nürnberger Eisenhändler kauften bei ihnen. Atemberaubende Blicke auf die umliegenden Berge, hinüber zu den Zacken des Gesäuses, lohnen die Fahrt. Ein alter Brauch rät Frauen, die heiratswillig sind, zur Statue des Heiligen Sebaldus zu pilgern und dort um den richtigen Partner

So lässt sich die Steyr ebenfalls erkunden

zu beten. Der wird sich bei ausreichend Gottvertrauen auch alsbald einstellen. Die Statue in der Kirche ist eine Nachbildung des spätgotischen Originals, das sich aus Gründen der Sicherheit in der Pfarrkirche des unweiten Gaflenz befindet – dem Erfolg der Fürbitten tut dies jedoch keinen Abbruch.

Eine empfehlenswerte Wandertour im Norden von Weyer führt auf die 1103 Meter hohe **Lindaumauer**. Im Weyerer Ortsteil Neudorf fährt man auf dem Güterweg Richtung Maria Neustift bis zum Wiesensattel Auf der Platten (762 m) unterhalb des aufgegebenen Gehöfts Klammbauer. Von hier steigt man auf Weg E04/E36 zum 882 Meter hohen Halssattel und weiter zur Lindaumauer. Dann geht es nordwärts weiter, am Westhang des Lindauer Berges entlang bis zur Jausenstation Hochramskogel und von hier südwärts am Halsberg vorbei zum Ausgangspunkt. Drei Stunden reine Gehzeit sind ausreichend. Teilweise sind die guten Wege unmarkiert, sie bereiten aber nie Probleme. Zu einer Wanderkarte allerdings ist anzuraten. Es ist eine stille, beglückende Tour zu einer Felsmauer mit Höhle und beseligendem Panoramablick.

■ Kleinreifling

Wie alle Orte entlang des oberösterreichischen Teils der Enns ist auch Kleinreifling ein jahrhundertealtes Zentrum der Eisenverarbeitung, die hier um 1900 zu Ende ging. Der kleine Ort liegt am linken Ennsufer. Von ihm ist nur noch ein jüngerer Teil erhalten, da die alte Dorfmitte 1966 dem Ausbau des Kraftwerks Weyer zum Opfer fiel und von der Enns geflutet wurden. Die alte **Pfarrkirche** ist in diesem Zusammenhang abgerissen worden, es entstand, etwas höher gelegen, eine neue Dorfmitte mit neuer Pfarrkirche.

Von Kleinreifling kann man einige Kilometer zur **Sonnrisshütte** (810 m) an der Viehtaleralm hinauffahren. Hier erstreckt sich ein kleines Wintersportgebiet, im Sommer lassen sich von dort Touren in den Nationalpark machen. Empfohlen wird die Wanderung zur **Bodenwies** (1540 m), einem der schönsten Aussichtsberge der Region. Gut fünf Stunden braucht man für den aussichts- und blumenreichen Hin- und Rückweg auf guten fast durchgängig bezeichneten Wegen. Bei Nässe verzichtet man besser auf die Wanderung, eine Wanderkarte sollte man immer dabei haben.

Der Pfarrhof in Weyer

Guter Ausgangspunkt für Wandertouren: die Hengstpasshütte

■ **Um den Hengstpass**
Altenmarkt bei Sant Gallen auf 410 Meter Meereshöhe besitzt eine schöne barocke Pfarrkirche, die auf das 12. Jahrhundert zurückgeht, und liegt schon auf steirischem Gebiet.

Biegt man hier Richtung Westen nach Windischgarsten ab, so kommt man über eine teils enge, aber landschaftlich hinreißende Straße hinauf zum Hengstpass (985 m). Unmittelbar hinter der Überquerung der Enns trifft man auf Reste alter Hüttenanlagen, hier überquert die Eisenbahn auf einer eindrucksvollen metallenen Brücke die Fahrstraße. Gleich am linken Straßenrand verläuft die Landesgrenze zur Steiermark. Nach etwa drei Kilometern zweigt rechts der Weg zur Schüttbauernalm ab, hie und da säumen einzelne Gehöfte die Straße – es zählt alles zur Streusiedlung **Unterlaussa**. Etwa 2,5 Kilometer nach diesem Abzweig passiert man im Ortsteil **Dörfl** rechts die kleine neugotische Pfarrkirche. Hier zweigt ein weiterer Weg nach rechts ab, der zum Wanderparkplatz Mooshöhe führt. In Dörfl gibt es auch ein **Knappenhaus**. Es diente bis 1964 den Bergleuten des lokalen Bauxitbergwerks in dem etwa vier Kilometer nördlich gelegenen Bergbaudorf Weißwasser als Unterkunft und ist heute Museum. Nach 1964 wurden alle Anlagen abgetragen, und Weißwasser, das oberhalb des Wanderparkplatzes Mooshöhe lag, wurde aufgegeben. Man kann allerdings noch bis dorthin fahren. Der Abschnitt des Nationalparks zwischen Hengstpassstraße und Reichraming wird auch als Reichraminger Hintergebirge bezeichnet. Weiter hinauf ist nach etwa sieben Kilometern **Oberlaussa** erreicht, ebenfalls nur eine vage Andeutung eines Ortes. Links strahlt die bizarr gezackte Nordseite des Gesäuses herüber, rechts ragt mit der Kampermauer eine nicht weniger imposante Felswand auf. Dann ist rasch die Passhöhe (985 m) erreicht. Hier gibt es ein **Infobüro** des Nationalparks, und von hier kann man auch zu zwei schönen, relativ leichten Touren aufbrechen. Zum einen geht es nordwärts zum 1505 Meter hohen **Wasserklotz** mit Einkehr auf der 1199 Meter hohen **Hanslalm** (vier Stunden hin und zurück). Die Tour bietet schöne Blicke auf die ansonsten unzugänglichen Teile des Nationalparks und auf das Reichraminger Hintergebirge. Zum anderen lohnt die Tour ostwärts auf den **Schwarzkogel** (1554 m), wenngleich es ausschließlich unmarkierte Wege sind (Wanderkarte oder GPS unverzichtbar!) und die Wanderung bei Nässe und schlechter Sicht nicht gemacht werden darf. Aber die einzigartigen Blicke in alle Richtungen überwältigen (genaue Tourbeschreibung im Rother-Wanderführer ›Eisenwurzen‹).

Von der Passhöhe geht es jetzt abwärts, bald ist Rosenau erreicht und damit das Pyhrn-Priel-Gebiet (→ S. Seite 357).

Eisenstraße

Tourismusverband Nationalpark Region Ennstal und Nationalpark-Infobüro Ennstal, Eisenstraße 75, 4462 Reichraming, Tel. 07254/8414-0. Mit Dauerausstellung ›Wunderwelt Waldwildnis‹.
www.nationalparkregion.com und
www.kalkaplen.at
Tourismusinformation Weyer/Enns, Marktplatz 8, 3335 Weyer, Tel. 07355/6255. www.weyer.at
Infos zu den **Floßfahrten**: www.floss.at

Nationalpark Kalkalpen, Informationsbüro Hengstpasshütte, 4581 Rosenau, Hengstpass 60, Tel. 0664/88434571.
www.kalkalpen.at

Gasthof Koglerhof, Wurmbach 35, 4452 Ternberg, Tel. 07256/8644, p. P. im DZ ab 32 €. Heimathof der bekannten oberösterreichischen Musikgruppe ›Original Kogler Buam und Dirndln‹. In schönster Lage östlich oberhalb von Ternberg. Besonderer Tipp des Autors. www.koglerhof.at
Gasthof Eisentor, Eisenstraße 59, 4460 Losenstein, Tel. 07255/6281, p. P. im DZ ab 47 €. Historische Gaststube mit Kassettendecke von 1584.
www.gasthof-eisentor.at
Gasthof Damhofer, Rohrbachgraben 103, 4462 Reichraming, Tel. 07255/8138.
www.damhofer.at
Landgasthof Kirchenwirt, Kirchenplatz 4, 4463 Großraming, Tel. 07254/8256, p. P. im DZ 47 €. Gemütliche Pension, Gasthof seit 1584. www.kirchenwirt-ahrer.at
Flößertaverne, Steyrer Str. 27 (neben Ennsmuseum), 3335 Weyer, Tel. 07355/6300. Original historische Flößereinkehr.
www.taverne-weyer.at
Gasthof Zur Schmiede, Hollensteiner Str. 8, 3335 Weyer, Tel. 07355/60260.
https://restaurant-schmiede-stadtausstellung.at
Gasthaus Berger, Hollensteiner Str. 14, 3335 Weyer, Tel. 07355/6294. Sonntagmittag Sur- und Schweinsbraten vom Holzofen. Gemütlich, rustikal.
www.binbanberger.at
Schüttbauernalm, Unterlaussa 37, 8934 Altenmarkt, Tel. 0664/9748611. Ganz bewusst ohne Fernsehen und Computer. Die Zufahrt zur Alm ist wegen ihrer Lage im Nationalpark nur während der Öffnungszeiten Anfang Mai–Ende Okt. Mi–So gestattet. Nächtigung auf Anfrage. Geheimtipp. www.schuettbauernalm.at

Museumsdorf Trattenbach, Hammerstr. 2a, 4453 Trattenbach, Tel. 07256/7376 (Infocenter); Mai–Okt. Mi–So 9–16 Uhr, Fr 9–13 Uhr. Messerherstellung und Eisenverarbeitung im Trattenbachtal, 1,5 Kilometer langer Themenweg.
www.tal-der-feitelmacher.at
Krippenmuseum, Rodelsbach 37, 4463 Großraming, Tel. 07254/8317 (Gemeinde), ganzjährig geöffnet nach kurzer Voranmeldung. www.grossraming.at
Kutschenmuseum, Rodelsbach 36, 4463 Großraming, Tel. 07254/8283 bzw. 0650/9286753; Apr.–Okt. Mo–So 10–12 und 14–16 Uhr bzw. nach Voranmeldung. www.johannesgruber.com
Ennsmuseum, Steyrer Str. 27, 3335 Weyer, Tel. 07355/7305. Bis auf Weiteres geschlossen. Die angeschlossenen Museen Katzensteinermühle mit Troadkasten (Speicher) und Venetianersägmühle (Steyrer Str. 27, Tel. 0664/1432333, Herr Auer) sowie das Buchdruckmuseum (Steyrer Str. 8, Tel. 07355/6279) haben nach Voranmeldung geöffnet.
www.ennsmuseum.at
Bergbau und Heimatmuseum Knappenhaus, Unterlaussa, 8934 Altenmarkt, Tel. 0660/7622286 (Herr Berger).
www.knappenhaus-unterlaussa.com

Floßmeisterei Dirninger, Auf der Au 210, 8933 St. Gallen, Tel. 0664/1205921. Die Floßanlegestelle befindet sich in Großraming, Eisenstraße 66. www.floss.at

Das Pyhrn-Priel-Gebiet

Die Region zwischen Windischgarsten, Sengsengebirge und Totem Gebirge, der Kremsmauer im Westen sowie der Landesgrenze zur Steiermark im Süden am Pyhrnpass wird touristisch Pyhrn-Priel-Gebiet genannt. Der Große Priel ist mit 2515 Metern der höchste Berg des Toten Gebirges. Zum Pyhrn-Priel-Gebiet gehören auch das Stodertal sowie die Westseite des Hengstpasses um Rosenau.

■ Windischgarsten und Umgebung

Der Hauptort des Pyhrn-Priel-Gebietes, Windischgarsten, hat knapp 2400 Bewohner. Er bestand als ›Gabromagus‹ schon zur Römerzeit, zwischen dem 2. und 5. Jahrhundert, war allerdings nur eine Raststation an der Via Norica. Am sogenannten ›Hafnerkreuz‹ – Gleinkerseestraße, Ecke Kirchfeldstraße – konnten entsprechende archäologische Funde gemacht werden.

Windischgarsten hat einen sehr hübschen Ortskern mit vielen prächtigen **Bürgerhäusern** und Gasthöfen, etwa der ›Goldenen Sonne‹ (Hauptstr. 22). Oft weisen all diese Häuser kunstvolle Einzelheiten wie Portale oder schmiedeeiserne Gitter auf. Ein herrliches schmiedeeisernes Kreuz steht vor der **Pfarrkirche** auf dem alten Friedhof.

Alljährlich findet in Windischgarsten am 5. Dezember der Niglo-Umzug statt. Dabei handelt es sich, vergleichbar mit dem Bad Mitterndorfer Nikolospiel, um einen traditionellen Umzug mit Masken und Kostümen. Sehenswert ist die **Jugendstilvilla Sonnwend** im Ortsteil Mayrwinkel, die sich als Seminarhotel ›National Park Lodge‹ nennt (www.villa-sonnwend.at). Hausberg von Windischgarsten ist der **Wurbauerkogel** (860 m), zu dem ein Sessellift führt. Die vielleicht größte Attraktion ist ein gläserner **Panoramaturm** an seinem Hang, der grandiose Blicke auf die Kalkalpen und das Tote Gebirge bietet. In seinem Innern ist die Dauerausstellung ›Faszination Fels‹ untergebracht. Auch gibt es hier Oberösterreichs mit anderthalb Kilometern längste **Sommerrodelbahn** und einen **Alpine Coaster**, der einen Hören und Sehen vergehen lässt. Für den **Themen-Rundwanderweg Natur-Spuren** benötigt man etwa 3,5 Stunden (Höhendifferenz 270 m). Als weitere gute Wanderung sei empfohlen, vom Wurbauerkogel hinüber zum **Kleinerberg** (1287 m) zu gehen und von dort in weitem Bogen über den sogenannten Leitersteig und die Jausenstation Patzl direkt nach Windischgarsten hinab. Es ist teilweise steil, auf dem Leitersteig herrscht Rutschgefahr, bei Nässe sollte man die Tour auf keinen Fall unternehmen. Die Aussichten während der Rundtour sind grandios – 4,5 Stunden reine Gehzeit sind bei einem Anstieg von 640 Höhenmetern anzusetzen.

Der Wanderparkplatz Haslergatter liegt nordöstlich von Windischgarsten auf 1154 Metern. Von hier lohnt die Tour auf den **Großen Größtenberg** (1724 m) via Steyrsteg und Weingartalm und über das Hundseck zurück. Mit fast 17 Kilometern ist es eine längere Ganztages-Rundwanderung mit überwiegend

Im Zentrum von Windischgarsten

mäßiger Steigung, nicht sehr schwierig, wegen der Länge aber nur Wanderern mit Kondition anzuraten. Die zugegeben weniger begangene Tour bietet Begegnungen mit unberührter Natur, leider aber auch keine Einkehrmöglichkeit. Schön ist auch der **Proviantweg** – in etwa drei Stunden geht es durch zauberhafte Almenlandschaften bis hinauf zum Hengstpass – von dort mit dem Linienbus zurück.

■ Spital am Pyhrn

Letzter Ort an der Straße Richtung Steiermark vor deren Grenze ist Spital am Pyhrn. Es trägt seinen Namen nach einem uralten Pilgerhospital, das 1190 gegründet wurde. 1418 wurde es in ein bis 1809 bestehendes Kollegiatstift umgewandelt, hier lebten also keine Mönche einer bestimmten Ordensgemeinschaft, sondern ›Weltpriester‹. Diese gehörten zwar dem Klerus an, besaßen aber eine besondere, eben mehr säkulare Stellung. Das **Stift** erhielt zwischen 1714 und 1740 durch den Baumeister Johann Michael Prunner durch Umbau des romanischen Vorgängerbaus eine mächtige, weithin sichtbare **Kirche**. Sie erscheint in ihrer fahlen, geistergrauen Färbung – als Baumaterial kam Kalk zum Einsatz – fast unwirklich. Sehr beeindruckend sind die Stuckarbeiten von Carlo Antonio Carleone, die vier Altarbilder des Kremser Schmidt und vor allem das schmiedeeiserne Abschlussgitter gleich hinter dem Eingang. Gegen Kriegsende war in der Krypta der Stiftskirche vorübergehend die 33 Tonnen umfassende Goldreserve der Ungarischen Nationalbank eingelagert. Gleich neben der Kirche, in den ehemaligen Stiftsgebäuden, befinden sich ein Felsbildermuseum und das multimediale **Museum Zwischen Himmel und Erde**. Letzteres begründete die in Spital aufgewachsene Extrembergsteigerin Gerlin-

Die mächtige Stiftskirche in Spital

de Kaltenbrunner (geb. 1970), die alle 8000er-Gipfel der Erde bestiegen hat. Sehenswert ist unabhängig vom Stift auch der dreigeschossige **Pflegerturm** aus dem 15. Jahrhundert (Haus 29).

Südöstlich von Spital liegt die **Dr.-Vogelgesang-Klamm**, die als Österreichs größte Felsklamm gilt. Sie ist 1500 Meter lang und gut begehbar, 500 Stufen müssen überwunden werden. Der Klammweg endet auf 1043 Meter Höhe an der Bosruckhütte. Geöffnet ist sie von Mai bis Ende Oktober von 7.30 bis 18 Uhr.

■ Wanderungen um die Wurzeralm

Kurz unterhalb des Pyhrnpasses, an der Bundesstraße, liegt die Talstation der Standseilbahn auf die **Wurzeralm** (1218 m). Von hier kann man sehr schöne **Touren** auf dem ganzen Hochplateau und zur Linzer Hütte (1371 m) unternehmen. Es bieten sich viele Möglichkeiten unterschiedlicher Länge und Schwierigkeit an, lohnend ist der etwas anspruchsvollere Abstieg zum Gleinkersee via Dümlerhütte. Auch gibt es einen kinderwagengerechten 5,2 Kilometer langen Rundwanderweg, der zu einem Hochmoor führt und auch geologischer Lehrpfad ist.

Etwas unterhalb des Plateau, nahe des Schober (Flurbezeichnung In der Höll), liegt ein **Felssturzgebiet** mit zahlreichen Bildfelsen und geheimnisvollen Ritzzeichen auf den Felsen aus prähistorischer und jüngerer Zeit. Oft spricht man hierbei von einem vorchristlichen Wallfahrtsort. Die klassische **Wurzeralmwanderung** führt zur Dümlerhütte, zurück zum Rote-Wand-Sattel und über den Brunnsteiner See sowie die Linzer Hütte wieder zum Ausgangspunkt (8,5 Kilometer auf markierten Wegen, 730 Meter Höhenunterschied, fünf Stunden reine Gehzeit). Dümlerhütte und Linzer Hütte sind gute Einkehrmöglichkeiten, weitere gibt es an der Bergstation des Lifts.

Viel begangen wird auch der Weg zum **Stubwiesgipfel** (1786 m) via Filzmoosalm im Nordosten der Wurzeralm. Es dauert nur knapp zwei Stunden einfache Strecke, erfordert aber einige Wachsamkeit und Trittsicherheit. Grandios ist der Tiefblick. Hinweis: Für den Rückweg gibt es absolut keine Alternative zum Hinweg. Alles andere endet übel.

Von der Wurzeralm kann man mit der Frauenkarbahn weiter bergauf fahren – auch am **Frauenkar** (1870 m) gibt es einen sehr schönen, vor allem völlig gefahrlosen Rundwanderweg.

Am Gleinkersee

■ Der Pyhrnpass

Auf 954 Meter Seehöhe erreicht man auf der Bundesstraße die Grenze zur Steiermark, der Pass gilt als niedrigster der Ostalpen. Wer die Autobahn A 9 benutzt, die durch das Kremstal von Wels her heraufführt, nimmt den Pass nicht war: Pass und Bergkamm sind seit 1983 durch den mautpflichtigen Bosrucktunnel untertunnelt. Der Name für den Pass wie auch für den nahen Berg Pyhrgas rührt wahrscheinlich aus dem Keltischen, wo ›pyr‹ ›Berg‹ bedeutet. Über den Pyhrnpass führen seit Jahrtausenden Straßen wie die Via Norica, die die nördlichen Landesteile des keltischen Königreiches wie auch die der späteren, gleichnamigen römischen Provinz mit den südlichen verband und nachweislich auf der gleichen Trasse wie die heutige Bundesstraße 138 verlief.

■ Roßleithen und der Gleinkersee

Südwestlich von Windischgarsten, nahe Roßleithen, liegt auf 806 Metern der nur 13 Hektar große **Gleinkersee**. Er ist im Durchschnitt 25 Meter, an einer trichterähnlichen Stelle jedoch 125 Meter tief. Da der See so gut wie keine Zuflüsse hat, wird er bisweilen als größte Karstquelle der Ostalpen angesehen. Er hat seinen Namen vom Stift Gleink bei Steyr, in dessen Besitz er im Mittelalter war. Man kann in ihm baden oder eine Runde um den See zu Fuß machen. Sehenswert in **Roßleithen** ist die private **Sensenschmiede** aus dem Jahr 1584, die heute noch arbeitet und einer der ältesten Industriebetriebe Österreichs ist (www.schroeckenfux.at). Über einen ›Besuchersteg‹ kann man der Produktion zusehen.

■ Stodertal

Von Roßleithen geht es über Vorderstoder abwärts nach Hinterstoder, wo der oberste Abschnitt des Steyrtals erreicht ist. Er heißt Stodertal. Das gehört zu-

sammen mit Vorderstoder zu einer auch im Winter viel besuchten touristischen Region (Skigebiet Höss). Die 68 Kilometer lange Steyr entspringt am Nordrand des Toten Gebirges auf 850 Metern und mündet in der Stadt Steyr in die Enns.
Von Hinterstoder kann man mit einer Kabinenbahn zum **Hössgebiet** hinauffahren oder auf einer mautpflichtigen, aber für Fahrer und Beifahrer überwältigenden Panoramastraße zur Höss und dem Bergmassiv **Hutterer Höss** zu gelangen. Von dort geht es weiter mit einem Sessellift zum Berggasthof Höss am Hösskogel (1853 m). Um den **Hösskogel** gibt es einiges Interessante zu sehen, das auch einfach erreichbar ist: der Schafkogelsee, die beiden Aussichtsplattformen Dachsteinblick und Schafkogel. Sie bieten grandiose Sichten über das Tote Gebirge hinweg. Geübte gehen weiter auch zum Schrocken (2261 m) Es lohnt sehr, auf die Höss hinaufzufahren.
Das **Alpineum** in **Hinterstoder**, ein ganz modernes Bergwelt-Erlebnismuseum, thematisiert die Holzgewinnung, die Eisenverarbeitung, die Bergmalerei und den Bergsport.
Man sollte auch einmal bis zum Ende der öffentlichen Straße am Gasthof ›Baumschlagerreith‹ fahren. Die Fahrstraße ist teilweise schmal, der Gasthof ist jedoch eine gute Einkehrmöglichkeit, und hier befindet sich auch nur wenige Minuten Fußweg entfernt die **Steyrquelle**.

■ St. Pankraz

Wo die Steyr auf das Windischgarstener Tal stößt, das von der Teichl durchflossen ist, liegt Kniewas. Es gehört zur Gemeinde St. Pankraz. Hier beginnt auch der **Klauser Stausee**, durch den die Steyr auf etwa acht Kilometer Länge bis zum Ort Klaus hin auf bis 150 Meter verbreitert ist. In Kniewas gibt es ein sehenswertes **Wilderermuseum**.

■ Klaus an der Pyhrnbahn

Klaus an der Pyhrnbahn, die nördlichste Gemeinde der Pyhrn-Priel-Region, trägt ihren Namen nach der Einengung des Steyrtals an dieser Stelle, Klause genannt. Die Engstelle ließ hier von 1973 bis 1975 das Kraftwerk Klaus entstehen, durch das die Steyr aufgestaut wurde: Der langgezogene **Stausee** ist Naherholungsgebiet. An der 210 Meter langen Staumauer steht die Metallskulptur ›Befestigung des Himmels an der Erde‹ (1997).
Die Engstelle wird von Schloss Klaus und Burg Klaus überragt. **Schloss Klaus** entstand 1578, Burg Klaus unmittelbar daneben ist eine mittelalterliche Festung an dieser strategisch wichtigen Engstelle. Schloss Klaus wurde im 18. Jahrhundert barockisiert. Die **Burg** war in jenen Jahren schon nicht mehr bewohnt, man riss sogar ihr Dach ab, um nicht die damals übliche Dachsteuer bezahlen zu müssen. So verfiel sie, erst 1983 wurde ihr Wiederaufbau beschlossen, zusammen mit dem Ausbau eines evangelischen Jugendfreizeitzentrums in Schloss Klaus, das heute auch ein Behindertenzentrum beherbergt.
Die nahe **Bergkirche** wurde gegen 1620 als evangelisches Gotteshaus erbaut, 1681 katholisiert und innen neu gestaltet. 1960 entdeckte man Deckenfresken vom Ende des 17. Jahrhunderts, die auf 37 Bildern Szenen aus dem Leben Johannes des Täufers zeigen. Sehenswert sind auch der marmorne Epitaph eines Peter Christoff Praunfalckh und die ungewöhnliche Ornamentik an der Orgelempore.
Das nahe **Steyrlingtal** mit dem Ort Steyrling und dem Weiler Brunnental – hier Wanderparkplatz – bietet sich vor allem für eine Wandertour hinüber zu den Ödseen an; ansonsten ist es einfach eine schöne Landschaft.

Pyhrn-Priel

Tourismusregion Pyhrn-Priel, Hauptstr. 28, 4580 Windischgarsten, Tel. 07562/526699. www.pyhrn-priel.net und www.urlaubsregion-pyhrn-priel.at
▸ Mehrere Vertretungen:
Büro Spital am Pyhrn, Stiftsplatz 7, 4582 Spital a. P., Tel. 07563/24999;
Büro Hinterstoder, 4573 Hinterstoder Nr. 38, Tel. 07564/526399;
Büro Vorderstoder, 4574 Vorderstoder Nr. 66, Tel. 07564/8255;
Büro Klaus/St. Pankraz, Kniewas 17, 4572 Klaus, Tel. 07565/31333.
Mit der **Pyhrn-Priel-AktivCard** können Gäste zwischen Mitte Mai und Mitte Oktober während der Zeit ihres Aufenthalts (mit Nächtigungen) zahlreiche Attraktionen und sonstige Ausflugsziele gratis nutzen (40 Gratis- und 20 Bonusleistungen). Die **SaisonCard** ist nur eine besondere Kaufkarte (68 € für einen Erwachsenen) und bietet bei gleicher Geltungsdauer die nämlichen Vergünstigungen, auch wenn man eben nicht übernachtet. www.pyhrn-priel-card

Berggasthof Zottensberg, Edlbach 55, 4580 Windischgarsten, Tel. 07566/309, p. P. im DZ ab 47 €. Auf einem Plateau in 900 Meter Höhe, eigene Unterhaltungsabende. www.zottensberg.at
Hotel-Restaurant Das Rössl, Hauptstr. 9, 4580 Windischgarsten, Tel. 07566/20555, p. P. im DZ ab 42 €. Gourmet-Treffpunkt. www.dasroessl.at
Gasthof Kaspar, Am Wur 85, 4582 Spital a. P., Tel. 07562/8764, p. P. im DZ ab 28 €. www.gasthof-kaspar.at
Gästehaus zur Post, Stiftsplatz 11, 4582 Spital a. P., Tel. 0664/5330430, p. P. im DZ ab 37 €. www.post-spital.at
Gasthaus Seebauer, Gleinkersee 2, 4575 Roßleithen, Tel. 07562/7503. Biofleisch aus eigener Haltung. www.gleinkersee.at
Almhotel Lindbichler, Vordertambergau 31, 4574 Vorderstoder, Tel. 07564/8383-0, p. P. im DZ ab 52 €. In schönster Panoramalage. www.lindbichler.at
Landhotel Stockerwirt, 4574 Vorderstoder Nr. 2, Tel. 07564/82140, p. P. im DZ ab 80 €. Sehr schöne Panoramazimmer, großer Wellnessbereich. www.stockerwirt.net
Gasthof Sonnfeld, Sonnleiten 5, 4574 Hinterstoder, Tel. 07564/5047, p. P. im DZ 58 €. Wöchentlich Musik- und Grillabende. www.sonnfeld.com
Gasthof Edtbauernalm, Hutterer Böden 2, 4573 Hinterstoder, Tel. 07564/54953, p. P. im DZ 55 €. Einzigartige Lage auf dem Plateau um den Hösskogel, mit Seilbahn oder per Mautstraße zu erreichen. www.edtbauernalm.at
Jausenstation Baumschlagerreith, 4573 Hinterstoder, Tel. 0660/5160008, nur im Sommer Do–Mo 10–18 Uhr oder nach Anfrage. Idyllische Lage.
www.baumschlagerreith.at

Heimatmuseum Windischgarsten, Museumsstr. 7, Tel. 07562/5007; Mai–Okt. Mi 15–17 Uhr und So 10–12 Uhr. Themen: Römerzeit, lokale Handwerkskunst, historisches Klassenzimmer etc.
www.windischgarsten.at
Huf- und Hackenschmiede, Weinmeisterstr. 6, 4582 Spital a. P., Tel. 07563/249 (Tourismusbüro); Mai–Okt. Mi. Es ist die ehemalige, 500 Jahre alte Stiftsschmiede. www.urlaubsregion-pyhrn-priel.at
Die Welt der 8000er, Stiftsplatz 1 (Tourismusbüro), Tel. 07563/249; Mitte Mai–Mitte Okt. Mo–So 9–17 Uhr, außerhalb dieser Zeiten nach Voranmeldung.
www.urlaubsregion-pyhrn-priel.at
Alpineum, 4573 Hinterstoder, Tel. 07564/526331; Mo–Fr 8–12 und 14–17 Uhr, zusätzlich in der Pyhrn-Priel-Card-Saison Sa/So 9–17 Uhr. Themen u.a.: Holzgewinnung, Eisenstraße, der Maler E. T. Compton, Bergsport. www.alpineum.at
Wilderermuseum, Kniewas Nr. 17, 4572 St. Pankraz, Tel. 0660/5056542; Juni–Sept. Mi–So 9–18 Uhr, Mai und Okt. Do–So 10–16 Uhr. Wildererstrafen, Wildererromantik im Film, Mollner Wildererschlacht. www.urlaubsregion-pyhrn-priel.at

Reisetipps von A bis Z

Allgemeine Informationen
Oberösterreich Tourismus, Freistädter Str. 119, A-4040 Linz, Tel. 0043/(0)732/7277100. www.oberoesterreich.at
Austria-Info Urlaubsservice, Info-Telefon 00800/40020000
Österreich Werbung Wien, Margaretenstr. 1, A-1040 Wien, Tel. 0043/(0)1/588660. www.austria.info
Österreich Werbung Deutschland, Klosterstr. 64, 10179 Berlin, Tel. 030/21914813. www.austria.info

Ärztliche Versorgung
In ganz Österreich gibt es ein flächendeckendes Netz von allgemeinen und fachärztlichen Praxen. Im Allgemeinen muss man als Ausländer die Kosten zunachst selbst tragen und nach der Rückkehr die Rechnung bei seiner Krankenversicherung einreichen. Ambulanz oder Notarzt sind aus jedem Netz unter der Tel. 144 erreichbar.

Camping
Vor allem im Donautal und um die Seen im Salzkammergut gibt es sehr viele Campingplätze, im Mühl- und im Innviertel ist ihre Dichte etwas geringer. Aktuelle Informationen unter www.camping.info/oesterreich/oberoesterreich.

Einreiseformalitäten
Der Schengenstaat Österreich ist von Staaten umgeben, die sämtlich ebenfalls dem Schengener Abkommen beigetreten sind, so dass keine Passkontrollen mehr bestehen, auch an der Grenze zur Schweiz nicht. Zollkontrollen sind allerdings möglich. Bei Anreisen aus Nicht-EU-Ländern informiere man sich speziell.

Essen und Trinken
Die traditionell vorzügliche Küche Österreichs ist auch in Oberösterreich in kleinen und großen, teuren und preiswerten Gasthöfen anzutreffen. Die Empfehlungen im Textteil können daher unmöglich alle Gasthäuser und -höfe des Landes berücksichtigen und stellen daher nur eine Auswahl dar. Wie überall, sind Trinkgelder beim Servierpersonal gern gesehen. Wer mit dem Service zufrieden war, darf durchaus 10 Prozent des Rechnungspreises dazulegen.

Feiertage
Neujahr (1.1.)
Heilige Drei Könige (6.1.)
Karfreitag und Ostermontag
Staatsfeiertag (1.5.)
Christi Himmelfahrt
Pfingstmontag
Fronleichnam
Maria Himmelfahrt (15.8.)
Nationalfeiertag (26.10.)
Allerheiligen (1.11.)
Mariae Empfängnis (8.12.)
Weihnachten (25./26.12.)

Gesundheit
Österreich ist außerhalb der höheren Lagen der Alpen ausgewiesenes Zeckengebiet. Besonders das Donautal in Oberösterreich und Niederösterreich ist davon betroffen. Zeckenbisse können bis in den Herbst hinein auftreten. Eine FSME-Impfung ist daher bei allen Reisen nach Österreich anzuraten.

Golf
Dank der klimatischen Bedingungen kann man in Oberösterreich je nach Region von April bis November Golf spielen. Es gibt im Land 27 Golf-Clubs. Infos: www.1golf.eu/golfclubs/oesterreich/oberoesterreich, www.golf-ooe.at und www.golf.at.

Haustiere
Hunde und Katzen benotigen ein tierärztliches Zeugnis und den Nachweis einer Tollwutimpfung. In Bussen und Bahnen müssen Hunde einen Maulkorb tragen sowie angeleint sein. Gleiches gilt auch in Parkanlagen und im Freien überhaupt.

Internet

Die meisten der oberösterreichischen Hotel- und Nachtigungsbetriebe haben WLAN-Zugang, auch sind über das ganze Land zahllose WLAN-Hotspots verstreut (www.wlanmap.com/regional/oesterreich); sollte der Zugang kostenpflichtig sein, kann meist am Ort eine Access-Card erworben werden.

Öffentliche Verkehrsmittel

Es gibt ein landesweit gutes und alle Ecken abdeckendes Buslininennetz, www.postbus.at gibt Auskunft. Im Internet lassen sich auf www.busbahnbim.at alle regionalen Fahrplane und Verbindungen einsehen. www.ooevv.at (Oberösterreichischer Verkehrsverbund) und www.oebb.at (Österreichische Bundesbahn) geben alle erforderlichen Informationen. Auch gibt es eine Vorteilscard der ÖBB. Zentrale Bahnlinie ist die von Salzburg über Wels nach Linz und weiter nach Wien, auch von Passau her führt eine Bahnlinie durch das Donautal nach Linz. Die Linzer Lokalbahn LILO bedient die Umgebung der Stadt. Ein weiterer wichtiger Umsteigebahnhof ist Wels. Sehr lohnend ist die landschaftlich sehr schöne Fahrt mit der Salzkammergutbahn (wenn man sie nicht ohnehin zur An- oder Abreise nutzt).

Öffnungszeiten

Nur in den großen Städten sind die Geschäfte durchgehend geöffnet. Große Supermärkte sind dabei von 9/9.30 Uhr bis 19/19.30 Uhr geöffnet. In Österreich besteht in kleineren Orten meist eine Mittagspause von 12 bis 14.30 Uhr. Geöffnet wird meist um 8 Uhr, spätestens um 9 Uhr, geschlossen wird um 18 Uhr. Samstags ist meistens um 12 Uhr zu, sonntags ist generell nicht geöffnet. Ausnahme: Museums-, Kirchen- und Klosterläden sowie Spezialitätengeschäfte, die an gastronomische Einrichtungen oder Hotels angeschlossen sind. Auch in touristischen Hochburgen (St. Wolfgang u.ä.) bestehen Ausnahmeregelungen. Museen haben fast immer montags geschlossen. Viele der Hotels und Gasthöfe an den Seen des Salzkammerguts machen zwischen November und März/April Pause.

Post

Briefmarken erhalt man auf Postämtern und in den sogenannten Tabaktrafiken, wie die besonderen Verkaufsstellen von Zigaretten und Zigarren heißen. Die Briefmarke für eine Postkarte in ein EU-Land kostet wie für einen Brief 80 Cent.

Radfahren

Mit dem Abschnitt zwischen Passau und Grein liegt ein Teil des **Donauradwegs**, des wohl beliebtesten Radwegs europaweit, auf dem Gebiet Oberösterreichs (www.donau-radweg.info). Die berühmtesten Orte an den Seen des Salzkammerguts verbindet auf zwei Varianten der **Salzkammergut-Radweg** (www.salzkammergut.at), zu hübschen barocken Städten und durch eindrucksvolle Auwälder führt in Oberösterreich eine Etappe des **Innradwegs** (www.innradweg.com), auf einem Teilstück des bundesländerübergreifenden **Ennstalradwegs** (Ennsradwegs, www.ennsradweg.at) geht es durch die Eisenwurzen und entlang des Nationalparks Kalkalpen. Im Norden führt der Mühlviertelradweg auf 240 Kilometern Länge durch die geheimnisvollen Granitregionen links der Donau: vom Donautal hinauf zum Böhmerwald, dann ostwärts bis zum Waldviertel und wieder südlich ins Donautal hinab.

Schließlich gibt es noch den **Römerradweg** von Passau über Wels nach Enns (242 km, www.roemerradweg.at), der Begegnungen mit der Antike auf oberösterreichischen Boden bringt.

Auch www.fahrrad-tour.de/oesterreich gibt Infos.

Skifahren

Oberösterreich ist in Gänze kein Wintersport-Mekka, bietet aber durchaus einige Skigebiete, die sich für einen Winterurlaub anbieten. Dachstein-West mit seinen 51 Pistenkilometern ist das größte Skigebiet, auch Hinterstoder, die Freesports Arena Krippenstein, Hochficht, die Wurzeralm oder Kasberg-Grünau gehören zu den größeren Skigebieten des Bundeslandes. Sie bieten ein breites Angebot an Skipisten unterschiedlicher Schwierigkeitsgrade, oft moderne Anlagen und gut präparierte Pisten.

Da die Skigebiete und Liftanlagen in Oberösterreich aber nicht zu den besten und größten des Landes gehören, hat man sich hier auf Alternativen zum klassischen alpinen Skifahren spezialisiert: Rodelstrecken, Skitourengehen, natürliche Eislaufstrecken, Schneeschuhwandern, Winterwandern und Langlaufen steht hier hoch im Kurs.

Im Wesentlichen gibt es sieben größere Skigebiete. Ganz im Norden, im Mühlviertel, an der böhmischen Grenze liegt um 1300 Meter Höhe das am Hochficht. Im östlichen Salzkammergut liegt der Kasberg bei Grünau im Almtal, gar nicht so weit entfernt befindet sich das am Feuerkogel bei Ebensee mit seiner berühmten, sechs Kilometer langen und unpräparierten Talabfahrt. Große Vielfalt bieten die ›Freesports Arena Dachstein Krippenstein‹ bei Obertraun und die Skigebiete Dachstein West. Im Pyhrn-Priel-Gebiet liegen zwei bedeutendere Skigebiete, das von Hinterstoder und die nahe Wurzeralm, die besonders familienfreundlich ist.

Souvenirs

Das Genussland Oberösterreich bietet als Mitbringsel eine breite Facette an Delikatessen an: geräucherter Speck (Gselchtes) aus dem Mühlviertel, weißer Surspeck aus dem Innviertel, Bier aus einer der kleinen Traditionsbrauerein des Inn- und Mühlviertels oder eine Linzer Torte gehören sicherlich kulinarisch zum Attraktivsten, was man aus Oberösterreich mitbringen kann. Obstbrände oder Most aus dem Innviertel ergänzen das Angebot. Ein Taschenfeitel (traditionelles Taschenmesser) aus den Eisenwurzen und etwas Irdenes aus der Keramikproduktion von Gmunden darf man nicht vergessen.

Straßen

Österreich besitzt ein sehr gut ausgebautes Straßennetz, insbesondere die Autobahnen sind in einem hervorragenden Zustand. Die Benutzung der Autobahnen ist gebührenpflichtig. Man benötigt eine Plakette (Vignette), die zum Beispiel beim ADAC, an österreichischen Tankstellen und bei den Touristenämtern erworben werden kann. Preise 2020: zehn Tage 9 €, zwei Monate 27,40 €, ein Jahr 91,10 €. Seit 2018 gibt es die Vignette auch digital (www.asfinag.at). Man sollte beim Fahren auf den österreichischen Autobahnen unbedingt eine solche Plakette an die Scheibe geklebt haben, denn es gibt zahlreiche Kontrollen, die bei Nichtbesitz der Plakette hohe Geldstrafen nach sich ziehen. Für größere Autobahntunnel muss eine Zusatzmaut errichtet werden. In den Alpen sind zahlreiche Nebenstraßen, die zu touristisch interessanten Lokalitäten oder Panoramapunkten führen, ebenfalls mautpflichtig (5–8 €). Reisende, die in den jeweiligen Regionen untergekommen sind, erhalten von ihren Vermietern oder über die Tourismusämter oft Cards, die während des ganzen Aufenthalts verschiedene Vergünstigungen beinhalten. Mit solchen Cards ist die Benutzung der kleineren Bergstraßen oft kostenlos.

Telefonnummern/Notsignale
Vorwahl Österreich: 0043.
Medizinischer Notdienst: 141.
Feuerwehr: 122.
Polizei: 133.
Rettungsdienst: 144.
Internationaler Notdienst: 112.
Bergrettung: 140. Zusätzlich kann akustisch oder optisch das ›alpine Notsignal‹ abgegeben werden. Es erfolgt sechsmal in kurzen Abständen bei Tag mittels Ruf oder Signalpfeife, bei Dunkelheit mit einer Taschenlampe oder ähnlichem.
Autopannendienste:
OAMTC: 120,
ARBO: 123.

Verkehrsvorschriften

In Österreich besteht die Gurtpflicht, die Promillehöchstgrenze liegt bei 0,5. Die maximale Geschwindigkeit auf Autobahnen beträgt 130 km/h (22–5 Uhr 110 km/h). 100 km/h darf man auf der Landstraße und 50 km/h innerorts fahren, wenn keine gegenteiligen Hinweise bestehen. Das Mitführen einer Warnweste für den Pannenfall ist Pflicht. Im Winter dürfen manche Strecken nur mit Schneeketten befahren werden. In Städten gibt es bei besonderer Wetterlage und Staubbelastung abweichende Geschwindigkeitsvorschriften.

Wanderungen

Die in diesem Reiseführer vorgeschlagenen Wanderungen sind überwiegend von leichterem Charakter und größtteils kurz gehalten. Sie bieten sich beispielsweise für Autotouristen als willkommene Reiseunterbrechung an. Hochalpine Bergtouren auf traditionellen Pfaden, die größere Kondition und womöglich sogar spezielle Ausrüstung erfordern, blieben dagegen grundsätzlich unerwähnt. Die dazu nötigen Informationen entnehme man den im Handel erhältlichen Wanderführern (→ Literaturhinweise, S. 366).

Wetter

Telefon-Tonbanddienst Alpenwetter (jeweils kostenpflichtig und nur aus Österreich anwählbar):
allgemein: 0900/91/1566-80,
Regional: 0900/91/1566-81,
Ostalpen: 0900/91/1566-82.
Individuelle Auskünfte: Zentralanstalt für Meteorologie und Geodynamik (ZAMG), Tel. 0043/(0)900/5301115 (für Salzburg und Oberösterreich, tgl. 8–16 Uhr).
www.zamg.ac.at
Informationen im Internet:
www.wetter.at oder www.wetter.orf.at.

Glossar

Expositurkirche Kirche, die zu einem Pfarrsprengel gehört, der keine definierte eigene Verwaltung hat, sondern als eine Art Filialsprengel einem übergeordneten Pfarrbezirk angehört.
Fiale Schmales, spitz auslaufendes, filigranes, und reich ornamentiertes turmartiges architektonisches Element an gotischen Bauwerken.
Glöckler Gestalten aus den Rauhnachtsbräuchen des Salzkammerguts.
Katakombenheilige Unbekannte Personen aus frühchristlicher Epoche, meist Märtyrer, die in den römischen Katakomben beigesetzt waren.

Niederlagsrecht → Stapelrecht.
Paarhof Wohnhaus und Wirtschaftsgebäude sind getrennt.
Patrozinium Schutzherrschaft eines Heiligen über eine Kirche.
Prangermandl Figur, die auf oder an der Prangersäule steht.
Predella Altaruntersatz.
Stapelrecht Mittelalterliches Recht einer Stadt, von allen durchreisenden Händlern verlangen zu können, ihre Waren für einen bestimmten Zeitraum innerhalb der Stadt zum Kauf anbieten zu müssen.
Volksaltar Der Geistliche steht – an einem meist erst in den letzten 70 Jahren errichtetet Altar – der Gemeinde zugewendet.

Verwendete und weiterführende Literatur

Bernhard Barta (Hg.), Künstler und Kaiser im Salzkammergut. Christian Brandstätter Verlag, Wien und München 2008.
Hubert Czernin (Hg.), Salzkammergut. Wieser Verlag, Klagenfurt 1998.
Werner Dettelbacher, Salzburg-Salzkammergut-Oberösterreich. DuMont Kunstreiseführer. DuMont Buchverlag, Köln 1978.
Johanna Baronin Herzogenberg, Zwischen Donau und Moldau, Prestel Verlag, München 1968.
Joachim Klinger, Oberösterreich. Vier Viertel, ein Paradies. Oberösterreich Verlag, Linz 2010.
MERIAN: Oberösterreich. Band 02/Jg. 41, Hoffmann und Campe Verlag, Hamburg 1988.
MERIAN: Linz. Oberösterreich. Band 02/Jg. 62. Jahreszeiten Verlag, Hamburg 2009

Peter Pfarl/Toni Anzenberger: Mystisches Oberösterreich. Dämonisches–Dunkles–Denkwürdiges. Styria regional, Wien 2015.
Lothar Schultes, Linz. Gesichter einer Stadt, Verlag Bibliothek der Provinz Weitra, Weitra o.J. (2016).

Wanderführer

Alle aus dem Bergverlag Rother (München):
Franz Hauleitner, Salzkammergut Ost. Dachstein–Traunstein–Totes Gebirge, 2016.
Franz Hauleitner, Salzkammergut West. Zwischen Salzburg und Bad Ischl, 2015.
Johann Lenzenweger, Eisenwurzen. Nationalpark Kalkalpen, 2012.
Johann Lenzenweger/Wolfgang Wittmann, Mühlviertel. Wanderungen zwischen Donau und Böhmerwald, 2014.

Oberösterreich im Internet

www.land-oberoesterreich.gv.at Offizielle Seite des Bundeslands. Viel Wissenswertes zu Kultur, Natur, Forschung, Verkehr etc. weit über statistische oder kommunalpolitische Fakten hinaus.
www.oberoesterreich.at Seite des Oberösterreich-Tourismus. Urlaubstipps, Freizeitgestaltung, Sehenswürdigkeiten, Hotels und Gastronomie.
www.cusoon.at See You Soon. Freizeit-Urlaub-Österreich. Umfangreiche touristische Seite mit Infos zu Unterkünften, Gastronomie, Wellness, Sehenswürdigkeiten, Sport, Eisenbahnen, Schifffahrt etc. – zu allen österreichischen Bundesländern
www.oberoesterreich-tourismus.at Infos für Touristiker, aber nicht nur für diese.
www.nachrichten.at Seite der überparteilichen ›Oberösterreichischen Nachrichten‹, Oberösterreichs mit gut 106 000 Exemplaren auflagenstärkster Tageszeitung.

Der Autor

Gunnar Strunz, geboren 1961, ist promovierter Geologe und seit vielen Jahren als Autor tätig. Er leitet Studienreisen ins Baltikum, ins Kaliningrader Gebiet, nach Polen, Tschechien, die Slowakei und nach Österreich. Im Trescher Verlag erschienen von ihm die Reiseführer ›Bratislava‹, ›Burgenland‹, ›Kärnten‹, ›Königsberg-Kaliningrader Gebiet‹, ›Niederösterreich‹, ›Steiermark‹, ›Südtirol‹, ›Tirol‹ und ›Vorarlberg‹. Für den Münchner Bergverlag Rother schrieb er die Wanderführer ›Masuren‹, ›Böhmerwald‹ und ›Uckermark‹. Beim Verlagshaus Würzburg erschienen von ihm Bildbände über Ostpreußen, die Burgen des Deutschen Ritterordens (zusammen mit dem renommierten Fotografen Wolfgang Korall), Danzig und dem Bayerischen Wald. Gunnar Strunz lebt abwechselnd in Berlin, in Feilitzsch (Oberfranken) und am Kurischen Haff.

Danksagung

Ohne die großzügige Unterstützung der oberösterreichischen Tourismusorganisationen hätte das Buch nicht entstehen können. Deshalb sei hier den wichtigsten Ansprechpartnern Dank gesagt. An erster Stelle Frau Sabine Günterseder vom Oberösterreich Tourismus (Linz) für die freundliche und engagierte Aufnahme und Förderung des Buchprojekts und für die Vermittlung der Kontakte zu den touristisch Verantwortlichen der einzelnen Destinationen. In geographischer Folge von Nord nach Süd seien nun alle die genannt, die sich Zeit nahmen, mit mir über das geplante Buch und über ihre Regionen ausführlich zu reden, und mich mit Fotos, Informationsmaterial, Führungen etc. auf kaum schätzbare Weise unterstützten und vor allem mir Nächtigung gewährten: Reinhold List vom Böhmerwaldtourismus (Aigen), Andrea Stiendl vom Mühlviertel Tourismus (Linz), Petra Riffert (Werbegemeinschaft Donau), den Kulturphilosophen Georg Steiner vom Tourismusverband Linz, Bettina Berndorfer vom Schärding Tourismus, Wolfgang Reindl vom ›Seelentium‹, der viel Zeit für Rundfahrten mit mir opferte, Christian Schirlbauer vom Tourismusverband Attersee sowie Thomas Ebner vom Tourismusverband Mondsee. Ein besonderer Dank geht an Hans Wieser vom Wolfgangsee-Tourismus. Er und der berühmte Bergführer und Alpinist Gisbert Rabeder nahmen sich alle Zeit der Welt, mir ihre Region zu zeigen. Kurdirektor Robert Herzog (Bad Ischl) opferte mir einen ganzen Samstagabend. Andreas Murray (Traunsee Tourismus), Eva Pötzl (Steyr) und Lisa Herndl (Tourismusverband Pyhrn-Priel) standen mit größter Herzlichkeit mir bei Fragen zur Seite. Und nicht zuletzt sei den Mitarbeitern der Öffentlichkeitsarbeit von Stift Kremsmünster gedankt, die mir außerhalb der Publikumszeiten den Zugang und eine individuelle Führung gewährten.

Register

A
Abersee 299
Abwinden-Asten (Kraftwerk) 171
Achleiten 135
Achleiten (Schloss) 329
Adler, Emma 266
Adler, Victor 266
Afiesl 79
Aichholz, Victor Miller von 276
Aich (Landschloss) 115
Aigen 74
Aigen-Schlägl 72
Alkoven 140
Allerheiligen im Mühlkreis 116
Almkogel 261
Almsee 291
Almtal 288
Altdorfer, Albrecht 259
Altenburg 119
Altenhof (Schloss) 121
Altenmarkt bei Sant Gallen 355
Altheim 207
Altmünster 281
Altomonte 265
Altomonte, Andreas 142
Altomonte, Bartolomeo 115, 142, 153, 156, 235
Altomonte (Familie) 54
Altomonte, Martin 142, 159, 160
Altpernstein (Burg) 325
Altwartenburg (Burg) 238
Ameisberg 121
Ampflwang 237
Andorf 231
Ansfelden 249
Arbing 176
Architektur 52
Arco, Anton Graf 227
Aschach an der Donau 138
Aspach 228
Asten 187
Astl, Lienhart 317
Attersee 266
Attnang-Puchheim 241
Au an der Donau 176
Auhof (Schloss) 175
Aurach am Hongar 268
Aurolzmünster 227

B
Babenberger 30
Bad Goisern 310
Bad Hall 328
Bad Ischl 303
Bad Kreuzen 178
Bad Leonfelden 81
Bad Mühllacken 133
Bad Schallerbach 233
Bad Wimsbach-Neydharting 243
Bad Zell 114
Bahr, Hermann 150
Balzarek, Mauriz 328
Bauer-Lechner, Natalie 262
Baumgartenberg 176
Beer, Johann 48
Benatzky, Ralph 294, 296
Bergheim (Schloss) 133
Berglitzl 171
Bernhard, Thomas 234, 281, 282
Bevölkerung 27
Billinger, Richard 49, 138, 201
Billroth, Theodor 300
Bleckwand 300
Bleibtreu, Hedwig 150
Blinklingmoos 298
Blumenthal, Oskar 294
Böhmerwald 63
Böhmerwaldrundweg 75
Brahms, Johannes 276, 304
Bramhosen 273
Braunau 208
Braunberg 93
Breitenstein 74
Brodlblick 131
Bruckner, Anton 52, 106, 153, 154, 188, 249, 304, 344
Brunnbach 352
Brunnbacher Gamsstein 353
Brunnenthal 201
Brunnwinkel 301
Buchberg 92, 273
Buch, Leopold von 352
Burgstall 133

C
Carlone 54
Carlone, Carlo Antonio 68, 91, 185, 241, 329, 332, 347
Carlone (Familie) 327
Carlone, Giovanni 131
Christoph von Thürheim 40
Cumberland Wildpark 290
Cuvilliés d. J., Franz 231

D
Dachauer, Wilhelm 55, 226
Damberg 348
Danning, Sybil 225
David, Johann Nepomuk 52, 139
Deubler, Konrad 310
Deutsch Reichenau (Rychnůvek) 81
Dietmar von Aist (Aste) 48
Dollfuß, Engelbert 44
Donau 127
Donner, Georg Raphael 153
Dörfl 355
Dornach (Burg) 92
Drachenwand 261
Dreißigjähriger Krieg 34

Register 369

Dr.-Vogelgesang-Klamm 358
Dunkl, Dora 346

E
Ebelsberg 165
Ebenalm 313
Ebensee 284
Echerntal 319
Eckhardt, Fritz 151
Eferding 139
Egelsee 266
Egelseemoor 266
Eggelsberg 218
Eigruber, August 45
Elstner, Frank 151
Engelhartszell 136
Engelszell (Stift) 135
Enns 190
Erhart, Gregor 100, 333
Erlakogel 286
Eschelberg 134
Essen und Trinken 58
Europareservat Unterer Inn 212

F
Fadinger, Stefan 36, 138
Falkenstein (Burgruine) 121
Fatimakapelle 202
Feichtauhütte 335
Feichtauseen 335
Feldaisttal 96
Feldkirchen an der Donau 133
Ferdinand II. 34, 150
Ferrary, Philipp von 272
Feste und Festivals 56
Feuerkogel 285
Flöge, Emilie 269
Florianslegende 184
Florianus (Heiliger) 184
Flörl, Hubert J. 214
Fortin, Viktor 216
Frankenburg 237
Frankenburger Würfelspiel 237
Frankenmarkt 236

Franking 217
Franz, Adam 185
Franz II. 41
Franz Joseph (Kaiser) 304
Franz Stephan von Lothringe 39
Frauenkar 359
Frauenstein 333
Frauenstein (Wallfahrtskirche) 333
Freilicht-Mühlenmuseum Hayrl 82
Freilichtmuseum Felbermühle 107
Freilichtmuseum Groß- döllnerhof 116
Freilichtmuseum Ledermühle 92
Freilichtmuseum Pelmberg 124
Freilichtmuseum Sumerauerhof 187
Freilicht-Sensenmuseum Geyerhammer 289
Freinberg 165
Freistadt 86
Friedrich III. 32
Fröhlich, Fritz 142, 155, 325
Frueauf d. Ä., Rueland 310
Fucking 217

G
Gahberg 271
Gallneukirchen 98
Gallspach 233
Gampern 237
Ganghofer, Ludwig 315
Garsten 348
Gaspoltshofen 234
Gassel-Tropfsteinhöhle 285
Gebertsham 221
Gegenreformation 33
Geinberg 207
Geographie 20
Geologie 21
Georgenberg 325

Georgenberger Handfeste 30
Georg von Peuerbach 229
Geretsberg 214
Gerstner, Franz 103
Gerstner, Franz Josef von 103
Geschichte 28
Ghezzi, Giuseppe 185
Gilgenberg 214
Gleink 348
Gleinkersee 359
Glossar 365
Gmöser Moor 279
Gmunden 275
Goisern, Hubert von 52, 310
Gosau 312
Gosauseen 313
Grafenschlag 112
Granitfelsenlabyrinth Fuchsenlucka 111
Granitland 121
Grasslmühle 83
Grein 179
Grieskirchen 232
Große Mühl 123
Großer Größtenberg 357
Großraming 352
Gruber, Franz Xaver 213, 214
Grünau 289
Grünberg 280
Grünbergalm 280
Grünburg 336
Guggenbichler, Meinrad 54, 221, 259, 260, 266, 295
Gulda, Friedrich 272
Gumpp, Anton 185
Gundertshausen 218
Gusterberg 332
Gutau 95
Gutmann, Wilhelm 234

H
Haag am Hausruck 233
Hackenbuch 218

Haderer, Gerhard 165
Hader, Josef 182
Hagenberg 97
Haichenbach, Ruine 131
Haider, Jörg 310
Haleswiessee 298
Hallstatt 314
Hallstätter See 311
Handel-Mazzetti, Enrica von 165
Handenberg 218
Hansberg 123
Hansbergland 123
Harnoncourt, Nikolaus 267
Hartheim 140
Hartheim (Schloss) 141
Hartkirchen 138
Haslach an der Mühl 77
Haslinger, Johann 142
Haushofer, Marlen 49, 335
Hausruckviertel 232
Hayberger, Gotthard 187
Hayberger, Johann Gotthard 342
Heiligenstein 353
Helfenberg 78
Helfenberger Hütte 79
Helfenberg (Schloss) 78
Hellmonsödt 124
Helpfau-Uttendorf 221
Heratinger See 218
Herberstorff, Adam Graf 237, 278
Herberstorff, Adam von 35
Herndleck 351
Herzogreitherfelsen 96
Hinterstoder 360
Hirschbach 99
Hitler, Adolf 46, 148, 165, 208
Hochbergalm 290
Hochburg 213
Hochplettspitze 273
Hofkirchen 131
Hofkirchen im Mühlkreis 129

Hohenbrunn, Schloss 187
Höhnhart 228
Hongar 268
Hösskoge 360
Huber, Wolf 259
Humer, Martin 230
Hüttenstein (Schloss) 301
Hutterer Höss 360

I
Ibmer Moor 218
Innviertel 195
Internethinweise 366
Inzersdorf 327
Irrsee 257

J
Jägerstätter, Franz 215
Jainzenberg 308
Jankusmauer 111
Jannings, Emil 296, 298
Jochenstein (Kraftwerk) 129
Joseph II. 40

K
Kadelburg, Gustav 294
Kalkalpenweg 350
Kaltenbachwildnis 280
Kaltenberg 112
Kaltenbrunner, Ernst 225
Kaplan, Viktor 266
Karl, Franz 304
Kasberg 290
Katrin 307
Katsdorf 171
Kefermarkt 93
Kematen an der Krems 329
Kepler, Johannes 140, 153
Kerschbaum 101
Kienzl, Wilhelm 230
Kirchdorf am Inn 207
Kirchdorf an der Krems 326
Kirchschlag 124
Kirchschläger, Rudolf 131
Klaffer am Hochficht 67

Klam 178
Klammleitenbach 113
Klaus an der Pyhrnbahn 360
Klauser Stausee 360
Klayndl, Mathes 87, 89, 90
Kleine Moldau (Menši Vltavice) 83, 84
Kleinerberg 357
Kleiner Schönberg 280
Kleinramingtal 348
Kleinreifling 354
Klima 26
Klimt, Gustav 265, 266, 269
Klingenberg (Burgruine) 117
Klostermann, Karel 233
Kobernaußerwald 235
Kogl (Schloss) 267
Kohl, Helmut 301
Kollerschlag 75
Kolomannsberg 260
Königswiesen 112
Kopfing 202
Koppenbrüllerhöhle 320
Kreindl, Werner 246
Krempenstein (Burg) 135
Kremsegg 332
Kremsmünster 329
Kremsmünster (Ort) 331
Kremstal 325
Krenglbach 233
Krippenstein 319
Kronest (Burg) 95
Kronstorf 347
Krotensee 301
Krumenauer, Stephan 210
Kubin, Alfred 55, 201, 204
Kubizek, August 150
Kulenkampff, Hans-Joachim 333
Kulmspitze 261
Kunigwiser, Erasmus 236
Kunst und Kultur 48
Kupelwieser, Leopold 335

Register 371

L
Laakirchen 279
Lambach 241
Landeshymne 19
Langbathtal 286
Langenstein 171
Lasberg 92
Laudachsee 280
Lauffen 308
Laussa 351
Lauss, Michael 202
Ledebur, Friedrich von 141
Lehár, Franz 306
Leithner, Johann Michael 186
Lembach im Mühlkreis 122
Lengau 221
Leonding 165
Leopoldschlag 106
Liebenau 110
Liebenfels, Jörg Lanz von 180
Lilofee (Nixe, Sagengestalt) 121
Lindach 279
Lingen, Theo 298
Linz 145
Linzer Torte 144
Literatur 48
Literaturhinweise 366
Litzlberg 266
Lochen am See 221
Lorch 192
Lorenz, Konrad 289
Losenstein 351

M
Machland 173
Magdalenenberg 164
Mahler, Gustav 262, 271, 328
Malerei 55
Marchtrenk 248
Maria Bründl (Wallfahrtskirche) 92
Maria Elisabeth (Erzherzogin) 154
Maria Krönung (Wallfahrtskirche) 176
Maria Neustift 353
Maria Rast am Stein (Kaple P. Marie na skále, Wallfahrtskirche) 83
Maria Schutz am Bründl (Wallfahrtskirche) 82
Maria Theresia 38
Marsbach (Burg) 131
Martinkovský vrch (Martinsberg) 83
Mattighofen 218
Mauerkirchen 222
Mauthausen 172
Maximilian I. 32
Maximilian II. 34
Metternich, Klemens Wenzel Lothar von 304
Mettmach 228
Micheldorf 325
Mitterkirchen 176
Modler, Johann Baptist 206
Moik, Karl 151
Moldau-Stausee 69, 75
Molln 334
Mollner Wildererkrieg 334
Mondsee 257
Moosbach 222
Moosdorf 218
Möstling (Burg) 95
Mozart, Anna Maria 301
Mozart, Wolfgang Amadeus 154
Mühldorf (Schloss) 133
Mühlviertel 61
Mühlviertler Alm 110
Mühlviertler Hasenjagd 45
Mühlviertler Kernland 86
Munggenast, Joseph 260
Münzbach 119
Münzkirchen 202
Musik 52

N
Naarn 175
Naarntal 116
Napoleon Bonaparte 42
Nationalpark Kalkalpen 349
Natternbach 230
Naturpark Mühlviertel 115
Natur und Mensch 20
Neuberger Teilung 31
Neufelden 123
Neuhaus (Schloss) 133, 207
Neukirchen an der Vöckla 237
Neumarkt 95
Neustift 112
Neuwartenburg (Schloss) 238
Niedergadenalm 300
Niederkappel 131
Niederranna 129
Nierlich, Rudi 296
Noricum (Keltenstaat) 28
Nußdorf 266
Nussensee 308

O
Oberkappel 121
Oberlandshaag 133
Oberlaussa 355
Obermühl 131
Obernberg 206
Oberneukirchen 124
Oberösterreichischer Bauernkrieg 35
Oberösterreichischer Zentralraum 245
Oberranna 136
Obertraun 319
Oberwang 260
Ödseen 290
Offenhausen 234
Offensee 286
Ohlsdorf 281
Öllinger, Ferry 165
Ostermiething 216
Ottenschlag im Mühlkreis 100
Ottensheim 134
Ottnang 238
Ottokar II. Přemysl 31

P

Pacher, Michael 259, 295
Pasching 137
Pasečna (Reiterschlag) 79
Peilstein 75
Penzenstein 131
Perg 175
Pernecker Kogel 326
Perutz, Leo 306
Perwang 221
Pesenbachtal 133
Pettenbach 289
Peuerbach 229
Pfaffstätt 221
Pfarrkirchen 131
Pferdeeisenbahn Budweis–Linz 103
Pferdeeisenbahn-Wanderweg 102
Piberstein (Burg) 78
Pinsdorf 281
Pius II. 228
Plischke, Ernst Anton 266
Plöckenstein 65
Plöckensteinsee 66, 67
Ployer, Barbara 181
Politik 47
Postalm 299
Pöstlingberg 164
Pragstein (Schloss) 172
Prandegg (Burg) 96
Prandtauer, Jakob 54, 185, 187, 329
Prantl, Karl 201
Predigtstuhl 311
Přední Výtoň (Vorder-Heuraffl) 79
Pregarten 96
Prunner, Johann Michael 89, 91, 243, 267, 277, 285, 345
Puchenau 134
Pucking 248
Pühringer, Josef 248
Pupping 139
Pürnstein (Burg) 123
Pyhrnpass 359
Pyhrn-Priel-Gebiet 357
Pyrawang 135

R

Raabe, Wilhelm 314
Rainbach 101
Rainer, Roland 134
Ramsauer, Johann Georg 314
Rannariedl (Burg) 129
Rannatal 121
Ranshofen 211
Ransonnet, Eugen Freiherr von 266
Raubal, Geli 151
Rauhkogel 327
Rechberg 116
Reformation 33
Reichenstein (Burgruine) 97
Reichenthal 82
Reichersberg 206
Reichraming 351
Reisetipps von A bis Z 362
Reisezeit 26
Reslfeld, Carl von 153
Rettenbachtal 307
Reuttinger, Susanne 140
Rezepte 59
Riedegg (Schloss) 98
Ried im Innkreis 225
Ried im Traunkreis 328
Riegl 115
Rinnende Mauer 336
Rohrbach 76
Rohr im Kremstal 329
Rosenauer, Joseph 70
Rosenegg, Franz Xaver de 117
Rosenhof (Schloss) 108, 109
Roßleithen 359
Rottenegg 134
Rudolf (Erzherzog und Kardinal) 304
Rudolf II. 34
Rudolfsturm 311
Ruttenstein (Burgruine) 116
Rychnovske údolí (Reichenauer Tal) 80

S

Sachs, Hans 248
Salvator, Erzherzog Johann 279
Salz 252
Salzkammergut 251
Sandl 108
Sarleinsbach 121
Sarmingstein (Burgruine) 181
Sauwald 202
Saxen 178
Saxenegg (Burg) 118
Schapeller, Carl 227
Schardenberg 202
Schärding 197
Scharnstein 289
Schaunberg (Burgruine) 138
Schlierbach 327
Schlögen 137
Schlögener Schlinge 137
Schmalzl, Max 241
Schmidt, Martin Johann 156
Schnopfhagen, Hans 124
Schoberstein 273
Schönau 115
Schöneben 68
Schönerer, Matthias 104
Schörfling 267
Schubert, Franz 343
Schwaiger, Brigitte 49, 88
Schwanenstadt 241
Schwanthaler (Familie) 54
Schwanthaler, Johann Franz 227
Schwanthaler (Künstlerfamilie) 225
Schwanthaler, Thomas 231, 277
Schwarzenberg am Böhmerwald 65
Schwarzenberger Schwemmkanal 70, 74
Schwarzensee 298
Schwarzindien 260
Schwarzkogel 355

Register 373

Schwedenschanze 82
Schwertberg 174
Seegruber 261
Seeleitensee 218
Seewalchen 267
Sierning 336
Siriuskogl 307
Smetana, Bedřich 83
Spanischer Erbfolgekrieg 38
Spielberg (Burgruine) 171
Spital am Pyhrn 358
Spitzenberg (Schloss) 222
Sprache 27
Sprinzenstein 122
Sprinzenstein (Schloss) 122
Stadl-Paura 243
St. Agatha 137
Staininger, Hans 210
Stauf (Burgruine) 137
Steidl, Melchior 331
Steinbach 271
Steinbach an der Steyr 336
Steiner, Georg 145
Stelzhamer, Franz 48, 226
Sternstein 82
Steyr 338
Steyrdurchbruch 334
Steyregg 170
Steyrermühl 279
Steyrlingtal 360
Steyrquelle 360
Steyrtal 333
St. Florian 183
St. Georgen am Walde 113
St. Georgen an der Gusen 170
St. Georgen im Attergau 267
St. Gilgen 300
Stifter, Adalbert 50, 55, 69, 93, 124, 162, 165, 329, 332
Stifter, dalbert 49

Stiftinger Forst 113
St. Johann am Wimberg 123
St. Leonhard bei Freistadt 96
St. Marienkirchen 201
St. Martin 133, 228
St. Michael (Kapelle) 108
St. Nikola 181
Stoabloß-Gehöfte 55
Stodertal 359
St. Oswald 92
St. Oswald bei Haslach 74
St. Pankraz 360
St. Peter am Wimberg 123
St. Peter (Kirche) 100
St. Radegund 214
Straus, Oscar 306
Strauss, Johann 304, 306
Strindberg, August 178
Strindberg, Friedrich 178
Strobl 297
Struden 181
Strudengau 120, 177
St. Thomas am Blasenstein 117
Stubwiesgipfel 359
Stürmer, Christina 52
St. Wolfgang 293
St. Wolfgang am Stein 74
St. Wolfgang (Wallfahrtskirche) 93

T
Tanner Moor 111
Tassilo III. 29
Tauber, Richard 150
Teichstätt 221
Ternberg 351
Teufelsmauer (Čertova stěna) 83
Teufelsschüssel 66
Thurytal 91
Tier- und Pflanzenwelt 24
Tilgner, Victor 344
Tillysburg (Schloss) 187
Timelkam 238

Tourismus 25
Traun 248
Traunkirchen 282
Traunsee 280
Trosselsdorf 95

U
Uhl, Maria Friederike 178
Ulrichsberg 68
Unterach 265
Unterbuchberg 266
Untererb 221
Unterlaussa 355
Unterwegs mit Kindern 12
Unterweißenbach 112
Uttendorf (Burg) 221

V
Verwaltung 47
Vichtenstein 136
Vierter Koalitionskrieg 42
Vöcklabruck 239
Vöcklamarkt 236
voestalpine 166
Volksarchitektur 54
Von Willemer, Marianne 150
Vorchdorf 289
Vyšší Brod 83

W
Wagner, Otto 329
Wagner von der Mühl, Adolf 78
Waizenkirchen 230
Walchen (Schloss) 236
Waldaisttal 96
Waldburg 100
Waldburger, Hans 260
Waldenfels (Schloss) 82
Waldhausen 182
Wallsee 176
Wallsee (Donaukraftwerk) 176
Wartberg ob der Aist 97
Wasserklotz 355
Waxenberg (Burg) 124
Wedekind, Frank 178

Weichselbaumer Aussichtswarte 116
Weidenholz (Schloss) 230
Weidinger, Franz Xaver 55, 226
Weilhartsforst 214
Weinsberger Wald 110
Weißenbach 272, 299
Weitersfelden 111
Wels 245
Welser-Möst, Franz 151
Weltuntergangsfelsen 96
Werfenstein (Burg) 180
Werndl, Josef 341
Werndl, Leopold 341
Wernher der Gartenaere 48
Wesen (Burgruine) 136
Wesendonck, Mathilde 282
Wesenufer 136
Weyer 353
Weyregg 271
Wienau 111
Wiener Kongress 43
Wildberg (Schloss) 124
Wildshut 216
Wilhering 142
Windegg (Burgruine) 174
Windhaag bei Freistadt 106
Windhaag bei Perg 118
Windhag, Eva Magdalena von 118
Windischgarsten 357
Wink, Christian 231
Winkelmeier, Franz 221
Wirer, Franz 304
Wirtschaft 25
Wittinghausen (Vítkův hrádek) 79
Wolfgangsee 292
Wörth (Insel) 180
Wurbauerkogel 357
Wurm, Karl 111
Wurzeralm 358

Z
Zeileis, Valentin 233
Zell am Pettenfirst 238
Zell an der Pram 231
Zeller, Christoph 36, 138
Zellhof (Schloss) 115
Zettwing (Cetviny) 107
Zötl, Aloys 87
Zülow, Franz von 99
Zum Heiligen Kreuz (Wallfahrtskirche) 332
Zwettl an der Rodl 124
Zwickledt 201
Zwieselalm 313
Zwölferhorn 301

Kartenregister

Übersichtskarten
Oberösterreich/Übersicht Vordere Umschlagklappe
Der Böhmerwald S. 64
Entlang der Donau von Linz bis zum Strudengau S. 170
Entlang der Donau von Passau bis Linz S. 130
Entlang von Inn und Salzach S. 198
Mittleres Innviertel, Hausruckviertel und Oberösterreichischer Zentralraum S. 224
Mühlviertler Kernland und Mühlviertler Alm S. 87
Nationalpark Kalkalpen S. 324
Das nördliche Salzkammergut S. 256
Das südliche Salzkammergut S. 292

Stadtpläne
Bad Ischl S. 303
Braunau S. 209
Enns S. 190
Freistadt S. 88
Gmunden S. 276
Linz Hintere Umschlagklappe
Ried im Innkreis S. 226
Schärding S. 200
Steyr S. 339
Vöcklabruck S. 239
Wels S. 246

Sonstige Karten
Die Bundesländer Österreichs S. 46
Die geologische Struktur Österreichs S. 22
Österreich vor und nach dem Vertrag von Trianon S. 44

Bildnachweis

Alle Fotos von Gunnar Strunz, außer: S. 8: Florian Augustin/shutterstock; S. 12: Tourismusverband Schärding; S. 13u.: ohrlovsky/Villa Sinnenreich; S. 14l: Tourismusverband Böhmerwald/Weißenbrunner; S. 15l: Wolfgang Hack; S. 16/17: Pawel Kazmierczak/shutterstock; S. 20: Tourismusverband Böhmerwald/Weißenbrunner; S. 24: shutterstock/red squirrel; S. 25: voestalpine AG; S. 26: Hochficht Bergbahnen GmbH; S. 36: constili/wikimedia; S. 52: Hans Mader/Tourismusverband Steyr; S. 53o.: Hinnerk Dreppenstedt; S. 53u.: Wolfgang Sauber/wikimedia; S. 54: Hjanko/wikimedia; S. 57: Schärding-Tourismus; S. 58: Tourismusverband Innviertel; S. 60/61: Tourismusverband Böhmerwald/Weißenbrunner; S. 65: Tourismusverband Böhmerwald; S. 66u.: Kräutergemeinde Klaffer am Hochficht; S. 71: Tourismusverband Böhmerwald; S. 73: Stift Schlägl; S. 77u.: Villa Sinnenreich; S. 82u.: Stanislav Ferzik/wikimedia; S. 83: Wolfgang Sauber/wikimedia; S. 95o.: Martin Windischhofer; S. 96: Haeferl; S. 118: pfeifferfranz/wikimedia; S. 119: pfeifferfranz/wikimedia; S. 121: Wolfgang Sauber/wikimedia; S. 122: HaSt/wikimedia; S. 123: Wolfgang Sauber; S. 126/27: Oberösterreich Tourismus; S. 129o.: Tourismusverband Schärding; S. 129u.: Hinnerk Dreppenstedt; S. 132: Wolfgang Sauber; S. 139: Michael Kranewitter, Wikimedia Commons, CC-by-sa 4.0; S. 140: stefan97/wikimedia; S. 153: Gryffindor; S. 157: Hinnerk Dreppenstedt; S. 158: Hinnerk Dreppenstedt; S. 160: Hinnerk Dreppenstedt; S. 162: Walter Isack (Isiwal); S. 163: Yolo/wikimedia; S. 166: voestalpine AG; S. 171: Rudolf A. Haunschmied/wikimedia; S. 174: pfeifferfranz/wikimedia; S. 175: pfeifferfranz/wikimedia; S. 182: pfeifferfranz/wikimedia; S. 194/95: Martin Erdniss/shutterstock; S. 196: Schärding Tourismus; S. 199u.: Schärding-Tourismus; S. 202: Josef Pfeil/wikimedia; S. 206u.: Tourismusverband Innviertel; S. 212: Tourismusverband Innviertel; S. 215: Werner100359/wikimedia; S. 221: Uoaei1/wikimedia; S. 223: bwag/wikimedie; S. 227o.: Peter Lauppert/wikimedia; S. 227u.: Thoams Ledl/wikimedia; S. 228: Tourismusverband Innviertel; S. 229: constili/wikimedia; S. 230: bwag/wikimedia; S. 232: Wolfgang Sauber; S. 236o.: ViennaUK/wikimedia; S. 236u.: Thomas Ledl; S. 238: Rainerhaufe/wikimedia; S. 240: bwag/wikimedia; S. 243: pfeifferfranz/wikimedia; S. 248: aladyn1985/wikimedia; S. 250/51: Pixachi/shutterstock; S. 253: Hermes Furian/shutterstock; S. 265o.: Luckyprof/wikimedia; S. 279: Isiwal/wikimedia; S. 281: Haeferl/wikimedia; S. 284: naturdesign/wikimedia; S. 285: Stefan Reifeltshammer/wikimedia; S. 289: Franz Olivava; S. 296: www.mondsee.at; S. 301: Florian Fuchs/wikimedia; S. 304o.: Bad Ischl Tourismus/Hörmandinger; S. 304u.: www.bad.ischl.at; S. 306: www.badischl.at; S. 307o.: Bad Ischl Tourismus/Stadler; S. 307u.: www.badischl.at; S. 308: Bad Ischl Tourismus/Reinhard Feuchtner/Ebenseer Fotoclub; S. 310: Bad Ischl Tourismus/Hannes Savel; S. 317: bwag/wikimedia; S. 318: bwag/wikimedia; S. 320: Kārlis Dambrāns/wikimedia; S. 327o.: zairon/wikimedia; S. 327u.: Christoph Waghubinger/wikimedia; S. 328: Zeitblick/wikimedia; S. 334: Christoph Waghubinger/wikimedia; S. 335: Draion/wikimedia; S. 336o.: Steyr Tourismus/Florex; S. 336u.: Nationalpark Kalkalpen/Erber; S. 343o.: Tourismusverband Steyr; S. 344u.: Museum Arbeitswelt; S. 346u.: Tourismusverband Steyr; S. 347o.: ÖGEG; S. 347u.: Berthold Heindl; S. 352: Bodory Thomas/wikimedia; S. 353: Ralf Hochhäuser/wikimedia; S. 359: isiwal/wikimedia.

Titel: leoks/shutterstock; vordere Umschlagklappe: Nationalpark Kalkalpen/Sieghartsleitner; hintere Umschlagklappe: www.badischl.at.

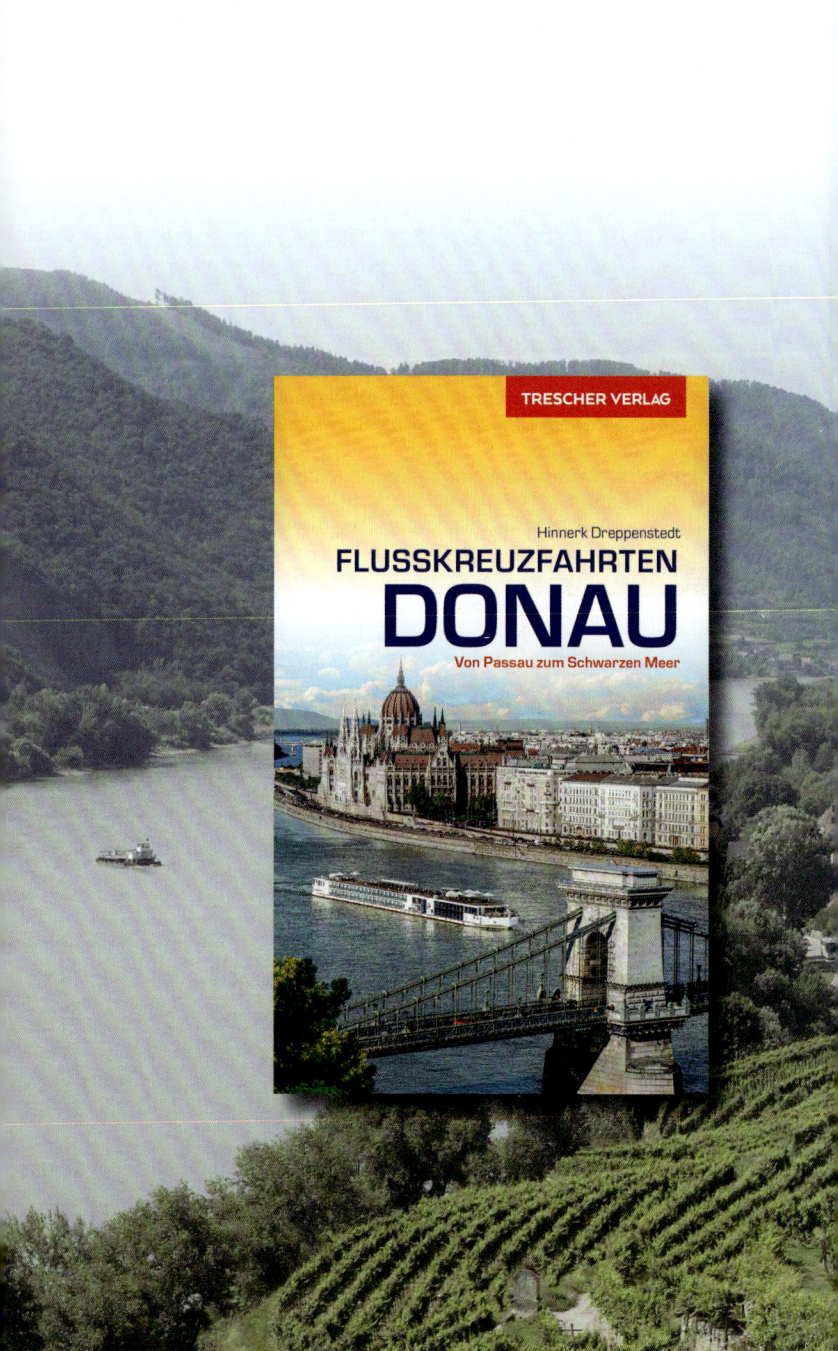

MEHR WISSEN. BESSER REISEN.
REISEFÜHRER AUS DEM TRESCHER VERLAG

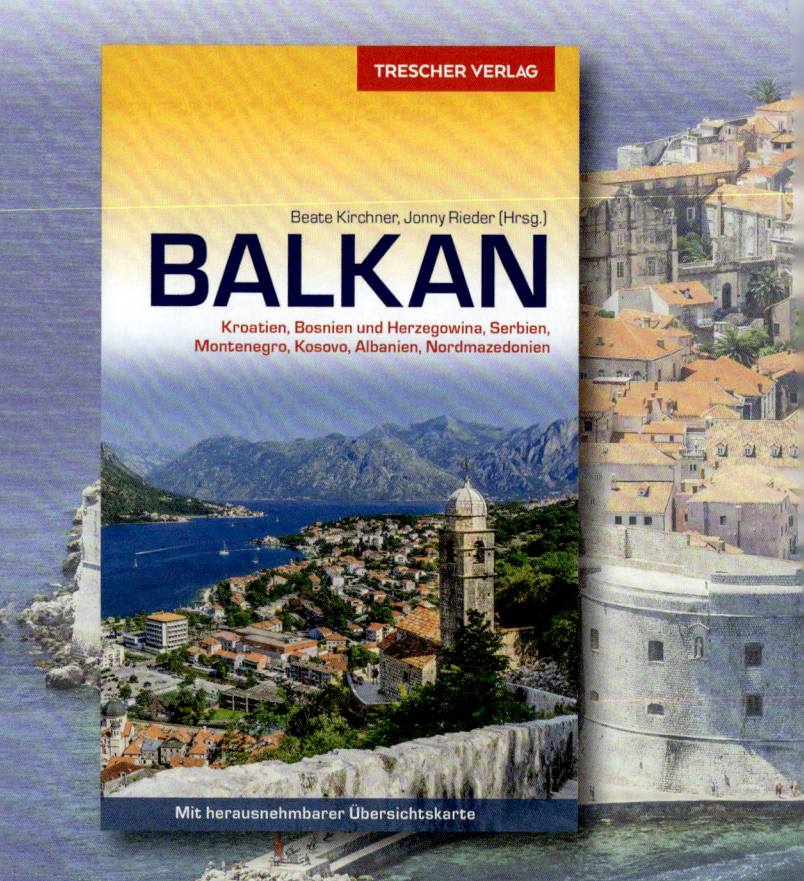

TRESCHER VERLAG

Beate Kirchner, Jonny Rieder (Hrsg.)

BALKAN

Kroatien, Bosnien und Herzegowina, Serbien, Montenegro, Kosovo, Albanien, Nordmazedonien

Mit herausnehmbarer Übersichtskarte